最高人民法院法官释法

实践中的商法

司法解释解读·典型案例分析·商事审判专论

Commercial Law in Practice

刘 敏 编著

北京大学出版社
PEKING UNIVERSITY PRESS

前　言

商法(commercial law, or business law),亦称商事法,是指调整市场经济关系中商人及其商事活动的法律规范。对于民商分立的国家而言,是指冠以商法典之名的法律,而对于我国这样民商合一的国家而言,是指包括公司法、破产法、证券法、合同法、担保法、物权法、保险法、票据法、信托法等以商人及商事法律关系为调整对象的各个法律规范的总称。

商事法律制度是否健全,直接关系到我国社会主义市场经济体制的建立和完善,关系到市场经济秩序是否健康有序。随着我国市场经济体制的逐步建立和完善,从20世纪90年代开始,在传统民事法律规范的基础上,为规范和调整经济生活中的各种法律关系,我国逐步实施并完善了商事法律规范,商事审判也从无到有逐步地发展壮大起来。人民法院充分发挥商事审判的职能作用,平等保护各类商事主体的合法权益,制裁各种违约和侵权行为,有效调节了社会财产的流转关系,维护了良好的社会主义市场经济秩序,促进了经济社会的全面协调和可持续发展,确保了我国改革发展稳定的大局。

笔者自20世纪90年代初开始成为商事审判的一员,有幸在这近20年内通过参与商事法律的起草制定、执笔有关司法解释和审理大量商事案件,亲身感受了商事法律规范发展的这个重要过程,积累了一定的商事审判经验,并在工作之余结合审判工作撰写了一些文章。回过头看,这些文章不仅反映了笔者个人在审理案件、制定司法解释过程中对相关法律问题的认识,同时由于是站在最高人民法院商事审判这个平台,这些文章从某些角度看还在一定程度上反映了相应历史背景下最高司法部门对相关问题的态度,尤其是对商事审判实践中争议较大、前后有较大认识变化的问题,通过不同时期最高人民法院的案例以及司法解释起草论证的过程,动态地反映了这种认识上的变化过程。正是基于上述考虑,我才有了将前期作品中具有一定代表性的文章汇编成册的想法,并将其冠之以《实践中的商法》。

回首的价值在于着眼未来,总结的价值在于超越现在。希望大家通过阅读本书,不仅能实现对有关法律静态的理解与认识,更能通过办案法官对案件的分析,清晰地看到法律适用背后的思路历程,从而能够更加全面、准确地理解和适用相关法律规定。然而,限于笔者的水平、能力、资料和繁忙的工作,很多最初的想法不一定能够实现,有些观点也有待于商法实践的进一步检验和深化。希望本书能给大家的工作和学习带去点滴帮助,不足之处还请不吝指正。

刘敏

2011 年 3 月 8 日于东交民巷

目　录

第一编　司法解释解读

第二编 典型案例分析

第三编　商事审判专论

第一编

司法解释解读

1 公司法

最高人民法院《关于适用〈中华人民共和国公司法〉若干问题的规定(二)》的理解与适用

最高人民法院法释〔2008〕6号《关于适用〈中华人民共和国公司法〉若干问题的规定(二)》(以下简称《公司法司法解释(二)》)经2008年5月5日最高人民法院审判委员会第1447次会议通过,已于2008年5月11日公布,自2008年5月19日起施行。现就《公司法司法解释(二)》涉及的有关主要问题作一介绍。

一、《公司法司法解释(二)》制定的背景和过程

《公司法司法解释(二)》源于最高人民法院起草的《关于审理涉及企业法人解散案件若干问题的规定》(以下简称《企业法人解散司法解释》)。《企业法人解散司法解释》立项于2001年年初,其规范的对象包括公司制企业法人和非公司制企业法人。启动《企业法人解散司法解释》的起草,主要是考虑市场经济是法治经济,企业法人作为市场经济的主体,在参与市场竞争时不仅要遵循准入规则,其退出市场也要有完备的规制,但是多年来,由于我国理论界和司法界对法人解散和终止关系认识混乱,导致很多企业法人出现解散事由后,不及时进行清算,甚至许多企业故意借解散之机逃废债务,严重损害债权人利益,这种现象的泛滥,不仅严重扰乱了经济秩序,而且极大地破坏了法人制度。基于建立一个健康、有序的法人退出机制,保护公司债权人合法权益,统一执法尺度等目的,最高人民法院启动了《企业法人解散司法解释》的调研和起草工作。2004年2月,《企业法人解散司法解释》(送审稿)完成,并提交审判委员会拟讨论时,恰逢《中华人民共和国公司法》(以下简称《公司法》)进行大规模修订,修订后的《公司法》在原《公司法》基础上,对公司解散和清算部分进行了调整。考虑到随着我国企业改制的不断深化与进行,公司制企业法人已经成为我国经济社会中最为主要的企业类型,非公司制企业法人将逐渐退出市场,同时,为了与修订后《公司法》的衔接,最高人民法院决定在原《企业法人解散司法解释》(送审稿)基础上,针对人民法院审理公司制企业法人解散和清算案件适用法律问题制定专门的司法解释,并以此作为最高人民法院起草的系列公司法司法解释的一部分,目的在于统一审理公司解散和清算案件

中适用法律的执法尺度，指导全国法院审理相关案件。

对该司法解释的调研包括前期针对《企业法人解散司法解释》的调研和后期针对《公司法司法解释(二)》的调研两个部分。2001 年 4 月，最高人民法院在天津市高级人民法院就制定《企业法人解散司法解释》召开第一次座谈会，天津市三级法院均派代表参加了会议，会后，结合大家讨论的内容和天津高院提出的书面意见，形成了《企业法人解散司法解释》初稿。同年 6 月份，最高人民法院派员分别到广东和海南召开了由三级法院和有关工商行政管理机关参加的座谈会，对初稿广泛征求意见，形成第二稿。后将该稿发至国家工商总局以及北京、上海等 9 个高级人民法院征求意见后形成第三稿。同年 10 月 26 日，最高人民法院邀请在京的法学专家、国家工商总局的同志以及北京市三级法院代表再次召开专家论证会作了进一步的研究，形成第四稿，并将该稿提交全国法院民商事审判工作会议讨论后，经修改形成第五稿。2002 年 2 月，最高人民法院民二庭审判长联席会议对第五稿进行了系统研究后形成第六稿。2003 年 1 月，根据研究情况进一步修改形成第七稿，并发往全国人大常委会法工委、国务院法制办、国家经贸委、国家工商总局以及本院各有关业务庭室再次广泛征求意见，调整后形成第八稿，并再次提交审判长联席会议讨论。2003 年 11 月，在审判长联席会议认真研究讨论的基础上，形成《企业法人解散司法解释》送审稿，并提交审判委员会等待讨论。2005 年 10 月《公司法》审议通过后，最高人民法院在前期充分调研，多次召开研讨会的基础上，结合修订后的《公司法》对《企业法人解散司法解释》送审稿进行了相应的修改与调整，形成《公司法司法解释(二)》第一稿，并先后召开两次法院系统论证会，对该司法解释稿广泛、深入地征求了意见，通过对各方意见的消化和吸收，对第一稿进行充分论证和修改，并于 2006 年 12 月形成第二稿。针对第二稿，分别于 2007 年 5 月、6 月，先后两次召开了由全国人大常委会法工委、国家工商总局、国务院法制办等政府部门和公司法方面的学者参加的研讨会，以及由部分高级人民法院和中级人民法院参加的法院系统研讨会。在两次研讨会后修改出了第三稿，并就此分别向全国人大常委会法工委、国务院法制办和国家工商总局，以及最高人民法院立案庭、民一庭、民三庭、民四庭和研究室等有关庭室书面征求意见。最高人民法院与全国人大常委会法工委就上述第三稿面对面进行了深入的沟通。在吸收、研究各方反馈意见后，形成第四稿，并于 2007 年 10 月二次书面征求全国人大常委会法工委意见。在收到全国人大常委会法工委书面反馈意见后，经再次修改形成第五稿。此外，最高人民法院民二庭审判长联席会对该司法解释稿逐条进行了讨论。至此，已全部完成征求意见工作，形成《公司法司法解释(二)》送审稿，并报最高人民法院审判委员会讨论通过。

二、《公司法司法解释(二)》中涉及的几个主要问题

(一) 股东请求解散公司诉讼案件的受理

股东请求解散公司诉讼案件作为特殊类型的公司诉讼案件，《公司法》第 183

条对案件的提起作出了特别规定，即当公司经营管理发生严重困难，继续存续会使股东利益受到重大损失，通过其他途径不能解决时，持有公司全部股东表决权10%以上的股东，可以请求人民法院解散公司。这里实际上包括三个内容，一是公司在什么情况下股东有权提起解散公司诉讼；二是具备什么资格的股东有权提起该类诉讼；三是提起该类诉讼需要有一定的前置条件。

第一，股东提起解散公司诉讼，除必须满足《民事诉讼法》第108条规定的起诉条件外，尚需要求其据以起诉的理由必须归结为“公司经营管理出现严重困难，继续存续会使股东利益受到重大损失”的事由，对此《公司法司法解释（二）》列举了四种情形，即公司持续两年以上无法召开股东会或者股东大会，公司经营管理发生严重困难的；股东表决时无法达到法定或者公司章程规定的比例，持续两年以上不能作出有效的股东会或者股东大会决议，公司经营管理发生严重困难的；公司董事长期冲突，且无法通过股东会或者股东大会解决，公司经营管理发生严重困难的；经营管理发生其他严重困难，公司继续存续会使股东利益受到重大损失的情形。这四种情形主要体现的是股东僵局和董事僵局所造成的公司经营管理上的严重困难，即公司处于事实上的瘫痪状态，体现公司自治的公司治理结构完全失灵，不能正常进行经营活动，如果任其继续存续，将会造成公司实质利益者即股东利益的损失，在这种情形下，应当赋予股东提起解散公司诉讼，保护其合法权益的救济渠道。如果股东在提起解散公司诉讼时，其起诉理由仅仅表述为知情权、利润分配请求权受到损害，或者公司经营严重亏损、财产不足以偿还全部债务，或者公司被吊销企业法人营业执照后未进行清算等的，因不属于《公司法》第183条所规定的解散公司诉讼案件提起的事由，因此在受理环节应将之拒之门外，即不能按解散公司诉讼案件予以受理，有关权利人应当通过提起知情权或利润分配请求权等股东权益诉讼，或者提出破产清算、强制清算申请等其他途径寻求司法救济。如果股东提起的事由按照《公司法》笼统表述为“公司经营管理出现严重困难，继续存续会使股东利益受到重大损失”，只要符合《民事诉讼法》案件受理条件和下面所述两个条件的，人民法院应予受理。至于其所述的事实和理由是否足以证明“公司经营管理出现严重困难，继续存续会使股东利益受到重大损失”，是否可以据此判决解散公司等，则属实体审理的范畴，不影响公司解散诉讼案件的受理。应当明确，本条列举的四项事由，既是解散公司诉讼案件受理时形式审查的法律依据，也是判决是否解散公司时实体审查的法律依据。

第二，对于提起解散公司诉讼案件的原告资格问题，《公司法》第183条之所以规定“持有公司全部股东表决权百分之十以上的股东”有权提起解散公司诉讼，系出于防止个别股东恶意诉讼（滥诉）损害其他股东和公司利益的目的，以期通过对股东所持股份比例的限制，在起诉股东和其他股东之间寻求一种利益上的平衡，并无他意。《公司法司法解释（二）》从立法本意理解，认为上述规定中的“持有”应当包括“单独持有”和“合计持有”两种情形，即单独持有公司全部股东表决权的10%以上的股东,可以独自提起解散公司诉讼,合计持有公司全部股东表决权10%以上的多个股东,也可作为共同原告向人民法院提起解散公司诉讼。

第三,《公司法》第183条规定的"通过其他途径不能解决"这个前置性条件,系基于对公司永久存续性特征的考虑,即当公司经营管理发生严重困难,继续存续会使股东利益受到重大损失时,还是寄希望于公司能够通过公司自治等方式解决股东、董事之间的僵局,从而改变公司瘫痪的状态,而不轻易赋予股东通过司法程序强制解散公司的权利。因此,人民法院在受理解散公司诉讼案件时,还是有必要审查这个条件是否成就。当然,对于何为"通过其他途径不能解决",人民法院可能更多的是形式审查,对于起诉股东而言其声明应归结为其已经采取了能够采取的其他方法而不能得到解决,"不得不"寻求司法救济的表述,该前置性条件的意义更多在于其导向性。《公司法司法解释(二)》虽然没有对此再作具体解释,但在所列提起该类诉讼的事由中已经有所体现,如"股东会或者股东大会持续两年以上无法召开"、"持续两年以上不能作出有效的股东会或者股东大会决议"("两年"的规定意在给股东以相对充分的时间自行解决矛盾)、"无法通过股东会或者股东大会解决"(董事僵局首先考虑通过股东会、股东大会更换董事等方式解决)等。

(二)股东请求解散公司诉讼案件的审理

因股东请求解散公司诉讼案件系修改后《公司法》规定的新类型案件,各地人民法院认识不统一,因此《公司法司法解释(二)》对该类案件审理中一些主要争议问题作出了明确的规定,包括:

第一,关于股东请求解散公司诉讼和公司清算案件的分离问题。实践中,股东在公司出现僵局、向人民法院起诉请求解散公司时,往往同时申请人民法院对该公司进行清算。《公司法司法解释(二)》之所以规定对这两个诉进行分离,原因在于:(1)两个诉的种类截然不同,股东请求解散公司诉讼是变更之诉,公司清算案件是非讼案件,审判程序不同,无法合并审理;(2)在股东提起解散公司诉讼时,公司解散的事实并未发生,公司是否解散尚需人民法院的生效判决予以确定;(3)即使人民法院判决解散后,按照《公司法》第184条的规定,原则上仍应由公司在解散事由出现之日起15日内成立清算组自行清算,只有在公司逾期不成立清算组进行清算时,方可向人民法院申请强制清算。故如果股东向人民法院提起诉讼请求解散公司时,同时申请人民法院对公司进行清算的,人民法院对其提出的清算申请不应予以受理,而应当告知原告,在人民法院判决解散公司后,可依据《公司法》第184条或者《公司法司法解释(二)》第7条的规定,自行清算或者另行申请人民法院对公司进行清算。

第二,关于股东请求解散公司诉讼中的保全问题。根据《民事诉讼法》第92条的规定,人民法院对于可能因当事人一方的行为或者其他原因,使判决不能执行或者难以执行的案件,可以根据对方当事人的申请,作出财产保全的裁定。从解散公司诉讼为变更之诉的特点和保全的目的上看,因财产保全系为了将来执行生效判决之便利,而变更之诉不同于给付之诉,其判决生效后仅仅变更了原有的法律关系,无财产给付的内容,不存在强制执行问题,因此,仅就解散公司诉讼案件并不存在财产保全的必要。但考虑到股东提起解散公司的诉讼系基于股东之间或董事之间的僵局,矛盾已经非常深,虽然判决解散后,理论上公司可能自行清算,但概率非常低,大多数情况还会启动强制清算程序。因此,为了将来公司强制清算的顺利进行和股东利益的保护,我们对变更之诉下的财产保全作出了例外规定。但同时,从兼顾公司和公司其他股东的利益,防止个别股东滥诉给公司和其他股东造成不必要损失的角度考虑,规定人民法院在此情形下进行财产保全,应当要求股东提供相应的担保,且以不影响公司正常经营为前提。对于股东提起的证据保全,应当符合《民事诉讼法》第 74 条的规定,即在证据可能灭失或者以后难以取得的情形下,人民法院依据诉讼参加人的申请可以予以保全。此处证据保全的意义,更多也在于将来公司清算的需要,与一般案件证据保全的目的有所差别。

第三,关于解散公司诉讼案件的当事人问题。鉴于解散公司诉讼案件性质上属于变更之诉,系变更股东和公司之间的出资与被出资的法律关系,属有关公司组织方面的诉讼,因此,股东请求解散公司诉讼的被告应当是公司。股东之间关于出资设立公司的协议随着公司的成立已经履行完毕,不存在解除设立协议,因此其他股东不应作为解散公司诉讼案件的被告。考虑到解散公司诉讼案件,一是可能影响到其他公司股东的利益,二是基于《公司法司法解释(二)》第 5 条,有关调解工作尚需其他股东参与诉讼,因此,如果原告股东在提起诉讼,应当告知其他股东,或者由人民法院通知其参加诉讼。其他股东或者有关利害关系人申请以共同原告或者第三人身份参加诉讼的,人民法院应予准许。

第四,关于股东请求解散诉讼审理中的调解问题。基于公司永久存续性特征,一般情况下,只要公司没有违反法律的强制性规定,在其非自愿解散时,公权力机关尽可能不去强制其解散。故在公司股东或者董事出现僵局时,尽管公司由于此僵局的深刻,已经无法正常经营管理,但只要尚有其他途径能够解决这种矛盾,也应尽可能采取其他方式来解决,从而使公司免于遭受解散的不幸命运。也正基于此考虑,《公司法》第 183 条特别规定,在通过其他途径不能解决时,才赋予股东请求解散公司的司法救济权利。而且,我们认为,即便股东依法诉诸于人民法院,人民法院仍有必要通过公权力的介入,尽可能通过股东离散而非公司解散的方式解决股东之间的矛盾,从而一方面使起诉股东的实质目的得到实现(即从公司退出,同时得到其应得的利益),另一方面,又维系了公司的存续,使公司及其他股东的利益得到了保全。基于此,我们强调,人民法院在审理解散公司诉讼时,应当特别注重调解,如能在法院主持调解下,通过公司或者股东收购股份,或者以减资等方式使公司继续的,应当尽可能以调解方式结案。在当事人不能协商一致使公司存续的,人民法院应当及时作出判决(当事人不服该判决,有权提起上诉)。

第五,关于人民法院就是否解散公司作出的生效判决的约束力问题。人民法院就是否解散公司作出的生效判决,对参加诉讼的当事人和未参加诉讼的公司其他股东具有当然的既判力,其基础还是源于解散公司之诉,系有关公司组织的诉讼本质。判决解散公司的,因公司解散事由的出现,公司必将进入清算阶段,最终因清算完毕而终结,该判决当然对公司和公司其他股东,甚至包括公司的董事、监事、高管人员和职工等均有效力;判决驳回原告股东的诉讼请求的,因人民法院对原告据以提起解散公司的具体事实和理由已经作出了生效判决,在其据以主张解散公司的事实和理由不能得到法院支持的情况下,根据一事不再理原则,提起该诉讼的股东和公司的其他股东不能再以相同的事实和理由向人民法院提起诉讼请求解散公司。这里应当注意两个问题:(1)“同一事实和理由”系指“同一个”事实和理由,而非“同类”事实和理由。(2)之所以将“提起该诉讼的股东”和“公司其他股东”分别列举表述,意在强调解散公司诉讼系针对公司组织方面的诉讼,故人民法院对解散公司诉讼作出的判决,对公司所有股东具有法律效力,尤其强调对“公司其他股东”(包括未参加诉讼的股东和作为第三人的股东)具有法律约束力。在人民法院判决驳回原告股东的诉讼请求后,不但该原告股东不得再以同一事实和理由提起解散公司诉讼,而且其他公司股东亦不得再以同一事实和理由提起解散公司诉讼。

(三)公司清算案件的审理

根据《公司法》第184条的规定,公司解散应当自行组织清算,公司逾期不成立清算组进行清算的,债权人可以申请人民法院指定有关人员组成清算组进行清算,人民法院应当受理该申请,并及时组织清算组进行清算。当公司解散后,公司原则上应当自行组织清算,公司未能自行清算(包括主观上不清算)时,基于对有关权利人利益保护以及社会经济秩序维护的考虑,应赋予有关权利人向人民法院提起强制清算申请的司法救济权利。

《公司法司法解释(二)》对于公司清算案件提起的事由规定为以下三个事由:公司解散逾期不能组成清算组进行清算;虽然成立清算组但故意拖延清算;违法清算可能严重损害公司债权人或者股东利益的。其中后两个事由实际上是从自行清算向强制清算的转化。对于公司强制清算申请的主体,《公司法》第184条仅规定债权人可以申请,而未规定公司的股东亦可提出此申请。考虑到实践中,当股东之间矛盾深刻解散时,公司解散不清算(公司为控制股东等操控)对公司其他股东利益的严重损害亦需相应的法律救济手段,甚至股东提起公司清算的愿望远远甚于债权人,因此,除债权人有权向人民法院提出对公司进行清算的申请外,《公司法司法解释(二)》将提出强制清算申请的权利主体扩大到了公司的股东。这里应当强调,债权人或者股东向人民法院申请对公司进行强制清算时,如果公司已经出现明显的破产原因的,从公司强制清算程序启动的原因和节约诉讼成本、提高清算效率的角度看,不宜按照公司清算案件受理,而应当告知其根据《企业破产法》的规定直接向人民法院申请破产清算。

申请人民法院对公司进行清算的案件,性质上属于非讼案件,类似于我们熟悉的破产案件,只不过由于启动的原因和进行的清算程序不同,人民法院介入的程度不同而已。因强制清算案件受理的理论前提是公司财产足以偿还全部债务,故在这种清算程序中,人民法院介入的程度相对于破产清算而言非常有限,同时作为破产清算中的一个重要机构——债权人会议在强制清算中是不存在的(因其权利能够全部实现)。人民法院在审理公司强制清算案件中应主要从以下几个方面介入并监督清算的进行:

第一,指定清算组成员。人民法院受理公司清算案件,应当及时指定有关人员组成清算组。考虑到强制清算中公司的财产尚足以偿还全部债务,故其清算组成员不以与公司或者公司债权人没有利害关系为必要条件,此与破产清算的管理人有所不同。因公司的股东、董事、监事、高级管理人员对公司的财产、负债等情况更为了解,其作为清算组成员有利于清算的顺利进行(尤其是公司股东还存在剩余财产分配权利的实现问题),故规定清算组成员可以由公司的股东、董事、监事、高级管理人员组成,而且原则上应当是优先从公司的股东、董事、监事、高级管理人员中指定清算组成员。同时,从清算事务专业化特点考虑,我们规定依法设立的律师事务所、会计师事务所、破产清算事务所等社会中介机构,或者上述中介机构中具备相关专业知识并取得执业资格的人员也可作为清算组成员。这样规定,也是为将来制定统一的清算法和建设职业化清算人队伍作出的设计。

第二,更换清算组成员。清算组成员是否能够严格按照法律、行政法规的规定进行清算,以及是否具备执业能力或者民事行为能力等,直接决定了清算是否能够依法进行,以及公司债权人、股东等的利益是否能够依法得到实现。因此,当人民法院指定的清算组成员存在违反法律或者行政法规,丧失执业能力或者民事行为能力,或者有严重损害公司或者债权人利益的行为时,应当及时予以更换。清算组成员的更换,包括人民法院依公司债权人或者股东的申请更换,以及依职权更换两种情形。

第三,确认清算方案。清算方案是否合法是清算能否依法完成的前提,在整个清算过程中起着承上启下的作用。故人民法院组织的公司清算,清算组制作的清算方案应当报经人民法院确认后方可执行。人民法院对清算方案的确认程序,是为了避免清算组的故意或者过失行为,而影响清算的依法进行,损害相关权利人的合法权益。只有经确认的清算方案始产生应有的法律效力。如果清算方案未经确认,清算组即予执行,因此给公司股东或者债权人造成损失的,应当由清算组成员承担。

第四,决定是否延长清算期限。为了尽快完成清算,防止久清不决,造成财产自然减损等不必要的损失,《公司法司法解释(二)》规定,人民法院指定的清算组应当在清算组成立之日起6个月内清算完毕。因特殊情况无法在6个月内完成清算的,清算组应当向人民法院申请延长。人民法院可以根据实际情况决定适当延长清算期限。

第五,确认清算报告。根据《公司法》第189条的规定,公司强制清算结束后,清算组制作的清算报告,需报人民法院确认。

第六,裁定终结强制清算程序。人民法院确认清算报告后尚需裁定终结清算程序。这里应当注意,公司清算案件不是人民法院指定了清算组成员就审结了,还需要监督整个清算程序完毕、裁定终结清算程序后,案件才算审结。

(四)债权的补充申报

对于超过债权申报期限的债权能否申报问题,《公司法》未作规定。我国新的《企业破产法》第56条规定,在人民法院确定的债权申报期限内,债权人未申报债权的,可以在破产财产最后分配前补充申报;但是,此前已进行的分配,不再对其补充分配。为审查和确认补充申报债权的费用,由补充申报人承担。《企业破产法》的这一规定,改变了旧的破产法律制度下"逾期未申报债权的,视为放弃债权"的立法模式(《民事诉讼法》(1991年发布)第200条)。鉴于企业破产法关于债权补充申报制度的确立,有利于债权人的充分保护,因此,《公司法司法解释(二)》在公司清算中沿用了该先进的立法思路,对已经超过申报期限的债权,允许其补充申报并获得清偿。考虑到公司清算与破产清算中股东是否享有剩余财产分配权存在差异,而《公司法司法解释(二)》又通过对股东在公司清算程序中已获得剩余财产分配予以回转的方式,对补充申报债权人进行保护,因此,《公司法司法解释(二)》没有采纳《企业破产法》"破产财产最后分配完毕前"作为补充申报债权的截止时间的立法模式,而是以"清算程序是否终结"作为公司清算中债权人是否有权补充申报债权的时间点,即公司清算结束后,清算组制作的清算报告经股东会、股东大会确认(自行清算程序下),或者经人民法院确认(强制清算下)程序完成前,债权人有权补充申报债权。

根据债权人补充申报的时间不同,《公司法司法解释(二)》作了以下几个层次的规定:(1)对补充申报的债权,首先在尚未分配财产部分受偿。(2)当所剩余未分配财产不足以清偿其债务时,如果此时公司股东已经获得了剩余财产的分配(前提是公司清算程序尚未终结),债权人可以请求在公司股东分配所得财产中受偿。但债权人对未在规定期限内申报债权有重大过错的,如清算组依法通知其申报债权,而其因为自己的原因(非不可抗力)没有及时申报债权的,其所补充申报债权以所剩未分配财产不足以清偿其债务的,债权人无权再要求在公司股东已经分配的所得财产中受偿。这样规定,主要是为了在存在过错的债权人和股东之间寻求一种利益上的平衡:在补充申报债权人存在重大过错的情形下,基于正常清算程序已经完成的剩余财产分配应为有效,不得因为债权的补充申报而否定原已进行行为的效力;除非补充申报债权人未及时申报债权系基于清算组的故意或重大过失,或者不可抗拒的原因造成的,才通过适当否定股东剩余财产分配部分的效力,以保护补充申报债权人利益;但是,这种对已进行清算程序的否定绝对不能及于已实现债权的其他债权人。(3) 如果所剩未分配财产和股东分配所得财产仍不足以清偿其债务(即公司事实上已经出现了破产原因)的,债权人无权要求以已经分配给其他债权人的财产获得清偿,亦无权以公平受偿为目的向人民法院提出破产清算的申请。

(五) 公司强制清算下的协商机制

根据《公司法》第188条的规定,原则上清算组在清理公司财产、编制资产负债表和财产清单后,发现公司财产不足以清偿债务的,应当依法向人民法院申请宣告破产。但考虑到,追求效率是公司清算的一个重要价值目标,严格而不失快捷地使已经出现解散事由的公司退出市场,一方面,可以将其给各方利益和社会利益造成的损失降低到最小;另一方面,在现代市场经济条件下,对于竞争中不再具有活力的公司,从经济学的角度看,也需要通过合法的途径尽快使公司消灭,打破旧的公司形式,将原公司名下集合的各种生产要素和其他有效的社会资源解放出来,通过资本市场的优化组合,重归生产要素市场,使有限的社会资源得以充分利用,从而提高整个社会的经济效率。因此,如果公司清算中出现破产原因时,债权人能够基于意思自治自行协商通过债务清偿方案,则无必要当然进入破产清算程序。如果当然进入破产程序,对于公司的债权人而言,由于破产程序的费时、费力、费钱,其所获得的利益可能低于公司清算中及时协商所获得的利益,故《公司法司法解释(二)》在公司强制清算中设置了协商机制。这个制度设置的根本目的在于清算效率的追求,即以较小的投入获得较大的产出,通过协商方式确定债务的清偿以尽快了结清算程序,节约经济成本,同时实现破产程序下解决的公平受偿问题。日本、韩国以及我国台湾地区公司法中均有类似的制度。

这里应当注意:(1) 债务清偿方案系经全体债权人确认通过,属意思自治的范畴,在此情形下不存在债权人利益受损问题。(2) 全体债权人通过的债务清偿方案还应当以不损害其他利害关系人的利益为前提,以避免在此环节下对其他利害关系人造成不当侵害。(3) 债务清偿方案尚需经人民法院确认始具有法律效力。引入人民法院的审查程序,意在通过严格程序避免协商方式造成债权人或者其他利害关系人合法利益的损害发生。人民法院审查债务清偿方案主要是考虑该方案是否公平合理,对于在破产清算下享有优先权利的权利人是否优先得到了保障,同一顺序的债权人是否得到了公平的对待,当然,不排除基于意思自治下享有优先权利的权利人主动放弃优先权,或者同一顺序的债权人一致同意按照不同的清偿比例清偿债务。(4) 如果债权人不能协商一致形成有效的债务清偿方案,或者人民法院经审查不予认可的,则应当及时转入破产清算程序,通过公平受偿了结债务。《公司法司法解释(二)》仅就进入司法程序的强制清算中的协商机制作出了规定;自行清算自始并未进入司法程序,因此未作规定,但从理论上看,只要不损害有关利害关系人的合法权益,又经全体债权人意思表示一致同意的,应该不为法律所禁止。

（六）公司解散和公司终止的关系

公司解散是指引起公司人格消灭的法律事实，除公司因合并、分立需要解散的外，公司因本身不能存续的事由导致的解散，是公司终止的原因和前奏，或者说是公司终止程序的一个环节。因公司作为独立的法人，解散时不存在类似自然人死亡的继承制度，故公司解散并不立即导致公司人格的消灭，而是应当停止积极活动，进入清算程序，了结公司既有的法律关系，进入公司消灭的事实状态和法律状态。公司在清算目的范围内视为依然存续，清算中的公司与解散事由出现前的公司在法律人格上系同一民事主体。对此，《公司法》已经作出了明确规定。在此基础上，《公司法司法解释（二）》明确公司出现解散事由、依法清算完毕前，有关公司的民事诉讼，仍应以公司自己的名义进行。公司解散后依法成立的清算组取代原公司执行机关，行使清算中公司的代表及执行机关的职能，对内执行清算事务，对外代表公司了结债权债务，在清算目的范围内，与解散事由出现前公司的机关具有同等的法律地位，只不过清算组的任务是清理公司的债权债务，而解散前公司机关的任务是管理公司事务从事经营活动，二者虽然在行为内容上不同，但其身份是相同的。因此，公司出现解散事由、依法清算完毕前，有关公司的民事诉讼，成立清算组的，应当由清算组负责人代表公司参加诉讼活动；没有成立清算组的，则仍由原法定代表人代表公司参加诉讼活动。另外，公司进入破产清算程序的，虽然不属于《公司法》下的解散概念，但从广义上看破产清算程序的启动仍然属于解散事由之一，破产企业自破产清算完毕并办理注销登记之日起终止。因此，人民法院受理破产申请后，有关破产企业的民事诉讼仍然是以公司的名义进行，由管理人或者管理人的负责人代表公司参加诉讼活动。

（七）清算义务人及其民事责任

在目前的司法实践中，大量公司解散后应当清算而不清算，甚至故意借解散之机逃废债务的现象非常突出。规范公司的退出机制，保护债权人合法权益不受侵害，是《公司法司法解释（二）》制定的一个主要动因。《公司法司法解释（二）》通过对清算义务人及其应清算不清算民事责任的界定，旨在强化清算义务人依法清算的法律责任，建立一个健康、有序的法人退出机制。根据《公司法》第 184 条的规定，有限责任公司的股东，股份有限公司的董事和控股股东有义务及时启动清算程序对公司进行清算，即有限责任公司的股东和股份有限公司的董事、控股股东应为公司解散后的清算义务人。这里要注意区分清算义务人和清算人两个不同概念。清算义务人是指依法负有启动清算程序的主体，其义务在于根据法律规定及时启动相应的清算程序以终止法人。清算人是指具体负责清算事务的主体，其义务在于依照法定程序进行清算。

《公司法司法解释（二）》规定了清算义务人应当清算而没有清算时，应当承担相应的民事责任，包括：(1) 清算义务人未在法定期限内成立清算组开始清算，导致公司财产贬值、流失、毁损或者灭失的,应当在造成损失的范围内对公司债务承担赔偿责任。该责任是从法人财产制度和侵权责任角度作出的规定。这里,应当适用因果关系推定和举证责任倒置规则,即公司财产经强制执行不能清偿债务部分,应推定为清算义务人未及时清算所造成的债权人的损失,原则上,清算义务人应当在此损失范围内对公司债务承担赔偿责任;如果清算义务人能够举证证明该损失非因其未及时清算造成的,则可以免责。(2) 因清算义务人怠于履行及时启动清算程序以及保管等义务,导致公司主要财产、账册、重要文件等灭失,无法进行清算的,以及公司未经清算即办理注销登记,导致公司无法进行清算的,即应直接对公司债务承担清偿责任。上述情形如系实际控制人原因造成的,则实际控制人亦应对公司债务承担相应的民事责任。该责任的规定,根本目的在于督促清算义务人依法组织清算,规范法人退出机制,保护债权人的应有利益,以解决我国目前实践中该清算不清算的突出问题。除了有事后救济的法律价值外,更多的价值在于警示、引导作用。清算义务人在对借解散逃废债务(其后果是承担上述清算义务人民事责任)和依法清算了结公司债务(其后果是享有有限责任制度的庇护)进行利益权衡基础上所作出的抉择,不存在对其权利的侵犯问题。基于上述原因,公司所有清算义务人在对外承担责任时相互之间系连带责任,因此其中一人或者数人对外承担上述民事责任后,还存在内部责任根据过错大小的分担问题。

(八) 清算组(人)及其民事责任

清算组作为公司解散清算中的一个重要机关,负责整个清算工作,因此,其在执行清算事务时能否依法进行,直接决定着公司能否依法清算,意义非常重大。我国《公司法》下尚无清算人的概念,因此当清算组从事清算事务时,违反法律、行政法规或者公司章程给公司或者债权人造成损失时,《公司法》将其民事责任落实到清算组成员身上。清算组成员对外责任系连带责任,对内可根据实际过错追究具体成员的民事责任。公司解散事由出现后,依法成立的清算组代替原公司执行机关董事会,行使清算中公司的代表及执行机关的职能,在清算目的范围内,与原公司机关具有同等的法律地位。根据《公司法》第 150 条和第 190 条关于"董事、监事、高级管理人员执行公司职务时违反法律、行政法规或者公司章程的规定,给公司造成损失的,应当承担赔偿责任","清算组成员应当忠于职守,依法履行清算义务……清算组成员因故意或者重大过失给公司或者债权人造成损失的,应当承担赔偿责任"的规定,在公司清算过程中,当清算组成员在从事公司清算事务时违反法律、行政法规或者公司章程的规定,给公司或者债权人造成损失的,应当对公司或者债权人承担赔偿责任。如,清算组未依法将公司解散清算事宜通知或者公告债权人,导致债权人未及时申报债权而未获清偿所造成的损失,清算组执行未经确认的清算方案给公司或者债权人所造成的损失,以及清算组未在法定期限内清算完毕给债权人或者公司所造成的损失等,清算组成员均应承担相应的赔偿责任。

在公司清算过程中,公司实质上为清算组所控制,因此完全可能出现类似公司正常存续下,董事、监事、高级管理人员控制公司时,因其自身违法行为给公司造成损失的情形,不可能主动以公司名义向自己主张权利。因此,当清算组成员清算中因故意或者重大过失给公司造成损失时,如果公司怠于向清算组成员主张权利的,股东有权参照《公司法》第152条关于股东代表诉讼的规定,为了公司的利益(表面上是公司的利益,实质上是为了股东自己的利益——股东为公司利益的实际受益者,清算中股东系为了其剩余财产分配权利的实现)以自己的名义直接向人民法院提起诉讼。此为股东代表诉讼制度在公司清算期间的特殊体现。在股东提起的股东代表诉讼中,应当将公司列为第三人,诉讼的结果归于公司所有,在清算中一并处理。

当公司已经因清算完毕而终止后,股东发现清算组成员执行事务不当造成其损失的(无剩余财产分配或者数额不足),亦可向清算组成员主张权利。因清算组成员清算中故意或者重大过失所造成的损失,首先是对公司亦即全体股东造成的损失,而非仅针对原告股东,因此,在这里还不宜简单视为直接诉讼,而应当视为本质上还是代表公司诉讼(准确说应当是代表全体股东诉讼)——尽管此时公司已经消灭,形式上不再满足代表诉讼的特点。因此,此时股东参照《公司法》第152条的规定,直接以清算组成员为被告、其他股东为第三人向人民法院提起诉讼的,人民法院亦应予以受理。

附件1 最高人民法院《关于适用〈中华人民共和国公司法〉若干问题的规定(二)》

(2008年5月12日法释〔2008〕6号公布,自2008年5月19日起施行)

为正确适用《中华人民共和国公司法》,结合审判实践,就人民法院审理公司解散和清算案件适用法律问题作出如下规定。

第一条 单独或者合计持有公司全部股东表决权百分之十以上的股东,以下列事由之一提起解散公司诉讼,并符合公司法第一百八十三条规定的,人民法院应予受理:

(一)公司持续两年以上无法召开股东会或者股东大会,公司经营管理发生严重困难的;

(二)股东表决时无法达到法定或者公司章程规定的比例,持续两年以上不能作出有效的股东会或者股东大会决议,公司经营管理发生严重困难的;

(三)公司董事长期冲突,且无法通过股东会或者股东大会解决,公司经营管理发生严重困难的;

(四)经营管理发生其他严重困难,公司继续存续会使股东利益受到重大损失的情形。

股东以知情权、利润分配请求权等权益受到损害,或者公司亏损、财产不足以偿还全部债务,以及公司被吊销企业法人营业执照未进行清算等为由,提起解散公司诉讼的,人民法院不予受理。

第二条 股东提起解散公司诉讼,同时又申请人民法院对公司进行清算的,人民法院对其提出的清算申请不予受理。人民法院可以告知原告,在人民法院判决解散公司后,依据公司法第一百八十四条和本规定第七条的规定,自行组织清算或者另行申请人民法院对公司进行清算。

第三条 股东提起解散公司诉讼时,向人民法院申请财产保全或者证据保全的,在股东提供担保且不影响公司正常经营的情形下,人民法院可予以保全。

第四条 股东提起解散公司诉讼应当以公司为被告。

原告以其他股东为被告一并提起诉讼的,人民法院应当告知原告将其他股东变更为第三人;原告坚持不予变更的,人民法院应当驳回原告对其他股东的起诉。

原告提起解散公司诉讼应当告知其他股东,或者由人民法院通知其参加诉讼。其他股东或者有关利害关系人申请以共同原告或者第三人身份参加诉讼的,人民法院应予准许。

第五条 人民法院审理解散公司诉讼案件,应当注重调解。当事人协商同意由公司或者股东收购股份,或者以减资等方式使公司存续,且不违反法律、行政法规强制性规定的,人民法院应予支持。当事人不能协商一致使公司存续的,人民法院应当及时判决。

经人民法院调解公司收购原告股份的,公司应当自调解书生效之日起六个月内将股份转让或者注销。股份转让或者注销之前,原告不得以公司收购其股份为由对抗公司债权人。

第六条 人民法院关于解散公司诉讼作出的判决,对公司全体股东具有法律约束力。

人民法院判决驳回解散公司诉讼请求后,提起该诉讼的股东或者其他股东又以同一事实和理由提起解散公司诉讼的,人民法院不予受理。

第七条 公司应当依照公司法第一百八十四条的规定,在解散事由出现之日起十五日内成立清算组,开始自行清算。

有下列情形之一,债权人申请人民法院指定清算组进行清算的,人民法院应予受理:

(一)公司解散逾期不成立清算组进行清算的;

(二)虽然成立清算组但故意拖延清算的;

(三)违法清算可能严重损害债权人或者股东利益的。

具有本条第二款所列情形,而债权人未提起清算申请,公司股东申请人民法院指定清算组对公司进行清算的,人民法院应予受理。

第八条 人民法院受理公司清算案件,应当及时指定有关人员组成清算组。

清算组成员可以从下列人员或者机构中产生:

(一)公司股东、董事、监事、高级管理人员;

(二)依法设立的律师事务所、会计师事务所、破产清算事务所等社会中介机构;

(三)依法设立的律师事务所、会计师事务所、破产清算事务所等社会中介机构中具备相关专业知识并取得执业资格的人员。

第九条 人民法院指定的清算组成员有下列情形之一的,人民法院可以根据债权人、股东的申请,或者依职权更换清算组成员:

(一)有违反法律或者行政法规的行为;

(二)丧失执业能力或者民事行为能力;

(三)有严重损害公司或者债权人利益的行为。

第十条 公司依法清算结束并办理注销登记前,有关公司的民事诉讼,应当以公司的名义进行。

公司成立清算组的,由清算组负责人代表公司参加诉讼;尚未成立清算组的,由原法定代表人代表公司参加诉讼。

第十一条 公司清算时,清算组应当按照公司法第一百八十六条的规定,将公司解散清算事宜书面通知全体已知债权人,并根据公司规模和营业地域范围在全国或者公司注册登记地省级有影响的报纸上进行公告。

清算组未按照前款规定履行通知和公告义务,导致债权人未及时申报债权而未获清偿,债权人主张清算组成员对因此造成的损失承担赔偿责任的,人民法院应依法予以支持。

第十二条 公司清算时,债权人对清算组核定的债权有异议的,可以要求清算组重新核定。清算组不予重新核定,或者债权人对重新核定的债权仍有异议,债权人以公司为被告向人民法院提起诉讼请求确认的,人民法院应予受理。

第十三条 债权人在规定的期限内未申报债权,在公司清算程序终结前补充申报的,清算组应予登记。

公司清算程序终结,是指清算报告经股东会、股东大会或者人民法院确认完毕。

第十四条 债权人补充申报的债权,可以在公司尚未分配财产中依法清偿。公司尚未分配财产不能全额清偿,债权人主张股东以其在剩余财产分配中已经取得的财产予以清偿的,人民法院应予支持;但债权人因重大过错未在规定期限内申报债权的除外。

债权人或者清算组,以公司尚未分配财产和股东在剩余财产分配中已经取得的财产,不能全额清偿补充申报的债权为由,向人民法院提出破产清算申请的,人民法院不予受理。

第十五条 公司自行清算的,清算方案应当报股东会或者股东大会决议确认;人民法院组织清算的,清算方案应当报人民法院确认。未经确认的清算方案,清算组不得执行。

执行未经确认的清算方案给公司或者债权人造成损失,公司、股东或者债权人主张清算组成员承担赔偿责任的,人民法院应依法予以支持。

第十六条 人民法院组织清算的,清算组应当自成立之日起六个月内清算完毕。

因特殊情况无法在六个月内完成清算的,清算组应当向人民法院申请延长。

第十七条 人民法院指定的清算组在清理公司财产、编制资产负债表和财产清单时,发现公司财产不足清偿债务的,可以与债权人协商制作有关债务清偿方案。

债务清偿方案经全体债权人确认且不损害其他利害关系人利益的,人民法院可依清算组的申请裁定予以认可。清算组依据该清偿方案清偿债务后,应当向人民法院申请裁定终结清算程序。

债权人对债务清偿方案不予确认或者人民法院不予认可的,清算组应当依法向人民法院申请宣告破产。

第十八条 有限责任公司的股东、股份有限公司的董事和控股股东未在法定期限内成立清算组开始清算,导致公司财产贬值、流失、毁损或者灭失,债权人主张其在造成损失范围内对公司债务承担赔偿责任的,人民法院应依法予以支持。

有限责任公司的股东、股份有限公司的董事和控股股东因怠于履行义务,导致公司主要财产、账册、重要文件等灭失,无法进行清算,债权人主张其对公司债务承担连带清偿责任的,人民法院应依法予以支持。

上述情形系实际控制人原因造成,债权人主张实际控制人对公司债务承担相应民事责任的,人民法院应依法予以支持。

第十九条 有限责任公司的股东、股份有限公司的董事和控股股东,以及公司的实际控制人在公司解散后,恶意处置公司财产给债权人造成损失,或者未经依法清算,以虚假的清算报告骗取公司登记机关办理法人注销登记,债权人主张其对公司债务承担相应赔偿责任的,人民法院应依法予以支持。

第二十条 公司解散应当在依法清算完毕后,申请办理注销登记。公司未经清算即办理注销登记,导致公司无法进行清算,债权人主张有限责任公司的股东、股份有限公司的董事和控股股东,以及公司的实际控制人对公司债务承担清偿责任的,人民法院应依法予以支持。

公司未经依法清算即办理注销登记,股东或者第三人在公司登记机关办理注销登记时承诺对公司债务承担责任,债权人主张其对公司债务承担相应民事责任的,人民法院应依法予以支持。

第二十一条 有限责任公司的股东、股份有限公司的董事和控股股东,以及公司的实际控制人为二人以上的，其中一人或者数人按照本规定第十八条和第二十条第一款的规定承担民事责任后，主张其他人员按照过错大小分担责任的，人民法院应依法予以支持。

第二十二条 公司解散时，股东尚未缴纳的出资均应作为清算财产。股东尚未缴纳的出资，包括到期应缴未缴的出资，以及依照公司法第二十六条和第八十一条的规定分期缴纳尚未届满缴纳期限的出资。

公司财产不足以清偿债务时，债权人主张未缴出资股东，以及公司设立时的其他股东或者发起人在未缴出资范围内对公司债务承担连带清偿责任的，人民法院应依法予以支持。

第二十三条 清算组成员从事清算事务时，违反法律、行政法规或者公司章程给公司或者债权人造成损失，公司或者债权人主张其承担赔偿责任的，人民法院应依法予以支持。

有限责任公司的股东、股份有限公司连续一百八十日以上单独或者合计持有公司百分之一以上股份的股东，依据公司法第一百五十二条第三款的规定，以清算组成员有前款所述行为为由向人民法院提起诉讼的，人民法院应予受理。

公司已经清算完毕注销，上述股东参照公司法第一百五十二条第三款的规定，直接以清算组成员为被告、其他股东为第三人向人民法院提起诉讼的，人民法院应予受理。

第二十四条 解散公司诉讼案件和公司清算案件由公司住所地人民法院管辖。公司住所地是指公司主要办事机构所在地。公司办事机构所在地不明确的，由其注册地人民法院管辖。

基层人民法院管辖县、县级市或者区的公司登记机关核准登记公司的解散诉讼案件和公司清算案件；中级人民法院管辖地区、地级市以上的公司登记机关核准登记公司的解散诉讼案件和公司清算案件。

最高人民法院《关于适用〈中华人民共和国公司法〉若干问题的规定(二)》第18条的理解与适用

最高人民法院《关于适用〈中华人民共和国公司法〉若干问题的规定(二)》(以下简称《公司法司法解释(二)》)的施行,对于规范公司退出市场行为,维护市场运行秩序,依法妥善审理公司解散和清算案件,维护和促进经济社会和谐稳定发挥了重要的作用。鉴于实践中对《公司法司法解释(二)》第18条第2款的理解和适用存在一定的模糊认识,现特对该条文作出进一步的解释和说明。

第一,有限责任公司的股东、股份有限公司的董事和控股股东"怠于履行义务",包括怠于履行依法及时启动清算程序进行清算的义务,也包括怠于履行妥善保管公司财产、账册、重要文件等的义务。

第二,该款的落脚点在于"无法进行清算",即由于有限责任公司的股东、股份有限公司的董事和控股股东怠于履行及时启动清算程序进行清算的义务,以及怠于履行妥善保管公司财产、账册、重要文件等义务,导致公司清算所必须的公司财产、账册、重要文件等灭失而无法清算,如公司清算义务人、主要责任人员下落不明,或公司重要会计账簿、交易文件等灭失,无法查明公司资产负债情况的;或公司主要财产灭失无法合理解释去向的;或因公司财务制度不规范,无法确定公司账簿真实性和完整性而无法清算的;等等。在此情况下,有限责任公司的股东、股份有限公司的董事和控股股东要对公司的债务承担连带清偿责任。如果仅仅是有限责任公司的股东、股份有限公司的董事和控股股东未在法定的15日期限内组成清算组开始清算,但并未达到"无法清算"的程度的,应适用《公司法司法解释(二)》第18条第1款的规定,即由上述清算义务人在造成法人财产减少的范围内对公司债务承担补充赔偿责任。这里要注意,在公司出现解散事由后,有限责任公司的股东、股份有限公司的董事和控股股东该依法清算不依法进行清算时,对其民事责任的追究,《公司法司法解释(二)》第18条第1款的适用为一般性原则,第2款的适用为特例,即只有在有限责任公司的股东、股份有限公司的董事和控股股东怠于履行义务导致公司事实上已经无法清算的情况下,其对公司债务承担的是无限责任,而一般不作为的情况下,有限责任公司的股东、股份有限公司的董事和控股股东对公司债务承担的是补充赔偿责任。在根据《公司法司法解释(二)》第18条第1款确定有限责任公司的股东、股份有限公司的董事和控股股东不作为给债权人造成的损失范围时,应当适用因果关系推定和举证责任倒置两个原则来确定。公司出现非破产原因的解散事由时,原则上推定只要公司依法进行清算,债权人在清算程序中理应得到全额的清偿,但是,由于有限责任公司的股东、股份有限公司的董事和控股股东没有及时启动清算程序清偿债务,债权人在经强制执行债务人财产不能获得清偿的部分,应当首先推定为有限责任公司的股东、股份有限公司的董事和控股股东未及时启动清算程序所造成的公司责任财产的减少部分,这时,除非有限责任公司的股东、股份有限公司的董事和控股股东能够举证证明该部分法人财产的减少不是其不作为造成的,而是天灾人祸等其他原因造成,或者在出现解散事由时公司已经出现破产原因等,否则有限责任公司的股东、股份有限公司的董事和控股股东应对公司不能清偿债权人的部分予以清偿。

第三,"无法清算"情形下对有限责任公司的股东、股份有限公司的董事和控股股东无限责任的追究,不以启动清算程序为前提。只要债权人能够举证证明由于有限责任公司的股东、股份有限公司的董事和控股股东怠于履行义务,导致公司主要财产、账册、重要文件等灭失,无法进行清算的,人民法院即应对其要求有限责任公司的股东、股份有限公司的董事和控股股东等清算义务人承担连带责任的诉讼请求予以支持。这里主要是举证问题。如果债权人无法自行举证证明债务人"无法清算"的,可以先行向人民法院申请对债务人进行破产清算或者强制清算。人民法院依法受理债权人的破产清算申请或者强制清算申请后,由于债务人"人去楼空"无人提交,或者债务人的有关人员拒不向人民法院提交,或者提交不真实的财产状况说明、债务清册、债权清册、有关财务会计报告以及职工工资的支付情况和社会保险费用的缴纳情况,人民法院以无法清算或者无法依法全面清算为由裁定终结破产清算程序或者强制清算程序的,债权人可以依据人民法院作出的终结裁定另行向人民法院提起诉讼,请求判决有限责任公司的股东、股份有限公司的董事和控股股东等清算义务人对公司债务承担无限责任,人民法院可以根据破产清算和强制清算中作出的无法清算和无法依法全面清算的裁定,径行判决有限责任公司的股东、股份有限公司的董事和控股股东对公司债务承担清偿责任,而无需债权人再行举证证明,即人民法院作出的无法清算和无法依法全面清算的终结裁定具有当然的证据效力。

最高人民法院《关于审理公司强制清算案件工作座谈会纪要》的理解与适用

当前一段时间以来,因受国际金融危机和世界经济衰退的影响,公司经营困难引发的公司强制清算案件大幅度增加。虽然《公司法》和最高人民法院《关于适用〈中华人民共和国公司法〉若干问题的规定(二)》(以下简称《公司法司法解释(二)》)对公司强制清算案件审理中的有关问题已作出规定,但鉴于该类案件非讼程序的特点和目前清算程序规范的不完善,有必要进一步明确该类案件的审理原则,细化有关程序和实体规定,更好地规范公司退出市场的行为,维护市场运行秩序,依法妥善审理公司强制清算案件,维护和促进经济社会和谐稳定。为此,最高人民法院在广泛调研的基础上,于2009年9月15日至16日在浙江省绍兴市召开了全国部分法院审理公司强制清算案件工作座谈会。与会代表通过认真讨论,就有关审理公司强制清算案件中涉及的主要问题达成了共识。最高人民法院于2009年11月4日公布了法发〔2009〕52号《关于审理公司强制清算案件工作座谈会纪要》(以下简称《纪要》),现就该《纪要》涉及的审理公司强制清算案件中的主要问题加以阐释。

一、最高人民法院出台该《纪要》的背景

《公司法》第十章对人民法院强制清算案件的受理,以及清算组的职权、通知债权人、申报债权、确认清算方案、清偿顺序、剩余财产分配、清算程序与破产程序的衔接、清算报告的确认,以及清算组的责任和义务等问题作出了基本规定。同时,最高人民法院《民事案件案由规定》第22条“与公司有关的纠纷”第261款也明确规定了公司清算纠纷这一案由。各地人民法院在根据上述规定审理公司强制清算案件的过程中反映,鉴于上述规定比较笼统,以及强制清算案件非讼性的特点,法院在审理该类案件时缺乏具体、翔实、可操作性的法律规范,导致法院此类型案件的审理进展困难,且存在司法尺度不一的状况。虽然《公司法司法解释(二)》在公司法的基础上已对程序性规范作出了一定规定,但仍然无法满足审判实践的需要。部分高级法院自行出台了有关公司强制清算方面的规范意见,以解决本辖区内审理相关案件规范依据不足的问题。在当前受国际国内宏观经济形势影响,许多公司资金链断裂、经营严重困难、公司大量解散的背景下,债权人、股东和公司的利益纷争和矛盾严重冲突,人民法院受理的公司强制清算案件呈激增

状态,商事审判工作面临新的挑战。为充分发挥人民法院商事审判的职能作用,指导各级人民法院正确审理公司强制清算案件,规范市场主体退出机制,维护市场运行秩序,保障经济平稳较快发展,最高人民法院民二庭在充分调研并就相关问题征求专家、学者和本院有关部门意见的基础上,于2009年9月15日至16日在浙江省绍兴市召开了全国部分法院审理公司强制清算案件工作座谈会。与会同志结合各地法院的审判经验,通过认真讨论,就有关审理公司强制清算案件中涉及的主要问题达成了共识,形成了该《纪要》。

二、坚持清算程序公正,是人民法院审理公司强制清算案件中应当遵循的首要原则

程序法一直被视为是实体法的辅助法,随着程序独立价值的日益彰显,程序保障或者程序正义的呼声越来越高,人们逐渐认识到没有程序保障的实体正义不是真正的正义。公司强制清算主要是一种程序制度,其所规范的是公司清算过程中各相关利害关系人之间的合理秩序,目的在于在公平、公正的秩序中寻求各方利益的平衡,通过清算程序有序地结束公司存续期间成立的各种法律关系,合理调整众多法律主体的利益,维护正常的经济秩序。因此,公司强制清算更需要程序的保障。坚持清算程序公正原则要求整个清算程序必须依照法定程序进行,做到程序严密、合法、正当。这就要求人民法院将清算程序的全部过程置于法定程序之下,不能出现没有程序保障的真空状态,即便在法律难以进行细密规范的操作进程中,也要恪守正当的程序理念。需要强调的是,缺乏细致的清算法是我们出台该《纪要》的一个非常重要的原因。强制清算的审理和其他民商事纠纷案件的审理不同,法官自由裁量的余地很小,很多问题需要有明确的规范依据。基于上述原因,我们将坚持清算程序公正原则作为首要原则予以明确,要求各级法院在审理公司强制清算案件时,严格依照法定程序进行,坚持在程序正义的基础上实现清算结果的公正。

三、公司强制清算案件的案号管理中存在的问题

案号问题表面上看似简单,但实践中确有一些问题亟待规范。有的法院原先是按照一般的民商事案件确立案号的,如此,(1)无法体现公司强制清算案件非讼的特点,导致法院在适用诉讼程序中错误地适用一般民事案件的诉讼程序,如当事人以起诉方式提起公司强制清算申请,法院以判决方式判决公司清算,当事人又依据法院判决向执行机关申请强制执行等等。(2)在法院内部绩效考核时无法准确确定审理法官的工作量和审结率、未审结率等,由于公司强制清算案件是对公司存续阶段形成的所有法律关系的概括性了结,人民法院审理公司强制清算案件需要付出更多的劳动,按照普通案件确立案号统计工作量不利于这类案件的审理。因此,我们参照企业破产案件案号的管理,将公司强制清算案件的案号

确定为"清"字号。(3) 考虑到申请人向法院提交强制清算申请后至法院裁定受理强制清算申请前,法院要进行大量的质证审查工作,因此,又将"清"字号案件区分阶段确立为"清(预)"字和"清(算)"字两种,这样,一是在案件进展阶段上即受理还是没有受理作了区分,二是在程序逻辑上进行了明确,以此保障法院受理前听证程序的顺利进行,三是在统计工作量上也更为客观准确。

四、人民法院在对强制清算申请的审查和受理环节应当注意的问题

如前所述,公司强制清算案件与一般民商事案件不同,在是否受理的审查中涉及很多内容,在这一点上类似于企业破产案件的受理。因此,《纪要》一方面明确了申请人向法院申请强制清算时应当提交的有关材料,包括清算申请书、申请人对被申请人享有债权或者股权,被申请人已经发生解散事由的有关证据,以及公司故意拖延清算,或者存在其他违法清算行为可能严重损害其利益的相关证据材料,另一方面,又对法院应当仅仅围绕申请人提交的上述证据材料进行听证审查予以明确,目的在于依法裁定是否受理公司强制清算申请。对于申请人具备了《公司法》及《公司法司法解释(二)》所规定的债权人或者股东资格,公司确实已经发生了解散事由,以及公司应当自行清算而没有自行清算或者违法清算的,人民法院应当及时作出受理强制清算申请的裁定。反之则应裁定不予受理。这里要特别强调两点:(1) 被申请人就申请人对其是否享有债权或者股权,或者对被申请人是否发生解散事由存在异议的,原则上应当另案解决,解决后再行决定是否受理强制清算申请,对于已有生效法律文书或者明确解散事由的除外;(2) 申请人以其为公司实际出资人为由申请强制清算,但不能提供公司股东名册记载其为股东等证据材料的,不具备申请强制清算的主体资格,人民法院应当告知其另行诉讼或者通过其他途径确认其股东身份后再行申请强制清算,当事人坚持申请的,人民法院应当裁定不予受理。

五、被申请人解散后不依法清算,故意逃废债务,导致法院因被申请人主要财产、账册、重要文件等灭失或者人员下落不明而无法清算等问题,如何应对

这种非诚信现象在现实社会中还是普遍存在的,对此,《公司法司法解释(二)》第18条和第20条,以及法释〔2008〕10号《关于债权人对人员下落不明或者财产状况不清的债务人申请破产清算案件如何处理的批复》已经作出了相应规定,《纪要》中对此问题又作了进一步的明确和补充。在审理这类案件时,应当注意以下几个方面。

第一,对于债权人申请债务人破产清算或者强制清算的案件,人民法院不能因为被申请人的主要财产、账册、重要文件等灭失或者被申请人人员下落不明无法进行清算为由不予受理。申请破产清算的,人民法院也不能以债权人无法举证

证明债务人出现了不能清偿到期债务并且资产不足以清偿全部债务,或者不能清偿到期债务并且明显缺乏清偿能力的破产原因为由,不受理债权人的申请。

第二,人民法院依法受理破产清算申请或者强制清算申请后,应当依据企业破产法和公司法的有关规定,要求被申请人的法定代表人、企业的财务管理人员和其他经营管理人员,以及有限责任公司的股东、股份有限公司的董事、控股股东,以及公司的实际控制人等有关人员提交企业真实的财产状况说明、债务清册、债权清册、财务会计报告以及职工工资的支付情况和社会保险费用的缴纳情况。经过人民法院的释明以及采取拘留、罚款等强制措施后,被申请人的有关人员仍然不提交上述有关材料或者提交的材料明显不真实、不全面,导致根本无法清算或者无法全面清算的,对于尚有部分财产、账册、重要文件等可以进行部分清偿的,人民法院应当就现有财产进行公平清偿,然后以无法全面依法清算为由终结清算程序;对于没有任何财产、账册、重要文件,被申请人人员下落不明的,人民法院应当以无法清算为由终结清算程序。

第三,因无法清算或者无法依法全面清算而终结清算程序,与依照企业破产法的规定依法清算,债务人确无财产可供分配而终结破产清算程序,其法律后果是截然不同的。因依法清算,债务人确无财产可供分配时,终结破产清算程序的结果是剩余债务不再清偿;债务人仅以其破产财产为限承担责任,债务人破产清算程序终结后,除自破产程序终结之日起 2 年内发现有依法应当追回的财产或者债务人有应当供分配的其他财产的,可以追加分配外,对于债务人未能依破产程序清偿的债务,原则上不再清偿。而因债务人的清算义务人怠于履行义务,导致债务人主要财产、账册、重要文件等灭失无法清算而终结清算程序的,虽然债务人的法人资格因清算程序终结而终止,但其既有的民事责任并不当然消灭,而是应当由清算义务人承担偿还责任。《纪要》明确要求,人民法院以无法清算或者无法全面清算为由裁定终结强制清算程序的,应当根据申请人的不同在终结裁定中分别载明,债权人可以另行依据《公司法司法解释(二)》第 18 条的规定,要求被申请人的股东、董事、实际控制人等清算义务人对其债务承担偿还责任;股东可以向控股股东等实际控制公司的主体主张有关权利。这里,债权人因债务人的清算义务人怠于履行义务导致无法清算或者无法全面清算时,向债务人的清算义务人主张权利的范畴是明确的,因此,债务人的清算义务人的责任范畴也是确定的。但是,因控股股东等实际控制公司的主体的原因导致无法清算或者无法全面清算,股东因无法获得应有的剩余财产分配而向控股股东等实际控制公司的主体主张有关权利时,其权利范畴的界定是个问题,对此我们考虑,可以通过举证责任倒置来解决中小股东利益的保护问题,即在控股股东控制公司的前提下该清算而不清算,或者不依法提交有关财产状况说明、债务清册、债权清册、财务会计报告以及职工工资的支付和社会保险费用的缴纳情况,导致无法清算或者无法全面清算,其他股东起诉请求控股股东等实际控制公司的主体返还出资并承担损失的,除非控股股东等实际控制公司的主体能够充分证明公司已经资不抵债、没有剩余财产进行分配或者不能返还出资，或者虽然公司有剩余财产可供分配但数额低于权利人主张的数额，人民法院应当依法支持其诉讼请求。

六、强制清算和破产清算程序的区别和关联

在分类上，公司清算分为解散清算和破产清算，强制清算属于解散清算的一种，是在自行清算不能的情况下启动的司法清算程序。

公司出现解散事由时，如果公司财产足以偿还全部债务，公司应当通过解散清算（包括自行清算和强制清算）清理所有的债权债务关系，全额清偿完毕所有债务并且分配完毕剩余财产后终止法人资格。如果公司不能清偿到期债务并且财产不足以偿还全部债务，或者明显缺乏清偿能力的，公司应当通过破产清算程序，清偿债务后终止法人资格。强制清算程序是以全额清偿债务为前提的，破产清算是因不能全额清偿债务而按照一定的先后顺序清偿债务，对同一顺序的债务在破产财产不够清偿时按照比例进行清偿，也就是破产法上的公平受偿。由于强制清算程序启动的前提是公司财产足以偿还全部债务，因此，强制清算程序的启动不具有冻结清算中公司财产的效力，对于强制清算中公司的给付之诉和强制执行等原则上不具有停止功能。而破产清算启动的前提是公司财产不足以偿还全部债务，因此，破产清算程序一旦启动，所有针对破产企业的给付之诉不得再行提起，对于申报债权过程中所产生的争议只能提起破产债权的确认诉讼，而且所有针对破产企业的保全措施应当解除，执行程序应当中止，所有债权债务关系一并归入破产清算程序中一揽子解决，以保障全体债权人的公平受偿。实践中，由于启动强制清算时公司财产是否足以偿还全部债务更多是从账面体现出来的，而在清算变现企业财产、追收债权、转让股权等过程中，账面财产和实际变现财产可能出现差额，甚至差距甚大，这种情况下就可能出现进入强制清算程序后，公司财产变现后事实上无法全额偿还全部债务的情形，这种情况下就面临着强制清算向破产清算的转化。

在强制清算程序与破产清算程序的衔接中应当注意以下几个问题：

第一，公司强制清算中，清算组在清理公司财产、编制资产负债表和财产清单时，发现公司财产不足清偿债务的，应当首先依据《公司法司法解释（二）》第 17 条的规定，与债权人协商制定有关债务清偿方案并清偿债务，以避免进入费时、费力、费钱的破产清算程序，提高公司清算效率，充分保护债权人利益。

第二，如果债权人不能协商一致达成债务清偿方案，清算组应当依据《公司法》第 188 条和《企业破产法》第 7 条第 3 款的规定及时向人民法院申请宣告破产。

第三，如前所述，由于公司强制清算的前提是财产足以偿还全部债务，因此，强制清算程序的启动并无冻结公司财产的效力，强制执行行为和个别清偿行为在

申报债权后是可以进行的。如果有关债权人认为公司事实上已经出现破产原因或者存在不能清偿全部债务的重大嫌疑时，为阻却个别清偿和个别执行，防止最终公司财产无法清偿所有债权人的债权而有损其利益的，可以依据《企业破产法》第2条和第7条的规定向人民法院另行提起破产申请，人民法院对此申请应当依法进行审查。权利人的破产申请符合企业破产法规定的，人民法院应当裁定予以受理。人民法院受理破产申请后，应当裁定终结强制清算程序。

第四，强制清算转入破产清算后，要注意做好两个程序的清算机构、清算费用、清算事务等的衔接。(1) 对于强制清算的清算组中的中介机构或者个人成员，除存在与本案有利害关系等不宜担任管理人或者管理人成员的情形外，人民法院可根据《企业破产法》及其司法解释的规定，指定该中介机构或者个人作为破产案件的管理人，或者吸收该中介机构作为新成立的清算组管理人的成员，以便通过清算成员的衔接实现清算事务的衔接。(2) 中介机构或者个人不宜担任破产清算中的管理人或者管理人的成员的，原强制清算中的清算组应当及时将清算事务及有关材料等移交给管理人。公司强制清算中已经完成的清算事项，如无违反《企业破产法》或者有关司法解释的情形的，在破产清算程序中应承认其效力。同时，作为强制清算的清算组成员和破产清算管理人或者管理人成员的中介机构和个人，在公司强制清算和破产清算中取得的报酬总额，不应超过按照企业破产计付的管理人或者管理人成员的报酬。人民法院收取强制清算申请费后，转入破产清算程序后不再另行计收破产案件申请费。收取的强制清算案件申请费超过30万元的，超过部分不再收取，已经收取的，应予退还。

附件2 最高人民法院《关于审理公司强制清算案件工作座谈会纪要》

(2009年11月4日法发〔2009〕52号发布，自2009年11月4日起施行)

当前，因受国际金融危机和世界经济衰退影响，公司经营困难引发的公司强制清算案件大幅度增加。《中华人民共和国公司法》和最高人民法院《关于适用〈中华人民共和国公司法〉若干问题的规定(二)》(以下简称"公司法司法解释二")对于公司强制清算案件审理中的有关问题已作出规定，但鉴于该类案件非讼程序的特点和目前清算程序规范的不完善，有必要进一步明确该类案件审理原则，细化有关程序和实体规定，更好地规范公司退出市场行为，维护市场运行秩序，依法妥善审理公司强制清算案件，维护和促进经济社会和谐稳定。为此，最高人民法院在广泛调研的基础上，于2009年9月15日至16日在浙江省绍兴市召开了全国部分法院审理公司强制清算案件工作座谈会。与会同志通过认真讨论，就有关审理公司强制清算案件中涉及的主要问题达成了共识。现纪要如下：

一、关于审理公司强制清算案件应当遵循的原则

1. 会议认为,公司作为现代企业的主要类型,在参与市场竞争时,不仅要严格遵循市场准入规则,也要严格遵循市场退出规则。公司强制清算作为公司退出市场机制的重要途径之一,是公司法律制度的重要组成部分。人民法院在审理此类案件时,应坚持以下原则:

第一,坚持清算程序公正原则。公司强制清算的目的在于有序结束公司存续期间的各种商事关系,合理调整众多法律主体的利益,维护正常的经济秩序。人民法院审理公司强制清算案件,应当严格依照法定程序进行,坚持在程序正义的基础上实现清算结果的公正。

第二,坚持清算效率原则。提高社会经济的整体效率,是公司强制清算制度追求的目标之一,要严格而不失快捷地使已经出现解散事由的公司退出市场,将其可能给各方利益主体造成的损失降至最低。人民法院审理强制清算案件,要严格按照法律规定及时有效地完成清算,保障债权人、股东等利害关系人的利益及时得到实现,避免因长期拖延清算给相关利害关系人造成不必要的损失,保障社会资源的有效利用。

第三,坚持利益均衡保护原则。公司强制清算中应当以维护公司各方主体利益平衡为原则,实现公司退出环节中的公平公正。人民法院在审理公司强制清算案件时,既要充分保护债权人利益,又要兼顾职工利益、股东利益和社会利益,妥善处理各方利益冲突,实现法律效果和社会效果的有机统一。

二、关于强制清算案件的管辖

2. 对于公司强制清算案件的管辖应当分别从地域管辖和级别管辖两个角度确定。地域管辖法院应为公司住所地的人民法院,即公司主要办事机构所在地法院;公司主要办事机构所在地不明确、存在争议的,由公司注册登记地人民法院管辖。级别管辖应当按照公司登记机关的级别予以确定,即基层人民法院管辖县、县级市或者区的公司登记机关核准登记公司的公司强制清算案件;中级人民法院管辖地区、地级市以上的公司登记机关核准登记公司的公司强制清算案件。存在特殊原因的,也可参照适用《中华人民共和国企业破产法》第四条、《中华人民共和国民事诉讼法》第三十七条和第三十九条的规定,确定公司强制清算案件的审理法院。

三、关于强制清算案件的案号管理

3. 人民法院立案庭收到申请人提交的对公司进行强制清算的申请后,应当及时以“(××××)××法×清(预)字第×号”立案。立案庭立案后,应当将申请人提交的申请等有关材料移交审理强制清算案件的审判庭审查,并由审判庭依法作出是否受理强制清算申请的裁定。

4. 审判庭裁定不予受理强制清算申请的,裁定生效后,公司强制清算案件应当以“(××××)××法×清(预)字第×号”结案。审判庭裁定受理强制清算申请的，立案庭应当以“（××××）××法×清（算）字第×号”立案。

5. 审判庭裁定受理强制清算申请后，在审理强制清算案件中制作的民事裁定书、决定书等，应当在“（××××）××法×清（算）字第×号”后依次编号，如“（××××）××法×清（算）字第×-1号民事裁定书”、“（××××）××法×清（算）字第×-2号民事裁定书”等，或者“（××××）××法×清（算）字第×-1号决定书”、“（××××）××法×清（算）字第×-2号决定书”等。

四、关于强制清算案件的审判组织

6. 因公司强制清算案件在案件性质上类似于企业破产案件，因此强制清算案件应当由负责审理企业破产案件的审判庭审理。有条件的人民法院，可由专门的审判庭或者指定专门的合议庭审理公司强制清算案件和企业破产案件。公司强制清算案件应当组成合议庭进行审理。

五、关于强制清算的申请

7. 公司债权人或者股东向人民法院申请强制清算应当提交清算申请书。申请书应当载明申请人、被申请人的基本情况和申请的事实和理由。同时，申请人应当向人民法院提交被申请人已经发生解散事由以及申请人对被申请人享有债权或者股权的有关证据。公司解散后已经自行成立清算组进行清算，但债权人或者股东以其故意拖延清算，或者存在其他违法清算可能严重损害债权人或者股东利益为由，申请人民法院强制清算的，申请人还应当向人民法院提交公司故意拖延清算，或者存在其他违法清算行为可能严重损害其利益的相应证据材料。

8. 申请人提交的材料需要更正、补充的，人民法院应当责令申请人于七日内予以更正、补充。申请人由于客观原因无法按时更正、补充的，应当向人民法院予以书面说明并提出延期申请，由人民法院决定是否延长期限。

六、关于对强制清算申请的审查

9. 审理强制清算案件的审判庭审查决定是否受理强制清算申请时，一般应当召开听证会。对于事实清楚、法律关系明确、证据确实充分的案件，经书面通知被申请人，其对书面审查方式无异议的，也可决定不召开听证会，而采用书面方式进行审查。

10. 人民法院决定召开听证会的，应当于听证会召开五日前通知申请人、被申请人，并送达相关申请材料。公司股东、实际控制人等利害关系人申请参加听证的，人民法院应予准许。听证会中，人民法院应当组织有关利害关系人对申请人是否具备申请资格、被申请人是否已经发生解散事由、强制清算申请是否符合法律规定等内容进行听证。因补充证据等原因需要再次召开听证会的，应在补充期限届满后十日内进行。

11. 人民法院决定不召开听证会的，应当及时通知申请人和被申请人，并向被申请人送达有关申请材料，同时告知被申请人若对申请人的申请有异议，应当自收到人民法院通知之日起七日内向人民法院书面提出。

七、关于对强制清算申请的受理

12. 人民法院应当在听证会召开之日或者自异议期满之日起十日内，依法作出是否受理强制清算申请的裁定。

13. 被申请人就申请人对其是否享有债权或者股权，或者对被申请人是否发生解散事由提出异议的，人民法院对申请人提出的强制清算申请应不予受理。申请人可就有关争议单独提起诉讼或者仲裁予以确认后，另行向人民法院提起强制清算申请。但对上述异议事项已有生效法律文书予以确认，以及发生被吊销企业法人营业执照、责令关闭或者被撤销等解散事由有明确、充分证据的除外。

14. 申请人提供被申请人自行清算中故意拖延清算，或者存在其他违法清算可能严重损害债权人或者股东利益的相应证据材料后，被申请人未能举出相反证据的，人民法院对申请人提出的强制清算申请应予受理。债权人申请强制清算，被申请人的主要财产、账册、重要文件等灭失，或者被申请人人员下落不明，导致无法清算的，人民法院不得以此为由不予受理。

15. 人民法院受理强制清算申请后，经审查发现强制清算申请不符合法律规定的，可以裁定驳回强制清算申请。

16. 人民法院裁定不予受理或者驳回受理申请，申请人不服的，可以向上一级人民法院提起上诉。

八、关于强制清算申请的撤回

17. 人民法院裁定受理公司强制清算申请前，申请人请求撤回其申请的，人民法院应予准许。

18. 公司因公司章程规定的营业期限届满或者公司章程规定的其他解散事由出现，或者股东会、股东大会决议自愿解散的，人民法院受理强制清算申请后，清算组对股东进行剩余财产分配前，申请人以公司修改章程，或者股东会、股东大会决议公司继续存续为由，请求撤回强制清算申请的，人民法院应予准许。

19. 公司因依法被吊销营业执照、责令关闭或者被撤销，或者被人民法院判决强制解散的，人民法院受理强制清算申请后，清算组对股东进行剩余财产分配前，申请人向人民法院申请撤回强制清算申请的，人民法院应不予准许。但申请人有证据证明相关行政决定被撤销，或者人民法院作出解散公司判决后当事人又达成公司存续和解协议的除外。

九、关于强制清算案件的申请费

20. 参照《诉讼费用交纳办法》第十条、第十四条、第二十条和第四十二条关于企业破产案件申请费的有关规定，公司强制清算案件的申请费以强制清算财产总额为基数，按照财产案件受理费标准减半计算，人民法院受理强制清算申请后从被申请人财产中优先拨付。因财产不足以清偿全部债务，强制清算程序依法转入破产清算程序的，不再另行计收破产案件申请费；按照上述标准计收的强制清算案件申请费超过 30 万元的，超过部分不再收取，已经收取的，应予退还。

21. 人民法院裁定受理强制清算申请前，申请人请求撤回申请，人民法院准许的，强制清算案件的申请费不再从被申请人财产中予以拨付；人民法院受理强制清算申请后，申请人请求撤回申请，人民法院准许的，已经从被申请人财产中优先拨付的强制清算案件申请费不予退回。

十、关于强制清算清算组的指定

22. 人民法院受理强制清算案件后，应当及时指定清算组成员。公司股东、董事、监事、高级管理人员能够而且愿意参加清算的，人民法院可优先考虑指定上述人员组成清算组；上述人员不能、不愿进行清算，或者由其负责清算不利于清算依法进行的，人民法院可以指定《人民法院中介机构管理人名册》和《人民法院个人管理人名册》中的中介机构或者个人组成清算组；人民法院也可根据实际需要，指定公司股东、董事、监事、高级管理人员，与管理人名册中的中介机构或者个人共同组成清算组。人民法院指定管理人名册中的中介机构或者个人组成清算组，或者担任清算组成员的，应当参照适用最高人民法院《关于审理企业破产案件指定管理人的规定》。

23. 强制清算清算组成员的人数应当为单数。人民法院指定清算组成员的同时，应当根据清算组成员的推选，或者依职权，指定清算组负责人。清算组负责人代行清算中公司诉讼代表人职权。清算组成员未依法履行职责的，人民法院应当依据利害关系人的申请，或者依职权及时予以更换。

十一、关于强制清算清算组成员的报酬

24. 公司股东、实际控制人或者股份有限公司的董事担任清算组成员的，不计付报酬。上述人员以外的有限责任公司的董事、监事、高级管理人员，股份有限公司的监事、高级管理人员担任清算组成员的，可以按照其上一年度的平均工资标准计付报酬。

25. 中介机构或者个人担任清算组成员的，其报酬由中介机构或者个人与公司协商确定；协商不成的，由人民法院参照最高人民法院《关于审理企业破产案件确定管理人报酬的规定》确定。

十二、关于强制清算清算组的议事机制

26. 公司强制清算中的清算组因清算事务发生争议的，应当参照公司法第一百一十二条的规定，经全体清算组成员过半数决议通过。与争议事项有直接利害关系的清算组成员可以发表意见，但不得参与投票；因利害关系人回避表决无法形成多数意见的，清算组可以请求人民法院作出决定。与争议事项有直接利害关系的清算组成员未回避表决形成决定的，债权人或者清算组其他成员可以参照公司法第二十二条的规定，自决定作出之日起六十日内，请求人民法院予以撤销。

十三、关于强制清算中的财产保全

27. 人民法院受理强制清算申请后，公司财产存在被隐匿、转移、毁损等可能影响依法清算情形的，人民法院可依清算组或者申请人的申请，对公司财产采取相应的保全措施。

十四、关于无法清算案件的审理

28. 对于被申请人主要财产、账册、重要文件等灭失，或者被申请人人员下落不明的强制清算案件，经向被申请人的股东、董事等直接责任人员释明或采取罚款等民事制裁措施后，仍然无法清算或者无法全面清算，对于尚有部分财产，且依据现有账册、重要文件等，可以进行部分清偿的，应当参照企业破产法的规定，对现有财产进行公平清偿后，以无法全面清算为由终结强制清算程序；对于没有任何财产、账册、重要文件，被申请人人员下落不明的，应当以无法清算为由终结强制清算程序。

29. 债权人申请强制清算，人民法院以无法清算或者无法全面清算为由裁定终结强制清算程序的，应当在终结裁定中载明，债权人可以另行依据公司法司法解释二第十八条的规定，要求被申请人的股东、董事、实际控制人等清算义务人对其债务承担偿还责任。股东申请强制清算，人民法院以无法清算或者无法全面清算为由作出终结强制清算程序的，应当在终结裁定中载明，股东可以向控股股东等实际控制公司的主体主张有关权利。

十五、关于强制清算案件衍生诉讼的审理

30. 人民法院受理强制清算申请前已经开始，人民法院受理强制清算申请时尚未审结的有关被强制清算公司的民事诉讼，由原受理法院继续审理，但应依法将原法定代表人变更为清算组负责人。

31. 人民法院受理强制清算申请后，就强制清算公司的权利义务产生争议的，应当向受理强制清算申请的人民法院提起诉讼，并由清算组负责人代表清算中公司参加诉讼活动。受理强制清算申请的人民法院对此类案件，可以适用民事诉讼法第三十七条和第三十九条的规定确定审理法院。

上述案件在受理法院内部各审判庭之间按照业务分工进行审理。人民法院受理强制清算申请后，就强制清算公司的权利义务产生争议，当事人双方就产生争议约定有明确有效的仲裁条款的，应当按照约定通过仲裁方式解决。

十六、关于强制清算和破产清算的衔接

32. 公司强制清算中，清算组在清理公司财产、编制资产负债表和财产清单时，发现公司财产不足清偿债务的，除依据公司法司法解释二第十七条的规定，通过与债权人协商制作有关债务清偿方案并清偿债务的外，应依据公司法第一百八十八条和企业破产法第七条第三款的规定向人民法院申请宣告破产。

33. 公司强制清算中，有关权利人依据企业破产法第二条和第七条的规定向人民法院另行提起破产申请的，人民法院应当依法进行审查。权利人的破产申请符合企业破产法规定的，人民法院应当依法裁定予以受理。人民法院裁定受理破产申请后，应当裁定终结强制清算程序。

34. 公司强制清算转入破产清算后，原强制清算中的清算组由《人民法院中介机构管理人名册》和《人民法院个人管理人名册》中的中介机构或者个人组成或者参加的，除该中介机构或者个人存在与本案有利害关系等不宜担任管理人或者管理人成员的情形外，人民法院可根据企业破产法及其司法解释的规定，指定该中介机构或者个人作为破产案件的管理人，或者吸收该中介机构作为新成立的清算组管理人的成员。

上述中介机构或者个人在公司强制清算和破产清算中取得的报酬总额，不应超过按照企业破产计付的管理人或者管理人成员的报酬。

35. 上述中介机构或者个人不宜担任破产清算中的管理人或者管理人的成员的，人民法院应当根据企业破产法和有关司法解释的规定，及时指定管理人。原强制清算中的清算组应当及时将清算事务及有关材料等移交给管理人。公司强制清算中已经完成的清算事项，如无违反企业破产法或者有关司法解释的情形的，在破产清算程序中应承认其效力。

十七、关于强制清算程序的终结

36. 公司依法清算结束，清算组制作清算报告并报人民法院确认后，人民法院应当裁定终结清算程序。公司登记机关依清算组的申请注销公司登记后，公司终止。

37. 公司因公司章程规定的营业期限届满或者公司章程规定的其他解散事由出现，或者股东会、股东大会决议自愿解散的，人民法院受理债权人提出的强制清算申请后，对股东进行剩余财产分配前，公司修改章程、或者股东会、股东大会决议公司继续存续，申请人在其个人债权及他人债权均得到全额清偿后，未撤回申请的，人民法院可以根据被申请人的请求裁定终结强制清算程序，强制清算程序终结后，公司可以继续存续。

十八、关于强制清算案件中的法律文书

38. 审理强制清算的审判庭审理该类案件时，对于受理、不受理强制清算申请、驳回申请人的申请、允许或者驳回申请人撤回申请、采取保全措施、确认清算方案、确认清算终结报告、终结强制清算程序的，应当制作民事裁定书。对于指定或者变更清算组成员、确定清算组成员报酬、延长清算期限、制裁妨碍清算行为的，应当制作决定书。

对于其他所涉有关法律文书的制作，可参照企业破产清算中人民法院的法律文书样式。

十九、关于强制清算程序中对破产清算程序的准用

39. 鉴于公司强制清算与破产清算在具体程序操作上的相似性，就公司法、公司法司法解释二，以及本会议纪要未予涉及的情形，如清算中公司的有关人员未依法妥善保管其占有和管理的财产、印章和账簿、文书资料，清算组未及时接管清算中公司的财产、印章和账簿、文书，清算中公司拒不向人民法院提交或者提交不真实的财产状况说明、债务清册、债权清册、有关财务会计报告以及职工工资的支付情况和社会保险费用的缴纳情况，清算中公司拒不向清算组移交财产、印章和账簿、文书等资料，或者伪造、销毁有关财产证据材料而使财产状况不明，股东未缴足出资、抽逃出资，以及公司董事、监事、高级管理人员非法侵占公司财产等，可参照企业破产法及其司法解释的有关规定处理。

二十、关于审理公司强制清算案件中应当注意的问题

40. 鉴于此类案件属于新类型案件，且涉及的法律关系复杂、利益主体众多，人民法院在审理难度大、涉及面广、牵涉社会稳定的重大疑难清算案件时，要在严格依法的前提下，紧紧依靠党委领导和政府支持，充分发挥地方政府建立的各项机制，有效做好维护社会稳定的工作。同时，对于审判实践中发现的新情况、新问题，要及时逐级上报。上级人民法院要加强对此类案件的监督指导，注重深入调查研究，及时总结审判经验，确保依法妥善审理好此类案件。

2 破产法

最高人民法院《关于〈中华人民共和国企业破产法〉施行时尚未审结的企业破产案件适用法律若干问题的规定》的理解与适用

最高人民法院法释〔2007〕10号《关于〈中华人民共和国企业破产法〉施行时尚未审结的企业破产案件适用法律若干问题的规定》(以下简称《规定》)经2007年4月23日最高人民法院审判委员会第1425次会议通过,已于2007年4月25日公布,自2007年6月1日起施行。现就该《规定》涉及的有关主要问题作一介绍。

一、《规定》的适用范围和制定的背景、过程

《规定》的适用范围仅限于人民法院在2007年6月1日《企业破产法》施行前受理的、施行时尚未审结的企业破产案件。据我们初步预计,《企业破产法》施行时全国法院尚未审结的企业破产案件约在10 000件左右。企业破产案件不同于一般的民商事案件,其案情复杂、审理周期长,一般企业破产案件的审理周期都需经2至3年时间,个别案件甚至更长。因此,在《企业破产法》施行后相当长的一段时间内,各级人民法院在审理企业破产案件时均将面临新旧破产法律规范的衔接适用问题。基于统一裁判尺度、指导各级人民法院审理尚未审结案件的需要,对《企业破产法》施行后,人民法院审理这类破产案件究竟适用旧的破产法律规范,还是适用《企业破产法》,以及什么情况下适用旧的破产法律规范,什么情况下适用《企业破产法》等问题,均需作出明确的规定。由于《企业破产法》在总结司法实践经验和借鉴国外先进立法的前提下,创设了许多新的法律制度,与原有破产法律规范相比,差异很大。原有破产法律规范散见于《企业破产法(试行)》、《民事诉讼法》企业法人破产还债程序,以及最高人民法院2002年《关于审理企业破产案件若干问题的规定》等司法解释中,且破产法律规范多数属于程序性规范,显得非常琐碎和繁杂。为了各级人民法院审理尚未审结的企业破产案件正确适用法律,最高人民法院在对比新旧破产法律规范差异的基础上,通过对重大差异逐条明确的方式,制定了《规定》。

为高质、高效地完成《规定》的调研和起草工作，最高人民法院结合该部分工作的特点，专门成立了《规定》起草工作小组。工作小组经过充分调研，多次召开研讨会，于 2006 年 11 月形成了《〈规定〉（第一次征求意见稿）》；该征求意见稿下发给全国各高级人民法院书面征求意见，并于 2006 年 11 月 10 日和 12 月 4 日两次召开专家学者征求意见座谈会、2006 年 11 月 21 日和 11 月 28 日两次召开法院系统征求意见座谈会，对《〈规定〉（第一次征求意见稿）》广泛、深入地征求了意见。全国人大常委会法工委经济法室、中国证券监督管理委员会风险处置办公室、国家工商总局企业注册局和北京市工商局的同志，中国人民大学、中国政法大学和中国社会科学院法学所的学者，中华全国律师协会、北京市律师协会和中国注册会计师协会等行业协会的同志，以及全国各高级人民法院和部分中级人民法院的法官等对《〈规定〉（第一次征求意见稿）》提出了大量宝贵的意见。通过对各方意见的消化和吸收，最高人民法院对《〈规定〉（第一次征求意见稿）》再次进行充分论证和修改，并于 2006 年 12 月 12 日形成了《〈规定〉（第二次征求意见稿）》。针对第二次征求意见稿，最高人民法院除分别向全国人大常委会法工委、全国三十一个高级人民法院，以及该院立案庭、民一庭、民三庭、民四庭、审监庭、研究室等有关方面发出书面征求意见函征求意见外，还专门召开了破产案件审判实践经验比较丰富的 15 个省、直辖市高级人民法院的座谈会，并组织该院民二庭审判长联席会对其逐条进行讨论。在对《〈规定〉（第二次征求意见稿）》广泛征求意见和深入研究的基础上，经过反复修改，形成了《〈规定〉送审稿》，并报最高人民法院审判委员会讨论通过。

二、《规定》起草的指导思想

由于企业破产法不同于其他法律，它既有实体性法律规范，又有程序性法律规范，甚至很多规范既带有程序性规范的特征又同时涉及当事人的实体权利。因此，最高人民法院从法制发展、社会需要及法律规范适用的基本规律等方面通盘考虑的基础上，制定了《规定》。具体包括以下几个方面：

第一，由于破产法的发展趋势是从不完善到完善，从一般性保护到更加侧重保护当事人合法权益的进步过程，因此《企业破产法》不论是从程序安排上，还是制度设计上，都比旧的破产法律规范更加科学、合理，原则上，人民法院在审理尚未审结案件时应当尽可能适用企业破产法规定的程序。

第二，因破产法多为程序性法律规范，对尚未进行的程序适用《企业破产法》不存在对原已进行行为的否定，故在此并不涉及法律适用的溯及力问题。

第三，因破产案件的审理是个渐进的过程，《企业破产法》施行后，尚未审结案件已经按照旧的破产法律规范进行了的程序，即已经完成的程序性行为不适用《企业破产法》规定的程序重新进行。

第四，对于破产法中个别实体性法律规范，主要是《企业破产法》关于撤销权行使和无效行为认定部分,因涉及对《企业破产法》公布前有关民事行为效力的否定,从当事人权利预期角度考虑,根据法不溯及既往的适用原则,对尚未审结案件中有关债务人行为的无效认定仍应适用《企业破产法(试行)》第12条和第35条的规定。

三、《规定》涉及的几个主要问题

(一) 有关债务人的民事诉讼问题

关于债务人的民事诉讼与债务人的破产程序如何协调处理问题,从中外破产立法例和司法实践看,主要有以下两种处理方法:(1) 吸收合并审判主义,即破产程序启动后,由破产程序吸收债务人的民事诉讼,债务人的民事诉讼在破产程序中一并予以处理。这以我国旧的破产法律规范和司法实践为代表。吸收合并主义,具有缩短债务人财产纠纷的审理周期、减少诉讼成本,以及方便受理破产案件的人民法院统一协调处理纠纷的优点。但是,这种模式存在对于当事人实体民事权利有失正当程序救济的缺点,无法充分保证权利人的合法权益。(2) 分别审判主义,即对债务人的破产程序与债务人财产的民事诉讼程序,采取分别审判的处理方法。在破产程序主要进行债务人的破产清算,对债务人财产纠纷另行通过普通民事诉讼程序予以解决,两者分别进行,并行不悖。此为国际上通行的破产立法体例与司法惯例。

我国《企业破产法》改变了原有的立法模式,采取了分别审判主义的处理方法。《企业破产法》第4条、第20条、第21条、第48条和第58条分别规定:破产案件审理程序,《企业破产法》没有规定的,适用《民事诉讼法》的有关规定;人民法院受理破产申请后,已经开始而尚未终结的有关债务人的民事诉讼或者仲裁应当中止,在管理人接管债务人的财产后,该诉讼或者仲裁继续进行;人民法院受理破产申请后,有关债务人的民事诉讼,只能向受理破产申请的人民法院提起;破产企业的职工或者债权人对清单或者债权表记载的债权有异议的,可以向受理破产申请的人民法院提起诉讼。

对于尚未审结的案件中有关债务人的民事诉讼,应当区分两种情况分别考虑:

第一,关于人民法院受理破产申请时,已经开始而尚未审结的有关破产企业的民事诉讼案件,在破产申请受理后如何处理问题。对此问题,《企业破产法(试行)》没有作出规定,最高人民法院2002年《关于审理企业破产案件若干问题的规定》(以下简称《2002年司法解释》)和《企业破产法》规定差别很大。《2002年司法解释》第19条和第20条就破产企业在民事诉讼案件中的不同诉讼地位分别作出了规定。对于以债务人为原告的其他民事纠纷案件原则上规定应当继续审理,只是就企业破产案件受理时民事纠纷案件所处的程序不同区分了不同的审理法院。即破产申请受理时,以债务人为原告的其他民事纠纷案件尚在一审程序的,受诉人民法院应当将案件移送受理破产案件的人民法院；案件已进行到二审程序的，受诉人民法院应当继续审理。以债务人为被告的其他债务纠纷案件，对于原告与债务人之间的法律关系原则上规定应当中止诉讼，由债权人向受理破产案件的人民法院申报债权，人民法院在债权审查中以裁定方式对争议债权作出认定，而不再针对债权人与破产企业之间的法律关系进行普通程序审理。对于上述案件中除债务人外，尚有其他被告或无独立请求权的第三人的，在破产程序终结后，再就原告和其他被告或无独立请求权的第三人之间的法律关系恢复审理；没有其他被告或无独立请求权的第三人的，则在破产程序终结后，终结民事诉讼案件。而《企业破产法》第 20 条规定，人民法院受理破产申请后，已经开始而尚未终结的有关债务人的民事诉讼或者仲裁应当中止；在管理人接管债务人的财产后，该诉讼或者仲裁继续进行。即所有有关债务人的已经开始而尚未终结的民事纠纷案件都要继续按照审判程序审理或者按照仲裁程序仲裁，以此确定双方争议的法律关系。《企业破产法》更注重对有关当事人实体权益和程序权益的保障，即强调必须要按照审判程序继续审理或者按照仲裁程序继续仲裁，以确定当事人双方的权利义务。而原有旧的破产法律规范更强调破产案件审理的效率问题。

对于尚未审结的破产案件中已经开始而尚未终结的有关债务人的民事诉讼案件，《规定》中虽然因其系法院内部职能分工问题而未作出明确规定，但笔者认为，应当掌握以下原则：(1) 以债务人为原告的一审案件，已经按照《2002 年司法解释》移交给受理破产案件的人民法院的，应当按照《2002 年司法解释》规定由受理破产案件的人民法院继续审理；尚未移交的，依据《企业破产法》的规定，不再移交，由原受理法院继续审理。(2) 以破产企业为被告的案件，以受理破产案件的人民法院是否已经按照《2002 年司法解释》的规定就相关争议作出裁定为分界线：已经中止诉讼，且人民法院对相关争议已经作出裁定的，不适用《企业破产法》的规定继续审理；尚未作出裁定的，则应当适用《企业破产法》的规定，由原受理法院继续审理。

第二，关于人民法院受理破产申请后有关债务人的其他实体权益之争如何解决问题。《企业破产法》第 48 条和第 58 条分别规定了职工对清单中记载的有关债务人所欠其工资和医疗、伤残补助、抚恤费用，所欠的应当划入职工个人账户的基本养老保险、基本医疗保险费用，以及法律、行政法规规定应当支付给职工的补偿金存在异议的，或者债务人、债权人对债权表记载的债权有异议的，均可向受理破产申请的人民法院提起诉讼，由人民法院按照民事诉讼的审判程序进行审理，改变了旧的破产法律体制下，对破产程序开始后所有有关债务人的权益之争均吸收到破产案件审理中、由受理破产案件的人民法院审查确定的模式。《企业破产法》的立法目的在于充分保障有关利益主体的诉讼权利和实体权利。由于《企业破产法》的设置更加有利于权利人从程序上到实体上的充分保障，因此《规定》将《企业破产法》的上述规定亦适用于尚未审结的案件中，即尚未审结的案件中债务人的职工对清单有异议,或者债权人对债权表记载的债权有异议,向受理破产申请的人民法院提起诉讼的,人民法院应当依据《企业破产法》第 21 条、第 48 条和第 58 条的规定予以受理;但如果在《企业破产法》施行前受理破产案件的人民法院已经经过审查对异议债权作出裁决的,不再按照审判程序进行审理。

这里应当注意以下几个问题:

1. 债权人或者职工对债权表或者清单中记载的债权存在异议,包括两种情形:一种情形是债权人或者职工对债权表或者清单中记载的本人的债权存在异议,这种情况下提起的诉讼案件,原告应为异议债权人或者职工、被告应为债务人;另一种情形是债权人或者职工对债权人或者清单中记载的本人的债权没有异议,而是对债权表或者清单中记载的其他债权人或者其他职工的债权有异议,因其他债权的存在与否或者数额多少,直接影响到异议债权人最终权利实现的大小,在此情形下,应当允许异议债权人对债权表或者清单中记载的他人债权提起诉讼,这种情况下提起的诉讼案件,原告应为异议债权人或者职工、被告应为其他债权人或者其他职工,以及债务人。

2.《企业破产法》第 58 条虽然规定债务人对债权表记载的债权有异议的,也可向受理破产申请的人民法院提起诉讼。笔者认为,债权表系管理人在审查债权人的申报材料、核对企业账册等基础上编制的,管理人此时的身份应当是作为债务人的代表,其行为应当代表了债务人的意思表示。原则上该债权表记载的内容应当视为是债务人的意思表示。如果管理人在代表债务人进行核对申报债权时,疏于履行职责,因故意或者重大过失造成债务人财产损失的(此时体现为登记了不真实的债权,或者登记的债权数额高于真实数额),公司的股东有权依据公司法的规定,向管理人提起股东代表诉讼,以追究管理人的民事责任。但是,由于此时企业已经出现了破产原因,企业财产是否受到损失已经对公司的股东没有任何实际意义,股东也不可能基于自身利益的维护再去提起股东代表诉讼,而此时企业财产的多少恰恰只与企业其他债权人的利益息息相关。同时,债务人破产申请受理后,原执行机关已经丧失其职能,而由管理人代行其执行职能,因此,债务人难以因对债权表记载债权存在异议提起诉讼。

3. 基于破产程序开始后有关债务人诉讼案件统一归口审理的需要,按照《企业破产法》第 21 条的规定,人民法院受理破产申请后,有关债务人的民事诉讼,只能向受理破产申请的人民法院提起。即破产申请受理后,所有新提起的有关债务人的诉讼案件均由受理破产案件的人民法院集中管辖。这里"有关债务人的民事诉讼"既包括债务人为原告的民事诉讼案件,又包括债务人为被告的民事诉讼案件。

4. 在审判组织上,上述有关债务人财产的民事诉讼案件应当由受理破产案件的人民法院根据案件性质和人民法院内部职能分工,并依据《民事诉讼法》的有关规定由相关业务庭以独任审判或者组成合议庭的方式进行审理。

5. 虽然《企业破产法》基于依法保障权利的考虑，确立了对有关债务人财产的纠纷均按照审判程序进行审理的制度，但考虑到破产案件审理的效率，在人民法院审理有关债务人的民事纠纷时应当尽可能地加快审理这类案件，以保障破产案件的顺利、高效进行，从而充分保障全体债权人的利益。

6. 由于对债务人破产案件与有关债务人财产纠纷案件分别进行，两者审判程序往往不能同步进行。如有关债务人财产纠纷案件先行完成，已经审判确认的债权当然参加破产财产分配。但是，如果债务人破产清算提前完成，至破产财产分配时，相关债务纠纷案件仍未审结，此时对于诉讼或者仲裁未决的债权，管理人应当预留其分配额，并依据《企业破产法》第 119 条规定将其提存，自破产程序终结之日起满 2 年仍不能受领分配的，人民法院应当将提存的分配额分配给其他债权人。

除上述权益纠纷外，根据《企业破产法》的立法精神，其他诸多有关债务人财产的争议，如债务人合同履行诉讼、追收债务人对外债权诉讼、撤销债务人处分财产行为诉讼、确认债务人处分财产行为无效诉讼、取回权诉讼、别除权诉讼和抵销权诉讼等，亦均需通过诉讼程序予以解决。因此，在《企业破产法》施行后，尚未审结的企业破产案件中有关债务人的财产纠纷，均应适用《企业破产法》的有关规定，按照审判程序予以审理。当然，如果当事人在合同中明确有仲裁条款规定的，究竟是按照原仲裁条款仲裁解决，还是一并按照审判程序予以审理，尚存在很大争议，笔者倾向于仍按照仲裁程序确定双方的权利义务关系。

（二）有关债务人职工的特殊保护问题

《企业破产法》对破产企业职工的权益给予了特别的制度保障，将在《企业破产法》之前仅仅是针对国有企业的政策性破产中对职工的保护扩大到所有的企业破产，该法第 132 条明确规定，《企业破产法》施行后，破产人在该法公布之日前所欠职工的工资和医疗、伤残补助、抚恤费用，所欠的应当划入职工个人账户的基本养老保险、基本医疗保险费用，以及法律、行政法规规定应当支付给职工的补偿金，依照该法第 113 条的规定清偿后不足以清偿的部分，以该法第 109 条规定的特定财产优先于对该特定财产享有担保权的权利人受偿。该规定系从解决历史遗留问题，做好职工安置工作，维护社会稳定的角度出发，对职工权益在按照正常破产清偿顺序无法得到实现时作出的特殊制度设置。各地人民法院在审理破产案件时应当从稳定大局、解决社会矛盾的高度认真贯彻执行。

在适用《企业破产法》第 132 条时应当特别注意以下几个问题：

1. 享受这一特殊政策保护的范畴仅仅局限于《企业破产法》公布之日前，即 2006 年 8 月 27 日前所欠的职工权益，而形成于《企业破产法》公布之日后所欠的职工权益不属本条适用的范畴，这部分职工权益只能从破产企业已经设定担保物权之外的其他财产中受偿，企业其他财产不足以清偿的，法律不再保护。

2. 需要强调的是，即使是 2006 年 8 月 27 日前形成的职工权益，也必须是在按照正常清偿顺序无法得到清偿时才可从设定担保的财产中受偿，而不能在破产企业尚有其他财产可以清偿时先行从担保财产中清偿，这里体现的是对担保物权人优先受偿权的保护。

3. 即使2006年8月27日前所欠职工的权益依据《企业破产法》第132条的规定以设定担保的财产进行清偿的情况下，对于企业破产案件中因按照正常清偿顺序无法实现的破产费用、共益债务以及职工的其他权益（尽管上述权益在清偿顺序中排位优先于或者等同于《企业破产法》公布之日前所欠的职工权益）不得亦要求优先于担保物权人受偿。

4. 在具体操作中，可以将《企业破产法》公布之日前所欠的全部职工权益数额从变现的担保物价值中予以提存，提存之外的其余部分可由担保物权人先行受偿。提存部分视《企业破产法》公布之日前所欠的职工权益按照正常顺序清偿的具体情形，再行确定担保物权人行使优先受偿权的范围。

对于尚未审结的案件，既然国家在《企业破产法》制定中对职工保护问题下了这么大的决心，从全局的角度考虑，应当将该特殊政策保护适用于尚未审结的案件中，以尽可能加大对职工利益的保护。因此，《规定》中明确规定，《企业破产法》施行后，破产人的职工依据《企业破产法》第132条的规定主张权利的，人民法院应予支持。

（三）关于破产预防制度

《企业破产法》在原有破产法律规范的基础上，增加了“重整”这一新的制度安排，同时对原有和解整顿程序作了进一步完善，即在企业出现破产原因时，企业破产法除了注重对债权人的公平保护以外，还强调对债务人的挽救。最高人民法院在制定《规定》时通过对破产清算程序向重整或者和解程序转化的规定，充分贯彻了《企业破产法》挽救企业的立法思想。

破产清算制度旨在利用法律规定的方法，强制将债务人的全部财产依一定程序变价及公平分配，以一次性了结债务人的全部债务。其功能重在合理分配债务人的破产财产，目的是为了实现对全体债权人的公平保护。但是破产清算在发挥其上述积极职能的同时，也不可避免地暴露出其固有的缺点，诸如因破产程序费时、费力，费用高昂等原因，导致债权人通过破产清算程序能够获得的实际利益并不大；由于企业间存在着错综复杂的债权债务关系、相互持股关系、互保关系以及其他关系，一个企业的破产清算往往引起相关企业的连锁反应，对社会经济交易秩序的正常流转造成重大的影响；此外，由于企业倒闭，还将导致大量劳动者下岗，影响社会的稳定等。因此，随着破产法律制度的不断发展，传统破产法仅注重债权人利益保护的法律价值观受到了极大的冲击。在此背景下，产生了以挽救债务人为目的的破产预防制度。该制度的产生，从根本上动摇了破产法的传统框架，促成了破产法律价值观的历史性变化，使之在不损害债权人利益的前提下，朝着挽救债务人和维护社会经济秩序的方向转化。[①] 这种转化应该说更符合现代社会的内在要求。尤其是重整制度,其制度设置的根本目的即在于拯救债务人,其把债权人权利的实现建立在债务人再生的基础上,力图在企业营运价值保留的前提下,使债权人能够得到比在破产清算的情况下更为有利的清偿结果;同时,通过债务人企业产权、资本结构、经营战略和内部管理等多方面的调整,消除破产原因,摆脱经济困境,获得重生。[②] 重整相比于和解而言,虽然二者均为破产预防制度,但因法律对于重整设置了很多区别于和解的程序和制度,调动了包括债务人、债权人、出资人,以及战略投资者等众多利害关系人在内的主体参与到债务人的挽救中来,再加上司法强制力的干预,使得重整程序对于挽救企业而言,力度更大、效果更好。正因为如此,我国《企业破产法》才将该制度明确地规定到法律中来,力图使尚有挽救机会的企业通过重整程序的进行得以重生,在使债权人权利得到高于破产清算下的清偿比例的同时,实现对债务人的挽救。

鉴于和解和重整制度对于整个社会的积极作用,《规定》对于尚未审结的案件,即按照旧的破产法律规范规定,已经进入破产清算程序的企业破产案件,在一定条件下,允许自破产清算程序向重整或者和解程序的转化。这里体现了《规定》制定时侧重对债务人拯救的价值取向,这与《企业破产法》的立法本意也是一致的。由于旧的破产法律规范系狭义的破产概念,仅包括破产清算程序,其所规定的和解整顿程序是包含在破产清算程序中的,且无重整程序的规定。而《企业破产法》系广义的破产概念,包括破产清算程序及以和解和重整为内容的破产预防程序。《企业破产法》将破产清算、和解和重整设置为三个相对独立的程序。在企业法人不能清偿到期债务,并且资产不足以清偿全部债务或明显缺乏清偿能力的,或者有明显丧失清偿能力可能的,债务人可以直接提出重整、和解或者破产清算的申请,债权人可以直接提出重整或者破产清算的申请。由于尚未审结案件的申请人,在启动破产清算程序时系基于旧的破产法律规范的规定,因制度的原因仅能提起破产清算程序,因此,在《企业破产法》施行后,只要尚未宣告债务人破产的,应当尽可能赋予有关主体申请转入和解或者重整的机会。这里应当包括两种情形:(1) 符合《企业破产法》规定情形下破产清算向和解或者重整程序的转化。即债权人申请破产清算的案件,债务人或者出资人于债务人被宣告破产前提出重整申请,且符合《企业破产法》第 70 条第 2 款的规定;或者债务人依据《企业破产法》第 95 条的规定申请和解的,人民法院经审查认为重整或者和解申请符合《企业破产法》的规定的,应当裁定债务人重整或者和解。(2) 考虑到旧的破产法律规范没有重整程序的规定,而《企业破产法》规定了重整程序,且从现代企业破产法的发展方向看,企业的挽救受到更多的关注,《企业破产法》规定债权人或者债

---

① 沈达明、郑淑君:《比较破产法初论》,对外贸易出版社 1993 年版,第 235 页。

② 常怡主编:《比较民事诉讼法》,中国政法大学出版社 2002 年版,第 714 页;转引自齐树洁主编:《破产法研究》,厦门大学出版社 2004 年版,第 440 页。

务人可以直接向人民法院申请重整等因素，对于《企业破产法》施行前债权人申请破产清算的案件，《企业破产法》施行后，债权人于宣告债务人破产前提出重整申请；或者《企业破产法》施行前债务人申请破产清算的案件，《企业破产法》施行后，债务人于宣告其破产前提出重整申请的，虽然并不符合《企业破产法》第70条第2款关于破产清算向重整程序转化的规定，但是只要符合《企业破产法》关于债权人或者债务人直接向人民法院申请重整的规定，人民法院亦应予以受理。

（四）关于尚未审结案件中程序性问题的法律适用

破产法大多属于程序性规范，鉴于其琐碎和繁杂性特点，最高人民法院在制定《规定》时，不可能将所有与旧的破产法律规范存在差异的部分一一列举，故基于《规定》通篇掌握的基本原则，笔者认为，人民法院审理尚未审结的企业破产案件，对于尚未进行的程序，《规定》未作出规定的，均应适用《企业破产法》的有关规定。如特殊债权分配额的提存、债务人有关人员的义务，以及保全措施的解除和执行程序的中止等。①

（五）关于最高人民法院司法解释继续适用的问题

考虑到最高人民法院此前所作的司法解释，尤其是《2002年司法解释》，对破产清算中的很多问题，均有比较细致、合理的规定，是目前破产案件审理中的主要依据，现并未明令废止，且法律依据除了企业破产法（试行）外，还包括民事诉讼法。更为重要的是很多规定还有继续适用的必要性。故对于此前所作司法解释中与企业破产法和《规定》不相抵触的部分，在尚未审结案件中可以继续适用；而相抵触的部分，不再继续适用。同时，最高人民法院也在考虑对以前所作司法解释进行系统的归纳和整理，拟将能够继续适用的部分重新制定统一的司法解释，而废止此前的司法解释。因该项工作的完成还有一段时间，基于尚未审结案件工作的需要，《规定》中通过作出“本院此前所作相关司法解释与本规定相抵触的，未审结的企业破产案件中不再适用”的规定，解决最高人民法院此前所作相关司法解释的继续适用问题。

---

① 1. 关于特殊债权分配额的提存程序：《企业破产法》施行后，未审结破产案件的管理人可以依据《企业破产法》第117条、第118条、第119条的规定提存处理相关附生效条件或者解除条件的债权分配额、债权人未受领的破产财产分配额，以及诉讼或者仲裁未决的债权分配额。

2. 关于债务人有关人员的义务：《企业破产法》施行后，人民法院应当书面通知债务人的有关人员承担《企业破产法》第15条规定的义务。债务人的有关人员拒不配合人民法院、管理人、债权人会议履行义务的，人民法院可以对其予以训诫、拘传、拘留和罚款。

3. 关于保全措施的解除和执行程序的中止：《企业破产法》施行后，人民法院在审理未审结破产案件时，发现债务人财产被查封、扣押、冻结的，应当依据《企业破产法》第19条的规定，通知相关单位及时解除有关债务人财产的保全措施，中止执行程序，由管理人统一接管处理债务人的财产。人民法院裁定驳回破产申请的，原保全措施和执行程序应当予以恢复。对于解除债务人财产保全措施和中止执行程序中造成的权利人的损失，申请人应当承担赔偿责任。

附件3 最高人民法院《关于〈中华人民共和国企业破产法〉施行时尚未审结的企业破产案件适用法律若干问题的规定》

(2007年4月25日法释〔2007〕10号公布,自2007年6月1日施行)

为正确适用《中华人民共和国企业破产法》,对人民法院审理企业破产法施行前受理的、施行时尚未审结的企业破产案件具体适用法律问题,规定如下:

第一条 债权人、债务人或者出资人向人民法院提出重整或者和解申请,符合下列条件之一的,人民法院应予受理:

(一)债权人申请破产清算的案件,债务人或者出资人于债务人被宣告破产前提出重整申请,且符合企业破产法第七十条第二款的规定;

(二)债权人申请破产清算的案件,债权人于债务人被宣告破产前提出重整申请,且符合企业破产法关于债权人直接向人民法院申请重整的规定;

(三)债务人申请破产清算的案件,债务人于被宣告破产前提出重整申请,且符合企业破产法关于债务人直接向人民法院申请重整的规定;

(四)债务人依据企业破产法第九十五条的规定申请和解。

第二条 清算组在企业破产法施行前未通知或者答复未履行完毕合同的对方当事人解除或者继续履行合同的,从企业破产法施行之日起计算,在该法第十八条第一款规定的期限内未通知或者答复的,视为解除合同。

第三条 已经成立清算组的,企业破产法施行后,人民法院可以指定该清算组为管理人。

尚未成立清算组的,人民法院应当依照企业破产法和《最高人民法院关于审理企业破产案件指定管理人的规定》及时指定管理人。

第四条 债权人主张对债权债务抵销的,应当符合企业破产法第四十条规定的情形;但企业破产法施行前,已经依据有关法律规定抵销的除外。

第五条 对于尚未清偿的破产费用,应当按企业破产法第四十一条和第四十二条的规定区分破产费用和共益债务,并依据企业破产法第四十三条的规定清偿。

第六条 人民法院尚未宣告债务人破产的,应当适用企业破产法第四十六条的规定确认债权利息;已经宣告破产的,依据企业破产法施行前的法律规定确认债权利息。

第七条 债权人已经向人民法院申报债权的,由人民法院将相关申报材料移交给管理人;尚未申报的,债权人应当直接向管理人申报。

第八条 债权人未在人民法院确定的债权申报期内向人民法院申报债权的,可以依据企业破产法第五十六条的规定补充申报。

第九条 债权人对债权表记载债权有异议,向受理破产申请的人民法院提起诉讼的,人民法院应当依据企业破产法第二十一条和第五十八条的规定予以受理。但人民法院对异议债权已经作出裁决的除外。

债权人就争议债权起诉债务人,要求其承担偿还责任的,人民法院应当告知该债权人变更其诉讼请求为确认债权。

第十条 债务人的职工就清单记载有异议,向受理破产申请的人民法院提起诉讼的,人民法院应当依据企业破产法第二十一条和第四十八条的规定予以受理。但人民法院对异议债权已经作出裁决的除外。

第十一条 有财产担保的债权人未放弃优先受偿权利的,对于企业破产法第六十一条第一款第七项、第十项规定以外的事项享有表决权。但该债权人对于企业破产法施行前已经表决的事项主张行使表决权,或者以其未行使表决权为由请求撤销债权人会议决议的,人民法院不予支持。

第十二条 债权人认为债权人会议的决议违反法律规定,损害其利益,向人民法院请求撤销该决议,裁定尚未作出的,人民法院应当依据企业破产法第六十四条的规定作出裁定。

第十三条 债权人对于财产分配方案的裁定不服,已经申诉的,由上一级人民法院依据申诉程序继续审理;企业破产法施行后提起申诉的,人民法院应当告知其依据企业破产法第六十六条的规定申请复议。

债权人对于人民法院作出的债务人财产管理方案的裁定或者破产财产变价方案的裁定不服,向受理破产申请的人民法院申请复议的,人民法院应当依据企业破产法第六十六条的规定予以受理。

债权人或者债务人对破产宣告裁定有异议,已经申诉的,由上一级人民法院依据申诉程序继续审理;企业破产法施行后提起申诉的,人民法院不予受理。

第十四条 企业破产法施行后,破产人的职工依据企业破产法第一百三十二条的规定主张权利的,人民法院应予支持。

第十五条 破产人所欠董事、监事和高级管理人员的工资,应当依据企业破产法第一百一十三条第三款的规定予以调整。

第十六条 本规定施行前本院作出的有关司法解释与本规定相抵触的,人民法院审理尚未审结的企业破产案件不再适用。

最高人民法院《关于正确审理企业破产案件为维护市场经济秩序提供司法保障若干问题的意见》的解读

为正确审理企业破产案件,防范和化解企业债务风险,挽救危困企业,规范市场主体退出机制,维护市场运行秩序,最高人民法院审判委员会讨论通过、并于2009年6月15日正式下发了法发〔2009〕36号最高人民法院《关于正确审理企业破产案件为维护市场经济秩序提供司法保障若干问题的意见》,现就其中所涉主要法律适用问题作一介绍。

一、关于破产清算申请的受理问题

法院在受理企业破产清算申请时,对于破产原因要件的审查,应当结合《企业破产法》第2条关于"企业法人不能清偿到期债务,并且资产不足以清偿全部债务或者明显缺乏清偿能力的,依照本法规定清理债务。企业法人有前款规定情形,或者有明显丧失清偿能力可能的,可以依照本法规定进行重整"和第7条关于"债务人有本法第二条规定的情形,可以向人民法院提出重整、和解或者破产清算申请。债务人不能清偿到期债务,债权人可以向人民法院提出对债务人进行重整或者破产清算的申请。企业法人已解散但未清算或者未清算完毕,资产不足以清偿债务的,依法负有清算责任的人应当向人民法院申请破产清算"的规定,区别不同申请权人的申请进行。

(一)债务人申请破产清算时破产原因的审查

债务人自行申请破产清算的,法院应当审查其是否存在不能清偿到期债务并且资产不足以清偿全部债务;或者不能清偿到期债务并且明显缺乏清偿能力两种情形之一。

前者主要审查其资产是否不足以清偿全部债务,即消极财产的估价总额是否超过了积极财产估价总额的客观状况,其着眼点在于资债比例关系。后者主要审查其是否不能以财产、信用或者能力等任何方式清偿债务,且债务人是在较长期间内不能清偿,而不是因一时资金周转困难等问题暂时中止支付。如债务人经强制执行后仍不能履行生效法律文书确定的金钱债务的,可以推定债务人明显缺乏清偿能力。

(二)债权人申请破产清算时破产原因的审查

债权人申请债务人破产清算的,法院应当审查债务人是否不能清偿到期债务,即停止支付,而无需对不能清偿到期债务的原因进行审查。法院也不应当要求债权人提交债务人财产状况说明、债务清册、债权清册、有关财务会计报告等资料,证明债务人不能清偿到期债务的原因。

这里,对债权人申请而言,只要债务人不能清偿到期债务,则首先推定债务人出现了破产原因,即债务人要么不能清偿到期债务并且资产不足以清偿全部债务,要么不能清偿到期债务并且明显缺乏清偿能力。如债务人认为其未出现破产原因、对债权人的申请有异议的,可以在收到法院通知之日起 7 日内向法院提出,通过异议程序举证推翻债权人的申请,并可在偿还该笔到期债务后阻却破产清算申请的受理。法院不得以债权人未提交债务人财产状况说明、债权债务清册等相关资料,不能证明债务人出现破产原因为由,裁定不予受理其破产清算申请,也不能以因无法取得债务人的财产状况说明、债权债务清册等相关资料,破产程序不能依法进行为由,裁定不予受理债权人提出的破产清算申请。

对此,最高人民法院法释〔2008〕10 号《关于债权人对人员下落不明或者财产状况不清的债务人申请破产清算案件如何处理的批复》作出了明确的答复,即债权人对人员下落不明或者财产状况不清的债务人申请破产清算,符合《企业破产法》规定的,人民法院应依法予以受理。债务人能否依据《企业破产法》第 11 条第 2 款的规定向人民法院提交财产状况说明、债权债务清册等相关材料,并不影响对债权人申请的受理。

(三)准债务人申请破产清算时破产原因的审查

准债务人,包括企业法人解散后自行清算或者强制清算中成立的清算组,以及企业法人解散应当清算但未组成清算组开始清算时的企业的出资人等清算义务人,申请债务人破产清算的,法院要审查债务人是否债务超过资产,或曰资不抵债,即主要审查其资产是否不足以清偿全部债务,消极财产的估价总额是否超过了积极财产估价总额的客观状况,其着眼点在于资债比例关系。

这里要特别强调,法院对申请人提出的申请进行审查后,应当严格按照《企业破产法》规定的期限作出是否受理破产申请的裁定。有特殊情况,如需要申请人补交有关材料的,在经上一级法院批准延长期限届满后,亦应及时作出裁定,而不能以补交材料等为由长期不作出是否受理的裁定。申请人有权对不予受理的裁定和驳回申请的裁定提出上诉。

二、关于破产案件管理人的指定问题

管理人制度是立法机关借鉴发达国家破产法立法经验和考虑我国审判实践需要而设立的新的法律制度。管理人在整个破产程序中起着至关重要的作用。最高人民法院及时出台了《关于审理企业破产案件指定管理人的规定》,对管理人名册的编制、管理人的指定、管理人的更换等作出了具体的规定。法院在指定破产案件管理人时，要根据《企业破产法》和上述司法解释的规定，采用适当方式指定适格管理人，尤其是对于重大、疑难案件，不能简单以随机方式确定管理人。

（一）准确划分审判庭和司法技术辅助工作部门在管理人指定中的职责

法院在对具体破产案件指定管理人时，要注意处理好审理破产案件的审判庭和司法技术辅助工作部门的关系，准确划分二者在管理人指定中的职责。

指定管理人时，首先要由审理破产案件的业务庭根据案件实际情况决定采用哪类管理人，包括清算组管理人、中介机构管理人或者个人管理人。决定采用中介机构作管理人，或者以中介机构作清算组管理人成员的，业务庭还要对中介机构管理人，以及清算组管理人中的中介机构成员的产生方式作出决定，包括随机方式、竞争方式和接受推荐的方式。决定以随机方式产生中介机构的，由司法技术辅助部门通过随机方式产生；决定以竞争方式产生中介机构的，则由业务庭、司法技术辅助部门、纪检监察部门，以及有关院领导共同组成评审委员会评选产生；决定以接受推荐的方式产生的，业务庭要审查有关部门推荐的人选是否符合《企业破产法》和司法解释的规定来决定。业务庭决定破产案件由清算组担任管理人的，除清算组中中介机构成员按照上述方式产生外，其他成员由业务庭根据需要指定。业务庭决定破产案件由个人担任管理人的，个人管理人由司法技术辅助部门通过随机方式产生。

（二）重整案件管理人的确定

企业重整中，因涉及重大资产重组、经营模式选择、引入新出资人等商业运作内容，重整中管理人的职责不仅是管理和处分债务人财产，更要管理债务人的经营业务，特别是制定和执行重整计划。因此，在我国目前管理人队伍尚未成熟的情况下，法院指定管理人时，应当注意吸收相关部门和适当人才，根据实际情况选择指定的形式和方式，以便产生适格管理人。

三、关于破产清算中破产债权的保障问题

破产债权保障是企业破产法的一项重要原则，为避免破产企业以破产之名损害债权人利益、破坏市场经济规则，企业破产法从整个制度设置上充分体现了对债权的保障，法院在审理企业破产案件中应当充分利用企业破产法所设置的各种制度，实现对债权人利益保障的最大化。

（一）管理人制度适用与债权人利益保护

《企业破产法》之所以将与债权人和债务人无利害关系的专业机构、专业人员作为管理人负责清算事务，其目的在于借助这些具有专业知识和中立性身份的清算主体，对于即将退市的市场主体，进行一场彻底的、自出生至死亡整个存续过程的大检验，以便其依法退出市场。在这个大检验的过程中，其最直接的目的是最

大化发现债务人财产、最大化保护债权人利益。因此,法院在审理企业破产案件中,一定要充分调动管理人的积极性,引导管理人发挥其应有的职能作用,利用法律的手段,尽可能地去发现、追收债务人财产。

对于债务人的出资人应交而未交的出资,包括分期交纳下尚未届至交纳期限的出资,管理人应当要求该出资人依法交纳;该出资人不交纳、或者不能交纳的,管理人还可以要求债务人的原始股东或者发起人予以交纳。债务人的出资人存在抽逃出资行为的,管理人应当要求抽逃出资人将所抽逃出资予以返还。对于债务人的董事、监事、高级管理人员利用职权从企业获取的非正常收入和侵占的企业财产,管理人应当依法追回;债务人的董事、监事、高级管理人员执行公司职务时违反法律、行政法规或者公司章程的规定,给公司造成损失的,管理人有权要求公司董事、监事、高级管理人员依法向公司承担赔偿责任。管理人应当及时接管债务人的财产、印章、账簿、文书等,依法有效地要求债务人的债务人或者财产持有人清偿债务或者交付财产,避免因时间的拖延造成债务人财产的不当减损。对于债务人和对方当事人均未履行完毕的合同,从有利于债务人利益的角度出发,及时作出解除或者继续履行合同的决定。对于债务人无偿转让财产、以明显不合理的价格进行交易、对没有财产担保的债务提供财产担保、对未到期的债务提前清偿、放弃债权,以及不当的个别清偿等偏颇性行为,以及债务人为逃避债务而隐匿、转移财产,或者虚构债务或承认不真实的债务的欺诈性行为,均要通过及时撤销和否定其效力等方式,追回有关行为人因此而非法取得的债务人的财产。对于关联企业破产的,有关关联企业成员作为债权人时的个别清偿行为,还可考虑通过适当延长嫌疑期和增加恶性推定等方式,扩大撤销权行使的范畴。债务人有无效行为或者可撤销行为,损害债权人利益的,管理人应当依法追究债务人的法定代表人和其他直接责任人员的赔偿责任,等等。

管理人在履行上述职权发现和追收债务人财产过程中,可能涉及相关各类破产衍生诉讼,包括对外追收债权诉讼,请求交付财产诉讼,解除合同诉讼,破产撤销权诉讼,别除权诉讼,抵销权诉讼,确认无效行为诉讼,追收未交出资诉讼,追收抽逃出资诉讼,追偿非正常收入或者侵占的企业财产诉讼,要求债务人的董事、监事、高级管理人员因执行职务不当给公司造成损失承担赔偿责任的诉讼,要求债务人的董事、监事、高级管理人员违反忠实义务和勤勉义务致使所在企业破产承担民事责任的诉讼,要求债务人的法定代表人和其他直接责任人员因债务人无效行为和可撤销行为造成损害承担赔偿责任的诉讼,等等。

(二)债权人会议、债权人委员会制度与破产债权的保障

破产程序主要是为保障债权公平清偿而设置的法律制度,但是,由于破产程序中债权人人数众多、利益相关且可能存在矛盾,各债权人作为共同执行人单独表达的个人意愿往往不具有法律效力,更不能单独采取实现其债权的法律措施,而只能通过全体债权人的统一行动来实现权利,否则可能损害其他债权人的利益,增加整个破产程序的成本,妨碍破产法公平清偿的立法宗旨的实现。为使破产程序能够顺利进行,需要对各个债权人的意志、利益、行为通过一定的组织方式进行协调,尽量公正地统一起来,并体现到对破产程序的共同参与之中,因此,《企业破产法》专门设置了债权人会议和债权人委员会这两个破产机关,以此表达债权人的共同意志,就有关利益的破产事项协调意见,决定共同采取的法律行动。

法院在审理企业破产案件时,就有关核查债权、更换管理人、审查管理人费用和报酬、监督管理人、决定继续或者停止债务人营业、通过重整计划或和解协议、通过债务人财产管理变价和分配方案等关涉债权人利益的重大事项,要切实保障债权人的参与权和话语权,在不违背法律强制性规定的前提下,尽可能充分尊重债权人的意志。

这里要注意,即使在以挽救债务人为主要立法目的的破产重整和和解程序中,仍然要以充分保障债权人利益为前提,重整计划和和解协议的通过与否,要严格按照法定的程序确定表决权并依法表决决定,而不能以牺牲债权人利益为代价来挽救债务人。

(三) 破产豁免原则的例外适用与破产债权的保护

破产豁免原则是指破产财产全部分配完毕后,免除债务人对债权人通过破产程序未能清偿的剩余债务的责任。破产豁免原则是破产法发展到一定阶段后,在保障债权人公平受偿的同时,为债务人的更生目标而确立的一大原则,其立法目的在于鼓励债务人在破产之后仍能积极参与社会经济活动,为社会和个人创造财富。但是,破产豁免原则适用的对象仅限于诚实的债务人,不诚实的债务人是不能享有豁免原则的保护的。

根据最高人民法院法释〔2008〕10 号《关于债权人对人员下落不明或者财产状况不清的债务人申请破产清算案件如何处理的批复》和法释〔2008〕6 号《关于适用〈中华人民共和国公司法〉若干问题的规定(二)》第 18 条第 2 款和第 20 条第 1 款的规定,法院在审理债务人人员下落不明或者财产状况不清的破产案件时,在对债务人的法定代表人、财务管理人员、其他经营管理人员,以及出资人等进行充分释明,以及采取相应的罚款、训诫、拘留等手段后,债务人仍不能或拒不向法院提交有关材料的,导致债务人主要财产、账册、重要文件等灭失无法清算的,法院应当以无法清算为由裁定终结清算程序,但是,债务人既有的民事责任并不因清算程序的终结及法人资格的终止而当然消灭,而是应当由其出资人等清算义务人承担偿还责任。

这里的无法清算,应当包括根本无法清算和无法全面清算两种情形。法院有证据证明债务人故意隐藏、销毁、毁坏、伪造或未能保管或保留好可以确定债务人财产状况和商业经营状况的材料的;债务人在该案或与此有关的案件中故意制作假证或假账的;债务人不能对其财产损失和偿付其债务的财产不足部分作出合理解释的;债务人不服从法院命令,如不出示有关重要文件、不回答关键性问题等的，法院均可以无法依法全面清算为由裁定终结破产清算程序，并告知债权人可以另行起诉，要求出资人等清算义务人承担其债务的偿还责任。

破产豁免原则的例外适用，将使债务人试图借破产逃废债务的目的无法实现，同时充分地体现了破产法对债权人利益的保障原则，对于督促债务人依法退出市场，建立诚信规范的市场退出机制，将发挥积极的作用。

（四）关联企业破产中的利益平衡与破产债权的保障

关联企业是社会化大生产与市场经济发展的必然产物，现代市场经济整体化、社会化、规模化的发展，导致单一的企业组织逐步让位于规模巨大、高度集中的企业联合体，成为现代经济社会发展中的主角，对经济持续、平稳、健康发展起着重要的作用。但是，关联企业的出现，对现行的公司法律制度构成了巨大挑战。关联企业之间存在的非正当的关联关系与关联行为使得关联企业成员产生了法律人格的独立性与公司实际经营的非独立性的尖锐矛盾，这一矛盾的出现，打破了原公司独立法人制度所维系的公司、股东、债权人与其他利害关系人之间的利益平衡，这种利益失衡在关联企业破产时显得更为突出。因此，法院在审理关联企业破产案件时，不能简单等同于一般单一企业破产案件的审理，对于明显利用关联关系损害其他债权人利益的，可以通过审慎适用关联企业实质合并破产和关联债权衡平居次制度，平衡关联企业破产时各方利益的冲突。

1. 关联企业实质合并破产制度

实质合并破产，是指控制企业与从属企业，或者与控制企业控制下的若干从属企业同时破产时，将各个破产企业的资产和债务合并，按照债权额的比例清偿所有债权人的债权。其目的在于实现关联企业所有债权人获得实质上的公平待遇，公平分配破产财产。

债权人向法院提出关联企业人格混同、财产混同，以及不公正交易等初步证据后，由债务人向法院提交财产状况说明、债务清册、债权清册、有关财务会计报告等证据予以证明。法院审查时，应当综合考虑各关联企业是否存在混同的财务报表、企业间资产和流动资产的合并程度、各企业之间的利益统一性和所有权关系，分别确定单个企业的财产和负债的困难程度和成本大小，是否存在违法的财产转让、实质合并破产，是否有利于增加企业重整的可能性等因素。如，关联企业的经营实际是一体的，其人格混同、财产混同现象非常严重，彼此之间关系极度紧密复杂，以至于难以将其财产状况分开；或者关联企业之间通过关联交易，将企业财产或者利益在各关联企业成员之间进行不公正的非对价转移等的，法院可以作出受理实质合并破产申请的裁定。但是，如果仅仅是在债权人和破产企业之间的个别法律关系中，破产企业的股东滥用了公司法人的独立地位和股东有限责任，逃避债务，严重损害了债权人利益，而破产企业的人格及其股东的人格并未严重混同的，债权人申请破产企业及其股东实质合并破产的，法院应裁定不受理其实质合并破产的申请，并告知债权人可申请破产企业单独破产，以及可根据《公司法》第20条的规定，追究破产企业股东的连带责任；破产企业的股东不能清偿其债务的，可另行向法院提出对破产企业的股东进行破产清算的申请。

法院在审理证券公司破产案件中，已经探索性地通过关联企业实质合并破产制度的适用，妥善解决了证券公司及其从事违法违规经营活动工具的关联企业的退市问题，取得了较好的社会效果和法律效果。各级法院在审理关联企业破产案件中，应当继续积极探索，不断总结经验，以便高质、高效地审理关联企业破产案件，对经济社会中严重扭曲的利益关系予以合理矫正，公平保护全体债权人利益，促进市场经济秩序健康、有序发展。

2. 关联债权衡平居次制度

关联债权衡平居次，是指控制企业利用其与从属企业之间的关联关系，与从属企业从事不正当的经济行为，并从中牟取不当利益的，当从属企业破产清偿时，将控制企业基于上述不当行为产生的针对从属企业的不当债权劣后于其他债权人受偿。关联债权衡平居次制度从破产清偿顺序上在控制企业和从属企业之间找到了一个新的平衡点，对于从属企业的外部债权人而言，以衡平居次为由，主张控制企业的债权居次受偿，往往缺乏足够的理由彻底否认从属企业的人格，因此，关联债权衡平居次制度是在破产程序中处理关联企业间破产债权时对法人人格否认制度的弥补和延伸。

在审查控制企业对从属企业的债权是否属于劣后债权时，应当着重审查控制企业对从属企业的债权形成是否基于其不当利用了对从属企业的控制和影响力，只有控制企业存在不正当行为并从从属企业获取不当利益时，如控制企业的债权系基于与从属企业签订及履行不公平合同交易时产生的，才将其债权作为劣后债权次于从属企业的其他债权人清偿。

目前对于劣后债权问题，《企业破产法》虽尚无相应规定，但在最高人民法院法发〔2009〕35号《关于依法审理和执行被风险处置证券公司相关案件的通知》中明确规定，刑事判决中罚金、没收财产等处罚，应当在破产程序债权人获得全额清偿后的剩余财产中执行。关联债权衡平居次制度对于破产程序中处理关联企业间的不当破产债权，应该说是个很好的法律制度，值得我们借鉴。但鉴于该项制度尚在研究探索之中，法院在个案审理中应当审慎适用。

四、关于重整计划草案的批准问题

重整程序之所以能够较为有效地使企业避免破产，其重要原因之一就是其具有较其他程序更强的强制性。这种强制性体现在两个层面：（1）各表决组全部以法定多数通过重整计划草案，经法院批准，则该重整计划草案对所有债权人和出资人均具有法律效力，包括在各表决组投反对票的债权人和出资人；（2）在未获全部表决组通过时，如重整计划草案符合法定条件，经债务人或者管理人申请，法院也可强制批准重整计划草案，使该重整计划草案对所有债权人和出资人发生法律效力。法院在批准重整计划草案时,应当区分上述两种情形分别进行审查,积极审慎适用裁量权,在依法保障债权人和出资人合法权益的前提下,实现对困境企业的挽救。

(一) 对各表决组均通过了重整计划草案的批准

对于各表决组均按照法定标准通过了重整计划草案,法院裁定批准的,应当从两个方面进行审查。

第一,鉴于该情形下主要涉及各表决组内部利益的冲突,因此,法院主要是针对投反对票的债权人的异议理由,着重于对异议债权人利益的合法保护进行形式上的审查。如,表决组的分组、各权利人表决权的确定、会议的召集程序等是否合法;同一表决组中是否公平对待了投反对票的成员,是否按照债权比例清偿或者按照股权比例削减等。

第二,要注意审查重整计划草案中债务人经营方案的内容是否违反法律、行政法规强制性规定,重整计划草案是否涉及国家行政许可事项,如果债务人经营方案内容违反法律、行政法规的强制性规定,或者应当经国家有关部门行政许可而未获许可的,法院不能裁定批准该重整计划草案。

(二) 对部分表决组未通过重整计划草案的批准

对于部分表决组未通过重整计划草案,法院强制批准的,因此时关涉的是不同表决组债权人利益的冲突,因此,法院批准时应当严格按照《企业破产法》第87条规定的条件进行审查,坚持债权人利益最大化、公平对待和绝对优先三项基本原则。

第一,要保证反对重整计划草案的债权人或者出资人在重整程序中至少可以获得他在破产清算程序中本可获得的清偿,即要保护对重整计划持反对意见的少数派的既得利益。如,对债务人的特定财产享有担保权的债权人组未通过重整计划草案的,要保证所有对债务人的特定财产享有担保权的债权人就该特定财产以变现价款全额获得清偿,并且对其因延期清偿所受的损失将进行公平补偿,保证其担保权未受到其他实质性损害。职工优先债权组未通过重整计划草案的,要保证职工优先债权将获得全额清偿。税款债权组未通过重整计划的,要保证税款全额清偿。普通债权人组未通过重整计划的,要保证普通债权所获得的清偿比例不低于其在破产清算中所能获得的清偿比例。出资人组未通过重整计划草案的,要保证对出资人权益的调整公平、公正,主要是指在对出资人权益进行削减时,其前提应当是企业已经资不抵债。

这里要特别注意,在实际操作中要注重对债权人利益最大化的保护。如,如何评估、计算债务人设定担保的特定财产的变现金额问题。因重整程序中并未实际通过拍卖、变卖等对特定财产进行变现,其真实变现价值并未客观体现出来,对担保权人就该特定财产优先权的保障是建立在会计方法计算基础上的,因此,在担保债权人组未通过重整计划草案,法院强制批准重整计划草案时,应当充分考虑其计算方法是否科学、客观、准确，是否充分保护了担保债权人的应有利益。又如，普通债权人组未通过重整计划草案时，所涉重整计划草案被提请批准时依照破产清算程序所能获得的清偿比例，因重整中并未对债务人进行实际的破产清算，因此，破产清算程序中所能获得的清偿比例也是会计计算的结果，而一般情况下，以收益法评估企业重整条件下债务人的清偿率往往高于用清算法评估清算条件下债务人的清偿率，因此，如果债权人组以资产评估报告低估了资产价值，甚至有虚假，从而损害了债权人的利益；认为重整计划不公平，债权人削减债权比例很大，而出资人权益调整的比例过小或没调整，或者认为大股东对经营失败负有重大责任，应该分担更多债务，而重整计划未体现，或者认为债务重组采取债转股的方式，而引入的重组方资产质量差，影响债权的回收等为由，对重整计划草案投反对票的，法院不宜简单以重整草案中的清偿率高于清算下的清偿率为由，强制裁定批准重整计划草案，而是应该在充分协调各方利益主体利益的前提下，并综合各方因素考虑债权人意见的合理性，慎重作出裁定。

第二，如果债权人组或者出资人组反对重整计划草案，该项重整计划草案应当保证持反对意见的债权人组或者出资人组获得公平对待，即处于同一顺序的债权人必须获得按比例的清偿，或者对于出资人权益的调整应当保证所有出资人按比例削减。

第三，如果债权人组反对重整计划草案，该重整计划草案应当保证只有这个组的成员获得充分清偿后，在清偿顺序上低于这个组的其他组成员才能开始获得清偿，即破产法对清算程序规定的优先顺序，在重整程序中对持反对意见的表决组必须同样适用。

总之，法院在审查批准债务人或者管理人提交的重整计划草案时，一定要严格按照上述原则进行审查，并综合考虑社会公共利益的维护后，依法审慎作出强制批准重整计划草案的裁定，对于不符合强制批准条件的，不能假挽救企业之名违法批准。

鉴于企业破产法对于事关当事人重大利益的重整计划草案的裁定批准并未规定相应的异议程序，因此，上级法院应当肩负起对下级法院违法强制批准重整计划草案的监督职责，在以重整程序挽救债务人的同时，仍然应坚持对债权人合法权益的保护。

五、关于破产程序与执行程序的衔接问题

破产程序作为司法上的特殊偿债程序，与民事执行程序在功能定位上存在重大差别。破产程序是在债务人财产不足以清偿全部债务的情况下，对债务人全部财产进行的概括执行，其目的在于以法定的程序和方法，为所有债权人创造一种获得公平受偿的条件和机会，以使所有债权人共同享有利益、共同分担损失。强制执行程序本质上是一种个别执行，是在债务人财产足以清偿所有债权的情况

下，为实现债权人个人对债务人的特定金钱债权，而对债务人的特定财产所进行的强制执行。强制执行注重债权的个别清偿，破产程序则注重所有债权的公平受偿。破产程序弥补了强制执行这一传统救济手段的不足，保障了特殊情况下全体债权人的公平受偿。破产程序和民事执行程序各司其职，相辅相成，在一个完整的法律体系中共同发挥着执行清偿的功能，共同维护着债权债务秩序的稳定。

破产程序因其启动原因的特殊性，必然导致其对民事执行程序具有优先性，具有对一般债务清偿程序的排他性，即排除为个别债权人利益而对债务人财产进行的其他执行程序，以保证对全体债权人清偿的公平。因此，破产程序启动后，其他与之相冲突的对债务人财产的执行程序都应当停止。对此，我国《企业破产法》作出了明确规定，即法院受理破产申请后，有关债务人财产的保全措施应当解除，执行程序应当中止。鉴于民事责任的履行优先于行政责任和刑事责任对财产执行的原则，破产程序的启动还应当具有排除行政责任和刑事责任中对债务人财产的执行程序的效力。因此，上述规定中的保全措施和执行程序应当包括所有具有强制执行权利的国家机关在履行职务过程中所采取的保全措施和执行程序。

法院在审理企业破产案件和执行案件时，应当在充分认识破产程序和执行程序不同功能定位的基础上，做好两个法律程序的衔接工作，操作中应当注意不同法院、不同庭室、不同程序的协调与配合。具体如下：

1. 法院受理破产申请后，已对债务人有关财产采取了保全措施，包括执行程序中的查封、冻结、扣压措施的法院应当解除原相应措施。

2. 法院解除有关债务人财产的保全措施后，应当及时通知破产案件管理人并将有关财产移交管理人接管，管理人可以向受理破产案件的法院申请保全。

3. 破产申请受理后，已经受理有关债务人执行案件的法院，对债务人财产尚未执行或者尚未执行完毕的程序应当中止执行；当事人向有关法院申请对债务人财产强制执行的，有关法院对其申请应不予受理，并告知其依法向管理人申报债权。

4. 管理人接管债务人财产、调查债务人财产状况后，发现有关法院仍然对债务人财产进行保全或者继续执行，向采取保全措施和进行执行的法院提出申请的，有关法院应当依据《企业破产法》第19条的规定，及时解除保全或中止执行。

5. 破产申请受理后法院没有中止执行，对于已经执行了的债务人财产，执行法院应当依法执行回转，并交由管理人作为破产财产统一分配；执行法院不予执行回转的，由受理破产申请和执行法院的共同上级法院协调执行回转。

6. 受理破产申请的法院在破产宣告前裁定驳回申请人的破产申请，并终结债务人破产程序的，应在作出终结破产程序的裁定前，告知管理人通知原对债务人财产采取保全措施的法院恢复原有的保全措施，有轮候保全的，以原采取保全措施的时间确定轮候顺位。对恢复受理债务人为被执行人的执行案件，适用申请执行时效中断的规定。

7. 上级法院应当依法监督下级法院严格执行企业破产法的规定，对债务人财产采取保全措施和执行措施的法院未依法解除保全措施或者中止执行措施的，上级法院应当依法予以纠正并追究相关责任人员的有关责任。

法院审理企业破产案件时，有关债务人财产被其他具有强制执行权利的国家行政机关，包括税务机关、公安机关、海关等采取保全措施或者执行程序的，法院应当积极与上述机关进行协调和沟通，取得有关权利机关的配合，参照上述具体操作规程，解除有关保全措施，中止有关执行程序，以便保障破产程序顺利进行。

附件4 最高人民法院《关于正确审理企业破产案件为维护市场经济秩序提供司法保障若干问题的意见》

（2009年6月12日法发〔2009〕36号公布，自2009年6月12日起施行）

各省、自治区、直辖市高级人民法院，解放军军事法院，新疆维吾尔自治区高级人民法院生产建设兵团分院：

当前，由于国际金融危机的不断发展和蔓延，我国经济发展仍然面临着严峻的考验。阻碍经济良性运行的负面因素和潜在风险明显增多，许多企业因资金链断裂引发的系统风险不断显现，严重影响了我国经济发展秩序良性运转和社会稳定。在当前经济形势下，充分发挥人民法院商事审判的职能作用，正确审理企业破产案件，防范和化解企业债务风险，挽救危困企业，规范市场主体退出机制，维护市场运行秩序，对于有效应对国际金融危机冲击，保障经济平稳较快发展，具有重要意义。现就人民法院做好企业破产案件审判工作，提出以下意见：

一、依法受理企业破产案件，为建立我国社会主义市场经济良性运行机制提供司法保障

1. 人民法院要正确认识企业破产法保障债权公平有序受偿、完善优胜劣汰的竞争机制、优化社会资源配置、调整社会产业结构、拯救危困企业的作用，依法受理审理企业破产清算、重整、和解案件，综合利用企业破产法的多种程序，充分发挥其对市场经济的调整作用，建立企业法人规范退出市场的良性运行机制，努力推动经济社会又好又快发展。

2. 为保障国家产业结构调整政策的落实，对于已经出现破产原因的企业，人民法院要依法受理符合条件的破产清算申请，通过破产清算程序使其从市场中有序退出。对于虽有借破产逃废债务可能但符合破产清算申请受理条件的非诚信企业，也要将其纳入法定的破产清算程序中，通过撤销和否定其不当处置财产行为，以及追究出资人等相关主体责任的方式，使其借破产逃废债务的目的落空，剥夺其市场主体资格。对债权人申请债务人破产清算的，人民法院审查的重点是债务人是否不能清偿到期债务，而不能以债权人无法提交债务人财产状况说明等为由，不受理债权人的申请。

3. 对于虽然已经出现破产原因或者有明显丧失清偿能力可能,但符合国家产业结构调整政策、仍具发展前景的企业,人民法院要充分发挥破产重整和破产和解程序的作用,对其进行积极有效的挽救。破产重整和和解制度,为尚有挽救希望的危困企业提供了避免破产清算死亡、获得再生的机会,有利于债务人及其债权人、出资人、职工、关联企业等各方主体实现共赢,有利于社会资源的充分利用。努力推动企业重整和和解成功,促进就业、优化资源配置、减少企业破产给社会带来的不利影响,是人民法院审理企业破产案件的重要目标之一,也是人民法院商事审判工作服务于保增长、保民生、保稳定大局的必然要求。

二、坚持在当地党委的领导下,努力配合政府做好企业破产案件中的维稳工作,为构建和谐社会提供司法保障

4. 债务人进入破产程序后,因涉及债权人、债务人、出资人、企业职工等众多当事人的利益,各方矛盾极为集中和突出,处理不当,极易引发群体性、突发性事件,影响社会稳定。人民法院审理企业破产案件,一定要坚持在当地党委的领导下,充分发挥地方政府建立的风险预警机制、联动机制、资金保障机制等协调机制的作用,努力配合政府做好企业破产案件中的维稳工作。

5. 对于职工欠薪和就业问题突出、债权人矛盾激化、债务人弃企逃债等敏感类破产案件,要及时向当地党委汇报,争取政府的支持。在政府协调下,加强与相关部门的沟通、配合,及时采取有力措施,积极疏导并化解各种矛盾纠纷,避免哄抢企业财产、职工集体上访的情况发生,将不稳定因素消除在萌芽状态。有条件的地方,可通过政府设立的维稳基金或鼓励第三方垫款等方式,优先解决破产企业职工的安置问题,政府或第三方就劳动债权的垫款,可以在破产程序中按照职工债权的受偿顺序优先获得清偿。

三、充分发挥破产重整和和解程序挽救危困企业、实现企业持续经营的作用,保障社会资源有效利用

6. 人民法院要充分发挥司法能动作用,注重做好当事人的释明和协调工作,合理适用破产重整和和解程序。对于当事人同时申请债务人清算、重整、和解的,人民法院要根据债务人的实际情况和各方当事人的意愿,在组织各方当事人充分论证的基础上,对于有重整或者和解可能的,应当依法受理重整或者和解申请。当事人申请重整,但因企业经营规模较小、虽有挽救必要但重整成本明显高于重整收益的困难企业,有关权利人不同意重整的,人民法院可引导当事人通过和解方式挽救企业。人民法院要加强破产程序中的调解工作,在法律允许的框架下,积极支持债务人、管理人和新出资人等为挽救企业所做的各项工作,为挽救困难企业创造良好的法律环境。

7. 人民法院适用强制批准裁量权挽救危困企业时,要保证反对重整计划草案的债权人或者出资人在重整中至少可以获得在破产清算中本可获得的清偿。对于重整计划草案被提请批准时依照破产清算程序所能获得的清偿比例的确定,应充分考虑其计算方法是否科学、客观、准确，是否充分保护了利害关系人的应有利益。人民法院要严格审查重整计划草案，综合考虑社会公共利益，积极审慎适用裁量权。对不符合强制批准条件的，不能借挽救企业之名违法审批。上级人民法院要肩负起监督职责，对利害关系人就重整程序中反映的问题要进行认真审查，问题属实的，要及时予以纠正。

四、在破产程序中要注重保障民生，切实维护职工合法权益

8. 依法优先保护劳动者权益，是破产法律制度的重要价值取向。人民法院在审理企业破产案件中，要切实维护职工的合法权益，严格依法保护职工利益。召开债权人会议要有债务人的职工和工会代表参加，保障职工对破产程序的参与权。职工对管理人确认的工资等债权有异议的，管理人要认真审查核对，发现错误要及时纠正；因管理人未予纠正，职工据此提起诉讼的，人民法院要严格依法审理，及时作出判决。

9. 表决重整计划草案时，要充分尊重职工的意愿，并就债务人所欠职工工资等债权设定专门表决组进行表决；职工债权人表决组未通过重整计划草案的，人民法院强制批准必须以应当优先清偿的职工债权全额清偿为前提。企业继续保持原经营范围的，人民法院要引导债务人或管理人在制作企业重整计划草案时，尽可能保证企业原有职工的工作岗位。

10. 保障职工合法权益需要社会各方面的共同努力。人民法院要加强与国家社会保障部门、劳动部门、工商行政管理部门、组织人事等部门的沟通和协调，积极提出司法建议，推动适合中国特色的社会保障体制的建立和完善。

五、妥善指定适格管理人，充分发挥管理人在企业破产程序中的积极作用

11. 人民法院要根据企业破产法和有关司法解释的规定，采用适当方式指定管理人，对于重大疑难案件，可以通过竞争的方式择优确定管理人。要注意处理好审理破产案件的审判庭和司法技术辅助工作部门的关系，在指定管理人时，应由审理破产案件的审判庭根据案件实际情况决定采用哪类管理人以及采用哪种产生方式，在决定通过随机方式或者竞争方式产生管理人或其成员时，再由司法技术辅助工作部门根据规定产生管理人或其成员。

12. 企业重整中，因涉及重大资产重组、经营模式选择、引入新出资人等商业运作内容，重整中管理人的职责不仅是管理和处分债务人财产，更要管理债务人的经营业务，特别是制定和执行重整计划。因此，在我国目前管理人队伍尚未成熟的情况下，人民法院指定管理人时，应当注意吸收相关部门和人才，根据实际情况选择指定的形式和方式，以便产生适格管理人。

13. 管理人的工作能力和敬业精神直接决定着企业破产案件能否依法有效进行，以及破产法律制度能否充分发挥其应有的作用。人民法院要特别注意加强对管理人业务知识和各种能力的培养，建立管理人考核机制，通过业绩考核，形成激励和淘汰机制，逐步实现管理人队伍的专业化。

六、正确适用企业破产法的各项制度,充分保护债权人合法权益

14. 人民法院在审理企业破产案件中,要充分调动管理人的积极性,促使其利用法律手段,努力查找和追收债务人财产,最大限度保护债权人利益。对出资不实、抽逃出资的,要依法追回;对于不当处置公司财产的行为,要依法撤销或者认定无效,并追回有关财产;对于违反法律、行政法规等规定,给公司或债权人造成损失的,要依法追究行为人的民事责任;对于发现妨碍清算行为的犯罪线索,要及时向侦查机关通报情况。

15. 要充分发挥债权人会议和债权人委员会的职能作用,切实保障债权人对破产程序的参与权,坚决防止地方保护主义,即使在以挽救债务人为主要目的的破产重整和和解程序中,仍然要以充分保障债权人利益为前提,重整计划和和解协议的通过与否,要严格按照法定的程序确定表决权并依法表决。

16. 人民法院在审理债务人人员下落不明或财产状况不清的破产案件时,要从充分保障债权人合法利益的角度出发,在对债务人的法定代表人、财务管理人员、其他经营管理人员,以及出资人等进行释明,或者采取相应罚款、训诫、拘留等强制措施后,债务人仍不向人民法院提交有关材料或者不提交全部材料,影响清算顺利进行的,人民法院就现有财产对已知债权进行公平清偿并裁定终结清算程序后,应当告知债权人可以另行提起诉讼要求有责任的有限责任公司股东、股份有限公司董事、控股股东,以及实际控制人等清算义务人对债务人的债务承担清偿责任。

七、正确认识破产程序与执行程序的功能定位,做好两个程序的有效衔接

17. 人民法院要充分认识破产程序和执行程序的不同功能定位,充分发挥企业破产法公平保护全体债权人的作用。破产程序是对债务人全部财产进行的概括执行,注重对所有债权的公平受偿,具有对一般债务清偿程序的排他性。因此,人民法院受理破产申请后,对债务人财产所采取的所有保全措施和执行程序都应解除和中止,相关债务在破产清算程序中一并公平清偿。

18. 人民法院要注重做好破产程序和执行程序的衔接工作,确保破产财产妥善处置。涉及到人民法院内部破产程序和执行程序的操作的,应注意不同法院、不同审判部门、不同程序的协调与配合。涉及到债务人财产被其他国家行政机关采取保全措施或执行程序的,人民法院应积极与上述机关进行协调和沟通,取得有关机关的配合,依法解除有关保全措施,中止有关执行程序。

19. 人民法院受理破产申请后,在宣告债务人破产前裁定驳回申请人的破产申请,并终结破产程序的,应当在作出终结破产程序的裁定前,告知管理人通知原对债务人财产采取保全措施或执行程序的法院恢复原有的保全措施或执行程序,有轮候保全的,以原采取保全措施的时间确定轮候顺位。对恢复受理债务人为被执行人的执行案件,应当适用申请执行时效中断的有关规定。

八、加强审理破产案件法官专业化队伍建设,充分发挥商事审判职能作用

20. 随着我国经济市场化、国际化程度越来越高,企业破产案件将呈逐步增长趋势,这对人民法院审判工作提出了更高的要求。一方面,企业破产案件审理周期长、难度大、事务性工作繁重,人民法院长期以来案多人少的矛盾更加突出。另一方面,由于破产案件审理的复杂性和特殊性,客观上需要一支不仅具备较为扎实的法学理论功底,而且还要有解决社会矛盾、处理应急事务、协调各方利益等多方面工作能力的专业化法官队伍。因此,人民法院要加强法官专业化队伍建设,在人财物方面给予支持和保障。有条件的法院可以根据企业破产案件的数量,成立专门的破产案件审判庭,或指定专门的合议庭负责审理破产案件。

21. 人民法院要积极调动法官审理企业破产案件的积极性,在考核法官工作业绩时,要充分考虑企业破产案件审理的特殊性,以及法官办理企业破产案件所付出的辛勤劳动和承担的各种压力,积极探索能够客观反映审理破产案件工作量的科学考评标准,不断提高破产案件的审理质量。

22. 审理企业破产案件的法官,要大力加强对党的路线方针政策的学习,增强大局意识和责任意识。在当前经济形势下,更要正确处理好保护金融债权与挽救危困企业之间的关系,实现债权人与债务人的共赢,共渡难关。正确处理好保护投资者利益与维护职工合法权益之间的关系,保障社会和谐稳定。正确处理好企业破产清算与企业再生之间的关系,实现社会资源的充分利用以及法律效果和社会效果的有机统一。广大法官要大力加强廉政建设,严格执行最高人民法院“五个严禁”等审判纪律和规章制度,无论是在指定管理人还是在委托拍卖财产等敏感环节,都要坚持以制度管人,坚决杜绝人情案、关系案、金钱案,确保以公正高效的审判业绩,为我国国民经济平稳较快发展创造条件。

最高人民法院《关于债权人对人员下落不明或者财产状况不清的债务人申请破产清算案件如何处理的批复》的理解与适用

最高人民法院法释〔2008〕10号《关于债权人对人员下落不明或者财产状况不清的债务人申请破产清算案件如何处理的批复》经2008年8月4日最高人民法院审判委员会第1450次会议通过,已于2008年8月7日公布,自2008年8月18日起施行。现就该批复中所涉主要问题作一介绍。

(一)在企业法人已解散但未清算或者未清算完毕,资产不足以清偿债务的情形下,依法负有清算责任的人未向人民法院申请破产清算,债权人是否有权申请债务人破产清算的问题

我国《企业破产法》采破产申请主义。[①] 在这种立法例下,首先要明确的就是破产申请权人。《企业破产法》第7条对一般债务人[②]破产的申请权人作出了明确的规定,即债务人有《企业破产法》规定的破产原因[③]时,可以向人民法院提出重整、和解或者破产清算的申请;债务人不能清偿到期债务,债权人可以向人民法院提出对债务人进行重整或者破产清算的申请;企业法人已解散但未清算或者未清算完毕,资产不足以清偿债务的,依法负有清算责任的人[④]应当向人民法院申请破产清算。也就是说,对于一般债务人而言,其破产申请权人为债务人、债权人和依

① 在破产程序的启动方式上,各国破产立法的规定有破产申请主义和职权主义两种模式。破产申请主义是指法院必须依据依法享有申请破产权的权利人的申请启动破产程序,而无权在无人申请的情况下,自行依职权启动破产程序。职权主义是指法院启动破产程序,并不以存在当事人等的申请为必要条件,只要债务人发生破产原因,在法律规定的特定情况下,法院可以依职权启动破产程序。

② 这里的一般债务人是指除商业银行、证券公司、保险公司等金融机构以外的企业法人。对于商业银行、证券公司、保险公司等金融机构特殊债务人的破产,《企业破产法》第134条还特别规定,除一般意义上的破产申请权人有权申请金融机构破产外,国务院金融监督管理机构亦有权向人民法院提出对该金融机构进行重整或者破产清算的申请。

③ 根据《企业破产法》第2条和第7条的规定,企业法人不能清偿到期债务,并且资产不足以清偿全部债务或者明显缺乏清偿能力的,依照本法规定清理债务。企业法人有前款规定情形,或者有明显丧失清偿能力可能的,可以依照本法规定进行重整。

④ 依法负有清算责任的人,应当包括未清算完毕情形下已经成立了的清算组,以及应清算未清算情形下依法负有启动清算程序的清算义务人,即有限责任公司为公司全体股东,股份有限公司为公司董事和控股股东。

法负有清算责任的人。

《企业破产法》之所以规定,在企业法人已解散但未清算或者未清算完毕,资产不足以清偿债务的情形下,依法负有清算责任的人应当向人民法院申请破产清算,其目的在于明确对企业法人负有清算责任的人在企业法人出现解散事由应当清算而未清算,或者虽然开始清算但未清算完毕时,如果发现企业法人出现破产原因时,有义务①依法向人民法院申请破产清算,以便通过及时启动破产清算程序保障债权人利益得到公平实现,促进社会经济秩序良性运转。该规定并未排除债权人在债务人不能清偿到期债务时向人民法院申请债务人破产的权利。债权人、债务人以及依法负有清算责任的人的破产申请权,并不互相排斥。因此,当企业法人已解散但未清算或者未清算完毕,资产不足以清偿债务的情形下,依法负有清算责任的人未向人民法院申请破产清算时,债权人当然有权根据《企业破产法》第 7 条第 2 款的规定,向人民法院提出对债务人进行破产清算的申请。人民法院不能以此情况下债权人无申请权为由,不受理债权人提出的破产申请。

(二)债权人对人员下落不明或者财产状况不清的债务人申请破产清算,未向人民法院提交财产状况说明、债务清册、债权清册、有关财务会计报告等,是否影响案件受理的问题

对于申请权人提出的破产申请,人民法院在审查是否予以受理时,应当从实质要件和程序要件两个方面进行审查。实质要件的审查包括破产能力要件(破产主体资格)和原因要件(破产界限)的审查。程序要件的审查包括对申请人资格、申请书和有关证据等的审查。也就是说,只有经人民法院审查申请人提出的破产申请不符合上述实质要件或者形式要件时,人民法院才能作出不予受理的裁定。对于上述原因要件和程序要件,按照《企业破产法》的规定,应当区分不同情况进行审查。

1. 关于实质要件的审查

(1)破产能力要件。我国《企业破产法》第 2 条和第 135 条明确规定,原则上仅赋予企业法人破产资格,自然人不具有破产能力;其他法律规定企业法人以外的组织(如合伙企业、农村专业合作社、民办学校等组织)的清算,属于破产清算的,参照适用《企业破产法》的规定。

(2)破产原因要件。根据《企业破产法》第 2 条和第 7 条的规定,对于不同的申请权人申请破产的,其所要求具备的破产原因要件是不同的。债务人申请破产的,对于债务人资不抵债现象明显、易于判断的案件,要审查其是否不能清偿到期

① 对于依法负有清算责任的人的破产申请权,从立法本意及表述("应当")上看,准确的解释应更多地体现为破产申请义务,而非简单意义上的申请权利。

债务[①]并且资产不足以清偿全部债务[②]；对于债务人资不抵债现象不易判断，难以根据形式证据如资产负债表迅速查明的案件，要审查其是否不能清偿到期债务并且明显缺乏清偿能力。债权人申请破产的，要审查的破产原因仅仅为不能清偿到期债务，而未要求对不能清偿到期债务的原因进行审查。[③]

2. 关于程序要件的审查

（1）申请人资格要件。对于申请人资格问题，在前述第一个问题中已经进行了详细的介绍，在此不再赘述。但是，对债权人申请人资格而言，我国《企业破产法》没有对债权人的资格作出进一步的明确规定，如债权人申请人数以及债权人代表的债权额是否限制；未到期债权人、外国债权人、对债务人特定财产享有担保物权的债权人、税收债权以及其他公法上的债权（如罚款、罚金等债权）之债权人、存在争议债权之债权人、职工债权人、超过诉讼时效债权之债权人，以及不具有财产给付内容请求的权利人有无破产申请权等问题，均有待于进一步明确。[④]

（2）申请书及有关证据材料要件。这个要件的确定应该说是与前述实质要件紧密结合的，即通过申请权人提交的申请及有关证据材料证明其申请符合企业破产法规定的实质要件。根据《企业破产法》第 8 条对申请人向人民法院提出破产申请应当提交材料的规定看，对债权人申请破产和债务人申请破产审查的内容是不一样的。对债权人而言，仅要求其提交破产申请书和有关材料，所提交材料一方面是要证明其自身债权依法存在，其符合申请人资格，另一方面要证明债务人存在不能清偿到期债务的有关事实。这里，因债权人客观上无法举证证明债务人是否资不抵债，因此，一是在债权人申请债务人破产时，《企业破产法》未以资产

---

① 包括不能以财产（支付货币及财产）、信用（借新还旧或协议延期还债）或者能力（债务人以提供债权人接受的劳务、技能服务等折抵货币清偿债务）等任何方式清偿债务；而且债务人是在较长的期间内不能清偿，或曰一般地停止清偿，而不是因一时资金周转困难等问题暂时中止支付。

② 是指消极财产（债务）的估价总额超过了积极财产（财产）估价总额的客观状况，也称债务超过，其着眼点在于资债比例关系，考虑债务人的偿还能力仅以实有财产为限，不考虑信用、能力等可能的偿还因素。

③ 《企业破产法》第 7 条第 2 款对于债权人提出对债务人进行重整或者破产清算申请的原因仅规定为债务人不能清偿到期债务，而并未对债务人系基于什么原因不能清偿到期债务作出规定。笔者认为，《企业破产法》对债权人申请债务人破产的条件是从宽的，没有要求债权人对债务人不能清偿到期债务作出是资产不足以清偿债务或者明显缺乏清偿能力的证明。而是通过《企业破产法》第 10 条和第 108 条的规定，由债务人异议或者阻却程序来解决债权人不当申请问题的，即债务人认为其不存在不能清偿到期债务并且资产不足以清偿全部债务，或者不存在不能清偿债务或明显缺乏清偿能力的，其对于债权人提出的破产申请的异议，可以在收到人民法院通知之日起 7 日内向人民法院提出，并且以偿还该笔到期债务的方式阻却破产清算申请的受理。甚至在人民法院受理债权人申请后，宣告债务人破产前，债务人仍可通过清偿全部到期债务或者由第三人为其提供足额担保或者为其清偿全部到期债务的方式阻却破产清算程序的继续。

④ 笔者认为，在法律或者司法解释没有作出明确禁止性规定时，基于上述原因裁定不受理破产申请应该说是没有法律依据的（其中，存在争议债权之债权人、超过诉讼时效债权之债权人从法理上看，应无权申请）。

不足以清偿全部债务作为其申请的破产原因,二是在要求债权人提交材料中也未要求债权人提交有关债务人资产负债情况的有关证据。《企业破产法》第8条第3款关于向人民法院提出破产申请时,应当提交财产状况说明、债务清册、债权清册、有关财务会计报告、职工安置预案,以及职工工资的支付和社会保险费用的缴纳情况的规定,是针对债务人申请破产时的要求,而非对债权人的要求。债权人对债务人提出破产申请,只需提交破产申请书和有关证明债务人不能清偿到期债务的证据,并未要求债权人提交有关财务凭证等,事实上,债权人也没有提交上述财务凭证的能力(包括债权人没有能力证明债务人是否资产不足以清偿全部债务或者明显缺乏清偿能力)。因此,人民法院以无法取得债务人财产状况说明、债权债务清册等相关资料,破产程序不能依法进行为由,裁定不予受理债权人的申请,缺乏法律依据。只要债权人对债务人提出的破产申请符合企业破产法规定的上述条件的,人民法院即应依法予以受理。

综上,人民法院应当严格按照《企业破产法》规定的受理条件决定破产案件的受理问题,而不能在《企业破产法》之外另设门槛,阻却已经符合《企业破产法》规定的受理条件的案件进入司法程序。人民法院作为企业法人退市中的"清道夫",应当肩负起规范法人退出的历史使命,对于实践中普遍存在的"植物人公司"(亦称为"僵尸"),可以也有必要通过司法程序终止其法人资格,彻底清理法人市场中的垃圾。人民法院不能因为对这类案件的审理存在一定难度而将其拒之门外。只有这样,才能充分发挥破产法在净化市场、促进社会经济秩序良性发展方面的作用。

(三)关于债权人对人员下落不明或者财产状况不清的债务人的破产申请受理后如何审理的问题

实践中之所以就债权人对人员下落不明或者财产状况不清的债务人提出的破产申请应否受理存在争议,很大程度是由于困惑于这类案件受理后如何审理的问题。笔者认为,依据《企业破产法》的现有规定,应该说在一定程度上还是能够解决这类案件的审理问题的。例如:

第一,《企业破产法》明确规定债务人的有关人员(包括企业的法定代表人以及企业的财务管理人员和其他经营管理人员)负有义务妥善保管其占有和管理的财产、印章和账簿、文书等资料;根据人民法院、管理人的要求进行工作,并如实回答询问;列席债权人会议并如实回答债权人的询问;以及未经人民法院许可,不得离开住所地等。如有义务列席债权人会议的债务人的有关人员,经人民法院传唤,无正当理由拒不列席债权人会议的,人民法院可以拘传,并依法处以罚款。债务人的有关人员违反破产法规定,拒不陈述、回答,或者作虚假陈述、回答的,人民法院可以依法处以罚款;债务人违反《企业破产法》的规定,拒不向人民法院提交或者提交不真实的财产状况说明、债务清册、债权清册、有关财务会计报告以及职工工资的支付情况和社会保险费用的缴纳情况的,人民法院可以对直接责任人员依法处以罚款;债务人违反破产法的规定,拒不向管理人移交财产、印章和账簿、文书等资料的,或者伪造、销毁有关财产证据材料而使财产状况不明的,人民法院可以对直接责任人员依法处以罚款;债务人的有关人员违反破产法的规定,擅自离开住所地的,人民法院可以予以训诫、拘留,可以依法并处罚款。人民法院可以充分利用企业破产法的上述规定,通过对债务人有关人员责任的追究,责令其依法向人民法院提交有关材料,以保障整个清算程序的顺利进行。

第二,充分发挥管理人作用。管理人制度是《企业破产法》确立的一项新的制度,是我国破产法走向规范化、市场化、国际化的一项重大制度革新。人民法院在审理破产案件中一定要充分调动管理人的积极性,发挥其应有的作用。管理人应当尽可能穷尽所有手段,发现、追收债务人财产。如债务人存在无偿转让财产、以明显不合理的价格进行交易、对没有财产担保的债务提供财产担保、对未到期债务提前清偿、放弃到期债权、对个别债权人违法清偿的,以及为逃避债务而隐匿、转移财产、虚构债务或者承认不真实的债务等行为的,应当通过对上述行为予以撤销或者认定无效等方式,由管理人将行为相对人因此而取得的债务人的财产依法追回;债务人的出资人尚未完全履行出资义务的,管理人应当要求该出资人缴纳所认缴的出资;债务人的董事、监事和高级管理人员利用职权从企业获取的非正常收入和侵占的企业财产,管理人应当追回。

第三,如经依法清算,债务人确实无财产可供分配的(包括债务人财产不足以清偿破产费用的),管理人应当根据企业破产法的有关规定请求人民法院裁定终结破产程序;破产程序终结之日起 2 年内又发现有依法应当追回的财产或者有应当供分配的其他财产的,债权人可以请求人民法院追加分配。

第四,管理人未依照《企业破产法》的规定勤勉尽责,忠实执行职务的,人民法院可以根据《企业破产法》第 130 条的规定对其予以处罚;给债权人、债务人或者第三人造成损失的,有关权利人亦可要求其承担相应的赔偿责任。

第五,债务人有无效行为或者可撤销行为,损害债权人利益的,可依法追究债务人的法定代表人和其他直接责任人员的赔偿责任。

(四)因无法获得债务人的有关材料导致破产清算程序客观上无法进行时如何处理的问题

企业破产法下的依法清算,是指在全面掌握债务人财产和负债情况基础上,对所有既有法律关系的彻底、概括的清理。对于债务人人员下落不明或者财产状况不清的破产案件,在穷尽上述既有手段后,如债务人仍不能或拒不向人民法院提交有关材料的,人民法院可以以此为由裁定终结破产清算程序。但一定要注意,依照《企业破产法》的规定依法清算,债务人确无财产可供分配导致的终结破产清算程序,和因无法清算导致的终结破产清算程序,其法律后果是截然不同的。

因依法清算，债务人确无财产可供分配时终结破产清算程序的结果[①]，对债务人而言是免责的结果，债务人仅以其破产财产为限承担责任，债务人破产清算程序终结后，除破产程序终结之日起2年内发现有依法应当追回的财产或者债务人有应当供分配的其他财产的，可以追加分配外，对于债务人未能依破产程序清偿的债务，原则上不再予以清偿。而因债务人的清算义务人[②]怠于履行义务，导致债务人主要财产、账册、重要文件等灭失无法清算而终结的，虽然债务人的法人资格因清算程序终结而终止，但其既有的民事责任并不当然消灭，而是应当由其清算义务人承担偿还责任。[③] 对于债务人免责的例外，在国外立法例中亦有类似规定，如根据《美国破产法》规定，债务人隐藏、销毁、毁坏、伪造或未能保管或保留好可以确定债务人财政状况和商业经营状况的情报档案的；债务人在该案或与此有关的案件中故意或欺诈地作假宣誓或假账的；在确定拒绝免除债务人法律规定的债务之前，债务人未能对其财产损失和偿付其债务的财产不足部分作出令人满意的解释的；债务人不服从法院命令，例如出示文件、回答关键性问题等；债务人故意隐藏、延误、欺诈债权人或管理破产财产的官员，转让、转移、毁坏、隐藏或授权转让、转移、销毁、毁坏诉讼提出之日前1年属于债务人财产和诉讼提出后的破产财产的；债务人不是个人的等情况下，法院可以拒绝豁免债务人的债务。[④]

上述原则的确立，对于督促债务人的有关人员向人民法院提交财产状况说明、债权债务清册等有关材料，配合破产程序依法进行应可发挥较大作用。人民

---

① 破产免责制度，是指在破产程序终结后，依照破产法的规定，对于债务人未能依破产程序清偿的债务，在法定范围内免除其继续清偿的责任。免责制度在对债务人的救济政策中处于核心地位，可以使债务人在破产程序终结后新取得的收入不至于无限期地陷入对破产宣告前债务的清偿包袱之中，从而鼓励其在破产程序终结后继续积极参与社会经济活动，为社会和个人创造新的财富。当然，国外立法中的免责制度更多的是针对自然人破产案件。包括当然免责主义和许可免责主义。在目前我国破产法尚未确立自然人破产制度前，准确地说，债务人免责是指债务人的出资人免责，即债务人的出资人仅以其对债务人的出资为限承担有限责任。

② 清算义务人，是指法人出现不能存续的事由（包括公司法下狭义的解散事由，也包括破产法下的破产原因的出现）后，依法负有启动相应清算程序的主体。有限责任公司的清算义务人为公司全体股东，股份有限公司的清算义务人为公司的董事和控股股东，非公司制企业法人原则上为企业的出资人。

③ 参见最高人民法院《关于适用〈中华人民共和国公司法〉若干问题的规定（二）》第18条第2、3款和第20条第1款的规定。有限责任公司的股东、股份有限公司的董事、控股股东因怠于履行义务，导致公司主要财产、账册、重要文件等灭失，无法进行清算，债权人主张其对公司债务承担连带清偿责任的，人民法院应依法予以支持；上述情形系实际控制人原因造成，债权人主张实际控制人对公司债务承担相应民事责任的，人民法院应依法予以支持。（第18条第2、3款）公司解散应当在依法清算完毕后，申请办理注销登记。公司未经清算即办理注销登记，导致公司无法进行清算，债权人主张有限责任公司的股东、股份有限公司的董事、控股股东，以及公司的实际控制人对公司债务承担清偿责任的，人民法院应依法予以支持。（第20条第1款）

④ 参见美国国会众议院法律修订咨议局编：《美国法典（商业贸易法海关法卷）》，《世界各国法律大典》总编译委员会译，中国社会科学出版社1997年版，第770—771页。

法院在受理有关案件后，可以通过释明权的行使，明确告知债务人，其违反法律规定，拒不向法院提交有关财产状况说明等材料的，除债务人的有关直接责任人员要承担相应的法律责任外，对债务人的清算义务人而言，将可能面临直接承担债务人全部债务的法律后果。在此情况下，大多数债务人将会自觉回归到依法清算、依法了结既有法律关系、依法死亡的正途中来，法院审理这类案件中困惑的问题也将迎刃而解，这也是我们制定这个司法解释的根本目的。

附件5 最高人民法院《关于债权人对人员下落不明或者财产状况不清的债务人申请破产清算案件如何处理的批复》

(2008年8月7日法释〔2008〕10号公布，自2008年8月18日起施行)

贵州省高级人民法院：

你院《关于企业法人被吊销营业执照后，依法负有清算责任的人未向法院申请破产，债权人是否可以申请被吊销营业执照的企业破产的请示》(〔2007〕黔高民二破请终字1号)收悉。经研究，批复如下：

债权人对人员下落不明或者财产状况不清的债务人申请破产清算，符合企业破产法规定的，人民法院应依法予以受理。债务人能否依据企业破产法第十一条第二款的规定向人民法院提交财产状况说明、债权债务清册等相关材料，并不影响对债权人申请的受理。

人民法院受理上述破产案件后，应当依据企业破产法的有关规定指定管理人追收债务人财产；经依法清算，债务人确无财产可供分配的，应当宣告债务人破产并终结破产程序；破产程序终结后二年内发现有依法应当追回的财产或者有应当供分配的其他财产的，债权人可以请求人民法院追加分配。

债务人的有关人员不履行法定义务，人民法院可依据有关法律规定追究其相应法律责任；其行为导致无法清算或者造成损失，有关权利人起诉请求其承担相应民事责任的，人民法院应依法予以支持。

此复。

3 证券、金融与期货

最高人民法院《关于依法审理和执行被风险处置证券公司相关案件的通知》的理解与适用

最高人民法院为维护证券市场和社会稳定，依法审理和执行被风险处置证券公司的相关案件，于2009年5月26日下发了《关于依法审理和执行被风险处置证券公司相关案件的通知》，该通知对人民法院审理和执行被风险处置证券公司相关案件中的主要问题，如有关当事人因证券公司风险处置中甄别确认其债权不属于国家收购范围的个人债权或者客户证券交易结算资金，请求人民法院确认其债权应纳入国家收购范围的，人民法院是否应予受理；有关权利人以行政托管为由，诉请人民法院判令行政处置中监管部门指定的托管机构承担被托管证券公司债务的，人民法院是否应予支持；证券公司债权人诉请判令行政处置中通过市场交易方式支付对价取得证券类资产的买受人承担证券公司债务偿还责任的，人民法院是否应予支持；以及人民法院受理证券公司破产申请后，有关证券公司财产保全措施的解除和执行程序的中止等问题，均作出了明确的规定。各级人民法院在理解与适用上述通知中应当特别注意将相关问题放在证券公司风险处置的背景下进行考虑。

证券公司是证券市场重要的中介机构，在市场的培育和发展中发挥着重要作用。但由于体制、机制上的缺陷，证券公司在快速发展的同时，也积累了许多矛盾和问题。自2003年底至2004年上半年，伴随着证券市场的持续低迷和结构性调整，一批证券公司的问题急剧暴露，证券行业多年积累的风险呈现集中爆发态势，证券公司面临自行业建立以来的第一次系统性危机，严重危及资本市场的安全和社会稳定。2004年8月以来，在国务院的统一部署下，证券公司综合治理工作全面推开。证券公司综合治理是在我国社会主义市场经济发展过程中的一项创造性工作，缺乏明确的法律框架和实践经验，在此过程中，系以行政主导为特点。相关部门为了妥善化解风险，兼顾各利益主体的权益，共同研究，积极采取对策。其中，对特定债权的甄别收购、对证券业务的行政托管，以及对证券类资产的处置等都是证券公司风险处置中所采取的积极有效的手段，发挥了很好的作用。经过持续3年的艰苦奋战和不懈努力，证券公司历史遗留风险彻底化解,财务状况显著改善,合规经营意识和风险管理能力明显增强,监管法规制度逐步完善,基础性制度改革取得了实质性进展,取得了较好的社会效果。

证券公司综合治理工作是提高证券业竞争力,防范和化解证券市场风险的重要步骤,人民法院在审理和执行被风险处置证券公司的相关案件时,要着眼于证券公司风险处置的全局。审理好,执行好被风险处置证券公司的相关案件是人民法院发挥审判职能作用服务国家中心工作大局的必然要求,是巩固证券公司综合治理成果的重要保证,更是人民法院民商事审判工作职责所在。因此,相关人民法院在审理相关案件时,一定要充分认识审理好有关被风险处置证券公司案件的重要意义,切实维护证券公司风险处置措施的效力,巩固综合治理成果,对于经过监管部门批准的处置行为,应当予以维护,以避免证券公司风险处置工作出现反复,影响处置的效果。

附件 6 最高人民法院《关于依法审理和执行被风险处置证券公司相关案件的通知》

(2009 年 5 月 26 日法发〔2009〕35 号公布,自 2009 年 5 月 26 日起施行)

各省、自治区、直辖市高级人民法院,解放军军事法院,新疆维吾尔自治区高级人民法院生产建设兵团分院:

为维护证券市场和社会的稳定,依法审理和执行被风险处置证券公司的相关案件,现就有关问题通知如下:

一、为统一、规范证券公司风险处置中个人债权的处理,保持证券市场运行的连续性和稳定性,中国人民银行、财政部、中国银行业监督管理委员会、中国证券监督管理委员会联合制定发布了《个人债权及客户证券交易结算资金收购意见》。国家对个人债权和客户交易结算资金的收购,是国家有关行政部门和金融监管机构采取的特殊行政手段。相关债权是否属于应当收购的个人债权或者客户交易结算资金范畴,系由中国人民银行、金融监管机构以及依据《个人债权及客户证券交易结算资金收购意见》成立的甄别确认小组予以确认的,不属人民法院审理的范畴。因此,有关当事人因上述执行机关在风险处置过程中甄别确认其债权不属于国家收购范围的个人债权或者客户证券交易结算资金,向人民法院提起诉讼,请求确认其债权应纳入国家收购范围的,人民法院不予受理。国家收购范围之外的债权,有关权利人可以在相关证券公司进入破产程序后向人民法院申报。

二、托管是相关监管部门对高风险证券公司的证券经纪业务等涉及公众客户的业务采取的行政措施,托管机构仅对被托管证券公司的经纪业务行使经营管理权,不因托管而承继被托管证券公司的债务。因此,有关权利人仅以托管为由向人民法院提起诉讼,请求判令托管机构承担被托管证券公司债务的,人民法院不予受理。

三、处置证券类资产是行政处置过程中的一个重要环节,行政清算组依照法律、行政法规及国家相关政策,对证券类资产采取市场交易方式予以处置,在合理估价的基础上转让证券类资产,受让人支付相应的对价。因此,证券公司的债权人向人民法院提起诉讼,请求判令买受人承担证券公司债务偿还责任的,人民法院对其诉讼请求不予支持。

四、破产程序作为司法权介入的特殊偿债程序,是在债务人财产不足以清偿债务的情况下,以法定的程序和方法,为所有债权人创造获得公平受偿的条件和机会,以使所有债权人共同享有利益、共同分担损失。鉴此,根据企业破产法第十九条的规定,人民法院受理证券公司的破产申请后,有关证券公司财产的保全措施应当解除,执行程序应当中止。具体如下:

1. 人民法院受理破产申请后,已对证券公司有关财产采取了保全措施,包括执行程序中的查封、冻结、扣押措施的人民法院应当解除相应措施。人民法院解除有关证券公司财产的保全措施时,应当及时通知破产案件管理人并将有关财产移交管理人接管,管理人可以向受理破产案件的人民法院申请保全。

2. 人民法院受理破产申请后,已经受理有关证券公司执行案件的人民法院,对证券公司财产尚未执行或者尚未执行完毕的程序应当中止执行。当事人在破产申请受理后向有关法院申请对证券公司财产强制执行的,有关法院对其申请不予受理,并告知其依法向破产案件管理人申报债权。破产申请受理后人民法院未中止执行的,对于已经执行了的证券公司财产,执行法院应当依法执行回转,并交由管理人作为破产财产统一分配。

3. 管理人接管证券公司财产、调查证券公司财产状况后,发现有关法院仍然对证券公司财产进行保全或者继续执行,向采取保全措施或执行措施的人民法院提出申请的,有关人民法院应当依法及时解除保全或中止执行。

4. 受理破产申请的人民法院在破产宣告前裁定驳回申请人的破产申请,并终结证券公司破产程序的,应当在作出终结破产程序的裁定前,告知管理人通知原对证券公司财产采取保全措施的人民法院恢复原有的保全措施,有轮候保全的,以原采取保全措施的时间确定轮候顺位。对恢复受理证券公司为被执行人的执行案件,适用申请执行时效中断的规定。

五、证券公司进入破产程序后,人民法院作出的刑事附带民事赔偿或者涉及追缴赃款赃物的判决应当中止执行,由相关权利人在破产程序中以申报债权等方式行使权利;刑事判决中罚金、没收财产等处罚,应当在破产程序债权人获得全额清偿后的剩余财产中执行。

六、要进一步严格贯彻最高人民法院、最高人民检察院、公安部、中国证监会《关于查询、冻结、扣划证券和证券交易结算资金有关问题的通知》(法发〔2008〕4

号)，依法执行有关证券和证券交易结算资金。

各高级人民法院要及时组织辖区内法院有关部门认真学习和贯彻落实本通知精神，并依法监督下级法院严格执行，对未按照上述规定审理和执行有关案件的，上级人民法院应当依法予以纠正并追究相关人员的责任。

期货交易法律关系主体及其民事责任承担
——兼谈对最高人民法院《关于审理期货纠纷案件若干问题的规定》的理解与适用

一、期货交易法律关系的概念和主体

（一）期货交易法律关系的概念

期货交易法律关系是建立在民法学基础上的，是由期货交易法律规范调整的期货交易法律关系主体在期货交易过程中产生的权利义务关系。最高人民法院法释〔2003〕10号《关于审理期货纠纷案件若干问题的规定》（以下简称《规定》）正是在我国期货交易法尚未出台的情况下，为正确审理期货纠纷案件，调整期货交易各民事主体之间的权利义务关系，根据《中华人民共和国民法通则》、《中华人民共和国合同法》、《中华人民共和国民事诉讼法》等法律、行政法规，结合审判实践经验制定的。《规定》明确了期货交易民事主体的范畴，界定了各民事主体的权利义务，并对民事主体的无效民事责任、交易行为责任、透支交易责任、强行平仓责任、保证合约履行责任、侵权行为责任和举证责任等作出了具体的规定。该《规定》的出台不仅为人民法院审理期货纠纷案件提供了依据，而且对规范期货交易行为，促进期货市场的健康、有序发展都将起到积极的作用。

（二）期货交易法律关系主体的分类

作为期货交易法律关系内容之一的期货交易法律关系主体在期货法律关系中起着至关重要的作用，是期货交易法律关系中最基本的要素。期货交易法律关系主体属于民事主体的范畴，必须具有独立的主体资格，其主体资格主要来自国家法律和行政法规的授权，如民法、期货交易法、期货交易行政法规等。享有主体资格是期货交易人进入期货市场，参与期货交易法律关系，并成为期货交易法律关系主体的前提。无期货交易法律关系主体资格人从事的期货交易行为，依法应为无效或者效力待定。

期货交易法律关系主体的类型较为广泛，公民、法人、其他经济组织均可成为期货交易的法律关系主体。期货交易法律关系主体是多元性的。期货交易是一种高度规范化的交易，其运行机制实行会员制、保证金制、标准合同制和统一结算制等。期货经纪商必须取得期货交易所的会员资格才能入市交易，非会员期货交易人必须委托期货交易所会员并通过其出市代表和场内经纪人等进行交易。在涉外期货交易中，国内的期货经纪商还必须委托国外的期货交易所的会员代为交易，一般的期货交易人则需通过从国内到国外的多次委托才能实现交易。期货交易的间接性、跨国性、多层次性和多环节性，导致了一个交易行为可能要涉及包括期货交易所、期货经纪公司、期货交易人、期货居间人等多方面的期货交易法律关系主体。且期货交易的各民事主体之间因其性质、特点的不同还存在差异。如作为期货交易的个人和企业法人，包括非会员期货经纪商，当他们是非期货交易所的会员时，就不能像期货交易所会员那样直接在期货交易所从事期货交易自营、兼营业务或代理、经纪业务，而必须通过委托期货交易所会员进行期货交易。另外，因期货交易法律关系主体的国籍不同，还会形成国民待遇、最惠国待遇、差别待遇等的差异。期货交易法律关系主体资格的独立性、交易地位的平等性，以及交易决策的自主性，决定了期货交易法律关系主体的意思自治和责任自负，即期货交易法律关系主体对自己所为的期货交易民事法律行为所造成的后果自行承担。

1. 广义的期货交易法律关系主体与狭义的期货交易法律关系主体

期货交易法律关系主体分为广义的期货交易法律关系主体和狭义的期货交易法律关系主体。广义的期货交易法律关系主体指所有参与期货交易行为的民事主体，即期货交易的参与者。既包括期货交易的实际交易者（买卖双方），又包括为期货交易提供服务、代理的民事主体（包括期货交易所、期货经纪公司、客户和交割仓库）。狭义的期货交易法律关系主体仅指期货交易的实际交易双方，他们是期货交易行为的发出者和期货交易行为结果的承受者，是期货交易权利的享有者和义务的承担者。

《规定》调整的是广义上的期货交易法律关系主体的权利义务关系，既包括期货交易双方因期货合约的买卖发生的权利义务关系，也包括客户与期货经纪公司之间、期货交易所和会员之间，以及仓单持有人和交割仓库、期货交易所之间因期货行纪代理、提供服务、仓储保管、履约保证等发生的权利义务关系，以及期货交易各民事主体在期货交易中因侵权行为发生的权利义务关系等。

2. 直接期货交易法律关系主体与间接期货交易法律关系主体

狭义上的期货交易法律关系主体又分为期货交易的直接主体和间接主体。

直接主体包括会员期货经纪商、会员兼自营期货经纪商、独立场内期货自营商、自营交易商、场内经纪人、外国经纪人。期货交易直接主体对自己的期货交易行为负责，自享权利，自负义务。期货交易直接主体进行期货交易的目的有两种：

(1) 以自己的名义为自己本身进行期货交易，以获取价格差额收入；或以自己的名义进行套期保值期货交易活动，以锁定其生产成本，降低因价格波动为自身带来的风险。

(2) 接受客户的委托以自己的名义而不是以客户的名义为客户进行期货交

易,自己则以收取佣金和服务费用为目的。期货交易直接主体最显著的特点有四个:一是在期货交易所直接参加期货交易,而不是通过委托他人在期货交易所进行交易。这是由其系期货交易所的会员,本身具备在期货交易所进行期货交易资格的特定身份决定的。特定的身份是其成为直接主体的前提条件。二是在期货交易所以自己的名义从事期货交易,这是由直接主体的特定身份决定的。直接主体为了自己进行期货交易赚取价格差额利益或者从事套期保值业务,或者从事受托业务为他人的利益从事期货交易收取佣金,皆是以自己的名义进行,而不能以他人名义或者受他人名义进行期货交易,否则其期货交易行为无法进行。这也是由期货交易会员制度决定的。三是期货交易必须直接在期货交易所进行。违法进行的期货交易不能产生有效期货交易行为预期的目的,具体包括期货交易法律关系主体不合法的期货交易和期货交易行为不合法的期货交易两种。期货交易行为违法是指期货交易人为期货交易法、民法、期货交易所规则等所禁止的行为。如期货交易欺诈行为、擅自挪用客户保证金、泄露客户的委托事项或其他信息、向客户作获利保证、与客户约定分享利益或者承担风险损失、私下对冲、操纵市场等。四是无论是从事自营业务的期货交易人所为的期货交易,还是从事受托业务的期货交易人所为的期货交易,作为期货交易的直接主体均是自享权利,自负义务,直接承担期货交易的后果。直接主体承担责任后,享有向期货实际交易者追偿的权利。

期货交易的间接主体包括非期货交易所会员期货交易人、非会员期货经纪商。期货交易间接主体从事期货交易必须委托期货交易所会员进行,或者通过委托非会员期货经纪商后再由该非会员期货经纪商以其自身名义转委托会员期货经纪商或场内经纪人进行期货交易。期货交易间接主体从事期货交易产生的法律后果首先由受托会员期货经纪商承担。转委托的由会员期货经纪商承担后,经非会员期货经纪商承担后,最终由该间接主体自行承担交易结果。

(三) 几种主要的期货交易法律关系主体

1. 期货公司

期货公司是期货交易法律关系主体中极为重要的一种主体,是期货交易法律关系中的矛盾焦点,也是《规定》中重点规范的民事主体之一。

(1) 期货公司的分类。期货公司在期货交易中扮演着不同的角色,根据期货公司是否具有期货交易所会员资格,期货公司分为会员期货公司和非会员期货公司;根据期货公司是自营还是代理客户进行期货交易,又可分为自营期货公司和期货经纪公司。因非会员期货公司和自营期货公司与普通的客户性质上相似,在此不再具体介绍,此处着重介绍会员期货经纪公司。会员期货经纪公司是指具有期货交易所会员资格,可以以自己名义在期货交易所进行期货交易,是以营利为目的、接受期货投资者的委托、以自己的名义为期货投资者的利益进行期货交易的经济组织。以除代理期货投资者进行期货交易外,是否还为自己利益从事期货交易为标准,期货经纪公司在性质上又分为期货经纪专营公司和期货经纪兼营公司两种。期货经纪公司依不同的标准可划分为专业期货公司和兼营期货公司、会员期货公司和非会员期货公司、结算会员和非结算会员等。因我国不允许个人成为期货经纪商,故期货经纪商仅为法人期货经纪公司,而不存在个人期货经纪商。通常我们所说的期货经纪人与个人作为期货经纪商的独立场内经纪人不是一个概念,而是指期货经纪公司的从业人员。对期货经纪公司的从业人员从事的期货交易行为产生的民事责任,《规定》第三部分承担责任的主体中专门作了明确的规定。具体责任承担问题,笔者将在民事责任的承担部分予以介绍。

(2) 期货经纪公司的法律性质。关于期货经纪公司的法律性质,一直是学术界和实务界争论的热点问题。对此,有三种学说:一是代理商说,即认为期货经纪公司和客户直接属于代理法律关系;二是行纪商说,即认为期货经纪公司与客户之间是行纪法律关系;三是居间商说,即认为期货经纪公司与客户之间属于居间法律关系。对期货经纪公司的法律性质问题之所以产生分歧,源于英美法系和大陆法系关于代理制度的差异。

英美法系代理制度包括直接代理和间接代理,是建立在“等同说”基础上的,即将通过他人所为之行为视为自己所为之行为。[①] 其关心的是代理行为产生的民事后果最终由谁来承担问题,而不在乎代理人究竟是以代理的身份还是以本人的身份与第三人进行民事活动。

大陆法系恰恰关注代理行为究竟是以何人的名义所为,其代理制度是建立在“区别论”基础上的,即严格区分委任与授权。[②] 委任指本人与代理人之间的合同,调整本人与代理人之间的关系;授权则指代理人代表本人与第三人为法律行为之权利,调整本人和代理人与第三人之间的外部关系。本人对代理人以本人名义在其授权范围内所为民事法律行为的后果承担民事责任。故是否以本人名义进行民事活动是是否代理法律关系的显著判断标准。对于代理人基于本人的委托,以代理人名义所为的代理行为,在大陆法系专门设立了行纪法律制度来调整。如《德国民法典》第 383 条规定:“行纪商是指以自己的名义为他人(委托人)购买或销售货物、有价证券,并以其作为职业性经营的人。”《日本商法》第 551 条规定:“所称经纪人,指以自己的名义为他人出卖或买入物品为业的人。”

正是基于两大法系对代理制度本身存在的分歧,导致在对期货经纪公司性质上出现了不同的观点。在英美法系国家,认为期货经纪公司是代理商,期货经纪公司和客户之间是间接代理关系;而在大陆法系国家,期货经纪公司是行纪商,期货经纪公司与客户之间是行纪法律关系。

我国因尚无期货交易法,对期货经纪公司的法律属性问题尚无明确的界定,

---

① 参见〔英〕施米托夫:《国际贸易代理比较研究》,载《国际贸易法文选》,中国大百科全书出版社 1993 年 12 月第 1 版,第 381 页。

② 同上注,第 371 页。

但根据《民法通则》第63条第2款“代理人在代理权限内,以被代理人的名义实施民事法律行为。被代理人对代理人的代理行为,承担民事责任”的关于代理的规定来看,我国代理制度仅指直接代理,而不包括间接代理。期货经纪公司接受客户委托代为买卖期货的行为不符合我国代理的基本特点,具体表现在:① 期货经纪公司代理客户买卖期货的行为是以自己的名义实施的,而不是以被代理人的名义实施。② 期货经纪公司接受客户委托,以自己的名义在期货交易所为客户买卖期货,其交易结果只产生期货经纪公司与第三人之间的买卖期货法律关系,并不产生被代理人(客户)与第三人之间的直接民事法律关系,客户不直接对期货交易后果承担民事责任。③ 接受客户委托的期货经纪公司与第三人签订的买卖期货合同是否有效,并不取决于客户与该期货经纪公司之间的委托合同是否有效或者期货经纪公司是否严格按照客户的指令买卖期货,即如果委托合同无效或者期货经纪公司不按照客户指令下单时,期货经纪公司与第三人之间形成的买卖期货法律关系仍然有效。而代理中如果委托合同无效或者代理人超越代理人授予的代理权限进行民事活动,产生无效或者效力待定的法律后果。④ 在代理关系中,只要代理人在本人授权范围内进行的代理行为,或者构成表见代理的行为产生的法律后果,均由本人承担。而在期货交易中,客户不履约产生的民事责任首先由期货经纪公司对第三人承担,而不是直接由客户对第三人承担(即通过期货交易所追究会员公司,再由会员公司追究客户的责任)。综上,期货经纪公司代理客户进行期货交易的行为不符合我国关于代理的有关规定,故在性质上,期货经纪公司不属于代理商,也就是说,期货经纪公司是代理商的观点是站不住脚的。

居间是指为报告订约的机会或充当订约的媒介,即居间人受委托人委托,帮助寻找、搜集可与委托人订约的第三人,并将找到的第三人介绍给委托人;或者居间人介入具体的协商过程,不但报告订约的机会,而且还要周旋于委托人与第三人之间,协调双方的意见,促使、撮合双方订立合同。二者均不存在以委托人名义代为签订期货买卖合同,订立期货合同的行为必须由委托人自行作出,故居间说明显不符合期货委托交易行为的法律特征。

通过上面的分析,我们不难看出,期货经纪公司与客户之间的关系应为行纪关系,表现在:① 期货经纪公司是按照客户的指令,以自己的名义进行期货交易;② 期货经纪公司直接对期货交易的相对人享受权利,履行义务,并首先承担期货交易的法律后果,然后再根据其与客户之间签订的委托协议向客户追偿,或者是再将其已代为承担的期货交易法律后果转移给实际的期货交易人客户承担;③ 期货经纪公司不是以期货交易的差价获取利益,而是以向客户收取一定的佣金作为其提供服务的酬劳。故在《规定》中,将期货经纪公司的性质定位于行纪商,并在其基于行纪关系代理客户进行的期货交易中产生的民事责任也首先规定由期货经纪公司代客户向相对人承担,再由期货经纪公司依据其与客户签订的期货行纪合同将该责任的承担转移由客户自行承担。

(3) 公司的权利义务。期货经纪公司的经纪活动产生两方面的法律关系,即客户与期货经纪公司之间的行纪关系和期货经纪公司与第三人(其他期货交易所会员)之间的期货合约买卖关系。

期货经纪公司的权利限于目的范围内享有权利能力。期货经纪公司的权利能力受法律和行政法规,以及其法人目的的限制。如目前我国期货市场对境外期货行纪业务的禁止、金融期货的严格控制、期货经纪活动受期货交易所上市品种的限制等。概括来说,期货经纪公司的权利包括享有佣金请求权、费用补偿请求权、冲抵权、强行平仓权、交易介入权和留置权等。

期货经纪公司的义务包括对委托人资格的审查义务、遵守客户指令的义务、向客户报告的义务、风险披露和风险控制的义务、记录保持义务、替代客户履约的义务等。

期货经纪公司的义务来源有两个:一个是法定的,即由期货立法赋予期货经纪公司的法定义务;一个是约定的,即由期货经纪公司与客户在有关协议中规定的义务。而且很多义务实质上是来源于期货交易的交易习惯,只不过在形式上表现为法定或者约定。总之,无论哪种来源的义务,期货经纪公司均应履行,否则,应承担相应的民事责任,包括违约责任和侵权责任。当然,随着我国期货市场的不断发展和完善,期货经纪公司的义务还会有所变化。

2. 期货交易所

(1) 期货交易所法律地位的争论。期货交易所作为一种期货交易法律关系主体,在期货交易法律关系主体中有着极为特殊的身份。关于期货交易所的法律地位问题一直是理论界争论的问题。一种观点认为,期货交易所是经国务院批准,由中国证监会统一领导和管理,会员共同出资举办的非盈利性会员制法人。非盈利性是期货交易所的本质属性。这一性质决定了期货交易所不能实施任何与交易本身的民事法律行为,在整个运作过程中不存在任何意义上的财产关系或者经济关系。其在期货交易中体现的是对期货市场的管理与监督职能,与会员之间是管理与被管理的关系。另一种观点认为,期货交易所具有法人资格,具有民事权利能力和行为能力,在期货交易中与会员存在着平等民事主体间的法律关系,应该成为期货交易民事法律关系主体。

(2) 期货交易所民事法律关系主体属性

① 从期货交易流程来看,期货交易中,期货交易所只是为期货交易提供交易场所、设备和标准期货合约,制定、健全交易程序和执行公平、公正的市场规则,保障期货交易的顺利进行。具体的期货交易只有期货交易所的会员才能入场直接交易,客户唯有通过委托具有期货交易所会员资格的期货经纪公司,才可能实现其期货交易。期货交易所和客户之间不存在直接的期货交易法律关系。且期货交易所和期货交易所会员之间不存在委托法律关系和买卖法律关系。

② 期货交易所和期货经纪公司之间存在着类似于提供服务和履约担保的两

个民事法律关系。

A. 期货交易所和期货经纪公司之间的提供期货交易服务合同关系。期货交易所和会员之间的合同形式首先表现为期货交易所的章程。期货交易所和期货公司因期货交易所是采用会员制的组织机构,其组成因会员协议出资或认股而得以实现。会员制期货交易所的章程是期货交易所的发起人全体同意的共同意思表示。从意思表示理论看,只要意思表示当事人的表示一致,就对这些当事人产生了应当遵循的法律效力,包括期货交易所自身。对于期货交易所成立后通过申请取得了期货交易所会员资格的会员,或者通过购买期货交易所会员席位而获得期货交易所会员资格的会员,自其成为期货交易所会员之日起,即视为其对期货交易所章程的认可,故应受到该章程规定的权利义务的约束。

期货交易所业务规则对于在期货交易所进行期货交易的各民事主体亦应具有法律约束力。期货交易所基于其在期货交易中的特殊身份,制定期货业务规则是期货交易所的职能。而从参与期货交易的其他主体来看,期货交易所制定的业务规则是其在期货交易所进行期货交易所必须遵循的行为准则。这是因为:

a. 期货交易所业务规则是期货交易惯例的成文化体现。如期货交易实行套期保值头寸与投机头寸分开、对投机头寸实行绝对量限仓、建立大户报告制度、对交割月及交割月前1个月的持仓量进行限制、对保证金的规定、对风险基金的规定、交易手续费提取的规定、统一结算价的确定方式、建立定单报价价幅限制,以及关于防止泄密或内幕交易的规定等,均是来源于期货交易惯例,是多年来期货交易实践积累发展而成的,其最能够反映期货交易实践过程中的变化和真实情况。在商事法领域,商事习惯是重要的商事法渊源之一。① 这主要是由于商事法是从商事习惯中发展而来的历史决定的。一般情况下,商事法立法中常常将商事习惯作为商事法律关系当事人的权利义务规定在具体的法律中,从而将商事习惯上升为法律规范,以赋予其法律强制力。在没有上升为法律规范时,也可以通过当事人在具体合同中的约定,将商事习惯作为当事人的合意在合同中加以规定,从而对合同双方当事人产生应有的法律效力。在商事习惯既没有上升为法律规范,又没有约定到当事人的合同中去时,我们是否可以将商事习惯作为认定当事人权利义务的依据呢?笔者认为,在此情况下,对于行业内通行的商事习惯,我们完全可以依据民法的诚实信用原则和公平原则来确定当事人各方的权利义务,明确各方的民事责任。

b. 期货交易所业务规则是期货交易所各交易民事主体的共同意思表示。一方面,期货交易所会员在成为期货交易所会员时起,就对期货交易所制定的业务规则予以了认可,该业务规则即为该会员的意思表示,对其产生相应的法律后果;

---

① 参见李明良:《期货法——市场行为法的基础理论与实务》,人民法院出版社2001年版,第4页。

另一方面，对于非会员的期货交易法律关系主体，只要其通过期货交易所会员加入到期货交易中来，就是对期货交易业务规则的承认。故从某种角度看，期货交易所制定的期货交易业务规则就是一种标准合同，从合同法理论来看，只要合同当事人承认了合同约定的条款，即对其产生相应的民事责任。

c. 期货交易所业务规则是经期货主管机关批准成立的行为规范。体现的是国家对期货交易的管理和规范，应当通过立法或者当事人约定等方式承认其法律效力。所以说，期货交易所业务规则与期货交易所的章程一样，对在期货交易所进行期货交易的各民事主体产生类似于合同的法律效力。同时，也从中体现出期货交易所和各期货交易民事主体的权利义务。在某些情况下，一方违反义务的行为，可能同时造成违约的法律后果和侵权的法律后果，即违约和侵权竞合的情况。这一点，笔者将在后文具体阐述。

B. 期货交易所和期货经纪公司之间的履约担保法律关系（包括期货交易结算的担保和实物交割的担保两个内容）。根据《期货交易管理暂行条例》的规定，期货交易所负有保证期货合约履行的职能。

首先，表现为期货交易所为期货经纪公司进行的期货交易进行结算担保的职能。期货交易负有期货交易所除为期货交易者开设一个交易场所，提供期货交易设备如电脑终端、电子行情显示系统等，以及为期货合约的买卖双方提供服务外，还担负着为期货交易所会员提供合约履行和财务方面的担保。即凡是在期货交易所进行期货合约买卖的期货交易者，只要符合期货交易所的有关规定，就可以获得期货交易所提供的合约履行和财务的担保。在期货交易所达成的交易，任何一方违约，期货交易所即有义务代替违约方向另一方履行合约责任。同时，期货交易所获得向违约方追偿的权利，其可以通过强行平仓、动用结算保证金、担保基金等措施防止事态进一步恶化。期货交易者对其在期货交易所的交易不必担心对方违约给其造成损失，这是以期货交易所对期货交易的履约保证为前提条件的。期货交易中，所谓的期货交易所是买方的卖方、卖方的买方的说法，是指负有结算职责的期货交易所（当其内设结算机构时，它就是结算机构）对于结算会员来说，是作为交易的对手出现的，换句话说，它是作为结算会员的买方的卖方、卖方的买方出现的。体现在法律关系方面，即它为结算会员承担担保责任。① 这种说法强调了期货交易所履约担保的特殊属性，而不是指期货交易所是买卖双方的权利义务承担者。为此，《规定》第 48 条明确规定："期货经纪公司未按照每日无负债结算制度的要求，履行相应金钱给付义务，期货交易所亦未代期货经纪公司履行，造成交易对方损失的，期货交易所应当承担赔偿责任。期货交易所代期货经纪公司履行义务或者承担赔偿责任后，有权向不履行义务的一方追偿。"

但是，应当注意，期货交易所的履约担保责任仅仅为结算会员提供担保，而不

---

① 参见黄永庆主编：《期货法律实务》，法律出版社 1998 年版，第 59 页。

及于非结算会员,这是国际惯例。如美国商品期货交易委员会(CFTC)规定:“结算所担保向那些在结算所的账户上有净收益的结算会员支付价格变动保证金。不过,结算所不担保结算会员对他们客户的义务,它也不担保不是结算会员的经纪人或交易商的任何义务。”英国证券和投资委员会(SIB)规定:“结算所担保为交易有净收益的结算会员付款,即使它不能收取别的结算会员在交易中欠它的全部净损失。结算所不担保结算会员对它们客户的义务,也不担保其他非结算会员的任何义务。”香港证券业检讨委员会报告书中指出:“所有有关文件均应注明,结算所的保证只推及结算会员,即结算所买卖的对手方,结算所不会为结算会员与那些非结算会员或其客户的关系提供保证。”从上面的有关规定来看,期货交易所对客户并不负有直接的担保责任。对于客户通过委托期货经纪公司进行期货交易后,对方违约,不依法履行期货合约造成客户损失的,客户如何主张权利呢?从法律关系上来说,因为客户与期货经纪公司系行纪关系,期货经纪公司是以自己名义在期货交易所进行的期货交易,期货交易所仅负有对期货经纪公司的履约保证责任,而对客户没有履约保证责任,所以说,客户无权直接起诉与其没有任何法律关系的期货交易所。而只能通过期货经纪公司向期货交易所主张权利,由期货交易所向期货经纪公司承担赔偿责任。但是在实践中,期货经纪公司常常因怕得罪期货交易所,或疏于履行其职责,并不积极向期货交易所主张权利,甚至当客户请求其代为向期货交易所主张权利时,期货经纪公司仍不予以主张。在此情况下,客户的权利无法得到切实的保护。为此,《规定》第 49 条规定:“期货交易所未代期货公司履行期货合约,期货公司应当根据客户请求向期货交易所主张权利。期货公司拒绝代客户向期货交易所主张权利的,客户可以直接起诉期货交易所,期货公司所应当作为第三人参加诉讼。”其次,期货交易所负有为客户进行交割担保的职能。

根据《期货交易管理暂行条例》的规定,期货交易的交割由期货交易所统一组织进行,即交割仓库储存的标的、收取的报酬标准、交割仓库有关交割业务的一系列行为标准均由期货交易所予以规定。期货交易所负责对交割仓库进行指定。虽然仓单系交割仓库制作,即仓储法律关系的双方当事人系交割仓库和客户,但是期货交易所在实物交割中扮演着为交割仓库履约担保的角色,即当交割仓库出现不能如期交付仓单载明的货物,或者交付的货物不符合质量标准等违约行为时,期货交易所作为实物交割的履约保证人,应向仓单持有人代为交付,或者承担违约责任,对交割仓库违约造成的仓单持有人的损失,由交割仓库承担赔偿责任,期货交易所承担连带责任。

3. 其他有关民事主体

关于期货交易民事主体,《规定》除对期货交易所、期货经纪公司、客户和交割仓库等民事主体在期货交易中的权利义务和民事责任作出具体规定外,另对经纪人、居间人、非期货经纪公司人员(代理人或者表见代理人)及非受托人等的法律地位和民事责任作出了界定。

(1) 经纪人。我国行政法规和部门规章中并无经纪人这一特定概念,而只是见于期货经纪公司的有关合同中。实务界经纪公司雇佣的经纪人分为两种:一种是场外经纪人,即为所属经纪公司拉客户、拉定单、传达交易指令或代客户下达交易指令的人;一种是场内经纪人,即经纪公司的出市代表。有的经纪人与期货经纪公司签订有劳动合同,有的则无合同。期货经纪公司有的给经纪人发工资,有的则按照经纪人为期货经纪公司开发客户的数量等来向期货经纪公司收取手续费。对经纪人是否为经纪公司的雇员,以及经纪人代客户交易过程中因过失给客户造成的损失,应当由谁来承担责任等问题,一直是实践中争论的问题。

认定经纪人所为民事责任产生的法律后果的承担,首先应当对经纪人的法律地位作以明确的界定。

《规定》中没有采纳经纪人这个概念,而是通过区分经纪人是否为期货经纪公司雇佣或代理,从而将经纪人在性质上分为期货经纪公司的从业人员或代理人和居间人,以此进一步明确实务界所称经纪人基于不同法律地位所为民事行为的责任承担。

国家工商总局颁布的《期货公司登记管理暂行办法》中规定,期货经纪公司必须有与经营业务相适应的从业人员,其中专职期货经纪人不得少于20人。最高人民法院《关于审理期货纠纷案件座谈会纪要》中关于经纪人的法律地位及民事责任的承担问题中,明确规定期货经纪公司的从业人员,不能独立地对外承担民事责任,其受委托所从事的行为产生的责任应当由其所在的期货经纪公司承担。但因经纪人的非职务行为所产生的民事责任,应当由经纪人自己承担。这里所说的经纪人均指在期货经纪公司的从业人员,而不是广义上的经纪人概念。《规定》中对期货经纪公司的从业人员在期货经纪公司经营范围内从事期货交易行为产生的民事责任,规定由期货经纪公司承担。实际上,该规定是对期货经纪公司的从业人员的职务行为产生的民事责任作出的规定。至于期货经纪公司的从业人员的非职务行为产生的民事责任,如其为了个人获取不正当的利益而以个人名义接受客户的全权委托,期货经纪公司对此并不知晓也未从中获利的,则该从业人员对其个人行为承担相应的民事责任。但在认定期货经纪公司从业人员的非职务行为时,一定要考虑保护客户的利益,对构成表见代理的,要按照表见代理的处理原则处理。

笔者认为,期货交易中的经纪人在某种意义上应该说是一种资格问题,而不是独立民事主体法律地位问题。这似乎类似于律师、会计师等。是指依法取得期货从业人员资格证书的人员。这里应注意,取得期货从业人员资格证书,并不当然成为期货经纪公司的从业人员。只有取得该从业资格证书又被期货经纪公司雇佣的人,才能成为上述期货经纪公司从业人员的范畴,其职务行为才能由所在期货经纪公司承担。根据《期货交易管理暂行条例》的规定,期货经纪公司的主要管理人员和业务人员必须具有期货从业资格。换个角度看,期货经纪公司的所有从业人员并非都是具有期货从业资格的,即在主要管理人员和业务人员之外的其他职工并非要具有期货从业资格。国家工商管理局《经纪人管理办法》中所称经纪人,是指在经纪活动中,以收取佣金为目的,为促成他人经营而从事居间、行纪或者代理等经纪业务的公民、法人和其他经济组织,是依法领取营业执照的特殊民事主体,与期货交易中所说经纪人(自然人)是两个不同的概念。

(2) 居间人。居间是指一方为他方提供报告订约的机会或者为他方订立合同的媒介,从而获取相应报酬的行为。具体包括报告居间和媒介居间两种。在双方签订的居间合同中,提供报告订约机会或者作为订约媒介的一方称为居间人,给付相应报酬的一方为委托人。居间合同从某种意义上看属于服务合同的一种。我国合同法明确将其作为一种独立的有名合同进行了规定。明确其概念为居间合同是居间人向委托人报告订立合同的机会或者提供订立合同的媒介服务,委托人支付报酬的合同。居间合同不同于行纪合同和代理合同。上文谈到,行纪合同和代理合同的区别在于是以代理人的名义还是以被代理人的名义从事代理的行为,二者代理的法律后果最终均由被代理人承担。而居间合同虽然也是受人委托从事业务,但其仅为委托人报告订立合同的机会或者提供订立合同的媒介服务,并不参加与第三人的实际订约活动,不存在是以谁的名义从事代理行为问题。其所从事的报告订约或者提供媒介服务的行为本身不具有法律意义,一般情况下也不会产生民事法律后果。委托人对其行为不承担民事责任。在取得报酬问题上也不同于代理和行纪,居间人只有在居间行为取得结果时才能从委托人处获取报酬,而代理人和行纪人是从代理行为始即享有了获取报酬的权利。

对于受期货经纪公司或客户委托非以期货经纪公司名义进行拉客户、拉定单等中介服务行为的公民或者法人,《规定》明确规定其性质为居间人。这个规定是对居间人主体资格和法律责任作出的明确规定。这一规定对长期以来对法律界和期货业界对居间人地位与作用的争议予以了明确。在以前的司法实践中,多是从保护客户的角度出发,一般将居间人认定为期货经纪公司的从业人员,并判决由期货经纪公司承担居间人所为行为的民事责任。《规定》根据《合同法》第424条至427条有关居间合同的规定,明确规定公民、法人受期货经纪公司或者客户的委托,作为居间人为其提供订约的机会或者订立期货行纪合同的中介服务的,期货经纪公司或者客户应当按照约定向居间人支付报酬。居间人应当独立承担基于居间经纪关系所产生的民事责任。即居间人有义务就有关订立合同的事项向委托人如实汇报,居间人故意隐瞒与订立合同有关的重要事实或者提供虚假情况,损害委托人利益的,不得要求支付报酬并应当承担损害赔偿责任;居间人未促成合同成立的,不得要求支付报酬;居间人在进行中介服务过程中,给订约相对人造成损失的,如为签订合同支付的费用或预期可得利益等,后因居间人的过错导致合同没有订立的,该损失应由居间人个人承担,而不是由委托人承担。《规定》

关于居间人独立法律地位和民事责任的规定是此次司法解释制定中的一大突破，具有超前性和与世界接轨的特性。这一规定进一步明确了期货市场各参与民事主体的法律地位和具体分工，对理清期货交易法律关系、明确各方民事主体的民事责任起到了推动作用。

(3) 代理人和表见代理人。期货经纪公司在从事期货交易中，还常常授权非本公司人员作为经纪人，以本公司的名义从事期货交易行为。根据《民法通则》和《合同法》有关代理的规定，对于代理人在代理权限内，以被代理人的名义实施民事法律行为，被代理人对代理人的代理行为，承担民事责任，即期货经纪公司应当对其授权的非本公司人员的代理行为承担民事责任。对于行为人没有代理权、超越代理权或者代理权终止后以被代理人名义订立的合同，性质上属于效力待定的合同。除非有被代理人的追认，对被代理人不发生法律效力，由行为人自行承担民事责任。

对于非期货经纪公司人员没有代理权、超越代理权或者代理权终止后以被代理人期货经纪公司名义从事期货交易行为的，行为相对人有理由相信该非期货经纪公司人员有代理权的，即在客观上形成了表见代理，根据《合同法》第 49 条的规定，该代理行为应依法认定为有效，期货经纪公司应当承担由此产生的民事责任。

(4) 非受托人。在正常情况下，客户委托期货经纪公司代理其进行期货交易时，除本人可以下单指令交易外，还约定特定的人为其指令下单人，亦即受托人。期货经纪公司只能在接到本人或者受托人的下单指令时，尚可依据指令下单交易。但是，在实践中，还常常出现非受托人代客户指令下单的情况，期货经纪公司有时亦违反期货行纪合同的约定，接受非受托人的指令下单交易，以致造成客户损失。在这里，非受托人和期货经纪公司共同构成了对客户的侵权(期货经纪公司同时存在违约问题)，故《规定》对期货经纪公司执行非受托人的交易指令造成客户损失的赔偿责任明确规定为，除由期货经纪公司承担外，非受托人还要承担连带责任，以充分保护无过错方客户的利益。

二、期货交易民事责任

(一) 概念和特点

期货交易民事责任是指在期货交易过程中，期货交易的民事主体因违反合同或者不履行其他义务，侵害国家、集体或公民的财产，而依法应当承担的民事法律后果。

期货交易民事责任是保护期货法律关系各民事主体民事权利的重要措施，同时也是民商法的重要组成部分。期货交易民事主体作为平等的民事法律关系主体，享有广泛的民事权利，包括财产权、人身权和知识产权。期货交易法律规范仅对其享有的财产权予以保护，人身权和知识产权由其他相应的法律制度予以保护。

期货交易民事责任除具有一般民事责任的共性外,还有其个性,具体表现在:

(1) 期货交易民事责任是因与期货交易有关的行为产生的民事责任,包括期货交易人买卖期货合约产生的民事责任、期货市场的中介者(会员式经纪公司)代理买卖期货合同产生的民事责任、期货交易所为期货合同的买卖提供服务和履约担保产生的民事责任,以及期货合同实物交割履行中产生的民事责任等。与期货交易无关的行为所产生的民事责任,不属于期货交易民事责任范畴,如期货交易所和会员之间关于会员未按期支付年度会费发生的民事责任。

(2) 期货交易民事责任是期货交易法律关系主体违反期货法律规范和合同赋予或约定的义务而应承担的民事责任,是以义务为基础的,包括期货法律规范直接规定的义务和期货法律关系主体自行约定的义务。期货法律关系主体自行约定的义务与期货法律规范直接规定的义务同样具有法律约束力。《规定》在确立期货法律关系民事主体的民事责任时,将民事主体违反上述两种义务赋予了同等效力的民事责任。

(3) 期货交易的民事责任主要是财产责任,引起期货交易民事责任产生的行为,多是侵害财产权的行为。但是,期货交易民事责任的承担又不仅仅局限于财产责任。这是由民事责任功能的多重性决定的。民事责任的功能一方面表现在对被侵害权利的恢复,即对期货行为造成的损失进行民事赔偿;另一方面表现为对侵害行为的制裁,即由侵害人赔礼道歉、恢复名誉等。因此,期货交易民事责任虽然主要表现为赔偿损失,但并不排除对侵害人适用赔礼道歉、恢复名誉、停止伤害等非财产责任行使的民事制裁。同时,特定条件下,除侵害财产权的行为,其他行为也可能产生期货交易民事责任,如违反保密义务,侵害期货投资者的商业秘密而产生的民事责任等。

(二) 民事责任

1. 期货行纪合同责任

(1) 概念和法律属性。期货经纪公司是接受客户委托,代理其在期货交易所进行期货合约买卖的中介组织,他是连接广大参与期货交易的客户和期货交易所的纽带。它与客户之间的所有行为都是通过期货行纪关系来进行的。故期货行纪合同责任是期货交易民事责任中的重要组成部分。

期货交易行纪是指期货经纪公司或者兼营期货经纪业务的公司,以获取佣金为目的,接受客户委托,用自己的名义代客进行期货交易活动,习惯上称为期货交易代理。期货代理的属性,笔者在前文已经作了具体论述,即期货代理不是普通意义上的代理关系,而是由代理人根据委托人的指令以自己名义进行期货交易的行纪法律关系,这里不再赘述。

(2) 法律渊源。作为期货行纪合同的法律渊源,即期货行纪合同权利义务内容认定的事实依据,笔者认为,因期货行纪合同不是由某一份具体的契约,而是由一系列作用不同的文件组成,其法律渊源较其他民事、商事合同远为复杂。根据

我国期货市场的现状,期货行纪合同的渊源包括以下几个方面:

① 客户合约性文件。根据期货交易惯例,客户与期货经纪公司设立期货行纪关系,需签署一系列文件,主要包括风险揭示书、交易委托书(又称客户合同书)、账户处理权声明等,这些合约性文件具体规定了风险提示、开户指令、开户资格、保证金、账户操作、交易、不履行合约责任及纠纷处理等内容。上述文件约定的期货经纪公司和客户的权利义务关系是期货经纪公司和客户之间设立期货行纪关系的法律依据。这些合约性文件具有以下几个特征:

A. 标准化。所有期货合约性文件均是由期货经纪公司统一印制的标准化文件。作为合同相对方的客户仅有是否接受该文件的权利,无权要求对期货合约进行修改(指不享有除交定单执行人可以由客户选择之外的选择权)。这是由期货交易对象及期货合同的标准化性质决定的。但笔者认为,由于期货经纪公司的特有地位,为保护相对弱小主体的合法权益不受侵犯,对这类格式合同的内容还是应该有所限制的,至少应该适用合同法有关格式条款无效的规定予以规范,即采用格式条款订立合同的,提供格式条款的一方应当遵循公平原则确定当事人之间的权利和义务,并采取合理的方式提请对方注意免除或者限制其责任的条款,按照对方的要求,对该条款予以说明。格式条款具有合同法规定的合同无效情形的,或者提供格式条款一方免除其责任、加重对方责任、排除对方主要权利的,该条款无效。对格式条款的理解发生争议的,应当按照通常的理解予以解释。对格式条款有两种以上解释的,应当作出不利于提供格式条款一方的解释。格式条款与非格式条款不一致的,应当采用非格式条款。

B. 证约性。合约性文件具有证明期货行纪关系成立的属性。包括两方面内容:一是排斥口头期货行纪;二是以客户合约性文件作为期货行纪关系的初步证明。称为初步证明,是因为期货行纪合同属于实践性合同,合同成立的前提条件是保证金账户的设立和初始保证金的实际投入,客户保证金既是交易的担保,亦是期货行纪合同成立的证明。如果客户仅仅签订了合约性文件,而未按规定交纳客户保证金,则期货行纪合同并未依法成立。

C. 预约性。客户合约性文件是履行期货行纪合同的基础,它的作用仅仅在于证明客户与期货经纪公司之间达成了期货行纪的合意,而不是履行期货行纪合同的全部文件。[①] 客户在何期货交易所进行何种商品期货合约的买卖,以及具体买卖的方向、价格、数量等均未在上述合约性文件中予以规定,所以,这些文件仅具有预约性。

对于风险提示问题,《规定》进一步强调了风险提示作为期货行纪法律关系的内容之一,期货经纪公司负有在与客户订立期货行纪合同时,对客户提示注意的

---

① 参见冯本安:《浅析期货代理合同的法律属性及渊源》,载黄永庆主编《期货法律实务》,法律出版社 1998 年版,第 151 页。

义务。明确规定,期货行纪公司在与客户订立期货行纪合同时,未提示客户注意《期货交易风险说明书》内容,并由客户签字或者盖章,对于客户在交易中的损失,应当依据《合同法》第 42 条关于当事人在订立合同过程中,故意隐瞒与订立合同有关的重要事实,给对方造成损失的,应当承担损害赔偿责任的规定,由期货经纪公司承担相应的赔偿责任。但是,对于不是第一次进入期货市场交易,对期货交易的风险性已有明确认识的客户,《规定》从公平原则和实事求是原则出发规定,根据以往交易结果记载,证明客户已有交易经历的,应当免除期货经纪公司的民事责任。这一规定是该司法解释的一大突破,即在充分考虑保护客户合法权益的基础上,又以此规定避免了客户在明知期货市场的风险的情况下,在期货交易出现亏损时,以期货经纪公司未提示其注意期货市场风险为由,将本应由其自行承担的交易亏损转嫁给期货经纪公司承担。这对规范期货市场,引导期货交易民事主体合法交易等具有积极的意义。

② 期货经纪公司交易规则和期货交易所业务规则。期货经纪公司交易规则并非期货经纪公司的法定文件,亦未严格进行公示或者送达客户知晓的制度,故期货经纪公司交易规则不能当然成为期货行纪合同的法律渊源。期货经纪公司交易规则是否对期货行纪法律关系双方当事人产生法律约束力,主要要看期货经纪公司和客户在有关合约性文件中是否将期货经纪公司交易规则作为合同内容予以明确规定。如果客户合约性文件中明示了双方要受期货经纪公司交易规则的约束,期货经纪公司必须将交易规则作为客户合约性文件的组成部分交付客户。如果客户合约性文件中没有对期货经纪公司交易规则作为合同内容进行约定,则不能作为确定期货经纪公司和客户之间权利义务的法律依据,尤其是交易规则中关于加重客户的义务或者减轻期货经纪公司的责任的有关规定。对期货交易所的业务规则等文件,是否为期货经纪关系的内容,也要看期货经纪公司和客户签订的合约性文件中是否对此作了明确规定。毕竟,客户与期货交易所之间不存在直接的法律关系,其在期货交易所所为期货交易,均是以期货经纪公司自身的名义所为,期货交易所与期货经纪公司形成独立的民事法律关系,期货经纪公司独立向期货交易所享有权利义务。虽然期货经纪公司自成为期货交易所会员之日起,即视为对期货交易所所有有效文件,包括期货交易所章程、期货交易所业务规则、结算制度、交割制度等均为认可,并受上述文件规定的权利义务的约束,但作为独立民事主体的客户,并不发生与期货交易所的直接法律关系,故上述文件规定不当然对客户产生法律效力。只有在期货经纪公司和客户签订的合约性文件中将期货交易所的业务规则等作为自身合同的组成部分的,期货交易所的业务规则等才对客户产生法律约束力。即只有此时,期货交易所的业务规则等才能成为期货行纪法律关系的渊源之一,但其不是直接通过期货交易所业务规则形式体现,而是通过期货经纪公司和客户之间签订的合约性文件体现出来的。这里充分体现了尊重当事人意思自治原则,即当事人的约定只要不存在违反法律、行

政法规强制性规定的,均为有效,产生对双方当事人的法律约束力。

③ 客户交易定单。客户交易定单,又称下单指令。客户交易定单是期货行纪合同不可缺少的内容。因期货经纪公司和客户签订的上述期货合约性文件,并未对期货行纪合同的重要条款,如期货交易所名称、买卖合约的数量、合约到期日期、价格限制条件、定单有效期限等内容作以明确规定,仅仅是对期货经纪公司和客户之间将要发生期货行纪法律关系的预约,而双方承受的具体权利义务尚需通过客户交易定单来确认。而"定价定单"、"限价定单"、"停止价定单"、"限时定单"等交易定单就是对交易内容的具体约定。期货经纪公司接到客户的下单指令后,无须与客户另行协商合意,只要严格按照客户的交易指令进行交易就行,反之,期货经纪公司则构成违约。当然,期货经纪公司执行客户定单的前提条件是定单内容符合客户合约的约定且在期货经纪公司具有足以进行交易的保证金。

期货经纪公司负有严格执行客户交易指令的义务:

A. 下达交易指令方式约定不明确的法律后果。为了在期货经纪公司代理客户进行期货交易时,期货经纪公司能够严格按照客户的交易指令下单交易,期货经纪公司和客户在签订期货经纪合同时,必须将下达交易指令的方式作以明确、具体的约定,以防日后因交易指令方式未作约定或者约定不明产生不必要的纠纷。但在实践中,常常发生因双方对下达交易指令方式未作约定或者约定不明确产生的期货经纪公司是否严格按照客户指令进行期货交易的纠纷。对此,笔者认为,期货经纪公司作为行纪代理人,由于其负有严格按照客户交易指令下单交易的义务,其在签订期货行纪合同时应该意识到明确约定下达交易指令的方式对其的意义,即如果未作约定,或者约定不明,极有可能给其日后主张其系严格按照客户指令下单造成举证上的困难。且一般情况下,期货行纪合同系期货经纪公司出具的行纪合同,其完全可以从保护自身利益出发将下达交易指令的方式明确在合同中予以载明。故如果期货经纪公司与客户签订的期货行纪合同对下达交易指令的方式未作约定或者约定不明确的,期货经纪公司又不能证明其所进行的交易是根据客户交易指令进行的,对该交易造成的客户的损失,期货经纪公司应当自行承担赔偿责任。期货经纪公司不能以期货行纪合同没有约定下达交易指令方式或者约定不明确为由,免除其举证的民事责任。当然,如果期货经纪公司能够举证证明其所进行的期货交易系按照客户或者其委托人的指令操作的,期货经纪公司不承担由此给客户造成的损失。

B. 期货经纪公司执行非受托人下单指令的法律后果。依据期货经纪合同的约定,期货经纪公司(受托人)只能按照客户(委托人)的指令下单交易,或者按照客户明确授权的受托人的指令下单交易,而不能按照任何他人的指令交易,否则,即构成违约或者对客户财产权利的侵犯。期货经纪公司接受客户的委托人的下单指令时,必须严格审查客户给委托人的授权委托书,并只能按照授权委托书的授权,接受委托人的下单指令。对于客户或者客户委托的下单指令人之外的任何人的指令,期货经纪公司不得接受。故如果期货经纪公司执行非受托人的交易指令造成客户损失的,应由期货经纪公司对客户的损失承担赔偿责任。

C. 期货经纪公司执行客户有瑕疵的下单指令的法律后果及例外。有瑕疵的指令是指客户下达的没有品种、数量、买卖方向等的交易指令。对有瑕疵的指令,因缺少执行下单指令的必备要件,原则上期货经纪公司不得执行,即因客户的指令缺少必要的内容,根本不具备执行的效力,所以期货经纪公司不能也无法按照其指令进行期货交易。对有瑕疵的指令,期货经纪公司可以要求客户进一步明确后,再予执行。客户未能进一步明确的,期货经纪公司应当拒绝执行其瑕疵指令。期货经纪公司未予拒绝而进行交易的,实际上是没有严格按照客户的指令交易,对此造成客户损失的,期货经纪公司应当承担赔偿责任。这里期货经纪公司承担的赔偿责任首先体现的是其违约产生的违约责任。当然,这不排除客户选择侵权之诉要求期货经纪公司承担因侵权行为造成的其财产实际损失的赔偿责任。

对有瑕疵的下单指令,《规定》作出了例外规定。即客户下达的交易指令数量和买卖方向明确,没有有效期限的;以及没有成交价格、没有开平仓方向的,《规定》分别规定为没有有效期限的,应当视为当日有效;没有成交价格的,应当视为按市价交易;没有开平仓方向的,应当视为开仓交易。这里,一是考虑客户下单交易指令不全,多是因市场行情紧张,来不及将全部内容填写完毕;二是对期货市场交易惯例的认可。笔者在前文也曾谈到,对商业惯例是否能够作为认定期货交易法律关系的渊源问题。

笔者认为,商业惯例一般从三个方面成为确定期货交易法律关系的依据:一是通过立法,将商业惯例上升为法律规范,形成期货交易法律关系民事主体必须遵循的行为准则;二是通过当事人自行约定,通过签订合约的方式将商业惯例变成当事人双方的合意;三是在既没有上升为法律规范,又无当事人的合意的情况下,从公平原则和诚实信用原则的角度,应将行业内普遍遵循的惯例作为认定当事人双方权利义务的依据。《规定》所作的上述规定,正是对期货市场商业惯例的承认,应该说对维护交易有效性、现实性都是有百利而无一害的。

D. 期货经纪公司错误执行客户交易指令的法律后果。对于客户的交易指令,期货经纪公司应当严格、正确无误地执行,否则即构成违约。《规定》从过错和公平角度对期货经纪公司错误执行客户交易指令造成的后果承担问题作出了具体的规定,即期货经纪公司错误执行客户交易指令,除客户认可的,交易的后果由期货经纪公司承担,并按下列方式分别处理:交易数量发生错误的,多于指令数量的部分由期货经纪公司承担,少于指令数量的部分,由期货经纪公司补足或者赔偿直接损失;交易价格超出客户指令价位的范围的,交易差价损失或者交易结果由期货经纪公司承担。期货经纪公司超出客户指令价位的范围,将高于客户指令价格卖出或者低于客户指令价格买入后的差价利益占为己有的,客户要求期货经纪公司返还的,人民法院应予支持。

E. 期货经纪公司不当延误执行客户交易指令的法律后果。期货经纪公司不当延误执行客户交易指令给客户造成损失的,因过错在于期货经纪公司,故因此造成的客户的经济损失,应当由期货经纪公司承担相应的承担赔偿责任。但如果期货经纪公司延误执行客户的交易指令,并非出于期货经纪公司的过错,而是由于市场的原因致客户交易指令未能全部或者部分成交的,期货经纪公司对此造成的客户的损失不承担赔偿责任。

F. 期货经纪公司对当日结算结果通知的法律后果。为了达到对期货交易是否严格按照下单指令及时进行核对的目的,期货交易所和期货经纪公司在执行会员或者客户指令买卖期货合约后,负有依据约定将结算结果通知会员或者客户的义务。如果期货交易所或者期货经纪公司未按照约定履行通知义务,则对由此造成的会员或者客户的损失,承担赔偿责任。即期货交易所未按照期货交易所规则规定的期限、方式,经交易或者持仓头寸的结算结果通知期货经纪公司,造成期货经纪公司损失的,或者期货经纪公司未按期货行纪合同约定的期限、方式,将交易或者持仓头寸的结算结果通知客户,造成客户损失的,由期货交易所或者期货经纪公司承担赔偿责任。期货经纪公司与客户对交易结算结果的通知方式未作约定或者约定不明确,期货经纪公司未能提供证据证明已经发出结算结果通知的,对客户因继续持仓而造成的扩大损失,应当承担主要赔偿责任。

关于客户对当日交易结算结果的确认问题,《规定》考虑到期货交易的连续性,规定客户对当日交易结算结果的确认,应当视为对该日之前所有持仓和交易结算结果的确认,所产生的交易后果均由客户自行承担,即一旦客户在结算结果单上签字认可的,均认为其对当日之前的所有交易均为认可,其不得再以以前的交易结算结果未经其签字为由,主张以前的交易非受其指令而为。这样规定一是符合期货交易的特殊属性;二是避免了不必要的纷争,稳定了期货交易市场。对于会员或者客户对交易结算结果提出异议,期货交易所或者期货经纪公司未及时采取措施导致损失扩大的,根据过错责任原则,由期货交易所或者期货经纪公司对造成期货经纪公司扩大的损失承担赔偿责任。期货经纪公司对期货交易所或者客户对期货经纪公司的交易结算结果有异议,而未在期货交易所规则规定或者期货行纪合同约定的时间内提出的,视为期货经纪公司或者客户对交易结算结果已确认,产生确认的法律后果。

G. 期货经纪公司进行混码交易的法律后果。关于混码交易问题,现行行政法规和期货交易所规则等均禁止混码交易。目的是为了更好地保护客户的合法权益。因为期货经纪公司常常通过混码交易,达到侵占客户财产的目的。如期货经纪公司将客户的交易与其自营业务相混,当其交易失误造成亏损,或者客户交易获利时,其很可能将自己的亏损强加给客户,或者将客户的盈利划到自己的账上,极大地侵犯了客户的合法权益。故如果期货经纪公司进行混码交易,造成客户的损失,应当由期货经纪公司承担,客户不承担责任;但是,如果期货经纪公司能够举证证明该损失系其按照客户的交易指令入市交易造成的,则根据风险与利益一致原则,由客户对交易结果自行承担。

H. 期货经纪公司接受客户全权委托的法律后果。前面谈到,客户的下单指令作为期货经纪合同不可缺少的组成部分,是每一笔具体的期货交易方式时,客户根据其对市场的判断作出的决策,而不是在其与期货经纪公司签订一系列合约性文件时所能预测的。故从保护期货交易者角度出发,我国现阶段是严格禁止全权委托的,即不允许通过全权委托,由期货经纪公司或者经纪人自行代客户下达交易指令,而非执行客户下达的交易指令。如果期货经纪公司接受客户全权委托进行期货交易的,对交易产生的损失,由期货经纪公司承担主要赔偿责任。

(3) 法律特征。期货交易代理具有以下四个方面的法律特征:

① 期货交易的代理人只能由特殊主体担任

期货交易的代理人必须是依法取得中国证监会《期货经纪业务许可证》的公司才有资格开展期货交易代理业务,否则就是违法,其代理行为无效。对此,《规定》第13条明确规定没有从事期货经纪业务的主体资格而从事期货经纪业务的,签订的期货行纪合同无效。

② 期货交易代理人必须按照客户的指令进行期货交易

前面在期货交易代理的渊源中谈到,客户下单指令是期货行纪法律关系的重要组成部分,期货经纪公司必须严格按照合约约定履行合同。否则,即构成违约,依法应当承担违约责任。正常情况下,期货交易的代理人进行交易代理时,必须每次接受项目齐全的交易指令。没有客户指令代客交易和接受项目不完全的交易指令进行交易都是禁止行为,期货经纪公司均应承担违约责任。当然客户事后追认的除外。

另外,我国《期货经营机构从业人员管理暂行办法》(已废止)第20条规定:"从业人员不得接受客户的期货交易全权委托。"全权委托又称概括性授权,是指客户授权经纪公司或者其从业人员自主决定处理客户账户的下单买卖事宜,每笔具体交易无需再由客户授权。之所以作出禁止全权委托的规定,主要是从保护相对弱小群体即客户的利益出发作出的规定。一般的期货投资者往往对期货交易的风险缺乏足够的认识,如果允许期货经纪公司全权代理,则极易发生不顾客户利益的炒单行为,一旦发生纠纷,客户因有全权委托在先,很难追究期货经纪公司的法律责任,对稳定期货市场秩序,保护客户权益极为不利。对于全权委托被认定无效后,因全权委托造成的期货交易者的交易损失究竟应由谁来承担问题,一直是司法实践中争论的问题。

第一种观点认为由期货经纪公司及其经纪人承担。理由是:法律规定期货经纪机构及其从业经纪人不得接受期货交易者的全权委托,仅是对期货经纪机构及其从业人员而作出的单方面规定。期货经纪机构及其从业人员违反了上述规定,接受期货交易者的全权委托从事期货交易,所产生的法律后果应当由期货经纪机构及其从业人员承担。

第二种观点认为因全权委托产生的期货交易的损失应由期货交易者自行承担。理由是:全权委托期货经纪公司及其从业人员进行期货交易系期货交易者的真实意思表示,期货经纪公司及其从业人员依据全权委托进行期货交易系基于期货交易者的授权行为,由此产生的法律后果应由期货交易者自行承担。全权委托进行期货交易产生盈利或者亏损的双重法律后果。期货交易者不能仅享有期货交易产生的盈利,而不承担因此造成的亏损。从公平角度看,期货交易者应对自己行为的后果承担相应的民事责任。

第三种观点认为应由期货经纪公司和期货交易者共同承担。理由是:法律虽然形式上看是从期货经纪机构及其从业人员单方面作出的禁止全权委托的规定,但就禁止的全权委托行为来说是全面的,亦即规定期货市场中禁止全权委托和接受全权委托从事期货交易,即全权委托是双方民事行为,而不是单方民事行为。从协议的角度分析,期货交易者全权委托期货经纪机构及其从业人员进行期货交易和期货经纪机构及其从业人员接受期货交易者的全权委托进行期货交易是双向的,对于期货交易者和期货经纪机构及其从业人员达成的全权委托协议的无效,双方均有过错。属于从事同一行为主体的混合过错。根据《民法通则》的规定,从事民事行为的双方当事人均有过错的,各自承担相应的民事责任。故期货交易者和期货经纪机构达成全权委托因违反国家法律禁止性规定无效的,因此造成的交易损失,由双方根据过错大小承担相应的民事责任。①

《规定》第 17 条正是采纳了第三种观点,对期货经纪公司接受客户全权委托进行期货交易的,对产生的损失,明确规定由期货经纪公司承担主要赔偿责任。这样规定,是严格贯彻了过错与责任相一致原则的,是对期货交易民事主体权利的公平保护。

③ 期货交易代理人须以自己的名义代客进行期货交易

这也是期货行纪性质与一般代理制度的区别所在。因我国代理制度仅承认显名直接代理,对隐名直接代理和间接代理均以行纪制度来调整,故期货代理交易行为作为行纪行为,是以期货经纪公司的名义进行期货交易的。

④ 期货交易代理行为产生的民事责任首先由期货交易代理人即期货经纪公司承担,然后通过客户和期货经纪公司之间的期货行纪法律关系转由客户承担

这里涉及的是两个不同的法律关系,一是期货经纪公司作为买卖期货合约的一方当事人和相对方(在结算上表现为期货交易所)所为的期货合约买卖法律关系;另一法律关系是期货经纪公司和客户之间的行纪法律关系。故期货交易的结果当然首先由期货交易的双方当事人承担。至于期货经纪公司承担交易结果后向客户的转化实质上是另一法律关系解决的问题,与期货买卖法律关系没有直接关系。

关于期货行纪合同无效问题,《规定》根据合同法关于无效合同立法指导思想

---

① 参见唐波主编:《期货法论》,上海世界图书出版公司 1998 年版,第 254 页。

的变化，在认定期货行纪合同无效时，也采取了尽可能少地认定该类合同无效的合同司法指导思想。即从促进社会经济发展，稳定经济法律关系，保护当事人合法权益出发，尽可能缩小无效合同的范畴，不轻易将当事人签订的合同认定为无效合同。《规定》仅规定了三种情况下期货行纪合同无效：没有从事期货经纪业务的主体资格而从事期货经纪业务的；不具备从事期货交易主体资格的客户从事期货交易的；违反法律、法规禁止性规定的。

对于因期货行纪合同无效给客户造成经济损失的，应当根据无效行为与损失之间的因果关系确定责任的承担。如果一方的损失系对方行为所致，则应当判决由对方承担赔偿损失的责任；如果双方对损失的造成均有过错的，双方应当根据过错大小各自承担相应的民事责任。如果一方的损失属于正常交易风险，而非另一方的行为所致，则对方不承担赔偿损失的责任。如不具有主体资格的经营机构因从事期货经纪业务而导致期货行纪合同无效，如果有证据证明该经营机构已经按照客户的指令入市交易的，则客户的损失属于正常的风险损失，经营机构对交易结果不应承担民事赔偿责任，而应由客户对其交易行为结果自行承担。但该经营机构因此收取的佣金应当返还给客户。但是，如果该经营机构未按照客户的交易指令入市交易，即客户没有过错的，该经营机构应当返还客户的保证金并赔偿客户的损失。赔偿损失的范围包括交易手续费、税金及利息。

2. 交易服务合同和保证合约履行责任

因期货市场是一个高度风险的市场，在运作过程中必须从管理的角度从严控制风险、分散风险。期货交易所在期货交易过程中常常是以期货市场的组织者、管理者的面目出现，故主流观点一直认为期货交易所与其会员之间是管理与被管理的关系，期货交易所不是期货法律关系的民事主体，不应承担民事责任。在期货交易所的责任追究方面，多是以追究其行政责任来体现其过错，而忽视了其与会员之间的平等法律关系，即合同关系。在我国现有期货市场管理的行政法规中一直没有期货交易所承担民事责任的规定。直到 1995 年最高人民法院《关于审理期货纠纷案件座谈会纪要》中才明确规定在期货交易过程中，期货交易所应承担保证期货合约履行的责任。任何一方不能如期全面履行期货合约规定的义务时，期货交易所均应代为履行，未代为履行的，应承担赔偿责任。期货交易所在代为履行后，享有向不履行义务一方追偿的权利。期货交易所应提供完好的设备供会员使用，如因信息设备发生故障而给会员或者客户造成损失的，期货交易所应当承担赔偿责任。实际上，作为市场经济的高级形式——期货市场，其本质应该是一种合同经济，也只有在平等民事主体之间才可能产生真正的市场经济。[①]

在期货交易过程中，期货交易所具有双重的法律地位。[②] 一方面，期货交易所

---

① 参见李明良：《期货法》，人民法院出版社 2001 年版，第 2 页。

② 参见杨振海主编：《期货法》，法律出版社 1999 年版，第 233 页。

是期货交易的组织者和管理者,由此产生的法律关系是纵向的、不平等的。如标准化期货合约的开发、设计,保证金比例的确定,制定并实施交易规则及其他规章制度、期货交易纠纷的仲裁等,以确保期货交易公正、有效地进行。另一方面,期货交易所与其会员之间又存在着平等民事主体之间的法律关系。期货交易所作为具有法人地位的民事主体,其与各会员单位之间存在平等的法律地位。各会员单位通过出资购买交易席位,交纳会员费,从而成为其会员。期货交易所在享有管理期货交易的权利的同时,又承担有包括提供便利会员进行期货交易服务在内的一系列义务,如提供交易场所和先进的交易信息系统等设备,提供信息服务等。而且,因结算所对于期货市场上的所有交易者来说都是其交易的一方,即是买方的卖方,或者卖方的买方,期货结算不是由期货合约买卖双方直接结算,而是通过共同的第三者——结算所来进行结算的,即在结算合约过程中结算所充当买卖各方的对方,期货交易的买卖双方无需知道自己真正的交易对方是谁,他们只需要同期货结算所结算就可以了。[①] 故结算所本身承担着期货合约买卖保证履约的法律责任。由于我国没有实行独立于期货交易所的结算公司进行期货结算的制度,而是由隶属于期货交易所下面的结算所进行期货结算,故期货结算所的保证期货合约履约的义务就体现为在期货买卖关系中,期货交易所对相对人不履行期货合约的义务,而负有的保证合约履行的义务。即一旦合约的一方陷于破产或者倒闭而无法履约,期货交易所就负有履行合约的责任,以保障期货市场合约持有者的合法权益,从而保证期货交易的顺利进行,维护期货交易的正常秩序。故在某种程度上来说,尽管从表面上看,期货交易所和会员之间是一种管理与被管理的关系,但在这一假象之后,期货交易所和会员单位之间实质上存在着一种契约关系。这种契约关系不是通过具体的一份合同体现的,而是隐含在期货交易所的章程、业务规则、结算制度、交割制度等一系列重要文件中。会员之所以成为期货交易所的会员,是因为它认可该期货交易所的章程、交易规则及其他规章制度并愿意接受其约束,实际上就是会员对期货交易所的承诺。故上述文件均是期货交易所及其会员单位的共同意思表示,是期货交易所和会员之间协议的表现形式,对双方均应有约束力。任何一方违反上述文件规定的权利义务,均产生相应的法律后果,即均应承担违约的民事责任。

《规定》对期货交易所的法律地位和民事责任作出了明确规定。如明确规定在期货交易过程中,如果期货交易所未按照期货交易所规则规定的期限、方式,将交易或者持仓头寸的结算结果通知期货经纪公司,造成期货经纪公司损失的,由期货交易所承担赔偿责任。期货经纪公司对交易结算结果提出异议的,期货交易所未及时采取措施,导致损失扩大的,对造成期货经纪公司扩大的损失应当承担赔偿责任。期货经纪公司的交易保证金不足,期货交易所未按规定通知期货经纪

---

① 参见唐波主编:《期货法论》,上海世界图书出版公司1998年版,第189页。

公司追加保证金的,由于行情向持仓不利的方向变化导致期货经纪公司透支发生的扩大损失,期货交易所应当承担主要赔偿责任。期货交易所因超量强平引起的期货经纪公司的损失,由期货交易所承担责任。期货交易所对期货经纪公司未按期货交易所规则规定的强行平仓条件、时间、方式执行强行平仓,造成期货经纪公司损失的,期货交易所应当承担赔偿责任。在期货合约交割期内,买方或者卖方客户违约的,期货交易所应当代期货经纪公司向对方承担违约责任。交割仓库不能在期货交易所交易规则规定的期限内,向标准仓单持有人交付符合期货合约要求的货物,造成标准仓单持有人损失的,期货交易所对交割仓库应当承担的责任负有连带责任。期货经纪公司未按照每日无负债结算制度的要求,履行相应金钱给付义务,期货交易所亦未代期货经纪公司履行,造成交易对方损失的,期货交易所应当承担赔偿责任。因期货交易所的过错导致信息发布、交易指令错误,造成期货经纪公司直接经济损失的,期货交易所应当承担赔偿责任;但期货交易所依据有关规定对期货市场出现的异常情况采取的合理的紧急措施造成客户损失的除外。期货经纪公司未按照每日无负债结算制度的要求,履行金钱给付义务,期货交易所亦未代期货经纪公司履行,造成交易对方损失的,期货交易所应当承担赔偿责任。期货交易所代期货经纪公司履行义务或者承担赔偿责任后,有权向不履行义务的一方追偿。期货交易所未代期货经纪公司履行期货合约,期货经纪公司应当根据客户请求向期货交易所主张权利。期货经纪公司拒绝代客户向期货交易所主张权利的,客户可直接起诉期货交易所,期货经纪公司可以作为第三人参加诉讼。上述规定,对期货交易所和客户之间隐含在期货交易所的章程、业务规则、结算制度、交割制度等一系列文件中的权利义务关系产生的民事责任作出了明确界定,为人民法院正确审理有关期货交易所的民事纠纷案件,平等保护期货交易各方民事主体的合法权益提供了很好的司法依据。

3. 期货交易行为法律责任

(1) 透支交易法律责任

① 透支交易形成的前提——期货交易保证金制度。保证金制度是期货交易的一个显著特点,即期货交易所会员在进行期货交易时,必须首先按照期货交易所规定的一定比例将履约保证金存放在其在期货交易所开设的账户内,作为确保买卖双方履约的一种财力担保,即如果买卖双方在合约到期时,不能将手中的期货部位平仓了结的话,他们就必须按合约的规定进行商品的实物交割。非会员期货交易者的履约保证金由代其从事期货交易的会员期货经纪公司收取,但也须在会员经纪公司开立保证金账户。会员经纪公司为了不至于在客户保证金未追加进来时以自有资金替客户向期货交易所垫付追加保证金,往往自行制定额外的保证金额度,该额度一般要高于期货交易所的保证金额度。保证金分为基础保证金和交易保证金;交易保证金又分为初始保证金和追加保证金。

期货市场的交易者在初次进入期货市场时,必须将一笔款项存入其保证金账户,这笔保证金即为基础保证金。基础保证金是会员单位开展正常交易活动的信用保证,用于会员单位违约或者违反交易规则时,造成对方损失,用交易保证金不足以弥补时,从基础保证金中扣除。基础保证金的具体额度由期货交易所自行制定。当会员单位退出期货交易所时,基础保证金由期货交易所全数退还。初始保证金是当期货交易者进行期货交易成交后,期货交易所按照不同的交易向成交双方各收取成交金额一定比例的保证金。初始保证金的额度由提供合约进行期货交易的期货交易所制定,通常为合约总值的5%～10%,也有的为18%。会员每买卖一份期货合约,都必须在其保证金账户上存入相应的交易保证金金额。交易保证金在合约平仓和实物交割后由期货交易所对买卖双方进行清算。期货交易所视期货交易情况和市场价格的变化,对初始保证金的比例作公开适当的调整。初始保证金主要用于防止买卖双方在交易中发生亏损时不履约所造成的经济损失。追加保证金是自期货合约生效之日起至交割之日止,期货交易所将在每日收盘后,根据当日期货市场价格的波动,对未平仓合约按当日结算价计算价差。如价差超过亏损一定数额后,期货交易所即向客户发出追加保证金的通知。根据期货交易所的规定,期货交易所会员必须维持其最低保证金额度,即根据每一未平仓或者未对冲的合约计算出来的维持保证金水平,若当会员持有头寸的期货价格发生不利于会员的变化而出现亏损,并且导致其初始保证金数额低于维持期货会员头寸的要求时,期货交易所的结算部门会要求会员追加保证金至规定水平,这种补交的保证金即为追加保证金。如果会员不能在规定的时间内提交追加保证金,期货交易所有权通过反向买卖来平掉会员的在手期货合约,即常说的强行平仓。如果期货交易所不对会员的期货合约强行平仓,允许会员继续持有其仓位或者继续进行期货交易,则会发生透支交易的情形。也就是说,当可用(有效)保证金的数额为零或者为负数时,如果会员继续持仓或者开仓,则构成透支交易。可用保证金是指保证金账户中可以用来建立新的期货头寸的保证金,也称净保证金。[①] 其计算公式为:

---

① 这里顺便提及两个有关人民法院保全和执行的问题:一是如何认定保证金的属性,对保证金是否能够采取保全或者执行措施;二是在人民法院对期货纠纷案件进行审理和执行中,对会员资格和交易席位如何处理,能否对期货交易所的会员资格采取保全措施,能否对会员交易席位采取执行措施。《规定》对此作了明确规定,即人民法院保全与会员资格相应的会员资格费或者交易席位,应当依法裁定不得转让该会员资格,但不得停止该会员交易席位的使用。人民法院在执行中,有权依法采取强制措施转让该交易席位。对于期货交易所或者期货经纪公司为债务人的,人民法院不得冻结、划拨期货经纪公司在期货交易所或者客户在期货经纪公司保证金账户的资金。有证据证明该保证金账户中有超出期货经纪公司或者客户权益资金的部分,期货交易所或者期货经纪公司在人民法院指定的合理期限内不能提出相反证据的,即可以判定该部分资金系期货交易所或者期货经纪公司的自有资金,人民法院可以依法对其自有资金进行冻结或者划拨。并且特别规定,期货经纪公司有其他财产的,人民法院应当依法先行冻结、查封、执行期货经纪公司的其他财产。这样规定对于规范人民法院执行工作,维护期货交易所或者期货经纪公司的正常运作或者经营具有重大的现时意义。

净保证金 = 初始保证金(或期初余额) + 入金 + 追加保证金 + 平仓盈亏
+ 浮动盈亏 - 出金 - 维持保证金 - 手续费

② 透支交易的概念。关于透支交易的概念,理论界存在不同的理解。一种观点认为,透支交易仅指期货交易所会员或者期货经纪公司的客户在保证金水平不足的情况下所进行的期货交易[①],即开仓透支交易。另一种观点认为,透支交易是指期货交易者或者期货经纪公司在其保证金账户中的可用保证金为零或者负值时,不追加保证金,或在追加保证金没有到位的情况下,利用期货经纪公司或者期货交易所的自有或者其管理的资金维持现有头寸或者继续进行期货交易的行为[②],即包括开仓透支交易和持仓透支交易两种方式。

上述两种观点的争议焦点是,因市场行情的变化导致的会员或者客户保证金余额不能维持其持仓头寸的,又未能及时追加保证金的情况下(即被动透支),会员或者客户并未进行期货交易的,是否也作为透支交易看待。对这个问题,《规定》予以了明确,即期货交易所或者期货经纪公司在期货经纪公司或者客户没有保证金或者保证金不足的情况下,允许期货经纪公司或者客户开仓交易或者继续持仓的,均应当认定为透支交易,即将开仓透支交易(主动透支)和持仓透支(被动透支)均视为透支交易。持仓透支实际上是在会员或者客户的维持保证金不足时,用期货交易所或者期货经纪公司的自有资金或其管理的其他会员或客户的资金予以维持,是一种消极的、被动的、通过不作为的行为进行的透支行为,故对此情况视作透支交易的一种情形,是有依据的。《规定》还对透支交易的认定明确规定为应以是否低于期货交易所规定的保证金比例为标准,而不是以是否低于期货经纪公司规定的保证金比例为标准。

③ 透支交易的产生原因。透支交易的产生有其各方面的原因。首先,体现为我国期货交易立法的空白,司法的不统一,行政监管力度不够,以及期货交易规则的不严密等。其次,期货商业活动的趋利性导致。期货交易所、期货经纪公司和客户从不同的角度认为透支交易可以从中获得利益,如经纪公司为了争取客户,扩大业务范围,主动以向客户融资,允许其透支交易等为优惠条件(诱饵),以此扩大客户数量。并为了扩大期货交易量,从中多得手续费,放任或者默许客户透支交易,在客户保证金不足时,故意不及时通知客户追加保证金,甚至接受客户新的开仓指令下单交易,为客户创造透支交易的机会。有的经纪公司怕做自营业务担风险,就故意向客户融资,支持和纵容客户透支交易,并与之约定对透支期货交易所得盈利进行分成,而不承担亏损。有的大户,为了牟取巨额投机利润,垄断期货

---

① 参见查松:《论期货交易的法律性质及法律后果》,载黄永庆主编《期货法律实务》,法律出版社1998年版,第208页。

② 参见常成:《期货交易中透支行为的法律分析》,载黄永庆主编《期货法律实务》,法律出版社1998年版,第217页。

市场,利用透支交易,可以用较少的资金控制较大的头寸,以操纵期货价格。期货交易者存在侥幸心理,加上利益驱动,对行情不能冷静、正确对待,尤其在市场行情对其不利的情况下,盲目寄希望于通过透支交易扭转被动的局面。还有的是因为全权委托造成的透支交易,期货经纪公司通过透支交易,随意操纵期货交易,不仅能多赚取手续费,还能为其进行私下对冲、对赌等违法、违规行为制造假象,欺诈客户。

④ 透支交易的法律性质。对于期货透支交易的法律性质,理论界和实务界对此并不存在分歧,即均认为,期货透支交易实质上是一种融资行为。因我国实行金融业务专营制度,国家将融资、信贷业务的权限仅仅赋予国家批准的金融机构,其他任何单位无权进行融资。非金融机构无序的融资行为,使国家对宏观经济失控。且鉴于期货市场的特殊性,为防止不正当竞争行为的发生,国家现有的政策法规以及期货交易管理机构的自律规章等均严格禁止期货交易所或者期货经纪公司融资给会员或者客户。作为会员或者客户的透支交易者往往是超过了自己的资金承受能力,占用他人的资金进行期货交易,其过度投机的行为具有赌博性。这与我国的法律道德也是不相符的。故这种射幸类型的以透支交易为形式的融资行为是非法的融资行为,依法应当认定为无效。透支交易中的融资行为,往往是出借方将由其管理的其他会员或者客户的资金融资给借入方使用,而非出借方自己的资金。且一般情况下,出借方并不事先将实际的融资资金交给借入方占有,而要待借入方进行期货交易发生实际亏损后,出借方才将资金融给借入方,以填补借入方的亏损。这是由期货市场实行的特殊制度决定的。

⑤ 透支交易的利弊。透支交易虽然从短期来看,对期货交易所、期货经纪公司和客户都有利可图,但从长远来看,或者说从宏观来看,则是弊大于利。

从短期看,透支交易有利于刺激期货交易者参与期货交易的积极性,增加期货交易量及期货交易所和期货经纪公司的手续费;对期货交易者来说,则可以用较少的资金甚至没有资金的情况下进行期货交易,“以小搏大”、“以无搏大”,也就是说,对于期货交易者来说,透支交易可以达到其用最小的成本甚至是零成本赚取利润;在理论上,似乎还有利于增加期货市场的流动性,防止期货市场价格大的波动,保持市场的稳定。但这些作用,对期货市场的发展作用都是暂时的、片面的,不利于期货市场的长远发展。

A. 期货交易本身就是信用交易,或称保证金交易。如果仅仅是为了提高信用融资的比例,完全可以通过降低保证金比例即可达到此目的,没有必要再通过允许透支交易来解决资金不足的问题。在我国期货市场的现阶段,所定保证金比例已是确保期货市场安全性的最低比例,随着市场的发展,保证金比例是可以随时变化的。而且,因保证金比例的变化是须经过严格的审批手续,与透支交易相比,还存在国家易于宏观控制风险的益处。

B. 透支交易极大地增加了交易风险。透支交易只能使期货交易法律关系的有关主体获得暂时的收益，从长远来看，其承担的巨大风险是远远高于其利益的。很多透支交易都是期货交易所或者期货经纪公司为了拉拢客户，赚取手续费，不顾客户的利益，诱导客户下单，从根本上损害了客户的利益。透支交易造成的亏损，往往是巨大的，是期货交易者无法承受的，必然会对其他交易者甚至整个期货市场形成巨大的冲击，不利于期货市场的稳定。

C. 透支交易助长了期货市场的过度投机和市场垄断行为，严重影响期货市场的风险控制和管理，影响期货市场的正常功能和稳定。尤其是大户利用透支交易操纵市场，达到其垄断期货市场的目的，即可形成对市场的破坏性力量，极大地干扰期货交易的正常进行，不利于期货市场的健康、稳定发展。

D. 允许透支交易，在客观上扰乱了国家的金融管理秩序，造成了国家金融信贷资金的体外循环。

E. 由于期货交易所和期货经纪公司把允许透支交易作为拉拢客户的手段，极易形成不正当竞争，破坏期货市场的正常秩序。

F. 透支交易破坏了期货市场的"公开、公平、公正"的三公原则，如果放任，则会动摇期货市场赖以生存的基石。

所以说，从长远和宏观的角度看，国家对透支交易的禁止是有利于期货市场的长久发展的。

⑥ 透支交易的类型。透支交易的类型一般包括以下几种：

A. 无意型透支交易。当期货市场价格发生剧烈波动时，当日结算表明期货交易者的保证金已经不足维持头寸，但来不及平仓或者追加保证金。这种透支交易不是出于期货交易所或者期货经纪公司和客户的主观故意，即这种透支交易没有期货交易所或者期货经纪公司向会员或者客户融资的故意，也无会员或者客户向期货交易所或者期货经纪公司透支交易的主观故意，因而称为无意型透支交易，是由于期货市场行情变化过快和其他客观原因所致的。

B. 合意型透支交易。这种透支交易是由期货交易所和会员，或者期货经纪公司和客户双方的主观故意造成的。合意型透支交易，又分为默认型透支交易和约定型透支交易两种。默认型透支交易是指期货经纪公司或者客户的保证金不足时，期货交易所或者期货经纪公司虽然表面上未明确表示同意其进行透支交易，但客观上，当会员或者客户保证金未到位开仓指令下单交易时，期货交易所或者期货经纪公司仍然接受其委托进行期货交易；或者期货交易所或者期货经纪公司已知期货经纪公司或者客户的保证金不足时，故意不及时通知期货经纪公司或者客户追加保证金，仍允许其持仓透支。约定型透支交易是指期货交易所或者期货经纪公司与会员或者客户明确约定由期货交易所或者期货经纪公司允许会员或者客户透支交易，对于透支交易的利润按比例分成。多数情况下，双方对损失不作约定。这是期货交易所或者期货经纪公司利用自己代理期货交易的有利地位，为避免风险又能获利采取的不正当手段。但也不排除个别情况下双方约定分享利益,共担风险的情形。

C. 因全权委托产生的透支交易。我国目前期货市场发展的状况,还不宜在期货交易中由期货经纪公司全权代理客户进行期货交易,现有行政法规和期货交易规则也对全权委托持否定态度。但在实践中,一些客户对期货交易知之甚少,盲目听信期货经纪公司对期货交易盈利性的夸大传言,与期货经纪公司签订全权委托协议。在交付保证金后,由期货经纪公司全权负责期货交易。因客户对期货交易全然不知,很多情况下期货经纪公司将客户的交易与自己的自营业务对冲,或者占用客户的保证金从事他人的期货交易。这种情况下也常常发生透支交易的情型。

⑦ 透支交易的法律后果。透支交易行为在一般情况下会产生两种不同的后果,即盈利和亏损。盈利时,期货交易者可以从自己的账户上提取盈利额,或者由期货交易所或者期货经纪公司按照与会员或者客户的约定对盈利分成,一般不会产生纠纷。亏损时,会员或者客户的保证金不足以支付亏损额,这部分亏损额首先由期货交易所或者期货经纪公司代为垫付,垫付后则产生了这部分亏损究竟应由谁来承担的问题,即对因透支交易产生的亏损究竟由谁来承担。这个问题,一直是司法部门审理此类案件时产生争议的问题,也是融资双方争议的焦点问题。对此,《规定》在区分不同法律关系和不同情况下,分别作出了规定。

在确定透支交易造成的损失应由谁来承担的问题时,首先要分清四个法律关系,即期货合约买卖双方因买卖期货合约产生的法律关系、期货交易所和会员或者会员和客户之间的期货交易服务法律关系或者期货行纪法律关系,以及期货交易所和会员或者会员和客户之间的融资法律关系。

A. 根据风险和利益相一致的原则,因期货交易的投机性和风险性都很大,客户参与期货市场交易,应当享有自己期货交易所产生的利益,也应当承担因自己的交易行为所产生的不利后果。这是合同相对性原则的体现和因果关系理论的具体贯彻。故对期货合约买卖法律关系产生的权利义务应由买卖双方当事人承担。也就是说,在期货市场上,不应当有只享有权利,不承担风险的期货交易者。否则,是不符合公平原则的。这在《规定》第 15 条中关于因不具有主体资格的经营机构从事期货经纪业务而导致期货行纪合同无效,只要期货经纪机构是按照客户的交易指令入市交易的,期货经纪机构仅负责返还收取客户的佣金,而对期货交易的结果由客户自行承担的规定中予以了明确。这一原则在《规定》的很多条文中均有体现。

B. 正如前文所述,透支交易在性质上是一种融资行为,即期货交易所融资给会员或者期货经纪公司融资给客户。当然该融资法律关系因违反国家法律、法规禁止性规定应为无效。对无效融资法律关系双方当事人存在缔约上的过失责任,故在审理融资法律关系时应由双方当事人根据其过错承担相应的民事责任。如《规定》对期货经纪公司或者客户的保证金不足,期货交易所或者期货经纪公司履行了通知义务，而期货经纪公司或者客户未及时追加保证金，而要求保留持仓并经书面协商一致，造成期货交易所或者期货经纪公司的穿仓损失，明确规定由期货交易所或者期货经纪公司自行承担。这个规定实质上就是解决的期货交易所或者期货经纪公司与会员或者客户之间，无效融资法律关系中因期货交易所或者期货经纪公司在造成融资法律关系无效中具有明显的过错，即如果没有期货交易所或者期货经纪公司对融资的认可，甚至纵容，仅有会员或者客户一方融资的意思表示，融资法律关系根本无法建立，故对因此造成的期货交易所或者期货经纪公司融资款项不能收回的损失部分由期货交易所承担。这样规定，并不意味着剥夺了期货交易所或者期货经纪公司依据融资法律关系向融资方会员或者客户主张偿付融资款项的权利，而是对融资无效后的责任承担问题作出的认定。认定由期货交易所或者期货经纪公司自行承担融资不能收回的损失是符合过错与责任相一致原则的。这一原则也正是《规定》自始至终贯彻的一项基本原则。也就是说，在处理期货纠纷案件中，无论是期货合同纠纷，还是期货侵权纠纷，一般情况下，当事人有过错就应当承担责任；当事人的过错与损失之间应当有因果关系；双方均有过错的，各自承担相应的责任；承担责任的大小与过错程度相联系。这一原则在《规定》第 3 条作为该司法解释的基本原则作了具体的规定，即人民法院审理期货侵权纠纷和无效期货交易合同纠纷案件，应当根据当事人是否有过错，以及过错的性质、大小，过错和损失之间的因果关系，确定过错方承担的民事责任。这里还要注意一个问题，即融资法律关系的无效并不导致透支交易行为本身的无效。用透支款项进行的期货交易是有效的，也是应当受法律保护的。这样的认定符合合同法关于合同效力的立法指导思想，对稳定社会经济秩序，保护各方当事人的合法权益均有现时意义。

C. 在透支交易法律责任中体现最多的是基于期货交易所和会员，以及期货经纪公司和客户之间的期货交易服务法律关系，或者期货行纪法律关系因违约产生的损害赔偿民事责任的承担问题。如《规定》第 32 条关于期货经纪公司的交易保证金不足，期货交易所未按规定通知期货经纪公司追加保证金的，由于行情向持仓不利的方向变化导致期货经纪公司透支发生的扩大损失，期货交易所应当承担主要赔偿责任；客户的保证金不足，期货经纪公司未按约定通知客户追加保证金的，由于行情向持仓不利的方向变化导致客户透支发生的扩大损失，期货经纪公司应当承担主要赔偿责任的规定，就是明确期货交易所和期货经纪公司因违反期货交易服务合同（尽管该合同内容不是由一份具体的服务合同体现，而是体现在期货交易所的章程、业务规则等中）或者期货行纪合同（如前文所述体现在一系列的合约性文件和下单指令中）有关期货交易所和期货经纪公司负有在会员或者客户保证金不足的情况下及时通知会员或者客户追加保证金的义务，而依法应当对会员或者客户因其未履行通知义务所造成的持仓透支交易发生的扩大损失承担主要的赔偿责任。这里之所以除规定期货交易所或者期货经纪公司承担主要赔偿责任外,还明确会员或者客户对持仓透支交易造成的损失也应承担次要的责任,是考虑到作为期货交易者对自己的交易负有当然的注意义务,即投资者对其自身的行为必须负责。故尽管期货交易所或者期货经纪公司未履行通知义务,但会员或者客户对因其未尽到应有的注意义务造成的后果也应承担相应的民事责任。

《规定》作出这样的规定,一是基于风险与利益一致原则,二是充分反映了该司法解释对期货市场价值取向的变化。在最高人民法院1995年出台的《纪要》中,因当时的社会背景是期货市场一哄而起,违规违法行为泛滥,国家从规范期货行为,打击违法违规行为出发,强化的是对期货市场的整顿。故当时为配合期货市场的整顿,及时解决期货纠纷案件而出台的《纪要》,更多的是采取了对期货经纪机构加以较重的法律责任,以强化其规范期货市场的意识。而现阶段,因期货市场经过治理整顿,已进入了规范发展的阶段,对冲、对赌等违法行为已基本不存在,各民事主体也逐步明确了各自的权利义务。因此,《规定》从《民法通则》、《合同法》等基本民事法律关系的原则出发,从公平、诚信的角度,合理分配期货交易各民事主体在参与期货交易过程中的民事责任,以建立一个法律责任相对平衡、公正的司法环境为宗旨,在继续强调规范,注重保护投资者合法权益的同时,也对投资者的不诚信行为赋予了相应的民事责任。《规定》的这一精神,对规范期货交易行为,促进期货交易法律关系主体的诚信合规意识,提高整个期货市场的信用水平,有其积极的意义。

《规定》第33条是对期货经纪公司(会员)或者客户的保证金不足,期货交易所或者期货经纪公司依约履行了通知追加保证金的义务,而期货经纪公司或者客户未及时追加保证金,并主动要求期货交易所或者期货经纪公司保留其持仓并经书面协商一致的情况下造成的保留持仓期间造成的损失,即持仓透支交易造成的损失的承担作出的规定。该规定之所以将因此造成的损失的承担责任落在期货经纪公司或者客户的身上,主要的考虑:一是期货交易所或者期货经纪公司履行了通知义务,不存在违反合约中关于保证金不足应当及时履行通知义务的约定。二是因此持仓透支交易系基于期货经纪公司或者客户的要求导致的,是期货经纪公司或者客户自己真实意思表示的结果,在此情况下,期货交易所或者期货经纪公司虽然也存在同意会员或者客户持仓透支交易的过错,但这个结果的主要责任在于期货经纪公司或者客户。这同期货交易所或者期货经纪公司为了多赚取手续费而有意诱导会员或者客户透支交易存在根本性的差别。三是持仓透支交易系期货经纪公司或者客户不及时追加保证金或者平仓的结果,即系其不作为产生的法律后果,故应当由其对此后果承担责任。

这样规定应该说是公平的,是期货经纪公司或者客户自身选择的结果,体现的是期货经纪公司或者客户的意思表示。至于期货交易所或者期货经纪公司在此过程中违反期货行政法规关于不得透支交易的有关规定,应由期货监管部门对其违规行为依法给予行政制裁,不属于民事责任承担的范畴。包括期货交易所未履行通知追加保证金义务的情况下,其虽然依法承担了相应的民事责任,但对其违反期货行政法规关于不得透支交易规定产生的行政责任,也不因民事责任的承担而免除。对期货交易所允许期货经纪公司开仓透支交易的,以及期货经纪公司允许客户开仓透支交易的,因期货交易所和期货经纪公司在此类开仓透支交易中起的是主导作用,即往往是期货交易所为了拉拢会员或者客户,或者为了多赚取手续费而采取的措施。在这里,期货交易所和期货经纪公司,以及会员和客户虽然均违反了双方合约中关于不得透支交易的约定,即系双方违约,但期货交易所和期货经纪公司在其中的过错更大。故《规定》对此透支交易情况下造成的损失,明确由期货交易所和期货经纪公司承担主要赔偿责任是符合过错责任原则和公平原则的。对于期货交易所和期货经纪公司不仅允许会员或者客户透支交易,还与其约定分享利益,共担风险的,虽然期货交易所和期货经纪公司允许会员或者客户透支交易存有明显的过错,但因双方对透支交易的盈亏均明确约定共同享有或负担,从公平原则和意思自治原则出发,《规定》明确,在此情况下,因透支交易造成的损失,由双方按照约定共同分担,与风险与利益原则是一致的。但是,如果双方仅约定分享利益,而期货交易所和期货经纪公司对亏损未承诺承担相应责任的,明显存在期货交易所或者期货经纪公司利用其特有的身份和特权,既不想承担风险,又以允许透支交易作为筹码,来获取利益,不仅仅是违反禁止透支交易的约定,而且是不公平的,《规定》对此种情况未作出具体的规定。但笔者认为,应当比照《规定》第 34 条有关期货交易所或者期货经纪公司允许会员或者客户开仓透支交易的规定,由期货交易所和期货经纪公司对因此造成的损失承担主要的赔偿责任。

(2) 强行平仓法律责任

① 强行平仓的概念及种类。强行平仓是指仓位持有者以外的第三人(期货交易所或者期货经纪公司)强行了结仓位持有者的仓位,又称被斩仓或者被砍仓。

依据强行平仓的原因不同,我国期货市场上的强行平仓分为三类:一是因未履行追加保证金义务而强平;二是因违规行为而强平;三是因政策或交易规则临时变化而强平。本文所指的强行平仓系第一类,即指期货交易过程中,在期货交易者期货持仓所需的保证金不足,其又未按期货交易所或期货经纪公司的通知及时追加不足保证金时,期货交易所或期货经纪公司有权对期货交易者的期货持仓进行反向交易,将所得资金补足期货交易者所需保证金的法律行为。

② 强行平仓的法律属性。由于我国目前期货交易法尚未颁布,现有的期货法规没有对强行平仓的法律属性作出明确界定,学术界对其法律属性问题,亦即强行平仓究竟是期货交易所或期货经纪公司的权利还是义务,还是既是权利又是义务,以及因强行平仓造成的损失应由谁来承担等问题一直有颇多争论,司法实践部门和国家期货监管部门对此也有不同的认识。因此,正确认识强行平仓的法律

属性问题,是准确认定期货市场各方民事主体责任的前提,也是有效控制期货市场风险,维护期货市场稳定和有续发展的基础。

对强行平仓的法律属性,现学术界的观点概括起来有以下四种:

A. 权利说。该学说认为,强行平仓是期货交易所或期货经纪公司的权利,是国家政策和法律为了保证保证金制度的实行,而赋予期货交易所或期货经纪公司的控制期货市场的职能手段。

B. 义务说。该学说认为,强行平仓是期货交易所或期货经纪公司的义务,理由是:国务院发布的《期货交易管理暂行条例》(已失效)第41条明确规定:"期货交易所会员的保证金不足时,该会员必须及时追加保证金,会员未在期货交易所统一规定的时间内追加保证金的,期货交易所应当将该会员的期货合约强行平仓。强行平仓的有关费用和发生的损失由该会员承担;期货经纪公司在客户保证金不足而客户又未能在期货经纪公司统一规定的时间内及时追加时,应当将该客户的期货合约强行平仓。强行平仓的有关费用和发生的损失由该客户承担",上述规定对期货交易所和期货经纪公司进行强行平仓规定为"应当",此术语属于法律规范中的"义务性规范"。且《期货交易管理暂行条例》(已失效)第五十八条和第五十九条第(一)款第四项都明确禁止会员和客户透支交易,其主要是基于在经纪公司不允许自营的情况下,如果允许透支交易则要占用其他客户的头寸,很可能最终要么是损害其他客户的利益,要么是损害其他会员或者期货交易所的利益。因此在保证金不足时,期货交易所或者经纪公司必须使会员或者客户的保证金不能成为负数,故强行平仓是期货交易所或者经纪公司不能放弃、不能选择的义务。①

C. 权利义务说。该学说认为,对期货交易所或者期货经纪公司来说,强行平仓既是权利又是义务。理由是:从法律角度看,经纪公司和客户之间形成的期货经纪行为是一种行纪行为。在这一行纪行为中,经纪公司以自己的名义代替客户进行期货合约的买卖,客户的超额损失必然首先由经纪公司承担。当客户的保证金不足,又未按规定追加时,经纪公司为了维护自身的利益,避免承担客户自身造成的交易亏损,应该具有通过强行平仓来保护自己利益的权利。通常情况下,经纪公司不享有处分客户保证金和持仓头寸的权利,只有当强行平仓的条件成立时,经纪公司才拥有处分客户持仓头寸的权利。从这个意义上说,强行平仓是一种在严格条件成就时,经纪公司取得的处分客户持仓头寸的权利。此权利的行使,既有利于保护自己的利益,也有利于防止客户在保证金不足的情况下的过度投机,以保证期货市场的稳定。强行平仓是禁止期货交易透支交易的具体表现形式,也是对期货交易所或期货经纪公司利益的一种保护,若会员或客户不及时追加保证金而期货交易所或期货经纪公司不强行平仓,就可能导致允许会员或客户

---

① 参见刘冠华:《合理平仓 保护投资者权益》,载《期货导报》1996年6月12日第4版。

透支交易,亦可能增大期货交易风险。[①] 从强行平仓行为本身来说,是在规定条件成就时,经纪公司的一项义务。既然是义务,则当期货交易所或期货经纪公司不履行强行平仓的义务时,也要承担一定的法律责任,如应该强行平仓而未平仓,对造成的损失由期货交易所或期货经纪公司与客户共同承担。从经纪业务的实际看,经纪商在采取强平措施时表现为"权利",而行使这项"权利"的限制条件和实质条件是"保护客户",因而强行平仓的实质是经纪商的义务。[②]

D. 权利转义务说。该学说认为,强行平仓首先体现的是期货交易所或期货经纪公司的权利,即当交易者未满足追加保证金要求时,期货交易所或期货经纪公司取得了强行平仓的权利,此时可行使,亦可不行使。这一权利一直持续到须强行平仓时。目前,许多期货交易所和经纪商都制订了亏损达到何种程度时须追加保证金的标准,也制订了在交易者未按通知规定追加保证金的情况下,亏损进一步扩大到何种程度即实施强行平仓的标准(强行平仓点)。当已达到强行平仓点时,期货交易所或期货经纪公司即丧失了强行平仓的权利,而负有了强行平仓的义务。期货交易所或期货经纪公司都必须履行这一义务,否则构成义务的违反,需承担相应责任。权利义务不能同时存在,但可以分阶段地转化。倘刚达到强行平仓点时行情又反转,则强平义务又转化为强平权利,此时可强平,亦可不强平。当行情进一步恶化,又达到了强行平仓点时,强平权利又转化为强平义务。[③]

笔者认为,将强行平仓的法律属性定性为作为期货市场经营管理者的期货交易所或期货经纪公司的权利,是有法理依据的。由于目前我国期货交易法尚未颁布,在无法根据法律规定判定强行平仓究竟是期货交易所或者期货经纪公司的权利还是义务的情况下,要准确对其法律属性作一界定,必须根据其在具体期货交易民事法律关系中所处的地位来分析。期货交易的民事主体为进行期货合约买卖的双方客户,而期货交易所和期货经纪公司(作为会员时除外)均是为双方客户进行期货交易提供交易场所和服务的中介机构,他们本身不是期货交易的民事主体,故期货交易是否进行,如何进行等均由客户自身决定,期货交易的结果也应由客户自身承担,与期货交易所或期货经纪公司无关。在期货交易中,期货交易所或期货经纪公司处于被动的状态,他们的责任就是严格按照客户下达的指令进行交易,仅对不当操作给客户造成的损失承担民事赔偿责任。但是,由于期货市场是个高风险的市场,国家为了控制其风险,采取了保证金制度,即期货交易所或者期货经纪公司为了保证不向自己的会员或者客户透支,均按照有关规定制定了最低额保证金数额,当会员或者客户的保证金不足时,期货交易所或者期货经纪公司通过通知其会员或客户及时追加保证金,以避免期货交易所或期货经纪公司用自己的资金为他们透支交易。当期货经纪公司或客户不按期货交易所或期货经

---

① 参见杨振海主编:《期货法》,法律出版社 1999 年版,第 42 页。

② 参见何宁湘:《强制平仓应注意的法律问题》,载《期货导报》1996 年 3 月 22 日第 4 版。

③ 参见黄永庆主编:《期货法律实务》,法律出版社 1998 年版,第 229 页。

纪公司的通知及时追加保证金时,因行情的进一步变化,就会出现由期货交易所或期货经纪公司用自己的资金为其会员或客户垫支交易,从而加大了期货交易所或期货经纪公司的风险,实际上是将原应由会员或客户承担的风险转嫁到了期货交易所或期货经纪公司身上,此时,在未经期货交易所或期货经纪公司同意的情况下,会员或客户不按规定及时追加保证金的行为即构成对期货交易所或期货经纪公司的侵权。从法律关系上来讲,期货交易所或期货经纪公司为了保护自身的权利不受侵犯,有权采取相应的手段。为保障期货交易所或期货经纪公司自身资金的安全,法律应赋予其在上述情况下强行平仓的权利。期货交易所或期货经纪公司此时强行平仓的目的不是为了介入他人的期货交易中去,而是为了保持自身财产的健全。正因为权利的赋予,期货交易所或期货经纪公司才能处分他人的期货合约,才不构成侵权。所以说,强行平仓是期货交易所或期货经纪公司的权利。

强行平仓不是期货交易所或期货经纪公司的义务。期货市场是个风险共担的统一市场,参加期货市场的主体实行层层承担的法律制度。期货市场的主体包括期货市场的经营管理者和期货交易投资者。其中,期货经纪公司对期货交易所而言是期货交易投资者(准确说应是期货交易投资者的代理人),而对客户而言,其又是期货交易的经营者。虽然期货经纪公司仅仅是个行纪性质的公司,但在某种程度上看,还代行了部分期货交易所的管理职能。所以在不同的法律关系中,应首先确定期货经纪公司的身份。在期货交易市场中,期货合约的双方当事人是会员或客户,他们是期货市场风险最直接的承担者,亦即期货交易亏损原则上由会员或客户自行承担。为了减小风险,他们应谨慎行事,“看好自己的钱”。作为中介机构的期货交易所或期货经纪公司,一般来说,既不享有期货交易的盈利,又不承担期货交易的亏损,只按规定收取佣金和手续费。他们所承担的风险也仅仅是不让自己的资金受到侵犯。正如前文所述,在会员或客户的保证金不足时,如不及时追加,会造成对期货交易所或期货经纪公司自有资金的透支,此时期货市场的风险就会转嫁到期货交易所或期货经纪公司,故此时期货交易所或期货经纪公司为了不使自身的权益受到侵犯,就要采取强行平仓的措施。强行平仓是他们的权利,他们可以行使,也可以不行使。对因不行使强行平仓权利造成的本身利益的损失,由他们自行承担,这属于私权的范畴。但是,应当注意,在此种情况下,期货交易所或期货经纪公司可以强行平仓,会员或客户同样有权平仓,也就是说,即使期货交易所或期货经纪公司不采取强行平仓的措施,会员或客户仍可采取平仓措施,以减少损失,会员或客户对其期货交易的盈亏负有不可推卸的责任。故当市场行情变化保证金不足时,期货交易所或期货经纪公司以及会员或客户均未平仓,由此造成的损失,他们应对各自的损失分别承担,即会员或客户承担因市场行情变化造成的期货交易的损失,期货交易所或期货经纪公司承担因会员或客户穿仓,透支其自有资金不能偿还的部分。

这里应注意,因期货交易所或期货经纪公司应强平而未平造成的会员或客户向其透支,事实上形成了期货交易所或期货经纪公司与会员或客户之间的融资法律关系,期货交易所或期货经纪公司因应强行平仓而未平仓所承担的风险是所融资款项不能偿还的部分,而不是所透支的款项,也就是说,期货交易所或期货经纪公司承担因应平仓而未平仓的风险,并不是就免除了会员或客户在融资法律关系中偿还款项的责任(虽然这种融资关系因违法禁止性规定而无效)。期货交易所或期货经纪公司作为期货交易的中介机构,其所负的职责是按照会员或客户的指令买卖期货合约,对会员或客户期货交易的盈亏没有法律上的义务,不能将会员或客户保证金不足而又未及时追加时,因期货市场行情变化所造成的期货投资者的交易损失要求期货交易所或期货经纪公司来承担,因此,强行平仓不是期货交易所或期货经纪公司的义务。在认识强行平仓究竟是权利还是义务问题时,不能混淆实施期货交易风险控制职能法律行为和从事期货交易法律行为所应承担的不同的法律后果。实施期货市场风险控制的职能,是国家法律和政策赋予代行部分期货管理经营职责的期货交易所或期货经纪公司的一项责任,目的是从监管者角度对整个期货市场的风险予以监督管理。如果其殆于行使此职能,其对于疏于管理的责任应承担相应的行政法律后果,由其主管机关给予行政上的处理。而如果将强行平仓作为期货交易所或期货经纪公司的义务,则在其未依法平仓时,产生的是对因未平仓造成的损失责任承担的民事法律后果。因而不能依据上述行政管理性质的条例来推断强行平仓是期货交易所或期货经纪公司的义务,从而要求期货交易所或期货经纪公司在应强行平仓而未平仓时承担期货投资者因期货市场行情变化所造成的损失。

强行平仓不能既是权利又是义务。在私法领域,一般不存在权利义务的耦合问题。① 如果是权利,权利人就有行使权利或者不行使权利的选择权,不行使权利,不会造成承担责任的法律后果;而如果是义务,就必须履行,如果不履行,就要依法承担不履行的民事责任。这是权利义务这对概念的基本含义。如果既是权利又是义务,如果不履行,是要承担责任,还是不承担责任呢? 对此问题,主张权利义务说的学者恐怕很难自圆其说。这种学说实际上是将期货市场风险控制的法律行为和从事期货交易的民事法律行为相混淆,是违背基本法学原理的。

权利转义务说认为,当达到强行平仓点时,期货交易所或期货经纪公司就丧失了原来享有的强行平仓的权利,转而形成义务。正如上文所言,期货交易所或期货经纪公司作为期货市场的经营管理者,没有保障期货投资者交易安全的法律义务,除非在开户合同或者委托代理合同中明确将强行平仓约定为期货交易所或期货经纪公司的义务外,均不能将此项义务强加之于期货交易所或期货经纪公司。

综上,笔者认为,强行平仓是期货交易所或期货经纪公司为维护自身资金安

---

① 参见张长贵:《也谈强制平仓的法律属性》,载《期货导报》1996 年 5 月 17 日第 4 版。

全所依法享有的一项权利，其有权行使，也有权不行使。但是，该项权利是相对的，是一种附条件的权利。只有在条件成就时，期货交易所或期货经纪公司才能行使该项权利。如果条件不成就，期货交易所或期货经纪公司对他人的期货合约进行了强平，其行为就不再是行使法律赋予其的权利，而是侵犯了期货合约当事人的民事权利。

③ 强行平仓的条件。强行平仓的条件，概括起来有以下五个：

A. 期货交易者保证金不足。保证金制度是指按期货交易所规定，期货交易者在进行期货交易时必须存入一定数额的履约保证金，用来作为确保买卖双方履约的一种财力担保[①]，是期货交易风险控制的重要组成部分。严格实施保证金制度是期货市场稳定和健康发展的前提。维持保证金的数额是由期货交易管理机构明确规定的，它虽可视期货交易的实际状况由期货交易管理机构作相应的调整，但一经确定，就必须严格维持保证金的足额。由于期货交易市场行情的变动，只有当期货交易者保证金的余额低于规定的最低持仓所需维持保证金水平，可能形成透支交易时，期货交易所或期货经纪公司方有权进行强行平仓。期货交易者保证金不足是强行平仓的前提条件。如果会员或客户的保证金余额并未低于期货经纪机构规定的维持保证金水平，而期货交易所或期货经纪公司却向会员或客户发出了追加保证金的通知书，会员或客户没有按照该通知书追加保证金，这时期货交易所或期货经纪公司若对会员或客户的头寸予以部分或全部强行平仓的，就形成了对会员或客户的民事侵权，期货交易所或期货经纪公司则对由此产生的后果承担民事责任。

B. 履行通知义务。最高人民法院《关于审理期货纠纷案件座谈会纪要》的通知中明确规定，期货交易所和期货经纪公司实施强行平仓应尽通知的义务。即当会员或客户的保证金不足时，期货交易所或期货经纪公司首先必须将追加保证金的合理时间和数额通知给客户，若不先行通知而进行强行平仓，即使会员或客户的保证金余额低于期货经纪机构规定的维持保证金水平，期货交易所或期货经纪公司强行平仓造成的会员或客户的损失也应由期货交易所或期货经纪公司承担。因此，期货交易所和期货经纪公司应当及时通知维持保证金余额不足的期货交易者追加保证金。只有在期货交易者不按期货交易所和期货经纪公司通知的规定及时追加保证金时，期货交易所和期货经纪公司才可实施强行平仓。期货交易所和期货经纪公司未尽通知的义务，不得对期货交易者的持仓进行强行平仓。由于是否履行了通知义务，是判断强行平仓是否依法进行，损失由谁承担的重要衡量标准，对期货交易所或期货经纪公司以及会员或客户的利益影响甚大，故为防止发生纠纷后出现被动局面，期货交易所或期货经纪公司应在与会员或客户签定的

---

① 参见高言、葛虹主编：《期货交易理解适用与案例评析》，人民法院出版社 1996 年版，第 205 页。

书面委托合同中对通知的具体方式予以明确约定,至于具体如何约定,属于当事人意思自治范畴,可依当事人双方的约定,只要其约定是双方当事人的真实意思表示,不违背法律、行政法规的规定和期货交易的惯例,就应为有效。对通知的具体方式,法律不宜过多干涉。

在市场急剧变化的情况下,期货交易所或期货经纪公司是否有权对会员或客户的头寸予以强行平仓问题,笔者认为,因为期货交易所或期货结算所设计的保证金足够应付一天的期货合约的变化(因有涨跌停板的限制),故当日不可能穿仓,只要在下一个交易日开始交易前客户将保证金追加至原始保证金水平,则客户的保证金就能维持其头寸,也就是说,现行的保证金水平已给期货交易所或期货经纪公司及时履行通知义务留出了充足的时间,不应存在情况紧急来不及通知的情况。况且,由于对市场急剧变化解释的随意性很大,如允许期货交易所或期货经纪公司以市场急剧变化为由,随意处置会员或客户的期货合约,则无疑会造成对会员或客户合法权益的任意践踏,故即使在市场发生急剧变化的情况下,期货交易所或期货经纪公司亦不能不履行通知义务,就直接对会员或客户的头寸予以强行平仓。

C. 追加保证金的时间应合理。期货交易所或期货经纪公司通知会员或客户追加保证金的时间应合理,若在通知的时间内根本不可能将追加的保证金交到期货交易所或期货经纪公司或其管理的客户账户上,如期货交易所或期货经纪公司以会员或客户未按通知规定的时间交纳追加的保证金为由,对其头寸予以部分或全部强行平仓,由此给客户造成的损失,亦应由期货交易所或期货经纪公司承担。至于何为合理的时间,应根据具体情况确定(区分同城和异地)。为了保护客户的利益,明确双方责任,期货交易所或期货经纪公司应对此在书面委托合同中予以约定。没有约定的,若发生纠纷进行仲裁或提起诉讼时,由仲裁员或审判人员结合具体情况进行自由裁量。

D. 应适度强行平仓。所谓适度平仓,是指强行平仓的数量应与丧失保证金担保的仓位数量相符合,不能超过应强平数量。强行平仓的目的只是为了补足期货交易者不足的保证金。故强行平仓的金额须与期货交易者所需追加的保证金数额大体相当。为防止期货交易所或期货经纪公司任意对期货交易者的持仓进行处分,必须规定强行平仓的限制数额。期货交易所和期货经纪公司只能根据不足的保证金数额,对期货交易者的持仓进行强行平仓。对超出不足保证金数额部分所进行的强行平仓,其法律后果,应当由期货交易所或期货经纪公司承担。由于期货交易是标准合约的交易,该交易受规定的交易单位、最小变动价位和每日价格最大变动幅度等因素的制约,绝对地使强行平仓所得金额与需追加的维持保证金数额完全一致是不可能的。因此,规定强行平仓的平仓量所得金额无须与需追加的保证金数额完全一致,但需大体相当。这项条件的限制,是为了保证期货交易所或期货经纪公司在依法行使法律赋予的权利,保护自身利益不受损害的情况下，也不侵犯会员或客户的合法权益。

E. 应按规定的平仓顺序强平。关于强平顺序：首先，应根据风险水平由高到低的顺序平仓，即先平掉持仓损较大的合约，不足时再平亏损较小的或盈利的合约；其次，投机头寸先于保值头寸平仓。因此，应最大限度地减小因强行平仓给会员或客户造成的实际损失。

综上，期货交易所或期货经纪公司对在上述条件成就下强行平仓所造成的损失依法不承担责任，该损失应由会员或客户自行承担。但是，如果期货交易所和期货经纪公司不按上述条件，擅自强行平仓，造成对会员或客户的侵权，应根据其侵权行为给期货交易者所造成的期货交易的亏损，由期货交易所或期货经纪公司承担民事赔偿责任。非法强行平仓因属违法行为，因此收取的期货交易者佣金、手续费等应予返还。另外，还应根据法律、国家政策及期货交易自律机构规章对非法强行平仓行为进行相应的行政处罚。对强行平仓产生的盈利，因期货合约是在期货交易所通过公开竞价方式达成的，原则上不能否定其效力，该盈利应归期货交易者享有①，而不能划归期货交易所风险基金。我们承认强行平仓系期货交易所或者期货经纪公司的权利，并不等于否认了其应负有的对期货市场风险控制的义务。期货交易所或者期货经纪公司违反国家关于其在期货市场风险控制中的责任，可以通过行政处罚等行政措施进行制裁。

《规定》正是采纳了上述观点，将强行平仓明确规定为期货交易所或者期货经纪公司的权利，规定期货经纪公司或者客户的交易保证金不足，期货经纪公司或者客户未能按照期货交易所规定的时间或者期货行纪合同约定的时间内追加保证金的，期货交易所或者期货经纪公司有权就其未平仓的期货合约强行平仓，对强行平仓造成的损失，由期货经纪公司或者客户承担。期货交易所或者期货经纪公司对期货经纪公司或者客户违规超仓或者其他违规行为有权予以强行平仓，对强行平仓造成的损失，由期货经纪公司或者客户承担责任。且明确规定期货交易所或者期货经纪公司强行平仓的数额应当与期货经纪公司或者客户需追加的保证金数额基本相当。因超量平仓引起的损失，由期货交易所或者期货经纪公司承担责任。期货交易所对期货经纪公司、期货经纪公司对客户未按期货交易所交易规则规定或者期货行纪合同约定的强行平仓条件、时间、方式执行强行平仓，造成期货经纪公司或者客户损失的，期货交易所或者期货经纪公司应当承担赔偿责任。另外，除期货经纪公司或者客户的保证金不足情况下，期货交易所或者期货经纪公司有权在其未追加保证金又未平仓的期货合约强行平仓外，《规定》还明确规定期货交易所或者期货经纪公司对会员或者客户违规超仓或者其他违规行为有权予以强行平仓，对强行平仓造成的损失，亦由期货经纪公司或者客户承担，即期货交易所或者期货经纪公司享有在会员或者客户保证金不足和违规持仓等违

---

① 参见杨永清：《期货交易法律制度研究》，法律出版社 1998 年版。

规行为两种情况下强行平仓的权利。赋予期货交易所或者期货经纪公司强行平仓的权利,是基于其对自身财务安全的保障,不至于因会员或者客户不平仓造成期货交易所或者期货经纪公司自身财务的危险。但期货交易所或者期货经纪公司享有在特定条件下的强行平仓权,并不排除会员或者客户为保护自身财产安全与利益采取平仓措施的权利。二者享有的权利是不冲突的。会员或者客户因对期货行情的判断失误应平仓而未及时平仓造成的其期货交易的实际损失,应由会员或者客户自行承担;期货交易所或者期货经纪公司在符合强行平仓条件时,应平仓而未平仓造成的穿仓损失,即其融资款项不能收回的损失部分,应由期货交易所或者期货经纪公司自行承担。这在《规定》第33条作了明确的规定。

(3)期货实物交割法律责任。从期货交易的整个过程来看,实物交割占有及其重要的地位,既是商品期货市场得以存在的物质基础,又是保证期货市场功能正常发挥的前提条件。期货实物交割是沟通期货交易与现货交易的重要环节,是期货交易之所以成为市场而非赌场的价值所在。由于期货实物交割的地位归属以及其间涉及的各期货交易民事主体之间法律关系的认识存在很大的争议,以至于期货实物交割环节成为引发民事纠纷的主要环节。期货实物交割是指期货合约的买卖双方经期货交易所依照交易规则配对确定后,在期货交易所的监督下,履行期货合约的过程。期货实物交割起于期货交易所的配对,止于期货合约的履行完毕。实物交割虽然属于现货交易的范畴,但相对于期货交易来说,是期货交易不可缺少的最后一个环节。确定实物交割中各期货交易民事主体的民事责任,首先应准确认定各方之间的法律关系。包括期货交易所和交割仓库之间的法律关系、交割仓库和客户之间的法律关系、期货交易所和客户之间的法律关系、以及客户和客户之间的法律关系。只有在明确上述几种法律关系的基础上,才能正确划分各方民事主体在期货交割环节中的民事责任。

① 期货交易所和交割仓库的关系。关于期货交易所和交割仓库的关系问题,一直存在很大的争议。概括起来,包括三种主要的观点。

一种观点认为:期货交易所和交割仓库之间系行政管理法律关系。理由是:期货交易所是由国务院批准成立、为期货交易者提供交易场所、设施及其他相关服务的非盈利性会员制事业法人组织。交割仓库是由期货交易所按照有关程序和条件考察和审核后认定的、代理期货交易所为会员提供仓储、保管、验收、检测等交割业务的机构。交割仓库的设立、终止由期货交易所决定,交割仓库涉及交割的业务范围由期货交易所限定,期货交易所对交割仓库涉及交割业务的所有行为有监督、检查的权力。部分期货交易所甚至在有关文件中规定对交割仓库有处罚权。尽管期货交易所和交割仓库之间一般都签有某种形式的协议书,但该类协议书的内容一般都由期货交易所制定,交割仓库只是被动地接受;而且该类协议书的内容一般仅规范如何成为交割仓库方面的内容,在交割仓库执行交割业务的时候,其行为主要应遵守期货交易所的交易、交割规则及有关交割实施细则。该类规则、规章由期货交易所一方制定。即由期货交易所的单方意思表示即可成立,而无需征得交割仓库的同意。因此,从各方面看,期货交易所和交割仓库之间符合行政法律关系的特征,两者应属行政法律关系。

第二种观点认为:期货交易所和交割仓库之间属于委托代理民事法律关系。理由是:期货交易所和交割仓库之间的法律关系之确定是由两者之间签订的协议来形成的,该类协议多属委托代理性质,即期货交易所在一定范围内将交割业务委托交割仓库代理,受委托的交割仓库在期货交易所授权的范围内开展相关的业务。期货交易所和交割仓库之间通过授权和接受的方式,期货交易所制定合同,提出要约;交割仓库承诺,确立民事法律关系。两者法律地位平等,其合同中约定的权利义务关系,是符合民事法律等价有偿、自愿互利原则的。因此,从根本上说,期货交易所和交割仓库属于委托代理的民事法律关系。

第三种观点认为:期货交易所和交割仓库之间具有类似于居间性质的法律关系。理由是:期货交易所会员交付实物要选择合适的交割仓库,交割仓库则希望客户能尽量在已处储存货物。期货交易所通过指定这一行为,使得交割仓库和会员(客户)联系起来,已成为两者形成事实仓储合同关系的媒介。从其形象表现和服务功能来看,应属于居间法律关系①。

笔者认为:

首先,期货交易所和交割仓库之间不属于行政法律关系。行政法律关系是指发生于国家行政管理机关在实施行政管理的过程中依据行政法律规范与被管理对象之间发生的权利义务关系。行政法律关系集中体现的是国家行政管理机关在行政管理活动中的法律地位。在期货实物交割过程中,期货交易所并非国家行政管理机关,而是具有独立财产、实行自律性管理的非盈利性法人机构,并以其全部财产独立承担民事责任。期货交易所在期货交易过程中的组织、管理等权利,不是来源于国家行政权利的授权,而是基于期货交易所章程、业务规则等的规定,在性质上属于合同约定的权利,系民事法律活动的范畴。即使按照期货交易所的有关规定,期货交易所享有的有关对会员的处罚权,虽然表面上看来类似于行政权利中的处罚权,但究其实质不过是对会员违约作出的违约责任承担的规定。故关于期货交易所和交割仓库之间属于行政法律关系的观点是不符合行政法律关系的基本要件的。

其次,期货交易所和交割仓库之间也不属于委托代理的法律关系。委托代理法律关系必须要有双方明确的委托代理意思表示,委托代理行为必须是以委托人的名义为之,产生的法律后果由委托人依法承担。但在期货实物交割过程中,交割仓库在履行具体的交割事务时,如对商品的检测、验收、参与形成仓单,以及保管等的行为,均是以交割仓库自己的名义为之,而不是以期货交易所的名义为之。

---

① 参见黄永庆主编:《期货法律实务》,法律出版社1998年版,第278页。

并且,对检验、验收、保管等行为的后果均独立承担民事责任。而且一般情况下,委托代理法律关系中,委托人是要支付一定的费用给被委托人的,而在期货交割中,期货交易所是不向交割仓库支付任何费用的。相反,有的交割仓库为了能够获得交割仓库的地位,还要向期货交易所支付费用。故期货交易所和交割仓库之间也不符合委托代理法律关系的基本要件。

再次,期货交易所和交割仓库之间也不是居间法律关系。居间关系是以介绍人的身份出现,为缔约双方提供帮助、搜集、介绍的作用,从中收取一定的劳务费用,但不参与具体合同的制定。在期货交割中,期货交易所指定具体的仓库为客户储存期货商品的交割仓库,对此《规定》作出了明确规定,交割仓库不能在期货交易所交易规则规定的期限内向标准仓单持有人交付符合期货合约要求的货物,造成标准仓单持有人损失的,交割仓库应当承担责任,期货交易所承担连带责任。期货交易所承担责任后,有权向交割仓库追偿。

② 交割仓库和客户的关系。至于交割仓库和客户之间的法律关系问题,一般情况下对其仓储法律关系的性质没有什么争议。其法律关系适用《合同法》关于仓储合同的有关权利义务的规定。该仓储关系有其不同于一般仓储关系的特点,如其双方民事主体为交割仓库和客户,客体为具有一定质量标准的期货商品,内容上也具有特殊的权利义务关系。如交割仓库负有按照期货交易所的章程、交割制度等规定接受、验收货物,并出具标准仓单以及按规定收取报酬和其他费用的权利;负有仓储保管、准确收验货物、随时承兑、危险通知及赔偿损失等义务。《规定》明确了交割仓库违约时的责任,即交割仓库如未履行货物验收职责或者因保管不善给仓单持有人造成损失的,应当承担赔偿责任。另外,作为客户的期货经纪公司负有代客户申请履行交割义务,并代客户向期货交易所交付标准仓单和足额货款的义务,如果出现违约事由,期货经纪公司要承担相应的赔偿责任,即期货经纪公司没有代客户履行申请交割义务的,应当承担违约责任;造成客户损失的,应当承担赔偿责任。在交割日,卖方期货经纪公司未向期货交易所交付标准仓单,或者买方期货经纪公司未向期货交易所账户交付足额货款,构成交割违约。构成交割违约的,违约方应当承担违约责任;当事人一方迟延履行债务或者有其他违约行为致使不能实现合同目的的,对方有权要求终止交割或者要求违约方继续交割。征购或者竞卖失败的,应当由违约方按照期货交易所有关赔偿办法的规定承担赔偿责任。作为对期货合约的履行负有担保义务的期货交易所,以及作为客户的行纪代理人的期货经纪公司,在期货合约交割期内,买方或者卖方客户违约的,负有代为承担违约责任的义务,即期货交易所代期货经纪公司、期货经纪公司代客户向对方承担违约责任。买方客户如对实物交割的商品质量、数量存在异议,必须在规定的时间内向交割仓库提出,如果其未在规定的期限内对货物的质量、数量提出异议的,应当视为其对交割货物的质量、数量无异议,其应依约履行交付货款的义务,否则构成违约。

4. 侵权民事责任

（1）侵权民事责任的概念和构成要件。侵权民事责任是指侵权行为人由于过错违反法律规定的义务，以作为或者不作为的方式，侵害他人人身权利和财产权利，依法应当承担的损害赔偿等民事责任。

在民法理论上，一般侵权责任的构成要件是损害事实、侵权行为、侵权行为和损害事实间的因果关系和侵害人主观上的过错。具体是指：① 有损害事实，包括财产损害和精神损害。在期货交易侵权中主要是指财产损害。对于财产损害，只要有已有财产利益减少和失去了将来可以增加的财产利益的事实，即表明损害事实的客观存在。② 有侵权行为，期货交易侵权中主要是指侵害他人财产权利的行为。③ 侵权行为和损害事实之间要有因果关系。因果关系是客观现象之间的一种必然联系，侵权行为在一定条件下必然造成某种损害，即是侵权行为与损害事实间有因果关系。④ 侵害人主观上有过错，侵害人对自己的过错行为负责，有过错有责任，无过错无责任。[①]

在审理侵权纠纷时，应当认真审查侵权行为和造成的损失之间是否存在因果关系，侵权行为人是否有过错，并应当按照过错的性质、大小，准确确定当事人的民事责任。有过错的一方应当承担无过错方的损失；双方均有过错的，各自承担相应的民事责任。期货交易过程中的侵权民事责任同样应符合一般侵权责任的构成要件。《规定》第 3 条对期货侵权纠纷案件审理中严格适用过错与责任相一致原则作出了明确的规定，即应当根据各方当事人是否有过错，以及过错的性质、大小，过错和损失之间的因果关系，确定过错方承担的民事责任。并且将这一原则适用于具体的责任分担中。

（2）期货交易中的几种主要侵权行为。期货交易中的侵权行为主要包括：

① 提供虚假信息误导下单。期货交易所或者期货经纪公司故意提供虚假信息误导客户下单的，由此造成客户经济损失的情况，是期货交易中最常见的侵权行为。

我国期货市场尚未成熟，呈现着明显的“消息市”特点，即市场披露的有关政策、行情等的信息对期货交易者的投资决策起着很大的作用，甚至是决定性的作用。期货市场流散不实信息不仅会损害期货交易者的利益，而且会破坏期货市场的正常运行。故《规定》明确规定，期货交易所或者期货经纪公司故意提供虚假信息误导客户下单的，由此造成客户的经济损失由期货交易所或者期货经纪公司承担。

在此，一是要注意区分期货交易所或者期货经纪公司出于获得非法经济利益目的故意对投资者进行误导的行为与一般的投资指导、咨询建议的行为和发表个人意见看法的行为；二是要注意分析期货交易所或者期货经纪公司的误导行为与

---

① 参见杨振海主编：《期货法》，法律出版社 1999 年版，第 240 页。

客户下单造成的损失之间是否存在必然的因果关系问题。

期货交易所或者期货经纪公司出于获得非法经济利益的目的,故意向客户提供、散布虚假的期货交易信息,使客户据此作出错误的判断以至于造成直接的经济损失。基于期货交易所和期货经纪公司在期货交易中的特殊身份和地位,其负有诚实守信、不得欺诈客户的义务。其对市场信息的披露和分析等直接产生对客户交易的影响。如果其主观上存在故意,动机和目的具有明显的非法牟取暴利的恶意,以此向客户提供虚假信息,并造成客户直接经济损失的,则构成对客户的侵权,依法应当承担赔偿责任。但是,在期货市场中,任何一个人对市场趋势都有自己不同的看法和判断,可以根据自己对基本面、技术面的分析来判断、预测市场的价格走向,从而决定买卖方向,并享有公开或者不公开发表意见的权利。故基于此发表的意见,尽管在客观上可能影响到客户的投资决策,但并不构成期货市场虚假信息的提供,行为人不承担赔偿责任。另外,期货市场中一些专门从事咨询、服务行业的机构作出的对期货市场行情的分析、判断,在性质上属于提供咨询、服务、帮助,由此作出的错误分析,也不产生当然的民事责任。客户依据咨询机构的判断作出的交易决策,由其自行承担法律后果。

在此,一定要强调侵权行为和损害结果之间的因果关系。根据民法理论,民事侵权行为人只对因自己的侵权行为给他人造成的经济损失承担赔偿责任。所以,在研究误导行为人的民事责任时,必须首先弄清楚客户损失是否与侵权行为人的误导行为存在必然的因果关系。错误的认识必须是进行意思表示的直接动因。期货交易所或者期货经纪公司向客户提供行情分析或者信息,一般来说仅是客户作出判断的参考,与客户下单所造成的损失之间没有必然的联系。只有这些信息为客户所采纳并据此作出错误的判断,从而造成客户保证金损失的情况下,才能认定此损失与信息提供之间存在必然的因果关系。如果期货交易所或者期货经纪公司虽然向客户提供了虚假信息,但客户并未采纳此信息,也就是说,客户作出下单的决定并非基于该信息作出的,则客户保证金的损失与误导行为没有必然的因果关系。或者客户虽然采纳了期货交易所或者期货经纪公司的虚假信息,并由此造成保证金损失,但因其他原因,该损失进一步扩大,对扩大的损失部分,因并非期货交易所或者期货经纪公司提供虚假信息误导行为造成的直接损失,故信息误导行为人对此并不承担赔偿责任。

② 对冲、对赌行为。对冲、对赌行为亦是期货交易中的一种主要侵权行为。关于对冲行为的概念,存在广义和狭义两种。狭义的对冲是指期货经纪公司接到客户指令后,未将客户指令传递到期货市场内通过竞价成交,而是把其他客户的相同头寸转移给下达指令的客户,却对客户谎称指令已被执行,并让客户承受其成交结果的行为。广义的对冲是指期货经纪公司收到客户的指令后,将其指令与其他客户的指令或与自己的"指令"私下对冲,或者虽然将客户的指令传递到了期货交易所,却未将指令向所有其他市场参与者以公开竞价的方式提出要约,而是

与其中某一市场参与者私下通谋成交。也就是说,广义的对冲包括交叉交易、对赌和配合交易三种表现形式。交叉交易是指期货经纪公司将收到的两个客户的买卖单私下对冲,即狭义的私下对冲。对赌是指期货经纪公司将客户的指令与自己的“指令”私下对冲。一般情况下,期货经纪公司利用自己对期货市场行情判断的优势,在他们认为客户的判断有误时,即充当客户的对方即买方或者卖方来与之对赌,从而获利。配合交易是指期货经纪公司虽然将客户的指令传递到了场内,但却并不参加公开竞价,而是通过与其中的某一市场参与者私下通谋,故意安排对方为客户的成交对手。期货经纪公司通过事后与成交对方分配利益的方式从中获利。

对冲行为是期货经纪公司受经济利益驱使所为的侵权行为,违反了期货市场“公平、公开、公正”的三公原则,严重损害了客户的合法权益,是期货法律、法规及期货交易所章程中命令禁止的欺诈行为。客户指令只有进入期货交易所内,并以公开竞价的方式成交,才能使交易各方获得最佳的交易结果。无论哪种对冲行为,都剥夺了客户通过入市交易,在公开、公平竞价中获得最佳成交价格的机会,成交价格在很大程度上被期货经纪公司控制,客户的利益很难得到公正的保护。尤其是在对赌的情况下,因期货经纪公司成为客户交易的对手,且无保证金作履约保障,期货经纪公司为了自身的利益得到最大限度的实现,对客户权利的侵犯是可想而知的。

判断某一交易行为是否为私下对冲,应从以下两个方面考察:一是该交易是否入市交易;二是入市交易是否遵循了公开竞价的交易规则。只有两个条件均成立,尚构成对冲。《规定》对对冲的效力、责任等作了具体的规定,即期货经纪公司私下对冲、与客户对赌等不将客户指令入市交易的行为,应当认定为无效,期货经纪公司应当赔偿由此给客户造成的经济损失;期货经纪公司与客户均有过错的,应当根据过错大小,分别承担相应的赔偿责任。考虑到对冲多是通过对交易情况不作记录、作不实记录或者伪造、涂改各种交易凭证和账册来实现的。故为防止对冲,笔者认为,应当强化期货经纪公司保存交易记录的义务,期货交易所应当定期或者不定期地检查,对违反规定的期货经纪公司给以严厉的处罚。并赋予客户以查询权,对于有问题的交易凭证和账册,客户有权请求期货监管机构进行调查和处理。

③ 擅自动用客户保证金。保证金制度是指在期货交易中,期货交易者必须按照期货交易所的规定,向其交纳一定数额(包括基础保证金和交易保证金)的履约保证金,作为其履行期货合约的财力担保。期货交易所或者期货经纪公司必须把会员或者客户的保证金与其自有资金分开列账,专款专用,不得挪用,即期货经纪公司或者客户存放在期货交易所或者期货经纪公司的保证金在性质上仍然属于期货经纪公司或者客户所有,并未发生所有权转移的事实。保证金是客户用来保证其合约履行的资金,任何人无权随意动用。当保证金不足以维持期货经纪公司

或者客户的持仓头寸时,期货经纪公司或者客户还负有及时追加保证金的义务。保证金制度是期货交易的特殊性和风险控制的需要,任何人擅自动用会员或者客户的保证金,均构成对会员或者客户财产的侵犯,应当依法承担侵权的民事责任。

在实践中,期货交易所除允许会员透支交易可能会出现擅自动用会员保证金外,其他情况下一般是不会动用的,即使因允许透支交易擅自动用了会员的保证金,因期货交易所可以随时用其自有资金或者其他会员资金填补动用的保证金,故一般没有会员因期货交易所动用其保证金涉讼的情况。大多情况下是期货经纪公司擅自动用挪用客户保证金,或者违反有关规定划转客户保证金造成客户损失的,客户以期货经纪公司侵权为由诉至人民法院,要求期货经纪公司承担侵权责任。

期货经纪公司挪用客户保证金的情况主要有两种。一种情况是,有的期货经纪公司在代理客户进行期货交易的同时,还兼营自己的期货交易。当期货经纪公司的保证金不足以维持其持仓头寸,为了免于被强行平仓,或者在行情急遽上升的情况下,为了进行更大的期货交易,获取暴利,期货经纪公司常常私自挪用客户的保证金,侵犯客户的合法权益。另一种情况是,期货经纪公司将客户保证金挪给其他客户进行期货交易。这种情况多是允许其他客户透支交易形成的保证金挪用。

期货经纪公司挪用客户保证金一方面是因其行为侵犯了客户的财产权构成侵权的民事责任;另一方面是由于期货经纪公司基于其客户之间的行纪法律关系,负有对客户保证金的善良保管义务,即应尽到善良管理人管理客户保证金的义务,不得未经客户的允许(多表现为客户指令下单),私自动用客户保证金,否则,即构成违约,期货经纪公司依法应当承担违约责任。这里体现的是违约责任与侵权责任的竞合,即行为人的某一个行为,不仅违反了其与他人签订合同约定的义务,同时,也侵犯了他人的财产权利或人身权利。根据《合同法》第 122 条的规定,因当事人一方的违约行为,侵害对方人身、财产权益的,受损害方有权选择依照合同法要求其承担违约责任或者依照民法通则等其他法律要求其承担侵权责任,即受损害方有权选择是按照违约之诉,还是按照侵权之诉提起诉讼。这样规定,是为了尊重当事人的意愿,赋予其选择最为有利的方式保护自身的合法权益,是为了最大限度地保护权利人的权利。但是,对于同一侵害行为,如果权利人选择了违约之诉向侵害人提起诉讼,经人民法院裁决生效后,不得再次以侵权之诉提起诉讼;如果其选择了侵权之诉提起诉讼,则经裁决生效后,不得再以违约之诉提起诉讼。也就是常说的“一事不再理”。但是,如果因权利人的错误选择,因证据不充分等原因造成其权利没有得到保护,其是否有权以另外的理由再次向侵害人提起诉讼呢? 笔者认为,由于“一事不再理”主要是基于对同一事实,严格地说应该是对同一法律关系(法律事实,而非客观事实),如果人民法院已经依法予以审理并作出生效判决的,当事人不得再次提起诉讼。这是从诉讼资源经济的角度作出的规定。而作为违约和侵权竞合的情况,如果权利人的权利因其以一种诉讼理由提起诉讼,没有得以实现时,其完全可以再次以其他的诉因提起诉讼,以期获得更多的权利保护。这时就不能再以节约诉讼成本为由,驳回权利人的诉讼请求。而应以更大限度保护权利人权利实现为审判宗旨了。当然,一般情况下,如果当事人在双方签订的合同中对各方权利义务规定的非常明确、具体,当一方当事人违反合同约定时,受损害方以对方违约为由向人民法院提起诉讼,是有利于其合法权利的保护的;如果合同约定的不是非常明确,或者存在证据不足等被动情况时,如果选择侵权之诉更有利于权利人权利的保护,受损害方则应选择以对方侵权为由提起诉讼。但是,这不是绝对的。究竟以何诉由提起诉讼,是法律赋予权利人的选择权,任何人不得干预。

违约与侵权竞合的情况,不仅出现在期货经纪公司挪用客户保证金的情况下,在期货交易过程中,很多情况实际上都存在着违约与侵权竞合的情况。如期货交易所或者期货经纪公司未按照其与期货经纪公司或者客户之间的期货交易服务合同或者期货行纪合同的约定,严格按照期货经纪公司或者客户的交易指令进行期货交易,包括执行非受托人的指令下单、错误执行会员或者客户的指令、不当延误执行交易指令、执行瑕疵指令等,造成会员或者客户损失的;期货经纪公司或者客户的交易保证金不足,期货交易所或者期货经纪公司未按照约定履行通知会员或者客户追加保证金的义务,由于行情向持仓不利的方向变化,导致期货经纪公司或者客户透支发生扩大损失的;期货交易所或者期货经纪公司未按照约定的强行平仓的条件、时间、方式执行强行平仓,造成会员或者客户损失的,以及强行平仓数额明显高于会员或者客户需要追加保证金数额,因超量平仓引起的会员或者客户损失的;交割仓库未履行货物验收职责或者因保管不善给仓单持有人造成损失的;因期货交易所的过错导致信息发布、交易指令处理错误,造成期货经纪公司或者客户直接经济损失、期货经纪公司私下对冲、与客户对赌不将客户指令入市交易的,以及期货经纪公司擅自以客户的名义进行交易造成客户损失等情况下,均是违约与侵权的竞合,权利人均可根据具体情况选择起诉的理由。

④ 期货经纪公司擅自以客户名义进行交易。根据期货行纪合同约定的权利义务,期货经纪公司应该严格按照客户的指令进行期货交易,不得在客户没有下单指令的情况下或者客户的下单指令存在瑕疵时擅自代客户进行交易,否则即构成侵权(实际上是违约与侵权的竞合)。具体包括客户没有下单指令时期货经纪公司擅自以客户名义交易,期货经纪公司执行非受托人的交易指令,执行没有交易品种、数量、买卖方向的瑕疵指令,错误执行客户交易指令等几种情况。对客户下达的交易指令数量和买卖方向明确,没有有效期限的,或者没有成交价格、开平仓方向的,《规定》依据行业惯例和交易习惯等,确定了有效期限、成交价格以及开平仓方向等要件,使原为瑕疵的交易指令变为有效指令。期货交易所或者期货经纪公司按照上述规定执行客户指令的,不再视为期货交易所或者期货经纪公司擅

自以客户名义进行交易。

除上述四种主要的侵权行为外,期货交易中的侵权行为还包括"吃点"和全权委托中的炒单等行为,但因期货交易市场近几年来的大力整顿,这两种侵权行为已经大为减少,不再是期货交易中的主要侵权行为,故在此不再详细论述。

附件7 最高人民法院《关于审理期货纠纷案件若干问题的规定》

(2003年6月18日法释〔2003〕10号公布,自2003年7月1日起施行)

为了正确审理期货纠纷案件,根据《中华人民共和国民法通则》、《中华人民共和国合同法》、《中华人民共和国民事诉讼法》等有关法律、行政法规的规定,结合审判实践经验,对审理期货纠纷案件的若干问题制定本规定。

一、一般规定

第一条 人民法院审理期货纠纷案件,应当依法保护当事人的合法权益,正确确定其应承担的风险责任,并维护期货市场秩序。

第二条 人民法院审理期货合同纠纷案件,应当严格按照当事人在合同中的约定确定违约方承担的责任,当事人的约定违反法律、行政法规强制性规定的除外。

第三条 人民法院审理期货侵权纠纷和无效的期货交易合同纠纷案件,应当根据各方当事人是否有过错,以及过错的性质、大小,过错和损失之间的因果关系,确定过错方承担的民事责任。

二、管辖

第四条 人民法院应当依据民事诉讼法第二十四条、第二十五条和第二十九条的规定确定期货纠纷案件的管辖。

第五条 在期货公司的分公司、营业部等分支机构进行期货交易的,该分支机构住所地为合同履行地。

因实物交割发生纠纷的,期货交易所住所地为合同履行地。

第六条 侵权与违约竞合的期货纠纷案件,依当事人选择的诉由确定管辖。当事人既以违约又以侵权起诉的,以当事人起诉状中在先的诉讼请求确定管辖。

第七条 期货纠纷案件由中级人民法院管辖。

高级人民法院根据需要可以确定部分基层人民法院受理期货纠纷案件。

三、承担责任的主体

第八条 期货公司的从业人员在本公司经营范围内从事期货交易行为产生的民事责任,由其所在的期货公司承担。

第九条 期货公司授权非本公司人员以本公司的名义从事期货交易行为的,期货公司应当承担由此产生的民事责任;非期货公司人员以期货公司名义从事期货交易行为,具备合同法第四十九条所规定的表见代理条件的,期货公司应当承担由此产生的民事责任。

第十条 公民、法人受期货公司或者客户的委托，作为居间人为其提供订约的机会或者订立期货经纪合同的中介服务的，期货公司或者客户应当按照约定向居间人支付报酬。居间人应当独立承担基于居间经纪关系所产生的民事责任。

第十一条 不以真实身份从事期货交易的单位或者个人，交易行为符合期货交易所交易规则的，交易结果由其自行承担。

第十二条 期货公司设立的取得营业执照和经营许可证的分公司、营业部等分支机构超出经营范围开展经营活动所产生的民事责任，该分支机构不能承担的，由期货公司承担。

客户有过错的，应当承担相应的民事责任。

四、无效合同责任

第十三条 有下列情形之一的，应当认定期货经纪合同无效：

（一）没有从事期货经纪业务的主体资格而从事期货经纪业务的；

（二）不具备从事期货交易主体资格的客户从事期货交易的；

（三）违反法律、法规禁止性规定的。

第十四条 因期货经纪合同无效给客户造成经济损失的，应当根据无效行为与损失之间的因果关系确定责任的承担。一方的损失系对方行为所致，应当由对方赔偿损失；双方有过错的，根据过错大小各自承担相应的民事责任。

第十五条 不具有主体资格的经营机构因从事期货经纪业务而导致期货经纪合同无效，该机构按客户的交易指令入市交易的，收取的佣金应当返还给客户，交易结果由客户承担。

该机构未按客户的交易指令入市交易，客户没有过错的，该机构应当返还客户的保证金并赔偿客户的损失。赔偿损失的范围包括交易手续费、税金及利息。

五、交易行为责任

第十六条 期货公司在与客户订立期货经纪合同时，未提示客户注意《期货交易风险说明书》内容，并由客户签字或者盖章，对于客户在交易中的损失，应当依据合同法第四十二条第（三）项的规定承担相应的赔偿责任。但是，根据以往交易结果记载，证明客户已有交易经历的，应当免除期货公司的责任。

第十七条 期货公司接受客户全权委托进行期货交易的，对交易产生的损失，承担主要赔偿责任，赔偿额不超过损失的百分之八十，法律、行政法规另有规定的除外。

第十八条 期货公司与客户签订的期货经纪合同对下达交易指令的方式未作约定或者约定不明确的，期货公司不能证明其所进行的交易是依据客户交易指令进行的，对该交易造成客户的损失，期货公司应当承担赔偿责任，客户予以追认的除外。

第十九条 期货公司执行非受托人的交易指令造成客户损失，应当由期货公司承担赔偿责任,非受托人承担连带责任,客户予以追认的除外。

第二十条 客户下达的交易指令没有品种、数量、买卖方向的,期货公司未予拒绝而进行交易造成客户的损失,由期货公司承担赔偿责任,客户予以追认的除外。

第二十一条 客户下达的交易指令数量和买卖方向明确,没有有效期限的,应当视为当日有效;没有成交价格的,应当视为按市价交易;没有开平仓方向的,应当视为开仓交易。

第二十二条 期货公司错误执行客户交易指令,除客户认可的以外,交易的后果由期货公司承担,并按下列方式分别处理:

(一) 交易数量发生错误的,多于指令数量的部分由期货公司承担,少于指令数量的部分,由期货公司补足或者赔偿直接损失;

(二) 交易价格超出客户指令价位范围的,交易差价损失或者交易结果由期货公司承担。

第二十三条 期货公司不当延误执行客户交易指令给客户造成损失的,应当承担赔偿责任,但由于市场原因致客户交易指令未能全部或者部分成交的,期货公司不承担责任。

第二十四条 期货公司超出客户指令价位的范围,将高于客户指令价格卖出或者低于客户指令价格买入后的差价利益占为己有的,客户要求期货公司返还的,人民法院应予支持,期货公司与客户另有约定的除外。

第二十五条 期货交易所未按交易规则规定的期限、方式,将交易或者持仓头寸的结算结果通知期货公司,造成期货公司损失的,由期货交易所承担赔偿责任。

期货公司未按期货经纪合同约定的期限、方式,将交易或者持仓头寸的结算结果通知客户,造成客户损失的,由期货公司承担赔偿责任。

第二十六条 期货公司与客户对交易结算结果的通知方式未作约定或者约定不明确,期货公司未能提供证据证明已经发出上述通知的,对客户因继续持仓而造成扩大的损失,应当承担主要赔偿责任,赔偿额不超过损失的百分之八十。

第二十七条 客户对当日交易结算结果的确认,应当视为对该日之前所有持仓和交易结算结果的确认,所产生的交易后果由客户自行承担。

第二十八条 期货公司对交易结算结果提出异议,期货交易所未及时采取措施导致损失扩大的,对造成期货公司扩大的损失应当承担赔偿责任。

客户对交易结算结果提出异议,期货公司未及时采取措施导致损失扩大的,期货公司对造成客户扩大的损失应当承担赔偿责任。

第二十九条 期货公司对期货交易所或者客户对期货公司的交易结算结果有异议,而未在期货交易所交易规则规定或者期货经纪合同约定的时间内提出的,视为期货公司或者客户对交易结算结果已予以确认。

第三十条 期货公司进行混码交易的，客户不承担责任，但期货公司能够举证证明其已按照客户交易指令入市交易的，客户应当承担相应的交易结果。

六、透支交易责任

第三十一条 期货交易所在期货公司没有保证金或者保证金不足的情况下，允许期货公司开仓交易或者继续持仓，应当认定为透支交易。

期货公司在客户没有保证金或者保证金不足的情况下，允许客户开仓交易或者继续持仓，应当认定为透支交易。

审查期货公司或者客户是否透支交易，应当以期货交易所规定的保证金比例为标准。

第三十二条 期货公司的交易保证金不足，期货交易所未按规定通知期货公司追加保证金的，由于行情向持仓不利的方向变化导致期货公司透支发生的扩大损失，期货交易所应当承担主要赔偿责任，赔偿额不超过损失的百分之六十。

客户的交易保证金不足，期货公司未按约定通知客户追加保证金的，由于行情向持仓不利的方向变化导致客户透支发生的扩大损失，期货公司应当承担主要赔偿责任，赔偿额不超过损失的百分之八十。

第三十三条 期货公司的交易保证金不足，期货交易所履行了通知义务，而期货公司未及时追加保证金，期货公司要求保留持仓并经书面协商一致的，对保留持仓期间造成的损失，由期货公司承担；穿仓造成的损失，由期货交易所承担。

客户的交易保证金不足，期货公司履行了通知义务而客户未及时追加保证金，客户要求保留持仓并经书面协商一致的，对保留持仓期间造成的损失，由客户承担；穿仓造成的损失，由期货公司承担。

第三十四条 期货交易所允许期货公司开仓透支交易的，对透支交易造成的损失，由期货交易所承担主要赔偿责任，赔偿额不超过损失的百分之六十。

期货公司允许客户开仓透支交易的，对透支交易造成的损失，由期货公司承担主要赔偿责任，赔偿额不超过损失的百分之八十。

第三十五条 期货交易所允许期货公司透支交易，并与其约定分享利益，共担风险的，对透支交易造成的损失，期货交易所承担相应的赔偿责任。

期货公司允许客户透支交易，并与其约定分享利益，共担风险的，对透支交易造成的损失，期货公司承担相应的赔偿责任。

七、强行平仓责任

第三十六条 期货公司的交易保证金不足，又未能按期货交易所规定的时间追加保证金的，按交易规则的规定处理；规定不明确的，期货交易所有权就其未平仓的期货合约强行平仓，强行平仓所造成的损失，由期货公司承担。

客户的交易保证金不足，又未能按期货经纪合同约定的时间追加保证金的，按期货经纪合同的约定处理；约定不明确的，期货公司有权就其未平仓的期货合约强行平仓，强行平仓造成的损失，由客户承担。

第三十七条　期货交易所因期货公司违规超仓或者其他违规行为而必须强行平仓的,强行平仓所造成的损失,由期货公司承担。

期货公司因客户违规超仓或者其他违规行为而必须强行平仓的,强行平仓所造成的损失,由客户承担。

第三十八条　期货公司或者客户交易保证金不足,符合强行平仓条件后,应当自行平仓而未平仓造成的扩大损失,由期货公司或者客户自行承担。法律、行政法规另有规定或者当事人另有约定的除外。

第三十九条　期货交易所或者期货公司强行平仓数额应当与期货公司或者客户需追加的保证金数额基本相当。因超量平仓引起的损失,由强行平仓者承担。

第四十条　期货交易所对期货公司、期货公司对客户未按期货交易所交易规则规定或者期货经纪合同约定的强行平仓条件、时间、方式进行强行平仓,造成期货公司或者客户损失的,期货交易所或者期货公司应当承担赔偿责任。

第四十一条　期货交易所依法或依交易规则强行平仓发生的费用,由被平仓的期货公司承担;期货公司承担责任后有权向有过错的客户追偿。

期货公司依法或依约定强行平仓所发生的费用,由客户承担。

八、实物交割责任

第四十二条　交割仓库未履行货物验收职责或者因保管不善给仓单持有人造成损失的,应当承担赔偿责任。

第四十三条　期货公司没有代客户履行申请交割义务的,应当承担违约责任;造成客户损失的,应当承担赔偿责任。

第四十四条　在交割日,卖方期货公司未向期货交易所交付标准仓单,或者买方期货公司未向期货交易所账户交付足额货款,构成交割违约。

构成交割违约的,违约方应当承担违约责任;具有合同法第九十四条第(四)项规定情形的,对方有权要求终止交割或者要求违约方继续交割。

征购或者竞卖失败的,应当由违约方按照交易所有关赔偿办法的规定承担赔偿责任。

第四十五条　在期货合约交割期内,买方或者卖方客户违约的,期货交易所应当代期货公司、期货公司应当代客户向对方承担违约责任。

第四十六条　买方客户未在期货交易所交易规则规定的期限内对货物的质量、数量提出异议的,应视为其对货物的数量、质量无异议。

第四十七条　交割仓库不能在期货交易所交易规则规定的期限内,向标准仓单持有人交付符合期货合约要求的货物,造成标准仓单持有人损失的,交割仓库应当承担责任,期货交易所承担连带责任。

期货交易所承担责任后,有权向交割仓库追偿。

九、保证合约履行责任

第四十八条 期货公司未按照每日无负债结算制度的要求，履行相应的金钱给付义务，期货交易所亦未代期货公司履行，造成交易对方损失的，期货交易所应当承担赔偿责任。

期货交易所代期货公司履行义务或者承担赔偿责任后，有权向不履行义务的一方追偿。

第四十九条 期货交易所未代期货公司履行期货合约，期货公司应当根据客户请求向期货交易所主张权利。

期货公司拒绝代客户向期货交易所主张权利的，客户可直接起诉期货交易所，期货公司可作为第三人参加诉讼。

第五十条 因期货交易所的过错导致信息发布、交易指令处理错误，造成期货公司或者客户直接经济损失的，期货交易所应当承担赔偿责任，但其能够证明系不可抗力的除外。

第五十一条 期货交易所依据有关规定对期货市场出现的异常情况采取合理的紧急措施造成客户损失的，期货交易所不承担赔偿责任。

期货公司执行期货交易所的合理的紧急措施造成客户损失的，期货公司不承担赔偿责任。

十、侵权行为责任

第五十二条 期货交易所、期货公司故意提供虚假信息误导客户下单的，由此造成客户的经济损失由期货交易所、期货公司承担。

第五十三条 期货公司私下对冲、与客户对赌等不将客户指令入市交易的行为，应当认定为无效，期货公司应当赔偿由此给客户造成的经济损失；期货公司与客户均有过错的，应当根据过错大小，分别承担相应的赔偿责任。

第五十四条 期货公司擅自以客户的名义进行交易，客户对交易结果不予追认的，所造成的损失由期货公司承担。

第五十五条 期货公司挪用客户保证金，或者违反有关规定划转客户保证金造成客户损失的，应当承担赔偿责任。

十一、举证责任

第五十六条 期货公司应当对客户的交易指令是否入市交易承担举证责任。

确认期货公司是否将客户下达的交易指令入市交易，应当以期货交易所的交易记录、期货公司通知的交易结算结果与客户交易指令记录中的品种、买卖方向是否一致，价格、交易时间是否相符为标准，指令交易数量可以作为参考。但客户有相反证据证明其交易指令未入市交易的除外。

第五十七条 期货交易所通知期货公司追加保证金，期货公司否认收到上述通知的，由期货交易所承担举证责任。

期货公司向客户发出追加保证金的通知，客户否认收到上述通知的，由期货公司承担举证责任。

十二、保全和执行

第五十八条　人民法院保全与会员资格相应的会员资格费或者交易席位，应当依法裁定不得转让该会员资格，但不得停止该会员交易席位的使用。人民法院在执行过程中，有权依法采取强制措施转让该交易席位。

第五十九条　期货交易所、期货公司为债务人的，人民法院不得冻结、划拨期货公司在期货交易所或者客户在期货公司保证金账户中的资金。

有证据证明该保证金账户中有超出期货公司、客户权益资金的部分，期货交易所、期货公司在人民法院指定的合理期限内不能提出相反证据的，人民法院可以依法冻结、划拨该账户中属于期货交易所、期货公司的自有资金。

第六十条　期货公司为债务人的，人民法院不得冻结、划拨专用结算账户中未被期货合约占用的用于担保期货合约履行的最低限额的结算准备金；期货公司已经结清所有持仓并清偿客户资金的，人民法院可以对结算准备金依法予以冻结、划拨。

期货公司有其他财产的，人民法院应当依法先行冻结、查封、执行期货公司的其他财产。

第六十一条　客户、自营会员为债务人的，人民法院可以对其保证金、持仓依法采取保全和执行措施。

十三、其他

第六十二条　本规定所称期货公司是指经依法批准代理投资者从事期货交易业务的经营机构及其分公司、营业部等分支机构。客户是指委托期货公司从事期货交易的投资者。

第六十三条　本规定自2003年7月1日起施行。

2003年7月1日前发生的期货交易行为或者侵权行为，适用当时的有关规定；当时规定不明确的，参照本规定处理。

4 企业改制

企业改制案件审理中的疑难问题解析

——兼谈对人民法院《关于审理与企业改制相关的民事纠纷案件若干问题的规定》的理解与适用

一、企业改制案件的法律属性及受理

企业改制是指根据《公司法》、《民法通则》、《合同法》等有关法律、行政法规及改制政策，对企业产权制度进行的改造。企业改制广义上讲既包括对国有企业产权制度的改造，也不排除对非国有经济组织产权制度进行的改造，以及非国有经济组织参与国有企业的改制行为等。但因我国历史上形成的国有经济在社会主义市场经济中的绝对地位，现在进行的轰轰烈烈的企业改制多数是指国有企业的改制。最高人民法院法释〔2003〕1号《关于审理与企业改制相关的民事纠纷案件若干问题的规定》（以下简称《企业改制司法解释》）也是针对国有企业改制过程中出现的主要问题作出的相应规定，但该司法解释又不局限于国有企业改制纠纷案件的适用，对非国有经济组织产权制度改造中出现的纠纷同样可以适用或者参照适用。

《企业改制司法解释》中所指的改制行为是发生在独立的平等民事主体之间，是以变更企业资产的权属、设立改制双方当事人的民事权利和义务、确定企业债权债务的归属等为目的所进行的行为，系基于改制双方当事人自觉自愿的意志，与民法等价有偿原则相联系，符合民事法律行为的基本特征，属于民事法律规范调整的范畴，受当事人签订合同的制约。故因企业改制发生的纠纷属于民事案件受理的范畴。但是，由于国有企业的改制，直接涉及国有资产的产权调整，国家为了防止国有资产的流失，为指导国有企业的改制制定了一整套严格的程序，下发了一系列的改制文件，甚至有的改制行为，如国有企业的兼并和国有小型企业的出售等，除了兼并双方或买卖双方意思表示一致外，还必须经有关政府主管部门的审批后方可进行。大量政府行为对国有企业改制工作的干预和指导，使本属于民商法律行为的改制在性质上变得模糊，以致在《企业改制司法解释》出台前，各地人民法院因对这种在政府指导和干预下进行的企业改制民事法律行为与行政

行为相混淆,对当事人因企业改制发生的纠纷以不属于民事案件受理范畴为由,作出不予受理或者驳回起诉的裁定,以致改制案件当事人的合法权益无法通过合法的救济途径得到应有的保护。故在审理企业改制案件时,应当首先明确其民事案件的法律属性,且该属性不因政府的干预而有所改变。当然,这里需要注意区分两种不同性质的法律行为,即《企业改制司法解释》所指的在政府指导下进行的企业改制民事法律行为与因政府及其所属主管部门实施的行政性调整、划转国有企业资产的行政行为。二者具有本质上的不同。前者属于民事法律行为,由此发生的民事纠纷,属于人民法院受理民事案件的范畴。而因政府及其所属主管部门实施的行政性调整、划转国有企业资产行为,属于行政行为。因行政行为引起的纠纷,当事人以民事纠纷诉至人民法院的,人民法院不予受理,而应通过行政复议或行政诉讼等方式来解决。为此,最高人民法院法复〔1996〕4 号《关于因政府调整划转企业国有资产引起的纠纷是否受理问题的批复》专门对此作出了规定。对于上述两种行为的评判应该是个综合评判的结果,如所作出的资产产权变动的意思表示是基于产权变动双方平等民事主体的自由意志,还是基于政府的意志;是等价有偿的变动还是无偿的划转行为;是否有政府文件或会议纪要等。

企业改制案件分为两类:一类是具体企业改制过程中参与改制双方当事人就改制行为本身发生的纠纷,如企业公司制改造中发生的纠纷、企业股份合作制改造中发生的纠纷、企业分立中发生的纠纷、债权转股权纠纷、国有小型企业出售合同纠纷、企业兼并合同纠纷、其他改制方式中发生的纠纷;另一类是与企业改制相关的民事纠纷,即纠纷的发生与改制的结果密切相关,通俗讲,就是一般民商事案件中的一方当事人发生了改制行为,涉及改制企业改制前的债权或者债务究竟由谁来主张或者由谁来承担。这类案件可能涉及各类民商事案件的审理中。当然,此类案件实务中大量存在的是债务人发生了企业改制行为,对其改制前债务究竟由谁来承担问题。对于上述各种类型的企业改制案件,只要符合《民事诉讼法》第 108 条规定的起诉条件,即原告是与本案有直接利害关系的公民、法人和其他组织,有明确的被告,有具体的诉讼请求和事实、理由,属于人民法院受理的民事诉讼的范围和受诉人民法院管辖的,人民法院均应按照民事案件予以受理。

由于外商投资行为已有专门的法律、法规调整,同时因鼓励外商投资的需要,最高人民法院〔2003〕民二外复第 13 号批复明确将因中国企业与外国企业合资、合作行为,以及外资企业在中国的投资行为发生纠纷排除于《企业改制司法解释》适用的范围。另外,《企业改制司法解释》第 14 条亦因国有企业政策性债权转股权是国家解决国有企业银行债务所采取的特别措施,而规定"政策性债权转股权按照国务院有关部门的规定处理"。这里需要明确的是,《企业改制司法解释》对上述两种情况的排除并未否定其民事案件法律属性,而是从法律适用上作出的规定。

二、企业改制合同效力的认定

在对企业改制合同效力的认定上,《企业改制司法解释》通篇采取的是一种审慎的态度,即尽可能不认定改制合同无效。这一是从维护改制成果,稳定经济秩序角度作出的考虑;二是主要体现对合同法的严格贯彻。因对合同效力的认定体现的是国家意志对当事人自由意志的评价和干预,在以自由原则为精髓和灵魂的民事领域中,这种干预越少,越符合民商事法律行为的基本特点。随着我国从计划经济向市场经济的转轨,体现在不同历史时期制定的法律中对合同无效的事由也有不同的规定。如在以前的三个合同法中,合同无效的事由主要有:违反法律和行政法规,采取欺诈或者胁迫手段,违反国家利益或社会公共利益,代理人越权代理或者双方代理,非法垄断技术、妨碍技术进步等。《民法通则》规定的无效事由有:当事人无民事行为能力或限制民事行为能力,一方有欺诈、胁迫或乘人之危的行为,恶意串通行为,违反法律或者社会公共利益,违反国家指令性计划,以合法形式掩盖非法目的等。1999 年颁布实施的《合同法》规定的无效事由包括:一方以欺诈、胁迫的手段订立合同、损害国家利益,恶意串通,损害国家、集体或者第三人利益,以合法形式掩盖非法目的,损害社会公共利益,违反法律、行政法规强制性规定五种情形。《合同法》与以往三个合同法、《民法通则》的区别在于大大缩小了合同无效的范畴,将效力待定的合同和可撤销的合同与无效合同区分开来。将限制民事行为能力人、无权代理和无处分权的人签订的合同规定为效力待定合同,而不是绝对无效的合同,此类合同经过法定代理人或权利人的追认,可以产生合同有效的法律后果。对于一方以欺诈、胁迫的手段或者乘人之危,使对方在违背真实意思表示的情况下订立的合同,在其未损害国家利益、集体和第三人利益时,界定为可撤销合同的范畴,由受损害一方通过提起合同撤销之诉,使合同产生无效的法律后果,而不是由法律当然地认定其无效。受损害方未行使撤销权的,合同仍为有效合同。同时合同法将合同的有效与否与合同的成立与否、生效与否进行了严格的界定。合同是否成立是基于合同双方当事人是否就合同内容达成一致的意思表示;合同的生效与否取决于当事人对合同生效要件的约定和法律对合同生效要件的规定,条件成就时合同即生效,条件不成就时合同就不生效;合同的有效与否是基于国家意志对当事人意志的评判,即合同是否存在合同法规定的无效事由,存在无效事由的合同无效,不存在无效事由的合同就有效。这里一定要注意区分合同的未生效和无效。二者虽然最终结果都是不产生对当事人双方的法律约束力,但二者产生的原因或者说作出评判的标准是不同的。无效的标准是客观的、静态的,而未生效的标准是动态的,可以通过条件的满足而产生应有的法律效力。合同法对无效合同范围的缩小,极大地保护了当事人各方的权益,鼓励了交易,促进了经济的发展,是社会主义法制的进步,在企业改制合同效力问题上,始终贯彻了合同法的精神。

企业改制合同效力的审慎态度体现在以下几个方面：

（1）将地方人民政府或者其授权的职能部门的审批规定为国有企业出售合同和兼并合同的生效要件，而未作为合同无效的要件，并且对当事人在签订合同时未及时办理审批手续，但在一审庭审辩论终结前补办审批手续的，仍按有效合同来处理。

（2）在企业资产产权转让中，出卖人以欺诈、胁迫或者乘人之危，使买受人在违背真实意思的情况下签订的合同，如未涉及损害国家利益问题，则属于合同法可撤销合同的范畴，由买受人通过向人民法院提出撤销合同之诉撤销该合同，使其达到无效的法律后果，而不是由法律直接规定其无效。如果受损害方未提起撤销合同之诉或者提出撤销之诉时已经超过了法定的除斥期间，则该合同仍然按照有效合同处理。同时，买受人也可不主张撤销合同而通过选择主张补偿价款的方式来解决。

（3）三是关于企业的分立，公司法规定，公司分立必须向债权人公告，债权人有权要求公司清偿债务或者提供担保，不清偿债务或者提供担保的，公司不得分立。这样规定，主要是为了使债权人的利益不因公司的分立行为受到侵害。但对公司未予公告，或者公告后并未按照债权人的要求清偿债务或提供担保，即进行了分立的情况，应如何处理，公司法未予规定。《企业改制司法解释》的精神是通过实体责任的处理充分体现对债权人利益的保护，而没有从否定分立合同效力上作出认定。

（4）对企业部分公司制改造、企业分立中改制双方对被改制企业债务承担问题作出的约定上，《企业改制司法解释》仍然没有轻易否定当事人合同约定的效力，即如果改制双方对债务的承担有约定，只要该约定不存在合同法规定的无效事由，即认为其约定有效。但同时我们强调对债权人利益的保护，即关于有关债务的承担必须经债权人同意，才产生对债权人的约束力，否则仅在作出约定的双方当事人之间发生法律效力。但在有关民事主体承担民事责任后，仍然可以依据双方的约定向依约定应当承担该笔债务的有关民事主体行使追偿权。即使为保护债权人利益，对改制双方的约定也不是从否定其效力上来解决，而是通过强调约定未经债权人同意对债权人不产生法律约束力角度来保护债权人的合法权益。

（5）地方性改制文件不能作为认定合同无效的法律依据。在认定改制合同效力上的法律依据原则上是生效的法律、法规和司法解释，但为了防止国有资产的流失，国务院有关部委制定了一系列的部门规章和政策性改制文件来指导和干预国有企业的改制，因而在法律、法规欠缺相应规定的情况下，这些部门规章和改制文件可能成为我们认定合同效力的参考依据。但地方性的改制文件绝对不能作为认定合同效力的依据。

三、企业改制案件审理中法人财产原则的贯彻

企业法人财产原则是指由于企业法人的财产是企业法人成立的必备条件和

企业法人对外承担债务的一般担保,企业法人一经成立,就具备独立的财产,并以其财产独立对外承担民事责任。这是企业法人财产原则的核心。故无论企业以何种方式改制,如何约定债务承担,只要未经债权人认可,在涉及对被改制企业改制前债务的承担上,均是以改制前企业法人所拥有的全部财产为其承担债务的基础,债权人均可根据企业法人财产的流向要求新的财产所有人对改制企业改制前的债务承担相应的民事责任。由企业法人财产原则派生出企业债权债务承继原则和企业债务随企业财产变动原则。

企业法人财产原则贯穿于整个《企业改制司法解释》的制定中,体现在以多种方式改制后企业债务的承担上。具体分为两类:

(1)概括性继受,即通过企业改制将被改制企业的全部资产,包括所有权利和义务(包括财产、债权和债务)一并由另一民事主体整体继受过来,被改制企业法人资格无需清算即可终止。具体如吸收合并、新设合并和国有小型企业的出售(整体注册新公司的除外)。在上述三种改制方式下,作为吸收合并方、新设成立的公司和买受人对被改制企业的债务以其全部财产承担。

(2)由于企业改制,被改制企业的法人财产以不同方式转移给其他民事主体,而被改制企业的法人财产相应减少。为保护改制前企业债权人的合法权益,在界定被改制企业债务的责任财产范畴时,将因改制转移的财产仍作为其责任财产的范畴,要求接受财产的一方民事主体对被改制企业的原有债务承担补充赔偿责任。如企业公司制部分改制,企业以其部分财产和相应债务相抵与他人组成新公司,或者以其优质财产与相应债务相抵与他人组成新公司的,由于这两种改制直接导致的后果就是被改制企业原有法人财产的减少,故为保护改制前企业债权人的合法权利,保障企业以其改制前的法人财产为其债务承担的基础,故在被改制企业不能偿还其债务时,债权人可以要求新公司在其接受财产范围内承担补充赔偿责任。这里,一是体现了法律的价值取向,即对于企业以何种方式改制法律不作过多干预,但在企业因改制发生纠纷时,法律则以公平保护各方民事主体利益为己任,对因企业改制造成法人责任财产减少后债权无法得到应有保护的债权人给予了突出保护,并将其利益置于至高无上的地位。从某种意义上来讲,要求新公司在其接受财产范围内承担赔偿责任,对新公司或者企业部分公司制改造本身就是一种否定。这种改制因企业拿出部分财产与他人组成新公司是以新公司承担企业等额债务为对等条件的,故其对新公司不持有相应股份,表面上看好像是公平的,但纠其实质则是以牺牲某些债权人(留在原企业的债权人)的利益为代价保护了另外一些债权人(相抵债务的债权人)的利益,这是一种事实上的不公平。所以说,一旦被留在原企业债务的债权人依据法人财产原则要求新公司在其接受企业财产范围内承担赔偿责任时,突出的是对所有债权人利益的公平保护,只要债务相抵的约定未经债权人同意,债权人均可按照法人财产的走向追究新公司的相应民事责任,新公司不得以债务相抵的约定对抗债权人的主张。二是在保护债权人利益的基础上,对改制成果也给予了一定维护,即《企业改制司法解释》规定在被改制企业不能偿还时,由新公司在其接受财产范围内承担偿还责任,而不是直接要求新公司在其接受财产范围内与被改制企业承担连带偿还责任,实际上对其利益保护还是有所考虑的。另外,对于企业部分公司制改造要与企业的投资行为相区分。企业部分公司制改造在法律属性上属于企业的分立、重组,由于其以承担等额债务作为分立部分财产的前提条件,故其对新成立的公司并不持有任何股份,造成的结果是其原法人财产的减少,从而直接影响原债权人债权的实现;而企业的投资行为,虽然其也拿出了部分财产与他人一起组成新公司,但拿出的部分财产在新公司中是持有相应股份的,也就是说,企业的部分财产仅仅因投资行为而改变了其财产的形态,即由财产状态转变为股权状态,而作为法人对外承担债务的责任财产并未减少,故在此情况下,企业的原有债权人不能将新公司作为共同的被告提起诉讼,新公司对原有债务不承担任何责任。

四、企业改制中契约自由原则的理解与适用

正如前文所述,企业改制行为属于民事法律行为,受民事法律规范的调整,适用民事法律的基本原则,故契约自由原则亦是企业改制后债务承担的一般原则,即改制过程中改制双方作出的有关约定只要不存在无效事由,便对双方当事人产生法律约束力。但是,由于企业改制是对企业产权制度进行的改造,企业改制的后果必然造成作为企业责任财产的企业资产的变化,故改制行为不仅仅涉及改制双方当事人的权利和义务,某些情况下还必然影响到被改制企业债权人债权的实现,因而债权人为了维护自身的合法权益,有权就企业改制合同当事人双方作出的债务承担的约定享有知情权和异议权。也就是说,在企业改制中,在改制双方当事人约定债务承担问题上,除了当事人双方的意思自治外,还必须受债权人意志的限制,即在改制双方当事人对债务承担的约定不存在无效事由时,还必须经债权人同意才能产生对债权人的约束力。否则,双方作出的约定对债权人不产生法律约束力。债权人仍可以根据企业财产原则,依法追究有关责任主体的民事责任,有关责任主体不能以改制双方当事人关于债务承担的约定来对抗债权人的主张。

例如:某企业分立为甲、乙两个公司时,对企业的债务承担作出了由甲承担债权人 A 的 1 000 万元债务,由乙承担债权人 B 的 800 万元债务的约定,在该约定不存在无效事由前提下,有以下几种不同情况:

(1) 债权人 A 和 B 对上述债务承担的约定均未同意,则该约定仅对甲、乙双方有约束力,而对 A 和 B 均不产生法律约束力,A、B 均可以要求甲、乙对其债务承担连带责任。甲、乙承担债务后对按照约定不应由其承担的债务,如乙承担了 A 的 1 000 万元债务后,其可以按照双方的约定向甲行使追偿权。

(2) 该约定 A 表示同意,而 B 表示不同意,则该约定对甲、乙和 A 有约束力,

对B没有约束力,即A只能按照三方的约定向甲主张权利,而不能向乙主张权利;B则可同时向甲、乙主张权利,甲不得以其与乙、A之间的约定对抗B的主张,甲承担B的800万元债务后可以向乙追偿。

(3) 该约定B同意而A不同意,同第二种情况(略)。

(4) 该约定A、B均同意的,该约定对甲、乙和A、B均产生约束力,即A只能向甲主张权利,B只能向乙主张权利。

五、审理企业改制案件中对隐瞒、遗漏债务的处理

隐瞒、遗漏债务主要存在于国有小型企业出售,企业股份合作制改造和吸收合并三种情况中。这是由于上述三种改制方式均是通过新的资产所有人支付被改制企业资产对价的方式,替代原资产管理人成为企业新的资产所有人,从而原资产管理人从原企业中退出。具体操作通常是在对原企业资产进行清理、评估的基础上,将原企业债务从总财产评估值中扣除后,由新出资人以净资产值认购,原资产管理人将其资产整体转让给新资产所有人。也就是说,新资产所有人买受的是被改制企业的全部财产和债务,故在计算对价过程中,原资产管理人有可能为了一己私利而故意隐瞒某笔债务,提高出售价格,同时达到资产(包括全部债务)整体转让的法律后果。除此以外,由于出卖人的过失导致债务被遗漏,或者因担保债务系或然债务,在改制作价时因其不确定性往往也没有在对价中予以冲减,在事后债务发生时,同样存在未包含在购价款中的该笔债务的承担问题。

对所隐瞒、遗漏的债务究竟由谁承担的问题,在制定《企业改制司法解释》中存在不同争议。有观点认为,因在国有小型企业出售、企业吸收合并,以及职工买断式股份合作制改造中,作为买受人、兼并方和职工所购买的是被改制企业的全部资产,包括企业全部财产和企业的全部负债,必然的法律后果是由买受人、兼并方和股份合作制改造后企业(出资者变为职工)承担被改制前企业的全部债务。至于在支付对价时因原资产管理人故意隐瞒或者过失遗漏债务造成新资产所有人多支付了部分对价,因属另一法律关系,应另行解决,而不能以此对抗债权人的主张。故对隐瞒、遗漏债务,应首先由买受人、兼并方或者改制后企业承担偿还责任,承担后再行向原资产管理人追偿。另一种观点则认为,因被隐瞒或者遗漏的债务是未反映在企业购价款中的债务,即因部分债务的隐瞒或遗漏造成在企业出售、兼并、或被职工买断时,作价上一般要高于企业的真实价值,如果简单地按照企业财产原则,由买受人、兼并方,或者职工买断式股份合作制改造后的企业承担被隐瞒或者遗漏的债务,对买受人、兼并方和股份合作制改造后的企业似又不公。毕竟,隐瞒或遗漏债务系出卖人或者被兼并、被改制企业原资产管理人所为,其直接责任者应是出卖方和原资产管理人,买受人、兼并方和职工买断式股份合作制改造后的企业与债权人一样,同是受害人,以牺牲买受人等的利益为代价来保护债权人利益似不符合公平原则。

在债权人利益和买受人、兼并方、股份合作制改造后企业(职工)两方利益相冲突的情况下,《企业改制司法解释》最终通过法人财产原则的适用和除权期制度的设置,尽可能地达到了债权人利益保护优先和适当保护买受人、兼并方和股份合作制改造后企业(职工)利益兼顾的结果。

(1) 明确对隐瞒、遗漏的债务由买受人、兼并方、股份合作制改造后企业先行承担,买受人等承担后有权向原资产管理人追偿或者行使撤销权。

(2) 赋予买受人等在一定条件成就时免除债权人向其主张该笔债务的救济手段,即买受人等在买受企业资产时,为避免债务被隐瞒或者遗漏,可以采取法定的方式进行公告,如债权人没有及时申报债权,以致该笔债务最终被出卖方或原资产管理人故意隐瞒或者过失遗漏的,则推定债权人有过错或者过失,从而债权人丧失向买受人等进行主张的权利,而只能要求原资产管理人承担责任。

(3) 买受人等责任的回复。如果买受人等没有采取公告的方式避免债务的隐瞒或遗漏,或者公告的方式不符合法定的要件,即公告无效,则债权人仍可以直接向买受人等行使权利。因公告与否或者公告有效与否直接导致的是买受人等法定责任是否免除的法律后果,故为了保护债权人的利益,使其尽一般的注意义务就能得知公告的内容,对公告的条件作了严格的规定,要求刊登公告应在省级以上(含省级)有影响的权威性报刊上,且于买受人等第一次发布公告之日起30日内,在报纸上至少连续公告3次,每次公告申报债权的时间不得少于3个月。不符合该条件的公告不能产生买受人等免责的后果。

对最高人民法院2001年发布的《关于人民法院在审理企业破产和改制案件中切实防止债务人逃废债务的紧急通知》中关于"人民法院审理国有企业改制案件,对企业出售中,卖方隐瞒或遗漏原企业债务的,应当由卖方对所隐瞒或遗漏的债务向原企业的债权人承担责任;对企业股份合作制改造及企业吸收合并中,被兼并或被改制企业原资产管理人隐瞒或遗漏债务的,应当由被兼并或被改制企业原资产管理人对所隐瞒或遗漏的债务承担民事责任"的规定,应作准确把握,这里所说的由卖方和原资产管理人对所隐瞒或遗漏的债务承担民事责任,是对买卖双方民事责任进行的界定,是不能用以对抗债权人主张的。

六、改制企业债务承担的法理适用

实践中,企业改制的方式虽然各异,但从法律意义上来看,无外乎以下几种情况:

第一种情况:企业改制不影响法人人格实质上的变化,即改制前后企业系同一法人人格的,改制前企业的债务由改制后的企业承担。具体包括:

(1) 国有企业公司制整体改造。国有企业公司制整体改造是指企业依照公司法的规定,对原国有企业法人在其资产基础上调整原有的资本结构,采取通过全资控股,或者通过增资扩股、转让部分产权由新股东参股三种方式,将原国有企业改造成国有独资公司或有限责任公司、股份有限责任公司。企业整体改造为公司,从法律拟制的法人人格角度看,并未改变原国有企业的民事主体,改变的仅仅是企业的投资结构和投资主体,即由过去国家作为单一投资主体的结构,变更为国家与其他民事主体共同向原国有企业投资的多元投资主体结构。作为民事主体的国有企业本身其法人人格并未发生实质性的变化。故改制前企业的债务仍由该法人独立承担,即由改造后的国有独资公司、有限责任公司或者股份有限责任公司承担。

(2) 股份合作制改造。股份合作制改造是指企业采取股份制的合作经济,通过职工买断、转让部分资产给职工和增资扩股由职工购买等,将企业改造成股份合作制企业,是社会主义市场经济中集体经济的一种新型组织形式,包括三种方式:职工买断式股份合作制改造、企业与职工共建式股份合作制改造、增资扩股式股份合作制改造。其中职工买断式股份合作制改造是企业股份合作制改造的主要方式。职工买断式股份合作制改造是指企业资产通过评估作价,将净资产划分为股份的方式,由企业职工出资买断企业全部资产,将企业改造为股份合作制企业,企业职工代替企业原出资人管理人成为企业新的资产所有人。企业与职工共建式改造是指企业通过将部分产权折价划股转让给企业职工,使原企业资本构成由原出资人一方出资变为由原出资人和企业职工共同出资的资本结构。增资扩股式改造是指企业通过增资扩股由职工购买,改变原企业资本结构为原出资人和企业职工共同出资的资本结构。企业股份合作制改造的后果,只是被改造企业的资本结构、数量、投资主体和企业组织形式等发生了变化,而企业法人的民事主体并未变更,故不论企业以何种方式进行企业股份合作制改造,原企业的债务均由改造后的股份合作制企业承担。

(3) 企业售出后,买受人将所购企业重新注册为新的企业法人,所购企业出售前的债务,应当由新注册的企业法人承担。这种情况下,虽然买受人购买了企业的所有资产,但其并未将所购买的资产与其自有资产混同,是在整体购买出售企业的资产后,以新的出资人身份代替了原先的出资人,企业法人本身除了出资人和企业名称的变化外,并无变更。从法人作为一个独立的民事主体角度看,该企业法人并无二致,仅仅是出资者和企业名称的变化,与出售前的企业系同一法人人格,不影响其独立对外承担改制前的债务。这种企业资产整体转让发生与企业股权整体转让同样的法律后果。被出售企业原有债务仍由该法人自行承担,也就是由变更注册后的企业法人承担。

上述三种情况只要对其改制前后法人人格的同一性有了正确的理解,在具体的责任承担上就迎刃而解了。但实践中之所以产生分歧,一个重要的原因在于工商登记对上述几种改制行为作出的不当登记,本应当作出的是被改制企业的变更登记,如将企业资本结构的变更、投资主体的变化以及企业形态的变更等作相应的变更登记,而不当地作出了对被改制企业的注销登记和对改制后企业的成立登记，由此给人一种误解，即原企业终止而新企业产生，以至于在对改制企业改制前的债务承担上产生了不该有的错误认识。

（4）以收购方式实现对企业的控股。以收购方式实现对企业控股是企业兼并中的一种方式，是指兼并方通过出资购买他人企业的大部分股权，从而控制和掌握被控股企业的经营决策权，实现对该企业的控股。因该兼并行为并未导致被兼并企业的法人资格变化，故以收购方式实现对企业控股的，被控股企业的债务，仍由该企业自行承担。

第二种情况：企业通过改制将企业部分或者全部资产转移至其他民事主体，导致法人财产减少或者灭失的，转移出去的财产仍然是企业承担改制前债务的责任财产范畴。具体包括：

（1）企业部分公司制改造。企业部分公司制改造是指企业以其部分财产和相应债务从总资产中分立出去，与他人组建新公司；或者以其优质财产和相应债务与他人组建新公司，原企业法人依然存续。这种改制方式从性质上来看，属于分立基础上的重组行为。因企业的分立行为造成企业法人财产的减少，直接影响到债权人利益的实现，或者在很大程度上企业有可能正是通过这种改制方式达到逃避部分债务的目的。如企业以其大部分有效资产和相应债务相抵与他人组成新公司，而将不良资产（包括不良债权）留在原企业，表面上看企业尚有偿债能力，实际上是留一空壳企业来对付相抵债务之外的其他债权人，有明显逃废债务之嫌，且这种逃债行为是以保障部分债权人利益实现为代价的。对上述两种部分改制方式，《企业改制司法解释》明确规定企业不能偿还债务时，债权人可以根据企业财产原则，要求新公司在其接受财产范围内与原企业共同承担民事责任。

（2）企业分立。企业分立是指企业通过财产的分割在原法人基础上成立几个独立法人的行为。企业分立直接导致的后果是原企业法人因分立行为而消灭。故对分立企业债权人利益的保护就成为企业分立时首要的问题了。公司法对公司的分立明确规定为应当自作出分立决议之日起 10 日内通知债权人，并于 30 日内在报纸上至少公告 3 次。债权人自接到通知书之日起 30 日内，未接到通知书的自第一次公告之日起 90 日内，有权要求公司清偿债务或者提供相应的担保。不清偿债务或者不提供相应的担保的，公司不得分立。公司法的上述规定，就是强调在公司分立时对债权人利益的保护。《企业改制司法解释》中虽然没有对企业的分立作出强制性的公告、偿还等规定，但在最终处理上是严格贯彻的法人财产原则，即分立后各个法人的财产均是承担其分立前债务的责任财产，债权人均可要求各个分立后的法人对其债务承担连带偿还责任。未经债权人同意的债务承担约定不能用以对抗债权人的主张。

第三种情况：企业通过改制，其全部权利和义务被新的民事主体概括性地继受，故其原有债务全部由继受方承担。具体包括：

（1）国有小型企业出售。国有小型企业出售是指国有小型企业资产（包括全部企业财产和债务）的整体出售，这是我国在经济体制改革中对国有小型企业采取的一种特定的改制方式。这里所说的国有小型企业的出售，不包括企业资产的部分出售和企业的股权转让。根据国有小型企业出售后，买受人对所买受资产不同的处置方式涉及不同的法律适用。其中两种处置情况属于买受人对被出售企业资产的概括性继受。

① 企业售出后买受人将所购企业资产纳入本企业或者将所购企业变更为所属分支机构的，所购企业的债务由买受人承担。因为买受人以国有小型企业的资产评估作价（以全部财产扣除全部债务）后确定的净资产额买受过来后，整体纳入本企业或者将其变更为所属分支机构，实质上是承接了所购企业的全部资产，因此，出卖人和买受人之间形成了企业资产的概括性继受关系，因此买受人应当承担所购企业的原有债务。

② 企业售出后，买受人将所购企业资产作价入股与他人重新组建新公司，对所购企业出售前的债务，买受人应当以其所有财产（包括在新组建公司中的股权）承担民事责任。这里应当注意的是，这种买受行为实际上包括两个法律行为：首先，买受人通过与第一种情况相同的方式将被出售企业的全部资产买受过来形成自己的资产，法律意义上实际上存在一个与自身财产混同的过程；其次，买受人将被出售企业的债务留在买受人处，以不带任何负债的净资产作为自身资产出资入股与他人组建新公司，买受人是以自己的名义出资入股，而非以所购买企业的名义出资入股。这是买受人购买出售企业后的一个正常投资行为，本质上与购买行为无关，只不过其拿去出资的财产是被买受过来的财产而已，且根据公司法以及公司登记的要求，新设公司出资人的出资，应当是不含负债的财产，这决定了买受人与他人组建新公司时的出资额应当是在留下所购企业负债后的净资产，即买受人是以所购企业净资产出资入股与他人组建新公司的，所购企业的债务已经留在了买受人处，故被出售企业的原有债务应当由买受人的全部财产来承担。因买受人在其与他人组建的新公司中的股权亦是其财产的一部分，所以买受人承担债务的责任财产，包括其在新公司中持有的股权。

（2）企业的吸收合并和新设合并。企业的吸收合并和新设合并是企业兼并中的两种主要方式。兼并并非法律意义上的概念，而是我国经济体制改革中出现的一个经济术语。企业吸收合并是指一企业整体被另一企业吸收，被兼并企业的财产及债权债务概括性转移，由吸收方整体接收，被兼并企业的法人资格丧失。即通过吸收合并只保留了吸收方的法人资格，而被吸收方法人资格终止。因此，企业吸收合并后，被吸收企业的债务应当由吸收方承担。企业新设合并是指两个以上企业以其各自所有企业财产共同组建新的公司，注销原企业法人的一种合并方式，即通过新设合并，合并双方法人资格均终止，共同成立一个新的企业法人。合并双方的所有财产及债权债务均被新的企业法人承继。因此，新设合并后被兼并各方企业的债务由新设合并后的企业法人承担。

第四种情况：因企业改制行为债权人与债务人之间的债权债务关系消灭，转而形成出资法律关系。主要指企业债权转股权。

债权转股权是指由于债权人与债务人达成协议，将债权人对债务人所享有的债权转化成对债务人所持有的股权，即通过改制，原已形成的债权债务关系消灭，而由出资关系等取而代之。这种处理债权的方式完全出于当事人的自由意志，除存在合同法规定的无效事由外，均应认定合同有效。债权转股权的法律后果是双方债权债务关系的消灭，故不再存在债务如何承担问题了。但实践中，债务人为了达到其债权转股权的目的，有时候会采取欺诈手段，故意隐瞒企业资产，或者虚列企业资产，给债权人造成不能偿还债务的假象，诱导债权人作出债权转股权的错误决定，从而损害债权人的利益。对此，如果债权人事后发现债务人以欺诈、胁迫的手段骗取其签订债权转股权协议，可依据《合同法》的规定，在法定期限内行使撤销权撤销双方签订的债权转股权协议。债权转股权协议撤销后，恢复原先的债权债务关系，仍由债务人承担债务的偿还责任。

附件8 最高人民法院《关于审理与企业改制相关的民事纠纷案件若干问题的规定》

（2003年1月3日法释〔2003〕1号公布，自2003年2月1日起施行）

为了正确审理与企业改制相关的民事纠纷案件，根据《中华人民共和国民法通则》、《中华人民共和国公司法》、《中华人民共和国全民所有制工业企业法》、《中华人民共和国合同法》、《中华人民共和国民事诉讼法》等法律、法规的规定，结合审判实践，制定本规定。

一、案件受理

第一条 人民法院受理以下平等民事主体间在企业产权制度改造中发生的民事纠纷案件：

（一）企业公司制改造中发生的民事纠纷；

（二）企业股份合作制改造中发生的民事纠纷；

（三）企业分立中发生的民事纠纷；

（四）企业债权转股权纠纷；

（五）企业出售合同纠纷；

（六）企业兼并合同纠纷；

（七）与企业改制相关的其他民事纠纷。

第二条 当事人起诉符合本规定第一条所列情形，并符合民事诉讼法第一百零八条规定的起诉条件的，人民法院应当予以受理。

第三条 政府主管部门在对企业国有资产进行行政性调整、划转过程中发生的纠纷，当事人向人民法院提起民事诉讼的，人民法院不予受理。

二、企业公司制改造

第四条 国有企业依公司法整体改造为国有独资有限责任公司的，原企业的债务，由改造后的有限责任公司承担。

第五条 企业通过增资扩股或者转让部分产权，实现他人对企业的参股，将企业整体改造为有限责任公司或者股份有限公司的，原企业债务由改造后的新设公司承担。

第六条 企业以其部分财产和相应债务与他人组建新公司，对所转移的债务债权人认可的，由新组建的公司承担民事责任；对所转移的债务未通知债权人或者虽通知债权人，而债权人不予认可的，由原企业承担民事责任。原企业无力偿还债务，债权人就此向新设公司主张债权的，新设公司在所接收的财产范围内与原企业承担连带民事责任。

第七条 企业以其优质财产与他人组建新公司，而将债务留在原企业，债权人以新设公司和原企业作为共同被告提起诉讼主张债权的，新设公司应当在所接收的财产范围内与原企业共同承担连带责任。

三、企业股份合作制改造

第八条 由企业职工买断企业产权，将原企业改造为股份合作制的，原企业的债务，由改造后的股份合作制企业承担。

第九条 企业向其职工转让部分产权，由企业与职工共同组建股份合作制企业的，原企业的债务由改造后的股份合作制企业承担。

第十条 企业通过其职工投资增资扩股，将原企业改造为股份合作制企业的，原企业的债务由改造后的股份合作制企业承担。

第十一条 企业在进行股份合作制改造时，参照公司法的有关规定，公告通知了债权人。企业股份合作制改造后，债权人就原企业资产管理人（出资人）隐瞒或者遗漏的债务起诉股份合作制企业的，如债权人在公告期内申报过该债权，股份合作制企业在承担民事责任后，可再向原企业资产管理人（出资人）追偿。如债权人在公告期内未申报过该债权，则股份合作制企业不承担民事责任，人民法院可告知债权人另行起诉原企业资产管理人（出资人）。

四、企业分立

第十二条 债权人向分立后的企业主张债权，企业分立时对原企业的债务承担有约定，并经债权人认可的，按照当事人的约定处理；企业分立时对原企业债务承担没有约定或者约定不明，或者虽然有约定但债权人不予认可的，分立后的企业应当承担连带责任。

第十三条 分立的企业在承担连带责任后，各分立的企业间对原企业债务承担有约定的，按照约定处理；没有约定或者约定不明的，根据企业分立时的资产比例分担。

五、企业债权转股权

第十四条 债权人与债务人自愿达成债权转股权协议,且不违反法律和行政法规强制性规定的,人民法院在审理相关的民事纠纷案件中,应当确认债权转股权协议有效。

政策性债权转股权,按照国务院有关部门的规定处理。

第十五条 债务人以隐瞒企业资产或者虚列企业资产为手段,骗取债权人与其签订债权转股权协议,债权人在法定期间内行使撤销权的,人民法院应当予以支持。

债权转股权协议被撤销后,债权人有权要求债务人清偿债务。

第十六条 部分债权人进行债权转股权的行为,不影响其他债权人向债务人主张债权。

六、国有小型企业出售

第十七条 以协议转让形式出售企业,企业出售合同未经有审批权的地方人民政府或其授权的职能部门审批的,人民法院在审理相关的民事纠纷案件时,应当确认该企业出售合同不生效。

第十八条 企业出售中,当事人双方恶意串通,损害国家利益的,人民法院在审理相关的民事纠纷案件时,应当确认该企业出售行为无效。

第十九条 企业出售中,出卖人实施的行为具有合同法第五十四条规定的情形,买受人在法定期限内行使撤销权的,人民法院应当予以支持。

第二十条 企业出售合同约定的履行期限届满,一方当事人拒不履行合同,或者未完全履行合同义务,致使合同目的不能实现,对方当事人要求解除合同并要求赔偿损失的,人民法院应当予以支持。

第二十一条 企业出售合同约定的履行期限届满,一方当事人未完全履行合同义务,对方当事人要求继续履行合同并要求赔偿损失的,人民法院应当予以支持。双方当事人均未完全履行合同义务的,应当根据当事人的过错,确定各自应当承担的民事责任。

第二十二条 企业出售时,出卖人对所售企业的资产负债状况、损益状况等重大事项未履行如实告知义务,影响企业出售价格,买受人就此向人民法院起诉主张补偿的,人民法院应当予以支持。

第二十三条 企业出售合同被确认无效或者被撤销的,企业售出后买受人经营企业期间发生的经营盈亏,由买受人享有或者承担。

第二十四条 企业售出后,买受人将所购企业资产纳入本企业或者将所购企业变更为所属分支机构的,所购企业的债务,由买受人承担。但买卖双方另有约定,并经债权人认可的除外。

第二十五条 企业售出后,买受人将所购企业资产作价入股与他人重新组建新公司,所购企业法人予以注销的,对所购企业出售前的债务,买受人应当以其所有财产,包括在新组建公司中的股权承担民事责任。

第二十六条　企业售出后,买受人将所购企业重新注册为新的企业法人,所购企业法人被注销的,所购企业出售前的债务,应当由新注册的企业法人承担。但买卖双方另有约定,并经债权人认可的除外。

第二十七条　企业售出后,应当办理而未办理企业法人注销登记,债权人起诉该企业的,人民法院应当根据企业资产转让后的具体情况,告知债权人追加责任主体,并判令责任主体承担民事责任。

第二十八条　出售企业时,参照公司法的有关规定,出卖人公告通知了债权人。企业售出后,债权人就出卖人隐瞒或者遗漏的原企业债务起诉买受人的,如债权人在公告期内申报过该债权,买受人在承担民事责任后,可再行向出卖人追偿。如债权人在公告期内未申报过该债权,则买受人不承担民事责任。人民法院可告知债权人另行起诉出卖人。

第二十九条　出售企业的行为具有合同法第七十四条规定的情形,债权人在法定期限内行使撤销权的,人民法院应当予以支持。

七、企业兼并

第三十条　企业兼并协议自当事人签字盖章之日起生效。需经政府主管部门批准的,兼并协议自批准之日起生效;未经批准的,企业兼并协议不生效。但当事人在一审法庭辩论终结前补办报批手续的,人民法院应当确认该兼并协议有效。

第三十一条　企业吸收合并后,被兼并企业的债务应当由兼并方承担。

第三十二条　企业进行吸收合并时,参照公司法的有关规定,公告通知了债权人。企业吸收合并后,债权人就被兼并企业原资产管理人(出资人)隐瞒或者遗漏的企业债务起诉兼并方的,如债权人在公告期内申报过该笔债权,兼并方在承担民事责任后,可再行向被兼并企业原资产管理人(出资人)追偿。如债权人在公告期内未申报过该笔债权,则兼并方不承担民事责任。人民法院可告知债权人另行起诉被兼并企业原资产管理人(出资人)。

第三十三条　企业新设合并后,被兼并企业的债务由新设合并后的企业法人承担。

第三十四条　企业吸收合并或新设合并后,被兼并企业应当办理而未办理工商注销登记,债权人起诉被兼并企业的,人民法院应当根据企业兼并后的具体情况,告知债权人追加责任主体,并判令责任主体承担民事责任。

第三十五条　以收购方式实现对企业控股的,被控股企业的债务,仍由其自行承担。但因控股企业抽逃资金、逃避债务,致被控股企业无力偿还债务的,被控股企业的债务则由控股企业承担。

八、附则

第三十六条　本规定自二〇〇三年二月一日起施行。在本规定施行前,本院制定的有关企业改制方面的司法解释与本规定相抵触的,不再适用。

第二编

典型案例分析

1 担保、物权

保证合同是否有效及债务人是否应为本案共同被告问题

——利川卷烟厂与中国长城资产管理公司武汉办事处担保合同纠纷上诉案

一、当事人基本情况及案件来源

上诉人(原审被告):利川卷烟厂,住湖北省利川市清江大道159号。

法定代表人:葛希江,该厂厂长。

被上诉人(原审原告):中国长城资产管理公司武汉办事处(以下简称"长城公司武汉办"),住湖北省武汉市武昌中北路66号津津花园21层。

负责人:黄天雄,该办事处总经理。

上诉人利川卷烟厂为与被上诉人长城公司武汉办担保合同纠纷一案,不服湖北省高级人民法院(2001)鄂经初字第4号民事判决,向最高人民法院提起上诉。最高人民法院依法组成由审判员宋晓明担任审判长,代理审判员宫邦友、刘敏参加评议的合议庭进行了审理,书记员夏东霞担任记录。本案现已审理终结。

二、案件基本事实

1999年8月16日,利川烟草公司向利川市农业银行(以下简称"利川农行")出具一份《贷款申请书》,称:"我公司是贵行信贷扶持的二级信用企业,在贵行尚有贷款28 835万元。1999年我公司计划收购烟叶35万担,计划实现烟叶收购总值17 150万元,计划销售烟叶25万担,计划实现销售收入14 450万元,计划创利税5 219万元。目前,我公司由于诸多因素形成,亏损严重,财务负担十分大,为了使企业摆脱目前的财务困境,全面完成1999年生产经营计划,特向贵行申请办理收回再贷8 000万元贷款,期限一年。"利川农行在《贷款申请书》上批注"99年收回再贷批5 000万元"。同日,烟草公司填写了农业银行信贷规范文本《短期借款申请书》,除明确写明借款金额8 000万元,借款理由及用途为收回再贷,在担保方式栏内还注明保证人为利川卷烟厂。同年9月3日，中国农业银行湖北省恩施土家族苗族自治州分行在上述8 000万元的《短期贷款呈报、批复表》地市分行审批意见栏内批复"同意按收旧贷新调整形态，同意1999年度烟叶收购办妥手续，按规定收息，密切银企关系收回再贷5 000万元"。

1999年9月9日、1999年9月13日、1999年9月21日、1999年9月22日、1999年10月11日、1999年10月14日、1999年10月25日，贷款人利川农行与借款人利川烟草公司、保证人利川卷烟厂三方签订了7份《保证担保借款合同》。合同约定，贷款金额分别为700万元、500万元、500万元、1 000万元、550万元、700万元、1 000万元(总计4 950万元)，贷款种类为短期借款，借款用途为烟叶收购，贷款期限为半年，利率为月息5.58‰，按月计付利息，保证人对借款人的贷款债务承担连带保证责任，保证期间为自贷款之日至贷款本息还清为止。如借款人申请延期，经贷款人同意，保证人必须在延期协议上签章认可。延期协议签订后，保证人自愿承担保证责任。借款人应按合同订立的期限归还贷款本息。逾期贷款在逾期期间按日利率万分之二点一计收利息。如需延期还款，借款人必须在贷款到期前15天向贷款人提出延期申请，经贷款人同意后签订延期还款协议。并在合同空白处批注有"本贷款是根据州行99年9月3日已审批额度发放"的内容。三方均在借款合同上签字盖章，利川烟草公司和利川卷烟厂的法定代表人同为葛希江一人，葛希江代表利川烟草公司和利川卷烟厂分别在借款人和保证人栏内加盖了其私章。

合同签订后，利川农行分别于1999年9月9日、1999年9月13日、1999年9月21日、1999年9月22日、1999年10月11日、1999年10月14日、1999年10月25日向利川烟草公司发放了上述贷款，并于发放贷款的当日用银行特种转账传票将每笔贷款合计4 950万元收回，偿还了利川烟草公司原欠的旧贷款。

2000年5月13日，利川农行和长城公司武汉办向利川烟草公司送达一份《债权转移确认通知书》，称：根据利川农行与长城公司武汉办于2000年5月13日签订的《剥离收购不良资产协议书》，利川烟草公司所欠利川农行贷款本息28 339万元，自2000年5月13日起转移给长城公司武汉办。债权转移后，长城公司武汉办行使债权人的一切权利，利川农行不再行使债权人的权利；为该主债权设置的担保权利依法全部转移和委托给长城公司武汉办，原担保合同内容不变。按照国务院规定，此次担保权利转让担保人对担保权人主体变更所持异议无效；该贷款已经全部逾期，请债务人和担保人在接到本通知后，主动向长城公司武汉办归还全部债务款项，或者制定还款计划。利川烟草公司于同日在《债权转移确认通知书回执》上加盖了单位公章和其法定代表人葛希江的私章，对利川农行转移给长城公司武汉办的28 339万元债权未提出异议。

2001年2月13日，湖北省恩施土家族苗族自治州中级人民法院受理了利川烟草公司申请破产还债一案，并在《恩施日报》、《人民法院报》上发布了申报债权的公告。同年4月6日，长城公司武汉办向湖北省恩施土家族苗族自治州中级人民法院申报了总额为23 389万元债权，涉案的4 950万元债权未申报。

同年3月16日，长城公司武汉办以挂号信方式向利川卷烟厂送达一份《担保人履行责任通知书》，要求利川卷烟厂对债务人利川烟草公司提供担保的债务本金4 950万元及利息266.1万元履行担保责任，并特别注明"被担保人已宣告破产，请担保人向法院申报债权"。湖北省恩施市公证处为此出具了《公证书》。

同年3月14日，长城公司武汉办因利川卷烟厂不履行担保责任诉至湖北省高级人民法院，请求判令利川卷烟厂偿还所欠借款本金4 950万元及利息2 940 602.45元（暂计算至2001年2月20日），并由其承担案件受理费、保全费和实现债权的其他费用。

另查明：自1993年6月16日至今，葛希江任利川卷烟厂厂长，为利川卷烟厂法定代表人。1998年5月31日至今，葛希江同时任利川烟草公司经理、法定代表人。

三、原审法院裁判要旨

湖北省高级人民法院经审理认为：

本案是以利川卷烟厂为被告的担保合同纠纷案件，而不是以利川烟草公司和利川卷烟厂为共同被告的借款担保合同纠纷案件，而且原告长城公司武汉办并未向受理破产案件的湖北省恩施土家族苗族自治州中级人民法院申报本案债权。因此，本案并非利川烟草公司破产时尚未审结的经济纠纷案件，最高人民法院《关于贯彻执行〈中华人民共和国企业破产法（试行）〉若干问题的意见》第12条第3项的规定不适用本案。依据最高人民法院《关于适用〈中华人民共和国民事诉讼法〉若干问题的意见》第53条、《中华人民共和国担保法》第18条，最高人民法院《关于适用〈中华人民共和国担保法〉若干问题的解释》第44条的规定，长城公司武汉办可以单独以利川卷烟厂为被告提起诉讼，本案不应中止诉讼。

认定金融机构与借款人是否在搞以贷还贷，不仅要查明客观上借款人有无以新贷偿还旧贷的行为，而且应当查明金融机构与借款人之间有无以贷还贷的共同意思表示或意思联络。本案中，利川农行与利川烟草公司虽未在借款合同中写明以贷还贷，但利川烟草公司在贷款申请书中明确表示向利川农行申请办理收回再贷8 000万元贷款，而非烟叶收购贷款，这一证据表明，借款人利川烟草公司有以贷还贷的意思表示。贷款人利川农行在贷款申请书上批注"99年收回再贷批5 000万元"字样，同意以贷还贷。同时，利川农行在贷款当日将贷款划到利川烟草公司账上，当日即以特种转账贷方传票将贷款划转，用于归还利川烟草公司的原欠旧贷款。上述以贷还贷行为在利川烟草公司短期借款明细账上和利川农行营业部分账户上有反映，利川烟草公司在短期借款明细账上加盖单位公章予以确认，并未提出异议。2000年5月13日，利川烟草公司在债权转移确认通知书回执上盖章，确认其欠利川农行的债务总额为28 339万元，包括涉案的4 950万元，这是利川烟草公司对4 950万元贷款以新还旧事实的再次确认。因此，利川农行与利川烟草公司不仅有以贷还贷的行为，而且有以贷还贷的共同意思表示。借贷双方的以贷还贷行为不违反我国法律、法规的强制性规定，应认定为有效。

依据《中华人民共和国民法通则》第38条、第43条的规定，法定代表人是依据法律或法人组织章程规定，代表法人行使职权的负责人，法人的活动主要通过其法定代表人的行为表示出来，法人对其法定代表人及其工作人员的经营活动负责。葛希江作为利川烟草公司和利川卷烟厂的法定代表人，应对利川烟草公司和利川卷烟厂的重大经营活动负责。利川烟草公司和利川卷烟厂与利川农行实施以新贷还旧贷的行为，作为利川烟草公司的法定代表人的葛希江是知道的，作为利川卷烟厂的法定代表人的葛希江也应当知道的。利川卷烟厂知道或应当知道借贷双方为以贷还贷行为仍自愿为烟草公司贷款提供担保，依据最高人民法院《关于适用〈中华人民共和国担保法〉若干问题的解释》第39条第1款的规定，利川卷烟厂应依约对本案4 950万贷款承担连带保证责任。

保证担保借款合同约定，保证期间为自贷款之日到本贷款本息还清为止。根据最高人民法院《关于适用〈中华人民共和国担保法〉若干问题的解释》第32条的规定，该保证期间应视为约定不明，保证期间为主债务履行期届满之日起2年。2000年5月13日，利川农行将4 950万元债权转移给长城公司武汉办，根据《中华人民共和国担保法》第22条的规定，利川卷烟厂仍应承担原来的保证责任。2001年3月16日，长城公司武汉办要求利川卷烟厂履行保证义务，是在法定的保证期间内要求利川卷烟厂承担保证责任，利川卷烟厂没有免除保证责任的法定事由。

长城公司武汉办关于利川卷烟厂应向其支付借款本金4 950万元及利息的诉讼请求，该院予以支持。

长城公司武汉办未提供利川卷烟厂承担保全费和实现债权的其他追偿费用的证据和数额，其要求利川卷烟厂承担保全费和实现债权的其他追偿费的诉讼请求，该院予以驳回。

利川卷烟厂关于利川农行未按合同的约定履行放贷义务，擅自改变贷款用途，自行办理了以贷还贷业务，故意隐瞒以贷还贷的事实，采取欺骗手段，骗取其保证担保的抗辩理由不能成立。

该院依照《中华人民共和国民法通则》第106条、第108条，最高人民法院《关于适用〈中华人民共和国担保法〉若干问题的解释》第39条第1款以及《中华人民共和国民事诉讼法》第128条的规定，判决：

1. 利川卷烟厂偿还长城公司武汉办本金4 950万元。

2. 利川卷烟厂支付长城公司武汉办上项本金的逾期罚息（自2000年5月13日起至付清之日止按中国人民银行规定的同期逾期贷款罚息标准计算）。

3. 驳回长城公司武汉办的其他诉讼请求。上述应付款项，于该判决生效后

30日内付清。逾期支付,按《中华人民共和国民事诉讼法》第232条的规定办理。案件受理费272 213元,由长城公司武汉办负担27 221.3元,利川卷烟厂负担249 917元。

四、当事人上诉与答辩情况

利川卷烟厂不服湖北省高级人民法院的上述民事判决,向最高人民法院提起上诉称:

1. 一审法院对本案的基本事实认定错误。本案所涉7份《保证担保借款合同》,系流动资金短期贷款合同,合同中均约定了贷款用途为烟叶收购。利川农行在未告知借款人的情况下,擅自改变贷款用途,单方扣收新贷偿还旧贷,且未通知利川烟草公司和上诉人。一审法院认定"利川农行单方违约扣贷还贷的行为"为"利川农行与利川烟草公司借贷双方实施了以贷还贷行为"缺乏事实和法律依据。《转贷申请书》未经查证属实,不能作为定案依据。利川烟草公司在短期借款明细账上加盖单位公章不能证明其主观上明知利川农行转贷且同意转贷。利川农行的行为是民事侵权行为,不应受法律保护。

2. 一审法院不对借款人利川烟草公司进行相关的调查取证,亦不许可其参加本案诉讼,致使本案事实未能查清。尤其是利川农行扣收还贷所涉及的旧贷中存在违规收取高息这一事实,直接影响主借款合同和担保合同的效力的问题,以及上诉人是否应承担保证担保责任的问题。且被上诉人所列举的8份借据中7份是变造的,不能作为定案依据。

3. 一审法院认定"利川卷烟厂知道或应当知道借贷双方为以贷还贷行为仍自愿为利川烟草公司贷款提供担保",违背了本案客观事实。一审法院以上诉人与利川烟草公司的法定代表人为同一人为由,推定上诉人在提供担保时知道或应当知道借贷双方为以贷还贷,混淆了不同的法律概念,于法无据。利川农行采取欺诈手段使保证人在违背真实意思的情况下提供的保证应为无效,保证人不应承担保证责任。一审法院认定事实错误,适用法律不当,遗漏案件当事人,请求撤销一审判决,驳回被上诉人一审全部诉讼请求;本案一、二审诉讼费用均由被上诉人承担。

被上诉人长城公司武汉办答辩称:

1. 一审法院对本案事实认定是清楚、正确的。利川烟草公司给利川农行的转贷申请书上明确写明申请办理收回再贷8 000万元,即以新还旧的意思表示是明确的。利川烟草公司借新还旧以腾出自有流动资金收购烟叶与借款合同上写明的收购烟叶的借款用途本质上是一致的。利川农行应利川烟草公司申请借新还旧,是双方当事人的真实意思表示,也是对借款合同的履约,不是利川农行单方扣收还贷行为。利川烟草公司在短期借款明细账上加盖公章,足以说明其对以新还旧是明知且认可的。利川卷烟厂对贷款发放的金额、时间等在一审中没有任何异议，现又提出有7份借据系变造，是无稽之谈。故一审法院对本案保证担保借款合同的签订、履行以及借新还旧属双方当事人真实意思表示的认定，是完全尊重客观事实的。

2. 利川卷烟厂和利川烟草公司的法定代表人同为葛希江一人，因借新还旧是借款人利川烟草公司的真实意思表示，故保证人利川卷烟厂对借新还旧这一真实借款用途是完全明知或应当明知的，一审判决其承担保证责任是正确的。故一审判决事实清楚，证据充分，程序合法，适用法律正确，请求维持一审判决。

五、二审法院裁判要旨

最高人民法院经审理认为：

虽然利川烟草公司与利川农行签订的《保证担保借款合同》上填写的借款用途为“烟叶收购”，但在1999年8月16日利川烟草公司向利川农行出具的《贷款申请书》中明确申请的是收回再贷贷款，利川农行的上级行批复同意的亦是按收旧贷新发放5 000万元给利川烟草公司，且7份借款合同上均明确注明了“本贷款是根据州行99年9月3日已审批额度发放”的内容，故应认定以贷还贷的借款用途系利川烟草公司与利川农行双方的真实意思表示，利川卷烟厂关于利川农行单方违约扣贷还贷的主张，没有事实依据，最高人民法院不予支持。葛希江既是利川烟草公司的法定代表人，也是利川卷烟厂的法定代表人，其对利川烟草公司向利川农行贷款的真实用途为以贷还贷是明知的，一审法院以此认定保证人利川卷烟厂知道或者应当知道借贷双方为以贷还贷，利川卷烟厂仍自愿为利川烟草公司提供担保，应依法承担连带保证责任是正确的，最高人民法院予以维持。利川卷烟厂关于利川农行擅自改变贷款用途，骗取其提供担保的上诉理由不能成立，最高人民法院不予支持。

利川卷烟厂向利川农行提供的保证系连带责任保证，债权人利川农行既可以要求债务人利川烟草公司履行债务，也可以要求保证人利川卷烟厂承担连带保证责任。是否向债务人利川烟草公司提起诉讼，是债权人利川农行的权利。利川卷烟厂关于追加债务人利川烟草公司为本案共同被告的上诉理由，最高人民法院不予支持。

利川卷烟厂虽然享有债务人的抗辩权，但其关于利川农行扣收还贷所涉及的旧贷中存有违规收取高息的主张，因其未能提供充足证据予以佐证，最高人民法院不予支持。

综上，原审判决认定事实清楚，适用法律并无不当。最高人民法院依照《中华人民共和国民事诉讼法》第153条第1款第（一）项的规定，判决：驳回上诉，维持原判决。本案二审案件受理费272 213元，由利川卷烟厂承担。

六、对本案事实认定和法律适用的分析

（一）贷款方利川烟草公司向利川农行借款4 950万元的真实目的为以贷还贷

1999年利川烟草公司与利川农行签订的7份《保证担保借款合同》，虽然在合同借款用途栏内填写的为"烟叶收购"，但从以下几份证据可以认定其上述借款的真实意思为以贷还贷：

1. 1999年8月16日利川烟草公司向利川农行出具的《贷款申请书》中明确向利川农行申请"办理收货再贷8 000万元贷款"。利川农行在该申请书上批注"99年收回再贷批5 000万元"；

2. 同日，利川烟草公司填写的农业银行信贷规范文本《短期借款申请书》上，明确写明借款金额8 000万元，借款理由及用途为收回再贷，担保人为利川卷烟厂；

3. 1999年9月3日，银行在上述8 000万元的《短期贷款呈报、批复表》地市分行审批意见栏内，批复"同意按收旧贷新调整形态，同意99年度烟叶收购办妥手续，按规定收息，银行收回再贷5 000万元"。

4. 双方签订的七份借款合同上均批注有"本贷款是根据川行99年9月3日已审批额度发放"字样。

上述几份证据足以证明利川烟草公司借款的真实用途为以新还旧，且利川卷烟厂并未举出任何利川烟草公司对利川农行扣收新贷偿还旧贷提出异议的证据。上诉人关于被上诉人所列举的8份借据中有7份是变造的，因其是否变造并不影响上述贷款的真实性，本案二审不予审查。故一审法院认定借款人利川烟草公司有以贷还贷的意思表示是正确的，应予维持。

（二）保证人利川卷烟厂不能以借款人与贷款人改变贷款用途，未经保证人同意为由主张免责

保证人利川卷烟厂对上述贷款的真实借款用途为以贷还贷是知道或者应当知道的，不能以借款人与贷款人改变贷款用途，未经保证人同意为由主张免责。

葛希江同时作为贷款人利川烟草公司和保证人利川卷烟厂的法定代表人，因其作为利川烟草公司的法定代表人对其向利川农行贷款的真实用途为以贷还贷是明知的，故作为利川卷烟厂的法定代表人对此亦是明知的，一审法院关于保证人利川卷烟厂知道或者应当知道借贷双方为以贷还贷仍自愿为其提供担保，应依法承担连带保证责任的认定是正确的，亦应予以维持。上诉人利川卷烟厂关于利川农行未按合同约定履行放贷义务，擅自改变贷款用途，自行办理以贷还贷，并隐瞒事实，骗取其提供担保的上诉理由不能成立。

（三）上诉人关于追加债务人利川烟草公司为本案共同被告的上诉理由，不能成立

保证人利川卷烟厂向利川农行提供的保证系连带责任保证，利川农行根据《中华人民共和国担保法》第18条第2款关于“连带责任保证的债务人在主合同规定的债务履行期届满没有履行债务的，债权人可以要求债务人履行债务，也可以要求保证人在其保证范围内承担保证责任”的规定，单独向保证人利川卷烟厂提起诉讼，请求其偿还债务，于法有据。债务人利川烟草公司在主合同规定的债务履行期届满没有履行债务的，债权人利川农行可以要求债务人履行债务，也可以要求提供连带担保责任的保证人利川卷烟厂承担全部保证责任。是否向债务人利川烟草公司提起诉讼，是债权人利川农行的权利。故上诉人的上述主张，应不予支持。利川卷烟厂虽然享有债务人的抗辩权，但其关于利川农行扣收还贷所涉及的旧贷中存有违规收取高息的主张，因未能提供充足证据予以佐证，应不予支持。

主合同协议仲裁管辖的效力能否及于从合同中的保证人

——惠州纬通房产有限公司与惠州市人民政府履约担保纠纷案

一、当事人基本情况及案件来源

上诉人(原审原告):惠州纬通房产有限公司(以下简称"纬通公司"),住广东省惠州市江北18小区。

法定代表人:林汕,该公司董事长。

被上诉人(原审被告):惠州市人民政府(以下简称"惠州市政府"),住广东省惠州市云山西路6号。

法定代表人:柳锦州,该市市长。

上诉人纬通公司因与被上诉人惠州市人民政府履约担保纠纷一案,不服广东省高级人民法院(2001)粤高法经一初字第13号民事裁定书,向最高人民法院提起上诉。最高人民法院依法组成由审判员宋晓明担任审判长,代理审判员宫邦友、刘敏参加评议的合议庭进行了审理,书记员夏东霞担任记录。现已审理终结。

二、案件基本事实

1994年9月7日,纬通公司与惠州市嘉城集团有限公司(以下简称"嘉城公司")签订《港澳广场总承包工程合同》,约定纬通公司将港澳广场发包给嘉城公司承建,合同总价款为779 164 250元。该合同第14-3-1条明确规定:"无论是在本合同执行期间或在本合同完成或被放弃之后发包方和承包方之间,对合同的解释或与对合同有关的任何问题,若有任何争议或歧见,则有关争议或歧见需提交双方同意的仲裁人仲裁解决或提交中国国际贸易对外促进委员会对外经济贸易仲裁委员会,而根据该会的仲裁程序进行仲裁。"

同日,纬通公司与惠州市政府签订《履约确认书》,约定:"基于纬通公司同意惠州市政府的要求,与其直属的嘉城公司签订港澳广场第一期总承包工程合同,由嘉城公司负责兴建位于惠州市江北新城第18号小区第18.06地段名为港澳广场的工程(包括三层地下室、五层裙楼、二十层高公寓塔楼及二十层高写字楼塔楼)。惠州市政府借此向发包方确认,在任何时候,嘉城公司将会按时履行、遵守及维护在工程合同内所订明的限期、承诺、条款及责任。如嘉城公司未能履行、遵守或维护上述的限期、承诺、条款及责任,惠州市政府将赔偿一切因嘉城公司未能履行工程合同而受影响之人士或方面向发包方所追讨之赔偿。发包方因上述原因而付出的多种或任何费用,概由惠州市政府负责。对工程的所有违约行为所产生的责任承担保证责任。""市政府所有金钱上的赔偿以此履约确认书为根据。如因任何法律上的限制,非法行为,法律上无资格或能力或因嘉城的结束,发包方依然可向市政府作为独立或主要的负债人来索取赔偿。""本履约确认书受中国法律管辖,市政府同意接受中国法院的裁决。"

上述合同订立后,纬通公司陆续向嘉城公司支付了有关工程款,而嘉城公司一直未将有关工程完工,双方因此产生纠纷。纬通公司于2001年5月向广东省高级人民法院起诉,请求判令嘉城公司向其返还工程款167 503 200元,并支付违约金7 606万元,共计243 563 200元,惠州市政府对上述债务承担连带清偿责任。后因嘉城公司与惠州市政府在答辩期内提出管辖权异议,纬通公司于2001年7月19日向广东省高级人民法院提交了《撤诉申请书》,明确撤回其对嘉城公司提出的起诉;同时,该公司又向广东省高级人民法院提交了《起诉书》,请求判令惠州市政府向其支付243 563 200元。惠州市政府于2001年8月15日提出管辖权异议,请求裁定驳回纬通公司对惠州市政府的起诉,将本案移送至有管辖权的仲裁机构。

三、原审法院裁判要旨

广东省高级人民法院审理认为:

纬通公司对嘉城公司、惠州市政府提起诉讼后,明确撤回其对嘉城公司提出的起诉,这是纬通公司对自己诉讼权利的处分,不违背国家法律,应予准许。

广东省高级人民法院就纬通公司对惠州市政府提出的起诉继续审理。1994年9月7日,纬通公司与惠州市政府签订《履约确认书》,确定如嘉城公司未能履行、遵守或维护本案合同约定的期限、承诺、条款及责任,惠州市政府将赔偿一切因嘉城公司未能履行工程合同所引致发包方的任何直接或间接的损失,以及因嘉城公司未能履行工程合同而受影响之人士或方面向发包方所追讨之赔偿。发包方因上述原因而付出的多种或任何费用,概由惠州市政府负责。在工程的所有违约行为所产生的责任承担保证责任。上述约定的担保责任方式不明确,该担保行为发生于1994年9月,根据最高人民法院法发〔1994〕8号《关于审理经济合同纠纷案件有关保证的若干问题的规定》第7条"保证合同没有约定保证人承担何种保证责任或者约定不明确的,视为保证人承担的是赔偿责任"的规定,应确定惠州市政府对嘉城公司承担的是赔偿责任,惠州市政府享有先诉抗辩权。主合同和一般担保合同发生纠纷提起诉讼的,应当根据主合同确定案件管辖。本案主合同是纬通公司与嘉城公司于1994年9月签订的《港澳广场总承包工程合同》,根据该合同第14-3-1条中关于“本合同执行期间产生的任何争议需提交中国国际贸易对外促进委员会对外经济贸易仲裁委员会，而根据该会的仲裁程序进行仲裁”的约定，仲裁协议明确，排除了法院对本案的管辖权，法院对该案不予受理，应由纬通公司另行向有关仲裁机构申请仲裁。

综上，广东省高级人民法院依照《中华人民共和国民事诉讼法》第111条第(二)项、第140条第1款第(三)项的规定，裁定如下：驳回纬通公司的起诉。一审案件受理费200元由纬通公司负担。纬通公司已向本院预交诉讼费1 227 826元，由本院向其退回1 227 626元。

四、当事人上诉与答辩意见

上诉人纬通公司不服广东省高级人民法院一审民事裁定，向最高人民法院提起上诉称：一审法院回避了相关的重要事实，违法剥夺了上诉人应有的诉权，请求依法撤销上述裁定。

1. 惠州市政府在与纬通公司签订的《履约确认书》中明确选择接受中国法院管辖，该管辖的约定并未违法，一审法院应当按照当事人意思自治的原则确定法院具有管辖权。

2. 嘉城公司因被注销而不存在，惠州市政府先诉抗辩权的行使已经失去了根本的基础，其并不具有行使先诉抗辩权的条件。一审法院以纬通公司与嘉城公司签订的《港澳广场总承包工程合同》约定的仲裁条款，排除法院对本案的管辖，是故意回避作为仲裁协议的一方嘉城公司已经不存在的事实和纬通公司与惠州市政府之间只有接受法院管辖的约定而没有仲裁协议约定的事实，置上诉人于无法寻求司法保护的境地，直接剥夺了法律赋予其的诉权。

被上诉人惠州市政府答辩称：

1. 原审法院认定事实清楚，适用法律正确。纬通公司与嘉城公司签订的《港澳广场总承包工程合同》明确约定了仲裁条款，惠州市政府向纬通公司出具的《履约确认书》是基于上述合同产生的，是从合同。担保合同纠纷应根据主合同确定管辖，故本案履约担保纠纷应依据主合同的约定通过仲裁途径解决。

2. 惠州市政府依法享有先诉抗辩权。惠州市政府向纬通公司提供的担保系一般保证，虽然嘉城公司被注销，但因其至今未予清算，其债权债务依然存在。且嘉城公司是否存在，并不影响惠州市政府行使先诉抗辩权。一审法院裁定认定事实清楚，适用法律正确，程序合法，应予维持。

五、二审法院裁判要旨

最高人民法院经审理认为：

本案债权人纬通公司与保证人惠州市政府在双方签订的《履约确认书》中并未约定仲裁条款。本案系纬通公司起诉惠州市政府的履约担保纠纷，与纬通公司和嘉城公司之间的承包工程合同纠纷系两个不同的民事关系。纬通公司与惠州市政府之间形成的履约担保民事关系不受纬通公司与嘉城公司承包合同中约定的仲裁条款的约束，双方当事人在所签订的《履约确认书》中并未选择仲裁方式解决纠纷。纬通公司的起诉符合《中华人民共和国民事诉讼法》第108条的规定，广东省高级人民法院应当予以受理。广东省高级人民法院以承包工程合同中的仲裁条款明确，从而排除人民法院对履约担保纠纷的管辖权，裁定驳回纬通公司的起诉，依法应予纠正。

最高人民法院依据《民事诉讼法》第154条之规定，裁定如下：

撤销广东省高级人民法院(2001)粤高法经一初字第13号民事裁定。惠州纬通房产有限公司诉惠州市人民政府履约担保纠纷，广东省高级人民法院应予受理。

一、二审案件受理费各50元，均由惠州市人民政府承担。

六、对本案事实认定和法律适用的分析

此案要解决的关键问题是主合同约定有仲裁条款，而从合同即保证合同没有约定仲裁条款，债权人单独对担保人提起诉讼时，是否应受主合同约定的仲裁条款约束的问题。

仲裁是争议双方在争议发生前或争议发生后达成协议，自愿将争议交给第三者作出裁决，双方有义务执行的一种解决争议的方法；而诉讼是根据"司法最终解决原则"，任何纠纷和争议通过其他手段无法解决的，都可诉诸法院，请求法院给予救济。从本质上讲，仲裁是协议管辖，诉讼是强制管辖。仲裁和诉讼虽然在性质上不同，但在法律上同属于程序法范畴，两者作为处理民商事纠纷的两种不同的法律制度，互相联系，互相补充，互相制约，各自发挥着不同的社会、法律功能。

但是，在解决具体民商事纠纷的实践中，又经常发生如何确定人民法院和仲裁机构的职能分工问题。尤其是我国《仲裁法》的实施，将以前的"一裁二审"变更为"或裁或审"后，此问题显得更为突出。对此，我国有关法律作了相应的规定。《民事诉讼法》第111条规定，依照法律规定，双方当事人对合同纠纷自愿达成书面仲裁协议向仲裁机构申请仲裁、不得向人民法院起诉的，告知原告向仲裁机构申请仲裁。《仲裁法》第4条规定，当事人采用仲裁方式解决纠纷，应当双方自愿，达成仲裁协议。没有仲裁协议，一方申请仲裁的，仲裁委员会不予受理。该法第5条规定，当事人达成仲裁协议，一方向人民法院起诉的，人民法院不予受理，但仲裁协议无效的除外。从上述规定看，当事人双方是否达成仲裁协议是确定纠纷究竟是以诉讼方式还是仲裁方式解决的唯一依据。仲裁更多地体现了当事人双方的意思，是由当事人双方的意思自治决定的，当事人采用仲裁方式解决纠纷，应当双方自愿，达成仲裁协议。没有仲裁协议，不能通过仲裁方式解决。自愿原则是仲裁制度赖以存在与发展的基石，没有当事人意思自治的仲裁不是真正意义上的

仲裁。当事人发生纠纷,是否选择仲裁的方式解决,由当事人双方自己决定,任何一方不能将自己的意志强加于另一方,必须通过双方当事人平等协商达成书面协议。

本案债权人纬通公司与保证人惠州市政府在双方签订的《履约确认书》中并未有仲裁条款,亦未单独签订仲裁协议,没有请求仲裁解决纠纷的意思表示。本案系履约担保纠纷,是基于纬通公司与惠州市政府之间的担保法律关系发生的纠纷,与纬通公司和嘉城公司之间的承包工程合同纠纷系两个不同的法律关系,承包工程合同中的仲裁条款不能适用于担保法律关系发生的纠纷。换句话说,即纬通公司与惠州市政府之间的履约担保法律关系不受纬通公司与嘉城公司承包合同中的仲裁条款的约束。纬通公司以担保纠纷起诉惠州市政府,有管辖权的法院应当依法受理。广东省高级人民法院作为被告惠州市政府所在地法院依法享有管辖权。纬通公司的起诉符合《民事诉讼法》第 108 条的规定,广东省高级人民法院应当予以受理。广东省高级人民法院以承包工程合同中的仲裁条款明确,从而排除人民法院对履约担保纠纷的管辖权,裁定驳回纬通公司的起诉,与法不符。至于惠州市政府提供的保证系何种性质的担保,因属实体审查的内容,应在依法受理后,进行审查。如系一般保证,因保证人依法享有先诉抗辩权,在主合同纠纷未经审判或者仲裁,并就债务人的财产依法强制执行仍不能履行债务前,对债权人可以拒绝承担保证责任,人民法院可以裁定中止审理,待主合同纠纷解决后,再行判决;如系连带责任保证,如事实清楚不需待主合同纠纷解决,即可直接下判。在涉及仲裁的情况下,保证人提供担保的性质不影响担保纠纷案件的管辖。故本案应裁定撤销广东省高级人民法院(2001)粤高法经一初字第 13 号民事裁定。

指令付款不构成债务转移，保证人不能以此主张免责

——桂林南方橡胶（集团）公司与中国光大银行南宁星湖支行、林辰山新技术发展总公司、桂林凯杰印制电机公司、桂林电器科学研究所借款合同纠纷案

一、当事人基本情况及案件来源

上诉人（原审被告）：桂林南方橡胶（集团）公司（以下简称“南方公司”），住桂林市七星路26号。

法定代表人：王竞华，总经理。

被上诉人（原审原告）：中国光大银行南宁星湖支行（以下简称“星湖支行”），住南宁市星湖路3-1号。

诉讼代表人：苏树德，行长。

原审被告：桂林辰山新技术发展公司（以下简称“辰山公司”），住桂林市七星区辰山路1号。

法定代表人：廖宏彬，董事长。

原审被告：桂林凯杰印制电机公司（以下简称“凯杰公司”），住桂林市七星区辰山路1号。

法定代表人：李英葆，董事长。

原审被告：桂林电器科学研究所（以下简称“电科所”），住桂林市七星区辰山路1号。

法定代表人：廖宏彬，所长。

上诉人南方公司为与被上诉人星湖支行、原审被告桂林辰山公司、凯杰公司、电科所借款合同纠纷一案，不服广西壮族自治区高级人民法院（1999）桂经初字第11号民事判决，向最高人民法院提起上诉。最高人民法院依法组成了由审判员叶小青担任审判长，代理审判员曹士兵、刘敏组成的合议庭进行了审理，书记员孙建国担任记录。本案现已审理终结。

二、案件基本事实

1993年11月25日南方公司给中国投资银行广西壮族自治区分行（以下简称

"投行广西区分行"）出具了一份《不可撤销的经济担保书》，为辰山公司向投行广西区分行借款423万美元购置特种电机生产线设备提供不可撤销的无条件的担保，如辰山公司没有按贷款合同规定偿还全部贷款本息，南方公司依法无条件承担履行贷款合同规定的偿还全部贷款本息的义务，并见索即付。1993年12月27日，辰山公司给投行广西区分行出具了一份函："我公司在贵行所贷特种电机生产线外汇叁佰玖拾万美元，为便于资金使用管理，同意分公司桂林辰山特种电机成套公司（后更名为桂林凯杰印制电机公司，以下简称"凯杰公司"）单独办理外汇开户银行，请准予办理为盼。"1993年12月31日，投行广西区分行与辰山公司签订了（1993）桂投银合字第07号贷款合同。合同约定，辰山公司因引进印制绕组电机生产线项目，投行广西区分行经审查后同意贷给辰山公司外汇390万美元；贷款期限自1993年8月26日起至1998年8月26日止，其中宽限期自1993年8月26日至1994年12月31日；投行广西区分行向辰山公司提供的外汇贷款，辰山公司必须用外汇还本付息：本次基期利率为年息百分之LIB0R3.4375%+3.32%；辰山公司保证从1995年1月1日至1998年8月26日止的期限内还清全部本息，贷款还本计划：1995年19.8万美元，其中：上半年5.94万美元；1996年39.5万美元，其中：上半年11.85万美元；1997年128.5万美元，其中：上半年38.55万美元；1998年202.2万美元，其中：上半年60.66万美元；如辰山公司不能按年度还本计划归还贷款，从当年12月份银行结算日开始对逾期贷款加息20%等内容。合同签订后，投行广西区分行依据辰山公司函件的指定，分别于1994年1月1日将118万美元，1994年4月1日将261万美元，1994年10月1日将11万美元转至凯杰公司账户，由凯杰公司用于引进印制绕组电机生产线。投行广西区分行从1994年3月21日起按季收取了凯杰公司从1993年8月26日起至贷款支付之日之前的承诺费和贷款的利息。截至1994年12月21日，收取承诺费的数额为31 650.83美元，截至1998年12月31日，收取利息的数额为659 362.99美元。贷款期限届满后，辰山公司和凯杰公司未能偿还投行广西区分行（后更名为中国投资银行南宁分行，以下简称"投行南宁分行"）390万美元借款本金及尚欠的利息，南方公司亦未履行保证责任。投行南宁分行遂于1998年9月23日向辰山公司、凯杰公司发出到（逾）期贷款催收通知书，请辰山公司、凯杰公司及时归还390万美元贷款及尚欠利息。辰山公司、凯杰公司均在该通知书回执上盖章确认。1999年5月19日，投行南宁分行又向南方公司发出到（逾）期贷款催收通知书，南方公司在回执上盖章，并注明："为支持辰山公司引进特种电机生产线，93年受桂林市政府指令给贷款予信誉担保。"之后，辰山公司除偿还部分利息外，仍欠投行南宁分行390万美元借款本金及剩余利息，南方公司亦未履行保证责任。投行南宁分行遂诉至广西壮族自治区高级人民法院，请求法院判决辰山公司偿还390万美元及尚欠利息1 020 417.74美元（暂计至1998年12月30日），并由南方公司对上述债务承担保证责任。

另查明，1993年11月20日，电科所向中国投资银行桂林市支行（以下简称

“投行桂林支行”)提交了一份承诺函,称:“辰山公司向贵行申请引进印制绕组电机生产线,所需外汇贷款为360万美元,该公司引进生产线投产后,按与贵行签订的合同计划还贷。如该公司遇有困难不能按计划还贷时,我所将承诺该公司引进生产线贷款的还贷工作。”之后,辰山公司未与投行桂林支行签订贷款合同,投行桂林支行也没有贷款给辰山公司。1996年8月13日,中国人民银行广西壮族自治区分行以桂银复字〔1996〕第63号《关于中国投资银行广西分行机构撤并方案的批复》,同意投行广西区分行撤销投行桂林支行,投行桂林支行因此撤并。

1998年1月6日,中国人民银行广西壮族自治区分行以桂银函字〔1998〕第1号《关于同意中国投资银行广西壮族自治区分行更名的复函》,同意投行广西区分行更名为投行南宁分行,1999年3月16日,中国光大银行、国家开发银行联合下发了光银发〔1999〕96号《关于国家开发银行与中国光大银行整体转让—接收原中国投资银行资产、负债和同城营业网点有项的紧急通知》,自公告发布之日起,原中国投资银行全部债权债务由中国光大银行承担。1999年3月19日,中国人民银行以银银管〔1999〕42号《关于原中国投资银行市区内网点转为中国光大银行网点的批复》,同意将原中国投资银行137家同城营业网点变更为中国光大银行营业网点。1999年4月2日,中国光大银行以光银发〔1999〕119号《关于确定辖区内牵头管理行的通知》,指定光大银行南宁支行作为广西的牵头管理行。根据光大银行南宁支行的申请,本案原告由投行南宁分行变更为光大银行南宁支行。

还查明,凯杰公司由电科所申请开办,系领取企业法人营业执照的全民所有制企业。

在一审审理中,星湖支行申请追加电科所为共同被告,广西壮族自治区高级人民法院鉴于凯杰公司实际使用了该笔贷款,将凯杰公司追加为本案共同被告。

三、原审法院裁判要旨

广西壮族自治区高级人民法院审理认为:

投行广西区分行与辰山公司于1993年12月31日签订的(1993)桂投银合字第07号贷款合同经双方协商一致,意思表示真实,没有违反法律规定,为有效合同。

南方公司向投行广西区分行出具不可撤销的经济担保书,自愿为辰山公司向投行广西区分行借款提供担保,该担保意思表示真实,没有违反法律规定,亦为有效。因担保书约定如借款人没有按贷款合同规定偿还全部贷款本息,担保人依法无条件地承担履行贷款合同规定偿还全部贷款本息的义务,并见索即付。故该担保为连带责任保证。

贷款合同签订后,投行广西区分行根据辰山公司1993年12月27日出具的函件的指定,将390万美元贷款转到了辰山公司的分支机构凯杰公司的账户上,由凯杰公司用于引进印制绕组电机生产线项目,因此,应认定投行广西区分行已履行了贷款给辰山公司的义务。辰山公司主张其没有收到投行广西区分行的贷款没有事实依据,该院不予支持。

因投行广西区分行所贷资金由中国投资银行从境外筹入,投行广西区分行按照中国投资银行关于地方委托境外借款项目分担在途资金风险,经办行可以向企业收取项目承诺费的规定,收取凯杰公司从 1993 年 8 月 26 日起至贷款支付之日前的承诺费 31 650.83 美元合理,该院予以保护。借款期限届满后,辰山公司未能偿还借款本金 390 万美元及尚欠利息,已构成违约。辰山公司应向光大银行南宁支行偿还借款本金 390 万美元及该款利息,利息分别从借款之日起计至本案生效判决规定的履行期限最后一日止,以贷款合同约定的浮动利率,按 6 个月浮动一次,基期利率为年息百分之 LIBOR3.4375% +3.32%,超过贷款合同约定的年度还本计划期限归还贷款的,按加息 20% 的标准分段计付。投行广西区分行原已收取凯杰公司的利息 659 362.99 美元应予充抵,因凯杰公司是辰山公司的分支机构,且实际使用了贷款,故凯杰公司应对辰山公司的上述债务承担共同偿还责任,凯杰公司提出光大银行南宁支行按贷款合同约定的 LIBOR 利率计算利息不合理,缺乏法律依据和计算依据的主张,因按 LIBOR 利率计付利息是由投行广西区分行与辰山公司根据所贷资金是从境外筹入的实际情况,在贷款合同中明确约定的,该约定是双方的真实意思表示,并未违反法律的强制性规定。故对于凯杰公司的抗辩主张,该院不予支持。

南方公司自愿为辰山公司向投行广西区分行全部借款提供无条件的、见索即付的保证,依法应对辰山公司的上述债务承担连带清偿责任。南方公司抗辩主张投行广西区分行将贷款转给了凯杰公司,因凯杰公司与辰山公司是不同的法人,辰山公司与投行广西区分行签订的贷款合同没有实际履行,且南方公司担保辰山公司贷款 368 万美元,而投行广西区分行贷给凯杰公司的是 390 万美元,已变更了合同的主要条款,南方公司不应承担保证责任。因投行广西区分行是根据辰山公司的指定,将贷款 390 万美元转到辰山公司的分支机构凯杰公司的账户,凯杰公司亦将贷款用于引进印制绕组电机生产线项目,投行广西区分行已实际履行了贷款给辰山公司的义务,且投行广西区分行贷款 390 万美元给辰山公司,并未超过南方公司承诺为 423 万美元提供担保的范围,没有加重南方公司的保证责任。故对于南方公司的主张,该院不予支持,对于光大银行南宁支行提出的电科所应对辰山公司的债务承担保证责任的诉讼请求,因在电科所给投行桂林支行出具的承诺函中担保的意思表示不明确,投行桂林支行亦未与辰山公司签订贷款合同及贷款给辰山公司,应认定电科所为辰山公司向投行桂林支行借款提供的保证还未成立,且投行桂林支厂与投行广西区分行是不同的主体,不能以电科所向投行桂林支行提供的承诺函认定电科所为辰山公司向投行广西区分行借款提供了保证。故光大银行南宁支行于起诉请求判令电科所对辰山公司的债务承担保证责任的理由不成立,依法予以驳回。

依照《经济合同法》第6条、第15条、第40条第2项的规定,并经该院审判委员会讨论决定,判决如下:

1. 被告桂林辰山新技术发展总公司和被告桂林凯杰印制电机公司共同偿还原告中国光大银行南宁星湖支行借款本金390万美元及该款利息(利息分别从借款之日起计至本案生效判决规定的履行期限最后一日止,以贷款合同约定的浮动利率,按6个月浮动一次,首次基期利率为年息百分之LIBOR3.4375%+3.32%,超过贷款合同约定的年度还本计划期限归还的逾期贷款,按加息20%标准分段计付。已收取的利息659 362.99美元充抵上述利息)。

2. 被告桂林南方橡胶(集团)公司对被告桂林辰山新技术发展总公司的上述第一项债务承担连带清偿责任。

3. 驳回原告中国光大银行南宁星湖支行对被告桂林电器科学研究所的诉讼请求。案件受理费213 469元(原告已预交),由辰山公司和凯杰公司共同负担。

四、当事人上诉与答辩意见

南方公司不服原审判决,向最高人民法院提起上诉称:辰山公司未经南方公司同意,将贷款债务转移给凯杰公司,南方公司不再承担保证责任。凯杰公司是独立企业法人,应独立承担民事责任,一审认定凯杰公司是辰山公司的分支机构,不能独立承担偿还其同意受让的390万美元贷款的偿还义务,而由辰山公司和凯杰公司共同偿还,判决南方公司对辰山公司的债务负连带责任是错误的。请求改判南方公司不承担保证责任。

星湖支行答辩称:辰山公司1993年12月27日出具的函件,无论从函件本身的内容看,还是从贷款合同的履行过程来看,该函件系指令付款性质,而非转让贷款的意思,且最终也没有形成贷款转让及债务转移的事实。星湖支行根据该函件将390万美元贷款划到凯杰公司的账户上,其已经履行了贷款合同的义务。辰山公司对贷款转至凯杰公司账户从未提出过异议,且在催收逾期贷款通知书上对贷款债务予以确认,故本案根本不存在将贷款及偿还贷款的义务转给凯杰公司的事实,南方公司应当根据其所出具的担保书承担连带保证责任。

五、二审法院裁判要旨

最高人民法院经审理认为:

投行广西区分行与辰山公司签订的(1993)桂投银合字第07号贷款合同,以及南方公司向投行广西区分行出具的经济担保书,均系当事人真实意思表示,且不违反法律规定,应认定为有效。

投行广西区分行根据辰山公司1993年12月27日出具的函件将贷款直接划入凯杰公司的账户,并未构成债务转移,投行广西区分行履行了贷款合同的义务,辰山公司应按照合同约定偿还贷款。南方公司关于投行广西区分行将390万美元贷款债务从辰山公司转让给凯杰公司,未经南方公司同意,南方公司依法不应承担保证责任的上诉请求,因没有事实依据,最高人民法院不予支持。

凯杰公司领取了企业法人营业执照,故南方公司关于凯杰公司不是辰山公司的分支机构的上诉主张应予支持;但其以此为由主张该笔贷款应由凯杰公司独立承担偿还责任,南方公司对辰山公司的债务不承担保证责任的上诉理由不成立,最高人民法院不予支持。

一审判决南方公司对辰山公司的债务承担连带清偿责任是正确的,应予维持。一审在星湖支行与辰山公司、南方公司提供的贷款合同不一致的情况下,依据星湖支行单方提供的合同认定贷款利率实行浮动利率,按6个月浮动一次,本次基期利率为年息LIBOR3.4375% +3.32%不当,而应依据辰山公司和南方公司的两份相同的贷款合同认定该笔贷款利率为本次基期利率为年息LIBOR3.4375% +3.32%。

最高人民法院依照《民事诉讼法》第153条第1款第(一)项、第(二)项之规定,判决如下:

1. 维持原审判决第二项、第三项及一审案件受理费负担部分。

2. 改判原审判决第一项为桂林辰山新技术发展总公司和桂林凯杰印制电机公司共同偿还中国光大银行南宁星湖支行借款本金390万美元及其利息(自借款之日起至本判决规定的履行期限止,基期利率为年息LIBOR3.4375% +3.32%,超过贷款合同约定的年度还本计划期限归还的逾期贷款,按加息20%标准分段计付。已收取的利息659 362.99美元冲抵上述利息)。

上述应付款项,桂林辰山新技术发展公司和桂林凯杰印制电机公司应于本判决送达之次日起10日内偿付给中国光大银行南宁星湖支行,逾期按《民事诉讼法》第232条的规定办理。

二审案件受理费213 469元,由桂林南方橡胶(集团)公司负担。

六、对本案事实认定和法律适用的分析

(一) 本案所涉债务是否未经保证人同意而转移,保证人是否不再承担保证责任问题

本案的争议焦点在于如何认定投行广西区分行根据辰山公司1993年12月27日致函,将390万美元贷款划到凯杰公司的外汇贷款账户上并由凯杰公司实际使用这一事实,是构成指令付款还是债务转移问题。

南方公司上诉认为,依据最高人民法院1994年4月15日《关于审理经济合同纠纷案件有关保证的若干问题的规定》第14条关于"被保证人经债权人同意,在保证期限内,将债务转移给他人,未经保证人同意的,保证人不再承担保证责任,但保证人追认的除外"的规定,由于该案辰山公司将390万美元贷款划到凯杰公

司的账户上,构成了债务转移,未经保证人南方公司同意和追认,南方公司依法不再承担保证责任。

合同义务的转移具有广义和狭义两种含义,即债务承担和代替履行。这里的债务转移指狭义上的合同义务转移,即指债务承担。所谓的债务承担是指依据债权人、债务人与第三人之间达成的协议将合同债务转移给第三人承担。债务转移须有以债务转移为内容和目的的协议,债权人、债务人和第三人对债务由原债务人转由第三人承担必须有明确的意思表示,且其意思表示必须不存在任何瑕疵。债务承担的方法有承担人与债权人订立协议和债务人与承担人订立协议两种。债务人与第三人订立协议,须经债权人同意方为有效。本案南方公司认为,构成债务转移的唯一依据是1993年12月27日辰山公司给投行广西区分行的函件。

首先,从函件本身内容看,该函件只写明"我公司在贵行所贷特种电机生产线外汇叁佰玖拾万美元,为便于资金使用管理,同意凯杰公司单独办理外汇开户银行,请准予办理为盼",并没有债务转移给凯杰公司的意思表示,更不存在债务转移的合意。因此,从此函件内容看,并不构成债务转移的事实。

其次,从贷款合同的签订和履行看,亦未形成债务转移。辰山公司出具函件时间在贷款合同签订之前,如出具函件的本意为将贷款转移给凯杰公司,则签订合同的主体应为凯杰公司,而非辰山公司,且贷款合同到期后,辰山公司在逾期贷款催收通知回执上盖章对贷款本息予以确认等事实,均说明贷款债务并未由辰山公司转移给凯杰公司。上述函件虽然表述含混,但结合合同的签约履约过程看,理解为辰山公司指令星湖支行将390万美元打入凯杰公司账户更为合理。

(二)凯杰公司是独立法人还是辰山公司的分支机构问题

确认一个公司是独立法人还是分支机构的依据应是企业的工商档案材料。一审判决依据申请变更登记的报告和公司内部的通知等文件,认定凯杰公司系辰山公司的分支机构,不具有独立法人资格,缺乏法律依据。根据凯杰公司的企业法人营业执照,应确认凯杰公司具有独立法人资格。

(三)凯杰公司是否应是本案共同被告问题

这个问题涉及诉的合并问题。一般情况下,一个案件只有一个诉。在审判实践中,由于某种客观原因,将几个存在客观联系的诉合并在一起审理,就构成了诉的合并。合并审理的目的在于简化诉讼程序,贯彻"两便"原则,提高办案效率,既能通过一个程序解决多宗诉讼请求,又能防止法院在处理多宗诉讼中互相联系的问题时作出相互矛盾的裁判,保证法院裁判的正确性和一致性。诉的合并分主体合并和客体合并。主体合并是指共同诉讼、集团诉讼、或者第三人参加诉讼而引起的诉的合并。

根据《民事诉讼法》第119条的规定:必须共同进行诉讼的当事人没有参加诉讼的,人民法院应当通知其参加诉讼。依据《最高人民法院关于适用〈中华人民共和国民事诉讼法〉若干问题的意见》第57条的规定:必须共同进行诉讼的当事人没有参加诉讼的,人民法院应当依照《民事诉讼法》第 119 条的规定,通知其参加;当事人也可以向人民法院申请追加。人民法院对当事人提出的申请,应当进行审查,申请无理的,裁定驳回;申请有理的,书面通知被追加的当事人参加诉讼。根据《最高人民法院关于在经济审判工作中严格执行〈中华人民共和国民事诉讼法〉的若干规定》第 9 条的规定:受诉人民法院对与原被告双方争议的诉讼标的无直接牵连和不负有返还或者赔偿等义务的人,以及与原告或被告约定仲裁或有约定管辖的案外人,或者专属管辖案件的一方当事人,均不得作为无独立请求权的第三人通知其参加诉讼。

星湖支行贷款给辰山公司和辰山公司将所贷款项转给凯杰公司使用是两个不同的法律关系,诉讼标的不同,非必要的共同诉讼,亦与原被告双方争议的诉讼标的没有直接牵连和不负有返还或者赔偿等义务,不属于民事诉讼法规定的必须共同进行诉讼的当事人,一审原告未将凯杰公司列为共同被告,原审法院依职权将凯杰公司追加为本案共同被告,并判决由辰山公司和凯杰公司共同偿还贷款,没有法律依据。但鉴于本案凯杰公司并未对法院追加其为共同被告提出异议,且在一、二审中均表示款项系其所用愿承担偿还贷款的责任,故二审中对此不予审理。

(四)贷款合同利率的确认问题

这里主要涉及二审法院在审理二审案件时审查的范围问题。《民事诉讼法》第 151 条规定:“第二审人民法院应当对上诉请求的有关事实和适用法律进行审理。”最高人民法院《关于适用〈中华人民共和国民事诉讼法〉若干问题的意见》第 180 条后半段规定:“对上诉人上诉请求的有关事实和适用法律进行审查时,如果发现在上诉请求以外原判确有错误的,也应予以纠正。”最高人民法院《关于民事经济审判方式改革问题的若干规定》第 35 条规定:“第二审案件的审理应当围绕当事人的上诉请求范围进行,当事人没有提出请求的,不予审查。但判决违反法律禁止性规定、侵害社会公共利益或者他人利益的除外。”

对上述有关规定,应作如下理解:(1)第二审案件在审理中,原则应以上诉人的上诉请求作为审查的范围,对上诉请求之外的问题,如在审理上诉范围时未予涉及,可不必审查。(2)在对上诉请求的有关事实和适用法律进行审查时,如发现原审法院在事实认定和法律适用中有明显错误的,二审中亦应予以改判。(3)对原审判决违反法律禁止性规定、侵害社会公共利益或者他人利益的,应依法予以改判。

主要理由是:(1)虽然民法适用“不告不理”的原则,但由于事物的发展变化有其因果性和相关联性,第二审案件在审理中,很难说仅对上诉请求的范围进行审查,而不涉及请求范围之外的事实。尤其是有的上诉请求的事实部分是建立在其他事实之上的,如担保人提起的上诉,很多情况下,上诉人所应承担的保证责任或者赔偿责任的大小直接与主债务的多少相关联。或者担保合同的效力直接由主合同的效力所决定。这种情况下,如仅审查上诉请求的范围,是不可能从根本上解决问题的。(2) 从实事求是的角度看,在二审审查过程中,如发现了原审法院在审理中对事实的认定和法律的适用明显有误,而借故当事人未对此提出上诉而不予改判,有违唯物辩证法的基本原理。(3) 从及时解决当事人之间的讼争、减少法院审判工作量的角度出发,对二审中发现的错误亦应及时改判。根据《民事诉讼法》有关审判监督的规定,人民法院对已经发生法律效力的判决、裁定,发现确有错误的,还要通过审判监督程序再审予以改判,对二审中发现的错误以超过上诉请求范围为由不予改判,不符合民事诉讼法的基本原则。

本案在二审审理中发现原审法院认定的贷款合同利率明显有误。二审开庭调查时,星湖支行和辰山公司、南方公司提供的三份合同对利率约定不同,辰山公司和南方公司提供的两份合同中仅约定基期利率为 LIBOR 3.4375% +3.32%,而星湖支行提供的合同中除了约定基期利率为 LIBOR 3.4375% +3.32% 外,还在格式合同的空白处填写了"浮动利率按 6 个月浮动一次"的字样。对这样一式三份的合同,显然应以辰山公司和南方公司提供的两份相同的合同为准确定合同利率,原审法院以星湖支行提供的合同为依据作出的有关利息方面的判决显然是错误的,应予改判。虽辰山公司和凯杰公司对此案未正式提出上诉,但由于此为事实上的错误,对一审偿还利息部分应予改判,利率应以 LIBOR 3.4375% +3.32% 计算。

综上所述,投行广西区分行根据辰山公司的指令,将 390 万美元贷款划到凯杰公司外汇贷款账户,并由凯杰公司实际使用,并未构成借款合同债务转移,南方公司以债务转移未经其同意,其不再承担保证责任的上诉理由不成立,南方公司应依据其向辰山公司出具的担保书承担担保责任。原审法院对贷款合同约定的利率认定错误,在二审中应予以改判。

债务到期后提供担保的法律认定

——北京地鑫房地产开发有限责任公司与中国华融资产管理公司北京办事处、中国机床总公司、中国轻工集团公司、北京正一机电技术公司借款担保合同纠纷上诉案

一、当事人基本情况及案件来源

上诉人(原审被告):北京地鑫房地产开发有限责任公司(以下简称"地鑫房地产公司"),住北京市东城区方家胡同19号四层。

法定代表人:王欣荣,该公司总经理。

被上诉人(原审原告):中国华融资产管理公司北京办事处(以下简称"华融公司北京办"),住北京市西城区阜成门内大街293号。

负责人:徐肇宏,该办事处总经理。

原审被告:中国机床总公司(以下简称"机床总公司"),住北京市东城区方家胡同19号。

法定代表人:邢敏,该公司总经理。

原审被告:中国轻工集团公司(以下简称"轻工集团公司"),住北京市东城区新中西街2号。

法定代表人:陈学忠,该公司总经理。

原审被告:北京正一机电技术公司(以下简称"正一机电公司"),住北京市东城区方家胡同19号。

法定代表人:王欣荣,该公司总经理。

上诉人地鑫房产公司为与被上诉人华融公司北京办、原审被告机床总公司、轻工集团公司、正一机电公司借款合同纠纷一案,不服北京市高级人民法院(2002)高民初字第476号民事判决,向最高人民法院提起上诉。最高人民法院依法组成由审判员吴庆宝担任审判长,代理审判员宫邦友、刘敏参加的合议庭进行了审理,书记员孔玲担任记录。本案现已审理终结。

二、原审法院查明事实

原审法院查明:

2000年3月17日至同年9月26日，中国工商银行北京市东城支行（以下简称“工行东城支行”）与机床总公司共签订13份人民币（以下金额均为人民币）借款合同。保证人轻工集团公司、正一机电公司分别对上述借款提供担保。该13份借款合同分别是：

1. 同年3月17日，工行东城支行与机床总公司签订东流字第53号《流动资金借款合同》，约定借款金额2100万元，期限7个月，自2000年3月17日起至同年10月17日止，月利率5.3625‰。保证人正一机电公司同意对此笔贷款的本金及利息承担连带偿还责任。

2. 同年3月17日，工行东城支行与机床总公司签订东流字第54号《流动资金借款合同》，约定借款金额2800万元，期限7个月，自2000年3月18起至同年10月18日止，月利率5.3625‰。保证人轻工集团公司同意对此笔贷款的本金及利息承担连带偿还责任。

3. 同年4月3日，工行东城支行与机床总公司签订东流字第69号《流动资金借款合同》，约定借款金额7000万元，期限7个月，自2000年4月3日起至同年11月3日止，月利率5.3625‰。保证人轻工集团公司同意对此笔贷款的本金及利息承担连带偿还责任。

4. 同年4月17日，工行东城支行与机床总公司签订东流字第82号《流动资金借款合同》，约定借款金额3500万元，期限7个月，自2000年4月17起至同年11月17日止，月利率5.3625‰。保证人轻工集团公司同意对此笔贷款的本金及利息承担连带偿还责任。

5. 同年4月14日，工行东城支行与机床总公司签订东流字第83号《流动资金借款合同》，约定借款金额800万元，期限7个月，自2000年4月26日起至同年11月26日止，月利率5.3625‰。保证人正一机电公司同意对此笔贷款的本金及利息承担连带偿还责任。

6. 同年5月9日，工行东城支行与机床总公司签订东流字第98号《流动资金借款合同》，约定借款金额3900万元，期限7个月，自2000年5月13日起至同年12月13日止，月利率5.3625‰。保证人轻工集团公司同意对此笔贷款的本金及利息承担连带偿还责任。

7. 同年5月9日，工行东城支行与机床总公司签订东流字第99号《流动资金借款合同》，约定借款金额3200万元，期限7个月，自2000年5月13日起至同年12月13日止，月利率5.3625‰。保证人轻工集团公司同意对此笔贷款的本金及利息承担连带偿还责任。

8. 同年5月18日，工行东城支行与机床总公司签订东流字第109号《流动资金借款合同》，约定借款金额4800万元，期限7个月，自2000年5月18日起至同年12月18日止，月利率5.3625‰。保证人正一机电公司同意对此笔贷款的本金及利息承担连带偿还责任。

9. 同年5月18日,工行东城支行与机床总公司签订东流字第110号《流动资金借款合同》,约定借款金额4 600万元,期限7个月,自2000年5月20日起至同年12月20日止,月利率5.3625‰。保证人轻工集团公司同意对此笔贷款的本金及利息承担连带偿还责任。

10. 同年6月2日,工行东城支行与机床总公司签订东流字第133号流动资金借款合同,约定借款金额4 000万元,期限7个月,自2000年6月5日起至2001年1月5日止,月利率5.3625‰。保证人轻工集团公司同意对此笔贷款的本金及利息承担连带偿还责任。

11. 同年7月13日,工行东城支行与机床总公司签订东流字第173号《流动资金借款合同》,约定借款金额900万元,期限7个月,自2000年7月15日起至2001年2月15日止,月利率5.3625‰。保证人正一机电公司同意对此笔贷款的本金及利息承担连带偿还责任。

12. 同年7月13日,工行东城支行与机床总公司签订东流字第174号《流动资金借款合同》,约定借款金额1 600万元,期限7个月,自2000年7月15起至2001年2月15日止,月利率5.3625‰。保证人轻工集团公司同意对此笔贷款的本金及利息承担连带偿还责任。

13. 同年9月26日,工行东城支行与机床总公司签订东流字第9203号《流动资金借款合同》,约定借款金额4 530万元,期限3个月,自2000年9月25日起至同年12月24日止,月利率5.115‰。保证人轻工集团公司同意对此笔贷款的本金及利息承担连带偿还责任。

以上13份保证合同均明确约定,“保证期间自主合同确定的借款到期之次日起两年”。上述合同签订后,工行东城支行依约将款划付给机床总公司,每笔贷款均有债务人机床总公司加盖公章的借款借据及债权人工行东城支行的放款通知单、贷款凭证。

2000年12月20日,债权转让方工行东城支行、债权受让方华融公司北京办与债务人机床总公司、保证人正一机电公司签订2000年工银京东城转债字第40号债权转让协议,载明:工行东城支行向华融公司北京办转让其对债务人机床总公司、保证人轻工集团公司、正一机电公司的贷款债权;转让债权为上述13份借款合同的贷款;截至2000年12月20日,总债务4.373亿元,均为贷款本金,无欠息。在该债权转让协议上,有债权转让方工行东城支行、债权受让方华融公司北京办、债务人机床总公司、保证人正一机电公司的签字盖章,但保证人轻工集团公司未签字盖章。2001年10月8日,北京市国信公证处出具(2001)京国证民字第4039号公证书,证明华融公司北京办于同年9月27日向轻工集团公司送达(2001)年京办催保字第439号《催收函》,内容为:华融公司北京办依据2000年工银京东城转债字第40号债权转让协议,已取得机床总公司的债权,要求保证人轻工集团公司在3.513亿元及相应利息范围内承担连带保证责任。

2001年4月6日,债权受让方华融公司北京办与正一机电公司、地鑫房地产公司签订还息协议书约定,依据2000年工银京东城转债字第40号债权转让协议,华融公司北京办对机床总公司享有的债权截至债权转让协议签订日为4.373亿元,地鑫房地产公司承诺对机床总公司的总债务承担连带保证责任;正一机电公司承诺对机床总公司总债务的利息(起息日为2000年12月20日)负责偿付,并按照双方约定按时付息:2001年第一季度应付利息,按季偿付,未到期贷款利率按原合同利率执行,已逾期贷款利率按6.3‰执行;从2001年第二季度起开始按月付息,即每季度前两个月付息200万元(于当月20日前付清),剩余当季欠息于第三个月20日前付清。华融公司北京办同意在正一机电公司偿付2001年第一季度欠息后,从第二季度起将机床总公司总债务的利率调整为4.65‰;在执行过程中,如正一机电公司未能按第二条约定按时付息,则从下季度开始华融公司北京办将机床总公司的总债务的利率恢复为原贷款利率(即未到期贷款利率按原合同利率执行,已逾期贷款利率按6.3‰执行)。该协议三方当事人均签字盖章。此后,在2000年12月20日至2001年6月20日期间,机床总公司于4月12日还款8 384 104.75元,5月12日还款113 074.75元,6月15日还款5 940 778.93元,共计14 437 958.43元,冲减原借款本金14 437 958.43元,豁免孳生的利息14 437 958.43元,同时按照还息协议的约定,从2001年利率下调为4.65‰。2002年3月20日,机床总公司还款604 925.13元,冲减原本金604 925.13元,豁免孳生的利息604 925.13元,因还款不足应付利息的30%,执行新利率。2002年6月20日,机床总公司还款718 494.60元,冲减原本金718 494.60元,豁免孳生的利息718 494.60元,因中国人民银行调整一年期贷款利率,将本期利率相应调整为4.425‰。截至2002年6月20日,机床总公司尚欠本金421 538 621.84元,欠息17 097 160.63元。

2002年2月10日,中国工商银行总行营业部、中国工商银行北京市分行、华融公司北京办共同在《金融时报》发布《债权转让暨催收公告》称,“根据国家有关政策,中国工商银行总行营业部、中国工商银行北京市分行及其所辖支行已将其拥有的对所载债务人、保证人的债权及担保从权利转让给华融公司北京办。债务人应立即向华融公司北京办清偿本金及根据原借款合同和中国人民银行有关规定计算的至实际清偿之日的利息(含罚息、复息)。保证人应立即履行连带保证责任,清偿债务本息。华融公司北京办根据国务院及最高人民法院的有关规定履行追偿全部债权本息的责任”,同时列明“债务人机床总公司,金额4.373亿元;保证人轻工集团公司,保证金额3.513亿元”。此后,华融公司北京办要求保证人轻工集团公司承担保证责任。

另查明:2001年8月1日,北京市众鑫律师事务所(以下简称“众鑫律师事务所”)律师申晖、赵仑以众鑫律师事务所名义给机床总公司一份律师函,表明机床总公司的欠款本金及债权转让情况,并要求机床总公司于2001年8月10日前一次性归还欠款本金。

保证人轻工集团公司提交的1998年8月31日机床总公司与轻工集团公司签订的《流动资金借款相互担保协议》及《流动资金借款相互担保补充协议》,均没有债权人签字盖章。

国办发〔1999〕66号《国务院办公厅转发人民银行、财政部、证监会〈关于组建中国华融资产管理公司、中国长城资产管理公司和中国东方资产管理公司意见的通知〉》第1条规定,“华融公司主要收购并经营中国工商银行剥离的不良贷款”;第4条规定,“不良贷款剥离范围是:按当前贷款分类办法剥离逾期、呆滞、呆账贷款,其中待核销呆账以及1996年以来新发放并已逾期的贷款不属此次剥离范围”。国务院令第297号《金融资产管理公司条例》第11条规定,“金融资产管理公司按照国务院确定的范围和额度收购国有银行不良贷款超出确定的范围或者额度收购的,须经国务院专项审批”。

上述合同及协议签订后,机床总公司并未按约全部付息,轻工集团公司、正一机电公司和地鑫房地产公司均未对借款本金承担还款及连带保证责任。2002年6月12日,华融公司北京办向北京市高级人民法院提起诉讼,请求判令机床总公司偿还借款本金422 257 116.44元及相应利息,轻工集团公司对机床总公司的借款本金3 513万元及相应利息承担连带保证责任,正一机电公司对机床总公司的借款本金8 600万元及相应利息承担连带保证责任,地鑫房地产公司对机床总公司的借款本金422 257 116.44元及相应利息承担连带保证责任,诉讼费由机床总公司负担。

三、原审法院裁判要旨

北京市高级人民法院经审理认为:

工行东城支行与机床总公司所签订的13份借款合同,以及保证人正一机电公司、轻工集团公司为上述借款合同提供的担保,是当事人的真实意思表示,未违反法律规定,属合法有效。工行东城支行依约履行了贷款义务,机床总公司未按约定的期限偿还借款,应承担偿还借款本金、利息及罚息的责任。

(一)华融公司北京办依据国务院的有关规定与机床总公司、正一机电公司签订债权转让协议及华融公司北京办公告债权的行为合法有效,华融公司北京办享有工行东城支行对机床总公司的债权

本案四被告机床总公司、轻工集团公司、地鑫房地产公司和正一机电公司认为争讼的债权转让协议无效,理由为:(1)该转让债权的行为未经过国务院专项审批;(2)轻工集团公司认为华融公司北京办采用公告的形式通知轻工集团公司债权转让,不符合合同法的规定,该通知公告对轻工集团公司没有发生法律效力。对此,北京市高级人民法院认为,虽然国务院办公厅〔1999〕66号文件及国务院发布的《金融资产管理公司条例》规定,1996年以后发放的逾期贷款不属于不良资产剥离的范围,也明确规定了金融资产管理公司在收购不良资产时要按照国务院确定的范围和额度进行收购,超出确定的范围和额度的,要由国务院专项审批。但我国《合同法》的本意始终是将促成交易和保护交易安全作为立法目的，因而合同法规定只有“违反法律、行政法规中的强制性规定的合同”，才应被确认为无效合同，而不是违反任何法律、法规的合同都无效。国务院的上述规定，并非是决定合同效力的强制性法律法规，所以，本案华融公司北京办接收工行东城支行对机床总公司的债权虽未办理专项审批手续，并未因此影响合同效力，且办理专项审批属行政管理规定，不能以此确定本案华融公司北京办接收债权无效，故应认定债权转让协议合法有效，应受法律保护。关于公告通知债权转让的问题。最高人民法院法释〔2001〕12 号《关于审理涉及金融资产管理公司收购、管理、处置国有银行不良贷款形成的资产的案件适用法律若干问题的规定》第 6 条第 1 款规定：“金融资产管理公司受让国有银行债权后，原债权银行在全国或者省级有影响的报纸上发布债权转让公告或通知的，人民法院可以认定债权人履行了《中华人民共和国合同法》第八十条第一款规定的通知义务。”据此，华融公司北京办在《金融时报》上发布的《债权转让暨催收公告》，符合最高人民法院的上述规定，应认定华融公司北京办采用发布公告的形式向轻工集团公司告知了债权转让，该公告对轻工集团公司具有法律规定的告知效力。因此，本案四被告主张债权转让协议无效的理由不能成立，其请求判决华融公司北京办对机床总公司不享有债权并驳回华融公司北京办对轻工集团公司诉讼请求的主张，该院不予支持。

此外，轻工集团公司对机床总公司在工行东城支行的借款本金 3.513 亿元及利息应承担保证责任。虽然轻工集团公司辩称，其与机床总公司签订互保协议及互保补充协议，双方确定解除互保关系且互不为对方在工行东城支行的借款承担保证责任，但该协议所确定的内容均没有得到债权人的确认，对债权人不具有约束力。在轻工集团公司的保证期间内，华融公司北京办经过公证，向轻工集团公司送达了《催收函》，应认定轻工集团公司已经知道该催款通知的内容。据此，北京市高级人民法院对轻工集团公司要求免除其担保责任的诉讼请求不予支持。

综上，机床总公司应对华融公司北京办承担还款责任，保证人轻工集团公司、正一机电公司应对机床总公司的债务向华融公司北京办承担保证责任。

（二）华融公司北京办为解决上述债务问题，与地鑫房地产公司、正一机电公司签订的《还息协议书》亦为合法有效，地鑫房地产公司、正一机电公司应按照还息协议的约定向华融公司北京办承担保证责任

1. 应确认本案的保证期间应自债权人要求债务人履行义务的宽限期限届满之日起计算。保证是保证人向债权人承诺，当债务人不履行债务时，保证人按照约定履行债务或者承担责任的行为。因此，保证人承担保证责任是以债务人未履行债务为前提的，保证期间也应当以主债务履行期限届满时开始计算。本案中，债权人与保证人是在主债务履行期限均已届满的情况下签订的《还息协议书》，且本案债权人华融公司北京办及保证人地鑫房地产公司、正一机电公司均当庭确认该协议是一份新协议，但未约定保证期间，按照最高人民法院《关于适用〈中华人民共和国担保法〉若干问题的解释》第33条的规定，本案的保证期间自债权人要求债务人履行义务的宽限期限届满之日起计算。

2. 确认本案的宽限期应自债权人华融公司北京办向法院起诉时起算。2001年8月1日，虽然众鑫律师事务所的律师向机床总公司发出了要求在2001年8月10日前还款的《律师函》，但华融公司北京办否认曾授权律师发催款函，该律师函不当然发生起算保证责任期间的法律后果，故本案的保证期间自债权人华融公司北京办向法院起诉时起算更为合理。综上，保证人地鑫房地产公司上诉提出，本案的保证期间从2001年8月10日起算至2002年2月10日止，华融公司北京办在此期间内没有向保证人地鑫房地产公司主张过权利，其保证责任免除的上诉主张，北京市高级人民法院不予支持。

（三）地鑫房地产公司应对华融公司北京办的4.373亿元的本金承担保证责任

鉴于债权人华融公司北京办及保证人地鑫房地产公司、正一机电公司在《还息协议书》中，对总债务及利息责任划分的十分明确，并确定了承担总债务本金的具体数额，对此，华融公司北京办、地鑫房地产公司和正一机电公司均应按照该协议严格执行。依该协议约定，地鑫房地产公司应对华融公司北京办4.373亿元本金承担保证责任，故华融公司北京办请求地鑫房地产公司对4.373亿元利息承担保证责任的诉讼请求，与协议明确约定的内容不符，北京市高级人民法院不予支持。

（四）轻工集团公司、正一机电公司按比例承担保证责任

截至2002年6月20日止，机床总公司欠款本金总额由4.373亿元减至421 538 621.84元，由于其未明确偿还的是哪一份借款合同的借款，轻工集团公司、正一机电公司的保证责任均应按比例减少，即轻工集团公司在338 638 275.44元范围内承担保证责任，正一机电公司在82 999 346.39元范围内承担保证责任。

综上，北京市高级人民法院依照《合同法》第44条、第196条、第206条，《担保法》第12条、第18条、第21条，最高人民法院《关于适用〈中华人民共和国担保法〉若干问题的解释》第33条、最高人民法院法释〔2001〕12号《关于审理涉及金融资产管理公司收购、管理、处置国有银行不良贷款形成的资产的案件适用法律若干问题的规定》第6条的规定，判决：

1. 机床总公司于本判决生效后10日内，偿还华融公司北京办本金421 538 621.84元及利息17 097 160.83元（截至2002年6月20日），自2002年6月21日起至款项付清之日止按中国人民银行同期有关利率的规定计算付息。

2. 轻工集团公司对机床总公司的借款本金338 638 275.44元及相应利息承担连带保证责任；轻工集团公司承担此项责任后，有权向机床总公司追偿。

3. 正一机电公司对机床总公司的借款本金82 900 346.39元承担连带保证责任，并对421 538 621.84元借款本金的利息承担连带保证责任；正一机电公司承担此项责任后，有权向机床总公司追偿。

4. 地鑫房地产公司对机床总公司的借款本金421 538 621.84元承担连带保证责任。地鑫房地产公司承担此项责任后,有权向机床总公司追偿。

5. 驳回华融公司北京办的其他诉讼请求。一审案件受理费1 105 186.90元及财产保全费1 100 441.90元,由机床总公司负担。

四、当事人上诉与答辩情况

地鑫房地产公司不服北京市高级人民法院的上述民事判决,向最高人民法院提起上诉称:

1. 本案工行东城支行转让给华融公司北京办的债权转让时大部分尚未到期,且均正常负息,不属于国家政策允许剥离的不良贷款范围。《金融资产管理公司条例》关于金融资产管理公司超出确定的范围或者额度收购国有银行不良贷款的,须经国务院专项审批的规定,系强制性规定。华融公司北京办违反该规定,收购工行东城支行的非不良贷款,应为无效行为。华融公司北京办不具备债权人身份,无权要求本案债务人和担保人承担民事责任。

2. 众鑫律师事务所向机床总公司发出律师函,系受华融公司北京办的委托,华融公司北京办在庭审结束前一直认可该律师函的真实有效性,且在另两案中华融公司北京办对类似的律师函亦是认可的。庭审结束前华融公司北京办的代理人改称该律师函未经华融公司北京办授权,原审法院对华融公司北京办前后矛盾的陈述,未予举证论述即径行下判,严重违反诉讼程序。律师函是以众鑫律师事务所名义发出的,律师个人无权代表律师事务所发表意见否认该函的效力。地鑫房地产公司有足够的理由相信行为人有代理权,两律师的行为已构成表见代理。故本案应从律师函限定的还款宽限期起计算地鑫房地产公司承担保证责任的保证期间,即保证期间应从2001年8月10日起至2002年2月10日止。华融公司北京办因未在该期限内向地鑫房地产公司主张权利,保证人应予免责。

被上诉人华融公司北京办答辩称:

1. 本案所涉贷款因存在借款人套取贷款并非法改变贷款用途,借款人和担保人财务严重恶化等情况,应属不良贷款。工行东城支行将该笔债权转让给华融公司北京办系商业行为,体现的是平等民事主体之间的真实意思表示,属于民法和合同法调整的范围,应依法有效。合同法规定,只有违反法律、行政法规强制性规定的合同才能被认定为无效合同。《关于组建中国东方资产管理公司、中国华融资产管理公司、中国长城资产管理公司的意见》属部门规章,上诉人以此为据主张本案所涉债权转让无效不当。办理专项审批属行政管理规定,不能以此确定债权转让协议无效。且有关金融主管部门认为转让不良资产范围由债权银行与资产管理公司自行商定。原审法院对此节认定正确,应予维持。

2. 律师函发出时没有华融公司北京办的正式委托,系众鑫律师事务所的单方行为。众鑫律师事务所2002年6月接受答辩人代理本案诉讼,律师函发出时其尚未接受委托。华融公司北京办从未认可律师函系经其授权发出。律师函不是以华融公司北京办的名义发出,地鑫房地产公司也不是律师函的相对人,不具有主张表见代理的主体资格。且该律师函不是订立合同的行为,不能适用合同法有关表见代理的规定。相对人不存在有足够理由相信众鑫律师事务所有代理权的事实,故律师函的发出不构成表见代理。在律师函内容与还息协议书相互矛盾的情况下,相对人和上诉人未能审查并与答辩人磋商,存有明显过错。上诉人与答辩人、正一机电公司签订的《以物抵贷协议》及相关行为表明其已经在履行还息协议书中所约定的连带保证责任。本案债务人机床总公司和正一机电公司将其巨额贷款用于众鑫房地产公司开发经营并享有所有权的项目上,上诉人在答辩人的强烈要求下为该笔贷款提供连带保证责任是公平合理的。众鑫房地产公司应依法承担保证责任。原审法院认定事实清楚,适用法律正确,请求驳回上诉,维持原判。

五、二审法院查明事实

最高人民法院二审除对原审法院查明的事实予以确认外,另查明:地鑫房地产公司在二审期间未能举证证明律师函系经华融公司北京办授权发出的。

六、二审法院裁判要旨

最高人民法院经审理认为:

华融公司北京办与工行东城支行签订债权转让协议,将工行东城支行享有的对机床总公司的债权4.373亿元本金转让给华融公司北京办,债务人机床总公司和担保人正一机电公司在该协议上签字盖章。该笔债权虽系1996年以后发放,根据国务院《金融资产管理公司条例》的规定,不属于不良资产剥离的范畴,但是根据《合同法》第79条的规定,该笔债权作为普通债权,除按照合同性质和当事人约定不得转让,以及依照法律规定不得转让的以外,债权人可以将合同的权利全部或者部分转让给第三人。华融公司北京办和工行东城支行系平等的民事主体,经协商一致将工行东城支行享有的上述债权转让给华融公司北京办,不违反法律强制性规定,应为有效。且该债权转让已依法通知债务人机床总公司,故该转让对机床总公司发生法律效力。《金融资产管理公司条例》关于金融资产管理公司收购不良资产时要按照国务院规定的范围和额度进行收购,超出确定的范围和额度要由国务院专项审批的规定,系基于行政管理作出的规定,违反该规定并不必然导致债权转让合同的无效。地鑫房地产公司关于上述债权转让未经国务院专项审批,转让协议应为无效的上诉理由,于法无据,最高人民法院不予支持。原审法院关于债权转让协议有效,华融公司北京办对机床总公司享有债权的认定,符合法律规定,最高人民法院予以维持。

地鑫房地产公司在华融公司北京办与机床总公司的债务到期后,与华融公司北京办签订还息协议书,承诺为机床总公司的4.373亿元债务承担连带保证责任。该协议书系当事人双方的真实意思表示,不违反法律禁止性规定,应为有效。根据《合同法》第8条的规定,依法成立的合同,对当事人具有法律约束力。当事人应当按照约定履行自己的义务,不得擅自变更或者解除合同。尽管该协议书字面上记载地鑫房地产公司与华融公司北京办建立了保证法律关系,但鉴于其签订还息协议书时,机床总公司的债务均已到期,已为实际发生的债务,地鑫房地产公司向华融公司北京办作出的承担连带保证责任的承诺,实际上是对到期债务承担偿还责任的承诺,而非一般意义上的担保。地鑫房地产公司与华融公司北京办之间形成了新的债权债务关系,即地鑫房地产公司代机床总公司向华融公司北京办偿还4.373亿元债务的法律关系。鉴于该协议书对地鑫房地产公司偿还债务的履行期限没有作出明确约定,对于诉讼时效的起算应从债权人向债务人主张权利时起算,即华融公司北京办向地鑫房地产公司主张偿还责任的诉讼时效应自华融公司北京办向北京市高级人民法院提起诉讼时起算,故本案不存在华融公司北京办向地鑫房地产公司主张权利超过诉讼时效问题。地鑫房地产公司以华融公司北京办向其主张权利超过保证期间,其依法应当免责的上诉理由,于法无据,最高人民法院不予支持。同时,原审法院以华融公司北京办向其提起诉讼时起算保证期间,判决地鑫房地产公司承担保证责任亦不当,最高人民法院依法予以纠正。关于众鑫律师事务所向机床总公司发出的律师函问题,鉴于地鑫房地产公司未向法院举证证明该律师函系众鑫律师事务所经华融公司北京办授权出具,同时该律师函的出具亦不符合表见代理的构成要件。故地鑫房地产公司以律师函为据主张保证期间应自律师函载明的最后还款期限起算的上诉理由,缺乏法律和事实依据,最高人民法院亦不予支持。

最高人民法院依照《合同法》第8、79、81条,《民事诉讼法》第153条第1款第(一)、(二)项及第158条的规定,判决如下:

1. 维持北京市高级人民法院(2002)高民初字第476号民事判决主文第一、二、三、五项;

2. 变更上述判决主文第四项为北京地鑫房地产开发有限责任公司对中国机床总公司尚欠的借款本金421 538 621.84元承担连带偿还责任。北京地鑫房地产开发有限责任公司承担上述民事责任后有权向中国机床总公司追偿。

一审案件受理费1 105 186.90元,及财产保全费1 100 441.90元,由中国机床总公司负担;二审案件受理费1 105 186.90元,由北京地鑫房地产开发有限责任公司负担。

七、对本案事实认定和法律适用的分析

本案的主要争议有两个问题,一是华融公司北京办与工行东城支行签订的债权转让协议的效力问题。二是关于地鑫房地产公司应否免责问题,即地鑫房地产

公司在债务到期后向债权人出具担保书承诺提供担保,对该承诺的性质如何认定,是按照担保法律关系来处理还是按照新的债权债务关系来认定;如果是担保法律关系,债权人向地鑫房地产公司主张权利时是否超过了保证期间;债务到期后提供的担保,债权人主张权利是否还应适用保证期间的规定等。其中第二个问题是本案审理中争议最大的一个问题。下面分别予以分析。

(一)华融公司北京办与工行东城支行签订的债权转让协议的效力问题

华融公司北京办与工行东城支行签订债权转让协议,将工行东城支行享有的对机床总公司债权4.373亿元本金转让给华融公司北京办,债务人机床总公司和担保人正一机电公司在该协议上签字盖章。上述转让的债权因系1996年以后发放,根据国务院《金融资产管理条例》的规定,不属于不良资产剥离的范围。但是,该笔债权作为普通债权,根据《合同法》第79条的规定,除根据合同性质不得转让、按照当事人约定不得转让,以及依照法律规定不得转让的以外,债权人可以将合同的权利全部或者部分转让给第三人。华融公司北京办和工行东城支行是平等的民事主体,经协商一致将工行东城支行享有的上述债权转让给华融公司北京办,不违反法律强制性规定,应为有效。且该债权转让已依法通知债务人机床总公司,故该转让对机床总公司发生法律效力。《金融资产管理条例》关于金融资产管理公司收购不良资产时,要按照国务院规定的范围和额度进行收购,超出确定的范围和额度要按照国务院专项审批的规定,系行政管理的规定,并不必然导致债权转让合同的无效。地鑫房地产公司关于上述债权转让未经国务院专项审批,转让协议应为无效的上诉理由,于法无据,应不予支持。原审法院关于债权转让协议有效,华融公司北京办对机床总公司享有债权的认定,符合法律规定,应予以维持。

(二)地鑫房地产公司是否承担担保责任问题

本案地鑫房地产公司向华融公司北京办提供连带责任担保,系在主债务履行期限届满之后,即债务均已到期之后提供的担保,与债权债务合同签订时保证人提供的担保在性质上有所不同。对此问题,有两种不同的观点:

一种观点从形成权角度分析认为,对于债务到期后保证人出具担保书向债权人承诺承担保证责任的,该保证不适用保证期间的规定,而直接适用诉讼时效的有关规定,保证人不能以保证期间届满,债权人未向其主张权利为由免责。这种观点认为,一般情况下,在债权债务合同成立时,保证人提供担保,债权人对保证人仅享有或然担保债权。其所享有的或然担保债权向实然担保债权的转化,取决于债权人是否在一定期间内行使其形成权。这个期间就是当事人约定的保证期间或者依据担保法及其司法解释确定的保证期间。如果债权人在保证期间内行使了形成权,则形成其对担保人的担保债权,即债权人获得了要求担保人承担保证责任的请求权,其可依法向担保人提起请求之诉,要求保证人承担保证责任。在此情况下,保证期间便完成了其历史使命(即形成权的实现),已失去其存在的意义。债权人行使形成权行为的后果是债权人因此享有了对担保人担保债权的请求权。债权人请求权的实现从而转由受诉讼时效的约束。保证期间设置的根本意义在于赋予债权人在保证期间内行使形成权,将原享有的或然担保债权转化为实然担保债权,进而享有对担保人的请求权。这个前提是保证人在提供担保的时候,其作出的提供担保的意思表示。因其将要承担担保责任的债务处于不特定状态,担保人是否承担保证责任,以及承担多大范围内的保证责任均处于不特定状态,而是由债务人将来是否履行债务,以及履行多少债务等因素最终确定,故法律通过设置保证期间这个制度,赋予债权人在条件成就时,通过行使形成权来确定其权利的最终内容,即将或然担保债权转化为实然担保债权。

在本案所处情况下,即保证人系在主债务均已到期后,向债权人作出的对债务人实际未偿还部分提供担保的意思表示,因其提供担保的债权范围是确定的、具体的,其作出担保的意思表示一经债权人接受,债权人即已取得了实然的担保债权,即保证人对当时已经确定的债务向债权人承担担保责任,不存在债权人是否通过在一定期间内行使形成权将或然担保债权确定为实然担保债权的问题,故在法律意义上,亦不再需要通过适用保证期间这个特殊的制度来确定债权人是否对担保人享有担保债权。也就是说,在保证人对已到期债务提供担保的,不产生保证期间适用的问题。保证期间作为一种除斥期间,赋予债权人一种单方面的形成权利,保证期间是在权利尚未形成时设定的时间上的限制,即除斥期间仅适用于形成权(消灭时效适用于请求权)。既然担保债权在作出担保意思表示的时候即已形成,这种对权利形成设定的时间限制便成为不必要。

另一种观点从保证人在债务到期后提供的担保性质上应为形成新的债权债务关系角度分析,认为这种情况下尽管保证人出具保证书承诺承担保证责任,但在性质上不应认定其为保证,而应以新的债权债务关系来认定双方的权利义务。对新的债权债务关系不涉及债权人在保证期间内未行使权利保证人免责的问题。对新的债权债务关系应当适用诉讼时效的规定。该观点认为,地鑫房地产公司在华融公司北京办与机床总公司的债务到期后,与华融公司北京办签订还息协议书,承诺为机床总公司的4.373亿元债务承担连带保证责任。该协议书系当事人双方的真实意思表示,不违反法律禁止性规定,应为有效。根据《合同法》第8条的规定,依法成立的合同,对当事人具有法律约束力。当事人应当按照约定履行自己的义务,不得擅自变更或者解除合同。尽管该协议书字面上记载地鑫房地产公司与华融公司北京办建立了保证法律关系,但鉴于其签订还息协议书时,机床总公司的债务均已到期,已为实际发生的债务,地鑫房地产公司向华融公司北京办作出的承担连带保证责任的承诺,实际上是对到期债务承担偿还责任的承诺,而非一般意义上的提供担保。地鑫房地产公司与华融公司北京办之间形成了新的债权债务关系,即地鑫房地产公司代机床总公司向华融公司北京办偿还4.373亿元债务的法律关系。鉴于该协议书对地鑫房地产公司偿还债务的履行期限没有作出明确约定，对于诉讼时效的起算应从债权人向债务人主张权利时起算，即华融公司北京办向地鑫房地产公司主张偿还责任的诉讼时效应自华融公司北京办向北京市高级人民法院提起诉讼时起算，故本案不存在华融公司北京办向地鑫房地产公司主张权利超过诉讼时效问题。地鑫房地产公司以华融公司北京办向其主张权利超过保证期间，依法应当免责的上诉理由，于法无据，应不予支持。同时，原审法院以华融公司北京办向其提起诉讼时起算保证期间，判决地鑫房地产公司承担保证责任亦不当，应依法予以纠正。关于众鑫律师事务所向机床总公司发出的律师函问题，鉴于地鑫房地产公司未向法院举证证明该律师函系众鑫律师事务所经华融公司北京办授权出具，同时该律师函的出具亦不符合表见代理的构成要件。故地鑫房地产公司以律师函为据主张保证期间应自律师函载明的最后还款期限起算的上诉理由，缺乏法律和事实依据，亦不应予支持。

本案从减少理论上争议的角度采纳了第二种观点。但笔者认为，对债务到期后提供担保的法律属性问题尚需进一步探讨和研究。

抵押物转让后抵押权人权利的行使

——中国华融资产管理公司哈尔滨办事处与牡丹江市无线电六厂、牡丹江欧地希焊接机有限公司、牡丹江无线电厂、牡丹江电站辅机总厂借款合同纠纷上诉案

一、当事人基本情况及案件来源

上诉人(原审原告):中国华融资产管理公司哈尔滨办事处(以下简称"华融资产哈尔滨办事处"),住黑龙江省哈尔滨市南岗区平准街55号。

法定代表人:董振卿,该办事处总经理。

被上诉人(原审被告):牡丹江市无线电六厂(以下简称"无线电六厂"),住黑龙江省牡丹江市爱民区海林公路119号。

法定代表人:王勇胜,该厂厂长。

被上诉人(原审被告):牡丹江欧地希焊接机有限公司(以下简称"欧地希公司"),住黑龙江省牡丹江市爱民区海林路119号。

法定代表人:柏田佳辉,该公司董事长。

原审被告:牡丹江无线电厂(以下简称"无线电厂"),住黑龙江省牡丹江市西圣林街40号。

法定代表人:韩志钢,该厂厂长。

原审被告:牡丹江电站辅机总厂(以下简称"辅机总厂"),住黑龙江省牡丹江市爱民区海林公路。

法定代表人:周双福,该厂厂长。

上诉人华融资产哈尔滨办事处为与被上诉人无线电六厂、欧地希公司、原审被告无线电厂、辅机总厂借款合同纠纷一案,不服黑龙江省高级人民法院(2003)黑高商初字第25号民事判决,向最高人民法院提起上诉。最高人民法院依法组成由审判员吴庆宝担任审判长,代理审判员宫邦友、刘敏参加的合议庭进行了审理,书记员孔玲担任记录。该案现已审理终结。

二、原审法院查明事实

原审法院查明:

1991 年 6 月 19 日至 1996 年 4 月 13 日，无线电六厂与中国工商银行牡丹江市支行（以下简称“牡丹江工行”）签订了 19 份借款合同，共计贷款人民币 1 533 万元。无线电厂于 1994 年 4 月 17 日和 1995 年 5 月 22 日分别为无线电六厂上述贷款中的两笔款项共计 800 万元提供了连带责任保证。1992 年 12 月 28 日，辅机总厂为无线电六厂上述贷款中的 50 万元借款提供了担保。

另查明，1997 年 9 月 16 日，无线电六厂与日本大阪变压器株式会社等三家企业合资成立欧地希公司。同年 10 月 10 日，无线电六厂与牡丹江工行信贷经营公司签订协议书约定，为了支持无线电六厂的合作活动，牡丹江工行同意将无线电六厂抵押的价值人民币 632 万元的固定资产参与合资，但前提是无线电六厂必须将 632 万元的股权质押给牡丹江工行；为了保证牡丹江工行的权利，无线电六厂保证这部分抵押的资产所形成合作股本，在合作企业股本分红时，这部分股本分红的 70% 及合资企业税金的返还部分，优先偿付无线电六厂所欠牡丹江工行的贷款和利息；原抵押固定资产中未参与合资的固定资产抵押继续有效；参与合资的固定资产在股权质押后方可办理财产转移手续。

1998 年 4 月 27 日，牡丹江市电子工业局致函牡丹江工行，同意无线电六厂将其在欧地希公司价值人民币 632 万元的股权质押给牡丹江工行。同日，无线电六厂向牡丹江工行递交申请报告，申请将其在欧地希公司价值人民币 632 万元的股权质押给牡丹江工行。该质押手续未办理。

2000 年 6 月，牡丹江工行与华融资产哈尔滨办事处、无线电六厂签订债权转让协议，将其对无线电六厂的全部债权一次性转移给华融资产哈尔滨办事处。截至 2003 年 3 月 20 日，无线电六厂共欠华融资产哈尔滨办事处本金 1 533 万元及利息 15 651 454.38 元，合计 30 981 454.38 元。2003 年 4 月 14 日，华融资产哈尔滨办事处诉至黑龙江省高级人民法院，请求判令无线电六厂偿还上述贷款本金及利息；欧地希公司在接收的已为华融资产哈尔滨办事处设定抵押的财产及其利息范围内承担偿还责任；无线电厂承担 1 600 万元及其利息的连带保证责任；辅机总厂承担 50 万元及其利息的连带保证责任。

三、原审法院裁判要旨

黑龙江省高级人民法院审理认为：

无线电六厂欠款事实清楚，应予偿还。辅机总厂和无线电厂分别于 1992 年 12 月 28 日、1994 年 4 月 17 日和 1995 年 5 月 22 日为无线电六厂 50 万元和两个 400 万元（即 800 万元）借款提供了不可撤销担保，故应分别在 50 万元和 800 万元范围内对无线电六厂的债务承担连带清偿责任。华融资产哈尔滨办事处另主张无线电厂承担其 1994 年 8 月 2 日为牡丹江工行 207 字第 004 号借款合同项下的 800 万元贷款承担担保责任的诉讼请求，因该笔贷款未包括在牡丹江工行与华融资产哈尔滨办事处和无线电六厂签订的债权转让协议所确认的转让债权范围之内,故法院不予支持。无线电六厂与牡丹江工行签订的协议书中,牡丹江工行同意无线电六厂将其抵押的价值人民币632万元的固定资产投入合资公司,前提是无线电六厂将合资后其在合资公司中的相应股权质押给牡丹江工行,并约定原抵押资产中未参与合资的固定资产抵押继续有效,即参与合资的固定资产抵押无效。双方虽约定参与合资的固定资产在股权质押后方可办理财产转移手续,但只有参与合资的固定资产经合法手续进入合资公司后方能形成股权,亦方能办理股权质押。签订此协议是牡丹江工行对合资活动的支持,亦是无线电六厂对牡丹江工行放弃价值632万元固定资产抵押权后权益的保证,是对原抵押方式变更的约定。合资公司的成立,说明牡丹江工行履行了协议书中的义务,且直至华融资产哈尔滨办事处起诉,无证据证明其在这部分资产进入合资公司后向欧地希公司提出任何异议。1998年4月10日,无线电六厂向其申请将在合资公司的632万元股权进行质押,应认定是无线电六厂继续履行协议书中约定义务的意思表示。未实际办理质押应视为牡丹江工行对质押权的放弃。因此,华融资产哈尔滨办事处关于由欧地希公司在664万元财产及利息范围内承担偿还责任的诉讼请求,法院不予支持。

黑龙江省高级人民法院依照《借款合同条例》第16条之规定,判决:

1. 无线电六厂于判决生效后10日内给付华融资产哈尔滨办事处欠款本金1 533万元,利息15 651 454.38元(利息计算至2003年3月20日,之后利息按中国人民银行同期逾期付款违约金标准分段计付)。

2. 无线电厂和辅机总厂分别承担800万元和50万元贷款本息的连带偿还责任。

3. 驳回华融资产哈尔滨办事处的其他诉讼请求。案件受理费82 458.64元,由无线电六厂负担。

四、当事人上诉与答辩情况

华融资产哈尔滨办事处不服黑龙江省高级人民法院上述民事判决,向最高人民法院提起上诉称:无线电六厂以93件设备为牡丹江工行1 533万元贷款提供抵押担保,依法办理了抵押登记,应为有效。牡丹江工行同意无线电六厂将设定抵押的价值632万元的固定资产作为其与他人合资成立欧地希公司的出资,是以其将该部分出资的股权质押给牡丹江工行为前提条件的。但事实上,无线电六厂并未将该部分股权质押给牡丹江工行。无线电六厂质押股权不应向牡丹江工行提出,更不应由牡丹江工行负责办理,而应由其根据《担保法》和《公司法》的规定办理。但无线电六厂并未依法向股东会提出申请,并经股东会同意后将股权质押记载于股东名册。故未能按照双方协议将上述股权予以质押的过错在于无线电六厂,应由其承担相应的后果。一审法院仅以无线电六厂向牡丹江工行申请股权质押即认定其履行了协议中的义务,完全颠倒了是非。牡丹江工行同意抵押资产出资的前提条件并未实现,故原设定的抵押担保仍具有法律效力。且无线电六厂转让已设定抵押的固定资产时未将转让物已经抵押的事实告知受让人欧地希公司,根据《担保法》的规定,牡丹江工行仍可行使抵押权,取得抵押物所有权的受让人欧地希公司可以代替无线电六厂清偿债务消灭抵押权,欧地希公司清偿债务后可以向无线电六厂追偿。故原审判决错误,应当依法改判由欧地希公司承担受让抵押财产的相关责任,保护债权人的合法权利。

被上诉人无线电六厂答辩称:牡丹江工行与无线电六厂签订协议同意将632万元的抵押财产投入合资公司,表明双方已解除了632万元财产的抵押担保关系。无线电六厂已依法办理了有关财产的转移手续。华融资产哈尔滨办事处要求行使632万元财产抵押权的诉讼请求已失去了事实依据和法律依据。上述有关出资财产的股权质押问题,无线电六厂和上级主管部门均向牡丹江工行出具过同意股权质押的有关报告和函件,但牡丹江工行一直未办理,且华融资产哈尔滨办事处接受债权后,也未要求无线电六厂办理有关质押手续和用投资分红款偿债,故原审法院认定未实际办理质押应视为牡丹江工行对质押的放弃是有依据的。华融资产哈尔滨办事处提出未办理质押责任完全在无线电六厂一方根据不足。欧地希公司对632万元财产设定抵押的事实是明知的。且该案无线电六厂和牡丹江工行已签订协议解除了抵押关系,故无线电六厂根本没有必要和义务另行通知欧地希公司。华融资产哈尔滨办事处关于无线电六厂转让632万元财产未告知欧地希公司,欧地希公司应当承担有关责任的主张,没有法律依据。原审判决认定事实清楚,适用法律正确,应予维持。

被上诉人欧地希公司答辩称:在其取得无线电六厂的出资财产之前,牡丹江工行与无线电六厂已经协议解除了出资财产的抵押,无线电六厂是以无任何担保物权的出资财产转移给欧地希公司的,牡丹江工行放弃出资财产抵押权的意思表示真实明确,华融资产哈尔滨办事处主张对已经解除抵押的出资财产行使抵押权,没有法律依据。协议书中关于参与合资的固定资产在股权质押后方可办理财产转移手续的约定明显违反法律规定且客观无法履行,依法无效。欧地希公司取得无担保物权的出资财产,符合中外合资经营企业法要求,亦不违背牡丹江工行与无线电六厂的真实意思表示,华融资产哈尔滨办事处对欧地希公司已经合法取得完整所有权的出资财产主张抵押权,无法律依据。华融资产哈尔滨办事处和牡丹江工行在长达5年的时间内怠于行使协议书项下的股权质押与股权分红的请求权,其主观过错明显,理应视为其已经放弃对股权质押和股权分红的请求权。即使华融资产哈尔滨办事处认为欧地希公司取得出资财产侵害了其债权,因其未在权利被侵害时起2年内主张权利,故其主张已超过诉讼时效,不应予以保护。华融资产哈尔滨办事处起诉的事实与实际不符。无线电六厂出资的实物价值80万美元,折合人民币664万元,包括设备、房屋、车辆,其中仅有评估值1 238 654元的设备曾设定抵押,其余资产并未设定过抵押。故华融资产哈尔滨办事处不能对与抵押登记不符的设备主张行使抵押权。故请求驳回上诉,维持原判。

无线电厂、辅机总厂均未作陈述。

五、二审法院查明事实

二审法院对原审法院认定的事实予以确认。

六、二审法院裁判要旨

最高人民法院经审理认为:

1997 年 10 月 10 日,牡丹江工行在与无线电六厂签订的协议书中明确表示,为了支持无线电六厂的合作活动,其同意将无线电六厂已设定抵押的价值人民币 632 万元的固定资产参与合资,但大前提是无线电六厂必须将 632 万元的股权质押给牡丹江工行。从双方当事人上述约定内容看,其协议解除抵押关系是建立在质押依法成立并生效的前提之下的。因该协议签订后牡丹江工行和无线电六厂始终未办理股权质押手续,根据《中华人民共和国担保法》(以下简称《担保法》)第 78 条关于"以有限责任公司股份出质的,质押合同自股份出质记载于股东名册之日起生效"的规定,双方之间的质押法律关系并未生效,故牡丹江工行与无线电六厂之间原形成的抵押担保法律关系因双方约定的前提条件未成就而并未解除。故华融资产哈尔滨办事处在牡丹江工行与无线电六厂设定的抵押担保关系依法成立并生效的前提下,依然有权对抵押物行使抵押权。原审法院认定双方通过签订协议书已实际解除了原已设定的抵押法律关系,没有事实依据,应予纠正。

根据《担保法》第 33 条的规定,抵押权的行使是指当债务人不履行债务时,债权人有权以债务人或者第三人用以抵押的财产折价或者以拍卖、变卖抵押财产的价款优先于债务人或者第三人的其他债权人受偿。又根据最高人民法院《关于适用〈中华人民共和国担保法〉若干问题的解释》第 67 条第 1 款关于"抵押权存续期间,抵押人转让抵押物未通知抵押权人或者未告知受让人的,如果抵押物已经登记的,抵押权人仍可以行使抵押权;取得抵押物所有权的受让人,可以代替债务人清偿其全部债务,使抵押权消灭。受让人清偿债务后可以向抵押人追偿"的规定,即使抵押人转让抵押物未通知抵押权人或者未告知受让人的,抵押权人行使权利时也只是依据其对抵押财产享有的物权,要求受让人代债务人以该抵押财产折价或者以拍卖、变卖的相应价款来受偿,而不是由受让人在受让抵押财产金额及其利息范围内直接承担偿还责任。这是由物权担保的法律属性决定的。鉴于该案华融资产哈尔滨办事处诉讼请求系要求欧地希公司在其接受的已为原告设定抵押权的财产及其利息范围内向其承担偿还责任,并在二审庭审中明确表示其诉讼请求不是要求欧地希公司以无线电六厂出资的抵押财产折价或者以拍卖、变卖的相应价款来代为偿还无线电六厂的债务,而是要求由欧地希公司在抵押财产值及其利息范围内向其承担偿还责任,因其诉请非为抵押权行使的内容,且现无证据证明华融资产哈尔滨办事处与欧地希公司之间存在事实上的债权债务关系,故最高人民法院对其该诉讼请求不予支持。因华融资产哈尔滨办事处在该案中对无线电六厂和欧地希公司均未明确提出行使抵押权的诉讼请求,故该案对抵押担保的基本事实和无线电六厂、欧地希公司是否应以抵押物承担偿还债务的责任等有关问题,不予审查。最高人民法院依照《担保法》第 33 条、《民事诉讼法》第 153 条第 1 款第(一)、(二)项、第 158 条之规定,判决:

1. 维持黑龙江省高级人民法院(2003)黑高商初字第 25 号民事判决主文第一、二项。

2. 变更上述判决主文第三项为:驳回中国华融资产管理公司哈尔滨办事处关于要求牡丹江欧地希焊接机有限公司对牡丹江市无线电六厂的债务,在其接受的已为其设定抵押的财产及其利息范围内承担偿还责任的诉讼请求。上述应付款项,应于本判决送达之次日起 10 日内偿付,逾期按《民事诉讼法》第 232 条的规定办理。

一审案件受理费按一审判决负担;二审案件受理费 82 458. 64 元,由中国华融资产管理公司哈尔滨办事处负担 42 458. 64 万元,牡丹江欧地希焊接机有限公司负担 2 万元,牡丹江市无线电六厂负担 2 万元。

七、对本案事实认定和法律适用的分析

(一) 牡丹江工行和无线电六厂签订协议书是否解除了原先设定的抵押担保法律关系问题

根据 1997 年 10 月 10 日牡丹江工行与无线电六厂签订的协议书载明的内容看,牡丹江工行为了支持无线电六厂的合作活动,同意无线电六厂将已设定抵押的价值人民币 632 万元的固定资产参与合资,但大前提是无线电六厂必须将 632 万元的股权质押给牡丹江工行,即双方当事人协议解除抵押关系是建立在质押依法成立并生效的前提之下的。因该协议签订后牡丹江工行和无线电六厂始终未办理股权质押手续,根据《担保法》第 78 条的规定,以有限责任公司股份出质的,质押合同自股份出质记载于股东名册之日起生效,双方之间的质押法律关系并未生效,故牡丹江工行与无线电六厂之间原形成的抵押担保法律关系因双方约定的前提条件未成就而并未解除。至于以质押生效为解除抵押的前提客观上能否操作,以及质押未生效责任在于哪方,不是否认抵押关系存续的理由。故华融资产哈尔滨办事处在牡丹江工行与无线电六厂设定的抵押担保关系依法成立并生效的前提下,依然有权对抵押物行使抵押权。原审法院认定双方通过签订协议书已实际解除了原已设定的抵押法律关系,没有事实依据,应予纠正。

(二) 华融资产哈尔滨办事处是否有权向欧地希公司主张行使抵押权问题

《担保法》第 49 条规定:“抵押期间,抵押人转让已办理登记的抵押物的,应当通知抵押权人并告知受让人转让物已经抵押的情况;抵押人未通知抵押权人或者

未告知受让人的,转让行为无效。转让抵押物的价款明显低于其价值的,抵押权人可以要求抵押人提供相应的担保;抵押人不提供的,不得转让抵押物。抵押人转让抵押物所得的价款,应当向抵押权人提前清偿所担保的债权或者向与抵押权人约定的第三人提存。超过债权数额的部分,归抵押人所有,不足部分由债务人清偿。"《担保法司法解释》第67条规定:"抵押权存续期间,抵押人转让抵押物未通知抵押权人或者未告知受让人的,如果抵押物已经登记的,抵押权人仍可以行使抵押权;取得抵押物所有权的受让人,可以代替债务人清偿其全部债务,使抵押权消灭。受让人清偿债务后可以向抵押人追偿。如果抵押物未经登记的,抵押权不得对抗受让人,因此给抵押权人造成损失的,由抵押人承担赔偿责任。"从这两条规定看,其立法本意在于,在抵押物转让中既要充分保护抵押权人权利的实现(如转让时告知—转让价款提前偿还或提存—转让价款低的要担保否则不得转让—登记的受让人先行偿还等),又要考虑善意受让人的利益保护(如未登记的,抵押权不得对抗受让人)。本案抵押财产从无线电六厂转移到欧地希公司系因出资行为造成的。抵押物是否能够出资问题,原《公司法》和《公司登记管理条例》没有规定,新《公司法》颁布实施后,修改后的《公司登记管理条例》已经明确规定已经设定担保的财产不得用以出资。但因本案所涉抵押物出资行为发生在新《公司登记管理条例》实施之前,故在适用旧法场合下还不能直接以无线电六厂以抵押物出资的行为无效为由,认定抵押物的所有权人仍为无线电六厂。华融资产哈尔滨办事处无权直接向无线电六厂主张行使抵押权。根据《担保法》的规定,抵押权转让抵押物通知抵押权人的,并不导致转让行为无效。本案所涉抵押物通过出资方式转让给欧地希公司,系经抵押权人华融资产哈尔滨办事处同意的,故该转让行为不能以此认定无效,也就是说,该抵押物出资给欧地希公司后,其所有权应当归属欧地希公司。但因华融资产哈尔滨办事处同意解除抵押的前提条件未实现,原设定的抵押法律关系仍然存续,基于物权担保的法律属性,华融资产哈尔滨办事处可以参照《担保法司法解释》第67条的规定,向欧地希公司主张行使抵押权。当然,如果欧地希公司为了继续享有对抵押物的所有权,其可以通过选择代替债务人清偿债务的方式来消灭依法有效的抵押权,并有权就其代替清偿的部分向债务人追偿。

(三)华融公司关于要求欧地希公司对无线电六厂的债务在其接受的已为其设定抵押的财产及其利息范围内承担偿还责任的诉讼请求能否得到支持问题

华融公司在起诉书和庭审中表述的诉讼请求均是要求"欧地希公司在其接受的已为其设定抵押权的664万元财产及其利息范围内向其承担偿还责任",根据《担保法》的规定,抵押权的行使是指当债务人无法清偿其到期债务时,抵押人(或抵押物的受让人)以抵押财产折价,或者以变卖、拍卖的价款优先偿还债务。因华融资产哈尔滨办事处基于抵押权的行使,仅有权要求"欧地希公司以接受的抵押财产通过折价或者变卖、拍卖的价款偿还债务实现抵押权",而无权要求"欧地希公司在设定抵押权的664万元财产及其利息范围内向其承担偿还责任"。从最大化保护权利人权利的角度出发,最高人民法院专门就华融公司哈尔滨办事处的诉讼请求问题向其行使释明权,明确问其诉请究竟是要求欧地希公司以接受的抵押财产通过折价或者变卖、拍卖的价款偿还债务以消灭抵押权,还是仅要求欧地希公司在664万元及其利息范围内承担偿还责任?华融公司哈尔滨办事处明确表示不是要其将抵押物返还通过折价或变卖、拍卖价款的方式偿还债务,而是就要求其在664万元及其利息范围内承担偿还责任。对此,承办人认为,因华融资产哈尔滨办事处的诉请非为抵押权行使的内容,且现无证据证明华融资产哈尔滨办事处与欧地希公司之间存在事实上的债权债务关系,故对其该诉讼请求不应支持。且因华融资产哈尔滨办事处在该案中未明确提出行使抵押权的诉讼请求,故该案对抵押担保的基本事实,以及无线电六厂、欧地希公司是否应以抵押物承担偿还债务的责任等有关问题,不予审查。

2 企业改制

企业改制遗漏债务的承担

——中国东方资产管理公司南宁办事处与贵州舞阳神植物油有限责任公司、贵州青酒集团有限责任公司、镇远县建材化工公司、兴达冶炼厂、镇远县东峡电厂、黔东南州地方电力公司借款担保合同纠纷上诉案

一、当事人基本情况及案件来源

上诉人(原审原告):中国东方资产管理公司南宁办事处(以下简称“东方资产南宁办”),住广西壮族自治区南宁市。

负责人:及淑文,该办事处总经理。

被上诉人(原审被告):贵州舞阳神植物油有限责任公司(以下简称“舞阳神公司”),住贵州省镇远县舞阳镇。

法定代表人:杨立新,该公司经理。

被上诉人(原审被告):贵州青酒集团有限责任公司(以下简称“青酒集团”),住贵州省镇远县青溪镇。

法定代表人:文义长,该公司董事长。

被上诉人(原审被告):镇远县建材化工公司(以下简称“镇化公司”),住贵州省镇远县。

法定代表人:王义,该公司经理。

原审被告:兴达冶炼厂,住贵州省镇远县。

法定代表人:尹松林,该厂厂长。

原审被告:镇远县东峡电厂(以下简称“东峡电厂”),住贵州省镇远县。

法定代表人:李新国,该厂厂长。

原审被告:黔东南州地方电力公司(以下简称“电力公司”),住贵州省镇远县。

法定代表人:彭先泗,该公司厂长。

上诉人东方资产南宁办为与被上诉人舞阳神公司、青酒集团、镇化公司，以及原审被告兴达冶炼厂、东峡电厂、电力公司借款担保合同纠纷一案，不服贵州省高级人民法院(2002)黔高民二初字第14号民事判决，向最高人民法院提起上诉。最高人民法院依法组成由审判员吴庆宝担任审判长，代理审判员宫邦友、刘敏参加的合议庭进行了审理。书记员孔玲担任记录。本案现已审理终结。

二、原审法院查明事实

原审法院查明：

中国银行总行、中国银行贵州省分行(以下简称“贵州省中行”)、中国银行凯里市支行(以下简称“凯里市中行”)，自1993年以来共同或分别与贵州省镇远县油脂化工厂(后更名为贵州舞阳神植物油有限责任公司，以下分别简称“油脂厂”和“舞阳神公司”)签订了以下几份借款合同：

1. 1993年9月3日，中国银行总行、贵州省中行、凯里市中行联合与油脂厂签订了一份《中国银行人民币三级联贷借款合同书》约定，由中国银行总行、贵州省中行和凯里市中行采取联合贷款的方式，共同向油脂厂发放贷款1 572万元。其中，中国银行总行1 000万元，贵州省中行350万元，凯里市中行222万元；贷款期限3年，从1993年9月起至1996年9月止，贷款利率按中国人民银行规定的贷款年利率计算；油脂厂还款计划为1996年还457.97万元，1997年还642.75万元，1998年还507.25万元。该合同上除贷款人和借款人盖章外，贵州省青溪酒厂(以下简称“青溪酒厂”)、贵州省黔东南州红旗水力发电厂(以下简称“红旗发电厂”)、及东峡电厂均在担保人栏内加盖了公章。同日，红旗发电厂、青溪酒厂和东峡电厂与中国银行总行、贵州省中行和凯里市中行签订的《人民币“三级联贷”担保协议》载明：担保人出具的担保书必须是无条件的，不可撤销的；其责任由合同生效时开始，直至还清贷款本息和费用时止；红旗发电厂担保金额为600万元，青溪酒厂担保金额为400万元，东峡电厂担保金额为572万元。1994年4月29日，中国银行总行、贵州省中行、凯里市中行与油脂厂签订一份抵押担保书约定，油脂厂以其进口日处理50吨精炼油设备为其向中国银行总行、贵州省中行和凯里市中行1 572万元贷款提供抵押担保。该抵押物于1997年7月18日在镇远县工商行政管理局进行了登记。合同签订后，中国银行总行、贵州省中行和凯里市中行依约发放了上述贷款。

凯里市中行、东方资产南宁办分别于1998年2月18日、2000年3月12日、11月6日、2001年4月20日向舞阳神公司发出逾期贷款催收通知书，舞阳神公司均予签收。凯里市中行、东方资产南宁办分别于1999年12月2日、2000年12月27日、2001年12月27日向青溪酒厂进行了催收；于2000年12月27日向红旗发电厂进行了公证催收；于1999年3月25日、2000年8月22日、12月28日向东峡电厂进行了催收。

2. 1994年11月7日，油脂厂与凯里市中行签订了一份出口商品中短期借款合同约定:凯里市中行向油脂厂发放贷款272万元,用于引进精炼油设备开发高档食用油技改项目,期限为三年,月利率10.2‰。同年10月5日、11月7日贵州省镇远县水泥厂(以下简称"水泥厂")、贵州省镇远县冶炼厂(以下简称"冶炼厂")分别向凯里市中行出具了担保书载明:由水泥厂和冶炼厂分别为凯里市中行贷给油脂厂的272万元贷款本息提供连带担保;担保书自签发之日起至借款人还清全部所欠贷款本息止有效。同日,凯里市中行与舞阳神公司签订了一份抵押担保书约定:油脂厂以该厂的发油房及设备、东风汽车3部、招待所、蕉溪办公楼、污水处理站为凯里市中行给油脂厂的272万元贷款提供抵押担保。该抵押物于1997年7月18日在镇远县工商行政管理局进行了登记。合同签订后,凯里市中行为油脂厂发放了上述贷款。

凯里市中行、东方资产南宁办分别于1998年2月12日、1999年3月5日、12月1日、2000年11月6日、2001年4月20日向舞阳神公司发出逾期贷款催收通知书,舞阳神公司均予签收。凯里市中行、东方资产南宁办分别于1999年12月3日、2000年8月22日向水泥厂发出逾期贷款催收通知书,水泥厂予以签收。凯里市中行、东方资产南宁办分别于1999年3月、12月、2000年12月29日、2001年12月29日向兴达冶炼厂进行了公证催收。

3. 1995年10月9日,舞阳神公司与凯里市中行签订了合同编号为(1995年)凯中银信字第64号人民币资金借款合同约定,凯里市中行向舞阳神公司发放贷款150万元,月利率为12.06‰,借款期限8个月,自1995年10月9日至1996年6月9日。同日,舞阳神公司与凯里市中行签订编号为1995年凯中银信字第64号抵押合同,约定舞阳神公司以其公司的精炼车间和1号库房为上述贷款提供抵押担保。该抵押物于1997年7月18日在镇远县工商行政管理局进行了登记。

凯里市中行、东方资产南宁办分别于1997年2月8日、1998年2月19日、1999年3月5日、12月1日、2000年3月12日、11月6日、2001年4月20日向舞阳神公司发出逾期贷款催收通知书,舞阳神公司均予签收。

4. 1995年10月12日,舞阳神公司与凯里市中行签订了合同编号为(1995)年凯中银信字第66号人民币借款合同约定:凯里市中行向舞阳神公司发放贷款150万元,月利率12.06‰,期限为8个月,自1995年10月12日至1996年6月12日。同日,舞阳神公司与凯里市中行签订编号为1995年凯中银信字第66号抵押合同约定:油脂厂以其公司的浸出车间厂房、设备及检化楼为上述贷款提供抵押担保。该抵押物于1997年7月18日在镇远县工商行政管理局进行了登记。合同签订后,凯里市中行依约发放了上述贷款。

凯里市中行、东方资产南宁办分别于1997年2月8日、1998年2月19日、1999年3月5日、12月1日、2000年3月12日、11月6日、2001年4月20日向舞阳神公司发出逾期贷款催收通知书,舞阳神公司均予签收。

5. 1995年10月15日,舞阳神公司与凯里市中行签订了合同编号为(1995)年凯中银信字第67号人民币资金借款合同约定:凯里市中行向舞阳神公司发放贷款130万元,月利率12.06‰,期限为9个月,自1995年10月15日至1996年7月15日。同日,舞阳神公司与凯里市中行签订编号为1995年凯中银信字第67号的抵押合同约定:油脂厂以其公司的检化楼为上述贷款提供抵押担保。但该抵押未在有关部门进行登记。

凯里市中行、东方资产南宁办分别于1997年2月8日、1998年2月9日、1999年3月5日、12月1日、2000年3月12日、2001年4月20日向舞阳神公司发出逾期贷款催收通知书,舞阳神公司均予签收。

另查明:1993年3月,水泥厂更名为镇远县建材化工公司(以下简称"建化公司"),水泥厂公章同时宣布作废。1996年8月冶炼厂更名为兴达冶炼厂。红旗发电厂后被电力公司兼并。

2000年9月13日,镇远县人民政府(以下简称"镇远县政府")以镇府函〔2000〕24号《县人民政府关于对青溪酒厂产权制度改革方案的批复》,同意青溪酒厂进行改制。该批复所附青溪酒厂产权制度改革方案载明:青溪酒厂的改制本着"国家转让产权、企业转换机制、职工转变身份"的要求,由青溪酒厂在职正式职工全额出资购买青溪酒厂国有净资产,将青溪酒厂从国有企业改组为有限责任公司,原企业债权债务由新的股东承担(由改制后企业承担),企业实行资金合作和劳动合作相结合,按劳动分配和按股分红相结合。青溪酒厂净资产转入收入,纳入镇远县政府国有资产管理,用于国有资产再投入。经评估,青溪酒厂总资产为10 288.6万元(不含土地和商业性无形资产),总债务为8 494.9万元,净资产为1 793.7万元(不含土地和商业性无形资产)。土地使用权评估后再确定转让价,未转让前由新企业无偿使用到2000年12月31日,超过此时间如仍未转让,新企业应按有关规定向县政府交纳使用费至转让成立之时止。商誉性无形资产暂不评估,新企业每年向政府交纳10万元租金。以后评估按2000年2月底实价转让,此后新增部分归新企业。以文义长为主的新企业股东支付了相应对价,取得了青溪酒厂除土地使用权和商标权以外的其他财产权,并经工商行政管理机关登记成立了青酒集团。同年10月28日青溪酒厂被镇远县工商行政管理机关注销。

以上贷款共5笔,总计金额为2 274万元,贷款人依约履行了发放贷款的义务,借款人、保证人均未履行还款义务。2000年6月22日,贵州省中行与东方资产南宁办签订债权转让协议,将上述5笔债权共计2 274万元转让给东方资产南宁办。2002年7月5日,东方资产南宁办向贵州省高级人民法院提起诉讼,请求判令舞阳神公司偿还欠款24 355 403.39元及相应利息(利息暂计算至2000年3月31日为9 078 563.56元),东方资产南宁办对舞阳神公司的抵押财产享有优先受偿权;青溪酒厂、建化公司、冶炼厂、东峡电厂、电力公司分别在其保证范围内对借款承担连带偿还责任;案件受理费由舞阳神公司负担。一审中,东方资产南宁办以青酒集团系青溪酒厂改制成立为由向贵州省高级人民法院申请追加青酒集团为共同被告,请求判令青酒集团对上述债务承担相应的连带担保责任。

三、原审法院裁判要旨

贵州省高级人民法院审理认为:

中国银行总行、贵州省中行、凯里市中行与油脂厂签订的五份借款合同,和与青溪酒厂、东峡电厂、红旗发电厂、水泥厂、兴达冶炼厂签订的保证合同,均系各方当事人的真实意思表示,且不违反法律强制性规定,应为合法有效。中国银行总行、贵州省中行、凯里市中行已依约履行了出借人的义务。但油脂厂未按时归还贷款本息。对该几笔借款,有证据证明东方资产南宁办均在诉讼时效期间内进行了催收。因舞阳神公司系油脂厂变更名称而来,当事人对此均无异议。故舞阳神公司应向中国银行总行、贵州省中行、凯里市中行依约承担偿还贷款本息的民事责任。东方资产南宁办起诉提出中国银行总行将本金 1 000 万元进行息转本增加为 11 615 403.39 元,因其未提供相关依据,且主债务人舞阳神公司对此不予承认,故该院对此不予确认。

由于 1994 年 4 月 29 日,油脂厂与中国银行总行、贵州省中行、凯里市中行签订了以该厂处理 50 吨精炼油设备为《中国银行人民币三级联贷借款合同书》项下的 1 572 万元的借款提供抵押担保的书面抵押合同;1994 年 11 月 7 日,油脂厂与凯里市中行签订了以该厂的发油房及设备、东风汽车、招待所、蕉溪办公楼、污水处理站为《出口商品短期借款合同》项下的 272 万元借款提供抵押担保的书面抵押合同,根据最高人民法院《关于贯彻执行〈中华人民共和国民法通则〉若干问题的意见》第 112 条之规定,该抵押关系成立。且双方其后又对上述抵押物品进行了抵押登记,因此,东方资产南宁办对以上抵押物享有优先受偿权。

1995 年 10 月 9 日、12 日、15 日,油脂厂与凯里市中行签订了分别以该厂的精炼车间、1 号库房及浸出车间厂房、设备、检化楼为(1995)年凯中银信字第 64、65、66 号借款合同项下的 150 万元、150 万元和 130 万元贷款提供抵押担保的抵押合同,双方就上述抵押物品已在工商行政管理部门进行了登记,根据《担保法》第 42 条第(二)项之规定,应当认为该工商行政管理部门可以就以上物品办理抵押登记。因此,东方资产南宁办对以上抵押物品享有优先受偿权。由于青溪酒厂、东峡电厂、红旗发电厂、水泥厂和冶炼厂的担保行为均发生在担保法实施以前,其行为应当适用最高人民法院《关于审理经济合同纠纷案件有关保证的若干问题的规定》。由于其所签保证合同均未约定保证责任期间,根据上述规定第 11 条、第 29 条之规定,主债务的诉讼时效中断,保证债务的诉讼时效亦中断。因东方资产南宁办对上述保证人所担保的债务并未超过诉讼时效,因此,上述保证人应当依约对东方资产南宁办承担保证责任。保证人认为其不应当承担保证责任的抗辩理由均不能成立,该院不予支持。

由于《人民币"三级联贷"担保协议》中对青溪酒厂、东峡电厂和红旗发电厂的保证责任约定不明,根据上述规定第 2 条之规定,保证合同没有约定保证人承担何种保证责任,或者约定不明确的,视为保证人承担赔偿责任。因此,青溪酒厂、东峡电厂和红旗发电厂应当在舞阳神公司的财产不能承担债务清偿责任时,在各自承诺的保证金额范围内承担赔偿责任。东方资产南宁办要求该三家企业承担连带责任的请求不能成立,应当予以驳回。

由于青溪酒厂改制为青酒集团后,没有证据证明该公司无偿取得了青溪酒厂的资产,故东方资产南宁办主张青酒集团应当承继青溪酒厂所应承担的民事责任的请求不能成立,该院予以驳回。因青溪酒厂已被注销,其债务的承担,东方资产南宁办可另案解决。红旗发电厂被电力公司兼并后,其债务应当由电力公司负责清偿。水泥厂于 1993 年即已经被撤销,且其公章亦被宣布作废。因此,1994 年 10 月 5 日,水泥厂为油脂厂向凯里市中行 272 万元贷款盖章担保的行为,应当认定为与建化公司无关。建化公司提出其不应承担责任的主张成立。该笔借款应由谁承担保证责任,东方资产南宁办亦可另案解决。因兴达冶炼厂与冶炼厂只是名称变更关系,故兴达冶炼厂应当承担原冶炼厂的债权债务,兴达冶炼厂不承担保证责任的辩称理由不能成立。

该院根据《担保法》第 12 条第 1 款、最高人民法院《关于贯彻执行〈中华人民共和国民法通则〉若干问题的意见(试行)》第 112 条、最高人民法院《关于审理经济合同纠纷案件有关保证的若干问题的规定》第 11 条、第 29 条之规定,判决:

1. 舞阳神公司在判决生效之日起 10 日内偿还东方资产南宁办 2 274 万元借款本金及利息(合同期内按合同约定的利率计算,逾期按中国人民银行公布的同期逾期付款违约金计算至付清之日止);东方资产南宁办对抵押财产享有优先受偿权。

2. 东峡电厂在舞阳神公司及其处理 50 吨精炼油设备抵押财产不能清偿债务时,对 572 万元借款本息承担赔偿责任。

3. 电力公司在舞阳神公司及其处理 50 吨精炼油设备抵押财产不能清偿债务时,对 600 万元借款本息承担赔偿责任。

4. 兴达冶炼厂在舞阳神公司发油房及设备、东风汽车、招待所、蕉溪办公楼、污水处理站等抵押财产不能清偿债务时,对 272 万元的借款本息承担连带保证责任。

5. 驳回东方资产南宁办的其余诉讼请求。一审案件受理费 88 589.92 元,由舞阳神公司负担。

四、当事人上诉与答辩情况

东方资产南宁办不服贵州省高级人民法院的上述民事判决,向最高人民法院提起上诉称:

1. 息转本是基于金融法规政策的规定,不属待证事实,东方资产南宁办不负举证责任。国家规定银行贷款在逾期后应计复利，息转本后以新转的本来计息的债权总额与不转本而以原利息计付复利的债权总额是相同的，是否息转本不影响债务人的利益。舞阳神公司多次在记载有息转本后本金余额的催收通知书、债权确认书上签字认可息转本的事实。原审法院以东方资产南宁办对中国银行总行将1 000万元贷款本金进行息转本增加本金为11 615 403.39元的主张未提供相关证据，且舞阳神公司对此不予承认为由，否决东方资产南宁办对1 615 403.39元本金的诉请不当，应予纠正。

2. 青酒集团的股东通过购买青溪酒厂的净资产对青溪酒厂进行产权改革，青酒集团和青溪酒厂之间不存在有偿或无偿取得资产的问题，两者之间是权利义务的概括继承关系，企业法人内部产权变动不影响其对外民事责任的承担。青溪酒厂变更登记为青酒集团，是企业变更的结果，并不是企业的新设成立。除非改制前的企业清算了结了债权债务，否则改制后的企业应当承担原企业的债权债务。且青溪酒厂产权制度改革方案也明确载明其债权债务由改制后的企业承担。国家有关规定亦明确规定企业出售后，购买者应继续承担原企业的担保责任。故青酒集团应承担本案青溪酒厂的担保责任。镇远县政府对青溪酒厂未进行清算即作出撤销决定，并将青溪酒厂的土地和商标权收回，人民法院应通知镇远县政府参加诉讼，并按收回财产占青溪酒厂总财产的比例对保证债务承担责任。原审法院以没有证据证明青酒集团无偿取得了青溪酒厂的资产为由，判决驳回东方资产南宁办对青酒集团的诉讼请求，以及不依法追加镇远县政府为本案共同被告，不符合法律规定。

3. 水泥厂于1993年更名为建化公司后，没有作废并停止水泥厂公章的使用，而是与建化公司的公章一起长期共同使用，均代表该企业。在272万元贷款保证合同上加盖水泥厂公章系建化公司有关主管人员所为，故为该笔贷款提供担保系建化公司的真实意思表示，建化公司应当承担保证责任。即使因建化公司故意使用已被更换的旧公章而认定保证关系不成立，建化公司亦应承担赔偿责任。请求二审法院依法予以改判。

被上诉人舞阳神公司未作书面答辩，庭审质证答辩称：中国银行总行1 000万元本金息转本增加本金1 615 403.39元，未经其同意，不予认可。

被上诉人青酒集团答辩称：青酒集团是以支付货币资金和承担具体债务的方式取得青溪酒厂的财产权的，系有偿取得。其所承担的8 494.7万元债务是根据产权转让协议书约定的内容承担的，不属债务的概括承继。产权转让协议书约定的债务范围是明确的，不包括本案所涉担保债务，故青酒集团不应承担该保证责任。青酒集团是以文义长等199名自然人在有偿取得青溪酒厂的财产所有权后，以所取得财产作为出资而新成立的企业法人，与青溪酒厂没有延续和隶属关系。青溪酒厂在产权出让前已对资产进行了清算，镇远县政府系根据评估结果对青溪酒厂进行的转让。受让方对清算遗漏的债权不享有权利，同样对遗漏的债务亦无承担的义务。青溪酒厂的财产所有权已由镇远县政府以货币资金形式收回,故本案青溪酒厂的保证责任应由镇远县政府承担。东方资产南宁办以青酒集团接受了青溪酒厂的财产为由主张青酒集团承担保证责任的上诉理由应予驳回。请求维持原判。

被上诉人建化公司亦未作书面答辩,庭审质证时答辩称:1993 年水泥厂即已更名为建化公司。保证合同和催收通知书上加盖的水泥厂公章均系作废的公章,不能产生对建化公司的法律责任。

五、二审法院查明事实

最高人民法院二审除对一审认定的贵州省中行与东方资产南宁办债权转让和水泥厂公章宣布作废部分的事实不予认定外,对一审法院查明的其他事实予以确认。

最高人民法院二审另查明:1999 年 9 月 15 日,舞阳神公司与凯里市中行签订借款合同补充协议载明,舞阳神公司以其有关财产作为对拖欠凯里市中行的贷款(总计 2 436 万元,其中 162 万元为中国银行总行息转本)及利息的偿还保证。2000 年 3 月 12 日,凯里市中行给舞阳神公司的逾期贷款催收通知书上载明,舞阳神公司尚欠贷款本金含息转本 1 615 403. 39 元。舞阳神公司在该催收通知书上加盖了公章。同年 5 月 25、26 日,凯里市中行和东方资产南宁办分别向舞阳神公司发出的债权转让通知和债权确认通知单上载明:贵州省中行将其享有的舞阳神公司债权本金 24 355 403. 39 元及相应利息转让给东方资产南宁办,其中包括本金余额为 11 615 403. 39 元的一笔债权。舞阳神公司分别在三份通知上均加盖了公章。同年 6 月 22 日,贵州省中行与东方资产南宁办签订的债权转让协议中载明:贵州省中行将截至 2000 年 3 月 31 日对舞阳神公司享有的债权 24 355 403. 39 元本金及相应利息转让给东方资产南宁办。其所附债权转让清单载明有一笔借款本金为 11 615 403. 39 元的贷款。

2000 年 10 月 18 日,镇远县政府与以文义长为代表的青溪酒厂新股东签订青溪酒厂产权制度改革改制协议书,约定:镇远县政府愿意将青溪酒厂产权转让给文义长等(不含土地和商誉性无形资产),经评估青溪酒厂净资产 1 793. 7 万元,优惠 15%,实价 1 524. 7 万元,由该厂正式职工 199 人认购,净资产全部认购结束,镇远县政府以货币价值形态收回财产所有权,文义长等以实物形态取得财产所有权。青溪酒厂改制前所有债务 8 494. 9 万元(包括农行贷款本息、欠税以及部门欠税等)由文义长等承担。土地使用权暂不作价转让,待评估后再行确定转让价。2000 年 12 月 31 日前,文义长等按国家规定缴纳使用税费。商誉性无形资产暂不评估,由文义长等每年缴纳 10 万元无形资产使用费。镇远县政府和青溪酒厂新股东代表文义长在该协议上签字、盖章。资产评估负债 8 494. 9 万元中,未包括青溪酒厂为舞阳神公司 400 万元贷款进行担保形成的本案所涉债务。

1993年2月24日，建化公司镇建化(93)第5号《建化公司公告》载明：水泥厂经批准改组为建化公司，从1993年3月1日起正式启用建化公司新印鉴，旧印鉴同时作废，原水泥厂债权债务及业务往来关系，全部由建化公司承担。但建化公司未能举证证明其依法对外进行了公告。1999年12月3日出具的(2000)凯公证字第07号公证书载明，凯里市中行工作人员当着公证员面将逾期贷款催收通知发给建化公司经理王义。王义在该公证书背面所附给舞阳神公司的逾期贷款通知上签收。二审庭审时，建化公司认可王义1998年以后为其公司经理。2000年8月22日，东方资产南宁办向水泥厂发出逾期贷款担保催收通知书，要求其承担舞阳神公司272万元贷款的连带担保责任。水泥厂在该通知书上加盖了公章。

六、二审法院裁判要旨

最高人民法院经审理认为：

1993年9月3日，中国银行总行、贵州省中行、凯里市中行与油脂厂签订的中国银行人民币三级联贷借款合同书中约定由中国银行总行贷给油脂厂1 000万元人民币。2000年6月22日，贵州省中行将该笔贷款债权转给东方资产南宁办时，将其应收利息1 615 403.39元转计为本金一并转让给东方资产南宁办，即该笔转让贷款本金变更为11 615 403.39元。舞阳神公司在记载有上述转让本金金额的债权转让通知和债权确认通知上加盖了公章，并未提出异议。对此，应认定舞阳神公司对该1 000万元贷款息转本已明知且同意。舞阳神公司关于债权人未将1 000万元息转本情况通知该公司并经其同意的抗辩，与事实不符。贵州省中行将1 000万元本金息转本后一并转让给东方资产南宁办，并不违反法律强制性规定，应为有效。原审法院以东方资产南宁办1 000万元息转本未提供相关依据且舞阳神公司对此不予承认为由，对息转本部分不予保护不当，最高人民法院依法予以纠正。

1993年9月3日，青溪酒厂签订《人民币“三级联贷”担保协议》，为中国银行总行、贵州省中行和凯里市中行贷给油脂厂的1 572万元款项中的400万元贷款提供担保责任，意思表示真实，应为有效。2000年9月，青溪酒厂通过采取由职工全额出资购买企业净资产的方式改制成青酒集团，仅是企业法人的出资主体和企业性质、名称的变更，作为承担民事责任的主体并未改变，上述变更不影响其对改制前形成债务之民事责任的承担。且青溪酒厂产权制度改革方案和镇远县政府与以文义长为代表的青溪酒厂新股东签订的产权制度改革改制协议书中亦均明确载明改制前青溪酒厂的全部债务由改制后企业新的股东承担。故青溪酒厂改制前的所有债务应当由改制后的企业青酒集团承担民事责任。虽然在青溪酒厂改制资产评估中，青溪酒厂的400万元担保债务未包括在评估的企业总债务8 494.9万元中，以至于以文义长为代表的青酒集团新股东所支付的净资产对价中未将该笔担保债务予以冲抵，但青酒集团不能以此作为其不承担该笔担保债务的理由对抗债权人东方资产南宁办。青酒集团新股东与青溪酒厂原资产管理人之间就企业改制过程中隐瞒、遗漏债务问题属另一法律关系,不属本案审理的范畴。青酒集团在承担本案400万元担保债务后,可另行向青溪酒厂原资产管理人主张权利。根据最高人民法院《关于人民法院在审理企业破产和改制案件中切实防止债务人逃废债务的紧急通知》的规定,人民法院审理国有企业改制案件,对企业股份合作制改造中,被改制企业原资产管理人隐瞒或遗漏债务的,应当由被改制企业原资产管理人对所隐瞒或遗漏的债务承担民事责任。这是针对在审理企业改制双方当事人改制过程中发生的纠纷案件中,就被改制企业原资产管理人的过错或者过失所造成的隐瞒或遗漏债务,在改制企业原资产管理人和改制后企业二者之间的责任承担问题作出的界定。上述规定不否认被改制企业原债权人依照合同相对性原则向债务人主张权利。故该笔担保债务应由青酒集团承担。东方资产南宁办关于青酒集团应承担该笔担保债务的主张,于法有据,最高人民法院予以支持。原审法院判决驳回东方资产南宁办对青酒集团的诉讼请求,不符合法律规定,应予改判。东方资产南宁办二审上诉中关于镇远县政府未对青溪酒厂进行清算即作出撤销决定,且将青溪酒厂的土地和商标权收回,应依法追加镇远县政府为本案共同被告,并判决其按收回财产占青溪酒厂财产的比例对保证债务承担相应责任的主张,因其一审中并未明确对镇远县政府提出诉讼请求,属于二审中新增加的诉讼请求,根据最高人民法院《关于适用〈中华人民共和国民事诉讼法〉若干问题的意见》第184条的规定,在第二审程序中,原审原告增加独立的诉讼请求或原审被告提出反诉的,第二审人民法院可以根据当事人自愿的原则就新增加的诉讼请求或反诉进行调解,调解不成的,告知当事人另行起诉,故最高人民法院二审对此不再予以审查,东方资产南宁办可另行向镇远县政府主张权利。

1993年3月,水泥厂更名为建化公司,虽其内部文件镇建化(93)第5号《建化公司公告》载明“从同年3月1日起正式启用建化公司新印鉴,旧印鉴同时作废”,但建化公司一直未能举证证明其同时依法进行了公告。且建化公司经理王义曾在记载有凯里市中行将272万元逾期贷款催收通知书发给王义内容的(2000)凯公证字第07号公证书上签字。故1994年10月5日以水泥厂名义向凯里市中行出具的为272万元贷款提供连带担保的行为,应认定为建化公司的行为。建化公司应当对该笔贷款承担担保责任。东方资产南宁办关于建化公司应当承担该笔担保债务的上诉理由,最高人民法院予以支持。原审法院以水泥厂1993年即已被撤销且其公章已被宣布作废为由,认定上述担保行为与建化公司无关,与事实不符,应予改判。

综上,最高人民法院依照《民法通则》第84条、最高人民法院《关于审理经济合同纠纷案件有关保证的若干问题的规定》第6条、《民事诉讼法》第153条第1款第一项、第二项、第三项的规定,判决如下:

1. 维持贵州省高级人民法院(2002)黔高民二初字第14号民事判决主文第

二、三、四项。

2. 改判上述民事判决主文第一项为：贵州舞阳神植物油有限责任公司在判决生效之日起10日内偿还中国东方资产管理公司南宁办事处24 355 403.39元借款本金及利息（合同期内按合同约定的利率计算，合同期满至付清之日止按中国人民银行同期逾期付款违约金计算），逾期支付依照《民事诉讼法》第232条的规定办理；东方资产管理公司南宁办事处对贵州舞阳神植物油有限责任公司的抵押财产享有优先受偿权。

3. 贵州青酒集团有限责任公司在贵州舞阳神植物油有限责任公司及其处理50吨精炼油设备抵押财产不能清偿债务时，对400万元借款本息承担赔偿责任。

4. 镇远县建材化工公司在贵州舞阳神植物油有限责任公司发油房及设备、东风汽车、招待所、蕉溪办公楼、污水处理站等抵押财产不能清偿时，对凯里市中行贷给舞阳神公司的272万元借款本息承担连带担保责任。

一审案件受理费88 589.92元，由贵州舞阳神植物油有限责任公司负担；二审案件受理费88 589.92元，由贵州舞阳神植物油有限责任公司负担48 589.92元，贵州青酒集团有限责任公司负担2万元，镇远县建材化工公司负担2万元。

七、对本案事实认定和法律适用的分析

本案当事人上诉主要争议三个问题，即其中一笔贷款在债权转让时息转本是否有效问题、改制后企业青酒集团对改制前企业改制中遗漏的担保债务是否承担保证责任，以及建化公司是否承担保证责任问题。其中第二个问题涉及最高人民法院《关于审理与企业改制相关的民事案件若干问题的规定》（以下简称《改制司法解释》）和最高人民法院《关于人民法院在审理企业破产和改制案件中切实防止债务人逃废债务的紧急通知》（以下简称《紧急通知》）中有关企业改制遗漏债务承担不同规定的理解与适用，争议较大。下面分别予以分析。

（一）关于息转本问题

1993年9月3日，中国银行总行、贵州省中行、凯里市中行与油脂厂签订的中国银行人民币三级联贷借款合同书中约定由中国银行总行贷给油脂厂1 000万元人民币。2000年6月22日，贵州省中行将该笔贷款转给东方资产南宁办时，将其应收利息1 615 403.39元转计为本金一并转让给东方资产南宁办，即该笔转让贷款本金变更为11 615 403.39元。舞阳神公司在记载有上述转让本金金额的债权转让通知和债权确认通知上加盖了公章，并未提出异议。对此，应认定舞阳神公司对该1 000万元贷款息转本是知道且同意的。舞阳神公司关于债权人未将1 000万元息转本情况通知其并经其同意的抗辩，与事实不符。贵州省中行将1 000万元本金息转本后一并转让给东方资产南宁办，并不违反法律强制性规定，应为有效。原审法院以东方资产南宁办1 000万元息转本未提供相关依据且舞阳神公司对此不予承认为由，对息转本部分不予保护不当，应依法予以纠正。

（二）关于青酒集团是否承担保证责任问题

1993 年 9 月 3 日，青溪酒厂签订人民币三级联贷担保协议，为中国银行总行、贵州省中行和凯里市中行贷给油脂厂的 1 572 万元款项中的 400 万元贷款提供担保责任，意思表示真实，应为有效，青溪酒厂依法应当向债权人承担保证责任。2000 年 9 月，青溪酒厂通过采取由职工全额出资购买企业净资产的方式改制成青酒集团，改制方案明确约定青溪酒厂改制前的所有债务应由文义长等新股东承担，并明确载明了青溪酒厂所欠 8 494.9 万元的债务明细。但是，本案涉及的青溪酒厂 400 万元担保债务在改制过程中被隐瞒或遗漏（或者说是因该笔债务系或然债务，改制时尚未实际发生，故评估时未予作价），未包括在资产评估的企业总债务 8 494.9 万元中，以文义长为代表的新股东在认购青溪酒厂资产时所支付的净资产对价中，未将该笔担保债务予以冲抵，性质上属于企业改制中隐瞒或遗漏的债务。对于该笔担保债务，改制后企业即青酒集团是否应当承担担保责任问题，有两种不同的观点。

一种观点认为：因该改制行为发生在最高人民法院改制司法解释生效之前，根据法不溯及既往原则，不适用《改制司法解释》。而应根据最高人民法院《紧急通知》第 10 条前半段关于“人民法院审理国有企业改制案件，对企业出售中，卖方隐瞒或遗漏原企业债务的，应当由卖方对所隐瞒或遗漏的债务向原企业的债权人承担责任；对企业股份合作制改造及吸收合并中，被兼并或被改制企业原资产管理人隐瞒或遗漏债务的，应当由被兼并或被改制企业原资产管理人对所隐瞒或遗漏的债务承担民事责任”的规定，该笔担保债务应由青溪酒厂原资产管理人即镇远县政府承担。以文义长为代表的新股东不以其投入到青酒集团的法人财产承担担保责任。东方资产南宁办关于青酒集团应承担该笔担保债务的主张，没有法律依据，最高人民法院应不予支持。原审法院判决驳回东方资产南宁办对青酒集团的诉讼请求，于法有据，最高人民法院应予以维持。东方资产南宁办可另行向青溪酒厂原资产管理人主张权利，本院对此应不予审理。

另一种观点认为：1993 年 9 月 3 日，青溪酒厂签订人民币三级联贷担保协议，为中国银行总行、贵州省中行和凯里市中行贷给油脂厂的 1 572 万元款项中的 400 万元贷款提供担保责任，意思表示真实，应为有效。2000 年 9 月，青溪酒厂通过采取由职工全额出资购买企业净资产的方式改制成青酒集团，仅是企业法人的出资主体和企业性质、名称的变更，作为承担民事责任的主体并未改变，即改制前后青溪酒厂和青酒集团系同一法人人格，法人出资者和性质、名称等的变更不影响其对改制前形成债务之民事责任的承担。且青溪酒厂产权制度改革方案和镇远县政府与以文义长为代表的青溪酒厂新股东签订的产权制度改革改制协议书中亦均明确载明改制前青溪酒厂的全部债务由改制后企业新的股东承担。故青溪酒厂改制前的所有债务应当由改制后企业青酒集团承担民事责任。虽然在青溪酒厂改制资产评估中，青溪酒厂的 400 万元担保债务未包括在评估的企业总债务

8 494.9 万元中，以致以文义长为代表的青酒集团新股东所支付的净资产对价中未将该笔担保债务予以冲抵，但青酒集团不能以此作为其不承担该笔担保债务的理由对抗债权人东方资产南宁办。青酒集团新股东与青溪酒厂原资产管理人之间就企业改制过程中隐瞒、遗漏债务问题属另一法律关系，不属本案审理的范畴。青酒集团在承担本案400万元担保债务后，可另行向青溪酒厂原资产管理人主张权利。

最高人民法院《紧急通知》中关于"人民法院审理国有企业改制案件，对企业股份合作制改造中，被改制企业原资产管理人隐瞒或遗漏债务的，应当由被改制企业原资产管理人对所隐瞒或遗漏的债务承担民事责任"的规定，是针对在审理企业改制双方当事人改制过程中发生的纠纷案件中，就被改制企业原资产管理人的过错或者过失所造成的隐瞒或遗漏债务，在改制企业原资产管理人和改制后企业二者之间的责任承担问题作出的界定。上述规定不否认被改制企业原债权人依照合同相对性原则向债务人主张权利。故该笔担保债务应由青酒集团承担。东方资产南宁办关于青酒集团应承担该笔担保债务的主张，于法有据，应予以支持。原审法院判决驳回东方资产南宁办对青酒集团的诉讼请求，不符合法律规定，应予改判。东方资产南宁办二审上诉中关于镇远县政府未对青溪酒厂进行清算即作出撤销决定，且将青溪酒厂的土地和商标权收回，应依法追加镇远县政府为本案共同被告，并判决其按收回财产占青溪酒厂财产的比例对保证债务承担相应责任的主张，因其一审中并未明确对镇远县政府提出诉讼请求，属于二审中新增加的诉讼请求，根据最高人民法院《关于适用〈中华人民共和国民事诉讼法〉若干问题的意见》第184条关于在第二审程序中，原审原告增加独立的诉讼请求或原审被告提出反诉的，第二审人民法院可以根据当事人自愿的原则就新增加的诉讼请求或反诉进行调解，调解不成的，告知当事人另行起诉的规定，本院二审对此不再予以审查，东方资产南宁办可另行向镇远县政府主张权利。

（三）关于建化公司是否承担保证责任问题

1993年3月，水泥厂更名为建化公司，虽其内部文件镇建化(93)第5号《建化公司公告》载明"从同年3月1日起正式启用建化公司新印鉴，旧印鉴同时作废"，但建化公司一直未能举证证明其同时依法进行了公告。且建化公司经理王义曾在记载有凯里市中行将272万元逾期贷款催收通知书发给王义内容的(2000)凯公证字第07号公证书上签字。故1994年10月5日以水泥厂名义向凯里市中行出具的为272万元贷款提供连带担保的行为，应认定为建化公司的行为。建化公司应当对该笔贷款承担担保责任。东方资产南宁办关于建化公司应当承担该笔担保债务的上诉理由，应予以支持。原审法院以水泥厂1993年即已被撤销且其公章已被宣布作废为由，认定上述担保行为与建化公司无关，与事实不符，应依法予以改判。

财产与债务相抵的约定不能对抗其他债权人

——山东信诚化工股份有限公司与中国工商银行山东省分行、滕州市化肥厂、山东鲁南化学工业集团公司、滕州市国有资产经营有限公司借款合同纠纷上诉案

一、当事人基本情况及案件来源

上诉人(原审被告):山东信诚化工股份有限公司(以下简称“信诚公司”),住山东省滕州市荆河西路132号。

法定代表人:陈至诚,该公司董事长。

被上诉人(原审原告):中国工商银行山东省分行(以下简称“山东工行”),住山东省济南市经四路310号。

负责人:杜宝起,该行行长。

原审被告:滕州市化肥厂(以下简称“化肥厂”),住山东省滕州市荆河西路132号。

法定代表人:刘子英,该厂厂长。

原审被告:山东鲁南化学工业(集团)公司(以下简称“鲁南公司”),住山东省滕州市木石镇。

法定代表人:徐建民,该公司董事长。

原审被告:滕州市国有资产经营有限公司(以下简称“国资公司”),住山东省滕州市善国南路86号。

法定代表人:卢庆志,该公司董事长。

上诉人信诚公司为与被上诉人山东工行、原审被告化肥厂、鲁南公司、国资公司借款合同纠纷一案,不服山东省高级人民法院(2001)鲁民二初字第1号民事判决,于2002年向最高人民法院提起上诉。最高人民法院经审理,以事实不清为由,以(2002)民二终字第111号民事裁定发回山东省高级人民法院重审。山东省高级人民法院重审后作出(2002)鲁民二重初字第1号民事判决。信诚公司不服上述判决,再次向最高人民法院提起上诉。最高人民法院依法组成由审判员吴庆宝担任审判长,代理审判员宫邦友、刘敏参加的合议庭进行了审理,书记员孔玲担任记录。本案现已审理终结。

二、原审法院查明事实

原审法院查明：

1996年8月26日，山东工行与化肥厂签订编号为1996年基字第0001号的人民币中长期借款合同，约定山东工行向化肥厂发放贷款950万元，借款期限自1996年8月26日起至1999年10月8日止。借款的实际提款日以借据载明日期为准，借据是合同的组成部分。借款利率根据国家规定一年一定，第一年为6.675%，自贷款方放款之日起计息，按日计息，按季(月)结息，到期还清本息。借款人未按合同约定的还款计划归还借款本息时，贷款人按国家对逾期贷款每日计收万分之四利息，不按期支付利息，对未支付的利息计收复利。贷款人未在借款人办理贷款手续后5个营业日内发放贷款，应根据违约金额和天数，每日付给借款人万分之四的违约金。

1997年5月27日，山东工行与化肥厂签订编号为1997年技字第0006号的人民币中长期借款合同，约定山东工行向化肥厂发放贷款2 900万元，用途为技改(偿还原技改贷款)，借款期限自1997年5月28日起至1999年12月20日止。由鲁南公司另行签订编号为技字第0006号的担保合同向贷款人提供担保。该合同的其他内容与0001号借款合同相同。

1998年1月6日，山东工行与鲁南公司采用格式条款签订编号为1997年技字第0006号的保证合同，约定为确保山东工行与化肥厂签订的1997年技字第0006号合同的履行，鲁南公司愿意向山东工行提供保证。保证范围为借款人根据借款合同向山东工行借用的贷款本金2 900万元及其利息(包括因借款人违约或逾期还款所计收的违约金、复利、加收的利息，以及实现债权的费用)。担保的借款合同履行期限自1998年1月1日起至1999年12月31日止。保证期间为2年，自借款人不履行债务之日起计算。保证方式为连带责任保证。双方在其他事项一栏中，以非格式条款约定保证人在借款人确实无偿还能力时，才承担偿还未偿款项的责任。

上诉3份合同签订后，山东工行于1998年10月9日向化肥厂发放了上述贷款。借款到期后，化肥厂除在2001年9月20日前支付500 094.50元利息(其中1996年基字第0001号借款合同项下支付1 184 708.21元，1997年技字第0006号借款合同项下支付3 816 286.29元)外，两项合同项下的借款本金和其余利息均未偿还。

另查明，1999年9月28日和12月14日，山东省经济体制改革委员会分别以鲁体改企字〔1999〕第117号和鲁体改函字〔1999〕第75号函批准由化肥厂、职工持股会和其他几家投资人共同发起设立信诚公司。公司股份总额为4 000万股，每股面值1元，股本金总额为4 000万元。其中化肥厂持股2 960万股，占股份总数的74%。同年11月26日，山东润德有限责任会计师事务所出具的润德验字

(1999)第J003号《验资报告》载明,信诚公司申请的注册资金为人民币4 000万元。截至1999年11月25日止,信诚公司已收到其股东投入资本4 000万元。其中化肥厂投入实物资产7 772万元,随实物资产转入债务4 812万元。化肥厂以扣除债务后的实物净资产2 960万元作为出资,出资比例为74%。同年12月22日,信诚公司领取了《企业法人营业执照》。

同年12月28日,化肥厂与信诚公司签署协议书约定,化肥厂将其所有的资产96 531 146.46元转让给信诚公司,同时将等额债务转让给信诚公司。信诚公司应当积极归还其所接受的上述债务,化肥厂对转移给信诚公司的债务不再负有任何连带清偿责任。

2000年1月10日,化肥厂、信诚公司分别与中国工商银行滕州市支行、滕州市农村信用联社营业部、滕州市城关镇农村信用合作社、滕州市城市信用合作社、滕州市兴工城市信用社、中国农业银行滕州市支行、中国银行山亭支行等7个金融部门(以下简称"工行滕州支行等7个金融机构")分别签订了债务转移协议书,约定将化肥厂欠上述7家单位共计4 812.8万元的债务转移给信诚公司。

至此,化肥厂共将价值174 251 146.46元财产,及144 651 146.46元的债务转移给信诚公司。上述资产转移后,化肥厂即停止生产经营,留下少数人员处理改制遗留问题。

同年9月26日,化肥厂与国资公司签署协议约定,化肥厂将持有的2 960万元国有资产划转到国资公司管理经营,并办理了股东变更登记手续,国资公司取代化肥厂成为信诚公司的股东,拥有信诚公司74%的股份。

2001年9月25日,山东工行以化肥厂到期未偿还贷款本息、鲁南公司未履行保证义务,以及化肥厂为逃避债务剥离有效资产成立信诚公司等为由,向山东省高级人民法院提起诉讼,请求判令化肥厂、鲁南公司和信诚公司偿还贷款本金3 850万元,利息11 527 023.25元,以及自2001年9月20日起至支付日的利息和实现债权的其他费用及诉讼费。同年11月6日,山东工行向山东省高级人民法院提交了《补充诉状》,以化肥厂将其2 960万元资产无偿划转给国资公司,国资公司承接了化肥厂在信诚公司的74%股权为由,申请追加国资公司为该案共同被告,判决其向山东工行承担连带还款责任。山东省高级人民法院作出(2001)鲁民二初字第1号民事判决后,信诚公司不服上述判决向本院提起上诉。本院二审期间,山东工行向本院提交了2000年1月1日化肥厂与信诚公司签订的《协议书》复印件,该协议书复印件载明,化肥厂除2 960万元出资外,另按化肥生产需要而应转给信诚公司的部分固定资产、流动资产等实行承担等额债务的办法转让的资产净值为127 074 372.95元,负债127 074 372.95元,以上转让的资产所有权归信诚公司,转入的负债由信诚公司偿还,化肥厂不再负担,以上出资资产和承担等额债务的资产自2000年1月1日零时起全部移交给信诚公司,化肥厂剩余资产和负债全部由化肥厂占有并承担偿付负债义务。同时,山东工行向本院提交信诚公司

2000年1月31日《资产负债表》,以此证明上述《协议书》的真实有效且已实际履行,请求判决信诚公司承担本案全部债务。对上述《协议书》复印件,信诚公司和化肥厂均不予认可。本院于2002年10月8日作出(2002)民二终字第111号民事裁定书,以事实不清为由将该案发回山东省高级人民法院重审。

三、原审法院裁判要旨

山东省高级人民法院经审理认为:

山东工行与化肥厂签订的两份借款合同,以及山东工行与鲁南公司签订的保证合同是各方当事人的真实意思表示,不违反法律和行政法规的规定,均为有效合同。合同签订后,化肥厂于1998年10月9日办理了借款手续,山东工行于当日即将两份合同项下的全部贷款发放给了化肥厂,因此,应认定山东工行已经履行了两份借款合同约定的义务。合同到期后,化肥厂没有依约偿还借款本息构成违约,其应当承担逾期偿还贷款本息的违约责任。鲁南公司与山东工行签订的保证合同,明确约定是为山东工行与化肥厂签订的1997年技字第0006号借款合同项下的贷款提供担保,且贷款用途是偿还技改贷款。鲁南公司关于其不知道是贷新还旧、应予免责的主张,与事实不符,该院不予采纳。虽然该保证合同约定的保证责任方式为连带责任担保,但因该约定为格式条款,双方在合同中又以非格式条款约定鲁南公司同意必须在借款人确实无偿还能力时才承担偿还未偿还款项的责任,故应当认定鲁南公司向山东工行提供的保证性质上为一般保证。化肥厂不能偿还1997年技字第0006号合同项下的贷款本息时,鲁南公司应对山东工行承担保证责任。信诚公司作为化肥厂与他人新设立的公司,在设立之初以承债的方式接受了化肥厂4 812万元的资产,在设立之后又以同样的方式接收了化肥厂96 531 146.46元资产(两项合计为144 651 146.46元)。化肥厂以其优质财产与他人组建信诚公司,致使自己丧失生产能力和偿还债务的能力,信诚公司应当在其接收化肥厂的财产144 651 146.46元的范围内对化肥厂的债务承担连带责任。信诚公司成立后,在化肥厂清偿其债务前,化肥厂即将其持有的信诚公司的股权无偿转让给了国资公司,显属逃废债务,国资公司应在其接收的信诚公司74%的股权范围内对化肥厂所欠债务承担连带责任。

山东省高级人民法院依据《民法通则》第90条、第106条,《合同法》第41条、《担保法》第17条、第21条,最高人民法院《关于适用〈中华人民共和国担保法〉若干问题的解释》第39条、第42条,最高人民法院《关于审理与企业改制相关的民事纠纷案件若干问题的规定》(以下简称《改制司法解释》)第6条的规定,判决:

1. 化肥厂于判决生效后10日内偿还山东工行1996年基字第0001号合同项下的借款本金950万元人民币及其相应利息(合同期内利息按合同约定的利率计算,逾期利息按中国人民银行的有关规定计算,并扣除化肥厂已经支付的1 184 708.21元利息)。

2. 化肥厂于判决生效后10日内偿还山东工行1997年技字第0006号合同项下的借款本金2 900万元人民币及其相应利息(合同期内利息按合同约定的利率计算,逾期利息按中国人民银行的有关规定计算,并扣除化肥厂已经支付的3 816 286.29元利息)。

3. 鲁南公司对上述判决第二项确定的化肥厂的债务承担一般保证责任。

4. 信诚公司在144 651 146.46元范围内对上述判决第一项、第二项所确定的化肥厂债务承担连带清偿责任。

5. 国资公司在其持有的信诚公司74%的股权范围内对上述判决第一项、第二项所确定的化肥厂债务承担连带清偿责任。一审案件受理费260 145元、财产保全费148 000元,由化肥厂负担。

四、当事人上诉与答辩情况

信诚公司不服山东省高级人民法院的上述民事判决,向最高人民法院提起上诉称:化肥厂系以其7 772万元的实物资产和相应的4 812万元的债务,与他人组建新公司,而不是以其优质财产与他人组建新公司,完全符合《改制司法解释》第6条规定的情形。化肥厂并未丧失偿还债务和进行生产的能力。一审法院将化肥厂向上诉人投入实物资产7 772万元并随同实物转入负债4 812万元这一单方改制行为,和化肥厂在上诉人成立之后将96 531 146.46元资产和等额负债转移给上诉人的双方民事法律行为混为一谈是错误的。且截至目前,上诉人已经归还了所接受的绝大部分债务。即使山东工行认为化肥厂和上诉人之间的资产和债务一并转移的方式不合法,侵犯了其合法权益,其也只能请求法院判令撤销该行为。根据《改制司法解释》第6条的规定,因上诉人已将4 812万元的债务归还完毕,化肥厂的这种企业公司制改造的行为应得到法律保护。一审法院在查明上诉人已经在接受财产范围内归还了化肥厂债务的情况下,依然判令上诉人在接受财产范围内对化肥厂所欠山东工行债务承担连带清偿责任,加大了上诉人的负担。一审法院认定事实不清,适用法律不当,请求依法改判,驳回山东工行对上诉人的诉讼请求。

被上诉人山东工行答辩称:化肥厂改制时除以7 772万元财产与他人组建信诚公司外,在信诚公司成立后一周内,又向信诚公司转移资产达96 539 146.46元,致使化肥厂失去经营偿债能力。一审法院以化肥厂改制时以优质财产与他人组建信诚公司为由,判决其对山东工行的债务在所接收财产范围内承担连带责任是正确的。上诉人关于化肥厂在信诚公司成立之初和成立之后向其转移资产的行为系不同性质的法律行为的主张,没有法律依据。化肥厂转移资产均未通知山东工行。化肥厂系以改制为名,剥离企业优质资产,达到逃废债务的目的。一审法院认定事实清楚,适用法律正确,应予维持。

原审被告化肥厂未作书面陈述,庭审时表示同意信诚公司的意见。原审被告鲁南公司书面陈述称，一审判决认定事实清楚，适用法律正确，但在判决其承担一般保证责任的同时，未明确赋予其追偿权。请求二审法院对此予以明确。

五、二审法院查明事实

最高人民法院二审除认定一审法院查明的事实外，另查明，本案争议的化肥厂欠山东工行的该笔债务未包括在化肥厂转移给信诚公司的债务中。

六、二审法院裁判要旨

最高人民法院经审理认为：

山东工行与化肥厂之间的借款法律关系及山东工行与鲁南公司之间的担保法律关系明确，均为当事人真实意思表示，且不违反法律、行政法规强制性规定，应为有效。对此，当事人各方均无异议。本案上诉争议的主要问题是债务人化肥厂改制成立的信诚公司对化肥厂改制前的债务是否承担民事责任。化肥厂1999年与该厂职工持股会及其他几家投资人共同出资设立信诚公司。化肥厂先行投入信诚公司实物资产7 772万元，并同时转入负债4 812万元，并以实物资产与负债相抵后的净资产2 960万元作为其对信诚公司的出资，占信诚公司出资的74%。随后，其又与信诚公司签订协议，将价值96 531 146.46元的优良财产与等额债务一并转让给信诚公司。双方约定由信诚公司负责偿还上述连同实物财产转让的两笔债务共计144 651 146.46元。因化肥厂与信诚公司关于上述债务转移的约定不违反法律强制性规定，系各方当事人的真实意思表示，符合意思自治原则，故只要被转让债务的债权人无异议，该约定对转让方、受让方和转让债务的债权人应是有效的。但是，由于企业的所有财产是对其经营中形成的全部债务的一般担保，任何人不得随意转移。法律赋予债权人在获得权利实现时以法人所有财产平等受偿的权利，除享有优先受偿权的债权人外，任何人不享有特权。即不能以牺牲某一债权人的利益为代价来保障其他债权人债权的实现。故尽管化肥厂与信诚公司和有关债权人达成的相关债务转让协议对合同各方当事人具有法律约束力，但因信诚公司用以作为接收上述债务对等条件的接收相应财产的行为，客观上造成了化肥厂对所有债权人的债权进行担保的法人财产减少，该财产转移行为侵犯了其他债权人的权利。化肥厂与信诚公司之间关于以接收相关财产作为承担等额债务前提的约定对其他债权人不发生法律效力。当未转让债务的债权人山东工行根据法人财产原则，要求信诚公司在接收化肥厂财产范围内对化肥厂改制前债务承担偿还责任时，信诚公司不得以其与化肥厂之间的约定对抗山东工行的诉讼请求。化肥厂采取转让财产和等额债务的方式与他人组建新公司，因其对该笔转让财产并不享有相应的股权，故该行为并不是真正意义上的投资行为，而是对法人财产的变相转移。

化肥厂改制成立新公司是否丧失偿债和进行生产的能力，不是认定信诚公司是否应当承担化肥厂改制前债务的依据。故信诚公司关于化肥厂并未丧失偿债和生产能力,其不应承担化肥厂债务的上诉理由,最高人民法院不予支持。化肥厂转移价值144 651 146.46元的法人财产给信诚公司的行为法律属性明确,故信诚公司关于两笔财产转让行为不属同一性质法律行为的上诉理由,最高人民法院不予支持。最高人民法院《改制司法解释》第6条关于"企业以其部分财产和相应债务与他人组建新公司,对所转移的债务债权人认可的,由新组建的公司承担民事责任"等规定,是仅针对转移债务的债权人而言,不包括未转移债务的债权人。即改制企业将债务转移给新成立的公司,转移债务的行为经相关债权人同意的,发生债务有效转移的法律后果,由新成立的公司承担转移的债务。改制企业转移债务,未经转移债务债权人同意,不发生债务转移的法律后果,债务仍由改制企业承担。改制企业如将部分财产转移给新设公司的,按照法人财产原则,由新设公司在所接收财产范围内与改制企业承担连带民事责任。未转移债务的债权人仍有权按照合同相对性原则和法人财产原则,要求改制企业和接收改制企业财产的新公司承担相应的偿还责任。故信诚公司关于其已依法承担化肥厂有关债务,不应再承担山东工行该笔债务的上诉理由,最高人民法院亦不予支持。山东工行关于信诚公司应当在其接收化肥厂财产范围内承担本案争议债务的主张,于法有据,最高人民法院予以支持。原审法院判决信诚公司在接收化肥厂财产范围内对化肥厂改制前的债务承担连带清偿责任,最高人民法院予以维持。信诚公司偿还山东工行的该笔债务后,如导致其权利义务的不对等,其可以另行向化肥厂主张权利。鲁南公司承担保证责任后享有向债务人进行追偿的权利,因担保法已有明确规定,最高人民法院二审不再予以判决。

最高人民法院依据《民法通则》第48条、《民事诉讼法》第153条第1款第(一)项、第158条之规定,判决:驳回上诉,维持原判。一审案件受理费260 145元,财产保全费148 000元,由滕州市化肥厂负担;二审案件受理费260 145元,由山东信诚化工股份有限公司负担。

七、对本案事实认定和法律适用的分析

本案山东工行与化肥厂之间的借款法律关系及山东工行与鲁南公司之间的担保法律关系明确,均为当事人真实意思表示,且不违反法律、行政法规强制性规定,应为有效。对此,当事人各方均无异议。本案上诉争议的主要问题是债务人化肥厂改制成立的信诚公司对化肥厂改制前的债务是否承担民事责任问题。

1. 化肥厂与信诚公司关于出资组成信诚公司,以及转让部分财产和等额债务的约定,系当事人真实意思表示,且不违反法律强制性规定,应为有效,对化肥厂和信诚公司依法发生法律效力。化肥厂1999年与该厂职工持股会及其他几家投资人共同出资设立信诚公司。化肥厂先行投入信诚公司实物资产7 772万元,并同时转入负债4 812万元,并以实物资产与负债相抵后的净资产2 960万元作为其

对信诚公司的出资,占信诚公司出资的74%。随后,其又与信诚公司签订协议,将价值96 531 146.46元的优良财产与等额债务一并转让给信诚公司。双方约定由信诚公司对上述连同实物财产转让的两笔债务共计144 651 146.46元负责偿还。这里存在两个不同的法律关系:一是化肥厂出资2 960万元与他人组成信诚公司的行为,系化肥厂的投资行为,该行为并未减少化肥厂的法人财产,仅仅是法人财产从有形财产转化为股权的方式,是财产形态的变化,不影响化肥厂独立承担民事责任。化肥厂原持有的信诚公司74%股权是其对外承担民事责任的法定财产范畴。二是化肥厂与信诚公司关于将化肥厂4 812万元和96 531 146.46万元债务转移给信诚公司的约定,不违反法律强制性规定,系各方当事人的真实意思表示,符合意思自治原则,故只要被转让债务的债权人无异议,该约定对转让方、受让方和转让债务的债权人应是有效的。

2. 化肥厂以部分财产与相应债务相抵和他人组成新公司的约定,不能对抗化肥厂其他债权人依据法人财产原则主张权利。由于企业的所有财产是其进行经营活动和对外偿还所有债务的物质基础和一般担保,任何人不得随意转移。法律赋予债权人在获得权利实现时以法人所有财产平等受偿的权利,除享有优先受偿权的债权人外,任何人不享有特权,即不能以牺牲某一债权人的利益为代价来保障其他债权人债权的实现。因此,企业改制时,无论采取何种形式的改制方式,均应严格贯彻法人财产原则,不能损害债权人权利。虽然改制行为系平等民事主体之间的民事法律行为,应当尊重当事人的意思自治,但由于企业改制实质上是企业产权制度的改革,不仅关系改制双方当事人的权利义务,还直接影响到债权人权利的实现。故尊重当事人的约定,必须兼顾债权人的意志。也就是说,改制企业的债权人对企业改制享有知情权和异议权。如果企业改制中对改制企业的债务承担者作出了约定,该约定必须以经债权人同意为其发生法律效力的前提条件。而且要特别强调该约定经哪个债权人同意,仅发生对哪个债权人产生法律效力的后果。对其他债权人不发生法律效力,其他债权人仍然可以按照法人财产原则,按照法人财产的走向追究转移财产所有者相应的民事责任。故尽管化肥厂与信诚公司和有关债权人达成的相关债务的转让协议对合同各方当事人具有法律约束力,但因信诚公司用以作为接收上述债务对等条件的接收相应财产的行为客观上造成了化肥厂用作对所有债权人的债权进行担保的法人财产的减少,该财产转移行为侵犯了其他债权人的权利。化肥厂与信诚公司之间关于以接收相关财产作为承担等额债务前提的约定对其他债权人不发生法律效力,即当未转让债务的债权人山东工行根据法人财产原则要求信诚公司在接收化肥厂财产范围内对化肥厂改制前债务承担偿还责任时,信诚公司不得以其与化肥厂之间的约定对抗山东工行的诉讼请求。化肥厂采取转让财产和等额债务的方式与他人组建新公司,因其对该笔转让财产并不享有相应的股权,故该行为并不是真正意义上的投资行为,而是对法人财产的变相转移。

这里,一定要注意严格区分法人的投资行为和企业的部分改制行为,二者的法律属性和责任承担完全不同。法人的正常投资行为仅仅是法人财产形态发生了变化,即由普通的财产形态转化为对新公司所持的股权形态,法人财产并未减少,故被投资主体对投资者的债务不承担任何责任。债权人在起诉投资者时,亦不能将被投资者作为共同被告提起诉讼,法院更不能判决被投资主体承担投资者的民事责任。企业的部分改制,其法律属性是企业分立基础上的重组行为。因企业的分立行为,导致企业财产的减少,按照公司法的规定,企业分立,应当公告通知债权人,债权人提出提前偿还债务或者提供担保的,分立企业应当偿还债务或者提供担保。如果分立企业未通知债权人,亦未偿还或者提供担保即分立的,应当由分立后企业共同承担被分立企业分立前的债务。

这里,不是从否定分立效力角度保护债权人的权利,而是从最终实体责任承担的角度保护了债权人权利实现的最大化。在企业采取以相应财产和等额债务相抵的方式与他人组成新公司时,如未经债权人同意,则债权人可以按照法人财产原则追究新公司的相应民事责任。原审法院判决信诚公司在接收化肥厂财产范围内对化肥厂改制前的债务承担连带清偿责任,于法有据,应予以维持。化肥厂改制成立新公司是否丧失偿债和进行生产的能力,不是认定信诚公司是否应当承担化肥厂改制前债务的依据。故信诚公司关于化肥厂并未丧失偿债和进行生产能力,其不应承担化肥厂债务的上诉理由,应不予支持。

最高人民法院《改制司法解释》第6条关于"企业以其部分财产和相应债务与他人组建新公司,对所转移的债务债权人认可的,由新组建的公司承担民事责任"等的规定,是仅针对转移债务的债权人而言的,不包括未转移债务的债权人,即改制企业将债务转移给新成立的公司,经债权人同意,发生债务有效转移的法律后果,由新成立的公司承担转移的债务。如果改制企业转移债务,未经转移债务的债权人同意的,不发生债务转移的法律后果,债务仍由改制企业承担。改制企业如出现将部分财产转移给新设公司的,按照法人财产原则,由新设公司在所接收财产范围内与改制企业承担连带民事责任。未转移债务的债权人仍应按照合同相对性原则和法人财产原则,要求改制企业和接收改制企业财产的新公司承担相应的偿还责任。故信诚公司关于其已依法承担化肥厂有关债务,不应再承担山东工行该笔债务的上诉理由,亦不应予支持。山东工行关于信诚公司应当在接收化肥厂财产范围内承担本案争议债务的主张,应予以支持。信诚公司一方面按照法人财产原则向未转移债务的债权人承担了民事责任,另一方面又按照其与化肥厂之间的约定向转移债务的债权人偿还有关债务,可能导致其权利义务的不对等,但在这种情况下,突出的是对其他债权人权利的保障,信诚公司可以另行向化肥厂主张权利。这里应当注意,信诚公司承担化肥厂债务的范畴,仅仅限定在其接收的144 651 146.46元内,即化肥厂债权人依据法人财产原则要求信诚公司承担责任的范畴不能超出该数额,否则形成对信诚公司其他出资者权利的侵犯。

3 合同纠纷

代位权诉讼及诉讼中的债务互抵问题
——中国中化集团公司与北京三元金安大酒店、北海中达集团有限公司代位权纠纷上诉案

一、当事人基本情况及案件来源

上诉人(原审原告):中国中化集团公司(以下简称"中化公司"),住北京市复兴门外大街A2号中化大厦。

法定代表人:刘德树,该公司总裁。

上诉人(原审被告):北京三元金安大酒店(以下简称"金安酒店"),住北京市东城区北京站东街6号。

法定代表人:高圣永,该公司董事长。

原审第三人:北海中达集团有限公司(以下简称"北海中达公司"),住广西北海市贵州路黄都酒店。

法定代表人:连军,该公司董事长。

中化公司与金安酒店为与北海中达集团有限公司代位权纠纷一案,不服广西壮族自治区高级人民法院(2002)桂民二初字第11号民事判决,向最高人民法院提起上诉。最高人民法院依法组成由审判员吴庆宝担任审判长,代理审判员宫邦友、刘敏参加的合议庭进行了审理,书记员孔玲担任记录。该案现已审理终结。

二、原审法院查明事实

原审法院查明:

中化公司曾因与北海中达公司外贸代理合同纠纷一案,向北京市第二中级人民法院起诉,北京市第二中级人民法院于1999年6月14日以(1999)二中经初字第24号作出民事判决:由北海中达公司向中化公司偿还货款5 074 634.56美元及利息(利息,截至1998年10月22日为1 017 010.5美元。自1998年10月23日起至付清之日止,依还款协议的约定以年息9.266%计算。上述本息如不能支付美

元,则以8.279折为等值人民币给付)。如逾期支付本金,则按中国人民银行同期贷款最高利率加倍支付迟延履行期间的债务利息。该判决已发生法律效力,北海中达公司至今未履行上述债务。

另查明:金安酒店是北京市农工商联合总公司(以下简称“农工商公司”)与中国工商银行信托投资公司(以下简称“信托公司”)联合成立的全民所有制联营企业。1993年3月9日签订联营协议,同年6月21日经北京市工商行政管理局东城分局核准登记注册,注册资金2400万元,企业名称登记为北京金安大厦,后更名为北京金安黄都大酒店,后又更名为金安酒店。

1994年3月18日,金安酒店召开第一次董事会,会上明确大庆石油化工总厂、北京燕山石油化工公司、北海中达公司为农工商公司的内部股东,由农工商公司统一作为联营一方行使股东权。

1995年4月21日,金安酒店召开第二次董事会,会议明确了各股东的股份及投资额,其中农工商公司投资6300万元,占35%;北海中达公司投资5400万元,占30%;信托公司投资3600万元,占20%;北京燕山石油化工公司投资1800万元,占10%;大庆石油化工总厂投资900万元,占5%。会议同时决定由北海中达公司承包经营,承包基数为2000万元,承包期为10年,即从1996年1月1日起到2005年12月31日止,承包基数从第二年起每年递增3%;第六年起每年递增5%。确定1995年10月1日为金安大厦竣工扫尾期,10—12月份为试营业期,试营业期内北海中达公司不向各股东方交纳任何费用。金安酒店董事会与北海中达公司签订了北京金安大厦经营承包合同。

1996年7月15日—16日,金安酒店召开第三次董事会,决定整体转让酒店,转让后的利润在扣除税金、土地出让金、北海中达公司垫付尾款及后期投入、酒店完善费用及物业管理人员安置费用后,按第二次董事会决定的股权比例分配给各股东方。酒店转让前由北海中达公司承包经营,承包基数由2000万元降至1700万元,从1996年10月1日起开始计算并上缴经营利润。

1997年4月25日—29日、5月12日—15日,金安酒店召开第四次董事会,会议决议载明:明确了各股东方的实际本金,其中北海中达公司6602.8万元;对北海中达公司经营期间的481万元亏损及欠供货单位的212万元货款及金安酒店替北海中达公司归还银行贷款149.7万元的问题,决定待有关部门审计核定后从北海中达公司应分配利润中扣除,按比例分配给各股东;承认北海中达公司的后期投入为:广州市集美组室内设计工程有限公司(以下简称“集美公司”)装修工程款1245万元,后期办理产权证、详情报告、装修等项共计686万元和由筹建处支出购买二层多功能厅、音响设备等物品的100万元,共计1931万元,但强调必须出具正式单据;强调董事会只对北海中达公司一家,其与北京北海中达经济发展公司(以下简称“北京中达公司”)账务等问题由其内部自行解决;决定于1996年10月1日起取消北海中达公司经营权等内容。决议上有朱跃辉等7位董事签名,许浩昆作为北海中达公司的代表在该决议上注明“此决议强加于人,违反投资原则,显失公平;违背贵州省高级人民法院给董事会送达文书以及我集团意见通报的基本内容,为遵守法律义务,对上述决议我方表示拒绝承认”的字样。

在金安酒店后期扫尾工程期间,北海中达公司与集美公司签订了金安酒店装修合同,约定对金安酒店的首层大堂改造工程、二层中旅佳公司写字楼进行装修,工程款为17 621 509元。该工程完工后,北京中达公司向集美公司支付了1 245万元的工程款,集美公司向北京中达公司开具了收据。金安酒店已使用了后期装修的工程,于1995年10月1日开始试营业。

北海中达公司因借款合同与中国信达资产管理公司贵阳办事处发生纠纷诉至贵州省高级人民法院,贵州省高级人民法院在该案中执行了北海中达公司在金安酒店的股权,该股权与北海中达公司在金安酒店后期投入的债权无关。

2002年2月28日,中化公司以北海中达公司怠于行使其对金安酒店的到期债权为由诉诸广西壮族自治区高级人民法院,请求判令金安酒店向其偿还1 683.2228万元本金及利息,并要求判令北海中达公司偿付其因执行给其造成的经济损失400万元,诉讼费由金安酒店和北海中达公司负担。

同年7月15日,北京中达公司给原审法院出具的证明载明:在金安酒店筹建期间,由于常景兴既是北海中达公司的常务副总经理,又是北京中达公司的法定代表人,且受北海中达公司总经理连军和金安酒店董事长王庆英委托负责金安酒店筹建工作。期间常景兴经手先后为金安酒店垫资2 700余万元,该公司一直要求金安酒店偿还,因金安酒店开具资金往来收据抬头书写不清,加之金安酒店董事会决议只对北海中达公司一家,故同意放弃对金安酒店的债权,由北海中达公司一家对金安酒店主张债权,北京中达公司与北海中达公司之间的债权债务由其内部解决。

三、原审法院裁判要旨

广西壮族自治区高级人民法院经审理认为:

中化公司对北海中达公司享有合法的到期债权。同时,北海中达公司对金安酒店亦享有1 245万元后期投入的到期债权。因北海中达公司至今未向中化公司履行其还款义务,又怠于向金安酒店主张返还其后期投资款,损害了中化公司的权益,依照《合同法》第73条的规定,中化公司有权以自己的名义代位行使北海中达公司对金安酒店的债权。根据最高人民法院《关于适用〈中华人民共和国合同法〉若干问题的解释(一)》(以下简称《合同法解释(一)》)第20条的规定,金安酒店应向中化公司支付1 245万元,并从金安酒店开始使用装修的工程试营业之日起,即1995年10月1日起向中化公司支付资金占用费(利息损失,按中国人民银行贷款利率计付)。中化公司与北海中达公司、北海中达公司与金安酒店之间的该部分债权债务关系即予消灭。对于中化公司请求的其他数额,因无确凿的证据证实,该院不予支持。中化公司关于其请求北海中达公司赔偿其因追款造成的损失的诉讼请求，因其未提供相应证据，且该请求属另一法律关系，该院不予支持。

该院依照《合同法》第73条、《合同法解释(一)》第20条、《民事诉讼法》第128条的规定，并经该院审判委员会讨论决定，判决：

1. 金安酒店向中化公司偿还1 245万元债务及利息(从1995年10月1日起按中国人民银行同期流动资金贷款利率计付至给付之日)。

2. 驳回中化公司的其他诉讼请求。案件受理费166 460元，由中化公司负担66 584元，金安酒店负担99 876元。

四、当事人上诉与答辩情况

中化公司和金安酒店均不服广西壮族自治区高级人民法院的上述民事判决，向最高人民法院提起上诉。

中化公司上诉称：

1. 原审法院未能正确采信能够证明北海中达公司对金安酒店享有到期债权具体数额的证据作为定案依据，导致原审判决未能保护中化公司的合法权利。1998年7月27日金安酒店出具的对账说明中其认可的欠款数额比北海中达公司对账数额小，中化公司以金安酒店认可的债务数额起诉要求金安酒店偿还1 683.2228万元应当得到支持。另，金安酒店董事会决议、中则会计师事务所出具的审计报告以及原审法院从贵州省高级人民法院调取的金安酒店的证明以及金安酒店法定代表人王庆英提交的北海中达公司入资证明显示的北海中达公司对金安酒店享有的到期债权数额均高于原审法院认定的1 245万元。

2. 原审法院未能正确适用最高人民法院《关于民事诉讼证据的若干规定》第75条的规定，盖有金安酒店公章的《证明》和金安酒店董事长王庆英提交的《北海中达公司入资说明》中均显示北海中达公司垫付给金安酒店款项数额为2 694.8万元是经以张洪军为组长的董事会审计小组及中达审计事务所确认的垫付款数额，因此可以确认金安酒店持有中达审计事务所的《审计报告》，中化公司在庭审中多次要求金安酒店提供该报告，但金安酒店拒不提供。且金安酒店董事会决议也有责成以张洪军为组长的董事会审计小组对第三人为金安酒店垫付款项进行审计的内容。故应当根据上述规定推定中化公司的主张成立。

金安酒店上诉称：

1. 该案系代位权诉讼，应由被告所在地法院即金安酒店所在地人民法院管辖，原审法院无管辖权。且原审法院漏列金安酒店提交的重要证据和阐述的重要观点、无视金安酒店提出的诉讼时效已过的主张和对涉案各方债权债务关系进行审计的申请等，违反法定程序，影响案件的公正审理。中化公司在对北海中达公司向金安酒店垫资债务没有证据的情况下提起代位权诉讼不符合法定条件。

2. 原审法院对北海中达公司拖欠金安酒店的巨额债务视而不见，只片面地认定其所谓债权不当。(1) 垫付款债权债务关系发生在北京中达公司与金安酒店之间,与北海中达公司无关。(2) 北京中达公司放弃对金安酒店的债权并不意味着该债权转让给北海中达公司。北京中达公司从未通知金安酒店转让其债权,对金安酒店不发生法律效力。(3) 原审判决没有全面、完整审查证据材料,很多依据中的"中达公司"含混不清。金安酒店董事会第四次决议不仅涉及北海中达公司的后期投入,且特别强调北海中达公司对金安酒店负有巨额债务。北海中达公司代表在该董事会决议上签署的意见应视为其对整个董事会决议内容的否认。决议特别强调垫付款必须凭相关支付凭证来认定。决议中有关"中达公司"对金安酒店的后期投入只对北海中达公司一家等内容,未经北京中达公司认定,对北京中达公司不发生法律效力。金安酒店呈报贵州省高级人民法院的《北海中达公司入资说明》中明确表示对 1 245 万元装修款在没有取得国家正式发票前不予认可。上述款项主体混乱,不符合财务规定,不能作为定案依据。根据贵州省高级人民法院和北京市第二中级人民法院掌握的书面材料确认,实际付给集美公司的款项为 350 万元,北京中达公司向金安酒店多报支 8 951 500 元。原审法院未经审计,即凭白条收据下判不当。(4) 原审法院认定的 1 245 万元装修款不实,其中 460 万元反映的是广东省集美设计工程公司(以下简称"集美设计公司"),而非集美公司,且所盖财务专用章与工商档案预留印鉴不符。另 100 万元装修款没有票据。原审判决违反法定程序,认定事实不清,严重侵害了金安酒店的合法权益,请求依法改判。

金安酒店针对中化公司的上诉答辩称:该案应由金安酒店所在地人民法院管辖,广西壮族自治区高级人民法院明知没有管辖权仍予受理,严重违反了法定程序。中化公司提起代位权诉讼时,对北海中达公司对金安酒店享有的债权数额尚未清楚,未能提供有关证据,其提起诉讼不符合法定条件。原审法院对该案涉案方之间债权债务关系的认定不符合客观事实,对北京中达公司拖欠金安酒店的巨额债务视而不见,只片面地认定其所谓的债权,导致事实认定不清。原审判决无视金安酒店提出的诉讼时效及请求审计等问题,遗漏金安酒店的重要证据。中化公司对有关证据断章取义,不符合客观事实,其上诉请求没有事实和法律依据。1998 年 7 月 27 日金安酒店出具的对账函即便得到认定,也只能表明双方对相互之间的债权债务关系是存有疑问的,需要进一步对账核查。金安酒店第四次董事会决议不仅涉及北海中达公司对金安酒店有后期投入,而且还特别强调北海中达公司对金安酒店负有巨额债务。决议特别强调对集美公司的 1 245 万元装修款"必须出具正式单据",亦即金安酒店对垫付款债权债务关系必须凭有效的支付凭证来认定,这种认可是附条件的,但截至目前,北海中达公司一直未能提供有关正式单据,故不能证明该付款事实存在。且金安酒店呈报贵州省高级人民法院的《北海中达公司入资说明》中亦强调对集美公司的工程款和北京中达公司的代垫款,在没有取得国家正式发票前是不予认可的。中化公司武断地要求法院推定其主张成立没有法律依据。中化公司没有证据证明金安酒店持有中达审计事务所的《审计报告》而拒不提供,推定其主张成立,不应得到支持。请求驳回中化公司的上诉请求。

中化公司针对金安酒店的上诉答辩称:中化公司起诉的被告包括金安酒店和北海中达公司,原审法院对该案有管辖权,金安酒店并未在法定期限内提出管辖权异议,故原审法院并未违反法定程序。且原审判决未遗漏金安酒店的重要证据,双方提交的证据业已在法庭上一一质证。中化公司向金安酒店提起代位权诉讼符合法定条件。后期投入发生在北海中达公司和金安酒店之间,北京中达公司只是受北海中达公司委托代其将款项打入金安酒店。金安酒店董事会决议对此认可。金安酒店主张的北海中达公司对其负有的债务,并未经北海中达公司认可,故其主张不能成立。内部审计报告中列举的欠款是发生在北京中达公司、中辰国际经济发展有限责任公司(以下简称“中辰公司”)与金安酒店之间的,与北海中达公司无关。1 245 万元装修款正式发票不是债权债务关系存在的唯一证据,垫付款的事实已经实际发生,且有装修合同、收据为证,应当予以认定。北海中达公司对金安酒店不负有债务,金安酒店关于债务互抵的主张没有事实依据。北海中达公司对金安酒店享有债权的事实在 2002 年 4 月 29 日北京中则会计师事务所出具《审计报告》时才明确,中化公司在其知道或者应当知道其权利因北海中达公司怠于向金安酒店行使到期债权受到损害时起 2 年内向金安酒店提起代位权诉讼,并未超过诉讼时效。且北海中达公司和金安酒店的债权债务并未约定履行期限,故诉讼时效应从权利人主张权利而义务人拒绝履行义务之日起计算。

五、二审法院查明事实

最高人民法院除认定原审法院查明的事实外,另查明:1995 年 4 月 25 日,北海中达公司董事长连军出具授权书载明:“全权委托我集团公司副总经理常景兴同志全面负责我集团公司北京公司及北京办事处一切经济活动及金安大厦接管后的日常经营管理工作。”

1997 年 6 月 10 日,署名为金安酒店(加盖有其公章)向贵州省高级人民法院出具的证明载明:“北海中达公司从 1995 年 4 月至 1995 年 9 月对金安酒店进行后期投入,账面投入总金额 24 610 181.59 万元;另从中兴发借款 170 万元,从英策公司借款 5 万元,从中旅国际信托公司借款 587 700 元直接投入金安酒店(此三笔借款均由北京中达公司担保),所以总计对金安酒店投资 26 947 881.59 元,此项投入经董事会委托的清账小组和中达审计事务所的认定。上述款项,均作为北海中达公司委托北京中达公司后期投入与管理期间,后者作为对金安酒店的投入。由于北京中达公司法定代表人与北海中达公司驻北京办事处负责人系同一个人,故我酒店在开具收据时有时用‘中达公司’,有时用‘北海中达公司北京分公司’的名称,但归根结底其款项来源均为北京中达公司。金安酒店在前期筹备阶段没有建立账号,一切款项由北京中达公司垫付,为保证酒店会计资料的完整性,我们特把北京中达公司垫付的有关凭证资料转至酒店,从1995年4月至1995年9月共计记账凭证26册,双方有往来收据证明。除以上数目外,1996年10月又将北京中达公司对金安酒店代垫付余款2 103 503.20元转至酒店,有往来收据证明。后又垫付其他往来款项,截至1996年12月底,共垫付28 484 789.97元。全部有往来收据可证。”1998年12月13日贵州省高级人民法院给金安酒店的(1997)黔高法执字第1-37号函载明,北京中达公司职工栾信清于1997年6月16日向该院提交了以金安酒店制作的日期为1997年6月10日的证明一份。

同日,金安酒店董事长王庆英向贵州省高级人民法院提交的《北海中达公司入资说明》载明:

1. 北海中达公司对金安酒店大堂三、四层等装修改造后期投入:账面投入2 461万元(包括集美公司1 245万元),从中兴发借款170万元,从英策公司借款5万元,从中旅国际信托借款58.8万元,合计2 694.8万元。经以张洪军为组长的董事会审计小组及中达审计事务所对北海中达公司后期投入的2 694.8万元,决定扣减1 353.5万元。后经第四次董事会讨论,决定把扣减数由1 353.5万元降为859万元,这样后期投入确认数公式:2 694.8万元－859万元＝1 835.8万元。

2. 第四次董事会确认北京中达公司后期为金安酒店代垫资金686.1817万元。

3. 北海中达公司后期投入金安酒店总额为:北海中达公司后期投入1 835.8万元＋北京中达公司后期代垫资金686.1817万元＝2 521.9817万元。

4. 北海中达公司对金安酒店大堂改建,三、四层改造的二次装修工程是由集美公司施工的,合同金额为1 841.0484万元,北海中达公司与集美公司的合同不是正规的建设施工合同,集美公司也没有北京市建委颁发的进京施工许可证,没有装修图纸,也没有建行的预算审查,故董事会无法审核装修工程报价的合法性,也没有工程竣工报告和工程质量验收报告。北京中达公司已支付集美公司工程款1 245万元,北海中达公司支付368万元,合计1 613万元,集美公司给北海中达公司开具的不是国家正式发票,而是白条,按财务制度不能下账。常景兴提供的北京中达公司代垫金安酒店资金686.1817万元,共有9笔内容,没有一笔有正式发票及付款依据,按财务制度不能下账。以上两个问题,第四次董事会明确必须出具国家正式发票,否则不予承认。该说明后附有《北海中达公司后期投入说明》和《北京中达公司代垫资金明细表》等。在《北海中达公司后期投入说明》中备注注明:北海中达公司投入的1835.8万元未含北海中达公司付给集美公司的368万元。该说明上明确载明由金安酒店董事长王庆英1997年11月12日提交,贵州省高级人民法院民二庭亦予盖章确认。二审庭审质证时,金安酒店代理人抗辩该说明系王庆英的个人行为,未经董事会授权,且系账面反映,无正式发票,不予认可。

1998年7月27日,金安酒店给中辰公司的函载明:金安酒店于1998年7月20日收到中辰公司的对账通知及往来对账单,金安酒店按照转来的往来对账单对北海中达公司在金安酒店的垫付款进行了认真的核对，对账结果有一定的差数。为保证双方账目的正确性，金安酒店建议双方财务有关人员在一起对账。现将金安酒店本次对账情况说明附上。同日，金安酒店出具的《与北海中达公司对账说明》载明，截至1997年底，金安酒店从账本上看共欠北海中达公司27 132 228.36元，按照董事会的决定对北海中达公司垫付的无正式发票及结算依据的工程款等先不列入往来账款，待手续完备后再进行账务处理。所以1998年4月金安酒店调出由北海中达公司转来无正式发票的基建款等1 289.6332万元。调整后现金安酒店应付北海中达公司账款为14 235 896.36元。金安酒店与北海中达公司对账差为11 092 649.82元（金安酒店比北海中达公司少）。

2002年4月29日，北京中则会计师事务所有限责任公司向北京市第一中级人民法院出具的中则会事审字(2002)第17号审计报告其他需用说明的事项中载明："截至1997年12月31日止，在金安酒店经营账中应收账款上列示应收北海中达公司457万元；在其他应收款科目中列示应收北海中达公司3万元；在应付账款科目中列示应付北海中达公司款项为25 925 753.54元；在其他应付款科目中列示应付北海中达公司款项为1 206 474.82元。""在审阅过程中，我们了解到集美公司参与金安酒店的内部装修工程。根据该公司向金安酒店报的工程预算单，工程预算价为17 621.509元。截至1997年12月31日止，由北海中达公司直接向集美公司支付12 451 400元。我们对相关凭证进行了翻阅，发现多为收据入账，无正式发票，因此暂挂于应收账款中。由于当时记账时采用的账务处理为借记：应收账款—集美公司；贷记：应付账款—北海中达公司，记账凭证后附收据，因此，金安酒店于1998年4月将暂挂应收账款中的应收集美公司12 451 400元全额与应付北海中达公司款项冲减。我们认为，集美公司承担金安酒店内部装修任务，金安酒店对上述金额存在一定异议，可通过评估或其他方式确定其价值，但全额冲减有所不妥。"

六、二审法院裁判要旨

最高人民法院经审理认为：根据《合同法》第73条关于"因债务人怠于行使其到期债权，对债权人造成损害的，债权人可以向人民法院请求以自己的名义代位行使债务人的债权"的规定，债权人向次债务人提起代位权诉讼后，次债务人为代位权诉讼的被告，债务人为代位权诉讼的第三人，根据《合同法解释（一）》第15条的规定，债权人提起代位权诉讼的，由被告所在地人民法院管辖，故该案作为代位权诉讼应由次债务人金安酒店所在地人民法院管辖。但因《民事诉讼法》第38条前半段关于"人民法院受理案件后，当事人对管辖权有异议的，应当在提交答辩状期间提出"的规定中所指的提出管辖权异议的期间属于除斥期间的性质，当事人如未在该除斥期间内行使其形成权，则其提出异议的权利丧失。鉴于该案一审中金安酒店并未在提交答辩状期间内明确向原审法院提出管辖权异议，故对其关于原审法院对该案无管辖权的上诉请求，最高人民法院不予审理。因该案争议的垫付款并未明确约定还款日期，债权人可随时主张权利，故金安酒店关于该笔债务已过诉讼时效的上诉请求，最高人民法院不予支持。

中化公司对北海中达公司所享有的债权即5 074 634.56美元本金及其相应利息业经北京市第二中级人民法院(1999)二中经初字第24号民事判决确认，应为合法债权。中化公司向原审法院提起代位权诉讼时，有证据证明北海中达公司怠于行使其对金安酒店的到期债权，且该债权不是专属于北海中达公司自身的债权，故中化公司提起代位权诉讼符合《合同法解释(一)》第11条规定的代位权诉讼提起的条件。金安酒店关于中化公司提起代位权诉讼不符合法定条件的上诉请求，最高人民法院不予支持。

北海中达公司系金安酒店的股东，在其承包经营金安酒店期间，因受北海中达公司董事长授权全面负责金安酒店经营管理业务的常景兴即是北海中达公司的常务副总经理，又是北京中达公司的法定代表人，在具体经营过程中，其管理混乱，账目不清，以至于在该案争议的垫付款问题上出现了单证称谓混乱的情况。对此，北海中达公司负有过错。因金安酒店第四次董事会决议中明确承认北海中达公司对金安酒店的后期投入，并强调金安酒店只对北海中达公司一家，至于北海中达公司和北京中达公司账务问题由双方内部自行解决。故金安酒店上诉中关于垫付款发生在北京中达公司和金安酒店之间，与北海中达公司无关的上诉请求，该院不予支持。2002年7月15日北京中达公司给原审法院的关于"金安酒店筹建期间，因常景兴既是北海中达公司常务副总经理，又是北京中达公司法定代表人，且受北海中达公司董事长连军和金安酒店董事长王庆英委托负责金安酒店的筹建工作。期间常景兴经手先后为金安酒店垫资2 700余万元，因金安酒店开具资金往来收据抬头书写不清，加之金安酒店董事会决议只对北海中达公司一家，同意放弃对金安酒店的债权，由北海中达公司一家对金安酒店主张债权，其与北海中达公司之间的债权债务由其内部解决"的函件，并非转让债权的意思表示，而是对原管理混乱情况的说明，故对金安酒店关于北京中达公司将其债权转移给北海中达公司未告知其而对其不发生法律效力的上诉请求，最高人民法院亦不予支持。

1997年6月10日，金安酒店董事长王庆英在北海中达公司与案外人的另一纠纷中，向受案法院贵州省高级人民法院提交的《北海中达公司入资说明》中明确载明，北海中达公司对金安酒店大堂三、四层等装修改造后期投入为账面投入2 461万元(包括集美公司1 245万元)，从中兴发借款170万元，从英策公司借款5万元，从中旅国际信托借款58.8万元，合计2 694.8万元，且经以张洪军为组长的董事会审计小组及中达审计事务所对北海中达公司的后期投入2 694.8万元，决定扣减859万元，最后确定北海中达公司后期投入为1 835.8万元，加上北京中达公司代垫资金686.1817万元，总计北海中达公司后期投入为2 521.9817万元。该说明后附的《北海中达公司后期投入说明》中注明北海中达公司投入的1 835.8万元中未含北海中达公司付给集美公司的368万元。上述后期投入数额和该债权经金安酒店董事会委托的清账小组和中达审计事务所认定等内容在加盖有金安酒店公章的由北京中达公司职工栾信清于1997年6月10日向贵州省高级人民法院提交的《证明》中亦有表述。根据最高人民法院《关于民事诉讼证据的若干规定》第75条关于"有证据证明一方当事人持有证据无正当理由拒不提供，如果对方当事人主张该证据的内容不利于证据持有人，可以推定该主张成立"的规定，因金安酒店拒不向法院提交经董事会审计小组和中达审计事务所审计北海中达公司后期投入的有关证据，该案可以据此认定上述两份证据中载明的北海中达公司后期投入资金为2 889.9817万元。金安酒店关于《北海中达公司入资说明》的提供未经董事会授权，系王庆英的个人行为，不应予以认定的抗辩，最高人民法院不予采信。

此后，金安酒店在其落款为1998年7月27日的《与北海中达公司对账说明》中又认可截止1997年底金安酒店从账本上看共欠北海中达公司27 132 228.36元，因该说明出具时间在上述《北海中达公司入资说明》和《证明》之后，且该数额低于上述证据载明的债权数额，故从公平原则，最高人民法院认定《与北海中达公司对账说明》中载明的金安酒店对北海中达公司的欠款数额，即27 132 228.36元。虽然该对账说明是金安酒店基于常景兴任法定代表人的中辰公司要求向中辰公司出具的，但因金安酒店对此对账说明的真实性并未提出异议，故可以作为该案认定有关事实的证据使用。且2002年4月29日，北京中则会计师事务所有限责任公司向北京市第一中级人民法院出具的中则会事审字(2002)第17号《审计报告》其他需用说明的事项中载明的金安酒店应付北海中达公司款项总计亦为27 132 228.36元。因北海中达公司为金安酒店垫付的款项中有一部分基建款为收据入账，无正式发票，金安酒店董事会决议强调必须出具正式单据，并在账务处理中借记为应收集美公司账款和贷记为应付北海中达公司账款。对此，最高人民法院认为，因金安酒店大堂改建和三、四层改造的二次装修工程已实际发生，对此事实金安酒店并不否认。且正式发票仅仅是财务制度上的要求，对认定实际费用的支出并无必然联系。金安酒店对北海中达公司垫付装修款收据存在异议，应通过评估、协商等方式及时解决，其未能及时解决存在过错，金安酒店不能以该笔装修款没有正式发票，不符合财务规定为由，否定北海中达公司垫付款项的事实。故金安酒店关于不能认定该笔装修款的上诉请求，最高人民法院不予支持。最高人民法院认定上述27 132 228.36元债权数额，不是基于对有关具体收据等的认定，而是基于金安酒店自己出具的对账说明和中则会计师事务所有限责任公司的审计报告。故金安酒店关于要求该院向贵州省高级人民法院和北京市第二中级人民法院调取有关装修款支付证据的申请，最高人民法院不予受理。同时，金安酒店关于1 245万元装修款凭证存在瑕疵的上诉请求，最高人民法院亦不予审查。

中化公司提起代位权诉讼时，在对账说明确认的金安酒店对北海中达公司所欠27 132 228.36 元基础上，扣除了经北海中达公司董事长连军同意从其向金安酒店投入款项中转走的1 030万元后，要求金安酒店代北海中达公司向其偿还1 683.2228 万元，事实和法律依据充分，最高人民法院予以支持。

在代位权诉讼中，虽然次债务人对债务人的抗辩可以向债权人主张，但该抗辩指的是对债务人对其享有债权真实性的抗辩。金安酒店关于北海中达公司尚欠其有关款项应在该案中与其对北海中达公司所负债务互抵的主张，不属于上述可以向债权人抗辩的内容，而是另外一个法律关系。现无证据证明在中化公司向金安酒店提起代位权诉讼前，金安酒店和北海中达公司就双方互负债务达成互抵的合意，也就是说金安酒店对北海中达公司所负债务并未由于双方关于债务互抵的合意而有所减少。故金安酒店以其与北海中达公司互负债务为由主张在中化公司提起的代位权诉讼中互抵没有法律依据。代位权诉讼中，基于债权人向次债务人提起诉讼，是法律赋予债权人在债务人怠于行使其到期债权损害债权人权利实现时的一种特殊的债的保全制度，债权人和债务人之间并无权利义务继受的关系，债务人对次债务人的债务不因债权人提起代位权诉讼而产生与债权人的任何法律关系，次债务人无权向债权人主张债务人对其所负的债务。由于两个债务系不同的法律关系，即使可以主张，也必须基于新诉的提起，通过两个诉的合并审理来解决，而不是通过抗辩来互抵。故金安酒店关于北海中达公司对其负有的债务应在该案中予以冲抵的上诉请求，最高人民法院不予支持。金安酒店可另案向北海中达公司等债务人提起诉讼主张其权利，最高人民法院对有关事实不予审查。原审法院仅认定北海中达公司对金安酒店的1 245 万元债权不当，最高人民法院依法予以改判。

综上，最高人民法院依照《合同法》第 73 条，最高人民法院《关于适用〈中华人民共和国合同法〉若干问题的解释(一)》第 11 条、第 18 条、第 19 条、第 20 条，《民事诉讼法》第 153 条第 1 款第(三)项、第 158 条判决：

1. 撤销广西壮族自治区高级人民法院(2002)桂民二初字第 11 号民事判决。

2. 北京三元金安大酒店向中国中化集团公司偿还1 683.2228 万元本息(按中国人民银行逾期贷款利率计付，本息最多不超过中国中化集团公司对北海中达集团有限公司的债权数额)。上述应付款项应于本判决送达之次日起 10 日内偿付，逾期按《民事诉讼法》第 232 条的规定办理。一审案件受理费 166 460 元、二审案件受理费 166 460 元，均由北京三元金安大酒店负担。

七、对本案事实认定和法律适用的分析

本案二审争议的主要问题包括广西壮族自治区高级人民法院对该代位权诉讼案件是否具有管辖权、中化公司提起代位权诉讼是否符合法律规定的条件、代位权诉讼中次债务人金安酒店能否主张以债务人北海中达公司对其负有的债务

与本案债务互抵，以及对本案债务数额的认定等几个问题。

（一）广西壮族自治区高级人民法院对该代位权诉讼是否具有管辖权问题

根据最高人民法院《关于适用〈中华人民共和国合同法〉若干问题的解释（一）》第15条的规定，债权人提起代位权诉讼的，由被告所在地人民法院管辖。而根据《合同法》第73条第1款关于“因债务人怠于行使其到期债权，对债权人造成损害的，债权人可以向人民法院请求以自己的名义代位行使债务人的债权”的规定，债权人向次债务人提起的代位权诉讼案件中，被告应为次债务人，而债务人则应作为代位权诉讼的第三人参加诉讼。因本案次债务人为金安酒店，故本案应由次债务人金安酒店所在地人民法院即北京市有关人民法院管辖，而不应以债务人即本案第三人北海中达公司住所地法院即广西壮族自治区高级人民法院管辖。

本案中化公司在向金安酒店提起代位权诉讼时，将债务人北海中达公司（应为代位权诉讼的第三人）和次债务人金安酒店作为共同的被告提起诉讼确实存在一定的问题。但是，本案一审中北海中达公司并未明确向一审法院提出管辖权异议，鉴于《民事诉讼法》第38条关于“人民法院受理案件后，当事人对管辖权有异议的，应当在提交答辩状期间（15日内）提出”的规定中所指的提出管辖权异议的期间属于除斥期间的性质，当事人如未在该除斥期间内行使其形成权，则其提出异议的权利丧失（程序上权利的丧失）。且即使当事人提出管辖权异议，亦应当向原审法院提出。如对原审法院就管辖作出的裁定不服时，才能就该裁定向二审法院提出上诉。北海中达公司在针对原审法院作出的实体判决不服提起的上诉中，对广西壮族自治区高级人民法院对本案无管辖权提出异议，不符合法律规定，对此，应不予审理。

（二）中化公司提起代位权诉讼是否符合法律规定的条件

代位权是指当债务人怠于行使其对第三人享有的权利而害及债权人的债权时，债权人为保全自己的债权，可以请求人民法院以自己的名义代位行使债务人对第三人的权利。代位权是在法律规定的特定情形下发生的权利，而非基于合同关系享有的权利。代位权的行使是对合同相对性原则的突破，故对代位权的行使法律规定了严格的条件。

根据《合同法》第73条和最高人民法院《关于适用〈中华人民共和国合同法〉若干问题的解释（一）》第11条、第12条和第13条的规定，代位权诉讼的提起必须满足以下条件：（1）债务人需对次债务人享有权利，而且要求该权利必须是到期债权。（2）债权人与债务人之间的债权债务关系必须合法且已确定。（3）债权人得以行使代位权的权利应为财产权利。（4）该项权利还必须是不专属于债务人自身的权利，基于扶养关系、抚养关系、赡养关系、继承关系产生的给付请求权和劳动报酬、退休金、养老金、抚恤金、安置费、人寿保险、人身伤害赔偿请求等权利，都不属于代位权行使的范畴。（5）需债务人怠于行使其权利，即只有在债务人应当行使而且能够行使但不行使其权利时，债权人才可行使代位权。如果债务人已经行使权利,虽其行使方法有所不当或者其结果并非有利,债权人也不得行使代位权。(6) 对债权人造成损害,债权人有保全债权的必要,即债务人不履行其对债权人的到期债务,又不以诉讼方式或者仲裁方式向其债务人主张其享有的具有金钱给付内容的到期债权,致使债权人的到期债权未能实现时,债权人才能行使代位权。

本案中,中化公司对北海中达公司所享有的债权即 5 074 634. 56 美元本金及其相应利息为到期债权,且业经北京市第二中级人民法院(1999)二中经初字第 24 号民事判决确认,应为合法、确定的债权。中化公司向原审法院提起代位权诉讼时,有证据证明北海中达公司怠于行使其对金安酒店的到期债权,且该债权不是专属于北海中达公司自身的债权,故中化公司提起代位权诉讼符合最高人民法院《关于适用〈中华人民共和国合同法〉若干问题的解释(一)》第 11 条规定的代位权诉讼提起的条件。金安酒店关于中化公司提起代位权诉讼不符合法律规定的条件的上诉请求,不应予以支持。

(三) 代位权诉讼中次债务人金安酒店能否主张以债务人北海中达公司对其负有的债务相互抵销问题

本案审理中,次债务人金安酒店上诉认为原审法院对债务人北海中达公司拖欠其的巨额债务视而不见,片面地只认定北海中达公司的所谓债权不当,主张其对北海中达公司负有的巨额债权应当在本案中与北海中达公司对其享有的债权相互冲抵。

1. 虽然根据最高人民法院《关于适用〈中华人民共和国合同法〉若干问题的解释(一)》第 18 条的规定,在代位权诉讼中,次债务人对债务人的抗辩,可以向债权人主张。但是,这里的抗辩指的是次债务人对债务人对其享有债权真实性、是否超过诉讼时效,以及合同履行中抗辩权等的行使。且对于合同履行中当事人互负债务履行债务抗辩权的行使,其所指债务系基于同一合同中约定的双方互负债务,而非基于不同法律关系产生的互负债务。故金安酒店关于北海中达公司尚欠其有关款项应在该案中与其对北海中达公司所负债务互抵的抗辩,不属于上述可以向债权人抗辩的内容,而是另外一个法律关系。

2. 因中化公司向金安酒店提起的代位权诉讼,其本质解决的是债务人北海中达公司和次债务人金安酒店之间的债权债务关系。原则上,按照代位权诉讼制度,即使中化公司胜诉,该权利亦应归债务人北海中达公司所有,而非直接归中化公司所有(我国《合同法司法解释(一)》规定,代位权成立由次债务人向债权人履行清偿义务系不得已而为之)。虽然债权人不是次债务人主张债权的债务主体(债务主体系代位权诉讼中的债务人),但基于代位权诉讼中债权人的代位性质(即代替债务人向次债务人主张权利),如果债务人对次债务人同时负有债务的,次债务人可以向债务人提出诉请,并因该诉讼与代位权诉讼有一定的牵连性,次债务人可以向法院申请将两个诉讼合并审理(但不一定非要合并审理)。但因这两个诉讼系单独诉讼，即使经当事人和法院同意合并审理的，亦属于普通共同诉讼的性质，应当分别作出判决。当然，两份判决可以通过在执行中相互抵销的方式，实现简化程序、节省人力、物力和财力的目的。这里应当注意，次债务人基于其与债务人之间的债权债务关系提出的诉请与债权人代替债务人向次债务人提出的诉请，系基于两个不同的法律关系，性质上不属于当事人提出的反诉。

3. 本案中次债务人金安酒店并未在原审中明确向债务人北海中达公司提出诉请，且现无证据证明在中化公司向金安酒店提起代位权诉讼前，金安酒店和北海中达公司已就双方互负债务达成互抵的合意，也就是说，金安酒店对北海中达公司所负债务并未由于双方关于债务互抵的合意而有所减少。故金安酒店以其与北海中达公司互负债务为由主张在中化公司提起的代位权诉讼中互抵没有法律依据。

4. 代位权诉讼中，基于债权人向次债务人提起诉讼，是法律赋予债权人在债务人怠于行使其到期债权损害债权人权利实现时的一种特殊的债的保全制度，债权人和债务人之间并无权利义务继受的关系，债务人对次债务人的债务不因债权人提起代位权诉讼而产生与债权人的任何法律关系，次债务人无权向债权人主张债务人对其所负的债务。由于两个债务系不同的法律关系，次债务人即使在代位权诉讼中主张，也应如前所述，必须通过由其向债务人提起诉请，将两个诉合并审理来解决，而不是通过抗辩来互抵。且该案中金安酒店并无证据证明北海中达公司对其负有债务。故金安酒店关于北海中达公司对其负有的债务应在该案中予以冲抵的上诉请求，不应予以支持。金安酒店可另案向北海中达公司等债务人提起诉讼主张其权利，本案对有关事实不予审查。

（四）北海中达公司对金安酒店享有债权数额的认定

1. 1997 年 6 月 10 日，金安酒店董事长王庆英在北海中达公司与案外人的另一纠纷中，向受案法院贵州省高级人民法院提交的《北海中达公司入资说明》中明确载明，北海中达公司对金安酒店大堂三、四层等装修改造后期投入为账面投入 2 461 万元（包括集美公司 1 245 万元），从中兴发借款 170 万元，从英策公司借款 5 万元，从中旅国际信托借款 58.8 万元，合计 2 694.8 万元，且经以张洪军为组长的董事会审计小组及中达审计事务所对北海中达公司的后期投入 2 694.8 万元，决定扣减 859 万元，最后确定北海中达公司后期投入为 1 835.8 万元，加上北京中达公司代垫资金 686.1817 万元，总计北海中达公司后期投入为 2 521.9817 万元。该说明后附的《北海中达公司后期投入说明》中注明北海中达公司投入的 1 835.8 万元中未含北海中达公司付给集美公司的 368 万元。上述后期投入数额和该债权经金安酒店董事会委托的清账小组和中达审计事务所认定等内容在加盖有金安酒店公章的由北京中达公司职工栾信清于 1997 年 6 月 10 日向贵州省高级人民法院提交的《证明》中亦有表述。根据最高人民法院《关于民事诉讼证据的若干规定》第 75 条关于“有证据证明一方当事人持有证据无正当理由拒不提供，如果对方当事人主张该证据的内容不利于证据持有人,可以推定该主张成立”的规定,因金安酒店拒不向法院提交经董事会审计小组和中达审计事务所审计北海中达公司后期投入的有关证据,本案可以据此认定上述两份证据中载明的北海中达公司后期投入资金为2 889.9817万元。

2. 金安酒店在其落款为1998年7月27日的《与北海中达公司对账说明》中又认可截至1997年底,金安酒店从账面上看共欠北海中达公司27 132 228.36元,因该说明出具时间在上述《北海中达公司入资说明》和《证明》之后,且该数额低于上述证据载明的债权数额,故从公平原则出发,本院认定《与北海中达公司对账说明》中载明的金安酒店对北海中达公司的欠款数额,即27 132 228.36元。虽然该对账说明是金安酒店基于常景兴任法定代表人的中辰公司要求向中辰公司出具的,但因金安酒店对此对账说明的真实性并未提出异议,故可以作为本案认定有关事实的证据使用。且2002年4月29日,北京中则会计师事务所有限责任公司向北京市第一中级人民法院出具的中则会事审字(2002)第17号审计报告其他需用说明的事项中载明的金安酒店应付北海中达公司款项总计亦为27 132 228.36元。

3. 关于装修款为收据是否可以认定的问题。因北海中达公司为金安酒店垫付的款项中有一部分基建款为收据入账,无正式发票,金安酒店董事会决议强调必须出具正式单据,并在账务处理中借记为应收集美公司账款和贷记为应付北海中达公司账款。因金安酒店大堂改建和三、四层改造的二次装修工程已实际发生,且正式发票仅仅是财务制度上的要求,对认定实际费用的支出并无必然联系。金安酒店对北海中达公司垫付装修款收据存在异议,应及时通过评估、协商等方式解决,其未能及时解决存在过错,金安酒店不能以该笔装修款没有正式发票,不符合财务规定为由,否定北海中达公司垫付款项的事实。故金安酒店关于不能认定该笔装修款的上诉请求,不应予以支持。认定上述7 132 228.36元债权数额,不是基于对有关具体收据等的认定,而是基于金安酒店自己的对账说明和中则会计师事务所有限责任公司的审计报告。故金安酒店关于要求最高人民法院向贵州省高级人民法院和北京市第二中级人民法院调取有关装修款支付证据的申请,应不予受理。同时,金安酒店关于1 245万元装修款凭证存在瑕疵的上诉请求,亦不应予具体审查。中化公司提起代位权诉讼时,在对账说明确认的金安酒店对北海中达公司所欠27 132 228.36元基础上,扣除了经北海中达公司董事长连军同意从其向金安酒店投入款项中转走的1 030万元后,要求金安酒店代北海中达公司向其偿还1 683.2228万元,有事实和法律依据,应当予以支持。

公司上市不影响对其原有债务的承担

——中国信达资产管理公司西安办事处与阳江市国阳实业发展公司、阳江市长发实业公司和广东华龙集团股份有限公司拖欠借款纠纷上诉案

一、当事人基本情况及案件来源

上诉人(原审原告):中国信达资产管理公司西安办事处(以下简称“信达公司西安办”),住陕西省西安市南大街15号。

负责人:杨军华,该办事处主任。

被上诉人(原审被告):阳江市国阳实业发展公司(以下简称“国阳公司”),住广东省阳江市东风一路25号。

法定代表人:黄志文,该公司经理。

被上诉人(原审被告):阳江市长发实业公司(以下简称“长发公司”),住广东省阳江市东风一路25号。

法定代表人:岑长篇,该公司董事长。

被上诉人(原审被告):广东华龙集团股份有限公司(以下简称“华龙公司”),住广东省阳江市上坑路七号之一。

法定代表人:岑长篇,该公司董事长。

原上诉人信达公司西安办、长发公司为与被上诉人阳江市国阳实业发展公司、华龙公司拖欠借款纠纷一案,不服广东省高级人民法院(2002)粤高法民二初字第1号民事判决,向最高人民法院提起上诉。最高人民法院于2003年7月11日以(2003)民二终字第53号民事裁定,将该案发回广东省高级人民法院重审。广东省高级人民法院重审后,于2004年7月7日作出广东省高级人民法院(2003)粤高法民二初字第17号民事判决。上诉人信达公司西安办不服上述民事判决,再次向最高人民法院提起上诉。最高人民法院依法组成由审判员吴庆宝担任审判长,代理审判员宫邦友、刘敏参加的合议庭进行了审理,书记员潘勇锋担任记录。该案现已审理终结。

二、原审法院查明事实

原审法院查明:

1992年7月21日,中国人民建设银行陕西省铁道专业支行(以下简称“铁道支行”)与国阳公司签订一份借款合同,约定:铁道支行借款5 000万元给国阳公司;借款期限1年,从1992年7月21日至1993年7月20日;借款利率为月息7.2‰,按季结息,国阳公司不按期归还借款,逾期部分加收20%利息,在合同期内,如国家调整利率,按调整后的利率执行。同月23日,铁道支行将借款5 000万元划入国阳公司在中国工商银行阳江办事处所开设的021-00430045-581账户。同月24、25日,国阳公司将其中3 000万元转入长发公司,2 000万元转入广东发展银行阳江办事处(以下简称“广发行阳江办”)用于归还国阳公司所欠贷款。1992年10月23日、1993年2月8日,长发公司共偿还国阳公司借款利息230万元,1993年6月1日华龙公司偿还国阳公司借款利息225万元,以上总计共偿还利息685万元,本金及其余利息未予偿还。

1996年5月10日,华龙公司和铁道支行签订的《协议书》载明,双方本着自愿公平和相互理解的原则,就华龙公司所属国阳公司归还铁道支行的贷款本息问题达成该协议;华龙公司愿意用自有资产金沙湾大酒店所有产权折价转让给铁道支行,铁道支行也同意华龙公司用金沙湾大酒店的所有产权抵还国阳公司在铁道支行的贷款本息;关于金沙湾大酒店价值问题,双方同意选择一家双方都信得过的评估机构估价,估价必须经过双方认可或在估价基础上协商确定;双方都认可的估价与贷款本息抵还后的差额问题,双方同意另行协商,妥善解决;各派两名代表组成工作小组,组织落实此项工作,资产转让由华龙公司报阳江市国资办审批。同年9月,铁道支行与华龙公司对金沙湾大酒店的评估费用问题签订了一份补充协议,约定:铁道支行承担评估单位按国家有关文件规定收取的评估费。同年11月6日,华龙公司、铁道支行与京港评估公司签订资产评估协议书,约定:华龙公司、铁道支行共同委托京港评估公司对金沙湾大酒店的资产价值进行评估,评估对象为该酒店的房产、地产、机器设备、在建工程及无形资产。尔后,京港评估公司对金沙湾大酒店的资产进行了评估,评估价值为13 270.53万元。后因该评估价值大大超过国阳公司当时应偿还的贷款本息,铁道支行最终没有接收该资产。1998年12月21日,铁道支行、华龙公司和国阳公司等在铁道支行会议室就国阳公司欠铁道支行5 000万元贷款的清偿问题及铁道支行2 500万元土地款的处置问题召开会议,《会议纪要》载明,关于1992年7月1日,铁道支行向国阳公司贷款5 000万元一事,华龙公司同意在公司上市之前,受让其中的1 600万元债务,并承诺尽快与铁道支行办理1 600万元的借款手续,保证按季结息;就5 000万元贷款中的剩余3 400万元款项,华龙公司表示在公司上市后,尽量部分接收国阳公司的该笔债务,其余本息用珠海、澳门土地房产等抵偿。尔后,双方没有签订1 600万元的债务转让合同,也没有就其余债务的接收进行协商。

1999年10月25日,铁道支行改名为中国人民建设银行西安市朱雀路支行(以下简称“朱雀路支行”)。同年12月27日,朱雀路支行与信达公司西安办签订了一份《债权转让协议》,约定:朱雀路支行将对国阳公司的5 000万元债权转让给信达公司西安办。朱雀路支行在该债权转让给信达公司西安办后,将该债权转让情况通知了国阳公司。2000年9月16日,国阳公司出具《债权数额核对回执》给朱雀路支行,确认截至1999年9月20日,尚欠朱雀路支行借款本金5 000万元、利息46 995 652.95元。

另查,国阳公司系1990年4月12日成立的国有企业,1991年3月6日公司住所地由成立时的阳江市牛圩新村十巷一号二楼变更为阳江市沿江北路127号,1992年1月9日变更为阳江市二环路133号,法定代表人为岑长篇。1992年4月8日,国阳公司与广发行阳江办签订了一份《联营协议》,约定:国阳公司与广发行阳江办共同投资成立全民所有制联营公司长发公司;长发公司注册资金980万元,其中国阳公司占55%,即539万元,广发行阳江办占45%,即441万元;国阳公司现有固定资产,按现价4 000万元人民币划入长发公司,国阳公司的所有债权债务一概由长发公司负责(具体数字详见核资清单和账务移交清单)。长发公司固定资产现价超过固定资产投入的增值部分金额1 200万元为国阳公司投入长发公司的投资。广发行阳江办的投资按约定比例确定为现金980万元。双方投入资金部分,按投资计息纳入公司成本。国阳公司的固定资产核资由双方共同审核认可,国阳公司的核资时间截止后继续投入到其原有固定资产项目中的资金由长发公司负责。协议有效期为20年,从1992年营业执照批准生效之日起至2012年止。同年5月7日,双方签订联营协议附件约定:经双方核定,国阳公司固定资产现超过固定资产投入的升值部份金额为人民币12 176 730.14元。按国阳公司1992年4月30日的各项账面余额移交长发公司,国阳公司发生在核资范围以外和移交账面以外的一切债权债务均与长发公司无关。同日,双方移交国阳公司《应收款项》表,载明应收款项为67 653 542.19元;移交《原国阳公司银行存款情况表》,上载明存款总额为11 139 521.29元;移交《原国阳公司银行借款情况表》,载明国阳公司尚欠的广发行阳江办等债权人的债务总计6 512万元,其中不包括本案借款本金5 000万元及利息;移交《原国阳公司应付款明细表》,载明应付款总额为14 844 925.80元;移交《国阳公司固定资产清单》,其中金沙湾大酒店价值2 296万元,渔船两对价值559万元,船牌厂价值1 102万元,汽车两台价值43万元,总计4 000万元;移交《原国阳公司资产负债表》,载明国阳公司资产方数额为79 959 216.60元(主要是应收款67 653 542.19元及存款11 139 521.29元之和),负债方数额为79 959 216.60元(主要是银行借款6 512万元及应付款14 844 925.80元之和),总资产及总负债中均不含以上固定资产。以上债权债务及固定资产一并移交,长发公司确认接收。其中主要的固定资产金沙湾大酒店于1992年11月30日由国阳公司取得国有土地使用证,在1993年被长发公司将其作为自有资产投入华龙公司后于1996年12月13日由华龙公司取得国有土地使用权证。

1992年6月15日,长发公司作为企业法人经阳江市工商行政管理局(以下简称"阳江工商局")核准成立,法定代表人由岑长篇兼任,经济性质为全民所有制,住所地为阳江市二环路133号,与国阳公司当时的住所地相同,1993年9月18日变更为阳江市上坑路七号之一,1999年9月8日变更为阳江市东风一路25号。另,长发公司凭其1992年8月7日、9月8日、10月30日以国阳公司名义付广东省中山市大丰地产开发公司(以下简称"大丰公司")土地转让费51 500 197元的凭证主张其替国阳公司支付了大丰公司土地转让费。凭其1992年8月29日、10月7日、11月24日、12月16日,1993年3月23日、6月29日支付总计5 714万元给国阳公司的凭证主张其为履行联营协议代国阳公司还款5 714万元。

国阳公司原注册资金为300万元,在其固定资产全部划入长发公司后,国阳公司没有注销,也没有变更注册资金数额,而是一直在从事经营活动。国阳公司向铁道支行借款5 000万元之后,还与大丰公司签订合同受让中山市港口镇大丰开发区内编号为东12,面积为187 001平方米,编号为东13,面积为129 267平方米两块地的土地使用权。1999年12月15日,国阳公司的法定代表人变更为黄志文。住所地于1996年4月15日变更为阳江市上坑路七号之一,1999年变更为阳江市东风一路25号。

1992年11月14日,广东省企业股份制试点联审办公室以粤联审办(1992)122号文批准由长发公司、阳江金岛实业开发公司(以下简称"金岛公司")、阳江市龙江冷冻厂(以下简称"龙江冷冻厂")改组筹建股份制企业华龙公司。1993年2月26日,广东省企业股份制试点联审小组、广东省经济体制改革委员会粤股审〔1993〕2号《关于同意设立华龙公司的批复》(以下简称"〔1993〕2号批复")正式批准由长发公司、金岛公司、龙江冷冻厂进行改组设立华龙公司。同年6月,经阳江工商局核准注册,由长发公司、金岛公司、龙江冷冻厂三家企业作为发起人组建成立了华龙公司,登记的注册资金为24 838万元,法定代表人由岑长篇兼任,住所地为阳江市上坑路七号之一。1993年2月26日关于成立华龙公司的《公司章程》第5条规定:华龙公司由长发公司、金岛公司、龙江冷冻厂3家具有独立法人资格的企业改组成立;华龙公司承担长发公司、金岛公司和龙江冷冻厂3家企业的全部资产及债权、债务。该章程报给了阳江市工商局备案。1996年5月13日,华龙公司在上市前为进一步规范公司的运作,经股东大会讨论决定重新制定了公司章程,其中将《公司章程》第5条修改为:华龙公司是由长发公司、金岛公司、龙江冷冻厂3家具有法人资格的企业作为发起人,采用募集方式设立;公司注册资本为114 029 825元,公司以其全部资产对公司的债务承担责任,股东以其所持股份为限对公司承担责任。该章程也同样报给了阳江工商局备案。2000年11月15日,中国证券监督管理委员会以证监发行字(2000)153号文批准了华龙公司在上海证券交易所向社会公开发行人民币普通股股票6 000万股,华龙公司中的国有法人股和法人股暂不上市流通。2000年11月17日,华龙公司在中国证券报刊登的招股说明书载明:华龙公司是于1992年经广东省企业股份制试点联审小组办公室粤联审办(1992)122 号文批准筹建,1993 年 2 月经广东省企业改制委员会以〔1993〕2 号批复批准,由长发公司、金岛公司和龙江冷冻厂共同发起,以定向募集方式设立;设立时三家发起人分别将评估确认后的部分经营性净资产按 1∶1 折价入股,其中,长发公司投入的经营性资产包括土地使用权、房屋建筑物、机器设备等以及下属企业国阳船排厂和南海渔业发展公司,资产总额评估值为 68 490 411.63 元,负债总额评估值为 38 344 456.30 元,净资产评估值为 30 145 955.33 元,折为发起人入股 30 145 956 股;金岛公司投入的经营性资产包括货币资金和机械设备等,资产总额评估值为 11 352 792.58 元,负债总额评估值为 1 300 311.06 元,净资产评估值为 10 025 481.52 元,折为发起人入股 10 025 481 股;龙江冷冻厂投入的经营性资产包括生产车间、仓库等,资产总额评为 4 710 145.00 元,负债总额评估值为 4 038 756.85元,净资产值为 671 388.15 元,折为发起人入股 671 388 股;根据华龙公司于 2002 年 4 月 9 日在中国证券报刊登的年度报告,长发公司为华龙公司的第一大股东,持有华龙公司股份 30 145 956 股,股份性质为国有法人股,占总股本的 17.32%。

阳江市国有资产管理办公室 1996 年 8 月 22 日阳国资办〔1996〕29 号《关于华龙公司国有股股本调整的确认意见》(以下简称《〔1996〕29 号确认意见》)中载明:长发公司在大丰公司购进的土地调整后发起人国有股为每股 30 145 956 元。

2001 年 12 月 24 日,信达公司西安办向广东省高级人民法院提起诉讼,请求判令国阳公司和长发公司偿还 5 000 万元欠款及其利息,华龙公司在金沙湾大酒店价值范围内承担上述欠款本息的赔偿责任,案件受理费由国阳公司、长发公司和华龙公司负担。

三、原审法院裁判要旨

广东省高级人民法院审理认为:铁道支行是具有合法经营存贷款业务资格的金融机构,其与国阳公司于 1992 年 7 月 21 日签订的借款合同,主体适格,意思表示真实,内容未违反国家法律、法规的禁止性规定,依法应确认有效。国阳公司依据该合同取得借款后,只归还了 685 万元的利息,借款本金及其余利息未能偿还,构成违约,应承担将尚欠的借款本金、利息及逾期罚息偿还给债权人的违约责任。铁道支行更名为朱雀路支行后,与信达公司西安办于 1999 年 12 月 27 日签订《债权转让协议》,约定铁道支行将本案借款产生的债权转让给信达公司西安办,并将该债权的转让通知了国阳公司,故该债权转让从通知之日起对国阳公司依法发生法律效力,信达公司西安办取得本案借款的债权人主体资格。国阳公司应向信达公司西安办履行上述款项的偿还责任。

长发公司的开办人国阳公司与广发行阳江办签订联营协议后,国阳公司移交其应收款项表、银行存款表、银行借款表、应付款项表、固定资产估价表、资产负债表,长发公司确认接收。其中主要的一项固定资产——金沙湾大酒店土地使用权之后也被长发公司作为自有资产投入华龙公司并由华龙公司取得土地使用权证。因此,联营协议已实际履行。从移交的资产及债权债务情况来看,移交的总资产额79 959 216.60元,主要是应收款67 653 542.19元与存款11 139 521.29元之和;移交的总负债额79 959 216.60元,主要是银行借款6 512万元及应付款14 844 925.80元之和。总资产及总负债中均不含上述作价4 000万元的固定资产。至此,国阳公司不仅实质上已没有任何剩余财产,而且国阳公司的固定资产是作价4 000万元以投资形式划入长发公司的。根据《民法通则》第41条、第48条及当时的《全民所有制工业企业法》第2条的相关规定,企业的法人地位是由其拥有独立的财产和独立承担民事责任所决定的。企业法人财产原则的核心是,企业法人以其所有的全部财产对其债务独立承担民事责任。企业法人财产作为其从事经营活动和对外偿债的物质基础,是企业法人成立的构成要件,也是衡量企业法人有无财产责任能力的标准。因此,在企业法人存续期间,其财产不得随意支配、转移和抽逃。而国阳公司与广发行阳江办签订联营协议及协议的履行,实质上是以国阳公司投资长发公司为形式将国阳公司的全部财产转移到长发公司中,使国阳公司失去对外偿债的物质基础,不再具有偿债能力。故该联营协议及其履行,从根本上违反了企业法人制度。既然国阳公司的资产是其存续期间对外承担责任的物质基础,根据企业法人资产与责任相伴随的原则,长发公司既已接收国阳公司的全部资产,就应在其接收资产的价值范围内连带承担国阳公司的债务。但由于在移交当时国阳公司的资产没有经过法定的验资程序而仅仅由双方当事人协商作价,移交当时国阳公司的固定资产价值现已无法确认。因此,长发公司应承担国阳公司的全部债务。国阳公司与大丰公司签订的合同所指向的土地使用权不仅已被长发公司当作自己的资产投入到华龙公司中,而且长发公司代国阳公司支付给大丰公司的3 000万元实际上就是本案中国阳公司向铁道支行所借款项中由国阳公司于1992年7月24、25日转入长发公司的3 000万元,也就是说,不仅国阳公司的该项投资是在其没有任何资产的情况下由其债务形成的,而且后来该项投资还被长发公司作为自己的资产。因此,长发公司关于国阳公司在1992年4月30日之后尚有自己的财产并仍然独立从事民事活动,应独立承担民事责任的主张,该院不予支持。国阳公司通过与广发行阳江办联营协议的签订及其履行,以投资为形式将国阳公司的全部财产转移至长发公司,这一行为违反《民法通则》及企业法中关于法人制度的有关规定,因此国阳公司与广发行阳江办之间关于偿债范围的约定无效,不能对抗长发公司的法定偿债责任,长发公司不能免除承担国阳公司1992年4月30日之后债务的责任。故长发公司关于铁道支行5 000万元债务不在国阳公司与广发行阳江办约定承担债务的范围之内,信达公司西安办的诉求不符合联营双方真实意思表示的抗辩,该院不予采信。国阳公司应以其所有资产对其全部债务承担责任。长发公司既已接受国阳公司的所有资产,就不能选择部分债务清偿。如果许可长发公司选择部分债务清偿,对其他债权人来说就不公平。因此,长发公司关于其在取得国阳公司资产的同时亦为其偿还广发行阳江办等债权人的借款共 5 714 万元,因此不能再为国阳公司承担其他债务的抗辩亦不成立,该院不予支持。

华龙公司于 1992 年 6 月由长发公司、金岛公司、龙江冷冻厂 3 家企业作为发起人以定向募集方式设立。于 2000 年 11 月 15 日由中国证券监督管理委员会批准在上海证券交易所上市,向社会公开发行普通股股票 6 000 万股。华龙公司的招股说明书载明长发公司投入的经营性资产包括土地使用权、房屋建筑物、机器设备等以及下属企业国阳船排厂和南海渔业发展公司,净资产评估值为 30 145 955.33 元,折为发起人入股 30 145 956 股。至 2002 年 4 月 9 日,长发公司为华龙公司的第一股东,持有华龙公司股份 30 145 956 股,占总股本的 17.32%。虽然长发公司将其全部净资产投入华龙公司违反了《公司法》第 12 条关于公司向其他有限责任公司、股份有限公司投资的,不得超过本公司净资本的 50% 这一规定。但是,公司股东一旦将其资产投入公司并取得股份,公司即对其股东投入的资产拥有所有权,而股东仅对其股份拥有所有权。公司不因接受股东投入的资产而对股东自身的债务负偿还的义务。此外,上市后的华龙公司,其股本结构不是单一的,包含了各种利益主体。其他新的法人股东和自然人股东在合理信赖由中国证券监督管理委员会批准在上海证券交易所上市的华龙公司的招股说明书的情况下投资华龙公司,没有过错。若由华龙公司为其发起人股东的债务承担责任,则损害了其他新的法人股东和自然人股东的合法权益,有违公平、正义原则。同时,长发公司将价值 30 145 955.33 元的净资产投入华龙公司,并非无偿划入,而是相应取得了华龙公司 30 145 956 股的股权,该股权属长发公司财产,长发公司可以这部分股权及其所产生的收益对外承担民事责任。上述 3 家企业在 1993 年签署的华龙公司章程中约定由华龙公司承担 3 个发起人股东的全部债权债务,不符合公司法的有关规定,而 1996 年华龙公司经股东大会讨论重新制定的章程中对此作出了修改,并报阳江市工商局备案。因此,信达公司西安办以华龙公司 1993 年章程为依据要求华龙公司承担长发公司的全部债权债务,于法无据,该院不予支持。

华龙公司与铁道支行签订协议承诺以华龙公司资产金沙湾大酒店折价抵偿国阳公司欠铁道支行借款的行为属第三人自愿承担债务的行为,债权人铁道支行既然予以认可,根据契约自由的原则,双方之间即形成权利义务关系,债权人可以请求华龙公司履行其承诺。后双方在履行该协议的过程中,由于金沙湾大酒店的资产评估价值大大超过国阳公司当时应偿还的债务数额,铁道支行最终未予接收该资产。且从 1998 年 12 月 21 日《会议纪要》看,该协议因无法继续履行而实际已解除。信达公司西安办从其与华龙公司签订的折价抵债的协议,主张华龙公司对该案款项承担清偿责任的理由不能成立。1998 年 12 月 21 日铁道支行与国阳公司、华龙公司签署的《会议纪要》中,华龙公司一是承诺尽快与铁道支行办理 1 600 万元的借款手续;二是承诺尽快接收国阳公司的部分债务;三是承诺其余本息用其在珠海、澳门的土地、房产等抵偿。但会议之后,双方既未签订1 600万元的借款合同,也未就如何接收国阳公司债务及用珠海、澳门的土地、房产抵债再具体协商及签署协议。故该《会议纪要》只是为订立合同所做的意向性文件而非正式的履行债权债务的协议,不产生合同的法律效力。信达公司西安办以此主张华龙公司承担赔偿责任的诉请亦不能成立,该院不予支持。

该院依照《民法通则》第41条、第48条、第84条、第90条、第106条第1款、第108条,《合同法》第79条及《全民所有制工业企业法》第2条之规定,判决:

1. 国阳公司、长发公司应在该判决发生法律效力之日起10日内偿还借款本金5 000万元及其利息(合同期内的利息按合同约定的利率计算,逾期的利息按中国人民银行规定的同期逾期贷款利率计算,国阳公司已偿付的利息685万元抵扣应付利息款)给信达公司西安办。逾期履行按《民事诉讼法》第232条之规定处理。

2. 驳回信达公司西安办对华龙公司的诉讼请求。案件受理费287 316.36元,由国阳公司、长发公司共同负担。因该案案件受理费已由信达公司西安办预交,故国阳公司、长发公司应负担的案件受理费应在该判决履行期内径付信达公司西安办,该院不再另行清退。

四、当事人上诉与答辩情况

信达公司西安办不服广东省高级人民法院的上述民事判决,向最高人民法院提起上诉称:华龙公司系由长发公司等3家国有企业经股份制改制设立的公司,华龙公司承接了上述3家企业的全部资产,原有债务应当由改制后公司承担。长发公司和华龙公司之间并非投资关系。华龙公司1993年章程中明确载明由其承担上述3家企业的全部资产及债权债务,该规定符合当时国家经济体制改革委员会颁布的《股份有限公司规范意见》关于原有企业改组为股份公司时,原有企业的债权债务由改组后公司承担的规定。当时《公司法》并未颁布施行,谈不上违反《公司法》的问题。华龙公司1996年章程并未对其应该承担上述3家发起人债务的内容进行修改,而是按照《公司法》的规定重新表述而已。华龙公司2000年上市时,对华龙公司的资产及负债情况公布于众,其他法人股东和自然人股东购买华龙公司股票时对华龙公司的资产状况和可能存在的风险应有清晰的认识。华龙公司承担本案债务并不违反公平原则。长发公司全部资产进入华龙公司后,丧失了偿债能力,已成为事实上的空壳公司。华龙公司成立之后至其上市之前,一直认可该笔债务,不仅归还利息225万元,而且通过签订抵偿协议书、会议纪要等方式多次承诺归还该笔款项,充分反映了其真实偿债的意思表示,不违反法律法规,应当具有法律约束力。请求撤销原判,判令华龙公司偿还本案债务并承担诉讼费用。

被上诉人华龙公司答辩称:1993年公司章程虽然载明华龙公司承担长发公司

等3家企业的全部资产及债权债务,但1996年公司修改章程将上述条款改为公司以全部资产对公司债务承担责任,股东以其所持股份为限对公司承担责任。华龙公司1996年重新登记和2000年上市后,长发公司持有华龙公司30 145 956股股权,长发公司在华龙公司的出资已转化为相应的股权,信达公司西安办以华龙公司接收长发公司全部资产作为其请求依据不成立。华龙公司虽然在1996年同意以金沙湾大酒店折抵本案债务,但因评估价格超出债务,铁道支行最终放弃了抵偿协议的履行。1998年会议纪要仅为意向性文件,双方未进一步协商并签订具体的债务转让协议和办理相应的借款手续,该笔债务的债务人仍然是国阳公司。企业出资入股不同于企业部分公司制改制,由新设公司对出资企业债务承担连带责任没有法律依据。广东省高级人民法院生效判决对华龙公司系以募集方式设立的股份有限责任公司,长发公司投入华龙公司的净资产已转化为股权等事实已予认定,华龙公司不应承担本案债务。请求维持原审判决。

被上诉人国阳公司、长发公司未做答辩。

五、二审法院查明事实

最高人民法院二审认定一审法院查明的除1996年华龙公司章程将1993年章程第5条进行了修改以外的其他事实。同时另查明:前述广东省企业改制委员会〔1993〕2号批复载明,同意将长发公司、金岛公司、龙江冷冻厂三家企业改组为华龙公司。华龙公司为法人和内部职工混合持股的定向募集公司,以定向募集方式设立,公司总股本24 838.18万股,均为记名普通股,每股面值人民币1元,按面值发行。国家股17 522.18万股,占总股本的70.546%,其中12 783.87万股以长发公司资产评估后入股的净资产12 783.87万元折股,占总股本的51.47%;4 671.17万股以金岛公司资产评估后可入股的净资产4 671.17万元折股,占总股本的18.81%;67.14万股以龙江冷冻厂资产评估后可入股的净资产67.14万元折股,占总股本的0.27%;国家股由阳江市国资办持有。法人股5 000万股,占总股本的20.13%,向其他企业法人募集,不得向工会法人募集,向其他企业法人募集股份必须采取定向内部募集,法人股不得化整为零配售给个人。内部职工股2 316万股,占总股本的9.324%,内部职工股仅限于华龙公司的内部职工认购,不得超范围发行,单个职工持有的股份不得超过公司总股本的5‰,未经批准,内部职工股不得转让等。

华龙公司1993年2月26日章程载明,依据国家有关法律、法规和广东省人民政府的《关于股份制试点工作若干问题的意见》,制定该章程;华龙公司由长发公司、金岛公司、龙江冷冻厂3家具有独立法人资格的企业改组成立,吸收其他法人及内部职工股投资入股组成;华龙公司承担长发公司、金岛公司和龙江冷冻厂3家企业的全部资产及债权、债务;公司设国家股、法人股和自然人股3种股份,其中国家股为长发公司等3家发起人经资产评估后净资产为17 522万元,全部折价入股为17 522万股，占总股份的70.54%，由阳江市国资办持有。

《[1996]29号确认意见》载明：长发公司土地评估是在1992年底房地产高潮时按现行市价法评估确认的，对照现在房地产低潮价格显得比较高，造成虚增股本数额较大，经研究同意作出调整，调整后发起人国有股为每股30 145 956元；因金岛公司经查为集体所有制企业，将其原界定为国有股的股份改为工会法人股；因龙江冷冻厂系国阳公司和自然人孙永滨联营设立的企业，故将孙永滨个人出资部分调整为个人股。调整后，华龙公司总股本114 029 825.67元，其中国有股30 723 349.81元，占27%（其中长发公司30 145 956元，龙江冷冻厂577 393.81元）；法人股60 052 481.52元，占53%（其中工会法人股10 052 481.52元，定向募集法人股6 000万元）；个人股23 253 994.34元，占20%（孙永滨93 994.34元，内部职工股2 316万元）。

1996年华龙公司章程对其1993年章程进行了全面的修改，而非径行将原第5条关于"本公司承担长发公司、金岛公司、龙江冷冻厂的全部资产及债权、债务"调整为"本公司注册资本为人民币114 029 825元。本公司以其全部资产对公司的债务承担责任，股东以其所持股份为限对公司承担责任"，即修改前后的两个第5条没有一一对应关系。修改后的1996年章程未再载明由其承担长发公司、金岛公司、龙江冷冻厂3家企业的全部资产及债权债务的内容，但载明，公司由长发公司、金岛公司、龙江冷冻厂3家具有独立法人资格的企业为发起人，采用募集方式设立；公司股份分为国有法人股、一般法人股、定向法人股、内部职工股，其中国有法人股30 817 344股，是以长发公司和龙江冷冻厂的以部分经营性净资产折价入股，占总股本的27.03%，一般法人股10 052 481股，是以金岛公司的部分经营性净资产折价入股，占总股本的8.82%，定向法人股45 200 200股，是以国内其他企业以法人合法财产向该公司投资形成的股本，占总股本的39.64%，内部职工股27 959 800股，是公司内部职工以个人合法财产向公司投资形成的股份，占总股本的24.52%。2000年华龙公司章程载明，公司经批准发行的普通股总数为6 000万股，成立时向长发公司、金岛公司、龙江冷冻厂发行40 869 825股，占公司成立时所发行普通股总数的23.48%。

《华龙公司上市公告书》对公司历史沿革情况载明，设立时，3家发起人分别将经评估确认后的部分经营性净资产按1∶1折价入股，长发公司净资产评估值折为发起人股30 145 956股，并明确提示该公司董事会保证上市公告书所载资料不存在任何重大遗漏、虚假陈述或者严重误导，并对其内容的真实性、准确性和完整性负个别及连带责任。

六、二审法院裁判要旨

最高人民法院经审理认为：本案原始债务主体系国阳公司，二审争议的主要问题是华龙公司是否应当承担国阳公司所借5 000万元本息的偿还责任。一审法院以国阳公司通过与广发行阳江办签订联营协议成立长发公司的方式，将国阳公司的全部财产转移到长发公司，使国阳公司失去对外偿债的物质基础为由，判决长发公司承担国阳公司的该笔债务。鉴于长发公司未向该院提起上诉，故该院二审对此不再予以审查。该院二审仅就华龙公司是否应当承担长发公司债务问题进行审理。

华龙公司系1993年经广东省企业股份制试点联审小组、广东省经济体制改革委员会〔1993〕2号批复批准由长发公司、金岛公司和龙江冷冻厂3家企业进行改组设立的股份制企业，其中17 522.18万股国家股由长发公司等3家企业法人资产合并后的净资产形成，由阳江市国资办持有；5 000万股法人股通过向其他企业法人募集的方式形成；2 316万股内部职工股向内部职工集资形成。该批复对华龙公司成立的性质应当说规定的是明确的。同时华龙公司成立之初的1993年章程亦对"华龙公司的国家股系由长发公司等3家企业净资产折价而成，由阳江市国资办持有；长发公司等3家企业的全部资产及债权债务由华龙公司承担"等内容做了明确的规定。因此，从华龙公司的设立看，华龙公司是在长发公司等3家企业合并的基础上通过增资扩股的方式进行股份合作制改制设立的。华龙公司的设立虽然在表面上看是一次性行为完成的，但从法律意义上看，其设立行为包括了企业合并和股份合作制改制两个法律行为，即首先是长发公司、金岛公司和龙江冷冻厂3家企业法人的合并行为，其次是在合并的基础上通过增资扩股的方式，吸收其他法人及自然人（职工）为企业新的出资者，将原国有企业改制成股份合作制企业。根据《民法通则》第44条第2款关于"企业法人分立、合并，它的权利和义务由变更后的法人享有和承担"的规定，因长发公司等3家企业的合并行为，被合并各方的全部权利和义务依法均应由合并后法人概括性继受；同时，3家企业合并后经股份制改制，改变的仅仅是法人的资本结构、投资主体、数量和企业的组织形式，而其民事主体并未变更，即股份合作制改制后的法人与改制前的法人系同一人格，故股份制改制前的法人债务（即因合并继受过来的长发公司、金岛公司和龙江冷冻厂的债务）当然由改制后的法人（即华龙公司）承担。综上，从华龙公司的成立来看，华龙公司应当对长发公司等3家合并企业的债务承担责任。也正因为如此，华龙公司章程中才有由其承担长发公司等3家企业全部资产及债权债务的规定。这种规定本身也体现了华龙公司成立时的真实意思表示，是符合法律规定的。通过对国有企业进行股份制改制的方式设立公司与由企业正常出资设立新公司性质是截然不同的。因股份制改制前后民事主体的同一性，改制前法人的债务由改制后公司承担。而企业出资设立新公司，因未造成原法人责任财产的减少，仅仅是法人财产由原先的有形财产或货币等形态转化成企业对新公司持有的股权，故出资者的债务不可能追及新公司的民事责任。本案中的华龙公司自始并非按照《公司法》第74条的规定，采取募集设立的方式，由长发公司等3家企业作为发起人认购公司应发行股份的一部分，其余部分向社会公开募集设立的股份有限公司。长发公司、金岛公司和龙江冷冻厂在成立华龙公司之初,并未作为出资者对华龙公司持有相应的股份,而是由阳江市国资办作为国有资产的管理人代表国家持有上述3家法人的国有资产形成的华龙公司国有股股份。这在〔1993〕2号批复以及华龙公司1993年章程中均有明确记载。原审法院将这种国有企业的股份制改制和企业正常出资设立新公司的行为相混淆,认定华龙公司不应承担长发公司债务不当,最高人民法院予以纠正。信达公司西安办关于华龙公司并非长发公司等3家企业投资设立,其承接了上述3家企业的全部资产,应当承担长发公司债务的上诉理由,最高人民法院予以支持。

另外,本案争议的5 000万元借款,华龙公司成立后不仅于1993年6月1日偿还了225万元利息,而且还多次以不同方式对其负有的该笔债务的偿还责任予以确认。1996年5月10日,华龙公司为解决本案债务偿还问题与铁道支行签订协议,约定以其自有资产金沙湾大酒店的产权折价转让给铁道支行,用以抵偿国阳公司的该笔债务。虽然该抵偿协议最终因抵偿物价值远远大于国阳公司债务而未能履行,但该协议的签订至少说明华龙公司对其应承担国阳公司5 000万元债务是认可的。抵偿协议的签订仅仅是华龙公司和铁道支行就该笔债务的偿还采取的一种具体措施而已。华龙公司对国阳公司该笔债务的承担责任在其成立之初即已形成,而非基于该抵偿协议的签订始产生,故不能因该措施未能实施而免除华龙公司本应承担的民事责任。原审法院关于华龙公司签订抵偿协议属第三人自愿承担债务,后因协议无法履行而实际解除,从而基于此承诺形成的华龙公司对该笔债务的承担责任亦不存在的认定不当,该院予以纠正。1998年12月21日,铁道支行、华龙公司和国阳公司等为解决国阳公司5 000万元贷款清偿问题再次召开会议进行协商,虽然《会议纪要》上载明的"关于1992年7月1日铁道支行向国阳公司贷款5 000万元一事,华龙公司同意在公司上市之前,受让其中的1 600万元债务,并承诺尽快与铁道支行办理1 600万元的借款手续,保证按季结息;就5 000万元贷款中的剩余3 400万元款项,华龙公司表示在公司上市后,尽量部分接收国阳公司的该笔债务,其余本息用珠海、澳门土地房产等抵偿"等内容,从字面上看是华龙公司同意分期受让该笔债务的意思表示,但究其实质仍然是华龙公司和铁道支行为了结双方原有债权债务关系进行协商采取的具体措施,而非债务转移或债务参加的性质。故双方最终是否签订债务转移协议等并不影响华龙公司承担国阳公司的债务。原审法院以《会议纪要》仅为订立合同所作的意向性文件而非正式的履行债权债务的协议,不产生合同的法律效力,华龙公司不承担国阳公司债务的认定不当,最高人民法院予以纠正。综上,华龙公司承担国阳公司5 000万元债务是华龙公司自始以来的真实意思表示,判决其承担该笔债务,并不损害其权益。故信达公司西安办关于华龙公司一直认可该笔债务,应当由其承担偿还责任的上诉请求,有事实和法律依据,最高人民法院予以支持。

华龙公司1996年章程修改后并未将1993年章程第5条关于"华龙公司承担

长发公司、金岛公司和龙江冷冻厂3家企业的全部资产及债权、债务”径行变更为“华龙公司不承担长发公司等3家企业债务”，而是根据《公司法》等的要求对整个章程进行了规范性的修订。且即使华龙公司1996年章程修改中将1993年章程第5条径行变更为“华龙公司不承担长发公司等3家企业债务”，亦应有法律依据，或经债权人同意，否则，其修改不能对抗债权人，信达公司西安办仍然可以按照华龙公司成立的事实状况要求其承担债务。故华龙公司关于其1996年章程已经对1993年章程中关于由其承担长发公司债务的规定予以修改，其不应再按照1993年章程的规定，承担长发公司债务的答辩理由，最高人民法院不予采纳。

华龙公司自其1993年成立时起至今，始终是同一法人，包括2000年华龙公司上市后，其与成立时的法人在主体资格上并无二致。对此，华龙公司上市招股说明书中亦明确记载其系根据〔1993〕2号批复设立的公司。故不论后来华龙公司基于何种原因、以何种方式，将成立时由阳江市国资办持有的长发公司等3家企业净资产形成的国有股又转化成所谓的发起人股，都不能用以对抗信达公司西安办根据原合并、改制事实要求华龙公司承担长发公司债务的诉请。也不能以华龙公司上市后为保护其他新的股东利益为由来否定其本应承担的民事责任。对于不同利益主体权益的保护，法律设置有不同的制度，其他民事主体权益受到损害可以通过其他法律途径予以解决。原审法院以由华龙公司为其发起人承担股东的债务进而损害了其他新的法人股东和自然人股东的合法权益为由，驳回信达公司西安办对华龙公司的诉讼请求不当，最高人民法院予以纠正。实际上，华龙公司将其原有国家股转化成由应当注销而未注销的长发公司等持有，性质上至多是发生股权转让的法律后果，不影响华龙公司按照设立时的事实状态继续承担原被合并各方的债务。故华龙公司关于其1996年重新登记和2000年上市后，长发公司在华龙公司的出资已转化成相应股权，华龙公司不应承担长发公司债务的抗辩，该院亦不予采纳。

综上，经最高人民法院审判委员会讨论，最高人民法院依照《民法通则》第44条第2款，《民事诉讼法》第153条第1款第(一)、(二)、(三)项、第158条之规定，判决：

1. 维持广东省高级人民法院(2003)粤高法民二初字第17号民事判决主文第一项。

2. 撤销上述民事判决主文第二项。

3. 广东华龙集团股份有限公司对上述民事判决主文第一项承担连带偿还责任。上述应付款项，限于本判决送达之次日起10日内偿付，逾期按《民事诉讼法》第232条的规定办理。一、二审案件受理费各287 316.36元，均由阳江市国阳实业发展公司、阳江市长发实业公司和广东华龙集团股份有限公司负担。

七、对本案事实认定和法律适用的分析

本案原始债务主体系国阳公司，原审法院以国阳公司通过与广发行阳江办签

订联营协议成立长发公司的方式，将国阳公司的全部财产转移到长发公司，使国阳公司失去对外偿债的物质基础为由，判决长发公司承担国阳公司的该笔债务。鉴于长发公司未向最高人民法院提起上诉，故最高人民法院二审对长发公司是否应当承担国阳公司债务问题不再审查，仅就华龙公司是否应当承担长发公司债务问题进行审理。

对于华龙公司是否应当承担长发公司债务，尤其是华龙公司的上市是否影响其对长发公司债务的承担问题，是本案二审中争议的焦点。我们认为应当从以下几个方面进行考量。

（一）华龙公司应当承担长发公司债务的偿还责任

从华龙公司的成立及其成立时章程的规定来看，华龙公司应当承担长发公司债务的偿还责任。

从现有事实看，华龙公司系1993年经广东省企业股份制试点联审小组、广东省经济体制改革委员会〔1993〕2号《关于同意设立华龙公司的批复》批准，由长发公司、金岛公司和龙江冷冻厂3家企业进行改组设立的股份制企业，从批复的内容看，华龙公司系在3家企业合并的基础上，进行的增资扩股合作制改造。其中17 522.18万股国家股由长发公司等3家企业法人资产合并后的净资产形成，由阳江市国资办持有；另外，在原国有资产之外，通过向其他企业法人募集的方式形成5 000万股法人股；以及向内部职工集资形成了2 316万股内部职工股。该批复对华龙公司成立的性质应当说规定的是明确的。同时华龙公司成立之初的1993年章程对此也做了明确的规定，即华龙公司系以长发公司等3家企业改组并吸收其他法人股和内部职工股的方式设立，公司设国家股、法人股和自然人股，其中国家股系由长发公司等3家企业净资产折价而成，由阳江市国资办持有。并明确载明长发公司等3家企业的全部资产及债权债务由华龙公司承担。因此，从华龙公司的设立看，华龙公司是在长发公司等3家企业合并的基础上通过增资扩股的方式进行股份合作制改造设立的。华龙公司的设立虽然在表面上看是一次行为完成的，但从法律意义上看，其设立行为包括了企业合并和股份合作制改造两个法律行为，即首先是长发公司、金岛公司和龙江冷冻厂3家企业法人的合并行为，其次是在合并的基础上通过增资扩股的方式，吸收其他法人及自然人（职工）为企业新的出资者，将原国有企业改造成股份合作制企业。根据《民法通则》第44条第2款关于"企业法人分立、合并，它的权利和义务由变更后的法人享有和承担"的规定，因长发公司等3家企业的合并行为，被合并各方的全部权利和义务依法均应由合并后法人概括性继受；同时，3家企业合并后经股份制改造，改变的仅仅是法人的资本结构、投资主体、数量和企业的组织形式，而其民事主体并未变更，即股份合作制改造后的法人与改造前的法人系同一人格，故股份制改造前的法人债务（即因合并继受过来的长发公司、金岛公司和龙江冷冻厂的债务）当然由改造后的法人（即华龙公司）承担。综上，从华龙公司的成立来看，华龙公司应当对长发公司等3家合并企业的债务承担责任。也正因为如此,华龙公司成立时的章程(即1993年章程)中才有"由华龙公司承担长发公司等3家企业全部资产及债权债务"的规定。这种规定本身也体现了华龙公司成立之时的真实意思表示,是符合法律规定的。通过对国有企业进行股份制改造的方式设立公司与由企业正常出资设立新公司性质是截然不同的。因股份制改造前后民事主体的同一性,改制前法人的债务由改制后公司承担。而企业出资设立新公司,因未造成原法人责任财产的减少,仅仅是法人财产由原先的有形财产或货币等形态转化成企业对新公司持有的股权,故出资者的债务不可能追及新公司的民事责任。本案中的华龙公司自始并非按照《公司法》第74条的规定采取募集设立的方式,由长发公司等3家企业作为发起人认购公司应发行股份的一部分,其余部分向社会公开募集设立的股份有限公司。长发公司、金岛公司和龙江冷冻厂在成立华龙公司之初,并未作为出资者对华龙公司持有相应的股份,而是由阳江市国资办作为国有资产的管理人代表国家持有上述3家法人的国有资产形成的华龙公司国有股股份。这在〔1993〕2号批复以及华龙公司1993年章程中均有明确记载。原审法院将这种国有企业的股份制改造和企业正常出资设立新公司的行为相混淆,认定华龙公司不应承担长发公司债务不当,应当予以纠正。鉴于国阳公司在其原有财产基础上从1992年与广发行阳江办联营成立长发公司,到1993年经过股份制改造设立华龙公司,以及2000年华龙公司上市等一系列行为,因历史等原因并未严格按照《公司法》的规定进行操作,故在界定民事责任时,不能机械地照搬《公司法》的有关规定。信达公司西安办关于华龙公司并非长发公司等3家企业投资设立,其承接了上述3家企业的全部资产,应当承担长发公司债务的上诉理由,应予支持。

(二)由华龙公司承担该笔债务的偿还责任是其真实意思表示

从华龙公司成立后对本案争议的该笔款项的一系列行为看,由其承担该笔债务的偿还责任系华龙公司的真实意思表示。

1. 对于本案争议的该笔国阳公司5 000万元借款,华龙公司成立后于1993年6月1日偿还了225万元利息。

2. 华龙公司多次以不同方式对其负有的该笔债务的偿还责任予以确认。

(1) 1996年5月10日,华龙公司为解决本案债务偿还问题与铁道支行签订协议,约定以其自有资产金沙湾大酒店的产权折价转让给铁道支行,用以抵偿国阳公司的该笔债务。虽然该抵偿协议最终因抵偿物价值远远大于国阳公司债务而未能履行,但该协议的签订至少说明华龙公司对其应承担国阳公司5 000万元债务是认可的。抵偿协议的签订仅仅是华龙公司和铁道支行就该笔债务的偿还采取的一种具体措施而已。华龙公司对国阳公司该笔债务的承担责任在其成立之初即已形成,而非基于该抵偿协议的签订始产生,故不能因该措施未能实施而免除华龙公司本应承担的民事责任。原审法院关于华龙公司签订抵偿协议属第三人自愿承担债务,后因协议无法履行而实际解除,从而基于此承诺形成的华龙公司对该笔债务的承担责任亦不存在的认定不当,应当予以纠正。

(2) 1998 年 12 月 21 日,铁道支行、华龙公司和国阳公司等为解决国阳公司 5 000 万元贷款清偿问题,再次召开会议进行协商,虽然《会议纪要》上载明的"关于 1992 年 7 月 1 日铁道支行向国阳公司贷款 5 000 万元一事,华龙公司同意在公司上市之前,受让其中的 1 600 万元债务,并承诺尽快与铁道支行办理 1 600 万元的借款手续,保证按季结息;就 5 000 万元贷款中的剩余 3 400 万元款项,华龙公司表示在公司上市后,尽量部分接收国阳公司的该笔债务,其余本息用珠海、澳门土地房产等抵偿"等内容,从字面上看,是华龙公司同意分期受让该笔债务的意思表示,但究其实质仍然是华龙公司和铁道支行为了结双方原有债权债务关系进行协商采取的具体措施,而非债务转移或债务参加的性质。故双方最终是否签订债务转移协议等并不影响华龙公司承担国阳公司的债务。原审法院以《会议纪要》仅为订立合同所作的意向性文件而非正式的履行债权债务的协议,不产生合同的法律效力,华龙公司不承担国阳公司债务的认定不当,应予纠正。

综上,华龙公司承担国阳公司 5 000 万元债务是华龙公司自始以来的真实意思表示,判决其承担该笔债务,并不损害其权益。故信达公司西安办关于华龙公司一直认可该笔债务,应当由其承担偿还责任的上诉请求,有事实和法律依据,应当予以支持。

(三) 华龙公司 1996 年章程不能免除其对长发公司债务的偿还责任

1. 华龙公司 1996 年修改后章程并未将 1993 年章程第 5 条关于"华龙公司承担长发公司、金岛公司和龙江冷冻厂 3 家企业的全部资产及债权、债务"径行变更为"华龙公司不承担长发公司等 3 家企业债务",而是根据公司法等的要求对整个章程进行了规范性的修订。

2. 即使华龙公司 1996 年章程修改中将 1993 年章程第 5 条径行变更为"华龙公司不承担长发公司等 3 家企业债务",亦应有法律依据,或经债权人同意,否则,其修改不能对抗债权人,信达公司西安办仍然可以按照华龙公司成立的事实状况要求其承担债务。

故华龙公司关于其 1996 年章程已经对 1993 年章程中关于由其承担长发公司债务的规定予以修改,其不应再按照 1993 年章程的规定承担长发公司债务的答辩理由,不应予以采纳。

(四) 华龙公司上市不应影响其对长发公司债务的偿还责任

在基于本案上述事实对华龙公司应当对本案争议欠款承担偿还责任基本取得共识的情况下,对华龙公司是否应当对其上市前已形成债务承担责任问题上,仍存在较大的分歧。

有观点认为,如按一般性企业改制,本案债务由华龙公司承担没有问题,即华龙公司上市前应当承担本案该笔债务。但现因华龙公司为上市公司,如判决华龙公司承担该笔债务,必然引起广大中小股东权益损害,从法律效果和社会效果考虑,更应重视社会效果。2000 年华龙公司上市后,增加了大量二级市场股东,已非1998 年之前意义上的华龙公司。1998 年之前华龙公司实为 3 个股东的全部资产,而上市后则成为公众公司,成为众多股东的公司,并非长发公司等 3 公司的公司。华龙公司原各股东自己的债务应自行承担,上市公司仅应以各股东享有的股权承担有限责任。不宜夸大大股东在上市公司中所享有的权益及对应债务的负担。如果判决由华龙公司承担长发公司的债务,不仅与公司法和公司章程不符,而且对公众股东不公平,容易引起证券市场的波动。

对此,为慎重起见,我们专门征求了中国证监会、国有资产管理委员会和中国银监会等部门的意见。对上述问题,多数意见认为,股份有限公司发行新股、上市交易,其资本额、资本结构和公司股东所持股权转让方式等将发生相应的变化,并将涉及众多社会公众投资者的利益,但从我国目前有关法律、法规规定来看,公司此前所负债务并不因后来的发行新股、上市交易而得到免除或者转移,除非得到债权人的同意。少数意见认为,根据《公司法》第 4 条、第 12 条的规定,公司股东作为出资者按投入公司的资本享有所有者权益,仅对其股份拥有所有权,股东以其出资额或所持股份为限对公司承担有限责任。公司享有由股东投资形成的全部法人财产权,依法独立享有民事权利,承担民事责任,公司不应对股东自身的债务负偿还的义务。股份公司上市后,其股本结构已包含多种利益主体,其他新股东特别是中小股民在合理信赖由证监会批准的招股说明书的情况下投资到上市公司,若上市公司为其发起人股东债务承担责任,就有可能损害其他股东的合法权益。故认为应当由长发公司在其享有的国有法人股股权范围内对华龙公司上市前债务承担民事责任。

我们多数意见认为:

1. 华龙公司自其 1993 年成立时起至今,始终是同一法人,包括 2000 年华龙公司上市后,其与成立时的法人在主体资格上并无二致。对此,华龙公司上市招股说明书中亦明确记载其系根据〔1993〕2 号批复设立的公司。故不论后来华龙公司基于何种原因、以何种方式,将成立时由阳江市国资办持有的长发公司等 3 家企业净资产形成的国有股又转化成所谓的发起人股,都不能用以对抗信达公司西安办根据原合并、改制事实要求华龙公司承担长发公司债务的诉请。

2. 华龙公司上市虽然导致其资本额、资本结构和公司股东所持股权转让方式等发生了相应的变化,并将涉及众多社会公众投资者的利益,但因公司的法人人格并未因此发生根本性的变化,故其上市前所负债务并不因上市交易而得到免除或者转移。故不能以华龙公司上市后为保护其他新的股东利益为由来否定其本应承担的民事责任。而且,对于不同利益主体权益的保护,法律设置有不同的制度,其他民事主体权益受到损害可以通过其他法律途径予以解决。也就是说,如果华龙公司在申请上市时,在其招股说明书等公示内容上对其原有债务做了虚假的陈述,损害流通股股东的利益时,则基于该虚假陈述加入进来的二级市场股东,完全可以按照《华龙公司上市公告书》中关于“公司董事会保证上市公告书所载内容不存在任何重大遗漏、虚假陈述或者严重误导,并对其内容的真实性、准确性和完整性负个别及连带责任”等承诺,通过其他的司法救济途经主张有关民事主体的赔偿责任,而不能因此免除华龙公司对其上市前已经形成债务的民事责任。原审法院以由华龙公司为其发起人承担股东的债务承担责任损害了其他新的法人股东和自然人股东的合法权益为由,驳回信达公司西安办对华龙公司的诉讼请求不当,应当予以纠正。

3. 华龙公司将其原有国家股(由阳江市国资办持有)转化成由应当注销而未注销的长发公司等持有,性质上至多是发生股权转让的法律后果,并不影响华龙公司按照设立时的事实状态,继续承担原被合并各方的债务。故华龙公司关于其1996年重新登记和2000年上市后,长发公司在华龙公司的出资已转化成相应股权,华龙公司不应承担长发公司债务的抗辩,亦不应予以采纳。华龙公司依法应当对本案债务承担连带偿还责任。

从本案看物权转让与债权转让的界定
——成都天一集团公司与中国华融资产管理公司成都办事处债务纠纷上诉案

一、当事人基本情况及案件来源

上诉人(原审被告):成都天一集团公司(以下简称"天一公司"),住四川省成都市蜀都大道金河街76号。

法定代表人:蔡文彬,该公司总经理。

被上诉人(原审原告):中国华融资产管理公司成都办事处(以下简称"华融公司成都办事处"),住四川省成都市总府路45号金骊大厦20楼。

负责人:张桂林,该办事处总经理。

上诉人天一公司为与被上诉人中国华融资产管理公司成都办事处债务纠纷一案,不服四川省高级人民法院(2001)川经初字第28号民事判决,向最高人民法院提起上诉。最高人民法院依法组成由审判员宋晓明担任审判长,审判员吴庆宝、代理审判员刘敏参加评议的合议庭进行了审理,书记员尹静担任记录。本案现已审理终结。

二、本案基本事实

1995年7月20日,中国工商银行成都市分行(以下简称"工行成都市分行")与天一公司签订一份《财产抵押合同》,约定天一公司以"天一教育大厦12 000平方米"作为抵押物,向工行成都市分行贷款最高额度4 840万元人民币。但未进行抵押物登记。同月27日,工行成都市分行与天一公司签订一份编号为95自98号的《借款合同》,约定,工行成都市分行贷给天一公司2 200万元;期限从1995年7月27日至1998年7月27日;用途为建设天一教育大厦;月利率10.05‰,还款来源为售房款。同日,工行成都市分行向天一公司发放了2 200万元贷款。同年12月15日,工行成都市分行与天一公司签订一份编号为950212—112年自营字第005号《中、长期借款合同》,约定,工行成都市分行贷给天一公司880万元;期限从1995年12月15日至1998年12月15日;用途为建设天一教育大厦;年利率为14.472%。同日,工行成都市分行向天一公司发放了880万元贷款。1997年4月14日,工行成都市分行与天一公司签订一份编号为97年自字第043号《人民币中长期借款合同》，约定，工行成都市分行贷给天一公司1320万元；期限从1997年4月17日至1999年4月20日；用途为电梯、空调；年利率为11.088%。同月15日，工行成都市分行向天一公司发放了1320万元贷款。同年10月13日，工行成都市分行与天一公司签订一份编号为97年自字第118号的《人民币中长期借款合同》，约定，工行成都市分行贷给天一公司2260万元；期限从1997年10月13日至1999年10月13日；用途为建设天一教育大厦；年利率为10.98%。同日，工行成都市分行向天一公司发放了2260万元贷款。当天，工行成都市分行与天一公司又签订一份《借款抵押合同》，约定，天一公司以"天一教育大厦12000平方米"作为抵押物，贷款2260万元。但未进行抵押物登记。

1998年12月29日，中国人民银行四川省分行以川人行银〔1998〕314号《中国人民银行四川省分行关于中国工商银行成都市分行、四川省分行营业部更名的批复》，同意工行成都市分行更名为中国工商银行四川省分行营业部，原中国工商银行四川省分行营业部更名为中国工商银行成都市锦江支行。

1998年12月30日，天一公司与工行成都市分行签订一份《财产抵偿协议书》，约定：(1) 天一公司愿意以自己所有的财产"成都天一教育大厦"副一层的878平方米及地上第二层8轴线以南的800平方米及第三层至第十九层楼7轴线以南的9522平方米(计12000平方米)，评估价值9469.97万元的房屋及相关出让土地使用权抵偿其所欠工行成都市分行贷款6660万元、利息2194.725655万元；(2) 工行成都市分行同意天一公司以上述财产抵偿其借款本息8854.725655万元。抵偿相关手续办妥后，天一公司不再享有上述财产的所有权。工行成都市分行不再向天一公司计收贷款本息，双方债权债务关系终止；(3) 本合同项下的抵偿财产属在建工程，因此，天一公司要抓紧工程进度，尽快将抵偿财产交付工行成都市分行，并将抵偿财产的房屋产权证，土地使用权证及一切合法手续办理完毕移交工行成都市分行。该协议由工行成都市分行负责人和天一公司法定代表人签字并加盖了单位印章。

1999年11月23日，中国工商银行四川省分行(以下简称"工行省分行")同意工行成都市分行报批剥离抵贷企业天一公司所欠该行资产金额8855万元(其中：本金6660万元，利息2195万元)。

2000年6月20日，工行省分行与华融公司成都办事处签订编号为Y营业—082号《以物抵贷资产转让协议》，约定：工行省分行向华融公司成都办事处的以物抵贷资产的账面金额为7196.1620万元(天一公司以天一教育大厦11200平方米抵贷的账面金额为6660万元，表内利息536.1620万元)；华融公司成都办事处应按工行省分行以物抵贷资产的账面金额，向工行省分行支付收购价款；工行省分行保证对向华融公司成都办事处转让的以物抵贷资产依法拥有完整、合法的所有权；根据法律规定应办理资产权属变更登记的，双方应密切配合，于本协议签定后360日内完成以物抵贷资产的权属变更登记，有关变更登记费用的支付问题另行商定;工行省分行应于收到华融公司成都办事处的收购价款后 90 日内将本协议项下的以物抵贷资产及资产的全部原始档案资料交与华融公司成都办事处,并保证提供给华融公司成都办事处审查的资产权属资料复印件与原件一致无误,真实、合法、完整、准确;如因工行省分行违反本协议,使华融公司成都办事处在接收以物抵贷资产后产生权属纠纷,无法确权的,华融公司成都办事处可以将最终不能确权的资产退回工行省分行,并收回相应价款;本协议自双方签字后生效,法律规定应以变更登记生效的,自登记之日起生效。双方负责人均在该协议上签字,并加盖了单位印章。同月 27 日,中国华融资产管理公司(以下简称“华融公司”)资金财务部向华融公司成都办事处出具了《债权划拨通知单》,该通知单主要内容为:公司与中国工商银行(以下简称“工行”)完成了 6 月 20 日的收购债权资金清算工作,购入日期为 6 月 20 日;华融公司成都办事处本次收购不良贷款含天一公司本息 7 196.162 万元,金厦公司本金 6 106 万元。同月 29 日,华融公司与工行签订一份《中国华融资产管理公司向中国工商银行收购企业债权资金清算协议书》,该协议主要内容为:对于不良贷款的清算,华融公司采用发行债券的形式向工行清算;此项债券起息日为 2000 年 6 月 20 日。

2000 年 6 月 20 日的工行省分行《剥离、收购不良资产明细表(呆滞贷款类)(第五批)》中载明剥离天一公司金额 7 196.162 万元,其中本金 6 660 万元,表内利息 536.162 万元,表外利息 1 658.563655 万元,交割日期为 2000 年 6 月 20 日。同月 27 日,华融公司给华融公司成都办事处的《债权划拨通知单》,其所附收购债权明细表中载有收购天一公司本金为 6 660 万元及其利息的确权款项 8 854.725655 万元。

2001 年 4 月 7 日,工行省分行与华融公司成都办事处在《四川日报》联合发布公告,内容为:根据工行省分行与华融公司签订的以物抵贷资产转让协议和工行成都市分行与天一公司签订的财产抵偿协议,华融公司成都办事处已合法取得天一公司天一教育大厦相关面积的债权。

又查明,1993 年 12 月 20 日,中国工商银行成都市广场支行(以下简称“广场支行”)与天一公司签订《联建协议书》,该协议主要内容为:双方一致同意在成都市人民南路二段 56 号联合修建科研、教育、办公营业用房;双方共同享有该大楼的所有权。1994 年成都市计划委员会以成计投资(1994)23 号《关于广场支行与天一公司联合修建综合用房项目建议书的批复》、成计投资(1994)192 号《关于广场支行与天一公司联合修建教育大厦可行性研究报告的批复》、成都市建设管理委员会以成建委发(1994)设字 69 号《关于教育大厦工程初步设计的批复》等文件,同意天一公司与广场支行共同在人民南路二段 56 号修建天一教育大厦;资金来源由天一公司、广场支行共同筹集解决。成都市规划管理局成规建(1994)1130 号《建设用地规划许可证》载明,用地单位为广场支行、天一公司;用地项目为办公综合大楼;用地位置为人民南路二段 56 号。成都市国土局颁发的成国用(1999)字第296、297号《国有土地使用证》,登记的土地使用者为天一公司、广场支行;地址为成都市人民南路二段56号。1995年5月17日,广场支行提供给天一公司的施工图及1998年的施工图、2000年2月17日广场支行《关于天一教育大厦产权分割的说明》,主要内容为:双方在人民南路共建的天一教育大厦负一层878平方米、首层和二层3至8轴线、三至十九层3至7轴线建筑面积归广场支行所有,其他部分建筑面积归天一公司所有。

再查明,1998年6月11日,成都市中级人民法院作出(98)保字第36号民事裁定书,对天一教育大厦予以查封。2001年8月,成都市中级人民法院解除了对天一教育大厦的查封。同年9月7日,成都市中级人民法院又对天一教育大厦进行了查封。2002年1月28日,成都市中级人民法院裁定除查封的天一教育大厦22—28层继续有效外,解除2001年9月7日对天一教育大厦其他楼层的查封。同日,本案一审法院作出(2001)川经初字第28-1号民事裁定书,依法查封天一教育大厦地下各层,地上1—21层房屋;查封天一教育大厦占用的土地使用权[国土使用证号为成国用(1999)字第296号]。

本案一审期间,天一公司向一审法院申请追加工行省分行为本案当事人,一审法院未予追加。

还查明,工行省分行给华融公司成都办事处的工银川〔2001〕25号《关于对贵办〈关于我办处置天一公司资产情况说明的回函〉的回函》、工银川函〔2001〕38号《对中国华融资产管理公司成都办事处〈关于起诉成都天一集团公司情况说明的函〉的复函》、工银川函〔2002〕10号《关于对贵办诉天一公司一案有关情况说明的函》以及工行省分行给一审法院的工银川函〔2001〕46号《关于天一教育大厦剥离情况说明的函》、工银川函〔2001〕150号《关于对天一教育大厦剥离时提供有关资料的情况说明的函》等函件中载明,天一教育大厦是广场支行为解决营业办公用房与天一公司根据《联建协议》的联建项目,后因固定资产指标无法解决,广场支行的联建资金不到位而被迫用贷款方式投入。为保证贷款安全,防止应收利息增加,以天一教育大厦12 000平方米的房产办理了以物抵贷,因属在建工程,未能办理产权变更登记。其与华融公司成都办事处签订《以物抵贷资产转让协议》,将天一教育大厦12 000平方米的房产以以物抵贷方式剥离给华融公司成都办事处,剥离的是以物抵贷资产,而不是债权(贷款),因该笔以物抵贷存在审批手续不齐,他项权益未登记,产权未过户等瑕疵,愿根据工银发〔2000〕45号文件和其与华融公司成都办事处签订的《以物抵贷资产转让协议》的规定,由工行省分行收回抵贷资产,相应剥离等额不良贷款给华融公司成都办事处,请求华融公司成都办事处撤回对天一公司的起诉。

2000年3月20日,中国工商银行与中国华融资产管理公司联合发布的工银发〔2000〕45号《关于中国工商银行与中国华融资产管理公司转让收购不良资产工作有关问题的通知》载明,各分行剥离的不良贷款(呆账贷款除外)应当是能够落实债权债务关系的贷款；资产应当是有处置权的资产，否则各分行有义务进行调整或置换。并附有《资产剥离明细表一至五及填写说明》、《债权转让协议》、《呆账贷款债权转让协议》及《以物抵贷资产转让协议》4个附件。

2001年4月12日，华融公司成都办事处以天一公司无法履行《财产抵偿协议》，严重侵害其合法权益为由，向四川省高级人民法院提起诉讼，请求解除两份《财产抵偿协议》；判令天一公司立即支付其欠款102 964 756.55元（截至1998年12月30日前）；由天一公司承担案件受理费。同年10月26日，华融公司又向四川省高级人民法院提起《撤回部分诉讼请求申请书》，自愿放弃1998年12月28日签订的《财产抵偿协议》中14 417 500元的主张，撤回该部分诉讼请求的金额，但保留1998年12月30日签订的《财产抵偿协议》88 547 256.55元欠款的主张，并请求人民法院依法判令天一公司立即支付。

三、原审法院裁判要旨

四川省高级人民法院经审理认为：

天一公司提出追加工行省分行参加诉讼的请求，因债权转让后，工行省分行已退出与天一公司的债权债务关系，从庭审情况看，工行省分行与天一公司的贷款关系和工行省分行与华融公司成都办事处的债权转让事实已经查明。广场支行与天一公司的联建关系属另一法律关系，即便应审理，也应另案审理。故工行省分行不应作为本案当事人。

天一公司1995年至1997年四次向工行成都市分行抵押贷款6 660万元，逾期未能偿还，故工行成都市分行对天一公司享有债权。借款合同签订时，双方签订的两份抵押合同，因抵押物属正在建造中的房屋，双方没有办理抵押物登记；且至今尚未提供权利证书或者补办登记手续；故抵押合同无效。天一公司与工行成都市分行于1998年12月30日签订的《财产抵偿协议书》，旨在以“天一教育大厦”相应的房地产折价抵偿天一公司所欠债务，但当时，“天一教育大厦”仍属在建工程，且因已被有关审判机关保全而被限制处分，协议也未明确约定履行抵偿义务的期限。这份协议的实质是双方寻求消灭债务的方式，并非设立或变动物权的行为。以协议约定的财产作为天一公司履行债务清偿责任的特定财产，以协议约定的方式作为消灭债务的唯一途径，囿于在抵偿行为完成前，不发生对抗第三人的效力，故这份协议对债权保护而言，仅是可能，而非保障。因此，这份协议的签订，并不对工行成都市分行的债权人地位产生改变。2000年6月20日，工行省分行与华融公司成都办事处签订的《以物抵贷资产转让协议》，从该转让协议内容看，工行省分行将其享有天一公司的债权转让给华融公司成都办事处；从转让过程看，工行与华融公司签订协议，同意转让；华融公司向工行支付了对价，华融公司并以“债权划拨通知单”的形式通知了华融公司成都办事处；工行省分行与华融公司成都办事处共同登载转让公告。综上，工行省分行将其在天一公司的债权转让给华融公司成都办事处的行为已经完成。自此,华融公司成都办事处因受让工行省分行的债权而成为天一公司的债权人。从1998年12月30日签订《财产抵偿协议书》到2001年4月7日有关债权人发布债权转让公告,从发布债权转让公告到债权人华融公司成都办事处提起诉讼;债务人天一公司具有足够的清偿债务准备期限,但天一公司都未能依原约定的方式清偿债务。天一公司的主要抗辩理由之一是,工行省分行与华融公司成都办事处签订的《以物抵贷资产转让协议》是附生效条件的合同,即天一教育大厦系在建工程,工行省分行与华融公司成都办事处均未取得所有权及产权凭证,也因此未办理权属变更登记,因而协议未生效。庭审查明,协议的约定是双方签字后生效,法律规定应以变更登记生效的,自登记之日起生效。前述《转让协议》双方已签字盖章。并且该协议的依据是天一公司与工行省分行《财产抵偿协议书》,其中约定,天一公司要"将抵偿财产的房屋产权证……办理完毕移交"工行省分行,法律法规并不禁止以在建工程抵偿债务。天一公司以在建工程向工行省分行抵偿债务于前,未能按约竣工、办理产权证书于后,在本案中又以此为由向原告人主张抗辩,依法不应被支持,依理不应受鼓励。

综上所述,被告天一公司的辩称理由不能成立,原告人请求解除财产抵偿协议、请求天一公司支付欠款本息至1998年12月30日止的诉讼请求,该院予以支持。该院依据《民事诉讼法》第128条、《民法通则》第108条、《合同法》第94条第(四)项的规定,判决:

1. 解除1998年12月30日的《财产抵偿协议书》;

2. 被告成都天一集团公司于该判决生效之日起10日内向原告中国华融资产管理公司成都办事处支付欠款本金6 660万元及利息(分别为:借款本金2 200万元,从1995年7月27日至1998年7月27日,按原借款合同约定的利率计算,1998年7月28日至1998年12月30日,按中国人民银行同期逾期贷款利率计算;借款本金880万元,从1995年12月15日至1998年12月15日,按原借款合同约定的利率计算,1998年12月16日至同月30日,按中国人民银行同期逾期贷款利率计算;借款本金1 320万元,从1997年4月17日至1998年12月30日,按原借款合同约定的利率计算;借款本金2 260万元,从1997年10月13日至1998年12月30日,按原借款合同约定的利率计算)。一审案件受理费547 740元、诉讼保全费100 520元,均由天一公司负担。

四、当事人上诉与答辩情况

天一公司不服四川省高级人民法院上述民事判决,向最高人民法院提起上诉称:

1. 一审判决程序严重违法,其判决遗漏和隐匿了大量经过质证的证据,明显偏袒华融公司成都办事处。工行省分行与华融公司成都办事处对《以物抵贷资产转让协议》所指的权利存在争议,上诉人因此多次请求一审法院追加工行省分行为本案诉讼当事人,但一审法院不予支持,显然是错误的,应予纠正。一审期间更换本案合议庭审判长后未再次公开开庭审理此案,新任审判长在合议庭中的合议权行使无据,一审判决缺乏基本的公正性和公开性。一审法院判令解除上诉人与案外人工行成都市分行签订的《财产抵偿协议书》,严重违反法律规定。

2.《以物抵贷资产转让协议》依法未生效,其约束力不能及于上诉方,一审判决认定事实错误,审判理由自相矛盾。根据中国工商银行、中国华融资产管理公司联名签发的工银发(2000)45 号和 121 号文件,《以物抵贷资产转让协议》与《债权转让协议》是两种不同的转让协议,《以物抵贷资产转让协议》是对"所有权"的转移而不是债权的转移。本案《以物抵贷资产转让协议》无论从名称还是内容上看,均没有债权转让的合意,华融公司成都办事处根据该协议取得的只是不动产物权,而不是对上诉人的债权。该不动产转让必须符合《土地管理法》、《土地管理法实施条例》、《城市房地产管理法》等强制性规定,登记后生效。《以物抵贷资产转让协议》签订时,工行省分行尚未取得天一教育大厦的权属证书,天一教育大厦属于不得转让的房地产;且至今工行省分行与华融公司成都办事处也未办理该大厦土地使用权的变更登记手续,故该协议并未发生法律效力。工行省分行也否定华融公司成都办事处对上诉人提起主张的权利,多次致函华融公司成都办事处要求其撤诉。华融公司成都办事处对因转让协议未生效所产生的转让之债,应根据《以物抵贷资产转让协议》的有关约定向工行省分行主张权利。《以物抵贷资产转让协议》依法未生效,华融公司成都办事处没有取得在本案中的诉权,华融公司成都办事处起诉天一公司,毫无事实和法律依据,请求:依法撤销四川省高级人民法院(2001)川经初字第 28 号民事判决书;驳回华融公司成都办事处的诉讼请求;判令华融公司成都办事处承担全部诉讼费用。

被上诉人华融公司成都办事处答辩称:

1. 天一公司与工行成都市分行签订的《财产抵偿协议书》与工行省分行与华融公司成都办事处签订的《以物抵贷资产转让协议》,均系合同主体双方在自由、平等的基础上达成的协议,内容不违反法律、法规的强制性规定。行政法规和行政规章赋予了华融公司收购经营工行剥离的不良资产的权利,法律、法规并不禁止以不动产抵偿债务,且上述两份协议均无《合同法》第 52 条所规定的合同无效情形,故均属合法有效的合同,且均自合同双方当事人签字盖章之日起生效。《土地管理法》、《城市房地产管理法》等法律、法规要求不动产的转让须办理变更登记手续,是将登记作为不动产物权转移的公示方式,不办理登记,只是不发生物权转移的结果,并不影响合同的生效。

2.《以物抵贷资产转让协议》性质上属债权让与合同,而非物权让与合同。天一公司与工行成都市分行之间原存在借款债权债务关系,给付的标的是金钱,双方签订《财产抵偿协议书》后,原金钱之债消灭,产生新的代物清偿的债权债务关系。作为债权人的工行成都市分行有权请求债务人天一公司按合同约定将抵偿财产交付债权人,并办理相关的产权过户手续。抵偿财产所有权的取得是财产抵偿协议的履行结果,在该协议未完全履行完毕前,债权人工行成都市分行只享有债权,并未取得对抵偿财产的物权。故工行省分行通过《以物抵贷资产转让协议》转让给华融公司成都办事处的权利也只能是工行省分行对天一公司所享有的债权,即将工行成都市分行在《财产抵偿协议》中的合同主体地位转让给华融公司成都办事处,华融公司成都办事处有权请求天一公司认真履行《财产抵偿协议》中的合同义务,转移抵偿财产的物权。因此,《以物抵贷资产转让协议》在性质上属于债权让与合同,即通过合同形式来转让主体在另一合同中的权利,而非物权转让合同。且从双方当事人的真实意思来看,所转让的资产实质是指工行省分行对天一公司所享有的债权。对此,华融公司以《债权划拨通知单》的形式通知了华融公司成都办事处,并在《四川日报》与工行省分行联合发布公告予以明确。

3. 根据工行省分行与华融公司成都办事处签订的《以物抵贷资产转让协议》和工行成都市分行与天一公司签订的《财产抵偿协议》,华融公司成都办事处已合法取得工行成都市分行在《财产抵偿协议》中的合同主体地位,对天一公司享有合同债权。工行省分行因此而退出原债权债务关系,不再对原债务人天一公司享有任何权利。故工行省分行对本案的态度和看法均不具有任何法律效力,不影响本案的审理。上诉人申请追加工行省分行为本案诉讼当事人的主张缺乏事实根据和法律依据。华融公司成都办事处基于合法受让的债权,向天一公司行使权利,应受法律的保护。一审判决认定事实清楚,适用法律正确,案件审理符合法定程序,并无不当,请求驳回上诉,维持原判。

五、二审法院裁判要旨

最高人民法院经审理认为:

本案系华融公司成都办事处依据其与工行省分行签订的《以物抵贷资产转让协议》,向天一公司提起的给付之诉。工行省分行通过签订《以物抵贷资产转让协议》向华融公司成都办事处转让的究竟是物权还是债权,该转让是否有效,是判定天一公司与华融公司成都办事处之间是否存在法律关系,是否应为给付义务的关键。

根据中国工商银行和中国华融资产管理公司2000年3月20日联合发布的工银发〔2000〕45号《关于中国工商银行与中国华融资产管理公司转让收购不良资产工作有关问题的通知》,中国工商银行和中国华融资产管理公司之间转让收购不良资产包括债权转让、以物抵贷资产转让和呆账贷款债权转让三种方式,其中以债权转让方式转让的债权应当是能够落实债权债务关系的贷款,以物抵贷资产转让方式转让的资产应当是工行有处置权的资产。从工行省分行与华融公司成都办事处签订的《以物抵贷资产转让协议》的名称和内容上看,该转让协议转让的是以物抵贷资产的所有权。转让协议不仅在名称上明确标明是“资产转让”,且在协议中明确约定:“工行省分行保证对向华融公司成都办事处转让的以物抵贷资产依法拥有完整、合法的所有权”;“根据法律规定应办理资产权属变更登记的,双方应密切配合,于本协议签定后360日内完成以物抵贷资产的权属变更登记”;“工行省分行应于收到华融公司成都办事处的收购价款后90日内将本协议项下的以物抵贷资产及资产的全部原始档案资料交与华融公司成都办事处,并保证提供给华融公司成都办事处审查的资产权属资料复印件与原件一致无误,真实、合法、完整、准确”;“如因工行省分行违反本协议,使华融公司成都办事处在接收以物抵贷资产后产生权属纠纷,无法确权的,华融公司成都办事处可以将最终不能确权的资产退回工行省分行,并收回相应价款”等条款,故双方签订《以物抵贷资产转让协议》转让的是对天一教育大厦相关面积的物权,而非工行省分行对天一公司的债权,华融公司成都办事处与天一公司之间不存在债权债务法律关系。原审法院认定工行省分行将其对天一公司的债权转让给了华融公司成都办事处,并据此判决天一公司偿付华融公司成都办事处相关欠款本金及利息,没有事实依据。

工行成都市分行通过与天一公司签订《财产抵偿协议书》,将天一教育大厦相关面积的房产抵偿天一公司所欠其的6600万元贷款本金及利息。因天一教育大厦属在建工程,尚未办理房屋产权证书,亦未办理产权变更登记,《财产抵偿协议书》并未实际履行,故工行成都市分行对用以抵偿的财产尚不享有处置权,其对天一公司享有的仍然是债权。原审法院关于《财产抵偿协议书》的签订并不产生改变工行成都市分行债权人地位的认定是正确的。但是工行省分行在对天一公司只享有债权而不享有物权的情况下,采取以物抵贷资产转让的方式将其对天一公司的债权剥离给华融公司成都办事处,导致该《以物抵贷资产转让协议》无效,故华融公司成都办事处与天一公司亦未形成有关天一教育大厦相关面积物上请求权的法律关系。且由于物权转让与债权转让系两个不同性质的权利转让,故工行省分行与华融公司成都办事处物权转让协议无效后并不当然转化为债权转让法律关系。

综上,华融公司成都办事处向天一公司提起诉讼请求没有法律依据,应予驳回。华融公司成都办事处应当依据其与工行省分行签订的《以物抵贷资产转让协议》中关于“如因工行省分行违反本协议,使华融公司成都办事处在接收以物抵贷资产后产生权属纠纷,无法确权的,华融公司成都办事处可以将最终不能确权的资产退回工行省分行,并收回相应价款”的约定,以及中国工商银行和中国华融公司的联合发文工银发〔2000〕45号《关于中国工商银行与中国华融资产管理公司转让收购不良资产工作有关问题的通知》第5条“对以物抵贷转让的资产应当是有处置权的资产,否则,各分行有义务进行调整或置换”的规定,向工行省分行另行主张权利。一审判决在未追加工行省分行和工行成都市分行为本案当事人的情况下,径行判决解除工行成都市分行与天一公司签订的《财产抵偿协议书》,不符合法律程序。另,工行成都市分行与天一公司之间的6 600万元本息究竟是债权债务关系还是联建投资款关系,因属另一法律关系,本案不予审理,当事人如有争议,可另案解决。最高人民法院依照《民事诉讼法》第153条第1款第(二)、(三)项之规定,判决:

1. 撤销四川省高级人民法院(2001)川经初字第28号民事判决;

2. 驳回中国华融资产管理公司成都办事处对成都天一集团公司的诉讼请求。一、二审案件受理费各547 740元,一审诉讼保全费100 520元,均由中国华融资产管理公司成都办事处负担。

六、对本案事实认定和法律适用的分析

本案系华融公司成都办事处依据其与工行省分行签订的《以物抵贷资产转让协议》,向天一公司提起的给付之诉。华融公司成都办事处与工行省分行并无其他的债权债务关系。故审查华融公司成都办事处与工行省分行是否存在法律关系,存在何种性质的法律关系,是本案审理的重点。换句话说,工行省分行通过签订《以物抵贷资产转让协议》向华融公司成都办事处转让的究竟是什么权利,是物权还是债权,是本案判定天一公司是否与华融公司成都办事处存在法律关系、是否应为给付义务的关键。

1. 从工行省分行与华融公司成都办事处签订的《以物抵贷资产转让协议》的名称及内容上看,双方转让的系物权。首先,双方签订的《以物抵贷资产转让协议》名称上,明确写明的是"资产转让",而非"债权转让";其次,在《以物抵贷资产转让协议》中,双方明确约定:就工行省分行向华融公司成都办事处转让以物抵贷资产事宜,达成协议。内容为,工行省分行向华融公司成都办事处转让的以物抵贷资产的账面金额为7 196.1620万元,具体情况详见以物抵贷资产转让清单;工行省分行保证对向华融公司成都办事处转让的以物抵贷资产依法拥有完整、合法的所有权;根据法律规定应办理资产权属变更登记的,双方应密切配合,于本协议签定后360日内完成以物抵贷资产的权属变更登记,有关变更登记费用的支付问题另行商定;工行省分行应于收到华融公司成都办事处的收购价款后90日内将本协议项下的以物抵贷资产及资产的全部原始档案资料交与华融公司成都办事处,并保证提供给华融公司成都办事处审查的资产权属资料复印件与原件一致无误,真实、合法、完整、准确;如因工行省分行违反本协议,使华融公司成都办事处在接收以物抵贷资产后产生权属纠纷,无法确权的,华融公司成都办事处可以将最终不能确权的资产退回工行省分行,并收回相应价款。从上述协议内容看,双方签订《以物抵贷资产转让协议》转让的是物权,而非债权。

2. 工行省分行对《以物抵贷资产转让协议》所转让的财产依法不享有所有权(或处置权),其无权转让给华融公司成都办事处,该物权转让行为无效。物权转让的前提条件一是转让方对所转让财产依法享有所有权;二是转让方与受转让方

的合意。本案工行省分行与天一公司签订《财产抵偿合同》后，工行省分行因未变更登记抵偿财产，工行省分行对所抵偿财产并无所有权，抵偿财产的所有权仍为天一公司所有，亦即《财产抵偿协议》并未得到履行。工行省分行与天一公司之间的债权债务关系因《财产抵偿协议》的未履行而并未消灭，或者说并未由债权债务关系转化为物权法律关系。工行省分行对天一公司享有的仍然是债权。故在此种情况下，工行省分行不可能或者说不应该将抵偿财产的所有权转让给华融公司成都办事处。但工行省分行恰恰在尚未取得抵偿财产所有权（即未依法变更登记）的情况下，即通过《以物抵贷资产转让协议》将天一公司抵偿的财产进行了转让，其目的有可能是为了通过资产转让的形式剥离其对天一公司的这部分债权给华融公司成都办事处。但由于其对所转让的财产并无处置权，由此导致该物权转让协议无效。对此，工行省分行在给华融公司成都办事处的多份函件中亦提到的，因天一教育大厦属在建工程，未办理产权变更登记，导致其以物抵贷资产转让的不良后果，其愿意承担由此造成的后果。根据中国工商银行和中国华融公司的联合发文[工银发〔2000〕45 号]，中国工商银行和中国华融资产管理公司之间转让收购不良资产有三种方式，包括债权转让、以物抵贷资产转让和呆账贷款债权转让。其中债权转让应当是能落实债权债务关系的贷款，以物抵贷资产转让应当是有处置权的资产。故本案中工行省分行与华融公司成都办事处当时的真实意思表示是通过以物抵贷资产转让的方式转让收购不良资产，鉴于工行省分行对转让资产无处置权，该转让依法应为无效。

3. 工行省分行并无将其对天一公司所享有的债权转让给华融公司成都办事处的意思表示，华融公司成都办事处无权以债权债务关系为由对天一公司提起诉讼请求。鉴于工行省分行对天一公司享有的原债权债务关系因双方签订的《财产抵偿协议》并未履行而依然存在，工行省分行对天一公司享有债权。工行省分行是否将其对天一公司享有的债权转让给华融公司成都办事处，应以双方是否有转让债权的合议。华融公司成都办事处提出的有关证据认为其从工行省分行接收的是债权，而非物权的有关证据不充分。如其主张工行省分行与华融公司成都办事处 2001 年 4 月 7 日在《四川日报》上联合发布的《公告》，明确指出双方转让的是债权而非物权，但该《公告》内容为“根据工行省分行与中国华融资产公司签订的以物抵贷资产转让协议和工行成都市分行与天一公司签订的财产抵偿协议，华融公司成都办事处已合法取得天一公司天一教育大厦相关面积的债权”。首先，此公告是建立在《以物抵贷资产转让协议》和《财产抵偿协议》的基础上；其次，该公告明确指出华融公司成都办事处取得的是天一公司天一教育大厦相关面积的债权，而不是说取得了对天一公司的债权。另外，其所举的工行省分行《剥离、收购不良资产明细表》虽有本案争议款项，但因根据中国工商银行和中国华融资产管理的联合发文，对剥离、收购的不良资产应作广义的理解，即应包括债权、以物抵贷资产以及呆账贷款。故工行省分行并未有将其对天一公司的债权转让给华融公司成都办事处的意思表示，华融公司成都办事处对天一公司以债权债务关系为由对天一公司提起诉讼没有法律和事实依据。

4．工行省分行与华融公司成都办事处的物权转让无效后，并不当然转化为债权转让。本案工行成都市分行与天一公司原有债权债务关系，因双方签订的《财产抵偿协议》无效或者说未履行，以致物权未能转让后的法律后果是双方仍回到原先的债权债务法律关系上去。而华融公司成都办事处与工行省分行原并无任何法律关系，双方签订《以物抵贷资产转让协议》后，如该协议有效，则形成了华融公司成都办事处与天一公司之间的物权请求权的法律关系，即华融公司成都办事处有权请求天一公司交付用以抵贷的资产。但如该协议无效，一是华融公司成都办事处无权请求天一公司交付抵贷资产，即对抵贷资产不享有所有权；二是不存在其与工行省分行的物权转让无效后回复到其与天一公司的债权债务关系上去的问题（因双方本身并无债权债务关系）；三是因物权转让与债权转让系不同形式的权利转让，不因物权转让无效而当然转化为债权转让。

综上，对工行省分行转让给华融公司成都办事处的究竟是债权还是物权问题，最客观的解释应该是，双方是想通过转让以物抵贷资产的方式剥离、收购工行省分行对天一公司的债权。但由于工行省分行因未及时办理对天一教育大厦的变更登记，导致其对所转让的以物抵贷资产不享有处置权，故其与华融公司成都办事处签订的《以物抵贷资产转让协议》依法应为无效。华融公司成都办事处与天一公司之间既不存在物权请求权的法律关系，也不存在债权债务法律关系，即华融公司成都办事处对天一公司提起诉讼请求缺乏法律和事实依据，故应依法驳回华融公司成都办事处对天一公司提起的诉讼请求。华融公司成都办事处应当依据其与工行省分行签订的《以物抵贷资产转让协议》关于“如因工行省分行违反本协议，使华融公司成都办事处在接收以物抵贷资产后产生权属纠纷，无法确权的，华融公司成都办事处可以将最终不能确权的资产退回工行省分行，并收回相应价款”的约定，以及中国工商银行和中国华融公司的联合发文工银发〔2000〕45号《关于中国工商银行与中国华融资产管理公司转让收购不良资产工作有关问题的通知》第5条“对转让的资产应当是有处置权的资产，否则，各分行有义务进行调整或置换”的规定，向工行省分行主张权利。

企业被撤销后其民事主体资格的确定及其债务承担问题

——中国农业银行新疆维吾尔自治区分行营业部与乌鲁木齐市公安局、乌鲁木齐市保安服务公司、乌鲁木齐市公安局公共交通治安分局借款合同纠纷上诉案

一、当事人基本情况及案件来源

上诉人(原审原告):中国农业银行新疆维吾尔自治区分行营业部,住新疆维吾尔自治区乌鲁木齐市解放南路318号。

负责人:张志强,该营业部主任。

被上诉人(原审被告):乌鲁木齐市公安局,住新疆维吾尔自治区乌鲁木齐市解放北路116号。

法定代表人:杜建锡,该局局长。

被上诉人(原审被告):乌鲁木齐市保安服务公司(以下简称"保安公司"),住新疆维吾尔自治区乌鲁木齐市扬子江路52号市商业银行大厦17层。

法定代表人:郑宣,该公司总经理。

原审被告:乌鲁木齐市公安局公共交通治安分局(以下简称"治安分局"),住新疆维吾尔自治区乌鲁木齐市南湖路西一巷16号。

负责人:张武,该分局局长。

上诉人中国农业银行新疆维吾尔自治区分行营业部为与被上诉人乌鲁木齐市公安局、保安公司、原审被告治安分局借款合同纠纷一案,不服新疆维吾尔自治区高级人民法院(2001)新经初字第2号民事判决,向本院提起上诉。本院依法组成由审判员宋晓明担任审判长,代理审判员宫邦友、刘敏参加评议的合议庭进行了审理,书记员夏东霞担任记录。本案现已审理终结。

二、案件基本事实

1996年4月16日,甲方乌鲁木齐新合城市信用社(以下简称"新合信用社")与乙方乌鲁木齐市恒安移动报警有限公司(以下简称"恒安移动公司")签订编号为乌新合信(96)委贷字第004号《委托贷款协议书》,约定:甲方同意向乙方提供

人民币1000万元的委托贷款,贷款期限为1996年4月16日至1997年10月16日,贷款利率按月息9.36‰执行,乙方逾期还款,甲方对逾期部分加收20%的逾期罚息。借贷双方在合同上签字、盖章。同日,贷款单位新合信用社与借款单位恒安移动公司、担保单位新疆大得实业发展总公司(以下简称"大得公司")为上述贷款又签订一份《乌鲁木齐新合城市信用社担保贷款合同书》,约定:贷方同意贷给借方人民币1000万元,贷款期限自1996年4月16日至1997年10月16日,贷款利率月息9.36‰。担保方承担连带责任。三方在合同上签字、盖章。同日,恒安移动公司填写了新合信用社的《借款凭证》,借款金额为1000万元整。

1996年5月20日,甲方新合信用社与乙方乌鲁木齐市恒安工贸公司(以下简称"恒安工贸公司")签订乌新合信(96)委贷字第007号《委托贷款协议书》,约定:甲方同意向乙方提供人民币500万元的委托贷款。贷款期限自1996年5月20日至1998年5月20日,贷款利率按月息12.06‰执行。逾期归还,甲方对逾期部分加收20%的逾期罚息。双方在协议书上签字、盖章。同日,贷款单位新合信用社与借款单位恒安工贸公司、担保单位新疆双邦汽车装潢配件有限公司(以下简称"双邦公司")为上述贷款又签订一份乌新合信(96)委贷字第007号《乌鲁木齐新合城市信用社担保贷款合同书》,约定:贷方同意贷给借方人民币500万元,贷款期限从1996年5月20日至1998年5月20日,贷款利率月息12.06‰。担保方承担连带责任。三方当事人均在合同上签字、盖章。同日,恒安工贸公司填写了新合信用社《借款凭证》,借款金额为500万元整。

1997年7月2日,债权转让人(甲方)中国人民银行新疆维吾尔自治区分行营业部(以下简称"人行新疆分行营业部")、债权受让人(乙方)中国农业发展银行新疆维吾尔自治区分行营业部(以下简称"发展银行新疆分行营业部")、债务人(丙方)恒安移动公司(抬头打印为新疆恒安报警设备厂)、担保人(丁方)大得公司,受托人(戊方)新合信用社签订一份编号为21的《债权转让协议书》,约定:为贯彻落实《中国人民银行法》,使中国人民银行更好地履行中央银行的职能,现根据中国人民银行、中国农业发展银行联合印发的《关于划转中国人民银行专项贷款的通知》银传(1997)32号文件精神,经当事人协商,特签定该债权转让协议。(1)甲方将1996年4月与丙方订立的借款合同项下的贷款所拥有的债权,按1997年4月30日营业终了的贷款本金金额1500万元人民币及丙方结欠甲方的应付未付利息转让给乙方。(2)依前条约定债权转移后,前条所述借款合同的期限、用途、利率、还款办法、违约责任以及该合同项下所设定的担保仍然有效。(3)第1条所述借款合同项下的丙方应付利息,以甲方计息清单及丙方核实一致的数额为准。(4)本协议经各方当事人签字盖章,并在中国农业发展银行归还中国人民银行专项贷款本金之日起生效,届时甲方与丙方的债权债务关系以及与戊方的委托关系自行解除。乙方归还甲方贷款本金余额后,方取得债权人地位,即甲方与丙方的这部分债权债务关系转换为乙方与丙方的债权债务关系。(5)本协议生效后,乙方有权按照中国农业发展银行信贷管理的有关规定,对丙方进行信贷管理。乙、丙双方对本协议以外的其他事项可依法另行订立补充协议,补充协议与原借款合同具有同等法律效力。上述五方均在该协议书上签字、盖章。

1998 年 4 月 22 日,中国人民银行、中国农业银行、中国农业发展银行、财政部联合发出银传〔1998〕21 号《关于把农业发展银行扶贫、开发等专项贷款业务划归农业银行的通知》,内容为:为了适应粮食流通体制改革,中国农业发展银行要集中精力管好粮棉油收购资金,决定将中国农业发展银行承担的扶贫和开发性贷款等专项贷款划归中国农业银行管理,粮棉油附营业务和粮食加工业务等划归有关商业银行管理。同年 11 月 5 日,中国人民银行、中国农业发展银行、中国农业银行、中国工商银行银传〔1998〕68 号《关于粮棉油附营企业占用信贷资金划转及清算的通知》进一步明确了划转范围、原则、时间等,明确从中国农业发展银行划出的专项贷款包括扶贫贷款、农业基建、技改贷款、农业综合开发贷款、林业贴息贷款、治沙贴息贷款、人民银行已划转到中国农业发展银行的专项贷款和尚未划转的专项贷款等。并指出,划转后,与划转贷款相关的贷款担保、抵押合同继续生效。中国农业发展银行应协助接收行及时与合同有关的当事人办理必要的变更手续。发展银行新疆分行营业部依据上述文件将新合信用社贷给新疆恒安报警设备厂的 1 500 万元本金及利息划转农业银行。

1999 年 1 月 11 日,中国农业银行乌鲁木齐市支行(以下简称“农行乌市支行”)农资信贷科因上述 1 500 万元贷款未还,分别向借款人恒安移动公司和恒安工贸公司发出《逾期贷款催收通知单》,要求其抓紧归还。恒安移动公司和恒安工贸公司均于当日予以签收。同年 5 月 11 日,农行乌市支行友好路支行向恒安工贸公司出具一份《利息确认书》,载明:恒安工贸公司在该行贷款本金 1 500 万元,截至 1999 年 3 月 31 日,共欠利息 7 833 300.00 元。恒安工贸公司及其法定代表人刘玉玺盖章予以确认。

另查明,恒安工贸公司系治安分局申请开办的企业,法定代表人为刘玉玺。治安分局为乌鲁木齐市公安局(以下简称“乌市公安局”)的下属职能分局,不具备独立法人资格。恒安移动公司系乌市公安局于 1996 年 5 月申请开办的有限责任公司,法定代表人亦为刘玉玺,五家股东分别为恒安工贸公司、新疆同源实业发展公司、新疆大得实业发展公司、新疆天安公司和新疆双邦公司,恒安工贸公司是最大的股东。

1998 年 12 月 15 日,乌市公安局以乌公通字(1998)94 号《关于对我局所属企业处理意见的通知》,对恒安移动公司、恒安工贸公司等 25 家企业予以撤销。同年 12 月 16 日,恒安移动公司作出《关于成立清算小组的决定》,决定成立清算小组,负责清算财产,刘玉玺系清算小组成员之一。

1998 年 12 月 28 日,治安分局向新技术开发区工商行政管理局出具一份信函称“撤销乌市恒安移动报警有限公司,我局服从上级决定,该公司的债权、债务由五家股东公司负责清理完毕”。恒安移动公司《股东会议纪要》中载明:“恒安移动公司的债权债务由五家股东共同负责,已清理完毕,剩余财产由五家股东按投资股本比例分配。”1999 年 1 月 28 日恒安移动公司在向工商行政管理部门出具的《公司注销登记申请书》公司申请注销登记原因栏内载明:“根据中央清理整顿公、检、法公司的有关指示,恒安移动公司被撤销。”在公司债权债务清理情况栏内载明“恒安移动公司的债权、债务由恒安移动公司的五家股东负责清理完毕。”在 1999 年 2 月 1 日新疆日报上,恒安移动公司刊登了其 1999 年 1 月 30 日声明,内容为:“根据有关文件精神,我乌市恒安移动报警有限公司已撤销,债权、债务已清理完毕。特此声明。”

恒安工贸公司于 1999 年 4 月 18 日向工商管理部门申请注销,在企业申请注销理由栏内载明:“根据《公安部关于贯彻落实军队武警部队政法机关不再从事经商活动工作会议精神的通知》[公通字〔1998〕70 号]和乌市公安局《关于对我局所属企业处理意见批复的通知》的有关指示精神,我公司属撤销之列。”治安分局在企业的人员安置、设备、设施、物资、债务等处理情况栏内载明:“企业的人员、设备、设施、物资一并归入保安公司。债权债务由治安分局承担。”治安分局在有关部门签署意见栏内签署同意该公司撤销。治安分局并向工商部门提交了恒安移动公司和恒安工贸公司价值 29 537 855.51 元的财产清单备案,其中恒安移动公司财产包括通讯铁塔 1 座(价值 5.5 万元)、电子地图 2 套(价值 7 万元)、低吸盘全向电缆、线等(价值 32 894.90 元)、焦糖色大块优质白玉 1 块(价值 2 800 万元)、HX-200 Ⅱ 系列(无线通信双工台 8 台、终端微机 3 台、终端无线通信单工台 4 台、通信电源 12 台、室外天线 8 支、通讯馈线 500 米)以及 HC-2000 系列(无线通信双工台 3 台、终端微机 2 台、工业服务机 1 台、工业通信交换机 1 台、室外天线 3 米、通讯馈线 300 米、通信电源 4 台)(以上两项价值 60 万元),价值共计 28 757 894.90 元;恒安工贸公司财产包括 UPS 1 台(价值 17 521.37 元)、多媒体 1 套(1 897.44 元)、微机 10 台(价值 86 383.73 元)、打印机 1 台(价值 3 376.07 元)、稳压电源 2 个(价值 7 500 元)、微机显示器、显卡(价值 24 128 元)、微机工作站 2 台(价值 12 244 元)、机房空调 2 套(价值 14 960 元)、奔驰牌 230E 小车 2 辆(价值 60 万元)、摩托罗拉 900 兆手机 1 部(价值 11 950 元),价值共计 779 960.61 元。

农行新疆分行营业部因上述债权无法实现,于 2001 年 2 月 27 日向新疆维吾尔自治区高级人民法院提起诉讼,请求判令乌市公安局和治安分局偿还其借款本金 15 000 000.00 元,利息 9 978 444.20 元;判令保安公司在其接收恒安工贸公司及恒安移动公司资产范围内承担上述借款的清偿责任;案件受理费由被告承担。

三、原审法院裁判要旨

新疆维吾尔自治区高级人民法院经审理认为:

新合信用社与恒安工贸公司、恒安移动公司签订的两份委托贷款协议、两份担保贷款合同、债权转让协议以及逾期贷款催收通知单均有瑕疵。

原告农行新疆分行营业部未提供委托证据和借款申请，也未提供债权转让协议中新疆恒安报警设备厂与恒安移动公司的关系和1996年4月贷给新疆恒安报警设备厂1500万元的合同或协议，以及债权转让协议生效的事实根据。原告农行新疆分行营业部对自己的主张未能提供充分的证据。被告乌市公安局、治安分局、保安公司提出的抗辩理由基本属实。但三被告均不否认从新合信用社借款1500万元的事实，同时考虑到原告农行新疆分行营业部明知治安分局不具备承担民事责任主体资格，补充起诉有独立承担民事责任主体资格的乌市公安局作为被告是正确的，乌市公安局偿还借款本金1500万元，利息9978444.20元，应根据最高人民法院《关于审理军队、武警部队、政法机关移交、撤销企业和与党政机关脱钩企业相关纠纷案件若干问题的规定》第7条规定在其接收财产范围内对被开办企业的债务承担民事责任。

营业部仍坚持将不具备主体资格的治安分局作为被告并偿还借款本金1500万元，利息9978444.20元显属不当，该院不予支持。

原告农行新疆分行营业部将保安公司补诉为被告，要求其承担民事责任。因该公司是独立法人，农行新疆分行营业部未在诉讼时效内主张自己的权利，也未提供诉讼时效中断的证据，其请求已超过诉讼时效，该院不予支持。

依照《民法通则》第135条和《民事诉讼法》第64条，以及最高人民法院《关于审理军队、武警部队、政法机关移交、撤销企业和与党政机关脱钩企业相关纠纷案件若干问题的规定》第7条之规定判决：

1. 乌市公安局在其接收财产的范围内对被开办企业的债务承担民事责任；

2. 驳回原告农行新疆分行营业部对被告治安分局、保安公司的诉讼请求以及其他请求。一审案件受理费134902.22元（农行新疆分行营业部已预付）由乌市公安局在其接收财产的范围内负担。

四、当事人上诉与答辩情况

农行新疆分行营业部不服新疆维吾尔自治区高级人民法院的上述民事判决，向最高人民法院提起上诉称：

其债权地位是依照国家政策合法取得的。被上诉人乌市公安局未经清算撤销其下属企业，应当对其下属企业的债务承担偿还责任。其在得知乌市公安局将撤销企业的所有资产全部划入保安公司后，即将保安公司追诉为被告，并未超过诉讼时效。原审判决认定事实不清，适用法律错误。请求二审法院判令：（1）乌市公安局偿还其借款本金1500万元，利息9978444.20元。（2）保安公司在其接收财产范围内承担归还上述借款本息的清偿责任。（3）本案的诉讼费用由被上诉人承担。

被上诉人乌市公安局和保安公司以同一理由答辩称：

上诉人要求乌市公安局、保安公司承担民事责任,无法律和事实根据。上诉人应当就其提交的其享有债权的证据上的瑕疵,以及因此致使本案法律关系变得混乱不堪承担过错责任。《债权转让协议书》存在重大瑕疵。且上诉人始终没有举出本案债权人由发展银行新疆分行营业部转为农业银行新疆分行营业部的证据,应当承担举证不能的责任。乌市公安局既不是开办单位,也不是主管单位,更没有接收任何财产,不应当承担全部1 500万元贷款本息的民事责任。上诉人起诉保安公司已超过诉讼时效,一审判决驳回农行新疆分行营业部对保安公司的诉讼请求,于法有据。请求二审法院驳回农行新疆分行营业部的上诉请求。

五、二审法院裁判要旨

最高人民法院经审理认为:

本案债权债务纠纷起源于新合信用社分别与恒安工贸公司、恒安移动公司签订的两份借款合同,该两份借款合同不违反法律禁止性规定,应为有效。人行新疆分行营业部通过与发展银行新疆分行营业部、恒安移动公司、大得公司、新合信用社签订《债权转让协议书》,将新合信用社上述两笔贷款本金1 500万元及利息转让给发展银行新疆分行营业部,虽然农行新疆分行营业部主张该两笔贷款系人行新疆分行营业部委托新合信用社贷出,但并未提供人行新疆分行营业部委托新合信用社贷款的有关证据予以佐证。且上述债权再次从发展银行新疆分行营业部转让给农行新疆分行营业部虽是根据中国人民银行、中国农业银行、中国农业发展银行、财政部银传〔1998〕21号《关于把农业发展银行扶贫、开发等专项贷款业务划归农业银行的通知》和中国人民银行、中国农业发展银行、中国农业银行、中国工商银行银传〔1998〕68号《关于粮棉油附营企业占用信贷资金划转及清算的通知》精神转让的,但没有任何具体的转让手续。故在农行新疆分行营业部是否依法享有此案所涉债权问题上,确实存有瑕疵,其对此负有过错。但是,由于本案所涉债务的原债权人新合信用社作为受托方在《债权转让协议书》中签了字,并未对人行新疆分行营业部转让其债权提出异议。且在1999年1月11日农行乌市支行农资信贷科就上述两笔贷款分别向恒安工贸公司和恒安移动公司送达《逾期贷款催收通知单》催收债务时,恒安工贸公司和恒安移动公司均予签收,亦未提出异议。乌市公安局、保安公司在二审中亦未对农行新疆分行营业部的债权人地位提起上诉,故对农行新疆分行营业部是否享有本案债权问题,最高人民法院不再予以审查,原审认定农行新疆分行营业部享有本案债权部分应予维持。

恒安移动公司和恒安工贸公司的上述两笔债务在1997年的《债权转让协议书》中表述为恒安移动公司一家的债务,截至1999年5月确认利息时,上述债务又由恒安工贸公司一并确认。对此,债权人未曾提出异议,故最高人民法院对上述债务转移的效力问题不予审查。恒安工贸公司在工商管理部门办理注销手续时,其开办单位治安分局在企业的人员安置、设备、设施、物资、债务等处理情况栏内载明“企业的人员、设备、设施、物资一并归入保安公司。债权债务由治安分局承担”,并提交了恒安移动公司和恒安工贸公司价值 29 537 855. 51 元的财产清单备案,包括恒安移动公司价值为 28 757 894. 90 元的财产和恒安工贸公司价值为 779 960. 61 元的财产。上述财产由治安分局和保安公司接收。农行新疆分行营业部关于其在得知恒安工贸公司的财产归入保安公司后即将其追加为本案共同被告,并未超过诉讼时效的上诉主张,最高人民法院予以支持。因治安分局系乌市公安局的下属职能分局,不具备独立法人资格,根据最高人民法院《关于审理军队、武警部队、政法机关移交、撤销企业与党政机关脱钩企业相关纠纷案件若干问题的规定》第 7 条规定,乌市公安局和保安公司在其接收财产范围即 29 537 855. 51 元内对恒安工贸公司 1 500 万元借款本息承担偿还责任。鉴于治安分局和保安公司在恒安工贸公司注销时所接收的恒安工贸公司和恒安移动公司的财产系账面金额,并未经过评估,故乌市公安局和保安公司承担偿还责任时应首先以接收的实物偿还,实物不能偿还时,应以相应的价款偿还。

综上,最高人民法院依照《民事诉讼法》第 153 条第 1 款第(二)、(三)项之规定,判决:

1. 撤销新疆维吾尔自治区高级人民法院(2001)新经初字第 2 号民事判决书。

2. 乌鲁木齐市公安局和乌鲁木齐市保安服务公司在其接收的财产清单上的财产范围内(即在 29 537 855. 51 元范围内),对中国农业银行新疆维吾尔自治区分行营业部贷款本金 1 500 万元及其利息(合同期内利率依合同约定执行;合同期满至偿付之日止按照中国人民银行不同时期规定的逾期付款违约金标准分段计付)承担责任,现存实物不足财产清单所列财产价值的部分,应以等额人民币偿还。

3. 驳回中国农业银行新疆维吾尔自治区分行营业部对乌鲁木齐市公安局公共交通治安分局的诉讼请求。

上述应付款项,乌鲁木齐市公安局和乌鲁木齐市保安服务公司应于本判决送达之次日起 10 日内偿付,逾期按《民事诉讼法》第 232 条的规定办理。一、二审案件受理费各 134 902. 22 元,共计 269 804. 44 元,由乌鲁木齐市公安局承担 107 921. 78 元,乌鲁木齐市保安服务公司承担 80 941. 33 元,中国农业银行新疆维吾尔自治区分行营业部承担 80 941. 33 元。

六、对本案事实认定和法律适用的分析

(一)本案原告是否适格问题,即农行新疆分行营业部的债权人地位问题

本案债权债务纠纷起源于新合信用社与恒安工贸公司、恒安移动公司签订的两份借款合同,债权人为新合信用社。农行新疆分行营业部以债权人身份提起本案诉讼确有瑕疵。

1. 1997 年 7 月 2 日人行新疆分行营业部与发展银行新疆分行营业部、恒安移动公司、大德公司签订《债权转让协议书》,将恒安移动公司贷款本金 1 500 万元及

利息转让给发展银行新疆分行营业部。(1) 从合同看该笔债权属新合信用社所有,并非属人行新疆分行营业部。虽然农行新疆分行营业部主张该笔贷款系人行新疆分行营业部委托新合信用社贷出,但并未提出人行新疆分行营业部委托新合信用社贷款的有关证据,所提供证据系人行新疆分行给其营业部的同意给恒安报警设备厂1 500万元贷款的《专项贷款指标通知书》,此证据不能直接证明该债权原属人行新疆分行营业部。(2) 本案争议的债务系新合信用社与恒安工贸公司、恒安移动公司两家的债务,而在上述《债权转让协议书》中将两家债务合并为恒安移动公司一家,且并无证据证明恒安工贸公司将其债务合法转让给恒安移动公司,此与基本事实不符。

2. 上述债权从发展银行新疆分行营业部转让给农行新疆分行营业部没有任何具体的转让手续。农行新疆分行营业部主张其是按照中国人民银行、中国农业银行、中国农业发展银行、财政部银传〔1998〕21号《关于把农业发展银行扶贫、开发等专项贷款业务划归农业银行的通知》和中国人民银行、中国农业发展银行、中国农业银行、中国工商银行银传〔1998〕68号《关于粮棉油附营企业占用信贷资金划转及清算的通知》,接受的发展银行新疆分行营业部的上述债权,因其是整体接受的发展银行的有关债权,不好举出此案所涉债权的具体转让凭证。

综上,在农行新疆分行营业部是否依法享有此案所涉债权问题上,确实有一定的瑕疵,整个链条有多处断裂,但是,一是由于《债权转让协议书》中新合信用社作为受托方签字予以确认;二是从整个事实看,农行新疆分行营业部享有此债权应没什么问题,且在1999年1月11日农行乌市支行农资信贷科因本案两笔贷款分别向恒安工贸公司和恒安移动公司送达《逾期贷款催收通知单》催收债务时,恒安工贸公司和恒安移动公司均予以签收,并未提出异议;三是乌市公安局等并未对农行新疆分行营业部的债权人地位提出上诉,故对农行新疆分行营业部是否享有本案债权问题,二审不再予以审查,一审判决认定农行新疆分行营业部享有本案债权部分应予维持。另,两笔债务先后合并到恒安移动公司和恒安工贸公司,债权人并未提出异议,亦不应予审查。

(二) 恒安工贸公司和恒安移动公司被撤销后其民事主体资格的确定及其债务的承担问题

恒安工贸公司和恒安移动公司均系乌市公安局开办的企业,1998年12月15日乌市公安局对其二企业下文予以撤销。其中,恒安移动公司于1998年12月16日成立清算小组;同年12月28日,治安分局向工商管理部门出具恒安移动公司的债权债务由五家股东公司清理完毕的函件;1999年1月28日,恒安移动公司亦向工商管理部门出具了债权债务清理完毕的注销公告。恒安工贸公司在向工商管理部门申请注销时,治安分局在企业的人员安置、设备、设施、物资、债务等处理情况栏内载明:“企业的人员、设备、设施、物资一并归入保安公司。债权债务由治安分局承担。”同时,治安分局向工商管理部门提交了恒安移动公司和恒安工贸公司价值 29 537 855.51 元的财产清单备案，其中恒安移动公司的财产价值为 28 757 894.90 元，恒安工贸公司财产价值为 779 960.61 元。根据上述事实，对恒安移动公司的 1 000 万元债务，由于其开办单位乌市公安局虽然有对被撤销企业恒安移动公司进行清算的手续，但从清算的时间看（前后 12 天），其不可能依法进行了（仅公告债权人时间 12 天就不够）清算。因其弄虚作假的行为，导致工商管理部门注销了恒安移动公司，故其应对恒安移动公司的债务承担偿还责任。对恒安工贸公司的 500 万元债务，因治安分局在办理恒安工贸公司的注销手续时，承诺其债权债务由治安分局承担，根据最高人民法院《关于审理军队、武警部队、政法机关移交、撤销企业与党政机关脱钩企业相关纠纷案件若干问题的规定》第 7 条的规定，治安分局在其接收财产范围内对恒安工贸公司的债务承担责任。在对恒安工贸公司注销时的工商材料中同时有“企业的人员、设备、设施、物资一并归入保安公司”，理论上，应由保安公司在其接收恒安工贸公司的财产范围内，对恒安工贸公司的债务承担偿还责任。

综上，（1）治安分局系乌市公安局的下属职能分局，不具备独立法人资格，其偿还责任应由乌市公安局承担。（2）由于恒安移动公司和恒安工贸公司均系乌市公安局开办的企业，恒安工贸公司亦为恒安移动公司的大股东，二公司的上述两笔债务在 1997 年的《债权转让协议书》中合并为恒安移动公司一家承担，到 1999 年 5 月的《利息确认书》时（恒安移动公司当时已注销），上述债务又由恒安工贸公司一并确认。对此，债权人未曾提出异议，故对上述债务转移的效力问题不再予以审查。且在恒安工贸公司办理注销手续时向工商管理部门提交的财产清单亦是恒安工贸公司和恒安移动公司两公司的财产，且所列财产均按照恒安工贸公司在工商档案材料中载明的内容由保安公司接收。故对两笔债务应统一起来由乌市公安局和保安公司在其接收财产范围内承担偿还责任。（3）恒安工贸公司注销时的所有财产是明确、具体的，治安分局在办理注销手续时，有财产清单提交给工商管理部门，其接收的财产与保安公司接收的财产实质上是一样的，即在工商管理部门备案的清单上的财产。保安公司系乌市公安局开办的未被撤销的企业，恒安工贸公司的财产实际上最终由保安公司接收。故恒安工贸公司的债务应由治安分局和保安公司在其接收的恒安移动公司和恒安工贸公司价值 29 537 855.51 元的财产（包括恒安移动公司价值为 28 757 894.90 元的财产和恒安工贸公司价值为 779 960.61 元的财产）范围内承担责任。鉴于治安分局和保安公司在恒安工贸公司注销时所接收的恒安工贸公司和恒安移动公司的财产系账面金额，并未经过评估，故乌市公安局和保安公司承担偿还责任时应首先以接收的实物偿还，实物不能偿还时，应以相应的价款偿还。

另外，关于恒安工贸公司和恒安移动公司被撤销后其民事主体资格是否存续问题，本案因原审原告并未以上述两个债务人为被告提起诉讼，故案件审理中未涉及此问题。但是，对于二者的民事主体资格问题，笔者认为：由于恒安移动公司虽然在程序上成立了清算小组，并向工商管理部门出具了债权债务清理完毕的函件和注销公告，但从其清算的时间看，根本不可能严格依法清算，有弄虚作假之嫌，因本案未涉及追究其责任（因后恒安移动公司的债务转移给了恒安工贸公司），未作过多审查，但如细究，如能认定其清算违法，则其注销是无效的，严格说来，则其民事主体资格在法律意义上并未消灭，其仍可作为民事诉讼主体参加诉讼活动，对其债务仍应承担民事责任；至于恒安工贸公司，因根本未进行清算活动，虽然在办理注销手续时，载明其一切财产并入保安公司，债务由乌市公安局承担，但恒安工贸公司因未清算，即使办理了注销手续，理论上其民事主体资格依然存续，仍应对其债务承担责任。也就是说，虽然乌市公安局和保安公司因接收其财产并承诺对其债务承担责任参加到对其债务的承担中来，但并不因此免除恒安工贸公司对其自身债务的承担。本案原审原告既然仅选择由乌市公安局和保安公司承担恒安工贸公司的债务，并未对恒安工贸公司提起诉讼，因属于其私权处分的范畴，人民法院对此不予干预，仅对其提起诉讼的部分进行审理，但并不是说就承认恒安工贸公司民事主体资格丧失，不再对其债务承担责任。

关于乌市公安局之所以在其接收财产范围内承担责任问题。笔者认为，如果被注销企业的开办者、投资者在办理企业注销手续时，承诺对注销企业的债务承担责任，一般情况下，由作出该承诺的主体对被注销企业的债务承担全部的民事责任。但是，如果其承诺时是以接收其财产范围为限作出的承诺，则其承担责任的范围是其所接收财产的范围。本案乌市公安局在办理注销恒安工贸公司时承诺对恒安工贸公司的债务承担责任，同时向工商行政管理机关提交了其接收恒安工贸公司财产的清单，其意思表示明确，故应按其承诺的内容由其在接收恒安工贸公司财产范围内承担责任。

4 公司诉讼

法人人格否认制度在个案中的慎重适用

——四川通信服务公司、四川金融租赁股份有限公司与中国建设银行成都市金河支行、四川金租实业有限公司融资租赁合同纠纷上诉案

一、当事人基本情况及案件来源

上诉人(原审被告):四川通信服务公司(以下简称"通信公司"),住四川省成都市青羊正街19号。

法定代表人:冯思翎,该公司总经理。

上诉人(原审第三人):四川金融租赁股份有限公司(以下简称"金融租赁公司"),住四川省成都市同仁路井巷子28号3—5楼。

法定代表人:鲁安利,该公司董事长。

被上诉人(原审原告):中国建设银行成都市金河支行(以下简称"建行金河支行"),住四川省成都市东御街16号。

负责人:钟鹏,该行行长。

被上诉人(原审被告):四川金租实业有限公司(以下简称"金租实业公司"),住四川省成都市窄巷子45号。

法定代表人:曹建希,该公司董事长。

上诉人金融租赁公司、通信公司为与被上诉人金河支行、金租实业公司借款担保合同纠纷一案,不服四川省高级人民法院(2002)川民初字第17号民事判决,向最高人民法院提起上诉。最高人民法院依法组成由审判员刘贵祥担任审判长,代理审判员宫邦友、刘敏参加的合议庭进行了审理,书记员孔玲担任记录。本案现已审理终结。

二、原审法院查明事实

原审法院查明:

1998年10月5日,四川金融租赁股份有限公司与四川省移动通信局(以下简称"移动通信局")签订(1998)年(租)字第(17)号融资租赁合同,约定:金融租赁公司根据移动通信局的需要和委托,按照其提供的租赁物的名称、型号、规格、数量、金额和厂商等要求,购进租赁物件出租给移动通信局。

同月8日,金融租赁公司与四川金租实业有限公司签订委托代理采购协议,约定:根据金融租赁公司与东方通信股份有限公司(以下简称"东方通信公司")签订的购货合同和金融租赁公司与移动通信局签订的租赁合同,金融租赁公司向东方通信公司购买价值人民币10 380万元的移动通信系统设备,并将所购设备融资租赁给移动通信局。金融租赁公司自愿将设备采购事宜全权委托给金租实业公司代为办理,并由金租实业公司垫付全部购货款。金融租赁公司负责与承租人和供货厂商分别签订租赁合同和购货合同并承担相应的风险。金融租赁公司应及时向金租实业公司提供购货合同和设备付款计划表,以便于金租实业公司筹措资金,并按时回收租金,及时归还金租实业公司垫付的货款,并将本协议项下的银行筹资利息及时划付到金租实业公司的基本结算账户,以确保金租实业公司按时支付银行贷款利息。金租实业公司应当根据金融租赁公司提供的相关合同,及时向供货厂商支付货款。

1998年11月29日,金融租赁公司与金租实业公司签订设备付款协议补充协议,约定:按照双方签订的设备付款协议,金租实业公司同意接受金融租赁公司的委托,从中国人民建设银行成都市分行(1999年2月更名为中国建设银行成都市金河支行,以下统一简称"建行金河支行")办理承兑汇票,用于支付设备采购合同的第一批设备到货款。汇票金额3 700万元,其中货款3 605.65万元,贴息利息94.35万元。为了金租实业公司按期归还银行贴现的资金,金融租赁公司保证在承兑汇票到期日前一天归还金租实业公司支付的3 606.65万元设备到货款,并支付贴息和承兑汇票手续费给金租实业公司。

同年12月3日,金租实业公司、建行金河支行、四川省邮电管理局(以下简称"省邮电局")和四川邮政电信局(以下简称"省邮政局")签订4份编号分别为成建行承字(98年)第94、95、96和97号的银行承兑协议。载明:收款人为东方通信公司,出票人为金租实业公司,账号为26193046,到期日为1999年6月2日。金额分别为1 000万元、1 000万元、1 000万元和700万元。约定:申请人于汇票到期日前将应付票据款足额交存承兑银行,交存保证金为票面金额的10%,承兑汇票到期日承兑银行凭票无条件支付票款。如到期日申请人不能足额交存票款时,承兑银行首先扣收保证金,对不足支付部分的票款转作承兑申请人逾期贷款,并按照有关规定计收罚息。省邮电局和省邮政局为该承兑汇票提供连带责任保证。四方当事人均在该协议上签字盖章。同日,省邮电局和省邮政局还向建行金河支行出具了4份相应的第三人不可撤销担保书。

同日,移动通信局和金融租赁公司签订商业承兑汇票保证金存款协议,载明:

根据双方签订的融资租赁合同和金融租赁公司与东方通信公司签订的购买合同，金融租赁公司应在1998年12月8日向东方通信公司支付第一笔设备到货款，为保证合同的顺利执行，金融租赁公司向建行金河支行申请了支付设备应付款项的商业承兑汇票，承兑金额为3700万元，移动通信公司同意提供该笔承兑汇票保证金370万元。建行金河支行在金租实业公司同日出具的4张银行承兑汇票上予以承兑，保证到期日由其付款。同月18日，金融租赁公司和东方通信公司签订设备付款备忘录，约定：根据双方签订的购买合同，金融租赁公司应当向东方通信公司支付第一笔设备到货款，该笔款项按照双方约定以银行承兑汇票的方式支付。汇票总金额为3700万元，开票人为金租实业公司，收款人为东方通信公司。

1999年3月19日，金租实业公司与建行金河支行签订一份编号为99(20)的借款合同，约定：金租实业公司向建行金河支行借款人民币9000万元，期限为1999年3月19至2002年3月18日，借款用途为流转资金。贷款利率按月息5.55‰计算。由省邮政局为该合同项下借款本息及费用提供担保。该笔贷款在建行金河支行流动资金贷款申请审批书"申请借款理由、用途及还款来源"一栏载明：金融租赁公司与移动通信局签订了租赁合同，金融租赁公司向东方通信公司购买价值10380余万元的通信设备并融资租赁给移动通信局。金融租赁公司全权委托金租实业公司代理设备采购事宜。目前，金租实业公司除自筹部分资金外，尚有较大缺口，特向建行金河支行申请流动资金贷款9000万元，用于支付货款。根据金融租赁公司与金租实业公司签订的委托代理协议，金融租赁公司把从移动通信局收取的租金专款专用，并及时划至金租实业公司用于支付贷款本息。金租实业公司保证将用营业收入和上述款项按时偿还贷款本息，并由省邮政局提供全额连带责任担保。同日，建行金河支行与省邮政局(改制后，由四川移动通信公司承接了其保证责任。2002年1月16日更名为四川通信服务公司。以下统一简称"通信公司")签订编号为99(20)的保证合同，约定：保证方式为连带责任保证，保证担保的范围为9000万元本息、借款人应支付的违约金(包括罚息)、赔偿金和实现贷款债权的费用，保证期间为自合同生效之日起至借款合同履行期限届满之日后两年内。保证期间保证人机构发生变更、撤销应提前30天书面通知建行金河支行，该合同项下的全部义务由变更后的机构承担或由对保证人作出撤销决定的机构承担。上述借款合同和保证合同均由双方法定代表人或负责人签字并加盖了单位公章。同日，建行金河支行将9000万元贷款划至金租实业公司26193046存款账户。同年6月2日，金租实业公司以到期划转承兑汇票票款为由从26193046账户分四笔将3700万元款项支付到建行金河支行732100应解汇款账户。

2002年3月4日，建行金河支行、四川移动通信公司(以下简称"移动通信公司")、金融租赁公司和金租实业公司签订补充协议，载明：受四川省邮电管理的委托，移动通信局与金融租赁公司签订了融资租赁合同，后根据移动通信局分离划分方案及企业发展实际情况,移动通信局由通信公司继承。金租实业公司与建行金河支行签订贷款合同,并将该合同项下取得的9 000 万元贷款作为存款全额存入金融租赁公司,由金融租赁公司用于其与移动通信局签署的融资租赁合同项下的设备购置。移动通信公司应付金融租赁公司租金余额为1 221.020179 万元,建行金河支行与金租实业公司签订的贷款合同将于2002 年3 月18 日到期。为妥善解决上述各项事宜,金融租赁公司应迅速筹集资金用于归还金租实业公司在金融租赁公司账户中的存款,保证金租实业公司能够有足够的还贷能力如期归还建行金河支行贷款,在任何情况下,金融租赁公司自愿放弃对金租实业公司拥有或可能拥有的债务抵销权。移动通信公司于2002 年2 月27 日向金融租赁公司支付应收租金余额1 221.020179 万元到金融租赁公司存款账户,金融租赁公司收到该款后应立即将其中的1 220 万元支付给金租实业公司在建行金河支行开立的存款账户上,金租实业公司应在资金到达账户时立即将该账户中的资金全部如数支付给建行金河支行,用于归还贷款。建行金河支行应严格按照本协议约定全程监控各方支付资金的时间、流向,保证该资金最终用于归还贷款。建行金河支行确认在移动通信公司支付给金融租赁公司1 221.020179 万元后,金租实业公司与建行金河支行贷款合同项下的贷款余额为7 780 万元。同月6 日、11 日,金融租赁公司分两次向移动通信公司出具付款委托书,委托移动通信公司将应支付其的融资租赁合同项下的租金尾款1 220 万元和4.399256 万元,代其支付给金租实业公司在建行金河支行的账户上,作为其向金租实业公司支付其在金融租赁公司存款中的一部分,金租实业公司存款余额相应减少。同时金租实业公司也向移动通信公司出具付款委托书,委托移动通信公司将金融租赁公司委托其代为支付给金租实业公司在金融租赁公司存款中的款项付至建行金河支行账户,用于归还贷款。

另查明:金租实业公司成立于1998 年8 月24 日,企业类型为有限责任公司,注册资本为2 000 万元,由金融租赁公司出资1 000 万元、四川方正投资有限公司出资500 万元、成都双流友安房地产有限责任公司出资400 万元、成都武源实业有限责任公司出资100 万元。1998 年8 月5 日上述四家股东召开的股东会议纪要载明:董事会成员由曹建希等5 人组成,选举曹建希为公司董事长、法定代表人,并任总经理。当时曹建希系金融租赁公司职员。

1998 年10 月至2000 年12 月期间,金租实业公司代金融租赁公司垫付设备款103 570 238.72 元。原审法院依申请调查收集的金租实业公司"对账单"显示:1998 年10 月14 日、1999 年3 月19 日、1999 年3 月29 日、2000 年12 月14 日分别有10 357 100.81 元、36 056 500.00 元、36 981 967.45 元、20 174 670.46 元(总计金额为103 570 238.72 元)转入金租实业公司账户;2001 年12 月31 日金租实业公司在金融租赁公司开立的21201001010204 账户上有8 400 万元被转出。对8 400 万元款项划转情况,原审法院要求金融租赁公司举证予以说明,金融租赁公司认为其没有提交的责任和义务。

2002年3月8日、11日，通信公司分别将1 220万元和53 992.56元转到金租实业公司在建行金河支行开立的账户上，偿还了金租实业公司部分贷款，尚有7 775万元借款本金及利息未予偿还。同年5月20日，建行金河支行以金租实业公司、通信公司未偿还所余借款本金7 775万元及相应利息为由向四川省高级人民法院提起诉讼，请求判令金租实业公司偿还借款本金7 775万元及利息，通信公司对上述债务承担连带清偿责任，并由金租实业公司和通信公司承担案件受理费。同年8月2日，通信公司向四川省高级人民法院提出追加被告申请书，以该笔款项实际借款人为金融租赁公司为由，申请追加金融租赁公司为本案共同被告。四川省高级人民法院经审查于同年9月10日依法通知金融租赁公司作为本案第三人参加诉讼。

三、原审法院裁判要旨

四川省高级人民法院经审理认为：

1999年3月19日建行金河支行与金租实业公司签订的借款合同系当事人双方真实意思表示，不违反法律、法规禁止性规定，应属有效。建行金河支行按照合同约定履行了自己的义务，金租实业公司未能按期偿还借款本息是酿成该案纠纷的原因之一，其应承担偿还借款本息的责任。

金租实业公司工商注册登记虽显示其为一个具有独立财产、经费和健全组织机构的企业法人，但法院调取的有关证据、证词及庭审查明的事实证明，金融租赁公司和金租实业公司是“两块牌子，一套人马”。金租实业公司在诉讼中陈述其自成立起，就没有独立的从业人员，其财务和印鉴保管等人员同时为金融租赁公司的工作人员。且公章、财务专用章、法定代表人印鉴也于2000年3月由金融租赁公司的工作人员交予通信公司保管。为此，金租实业公司在诉讼中无法向法院提交其财务状况及资金流转等证据。独立的从业人员是企业法人产生独立法人意志的基础，金租实业公司的财务、印鉴保管等工作被金融租赁公司操纵，其法人人格与金融租赁公司混同。对于通信公司与金融租赁公司之间的融资租赁关系、金租实业公司与金融租赁公司之间的委托关系、代付设备款关系、建行金河支行与金租实业公司之间的借款关系，以及金租实业公司在向建行金河支行借款申请书中对借款的理由、用途、还款来源的陈述，该案各方当事人均是明知的。金融租赁公司虽承认金租实业公司代其支付设备款103 570 238.72元，但其所举金租实业公司“对账单”、“明细分类账”和“记账凭证”等证据均是其单方面提供的，又未经金租实业公司确认，不能充分证明其已全额偿还了金租实业公司代付的设备款；其提供的“租赁支取凭证”，也只能证明通信公司向其支付融资租赁设备款，亦不能证明其已全额偿还金租实业公司代付的设备款。金租实业公司“对账单”显示：2001年12月31日金租实业公司在金融租赁公司开立的21201001010204账户上有8 400万元被转出。鉴于金租实业公司无独立的从业人员，其公章、财务专用章、法定代表人印鉴也由金融租赁公司工作人员交与通信公司保管，金租实业公司已无完全控制其资金的能力，且作为金租实业公司开户行的金融租赁公司拒绝向法院提交相关证据，故金融租赁公司应当承担举证不能的民事责任，金融租赁公司对造成金租实业公司未能按期偿还借款本息负有责任，应与金租实业公司共同偿还建行金河支行的借款本息。

通信公司与建行金河支行签订的保证合同依法有效。1999 年 3 月 19 日，金租实业公司向建行金河支行借款 9 000 万元，建行金河支行在将该款划至金租实业公司账户时直接扣划了承兑汇票款项 3 700 万元及相应利息，对“以新还旧”的事实，通信公司是明知并认可的。金租实业公司的借款申请书、移动通信公司向建行金河支行出具的银行询证函等证据表明，通信公司对省邮电局、省邮政局曾为金租实业公司开具 3 700 万元银行承兑汇票及借款担保责任的承接亦为明知和认可，故通信公司应对金租实业公司、金融租赁公司偿还剩余借款本息的责任承担连带清偿责任。

综上所述，金租实业公司与建行金河支行签订的借款合同，通信公司与建行金河支行签订的保证合同因主体适格，意思表示真实，且不违反有关法律、法规，为合法有效。建行金河支行按约履行了贷款义务，而金租实业公司、金融租赁公司未偿还所余借款本息，应共同承担清偿责任。通信公司未按保证合同的约定履行其担保义务，亦应承担相应责任。该院依照《民事诉讼法》第 128 条、第 138 条，《民法通则》第 90 条，《合同法》第 206 条、第 207 条，《担保法》第 18 条、第 31 条的规定，判决：

1. 金租实业公司与金融租赁公司于判决生效之日起十五日内，偿还建行金河支行借款本金 7 775 万元及相应利息（借款合同约定期内的利息按合同约定的利息计算；逾期利息按中国人民银行同期同类贷款利率计算至债务人清偿完毕时止）；

2. 通信公司对金租实业公司与金融租赁公司的上述债务承担连带清偿责任。通信公司承担保证责任后，有权向金租实业公司和金融租赁公司追偿。一审案件受理费 478 512 元，诉讼保全费 389 270 元，共计 867 782 元，由金租实业公司和金融租赁有限公司承担 433 891 元；由通信公司承担 433 891 元。

四、当事人上诉与答辩情况

通信公司和金融租赁公司均不服四川省高级人民法院上述民事判决，向本院提起上诉。

金融租赁公司上诉称：金融租赁公司不是本案争议的借款合同和保证合同的当事人，与本案没有任何法律关系，原审法院将金融租赁公司列为本案第三人缺乏事实和法律依据。原审判决关于借款合同双方当事人具备主体资格和金租实业公司与金融租赁公司人格混同的认定前后矛盾。金租实业公司具备独立财产和健全的组织机构,应为独立法人。保管公章与人格混同系两个概念。建行金河支行和通信公司均能清晰识别金租实业公司,金租实业公司与金融租赁公司并未构成人格混同。金融租赁公司已全额偿还了金租实业公司代其垫付的103 570 238.72 元设备款,一审庭审中金租实业公司除表示对其中一份证据需进一步查证外,对金融租赁公司提交的其他付款凭证并无异议。原审法院以金融租赁公司提交的付款凭证系单方制作无其他证据予以佐证为由,否定金融租赁公司偿还设备款的事实没有依据。8 400 万元款项的转出与本案无关,即使有关,因当时金租实业公司印章由通信公司保管,举证责任亦应由金租实业公司与通信公司分担,金融租赁公司对此无举证责任。原审法院要求金融租赁公司对此予以举证,并以举证不能为由判决金融租赁公司承担金租实业公司所借款项的偿还责任,不符合法律规定。金融租赁公司并未占用该笔款项。请求依法改判金融租赁公司不承担 7 775 万元借款本息的偿还责任,并由金租实业公司、通信公司承担本案诉讼费用。

通信公司上诉称:建行金河支行与金租实业公司 3 700 万元承兑汇票和 9 000 万元流动资金贷款两笔融资行为的保证人不同,通信公司虽然为上述两笔贷款均提供了担保,但同时为 3 700 万元承兑汇票提供担保的还有另一保证人省邮电局。建行金河支行在发放 9 000 万元贷款时直接扣划承兑汇票项下的 3 700 万元款项,系以新贷偿还旧贷。通信公司作为 9 000 万元贷款的保证人对此并不知晓,故通信公司不应承担 9 000 万元贷款的保证责任。建行金河支行以与金租实业公司签订借款合同的方式达到向金融租赁公司发放贷款的目的,系以合法形式掩盖非法目的。借贷双方隐瞒贷款真实情况,骗取通信公司提供担保;该案借贷双方均未提供双方签订的借款合同已依法办理公证和金租实业公司申请贷款时已提供年检的证据,且办理贷款未一申请一审查,贷款期限严重超过了规定的最长期限,不符合《贷款通则》的有关规定。故建行金河支行与金租实业公司的借款合同应为无效,通信公司不应承担保证责任。建行金河支行怠于履行附随义务,发放贷款后未及时通知通信公司,使通信公司丧失了对贷款的监控,建行金河支行应当对其行为造成的通信公司损失承担责任。请求依法改判。二审庭审当事人陈述上诉请求和理由时,通信公司仅以金租实业公司"借新还旧"未经其同意为由主张免除其保证责任,未提上诉状中陈述的其他几个上诉理由。

金租实业公司针对金融租赁公司的上诉答辩称:因政策限制非银行金融机构向银行融资,金融租赁公司为开办与通信公司的融资租赁业务,解决资金来源特成立金租实业公司。金租实业公司于 1998 年成立后除对通信公司开办了两项租赁业务外,未进行任何其他经营活动。金租实业公司法定代表人曹建希系金融租赁公司总经理助理,金融租赁公司成立金租实业公司时指定曹建希兼任金租实业公司法定代表人。曹建希直到 2001 年 7 月才辞去金融租赁公司职务。金租实业公司从成立到其所有的经营活动,都是由金融租赁公司操纵的,自始不具有独立性。金租实业公司的董事长、财会人员等均为金融租赁公司工作人员兼任。金租实业公司办理的工商、税务、银行开户、刻章、保管文件资料和财物等,均系金融租赁公司所为。金租实业公司的工商营业执照、印章在金融租赁公司移交通信公司前,一直由金融租赁公司掌管。金租实业公司未发生过任何经费支出,其成本均进入金融租赁公司的经营费用。金融租赁公司利用其与金租实业公司法人人格混同又不为第三方所知的便利,以金租实业公司名义向建行金河支行借款,并将该笔贷款据为己有。款项到期后,金融租赁公司派员与建行金河支行协商还贷方案。金租实业公司与金融租赁公司是典型的两块牌子一套人马。金融租赁公司利用其为金租实业公司开户行的便利,私自将金租实业公司账户上用于偿还建行金河支行借款的8 400万元款项转移,导致金租实业公司无法偿还该笔贷款。原审法院判决金融租赁公司偿还建行金河支行该笔借款并无不当,应予维持。

通信公司针对金融租赁公司的上诉未作书面答辩,二审庭审时答辩称:金融租赁公司与通信公司签订的融资租赁合同及金融租赁公司与东方通信公司签订的设备购买合同显示,真正意义上的借款需求人是金融租赁公司。金租实业公司与融资租赁业务无关,没有借款的需要。金融租赁公司为规避非银行金融机构不能向其他银行贷款和同业拆借期限最长不能超过7天等强制性规定,委托金租实业公司代其向建行金河支行贷款。金租实业公司在借款申请中明确表示还款来源是设备租赁款,而真正收取租赁款的是金融租赁公司。金融租赁公司和金租实业公司就购买设备的借款用途和金融租赁公司实际承担还款义务的还款方式,均向建行金河支行作出了书面承诺,建行金河支行对此予以备案并确认。金融租赁公司不但是事实上的借款人并且实际使用了该笔借款,且一审庭审中各方当事人均对该笔借款由金融租赁公司使用无异议。金融租赁公司既未按照其与金租实业公司签订的委托采购协议的约定将相关款项存入金租实业公司基本结算账户,亦未按其承诺向建行金河支行归还借款,其依法应当承担该笔款项的偿还责任。金租实业公司是由金融租赁公司专为其融资设立的公司,其没有独立的财务人员、独立的意志、独立的财产和财务账目,应当依法认定其不具备独立的法人人格。金租实业公司与金融租赁公司系一套人马,两块牌子,已构成人格混同。以至于金租实业公司无法控制自己的财务和资金,导致金融租赁公司擅自使用金租实业公司资金给其他当事人造成巨额资金损失的后果。金融租赁公司借其对金租实业公司的控制,于2001年12月31日一次性转走金租实业公司8 400万元款项,直接导致金租实业公司无法偿还建行金河支行的贷款。尽管金融租赁公司一再强调其已偿还金租实业公司代其垫付的购买设备款,其不仅未予举证证明,而且即使之前其确实偿还了该笔款项,但划走8 400万元款项的后果仍等同于未偿还该笔款项。故金融租赁公司应当承担金租实业公司该笔债务的偿还责任,请求维持原审法院关于金融租赁公司承担本案债务的判项。

建行金河支行针对通信公司的上诉答辩称:建行金河支行与金租实业公司签

订借款合同的款项虽然实际用于代金融租赁公司支付设备货款，但这一行为不违反法律、法规禁止性规定，不影响借款合同的效力。即使认定本案所涉借款关系双方当事人为建行金河支行和金融租赁公司，亦未违反法律、法规禁止性规定，故本案借款合同依法有效。通信公司基于该款项所购设备由其承租的原由，为本案借款合同提供担保，且在明确载明该借款用途的《流动资金贷款申请审批书》上盖章予以确认，故其对该笔款项的用途应是明知的。通信公司据以主张借款合同无效的有关办理公证、贷款人资格及贷款申请等规定，不是认定合同无效的法律依据。且建行金河支行发放贷款时已依法履行了审查职责。故该保证合同应为有效。通信公司主张金租实业公司9 000万元借款有部分款项属于“借新还旧”缺乏事实依据。金租实业公司在借款合同签订前向建行金河支行申请以承兑汇票方式支付部分货款，在建行金河支行划付9 000万元贷款时，金租实业公司的3 700万元承兑汇票尚未到期。根据承兑汇票的基本特征，汇票到期后，应以申请人账上的资金支付相应款项，只有申请人账户没有相应款项时，银行才以自有资金向持票人承担兑付责任，也只有银行垫付款项后，申请人与银行之间才形成债权债务关系。因此，在金租实业公司9 000万元贷款到账后，建行金河支行将该借款中的部分款项转入金租实业公司开立的承兑汇票账户，用以支付设备货款，并不构成“借新还旧”。因通信公司同为3 700万元承兑汇票和9 000万元借款合同的保证人，且两笔款项的借款用途均为支付通信公司与金融租赁公司签订的融资租赁合同项下的设备款，即使认定金租实业公司“借新还旧”，通信公司亦应承担保证责任。请求驳回通信公司的上诉请求。

五、二审法院查明事实

二审法院对一审法院查明的事实予以确认。二审期间，金融租赁公司以保管其划转金租实业公司8 400万元款项有关财务凭证的控股股东拓普集团拒绝提供为由，请求二审法院依职权予以调取。本院委托浙江省绍兴市中级人民法院民二庭对上述证据予以调查。绍兴市中级人民法院于2003年9月18日按照金融租赁公司申请调查取证提供的地址，前往浙江拓普软件有限公司进行调查，浙江拓普软件有限公司经查向绍兴市中级人民法院出具了该公司档案室无上述资料的说明。

六、二审法院裁判要旨

最高人民法院经审理认为：

本案所涉及的借款法律关系，虽然从表面形式上看，系金租实业公司向建行金河支行借贷9 000万元人民币，但从与该笔借款有关的一系列合同内容看，该笔款项的实际借款人和用款人为金租实业公司的控股股东金融租赁公司。金融租赁公司与移动通信局签订融资租赁合同，约定由金融租赁公司按照移动通信局的需要和委托，购买租赁物件出租给移动通信局。金融租赁公司为此与东方通信公司签订了购货合同。金融租赁公司为履行上述租赁合同和购货合同，与金租实业公司签订委托代理采购协议，自愿将设备采购事宜全权委托给金租实业公司代为办理，并由金租实业公司垫付全部购货款。明确约定由金融租赁公司负责与供货厂商签订购货合同，并承担相应风险。金融租赁公司负有及时向金租实业公司提供购货合同和设备付款计划表的义务，以便金租实业公司筹措资金。并保证按时收回租金，及时归还金租实业公司垫付的货款。该协议虽然名为委托代理采购协议，但从双方协议约定的权利义务看，实际上是金融租赁公司委托金租实业公司代其支付购货款的内容。该租赁物件的采购者实为金融租赁公司。金租实业公司9000万元贷款申请审批书“申请借款理由、用途及还款来源”栏内明确载明：金融租赁公司与移动通信局、东方通信公司分别签订了租赁合同和购货合同，金融租赁公司全权委托金租实业公司代理设备采购事宜，金租实业公司因资金缺口特向建行金河支行申请9000万元贷款，用于支付货款。金融租赁公司把从移动通信局收取的租金专款专用，及时用于支付贷款本息。故该笔贷款实际为金融租赁公司为履行租赁合同和购货合同所使用。

金租实业公司系由金融租赁公司控股50%成立的有限责任公司，董事长曹建希及其财会人员等均由金融租赁公司职员兼任。金租实业公司成立后，除对通信公司办理了两项租赁业务外，未进行其他经营活动。金租实业公司的公章、法定代表人印鉴等在因本案所涉及有关合同的履行由金融租赁公司交付通信公司前，均由金融租赁公司负责保管。金租实业公司和金融租赁公司在人员、财产、业务上形成了混同。金融租赁公司作为非银行金融机构，为规避有关金融政策关于融资的限制，将金租实业公司作为其融资的工具，由金租实业公司代其向建行金河支行申请借款并支付购货款。根据诚实信用原则和权利不得滥用原则，金融租赁公司应当对该笔贷款承担偿还责任。且根据金融租赁公司与金租实业公司签订的委托代理采购协议中“金融租赁公司按时回收租金及时归还垫付货款”以及双方签订的设备付款补充协议中“金融租赁公司在承兑汇票到期日前一天归还金租实业公司支付的设备到货款”等约定，承担金租实业公司贷款的偿还责任应系金融租赁公司真实意思表示，也是符合公平原则的。金融租赁公司关于其与本案没有任何法律关系，原审法院将其列为本案当事人不当的上诉理由，于法无据，最高人民法院不予支持。金融租赁公司应为本案共同被告，原审法院追加其为本案第三人不当。但鉴于不影响最终实体判决，最高人民法院对此不再予以变更。因金融租赁公司对金租实业公司在财物、人员、业务和公章上的控制，且其为金租实业公司开立账户的非银行金融机构，故不能仅以金融租赁公司出具的有关偿还垫付款项的对账单证明其已实际偿还了金租实业公司代其垫付的103570238.72元购货款。如果金融租赁公司在1998年至2000年期间，已经按照与金租实业公司签订的委托代理采购协议约定的内容偿还了金租实业公司垫付的购货款，因其与金租实业公司之间已经不存在任何法律关系,其没有必要再于2002年3月4日与建行金河支行、通信公司和金租实业公司签订补充协议约定"为解决金租实业公司贷款即将到期,由金融租赁公司迅速筹集资金用于归还金租实业公司在金融租赁公司账户中的存款,保证金租实业公司能够有足够的还贷能力如期归还建行金河支行贷款"等。故金融租赁公司关于其已经偿还了金租实业公司垫付货款的主张,最高人民法院不予采信。且金租实业公司对账单显示,2001年12月31日,金租实业公司在金融租赁公司开立的21201001010204账户上有8400万元存款被转出,因金融租赁公司为该笔存款的开户行,其对此款的划转凭证依法负有举证责任。原审法院和二审法院均要求金融租赁公司举证证明金租实业公司该笔款项的划付情况,但一审中金融租赁公司以其无举证责任为由拒绝提供有关证据,二审中金融租赁公司以保管该划款凭证的控股股东拒绝提供,其无法举证为由,请求法院予以调取。本院根据金融租赁公司提供的线索,委托浙江省绍兴市中级人民法院对此予以调查,但未能取得有关凭证。根据《民事诉讼法》第64条、和最高人民法院《关于民事诉讼证据的若干规定》第2条的规定,对此举证不能的法律后果应由金融租赁公司承担。根据2002年3月4日建行金河支行、通信公司、金融租赁公司和金租实业公司签订的补充协议中关于"金融租赁公司应迅速筹集资金用于归还金租实业公司在金融租赁公司账户中的存款,保证金租实业公司能够有足够的还贷能力如期归还建行金河支行贷款"的约定,金租实业公司在金融租赁公司账户中的存款是用以保障金租实业公司偿还建行金河支行9000万元贷款的。现因金融租赁公司无法举证证明该笔款项的划转系基于金租实业公司的意志,故即使撇开其与金租实业公司人格混同的情由,金融租赁公司亦因对该笔存款流失负有过错应承担相应的民事赔偿责任。金融租赁公司关于其不应承担偿还金租实业公司该笔贷款的上诉理由,最高人民法院不予支持。原审法院关于金融租赁公司与金租实业公司共同偿还该笔借款本息的判决,于法有据,最高人民法院予以维持。

金租实业公司与建行金河支行虽然在9000万元借款合同中约定借款用途为流转资金,但在该笔贷款申请审批书"申请借款理由、用途及还款来源"一栏明确载明该笔款项系用于购买通信设备。金租实业公司将所借9000万元款项中的3700万元支付了其1998年12月3日与建行金河支行签订的银行承兑协议项下3700万元承兑汇票票款,构成了以新贷偿还旧贷的事实。尽管3700万元承兑汇票亦用于支付购买通信设备的款项,但金租实业公司将9000万元直接用于购买设备和用以偿还借款合同签订前已经形成的旧贷,从法律意义上看改变了借款合同约定的借款用途。根据最高人民法院《关于适用〈中华人民共和国担保法〉若干问题的解释》(以下简称《担保法司法解释》)第39条第1款关于"主合同当事人双方协议以新贷偿还旧贷,除保证人知道或者应当知道的外,保证人不承担民事责任"的规定,因现无充分证据证明9000万元借款合同的保证人通信公司对以新贷偿还旧贷的事实明知或者应当知道,故应免除通信公司的有关民事责任。《担保法司法解释》第39条第2款有关新贷与旧贷系同一保证人的,保证人不免责的规定,是基于此种情况下以新贷偿还旧贷并未加大保证人的担保责任而作出的相关规定。本案通信公司虽然也同时是3 700万元承兑汇票的保证人,但因上述承兑汇票同时还有另一民事主体即省邮电局提供了连带责任担保。根据最高人民法院《担保法司法解释》第20条第2款关于"连带共同保证的保证人承担保证责任后,向债务人不能追偿的部分,由各连带保证人按其内部约定的比例分担。没有约定的,平均分担"的规定,对3 700万元承兑汇票项下的款项,保证人通信公司和省邮电局作为两个连带责任保证人,对债务人金租实业公司不能偿还的债务,一方代为承担偿还责任后,可向另外一个保证人追偿50%。故金租实业公司以9 000万元借款中的部分款项支付承兑汇票项下的3 700万元票款,增加了通信公司相应的保证责任,故应当免除通信公司旧贷金额50%即1 850万元的保证责任,但不能全部免除其保证责任。通信公司关于建行金河支行发放9 000万元贷款时直接扣划承兑汇票项下的3 700万元款项,系以新贷偿还旧贷,其对此不知,应免除担保责任的上诉理由,有一定法律依据,最高人民法院部分予以支持。原审法院关于通信公司应当对该笔贷款本息承担连带清偿责任的判决,最高人民法院予以变更。综上,最高人民法院依照《民法通则》第4条、第5条、《合同法》第5条、第6条、《民事诉讼法》第153条第1款第(一)项、第(二)项、第158条、最高人民法院《关于适用〈中华人民共和国担保法〉若干问题的解释》第20条第2款、第39条第1款之规定,判决如下:

1. 维持四川省高级人民法院(2002)川民初字第17号民事判决主文第一项;

2. 变更上述民事判决主文第二项为四川通信服务公司对四川金租实业有限公司与四川金融租赁股份有限公司尚欠中国建设银行成都市金河支行借款本金7 775万元中的5 925万元及其相应利息承担连带偿还责任。

一审案件受理费478 512元,诉讼保全费389 270元,共计867 782元,四川金租实业有限公司和四川金融租赁股份有限公司负担433 891元,四川通信服务公司负担433 891元。二审案件受理费478 512元,四川金融租赁股份有限公司负担239 256元,四川通信服务公司负担119 628元,中国建设银行金河支行负担119 628元。

七、对本案事实认定和法律适用的分析

本案在认定金融租赁公司是否承担债务人金租实业公司所欠建行金河支行7 775万元及其相应利息时,涉及"法人人格否认制度"的适用。

法人人格否认制度是法人制度具体运用发生异化时应运而生的一种新的法律制度。法人人格否认制度和法人制度从反正两个方面确保了法人的人格独立性和股东的有限责任。即当法人具备独立性人格特征时,适用法人制度,股东享

受有限责任的庇护；当因某些股东滥用法人人格造成法人缺乏独立性人格特征时，则适用法人人格否认制度，否认滥用者的有限责任，直接追究其对法人债务的无限责任。法人人格否认制度是对法人制度必要的、有益的补充，是对法人制度的严格遵守，是以维护法人人格独立为使命的。该制度设计的理念是为个案中债权人权利实现提供司法救济，以对失衡的公司利益关系进行的事后规制，实现法律公正、公平的价值目标，而不是为了对公司法人人格作出是否合法的评价。目的是通过对事实上已经丧失独立人格特征的法人状态的揭示来凸显隐藏于公司背后的人格滥用者，借此突破股东有限责任的局限，以使滥用者的责任由有限责任向无限责任复归，实现股东与公司之间责任的再分配。该法理的适用是在承认公司具备独立法人人格前提下针对特定法律关系对法人人格暂时地、个案的否认，而不是从根本上、全面地否认其法人人格。且个案中对法人人格否认的效力不及于公司其他法律关系，也不影响该公司作为独立法人继续存在。即法人人格否认的效力是对人的，而非对世的，是及于特定原因，而非普遍适用的。因滥用法人人格，以法人作为损害他人利益工具的行为是违背法人制度的，亦违背了民事法律规范诚实信用原则和权利不得滥用原则。故在目前我国尚未以法律形式确立法人人格否认制度的情况下，一是我们在某些情况下我们可以适用诚实信用原则和权利不得滥用原则作为追究滥用者民事责任的法律依据；二是在适用法人人格否认制度时一定要慎重，以防对法人制度的破坏。

慎重适用法人人格否认制度，就是要严格法人人格否认制度适用的条件，尤其要注意滥用行为的认定，以及滥用行为和债权人损失之间的因果关系这两个要件。法人人格否认制度的适用首先是存在滥用者对法人人格的滥用行为。由于滥用法人人格行为本身是规避法律的行为，一般情况下手段都极为隐蔽，所以很难概括什么是具体的滥用行为，同时给我们司法实践认定滥用行为带来了一定难度。但无论何种形式的滥用行为均应表现为忽略法人制度本质和目的，将法人人格作为其牟取私利的工具和手段，无视法人利益，将自身意志强加于法人意志之上这些基本特征。理论界目前存在一种倾向，即简单地将财产混同、业务混同和人员混同(组织机构的混同)视为滥用法人人格的行为，并在出现几种混同情形时不加任何条件地要求股东承担无限责任。笔者认为，不论是哪种混同，仅仅是为某些股东滥用法人人格提供了方便，或者说是一种表象，至于其是否滥用了法人人格，不能简单地以混同来认定，而应视其在具体法律关系中是否利用混同之方便，以牺牲法人利益为代价，将法人作为其牟取个人利益的工具。只有股东确实实施了滥用法人人格的行为，才可适用法人人格否认制度追究其责任。这里还特别要强调，滥用法人人格行为还必须给债权人造成了实际损失，如果股东的行为虽然有悖于法人人格独立和股东有限责任的宗旨，但客观上并未造成任何第三人利益的损害，没有影响到平衡的利益关系，则无需适用法人人格否认制度去矫正并未失衡的利益体系。同时滥用行为与债权人损失之间必须存在因果关系。如果滥用行为与债权人的损失之间并不存在因果关系,因无法确定滥用行为者的法律责任,故不能在具体法律关系中通过适用法人人格否认制度直接追究股东的民事责任。法人人格否认制度一定要在条件严格成就前提下谨慎适用。毕竟该制度的精髓是对法人制度的维护,其建立的目的在于完善法人制度,而不是为了否定它。在引进和适用该制度时决不能任意扩大其适用范围,否则会颠覆我们刚刚构筑起来的法人制度之"大厦",同时也背离了法人人格否认制度设立的初衷。

本案在追究金融租赁公司对金租实业公司承担偿还责任时,即是从多方位、多角度论证后得出的结论。

1. 金融租赁公司系本案9000万元款项的实际借款人和用款人。本案所涉的借款法律关系,虽然从表面形式上看,系金租实业公司向建行金河支行借贷9000万元人民币,但从与该笔借款有关的一系列合同内容看,该笔款项的实际借款人和用款人均为金租实业公司的大股东金融租赁公司。金融租赁公司与移动通信局签订融资租赁合同,约定由金融租赁公司按照移动通信局的需要和委托,购买租赁物件出租给移动通信局。金融租赁公司为此与东方通信公司签订了购货合同。金融租赁公司为履行上述租赁合同和购货合同,与金租实业公司签订委托代理采购协议,自愿将设备采购事宜全权委托给金租实业公司代为办理,并由金租实业公司垫付全部购货款。明确约定由金融租赁公司负责与供货厂商签订购货合同,并承担相应风险。金融租赁公司负有及时向金租实业公司提供购货合同和设备付款计划表的义务,以便金租实业公司筹措资金。并保证按时收回租金及时归还金租实业公司垫付的货款。该协议虽然名为委托代理采购协议,但从双方协议约定的权利义务看,实际上是金融租赁公司委托金租实业公司代其支付购货款的内容。该租赁物件的采购者实为金融租赁公司。金租实业公司9000万元贷款申请审批书"申请借款理由、用途及还款来源"栏内明确载明:金融租赁公司与移动通信局、东方通信公司分别签订了租赁合同和购货合同,金融租赁公司全权委托金租实业公司代理设备采购事宜,金租实业公司因资金缺口特向建行金河支行申请9000万元贷款,用于支付货款。金融租赁公司把从移动通信局收取的租金专款专用,及时用于支付贷款本息。故该笔贷款实际为金融租赁公司为履行租赁合同和购货合同所使用。

2. 金融租赁公司与金租实业公司在财产、业务、人员等所方面混同,且金融租赁公司成立金租实业公司明显是将其作为融资的工具(金租实业公司成立后除借该笔款项外,未进行其他经济活动)。金租实业公司系由金融租赁公司控股50%成立的有限责任公司,董事长曹建希及其财会人员等均由金融租赁公司职员兼任。金租实业公司成立后,除对通信公司办理了两项租赁业务外,未进行任何其他的经营活动。金租实业公司的公章、法定代表人印鉴等在因本案所涉有关合同的履行由金融租赁公司交付通信公司前,均由金融租赁公司负责保管。金租实业公司和金融租赁公司在人员、财产、业务上形成了混同。金融租赁公司作为非银行金融机构，为规避有关金融政策关于融资的限制，将金租实业公司作为其融资的工具，由金租实业公司代其向建行金河支行申请借款并支付购货款。

3. 由金融租赁公司偿还金租实业公司本案债务系其真实意思表示。根据金融租赁公司与金租实业公司签订的委托代理采购协议中“金融租赁公司按时回收租金及时归还垫付货款”，以及双方签订的设备付款补充协议中“金融租赁公司在承兑汇票到期日前一天归还金租实业公司支付的设备到货款”等约定，承担金租实业公司贷款的偿还责任应系金融租赁公司真实意思表示，判决金融租赁公司承担本案该笔债务是符合公平原则的。

4. 从金融租赁公司私自划转金租实业公司在其处开立账户上的8400万元存款的侵权行为看，金融租赁公司亦应在其侵权范围内承担民事责任。金租实业公司对账单显示，2001年12月31日，金租实业公司在金融租赁公司开立的21201001010204账户上有8400万元存款被转出，因金融租赁公司为该笔存款的开户行，其对此款的划转凭证依法负有举证责任。原审法院和二审法院均要求金融租赁公司举证证明金租实业公司该笔款项的划付情况，但一审中金融租赁公司以其无举证责任为由拒绝提供有关证据，二审中金融租赁公司以保管该划款凭证的大股东拒绝提供，其无法举证为由，请求法院予以调取。最高人民法院根据金融租赁公司提供的线索，委托浙江省绍兴市中级人民法院对此予以调查，但未能取得有关凭证。根据《民事诉讼法》第64条、和最高人民法院《关于民事诉讼证据的若干规定》第2条的规定，对此举证不能的法律后果应由金融租赁公司承担。根据2002年3月4日建行金河支行、通信公司、金融租赁公司和金租实业公司签订的补充协议中关于“金融租赁公司应迅速筹集资金用于归还金租实业公司在金融租赁公司账户中的存款，保证金租实业公司能够有足够的还贷能力如期归还建行金河支行贷款”的约定，金租实业公司在金融租赁公司账户中的存款是用以保障金租实业公司偿还建行金河支行9000万元贷款的。现因金融租赁公司无法举证证明该笔款项的划转系基于金租实业公司的意志，故即使撇开其与金租实业公司人格混同的情由，金融租赁公司亦应因对该笔存款流失，负有过错承担相应的民事赔偿责任。

综合上述情况可以看出，本院在个案中适用法人人格否认制度时还是非常慎重的。由于个别股东在滥用法人的独立人格时，均是采取的非常隐蔽的方式，故在债权人所举证据无法充分证明该股东滥用法人人格时，人民法院在审理案件中不宜轻易否认法人的独立人格而追究其股东的民事责任。只有在证据充分的情况下尚可适用该制度，以最大限度地保护债权人的合法权益。即在法人制度和法人人格否认制度二者权衡中，法人制度当仁不让是首位的，不能以保护债权人利益为名而随意否认股东的有限责任。这应当是当前司法实践中所应特别注意的，也就是说，不能“滥用”法人人格否认制度。

另外,在具体适用该制度时还要注意以下几点①:

1. 法人人格否认制度适用的前提是法人人格依法存在。适用中应严格区分法人人格否认制度下对人格暂时、个案的否认和对欠缺法人成立必备要件法人人格的彻底和全面否认。在很多学者的著述中,均将最高人民法院法复〔1994〕4号《关于企业开办的其他企业被撤销或者歇业后民事责任承担问题的批复》〔以下简称"94(4)号批复"〕中有关"企业开办的其他企业虽然领取了企业法人营业执照,但实际没有投入自有资金,或者投入的自有资金达不到〈中华人民共和国企业法人登记管理条例施行细则〉第十五条第(七)项或其他有关法规规定的数额,或者不具备企业法人其他条件的,应当认定其不具备法人资格,其民事责任由开办该企业的企业法人承担"的规定,作为我国司法实践中具体适用法人人格否认制度的典型。对此笔者不敢苟同。笔者认为,法人人格否认制度是为了在股东为其自身利益在具体法律关系中滥用法人人格,并将法人独立人格作为其逃避法律责任和契约义务的保护伞,在该保护伞的遮护下仅以其出资承担有限责任,从而损害债权人利益的情况下,追究滥用者责任而设置的一种制度。如果法人人格根本就不存在,滥用者就不可能戴着法人面纱,将法人人格作为其牟取私利的工具和手段,而将自身隐藏于公司背后,达到规避法律义务的目的。故法人人格的存在一方面是滥用者滥用法人人格潜在的前提,另一方面是法人人格否认制度适用的必备要件。该制度的适用仅针对滥用者个人,而不殃及公司其他股东,其他股东仍然对公司债务承担有限责任。94(4)号批复所涉企业开办的企业,因其实际没有投入自有资金,或者投入的自有资金达不到有关法规规定的基本数额,或者不具备企业法人其他条件,其根本不具备法人成立的基本要件,故法律是从根本上不承认其法人人格。这种对法人人格的否认是彻底的、绝对的,是法律对法人人格作出的客观评价。这种评价导致的结果是向自然人责任的复归,其效力不仅仅及于某一特定法律关系,而是直接影响到该法人所有的法律关系,并且影响其作为独立法人继续存在。

---

① 鉴于此文形成于《公司法》修改之前,部分提法是建立在《公司法》修改前的法律规定,如公司资本实缴制和对一人公司的规定等。为了便于前后《公司法》衔接理解上的需要以及动态反映相关问题的认识发展,对有关观点在此不作调整。2005年修改后的《公司法》第20条明确规定,公司股东应当遵守法律、行政法规和公司章程,依法行使股东权利,不得滥用公司法人独立地位和股东有限责任损害公司债权人的利益。公司股东滥用公司法人独立地位和股东有限责任,逃避债务,严重损害公司债权人利益的,应当对公司债务承担连带责任。该规定系对法人人格否认制度的立法上的明确规定,对于如何认定公司股东滥用公司法人独立地位和股东有限责任损害公司债权人利益,最高人民法院正在起草有关司法解释,但在指导思想上仍然强调要慎重适用,即只有债权人充分举证证明了公司股东存在滥用公司法人独立地位和股东有限责任,逃避债务,损害债权人利益的,才可通过揭穿法人面纱的方式,追究公司股东对公司债务的连带责任。至于是否滥用的举证责任能否倒置问题,对于一般公司而言,尚无倒置的考虑,但根据《公司法》第64条关于一人有限责任公司的股东不能证明公司财产独立于股东自己的财产的,应当对公司债务承担连带责任的规定看,对于一人有限责任公司下法人人格否认制定适用时,立法确实采纳了举证责任倒置的立法模式。

理论界之所以常常将法人人格否认制度下对法人人格的暂时否认和因法人本身欠缺成立要件的彻底否认混淆，还在于我国学者在从国外移植该制度，特别是照搬日本“法人人格否认”这一名称时造成的辞不达意导致的。法人人格否认制度的适用并不否认法人人格的存在，而且是必须在法人人格存在的前提下，绕开法人的独立面找到股东，即暂且无视公司的独立人格而追究股东的无限责任，以保证债权人利益的实现。无视法人人格只是表象，其根本目的是追究股东的无限责任。所以在适用法人人格否认制度时，一定要注意该制度的内涵，不能被所引用的名称迷惑。当然，不排除某些情况下个案否认法人人格事由与彻底否认法人人格事由存在竞合的可能。如在公司形骸化场合，因股东和公司财产混同或者组织机构混同，在个案否认法人人格后，亦可以公司缺乏独立财产、独立意志，欠缺法人人格生成必备要件为由，彻底剥夺公司法人人格。另外，英国公司法规定当公司实际上仅仅是大股东、董事或者经理人实现个人利益的“工具”、“外衣”或者被人利用进行诈骗或其他非法活动的，法官可以通过颁发公正合理清盘令来解散公司。当然，这两种人格否认适用的法理和程序不同，要予区别对待。另外，对于注册资金显著不足和实际上的一人公司，是否是法人人格否认制度适用的情形问题，笔者认为，一是由于我国实行资本实缴制，对公司成立前注册资金的到位要求严格，注册资金未全部缴足的法律后果应该是法人成立不能或者成立无效。故在我国司法实践中注册资金显著不足应当是法人人格彻底否认的结果，而不是适用法人人格否认制度的情形〔见94(4)号批复〕。国外司法实践中将“注册资金显著不足”作为法人人格否认制度适用的情形之一是从“小马拉大车”的角度作出的考虑，与我国实践中注册资金不到位是两个不同的概念。二是我国现行《公司法》对一人公司尚持否定态度，在此公司制度框架下，如果出资者通过冒名股东形成事实上的一人公司，因其不具备公司法律特征，也应通过彻底否认法人人格，恢复出资者个人责任的法律后果。

2. 法人人格否认制度的适用必须适用于司法程序，这是由该制度的设立理念决定的。法人人格否认制度是为了对债权人在法人制度框架下无法得到保护的权利予以保护设置的司法救济制度。故该制度的适用必须有利害关系人向人民法院提出诉讼主张。这里的利害关系人除了公司的债权人外，还应当包括为公司债务提供担保的保证人。因股东滥用法人人格的行为直接影响到债权人权利的实现和保证人承担保证责任的范围，故债权人和保证人均可以依据法人人格否认制度，直接追究滥用法人人格股东的无限责任。这里要注意，由于法人人格否认制度是专为保护第三人因股东滥用法人人格行为遭受不利益而设置的一项救济制度，尽管很多情况下个别股东滥用法人人格也会侵犯公司或者公司其他股东的利益，但公司或者公司其他股东不得求助于法人人格否认制度追究滥用者的责任，而应通过侵权制度或者股东派生诉讼制度等寻求法律的保护。

3. 还要注意法人人格否认制度适用的结果，即股东无限责任对有限责任修正的效力仅仅及于滥用公司法人人格的股东个人,而不及于公司其他未滥用法人人格的股东,是在特定情况下,在“由公司形式树立起来的有限责任之墙上钻一个孔,但对被钻之孔以外的所有目的而言,这堵墙依然矗立着”。也就是说,法人人格否认制度的适用是在特定法律关系中,通过刺穿法人面纱,或揭开法人面纱的一角,仅将个别滥用公司法人人格的股东凸显出来,使其不再受法人独立人格这一面纱的遮挡和享受股东有限责任的庇护,从而将该股东与公司视为一体,直接要求该股东对公司债务承担无限责任。而对于其他未滥用法人人格的股东,法人这一面纱仍然存在着,并以法人的独立人格为屏障仍然以其对公司出资为限承担有限责任。这也是法人人格否认制度下对法人人格“一时”、“一事”的否认和“彻底”、“永久”否定法人人格区别之所在。在因欠缺法人成立必备要件情况下对法人彻底否定时(包括成立不能、成立无效和强制解散等),是对所有出资者有限责任的否定,恢复的是所有出资者的个人责任或者合伙责任。

公司为股东提供担保的效力问题

——温州国际信托投资公司与湖北省幸福实业股份有限公司、幸福集团公司债权债务转让合同纠纷案

一、当事人基本情况及案件来源

上诉人(原审原告):温州国际信托投资公司清算组,住浙江省温州市人民东路国信大厦22—23层。

负责人:莱永进,该清算组组长。

被上诉人(原审被告):湖北幸福实业股份有限公司(以下简称“实业公司”),住湖北省潜江市张金镇幸福北路1号。

法定代表人:刘道明,该公司董事长。

原审被告:幸福集团公司(以下简称“集团公司”),住湖北省潜江市张金镇幸福北路1号。

法定代表人:林发松,该公司总经理。

上诉人温州国际信托投资公司清算组为与被上诉人实业公司及原审被告集团公司债权债务转让合同纠纷一案,不服湖北省高级人民法院(2001)鄂经初字第22号民事判决,向最高人民法院提起上诉。最高人民法院依法组成由审判员宋晓明担任审判长,审判员吴庆宝、代理审判员刘敏参加评议的合议庭进行了审理,书记员尹静担任记录。本案现已审理终结。

二、案件基本事实

1998年11月3日,署名为湖北省国际信托投资公司(以下简称“湖北国投”,甲方)、温州国际信托投资公司(以下简称“温州国投”,乙方)、集团公司(丙方)和实业公司(丁方)的四方签订《债权债务转让协议》,约定:温州国投、湖北国投、集团公司三方一致同意将湖北国投对集团公司的债权〔以湖北省高级人民法院(1997)鄂经初字第89、90号民事调解书为据〕中的360万美元转让给温州国投,以了结温州国投与湖北国投双方的所有债权债务关系。该协议签订后,温州国投对集团公司拥有360万美元的债权;温州国投与湖北国投之间的债权债务即告终结,同时集团公司与湖北国投之间的360万美元的债权债务也即告终结;从本协议

生效至还清之日止,温州国投对集团公司的360万美元的债权按年息8.4%计息,利息随主债务同时结清。集团公司应于1999年12月31日前还清全部债务;集团公司如不能在1999年12月31日前清偿完毕此笔债务,也应无条件地在2000年3月底之前,将其所持有的相应数量的实业公司法人股股票转让给温州国投,以抵偿所欠全部债务,每股转让价格按实业公司1999年年报中公布的摊薄每股净资产值计算,并负责办理股票的转让过户手续,至转让完毕,转让费用由实业公司承担。集团公司未在上述约定期限内清偿债务的,除继续按年息8.4%向温州国投付息外,从逾期之日起,尚需承担所欠款每日万分之五的违约金,直至债务全部清偿止。实业公司自愿为集团公司履行该协议的债务承担不可撤销的连带责任保证,保证期限自该协议签订之日起至2001年12月31日。保证范围包括360万美元本金及利息、违约金,以及有关的诉讼费、执行费、律师费。且保证集团公司不能如期偿还温州国投债务时,担保集团公司办毕与债务相应金额的实业公司法人股股票的转让手续。转让后湖北国投对集团公司的剩余债权,由湖北国投和集团公司另行解决。四方盖章和法定代表人(或授权代表)签字后立即生效。温州国投、湖北国投、集团公司分别在甲乙丙三方当事人栏内签字盖章,在丁方,即实业公司栏内加盖的是"湖北幸福(集团)实业股份有限公司"的公章,签字人是罗邦良。

另查明,1998年11月3日,湖北省潜江市幸福城市信用合作社主任罗邦良持盖有"湖北幸福(集团)实业股份有限公司"公章及"周作亮印"私章,内容为"兹授权罗邦良代表我公司与湖北国投、温州国投签订债权债务转让协议"的《授权书》签订的上述《债权债务转让协议》。

对上述《债权债务转让协议》和《授权书》上加盖的"湖北幸福(集团)实业股份有限公司"公章,本案一审期间经湖北省高级人民法院司法技术处鉴定,结论为:转让协议上加盖的印章与实业公司名称变更前使用的并在工商行政管理部门备案的公章不是同一枚。二审期间,上诉人温州国投向最高人民法院提交了其委托司法部司法鉴定中心对上述两枚印章再次进行鉴定的鉴定书,其鉴定结论为上述两枚印章与1997年度《股份企业会计报表利润及利润分配表》留有的"湖北幸福(集团)实业股份有限公司"印文系出于同一枚印章。但该检材系复印件。2002年5月25日,温州国投又向最高人民法院提出了文检鉴定申请,申请对1997年度《股份制企业会计报表利润及利润分配表》、1998年10月25日实业公司财务统计报表封面上加盖的印章与1998年11月3日《债权债务转让协议》上加盖的公章进行鉴定。但其提交最高人民法院的检材仍为复印件,其在鉴定申请中注明原件分别在湖北省工商行政管理局和集团公司。

再查明:实业公司原名为湖北幸福(集团)实业股份有限公司,1998年5月17日向工商行政管理部门申请变更登记,将公司名称变更为实业公司,同年5月18日,工商行政管理部门向其颁发了名称为实业公司的企业法人营业执照。签订《债权债务转让协议》时,集团公司和实业公司的法定代表人均为周作亮,集团公司是实业公司的第一大股东,湖北国投为实业公司的前十名大股东。1999 年 10 月 25 日,集团公司将其在实业公司的部分法人股折抵给湖北国投后,湖北国投成为实业公司第一大股东;2000 年 8 月 1 日,名流投资有限公司通过拍卖方式竞得实业公司部分法人股后,成为实业公司第一大股东。

1999 年实业公司《年度报告》第七部分第 7 项《重大关联交易事项》、第八部分财务会计报告第 9 项《或有事项、承诺事项》栏内均载明:1998 年 11 月 3 日,集团公司、实业公司、温州国投、湖北国投四方签订债权债务转让协议,确认集团公司对温州国投欠款 360 万美元,实业公司为集团公司承担 360 万美元及利息不可撤销的连带保证责任。另外,由于实业公司与原第一大股东集团公司的人、财、物"三分开"工作尚未结束,其他抵押担保事项尚在清理之中。

2000 年 7 月 5 日,温州国投以集团公司既未办理股票转让手续,未偿还欠款,实业公司亦未履行担保责任为由,诉至湖北省高级人民法院,请求判令集团公司偿还欠款 360 万美元及利息 35.532 万美元、延期付款利息 32.04 万美元(计算至 2000 年 6 月 26 日);实业公司承担连带责任;被告承担诉讼费及相关费用。

三、原审法院裁判要旨

湖北省高级人民法院经审理认为:

温州国投、湖北国投、集团公司所签定债权债务转让协议,是三方当事人的真实意思表示,转让协议有效。转让协议上虽有实业公司的署名,但在担保人处所加盖的印章既不是实业公司的印章,也不是实业公司名称变更前在工商行政管理部门登记备案并合法使用的印章,且转让协议上的签字人罗邦良是湖北省潜江市幸福城市信用合作社的主任,而不是实业公司的人员,其所持《授权书》上所加盖的"周作亮印",也不是周作亮任实业公司法定代表人所使用的"周作亮章"。因此,实业公司作为担保人身份在该转让协议上的签章不是其真实意思表示,其与温州国投之间的担保关系不成立,温州国投要求实业公司对集团公司的债务承担连带责任的诉讼请求应予驳回。集团公司在同意湖北国投将对其享有的债权转让给温州国投后,不按转让协议规定的期限履行还款义务,属违约行为,应对本案纠纷承担全部责任。

该院依照《民法通则》第 111 条、《民事诉讼法》第 128 条的规定,判决:

1. 集团公司偿付温州国投欠款本金 360 万美元。

2. 集团公司支付温州国投 360 万美元的利息(从 1998 年 11 月 3 日起至 2000 年 3 月 31 日止,按中国人民银行同期一年期美元贷款利率计付;从 2000 年 4 月 1 日起至付清之日止,按中国人民银行同期美元逾期贷款罚息标准计付)。

3. 驳回温州国投对实业公司的诉讼请求。一审案件受理费人民币 195 010 元、诉讼保全费人民币 185 520 元,均由集团公司负担。

四、当事人上诉与答辩情况

温州国投不服湖北省高级人民法院上述民事判决，向最高人民法院提起上诉称：

1. 公司在名称变更后仍然使用名称变更前的印章，存在多枚印章同时使用的事实。因此，应对实业公司使用中的全部印章进行核定，一审法院所作鉴定结论不具有排他性和唯一性，不能作为定案依据。原审判决仅以《债权债务转让协议》上的实业公司印章与其名称变更前在工商局备案的印章不是同一枚印章为由，认定实业公司在转让协议上加盖印章不是其真实意思表示，此认定是不能成立的。上诉人已向原审法院提供样本印文(复印件)并提出重新鉴定的意见，却不被重视和采纳。二审期间，经司法部司法鉴定中心进行印文检验，鉴定结果为转让协议与委托书上的公章与实业公司1997年的公司利润及利润分配表为同一枚公章。周作亮同为集团公司和实业公司的法定代表人，“周作亮印”和“周作亮章”是否分别代表集团公司和实业公司，是其内部的区别，对外不具有法律意义。周作亮授权委托罗邦良签订协议是其真实意思表示。原审判决把罗邦良不是实业公司人员作为判决保证不成立的理由之一，缺乏法律依据。

2. 实业公司1999年年度报告对本案的担保事宜如实地作了披露，应作为认定其保证人地位真实的有效证据，一审法院对此却未作认定。

3.《债权债务转让协议》约定的生效要件是四方当事人盖章和法定代表人签字，故即使按一审判决认定实业公司作为担保人身份在该转让协议上的签章不是其真实意思表示，那么，也应判决整个《债权债务转让协议》未生效，而不应仅判决实业公司的担保不成立，债的转让有效。

4. 原审法院不仅存在事实认定上的错误，而且按判决所认定的事实对本案《债权债务转让协议》所作出的有效认定也是错误的，请求二审法院依法予以改判。

被上诉人实业公司答辩称:《债权债务转让协议》和《委托书》上所盖的担保人公章不是实业公司的公章，也不是实业公司曾经使用过的有效公章，该转让协议签订时，没有实业公司的人在场，《委托书》上法定代表人的私章也不是实业公司法定代表人的私章。转让协议签订时，温州国投知道或者应当知道担保人不是实业公司，其仍在协议书上签字盖章，应对自己的过错承担责任。实业公司1999年年度报告虽然在或有关事项里报告了四方协议一事，但此情节是因温州国投致函要求履行保证义务得知的，并没有承认或认可此担保，且在2000年的年度报告中已明确表示不承认该协议并要通过法律手段解决。退一步讲，即使实业公司签订了该协议，因集团公司当时是实业公司的第一大股东，根据《公司法》的规定，股份公司为其股东提供担保亦应无效。温州国投提出重新鉴定的申请不符合最高人民法院《关于民事诉讼证据的若干规定》，应予驳回。一审法院判决正确，应予维持。

五、二审法院裁判要旨

最高人民法院经审理认为：

虽然目前尚无充足证据证明1998年11月3日署名为温州国投、湖北国投、集团公司和实业公司四方签订的《债权债务转让协议》上加盖的“湖北幸福（集团）实业股份有限公司”的公章系实业公司的真实公章，但由于实业公司1999年年度报告《重大关联交易事项》和财务会计报告《或有事项、承诺事项》栏内均明确载明：“1998年11月3日，集团公司、实业公司、温州国投、湖北国投四方签订债权债务转让协议，确认集团公司对温州国投欠款360万美元，实业公司为集团公司承担360万美元及利息不可撤销的连带保证责任”等内容，从上述实业公司年度报告所载内容看，实业公司对其为温州国投提供担保一事应是明知的，且无证据证明实业公司当时对提供担保一事提出过异议。当事人各方对上述年度报告形式上的真实性没有异议，应当作为证据认定，故实业公司为温州国投360万美元本金及利息等提供担保应认定为其当时的真实意思表示，实业公司应对该笔债务承担相应的民事责任。最高人民法院不再对上诉人提出的几枚印章进行鉴定。上诉人关于一审法院仅以《债权债务转让协议》上加盖的担保人公章不是实业公司的印章，也不是实业公司名称变更前在工商管理部门登记备案并合法使用的印章为由，认定在该转让协议担保人栏内盖章不是实业公司的真实意思表示不能成立的上诉理由，最高人民法院予以支持。

在签订《债权债务转让协议》时，周作亮同为集团公司和实业公司的法定代表人，其“周作亮印”和“周作亮章”两枚私章是否分别代表集团公司和实业公司，只是其内部区别，对外无法律约束力，一审法院关于罗邦良所持《授权书》上加盖的“周作亮印”仅代表集团公司，而不代表实业公司的认定不当。依照《公司法》第60条关于“董事、经理不得以公司资产为本公司的股东或者其他个人债务提供担保”，以及最高人民法院《关于适用〈中华人民共和国担保法〉若干问题的解释》第4条关于“董事、经理违反《中华人民共和国公司法》第60条的规定，以公司资产为本公司的股东或者其他个人债务提供担保的，担保合同无效。除债权人知道或者应当知道的外，债务人、担保人应当对债权人的损失承担连带赔偿责任”的规定，集团公司作为当时实业公司的第一大股东，实业公司为其提供的担保应认定为无效。因转让协议中明确规定集团公司到期不能清偿温州国投该笔债务的，由其持有的实业公司的法人股股票折抵债务，故债权人温州国投对实业公司为其股东集团公司提供担保应是明知的，鉴于温州国投和实业公司违反法律禁止性规定签订保证合同，对该担保无效均具有过错，故依照最高人民法院《关于适用〈中华人民共和国担保法〉若干问题的解释》第7条关于“主合同有效而担保合同无效，债权人无过错的，担保人与债务人对主合同债权人的经济损失，承担连带赔偿责任；债权人、担保人有过错的，担保人承担民事责任的部分，不应超过债务人不能清偿部分的二分之一”的规定,温州国投与实业公司对担保无效所造成的损失,即债务人集团公司不能清偿债务部分,实业公司应在50%范围内承担赔偿责任,其余损失温州国投应自行承担。

综上,最高人民法院依照《民事诉讼法》第153条第1款第(三)项的规定,判决:

1. 维持湖北省高级人民法院(2001)鄂经初字第22号民事判决主文的第一项、第二项及一审案件受理费、诉讼保全费承担部分;

2. 撤销上述民事判决主文的第三项;

3. 湖北幸福实业股份有限公司对幸福集团公司不能偿还本案债务部分在50%的范围内承担赔偿责任。上述应付款项于本判决书送达之次日起10日内履行,逾期则按《民事诉讼法》第232条的规定办理。二审案件受理费195 010元,由温州国际信托投资公司承担97 505元,湖北幸福实业股份有限公司承担97 505元。

六、对本案事实认定和法律适用的分析

(一)对案件基本事实(实业公司是否保证人身份)的认定

本案在基本事实方面存在一个首先要解决的问题,即实业公司是否为温州国投对集团公司享有的360万美元债权提供了担保。1998年11月3日署名为湖北国投、温州国投、集团公司和实业公司四方签订的《债权债务转让协议》保证人栏内所加盖的“湖北幸福(集团)实业股份有限公司”公章,是否实业公司的有效公章,本案一审期间经湖北省高级人民法院司法技术处鉴定,结论为:转让协议上所加盖的印章与实业公司名称变更前使用的并在工商行政管理部门备案的公章不是同一枚。二审期间,上诉人温州国投向最高人民法院提交了其委托司法部司法鉴定中心对上述两枚印章再次进行鉴定的鉴定书,其鉴定结论为上述两枚印章与1997年度实业公司《股份企业会计报表利润及利润分配表》留有的“湖北幸福(集团)实业股份有限公司”印文系出于同一枚印章。但该检材系复印件。2002年5月25日,温州国投又向最高人民法院提出了文检鉴定申请,申请对1997年度《股份制企业会计报表利润及利润分配表》、1998年10月25日实业公司财务统计报表封面上加盖的印章与1998年11月3日《债权债务转让协议》上加盖的公章进行鉴定。但其提交最高人民法院的检材仍为复印件,其在鉴定申请中注明原件分别在湖北省工商行政管理局和集团公司。本案二审期间未对上述公章再次进行鉴定,故从现有证据看尚无充足证据证明1998年11月3日四方签订的《债权债务转让协议》上加盖的“湖北幸福(集团)实业股份有限公司”的公章系实业公司名称变更前的真实公章。

但是本案二审期间,上诉人温州国投向最高人民法院提交了实业公司1999年《年度报告》,在该年度报告《重大关联交易事项》和财务会计报告《或有事项、承

诺事项》栏内均明确载明:“1998 年 11 月 3 日,集团公司、实业公司、温州国投、湖北国投四方签订债权债务转让协议,确认集团公司对温州国投欠款360 万美元,实业公司为集团公司承担360 万美元及利息不可撤销的连带保证责任”等内容。对该年度报告,被上诉人实业公司主张其只是实业公司内部的一份文件,并没有向社会公众披露;因温州国投致函其要求履行保证义务,才在1999 年年度报告中陈述此事,上海证券报并未披露此内容;实业公司1999 年年度董事会工作报告中并没有四方转让协议及担保内容;实业公司1999 年股东大会决议中也没有转让协议及担保的内容等。对年度报告形式上的真实性,实业公司并未予以否认。故从上述实业公司1999 年《年度报告》所载内容看,实业公司对其为温州国投提供担保一事应是明知的,且现尚无证据证明实业公司当时对提供担保一事提出过异议。故该年度报告应当作为证据认定,实业公司为温州国投360 万美元本金及利息等提供担保应为其当时的真实意思表示,实业公司应对该笔债务承担相应的民事责任。基于对年度报告的认定,二审无需再对上诉人提出的几枚印章进行鉴定,也就是说,由于实业公司自己在其1999 年年度报告中对债权转让及担保一事的陈述,足以说明其对债权转让及其为温州国投提供担保一事是知晓且无异议的,转让协议上实业公司公章的真伪已不是问题,即使转让协议上实业公司的公章不是其真实有效的公章,但由于其事后在年度报告中对担保一事的认可,仍可认定为温州国投360 万美元债权提供担保系其真实意思表示。上诉人关于一审法院仅以《债权债务转让协议》上加盖的担保人公章不是实业公司的印章,也不是实业公司名称变更前在工商管理部门登记备案并合法使用的印章为由,认定在该转让协议担保人栏内盖章不是实业公司的真实意思表示不能成立的上诉理由,最高人民法院予以支持。

另外,对罗邦良代表实业公司签订《债权债务转让协议》时所持《授权书》上加盖的“周作亮印”私章,实业公司答辩认为该私章不是周作亮任实业公司法定代表人所用私章,周作亮作为集团公司和实业公司的法定代表人,其以“周作亮印”和“周作亮章”两枚私章分别对外代表集团公司和实业公司,故该《授权书》亦不是实业公司的真实意思表示。但是由于周作亮同时兼任集团公司和实业公司的法定代表人,其“周作亮印”和“周作亮章”是否分别代表集团公司和实业公司,只是其内部区别,对外并无法律约束力,周作亮授权罗邦良签订《债权债务转让协议》是其真实意思表示,故一审法院关于罗邦良所持《授权书》上加盖的“周作亮印”仅代表集团公司,而不代表实业公司的认定不当。综上,本案认定实业公司为温州国投提供担保系其真实意思表示,应该说是有充足证据的。

（二）本案保证合同效力问题①

本案实业公司为其股东集团公司360万美元债务提供的担保是否有效问题，直接涉及对《中华人民共和国公司法》（以下简称《公司法》）第60条和最高人民法院《关于适用〈中华人民共和国担保法〉若干问题的解释》第4条的理解，其实质是对股份公司中中小股东利益如何保护问题。

《公司法》第60条和最高人民法院《关于适用〈中华人民共和国担保法〉若干问题的解释》第4条分别规定"董事、经理不得以公司资产为本公司的股东或者其他个人债务提供担保"、"董事、经理违反〈中华人民共和国公司法〉第60条的规定，以公司资产为本公司的股东或者其他个人债务提供担保的，担保合同无效。除债权人知道或者应当知道的外，债务人、担保人应当对债权人的损失承担连带赔偿责任"。就上述规定，应从两个方面予以理解。

1. 对董事、经理究竟是以公司名义还是以个人名义不得以公司资产为本公司

---

① 关于公司为股东提供担保的效力问题，《公司法》修改前就一直是司法界和理论界探讨争论的一个主要问题。本文因形成于《公司法》修改前，故对于公司为股东提供担保无效的结论系基于当时《公司法》第60条和《担保法司法解释》第4条的规定作出的。《公司法》修改后，对于《公司法》第16条规定的理解和适用仍然存在不同观点。第一种观点认为，公司对外提供担保，未按照《公司法》第16条的规定由股东会、股东大会或者董事会决议，或者超过了公司章程规定的对外担保的数额的，或者表决时未排除表决的，应当认定担保合同无效。第二种观点认为，未满足上述要求对外提供的担保，应为未生效的合同，除非能够按照《公司法》第16条的规定补办有关决议或者修正瑕疵，否则担保合同不发生法律效力。第三种观点认为，对于公司为一般他人提供担保的，如果没有满足《公司法》第16条第1款的要求，不当然导致担保合同无效或者未生效，第1款规定的目的在于规范公司董事等高管人员的职责行使和责任追究，对担保合同效力没有必然的影响，担保合同是否有效、是否生效等应按照担保法、合同法等交易法进行判断。对于第2款和第3款关于公司为本公司股东或者实际控制人提供担保的，必须经公司权力机构即股东会或者股东大会决议，并且要排除利害关系人的表决，以及过半数同意等规定，是公司法的强制性规定，违反上述规定提供的担保应当认定无效。第四种观点认为，无论是公司为一般他人提供担保，还是为公司股东或者实际控制人提供担保，违反《公司法》第16条规定的，都不当然影响担保合同的效力。《公司法》第16条的规定，其立法目的都在于规范公司高管人员的职责，系公司治理的范畴，公司高管人员未严格按照《公司法》第16条的规定以公司名义对外提供担保时，其要对因公司对外承担担保责任而给公司造成的损失承担赔偿责任，而对外签订的担保合同并不因违反上述规定而当然无效或者未生效，担保合同的效力应当基于合同法、担保法等交易法进行判断，这里存在"意思"和"意思表示"两个不同的概念，"意思"的瑕疵、"意思"的无效或者撤销等，并不当然影响"意思表示"的效力，只要公司对外提供担保的"意思表示"是真实的，不存在恶意串通、损害国家利益或者公共利益等无效事由的，均不因此而影响担保合同的效力。笔者同意第四种观点。结合原《公司法》第60条的规定和本文的分析，从历史发展的角度看，也不难看出立法者制定该条时的立法初衷，即旨在通过规范公司董事等高管人员行为，实现保护公司、股东和债权人合法权益，维护社会经济秩序，促进经济发展的目的。但是，这里要注意，对于上市公司对外担保问题要作特别理解，因上市公司涉及众多中小股民，如果公司对外担保损害众多中小股民权利的，从社会稳定、规范证券市场等宏观角度考虑，可能存在损害公共利益的因素，因此，有必要以违反《合同法》第52条第1款第四项的规定为由，认定担保合同无效。目前对该条的理解倾向性意见是第三种观点和第四种观点，尚未有正式的结论性意见，有待相关司法解释进一步明确。

股东提供担保,亦即这种担保是法人行为还是个人行为,《公司法》第60条并未明确予以说明,对此,应从《公司法》的立法宗旨上来理解。《公司法》的制定是为了适应建立现代企业制度的需要,规范公司的组织和行为,保护公司、股东和债权人的合法权益,维护社会经济秩序,促进经济的发展。为了限制董事、经理利用其在股份公司的特殊身份及对股份公司的控制权,以公司名义为个人或者是本公司的股东(多数情况下是为该董事、经理自己的公司)提供担保,以谋求私利,从而损害了其他股东和股份公司的利益,基于上述目的,《公司法》特在第60条以禁止性条款明确规定"董事、经理不得以公司资产为本公司的股东或者其他个人债务提供担保",以此限制控股股东对其权利的滥用。如果是董事、经理以个人的名义以股份公司的财产为股份公司的股东或个人提供担保的,因董事、经理对股份公司的财产不享有所有权,未经授权的情况下其以他人财产提供的担保行为根据《担保法》的有关规定当然无效,所涉及的责任也是董事和经理的个人责任,根本涉及不到股份公司的担保责任问题,《公司法》根本没有必要再对此予以特殊规定,故《公司法》第60条所说的董事、经理以公司财产为本公司股东提供的担保,应是指董事、经理以股份公司的名义进行的。且即使董事、经理越权以公司名义签订保证合同,也是表见代理,对外仍是公司行为,产生有权代理的法律后果。

2. 我国《公司法》第60条之所以禁止董事、经理利用职权以股份公司的名义为公司的股东或者个人提供担保,主要是由于控股股东利用其对股份公司享有的控制权,完全可以将自己的意志以股份公司的意志形式表现出来,如通过董事会决议、股东大会决议等,因其占有公司的绝对多数股权,在表决时,其有绝对的控制权。实际上是形式上的合法,掩盖了事实上的不合法,或者说是形式上的公平,掩盖了实质上的不公平。《公司法》第60条规定的目的是为了限制控股股东对股份公司的权利滥用,以保护中小股东的利益,这是一种权力制衡机制。在很多情况下,中小股东的利益不是能够通过其正常行使表决权和异议权得到保护的,控股股东的意志由于通过了股东大会的表决,在形式上所表现出来的意志是股份公司的意志,或者说可以推定为全体股东的意志,即使中小股东提出了异议,因多数规则的采用,使得大股东的意志能够上升为公司的意志,从而对股份公司和其他中小股东产生约束力,并对公司和中小股东的利益产生深刻的影响。赋予股东与其所持股份相一致的表决权,本意是为了使股东能够获得与其所持股份相一致的管理公司事务的权利,而不是赋予其为了个人利益牟取私利的特权。故董事、经理为了个人利益,利用其特权,作出的不利于公司或者其他股东的决议,即使在形式上通过了股东大会或者董事会的决议,只要这种决议侵害了公司和其他中小股东的合法利益,《公司法》对这种行为还是要有所限制的(但这种限制需要通过立法的形式,以法律的禁止性条款来规范,而不能任意限制)。现实中,享有控制权的股东作出的决议可能出现直接侵害中小股东的权益和直接侵害公司的权益(同时间接侵害中小股东的权益),在后一种情况下,有权行使诉权的股份公司,由于其法人机关基本为大股东所控制,必然造成公司诉权行使之懈怠,甚至从根本上就不想提出异议,从而中小股东的权益无法得到保护。此案集团公司和湖北国投作为实业公司的大股东,提供担保正是他们的意图,集团公司控制着实业公司,其不可能提出异议,以至于尽管转让协议上加盖的公章与实业公司使用的公章不一致,其仍可以通过年度报告的合法形式对此予以追认。为减小大股东对小股东利益的侵害,通过实体法和程序法的立法,加强对小股东的特殊保护,已成为现代公司法的一个重要趋势,或者说是通过法律的强行规定,以限制(或者说是牺牲)大股东的某些权利,以保护小股东的权利,从而追求一种公平。因公司制度从产生的那一天起,就赋予了大股东以太多的权利,随着其权利的无限膨胀,必然产生相应的副作用,即物极必反,大股东享有的特权直接导致的是其对公司的绝对控制和其个人意志的极其泛滥,而牺牲的是小股东的权益,为了寻求衡平,切实保护小股东利益是当前公司法立法和审判中的一个重要问题。

我国《公司法》第 60 条之所以为了通过对董事、经理等的权利制约,以保护股份公司其他股东(尤其是中小股东)的利益和股份公司的利益,从而规定董事、经理不得以公司资产为公司股东提供担保,主要是立法的价值取向问题。作为法律,其负有对社会价值的导向作用。在不同的历史时期和特定的经济环境下,为了特定的目的,需要作出相应的法律规定。如在公司制发展的初期,为了促进股份制度的发展,鼓励投资,加快发展社会经济,就需要站在保护大股东的角度,赋予大股东以尽可能多的权利,以提高其投资的积极性,这种情况下,就可能忽视了对中小股东利益的保护;但当经济发展到一定程度,大股东因其权利日益膨胀导致其损害中小股东利益的问题显得尤为突出时,其结果必然不利于社会经济的进一步良性发展和社会经济秩序的稳定,这时,就需要通过制定有关法律来制衡大股东的某些权利,从而保护中小股东的利益,以维护各方利益的平衡,保障社会稳定。故在当前情况下,《公司法》第 60 条的规定应该说是切实可行的,也是必要的。

同时,最高人民法院《关于适用〈担保法〉若干问题的解释》第 4 条明确规定,如果债权人不知道或者没有理由应当知道担保系股份公司为其股东提供的担保而签订担保合同的,担保人和债务人应当对债权人的损失承担连带赔偿责任。也就是说,在公司的董事、经理以公司名义用公司资产为公司股东提供担保时,如果债权人是善意的、没有过错的,对该担保系公司为其股东提供的担保是不知情的,换句话说,债权人在对担保人和被担保人之间系公司与股东的关系不知道的情况下签订的保证合同,虽然违反了《公司法》第 60 条的禁止性规定,但由于其对该保证合同无效不存在过错,对此缔约过失责任法律明确规定由担保人一方承担,即由担保人和债务人对债权人的损失承担连带赔偿责任。上述规定,应该说是在突出保护股份公司及其中小股东权利的前提下,并没有忽视对债权人的利益保护,应该说是公平合理的,同时也是对《公司法》第 60 条的补充和完善。

根据《公司法》第60条的规定,本案集团公司作为当时实业公司的第一大股东,实业公司为其提供的担保应依法认定为无效。且因转让协议中明确规定集团公司到期不能清偿温州国投该笔债务的,由其持有的实业公司的法人股股票折抵债务,故债权人温州国投对实业公司为其股东集团公司提供担保应是明知的,温州国投和实业公司违反法律禁止性规定签订保证合同,对该担保无效均具有过错,故依照最高人民法院《关于适用〈中华人民共和国担保法〉若干问题的解释》第7条关于"主合同有效而担保合同无效,债权人无过错的,担保人与债务人对主合同债权人的经济损失,承担连带赔偿责任;债权人、担保人有过错的,担保人承担民事责任的部分,不应超过债务人不能清偿部分的二分之一"的规定,温州国投与实业公司对担保无效所造成的损失,即债务人集团公司不能清偿债务部分,实业公司应在50%范围内承担赔偿责任,其余损失温州国投应自行承担。

综上,我国《公司法》第60条关于"董事、经理不得以公司资产为本公司的股东或者其他个人债务提供担保"的规定,应该说是一个禁止性条款,目的是为了限制大股东对股份公司控制权的滥用,从而对那些在公司中处于弱势地位的中小股东的利益赋予法律上的保护,以维护社会经济秩序的稳定。但由于其写法的不严谨,造成了在法律适用中对其不同的理解,因此,亟待通过法律自身的完善以及司法解释的制定进一步予以明确。

5 商事侵权

金融机构出具虚假资金证明责任认定中的信赖利益考量

——深圳市商业银行宝安支行与湖南长炼兴长集团有限责任公司、深圳民鑫实业有限公司、广东金汇源投资担保有限责任公司、西北亚奥信息技术股份有限公司、吴忠仪表集团有限公司、深圳国安会计师事务所有限公司返还资金保证合同纠纷上诉案

一、当事人基本情况及案件来源

上诉人(原审被告):深圳市商业银行宝安支行(以下简称"宝安支行"),住广东省深圳市宝安区21区创业路中旅大酒店1楼。

负责人:许波,该行行长。

被上诉人(原审原告):湖南长炼兴长集团有限责任公司(以下简称"兴长公司"),住湖南省岳阳市云溪区长炼。

法定代表人:易建波,该公司董事长。

被上诉人(原审被告):深圳民鑫实业有限公司(以下简称"民鑫公司"),住广东省深圳市南山区深湾大道科技工业区园24栋五层。

法定代表人:毛华,该公司董事长。

被上诉人(原审被告):广东金汇源投资担保有限责任公司(以下简称"金汇源公司"),住广东省深圳市福田区华强北路长兴大厦B座26楼。

法定代表人:张玉明,该公司总经理。

被上诉人(原审被告):西北亚奥信息技术股份有限公司(以下简称"西北亚奥公司"),住广东省深圳市福田区华强北路圣廷苑B26楼。

法定代表人:张玉明,该公司总经理。

被上诉人(原审被告):吴忠仪表集团有限公司(以下简称"吴忠仪表公司"),

住宁夏回族自治区吴忠市朝阳街67号。

被上诉人(原审被告):深圳国安会计师事务所有限公司(以下简称"国安会计师事务所"),住广东省深圳市深南中路2050号华南电力大厦12楼。

法定代表人:徐振海,该公司主任。

上诉人宝安支行为与被上诉人兴长公司、民鑫公司、金汇源公司、西北亚奥公司、吴忠仪表公司、国安会计师事务所返还资金保证合同纠纷一案,不服湖南省高级人民法院(2006)湘高法民二初字第1号民事判决,向最高人民法院提起上诉。最高人民法院依法组成由审判员钱晓晨担任审判长,代理审判员刘敏、杨征宇参加的合议庭进行了审理,书记员袁红霞担任记录。本案现已审理终结。

二、原审法院查明事实

湖南省高级人民法院经审理查明:

2001年8月17日,兴长公司与民鑫公司签订一份《委托资产管理合同》,约定,兴长公司委托民鑫公司管理4 000万元的资产,合同有效期为1年,从2001年8月17日起至2002年8月16日止。兴长公司在民鑫公司指定的青海证券有限责任公司深圳证券营业部(以下简称"青海证券深圳营业部")开立专用账户,委托民鑫公司对上述资产进行委托管理。同日,兴长公司与民鑫公司、青海证券深圳营业部三方签订《委托资产管理合同补充协议》,约定,青海证券深圳营业部对兴长公司的4 000万元资产负有监管职责。同月21日、22日,兴长公司分7笔(分别为1 200万元、300万元、200万元、100万元、800万元、500万元、900万元)向青海证券深圳营业部汇出总额为4 000万元的资金,青海证券深圳营业部出具了存入兴长公司资金账号为824040的账户4 000万元的《保证金存入单》。上述合同到期后,兴长公司与青海证券深圳营业部于2002年8月18日签署了一份《合作协议》,约定,青海证券深圳营业部以兴长公司名义设立4 000万元的资金保证金账户,青海证券深圳营业部负有监管职责。

同年11月16日,兴长公司以其下属单位长炼兴长岳阳液化气站(以下简称"岳阳液化气站")名义,分3笔(分别为300万元、300万元、400万元)又向青海证券深圳营业部汇出总额为1 000万元的资金。并于同月18日与青海证券深圳营业部签署一份《合作协议》,约定,青海证券深圳营业部以兴长公司名义设立1 000万元的资金保证金账户,青海证券深圳营业部负有监管职责。兴长公司将存款存入青海证券深圳营业部的年回报率为0.99%。兴长公司按季到青海证券深圳营业部支取回报,回报支付日期为每季末月的18日汇出,计息以兴长公司保证金到达青海证券深圳营业部之日起进行计算。青海证券深圳营业部保证兴长公司资金安全,并在合作期满时,将保证金和利息支付给兴长公司。合同有效期从2001年11月18日起至2002年11月18日止。同日,兴长公司与青海证券深圳营业部、民鑫公司三方签署了《合作协议》的《补充协议》。同月19日,青海证券深圳营业部出具了存入万明柱资金账号为824128的账户1000万元的《保证金存入单》。

2002年1月16日，兴长公司再次以岳阳液化气站名义一次性向青海证券深圳营业部汇出总额为8000万元的资金。同月17日，兴长公司向青海证券深圳营业部出具了：长炼兴长岳阳液化气站为该公司下属单位万明柱资金账号824128为该公司所有的《证明》。同月18日，青海证券深圳营业部出具了存入万明柱资金账号为824128的账户8000万元的《保证金存入单》。

同年底上述三份《合作协议》先后到期后，青海证券深圳营业部、民鑫公司均未将上述资金归还给兴长公司。

2003年1月1日，兴长公司与青海证券深圳营业部签署一份《资产委托管理协议》，约定，兴长公司在青海证券深圳营业部以兴长公司名义所开设的保证金账户中已有的1.3亿元资金作保证金，由青海证券深圳营业部负责管理。同日，兴长公司与青海证券深圳营业部、民鑫公司三方签署《资产委托管理补充协议》，约定，兴长公司在青海证券深圳营业部开设的该笔保证金账户上的一切经济损失由青海证券深圳营业部承担。同年12月31日，上述《资产委托管理协议》又已到归还日期，青海证券深圳营业部、民鑫公司仍不能归还给兴长公司。

2004年1月1日，兴长公司与民鑫公司、金汇源公司签订《还款协议书》，约定，兴长公司同意民鑫公司拖欠的保证金本金1.3亿元延期至2004年9月30日偿还，担保方金汇源公司承担连带担保责任，逾期仍未清偿的，兴长公司有权要求民鑫公司和金汇源公司中的任何一方清偿全部款项。民鑫公司同意按保证金本金1.3亿元的11%年利率进行计算，作为兴长公司回报。同时兴长公司同意民鑫公司在2004年9月30日前分期分批地归还所欠兴长公司的1.3亿元本金，分期分批归还兴长公司的保证金本金以后的余额，作为计算回报的基数；所得的回报，民鑫公司应按季度支付，金汇源公司对上述回报承担连带担保责任。如到2004年9月30日，民鑫公司仍未能清偿保证金，则每日按未清偿额的万分之四向兴长公司另行支付违约金，金汇源公司对该部分违约金承担连带担保责任。根据上述《还款协议书》的约定，金汇源公司与兴长公司于同日签订了《保证合同》。

另查明，2003年1月，青海证券有限责任公司变更为昆仑证券有限责任公司（以下简称"昆仑证券公司"）。青海证券深圳营业部2003年8月11日被注销。

同年12月18日，金汇源公司根据股东会决议及公司章程，决定将公司注册资本由5000万元增加至3亿元，其中增资部分由原股东即西北亚奥公司追加1.5亿元，新增股东甘肃证券有限责任公司认缴5000万元，新增股东吴忠仪表公司认缴5000万元。2004年1月5日西北亚奥公司申请将金汇源公司的注册资本由5000万元变更为3亿元并进行了变更登记。但根据湖南省岳阳市云溪区人民法院于2005年3月8日对金汇源公司增加的注册资本在宝安支行开设的0282100346110账户进行查询显示，该账户在2004年1月6日前未发生任何交易行为，证实西北亚奥公司并未实际追加出资1.5亿元，吴忠仪表公司也未出资5000万元。2004

年2月6日宝安支行出具金汇源公司在宝安支行0282100346110账号存有2.5亿元存款的资金证明。同日，国安会计师事务所出具金汇源公司已收到西北亚奥公司、吴忠仪表公司与甘肃证券有限责任公司新增注册资本各为1.5亿元、5 000万元、5 000万元的验资报告。

2005年11月23日，兴长公司向湖南省高级人民法院提起诉讼，请求判决民鑫公司和昆仑证券公司返还其1.3亿元及其利息，并互负连带补充赔偿责任；金汇源公司对民鑫公司的责任承担连带担保责任；由上述三个被告共同承担诉讼费用。同年12月30日，兴长公司申请撤回对昆仑证券公司的起诉，湖南省高级人民法院裁定予以准许。同日，兴长公司向湖南省高级人民法院提交补充民事诉状，补充追加西北亚奥公司、吴忠仪表公司、国安会计师事务所和宝安支行为该案共同被告，请求判决西北亚奥公司、吴忠仪表公司在其虚假出资金额2亿元范围内承担民事责任；国安会计师事务所、宝安支行在其出具的2亿元虚假验资和虚假资金证明范围内承担补充民事责任；由上述补充被告承担该案诉讼费用和其他一切合理费用。

三、原审法院审理情况

湖南省高级人民法院经审理认为：

兴长公司与民鑫公司签订的《委托资产管理合同》、兴长公司与青海证券深圳营业部签订的《合作协议》，以及兴长公司、民鑫公司、青海证券深圳营业部三方签订的《委托资产管理合同补充协议》，从工商行政管理局颁发给民鑫公司的营业执照上核定的经营范围看，其经营范围为生产经营电子零部件、塑料五金制品（不含限制项目生产），并没有授予民鑫公司有金融业务方面的资格。根据最高人民法院《关于适用〈中华人民共和国合同法〉若干问题的解释（一）》第10条的规定，公司超越经营范围订立合同，不得违反国家限制经营、特许经营以及法律、行政法规禁止经营的规定。上述《委托资产管理合同》、《合作协议》、《补充协议》因违反国家禁止性规定而应依法认定为无效。因兴长公司与民鑫公司签订的《委托资产管理合同》，兴长公司与青海证券深圳营业部签订的《合作协议》，兴长公司、民鑫公司、青海证券深圳营业部三方签订的《委托资产管理合同补充协议》无效，民鑫公司应将其受委托管理的1.3亿元资金返还给兴长公司。民鑫公司为此与兴长公司就上述委托资金达成《还款协议》，是双方就返还该委托资金重新作出的约定，该协议系当事人真实意思表示，内容不违反法律、法规的禁止性规定，属合法有效的合同。但《还款协议》约定的高额回报利息，因违反法律的相关规定，对超出合法利息的部分依法应不予保护。现民鑫公司没有按《还款协议》的约定履行返还资金的义务，已构成违约，故兴长公司请求民鑫公司返还人民币1.3亿元及相应利息的主张应予支持。

金汇源公司在兴长公司与民鑫公司签订的《还款协议书》中以保证人的身份签字盖章，同日又与兴长公司签订了《保证合同》，约定金汇源公司对民鑫公司欠兴长公司1.3亿元及应支付的回报、实现债权的费用承担连带担保责任。根据《担保法》第18条之规定,兴长公司请求金汇源公司对民鑫公司欠兴长公司人民币1.3亿元及相应利息承担连带保证责任的诉讼请求合法,应予支持。

2003年12月18日,根据股东会决议及公司章程,金汇源公司决定将公司注册资本由5000万元增加至3亿元,其中增资部分由原股东即西北亚奥公司追加1.5亿元,新增股东甘肃证券有限责任公司认缴5000万元,新增股东吴忠仪表公司认缴5000万元。2004年1月5日金汇源公司注册资本5000万元在工商部门变更登记为3亿元。根据湖南省岳阳市云溪区人民法院于2005年3月8日对金汇源公司为增加注册资本在宝安支行开设的0282100346110账户查询,证实该账户在2004年1月6日前未发生任何交易行为,证明西北亚奥公司并未实际追加出资1.5亿元,吴忠仪表公司也未实际出资5000万元。依据公司法的相关规定,公司在增加注册资本变更登记时,认缴注册资本的股东应按照认缴数额如实缴纳。该案金汇源公司申请将注册资金变更登记时,原股东西北亚奥公司、新股东吴忠仪表公司并没有按公司章程、股东会决议将其承诺的出资到位,故对金汇源公司的对外债务,应在出资不到位范围内承担补充责任。因此,兴长公司要求由西北亚奥公司、吴忠仪表公司对金汇源公司的债务在出资不实的范围内承担补充赔偿责任的诉讼请求符合法律的规定,应予支持。

从宝安支行询证函经办人阮浩的证言及宝安支行收取30元询证费的情况看,说明该银行询证函来源于宝安支行。宝安支行辩称,银行询证函和银行进账单上加盖的业务公章是虚假的,系他人伪造,因而其在该案中不应承担责任的问题,从现有证据看,即使其公章与宝安支行提供的公章底印不一致,也不能证明该行仅使用过一枚公章,况且该行职员刘少平作为经手人参加了出具银行询证函的业务活动,所产生的法律后果宝安支行应予承担。故宝安支行的该理由不能成立,该院不予采纳。关于兴长公司与金汇源公司签订保证合同的时间是在银行出具资金证明和国安会计师事务所出具验资报告之后的问题,因深圳市工商行政管理局在2004年1月5日就已向金汇源公司颁发了新的营业执照,故2004年2月6日银行出具资金证明和国安会计师事务所出具验资报告应视为一种补充验资行为,且国安会计师事务所的工作人员也证实是应深圳市工商行政管理局的要求补办验资报告手续,所以即使资金证明和验资报告出具在保证合同签订之后,也应视为对其予以了使用。另外兴长公司与金汇源公司2004年1月1日签订保证合同时,金汇源公司的公司章程已将西北亚奥公司、吴忠仪表公司增加注册资金予以变更,股东会决议也已通过,基于此,兴长公司签订保证合同时完全有理由相信新增注册资金可以到位,所以兴长公司签订保证合同是出于善意,并没有过错。宝安支行在新增注册资本没有到账的情况下,出具虚假资金证明,损害了金汇源公司债权人的利益,依法应当承担补充赔偿的民事责任。

现有证据表明,国安会计师事务所在验资过程中没有任何违反职业规则的行为。其出具验资报告所依据的资金证明的真实性，应由出具资金证明的宝安支行负责，故国安会计师事务所在该案中不应承担赔偿责任。关于兴长公司在补充诉状中提出的要求承担该案其他的诉讼费用，因没有提交相应的证据，该院不予支持。

综上，依照《民法通则》第84条、《合同法》第107条、《担保法》第18条和最高人民法院〔2002〕21号《关于金融机构为企业出具不实或者虚假验资报告、资金证明如何承担民事责任问题的通知》第二项的规定，该院判决：

1. 由民鑫公司于判决生效之日起30日内，返还兴长公司人民币1.3亿元及相应利息（利息从2004年1月1日起按中国人民银行同期存款利率计算至还清之日止）；

2. 由金汇源公司对民鑫公司应返还的上述款项承担连带偿还责任；

3. 对民鑫公司和金汇源公司不能偿还上述款项的部分，由西北亚奥公司在1.5亿元的范围内承担补充赔偿责任；

4. 对民鑫公司和金汇源公司不能偿还上述款项的部分，由吴忠仪表公司在5 000万元的范围内承担补充赔偿责任；

5. 亚奥公司、吴忠仪表公司仍不能偿还上述款项的部分，由宝安支行在2亿元的范围内承担补充赔偿责任；宝安支行承担责任后可向金汇源公司追偿；

6. 兴长公司对国安会计师事务所的诉讼请求；

7. 兴长公司其他诉讼请求。案件受理费660 010元，财产保全费250 520元，共计910 530元，由民鑫公司负担。

四、当事人上诉与答辩情况

宝安支行不服湖南省高级人民法院的上述民事判决，向最高人民法院提起上诉称：按照上诉人询证业务的操作流程，兴长公司不能证明询证人是否领取了资金证明，以及其作为证据提交的资金证明系上诉人出具，更无法排除询证人利用上诉人开出的真实资金证明进行伪造变造的可能，上诉人收取30元询证费与所谓的资金证明之间没有必然联系。国安会计师事务所原合伙人阮浩出具的“情况说明”的提供人与该案有根本的利害关系，且非在举证期间提交，未予质证，不能作为证据使用，原审法院对这份证据的取得和使用严重违反民事诉讼证据规则。兴长公司提交的名为上诉人出具的全部资金证明上所加盖的名为上诉人的印章均为他人假冒。原审法院在庭审中发现上诉人提供的证据足以证明所谓资金证明上印章均为他人伪造时，竟然当庭不允许质证，违反法律规定。而且，即使上诉人出具了该案所谓的资金证明，因兴长公司接受金汇源公司担保的时间早于所谓的上诉人出具资金证明的时间，兴长公司也不可能以上诉人尚未出具的资金证明作为其接受担保的依据。从保证单位的章程及股东会决议来看，不存在视为使用资金证明的事实。兴长公司接受金汇源公司的担保与所谓的上诉人出具的资金证明之间没有任何因果关系，兴长公司知道金汇源公司的公司章程已经变更、股东会决议已经通过的时间，发生在兴长公司起诉以后，而非《还款协议》签订时。兴长公司没有证据证明其使用了上诉人出具的资金证明而受到损失，因此，上诉人不能为此承担责任。青海证券深圳营业部是资金的直接还款义务人。兴长公司与民鑫公司签订的《还款协议》以及与金汇源公司签订的保证协议无效。原审法院认定民鑫公司是该案涉案资金的还款义务人，判决金汇源公司对不存在的债务承担保证责任，从而判决上诉人承担补充赔偿责任是错误的。原审判决认定事实错误，适用法律不当，请求撤销原审判决第五项；由兴长公司承担上诉人的上诉费和律师费。

被上诉人兴长公司答辩称：宝安支行作为正规的金融单位，在其业务规范中，对责任重大的资金证明的出具应当留有存根或相关记录，宝安支行不能提供相关证据证明其关于询证人交费后未领取资金证明及其出具了真实资金证明等事实。宝安支行有义务提交与收取询证费相关的留存备案的证据。宝安支行未能举证证明其提供印章的唯一性，故亦无证据证明该案所涉资金证明系伪造变造。宝安支行提交印章印模非第三家有资格预留其印鉴印模的单位出示，系单方行为，不具有证据效力。原审法院已经认定资金证明上的印章与宝安支行提交的印章印模不一致，无需再行鉴定。原审法院未组织证据交换，相关证据均由当事人向合议庭阅卷摘录或复印，宝安支行对这些证据没有摘录或复印并非法院程序违法。原审法院将阮浩的调查笔录交由双方当事人进行了质证。因阮浩系以国安会计师事务所名义从事业务，其不知金汇源公司办理业务人员的姓名等应在情理之中。金汇源公司进行增资登记时，虽然制作营业执照在前，补充验资在后，但因颁发营业执照在验资之后，故并不违反公司注册登记的有关规定。答辩人与民鑫公司等进行经济往来遭受的损失系基于对金融机构所出具的资金证明的信任。保证合同中特别规定答辩人有权对金汇源公司的资金和财产情况进行监督，有权要求金汇源公司提供近期自制的会计师事务所审计后的财务报表等资料，金汇源公司应当如实提供。该条款的约定目的是为了保证责任的履行。保证合同签订前，金汇源公司有增资扩股的股东会决议、董事会决议。保证合同签订后，金汇源公司为完善变更登记内容，在相关时间内对增资扩股的情况进行了验资审计，这就是对验资证明的使用。金汇源公司领取新的营业执照后，又委托国安会计师事务所出具验资报告，对其保证责任的承担提供了明确的资金确认。担保责任的承担只是在担保事实发生后才开始，宝安支行的资金证明是在保证合同签订后、担保责任承担前出具的，其确认了担保方确有承担担保责任的资质。因此，完全可以认定该案保证合同的签订实际使用了资金证明。民鑫公司是真正的受托资产管理人。兴长公司与民鑫公司、金汇源公司所签的还款协议及保证合同系当事人真实意思表示，合法有效。原审判决认定事实清楚，程序合法，适用法律正确，请求驳回上诉，维持原判。

其他被上诉人均未提出答辩意见。

五、二审法院查明事实

最高人民法院对原审法院除宝安支行于2004年2月6日出具资金证明以外的其他事实予以认定。

六、二审法院裁判要旨

最高人民法院经审理认为:

本案二审争议的主要问题是宝安支行是否应当就金汇源公司对兴长公司的担保债务承担出具虚假资金证明的赔偿责任。2004年1月1日,兴长公司与民鑫公司、金汇源公司就民鑫公司拖欠的兴长公司保证金本金1.3亿元签订了还款协议书,金汇源公司对该笔款项的偿还提供了担保。金汇源公司于同年1月5日在工商登记中将公司注册资本由原5 000万元变更为3亿元。一审庭审中有关当事人提交了同年2月6日加盖有宝安支行公章的银行询证函,该询证函载明2月6日金汇源公司在宝安支行的0282100346110账号内由金汇源公司的股东西北亚奥公司、吴忠仪表公司和青海证券有限责任公司共计缴入2.5亿元投资款,但后经有关法院查询,上述资金证明虚假,金汇源公司追加的注册资金并未实际缴付到位。宝安支行是否应当承担出具虚假资金证明的赔偿责任,应当视其是否出具了上述加盖公章的虚假资金证明,以及兴长公司有关金汇源公司提供担保所造成的损失是否基于对宝安支行出具的虚假资金证明的合理信赖或者使用所造成。即本案中宝安支行是否存在侵权行为,以及兴长公司的损失发生与宝安支行的侵权行为之间是否存在因果关系,是认定宝安支行是否应当对金汇源公司的两个瑕疵出资股东即西北亚奥公司和吴忠仪表公司不能承担瑕疵出资责任时,在虚假验资范围内承担补充赔偿责任的关键。

鉴于兴长公司与金汇源公司签订保证合同时,加盖有宝安支行的银行询证函尚未出具,兴长公司并非基于对该银行询证函上载明的追加出资内容的信赖而签订的保证合同,其有关金汇源公司因追加出资不实所造成的担保责任不能完全实现的损失与加盖有宝安支行的银行询证函之间没有必然的因果关系。兴长公司与金汇源公司签订保证合同时,虽然金汇源公司的章程和股东会决议对追加出资已经作出决议和记载,但章程的记载与股东会决议的通过与宝安支行是否承担赔偿责任没有任何关系,兴长公司应是基于对金汇源公司的信赖签订的保证合同,而非基于对加盖宝安支行公章的资金证明的信赖。因此,兴长公司关于宝安支行应当对西北亚奥公司和吴忠仪表公司瑕疵出资责任承担相应的赔偿责任的主张,缺乏事实依据和法律依据,最高人民法院不予支持。原审法院关于宝安支行出具资金证明系补充验资行为,即使出具在保证合同签订之后仍应视为对其予以使用的认定不当,最高人民法院予以纠正。宝安支行关于兴长公司与金汇源公司签订保证合同与加盖有宝安支行公章的资金证明之间没有因果关系,其在本案中不应承担出具虚假出资证明责任的上诉请求,最高人民法院予以支持。对于加盖有宝安支行公章的资金证明是否系宝安支行出具、公章是否虚假等,因不影响最高人民法院认定宝安支行不承担兴长公司的本案债务,故法院不再予以审查。如果上述资金证明确系宝安支行出具,其虽然不承担本案债务,但并不能当然免除其他有关出具该虚假资金证明的赔偿责任。宝安支行关于民鑫公司非为本案债务的债务主体等上诉理由,亦因不影响最高人民法院关于其不承担本案赔偿责任的认定,法院亦不再予以审查。宝安支行关于由兴长公司承担其律师费用的上诉请求,最高人民法院不予支持。

综上,最高人民法院依据《民法通则》第 106 条第 2 款、《民事诉讼法》第 153 条第 1 款第(二)项、第 158 条的规定,判决:

1. 维持湖南省高级人民法院(2006)湘高法民二初字第 1 号民事判决第一、二、三、四、六、七项及诉讼费负担部分;

2. 撤销上述民事判决第五项;

3. 驳回深圳市商业银行宝安支行其他上诉请求。如果未按本判决指定的期间履行给付金钱义务,应当依照《民事诉讼法》第 232 条之规定,加倍支付迟延履行期间的债务利息。二审案件受理费 660 010 元,由湖南长炼兴长集团有限责任公司负担。

七、对本案事实认定和法律适用的分析

本案宝安支行是否应当承担出具虚假资金证明的赔偿责任,应当视其是否出具了虚假的资金证明,以及兴长公司本案中的损失是否基于对其出具的虚假资金证明的合理信赖或者使用所造成。即是否存在侵权行为,以及损失的发生与侵权行为之间是否存在因果关系。

1. 关于宝安支行是否出具了虚假的资金证明问题。从当事人举证情况看,现尚不能对此作出结论。首先,宝安支行收取 30 元询证费的事实,只能证明其收取了费用,但并不能当然得出其收取费用就一定出具了询证函,以及出具的就一定是本案当事人举证的询证函。其次,宝安支行为证明本案所涉询证函上所加盖公章非其使用的公章,除一审提供的证据外,二审期间又向法院提交了同期向其他有关单位出具的资金证明,以证明其使用的公章与本案所涉询证函上加盖的公章不同。由于宝安支行未能举证证明同期使用公章的唯一性,故虽然资金证明上所加盖的公章与宝安支行提供的公章及其他资金证明加盖的公章不一致,亦不能充分证明资金证明上加盖的公章系伪造。

2. 关于宝安支行是否应当承担出具虚假资金证明的民事责任问题。这里涉及宝安支行出具虚假资金证明是否构成对兴长公司的侵权行为,以及是否应当承担侵权赔偿责任问题。对于侵权责任的法律构成要件,民法学界一般采纳“四要

件说”,即行为的违法性、行为人具有过错、损害后果的发生,以及侵权行为与损害后果之间的因果关系。其中,侵权行为与损害后果之间的因果关系是构成侵权民事赔偿责任的重要要件之一。在民法理论上,侵权损害赔偿中的因果关系,是指加害行为与损害后果之间的关联性,即加害行为是损害结果发生的原因,损害是加害行为发生作用的结果。在金融机构为出资人在设立公司或者增资过程中出具虚假资金证明构成侵权的认定中,外部权利人对金融机构出具的虚假资金证明是否存在合理的信赖利益,是认定金融机构是否应当在出资人虚假出资范围内承担侵权责任的关键。

本案中撇开上述有关宝安支行是否出具了虚假资金证明的争议问题,退一步讲,即使本案所涉虚假资金证明确系宝安支行出具,仅凭资金证明的出具时间在金汇源公司为兴长公司提供担保之前这一事实,即可作出不予支持兴长公司关于宝安支行应当承担出具虚假资金证明责任诉请的认定。从有关事实看,金汇源公司为兴长公司提供担保发生于2004年1月1日,金汇源公司增资的工商变更登记发生于2004年1月5日,而本案提交的所谓宝安支行出具的虚假资金证明发生于2004年2月6日。由此可见,金汇源公司为兴长公司提供担保在先,而金汇源公司增加注册资本的工商变更登记,以及宝安支行出具资金证明在后。兴长公司在与金汇源公司签订保证合同时,因宝安支行并未出具资金证明,故不存在兴长公司基于对宝安支行出具的虚假资金证明的合理信赖而签订保证合同,故其由于金汇源公司不能承担保证责任,以及金汇源公司的瑕疵出资者不能承担相应责任等所形成的损失与宝安支行是否出具了虚假的资金证明没有任何关系,即使本案所涉资金证明确系宝安支行出具,该资金证明也只能于作出之日起产生公信力,而无涉此前的保证合同,兴长公司并非基于宝安支行的资金证明而签订了保证合同,由该保证合同所获的的损失同询证函之间也就不存在因果关系,由此可以认定宝安支行对兴长公司的损失不负赔偿责任。故兴长公司主张宝安支行对西北亚奥公司和吴忠仪表公司不能偿还有关款项时出具的虚假资金2亿元范围内承担赔偿责任,缺乏事实依据和法律依据。兴长公司关于使用了宝安支行的资金证明的抗辩理由不能成立。原审法院以宝安支行出具资金证明应视为补充验资行为、应视为兴长公司对其予以了使用为由,认定宝安支行应当承担出具虚假资金证明的赔偿责任不当,应予改判。

3. 关于民鑫公司是否该案债务主体等问题。如前所述,本案完全可以以所涉及虚假资金证明出具时间在担保行为发生之后,兴长公司以此主张宝安支行承担赔偿责任没有事实和法律依据为由,判决宝安支行对兴长公司的债务不承担民事责任,因此,宝安支行上诉提到的其是否出具了上述资金证明,以及民鑫公司是否该案债务主体、有关合同是否无效等问题,并不影响作出宝安支行在本案中不承担出具虚假资金证明的赔偿责任的判决,故本案对其他争议问题无需再行审查。宝安支行上诉请求由兴长公司承担其律师费,对此本案不予支持。

6 保险纠纷

保险合同内容的认定和保险责任的承担

——神龙汽车有限公司与华泰财产保险股份有限公司、神龙汽车有限公司北京销售服务分公司保险合同纠纷上诉案

一、当事人基本情况及案件来源

上诉人(原审被告):神龙汽车有限公司(以下简称"神龙公司"),住湖北省武汉经济技术开发区。

法定代表人:苗圩,该公司董事长。

上诉人(原审原告):华泰财产保险股份有限公司(以下简称"华泰保险公司"),住北京市西城区复兴门外大街6号。

法定代表人:王梓木,该公司董事长。

被上诉人(原审被告):神龙汽车有限公司北京销售服务分公司,住北京市海淀区双榆树东里29楼三层。

负责人:唐腾,该公司经理。

上诉人神龙汽车有限公司和华泰保险公司为与被上诉人神龙汽车有限公司北京销售服务分公司保险合同纠纷一案,不服北京市高级人民法院(2001)高经初字第180号民事判决,向最高人民法院提起上诉。最高人民法院依法组成由审判员吴庆宝担任审判长、代理审判员宫邦友、刘敏参加评议的合议庭进行了审理,书记员孔玲担任记录。本案现已审理终结。

二、原审法院查明事实

原审法院查明:

华泰保险公司内设职能部门华泰财产保险股份有限公司北京营业部(甲方,以下简称"华泰北京营业部")与神龙公司(乙方)于1997年12月签订了一份《保险协议》,主要内容包括:

1. 协议目的。(1) 为推进乙方富康轿车的分期付款销售,双方同意由乙方或

者其购车人向甲方购买“分期付款购车保险”。购车人不按购车合同履行付款义务时，由甲方按本协议规定履行保险责任；(2) 购车人可以是具有合法经营资格的销售商、汽车出租公司、汽车租赁公司以及其他最终用户；(3) 投保人可以是购车人或者乙方，被保险人和受益人均为乙方；(4) 对于乙方签署的购车合同及购车人资格，甲方应予审查。经审查不合格的，甲方有权拒绝提供分期付款购车保险。

2. 保险标的与保险单。(1) 乙方与购车人所签购车合同规定的，购车人根据购车合同应向乙方履行的分期付款义务，为本协议的保险标的；(2) 本协议签署后，对于乙方的每一次销售行为，均由甲方向乙方签发一份保险单，并在其中确定每一次的保险标的。

3. 保险责任。购车人连续3个月未按分期付款购车合同履行每期分期付款义务的，保险人一次性向被保险人赔付购车人按分期付款购车合同当期应付款总额。

4. 除外责任。由于下列情形之一，致使购车人不能按分期付款购车合同履行还款义务而给乙方造成的损失，保险人不负赔偿责任：(1) 战争、军事行动、核爆炸、核辐射或放射性污染；(2) 乙方销售的车辆经有效最终法律文件确认存在质量缺陷，购车人据此拒绝付款；(3) 被保险人与购车人恶意串通，损害保险人利益；(4) 乙方在分期付款售车过程中的故意和违法行为；(5) 乙方不履行以下第6条规定义务的。

5. 保险期限、保险金额、保险费。(1) 保险期限与购车合同规定的还款期限相一致；(2) 本协议第3条第2款所述保险金额为车款总额减去购车人已付首付款后的余款总额；(3) 保险费率为1%。

6. 乙方的义务。(1) 购车人为法人单位的，乙方要求购车人向甲方提供其营业执照、税务登记证、开户行名称、账号、法人代表身份证、法人代码证书的复印件，供甲方审查；购车人为个人的，乙方应要求购车人向甲方提供其身份证及户籍证明原件、工作单位人事部门出具的人事及工资证明、当地居委会出具的长期居住证明、个人近期免冠照片、家庭住址、所在单位的营业执照复印件等，供甲方审查；(2) 乙方应要求购车人向保险人提供保险人要求的反担保；(3) 乙方应经常检查分期付款合同的执行情况，做好车款的催收工作和催收记录，对甲方的合理防损建议，应认真考虑并予实施；(4) 购车人按分期付款购车合同支付的首付款不得少于购车款的30%；(5) 购车人为最终用户的，乙方应在购车合同中明确要求购车人向保险人购买车辆基本险和盗抢险。(6) 乙方向甲方索赔时，应向甲方转让追偿权，并协助甲方进行追偿。乙方未能按本协议履行保险责任的，该追偿权自动退回乙方。

7. 赔偿处理。本协议项下保险人免赔金额为保险金额的5%。

8. 其他事项。乙方具体由北京分公司执行本协议。1998年11月5日双方签订《补充协议》，对购车人应支付的首付款比例等条款作了修改、补充。

1998年4月至11月期间，神龙汽车有限公司北京销售服务分公司（以下简称“神龙北京分公司”）分24次向华泰北京营业部投保分期付款购车保险，投保单上记载的投保人和被保险人均为神龙公司，且在抬头和备注栏内分别载明“根据投保人的要求，在投保人向本公司缴付约定的保险费后，本公司按照本保险单所载条款以及其他特别约定的条件承担保险责任，特立本保单为凭”，“本保单按照保险人与被保险人之间分期付款保险协议执行。本保单对应于被保证人与购车人之间分期付款购销合同”。投保单“担保人”一栏中列明了担保人名称，其中部分担保人是购车人自己。华泰北京营业部相应地签发了24份保险单（保单号：BJ199850501080001—BJl99850501080025号，不包括其中的BJ199850501080022号保险单）。保险单上记载的投保人和被保险人均为神龙公司。抬头和备注栏内亦载明，“根据投保人的要求，在投保人向本保险公司缴付约定的保险费后，本公司按照本保险单所载条款、附加条款以及所列项目，承担保险责任，特立本保单为凭”，“本保单按照保险人与被保险人之间分期付款《保险协议》执行；本保单对应于被保险人与购车人之间分期付款购销合同”。保险单记载的保险费率为2%，免赔额为损失金额的10%。

同期，神龙公司与购车人之间签订了10份购车合同（名称分别为分期付款购车合同或《轿车购销合同》），分别对应于24份保险单。其中，10份购车合同中的5份对应于15份保险单（保单号：BJl99850501080001 — BJ199850501080015号），约定有车辆所有权保留内容，载明“在乙方（购车人，以下同）的付款义务全部履行完毕之前，甲方（神龙公司，以下同）仍为轿车产权所有人，乙方对轿车仅有占有和用于____地区的出租车（租赁、自用）经营，而无权作出任何处分。单轿车的全部风险责任，自交付时起即转移至乙方”。同时约定：“在轿车交付以前，乙方向甲方指定的保险公司投保分期付款期限内的全部轿车基本险并承担保险费用，甲方为该保险的唯一受益人，并应持有保单正本”；“乙方违反合同项下任何义务的，甲方均有权提前终止本合同，并要求乙方立即偿还所欠全部款项，向甲方支付数额为余款10%的违约金”。10份购车合同中的3份对应于7份保险单（保单号：BJ199850501080016、BJ199850501080017、BJl99850501080019、BJ199850501080020、BJl99850501080021、BJ199850501080024、BJ199850501080025号），约定有设定车辆抵押权的内容，载明“轿车自乙方取得所有权之时起抵押给甲方。一旦乙方逾期支付车款，甲方可以依法行使抵押权。乙方购买轿车机动车保险和盗抢险，其受益人应为甲方”，“在乙方违反本合同规定、甲方有证据证明乙方无履约能力或有欺诈行为等情况下，甲方有权终止合同，停止继续供货”。10份购车合同中的2份对应于2份保险单（保单号：BJ199850501080018号、BJl99850501080023号），只约定有设定其他担保的内容，“为保证乙方全面、适当履行合同，乙方应提供经甲方认可的担保，并由担保单位与甲方签署担保合同”，“在乙方违反本合同规定、甲方有证据证明乙方无履约能力或有欺诈行为等情况下，甲方有权终止合同，停止继续供货”。

另查明,中国保险监督管理委员会北京办事处(以下简称“保监会北京办事处”)出具给华泰保险公司的保监京函〔2001〕14 号《关于华泰保险公司分期付款购车保险合同有关问题意见的函》载明:“你公司《关于华泰保险公司与神龙公司及其北京销售服务分公司分期付款购车保险合同纠纷案诉讼情况的报告》收悉,经核查有关资料,现函复如下:(1) 你公司使用的分期付款购车合同保险条款,已于 1998 年在原保险监管部门中国人民银行北京市分行备案;(2) 根据保险行业惯例,保险条款附在保险单正本的背面,作为保险合同的重要组成部分,以约束保险合同双方当事人;(3) 根据中国人民银行北京市分行《北京市保险险种备案管理办法》(京银发〔1997〕417 号)的文件规定,保险公司必须严格按照中国人民银行北京市分行核定的保险条款经营业务,不得擅自更改。中国保险监督管理委员会《财产保险条款费率管理暂行办法》亦有类似规定。”即本案涉及的保险条款于 1998 年在原保险监管部门中国人民银行北京市分行备案。华泰保险公司起诉时提供的保险单副本背面未附有保险条款,神龙公司称其所持保险单正本已遗失,无法向法院提交,但保险单正本背面未附有保险条款。

原审法院根据华泰保险公司申请,委托武汉市中级人民法院对其受理的神龙公司诉北京京贵云雀物资发展有限责任公司、北京市朝阳区航鹰汽车租赁行、华泰保险公司买卖、保险、担保合同纠纷案(以下简称“京贵云雀案”)中神龙公司提交的、本案审理过程中涉及的第 BJ199850501080003 号保险单正本的内容进行查证。原审法院 2002 年 1 月 28 日收到武汉市中级人民法院寄送的、与正本核对无误的 BJl99850501080003 号保险单正本复印件,明确表明该保险单正本背面附有保险条款,并与备案的保险条款内容一致。该保险条款内容为:“凡经工商管理部门准许开办分期付款购车业务的汽车销售商,均可作为投保人,向华泰保险公司办理投保手续”,“下列原因造成购车人不能支付购车款,不属于保险责任范围,保险人不承担赔偿责任:(1) 战争、军事冲突;(2) 被保险人对购车人的资信调查材料不真实或售车手续不全;(3) 被保险人在保险期限内将车辆所有权转交给购车人;(4) 被保险人在售车过程中的故意或违法行为;(5) 被保险人销售汽车的质量缺陷;(6) 在保险期限内所售车辆未在本公司投保机动车辆保险和盗抢险”;“对其他不属于本条款保险责任范围内的损失,本公司也不负赔偿责任”;“被保险人向保险人索赔时应提供汽车产权证明文件及相关手续、分期付款购车合同及分期付款购车保险单正本等”;“被保险人在获得保险赔偿的同时,应将有关的追偿权益转让给保险人,并协助保险人向责任方追偿”;“被保险人应严格遵守国家法律、法规及分期付款购车合同中的责任和义务,对保险人提出的合理的防灾防损建议,应认真考虑并付诸实施”;“分期付款购车合同如有变动,被保险人须事先得到保险人的书面同意,如被保险人的经营方针、操作程序、管理制度等发生变化,直接对合同的执行有重大影响时,应及时通知保险人”;“被保险人不履行本条款规定的各项义务,保险人有权终止保险合同或拒绝赔偿”。

神龙公司和神龙北京分公司提交了其给华泰保险公司的落款日期为1998年3月18日的《致华泰保险公司回复函》和落款日期为1999年4月22日的函件,试图表明神龙北京分公司曾以传真方式向华泰保险公司出具函件对保险条款提出修改意见,包括要求删除除外责任中的“所有权保留条款”,并告知其北京市有关部门对车辆抵押登记不予办理。但对上述两份函件,华泰保险公司不予认可,神龙公司和神龙北京分公司未进一步举证证明上述函件送达华泰保险公司。

1999年8月4日,华泰保险公司营业总部(原北京营业部)就神龙公司的索赔申请致函神龙北京分公司,表明由于出租率下降、无法上牌照等市场原因使各租赁公司无法按时还款,将会尽最大努力,督促各经销商按期还款。华泰保险公司营业总部与神龙北京分公司于2000年3月2日签订一份《会谈纪要》,其内容表明神龙公司要根据《保险协议》、保险条款和保险业务操作惯例向华泰保险公司提供有关材料,双方在该《会谈纪要》上签字盖章。

神龙公司向购车人开具了增值税发票,未通过扣留车辆发票、车辆购置附加费凭证、车辆合格证、车辆基本险保险单等方式达到控制车辆转移的目的。至本案诉讼提起时,对神龙公司的数次索赔申请,华泰保险公司未进行任何赔付;华泰保险公司根据车辆基本险、盗抢险保险单,对出险车辆向购车人进行过赔付。

在本案受理前,神龙公司以本案中的DCAC/DMK/-98XS号购车合同、BJl99850501080003号保险单、《保险协议》等为依据向武汉经济技术开发区人民法院提起诉讼的京贵云雀案,武汉市中级人民法院2002年1月10日作出(2001)武经终字第821号民事判决,判决北京京贵云雀物资发展有限责任公司偿付车款及利息,北京市朝阳区航鹰汽车租赁行承担连带保证责任;华泰保险公司营业总部对上述到期未履行部分承担赔付责任。华泰保险公司营业总部提起上诉,以“神龙公司违约,已构成保险除外责任,保险人应当免除责任”作为第5点上诉理由,但其未在一审中就此理由提出抗辩。此案一、二审法院认定事实部分未涉及本案保险条款的内容,亦未对华泰保险公司营业总部的上述上诉请求予以审查。

2000年7月26日,华泰保险公司以神龙北京分公司和神龙公司未按分期付款购车合同的约定,保留车辆所有权或抵押权及其他担保权利,致使保险标的的危险程度增加,保险人承保基础改变为由,诉至北京市高级人民法院,请求判令解除保险合同(保单号自BJ199850501080001—25,没有22号,共24份),其不承担117 653 690元保险金赔偿责任,并由被告承担诉讼费用。

一审庭审中,当事人三方认可与上述约定有关行为的操作顺序为:签订《保险协议》→签订购车合同→投保、出具保险单→办理车辆所有权保留、抵押、购车人投保车辆基本险→神龙公司向购车人发车。神龙公司不是本案所涉各机动车车辆基本险和盗抢险的受益人,亦不持有车辆基本险和盗抢险保险单正本。

原审法院就机动车辆买卖能否办理车辆所有权保留和抵押登记问题,走访了公安部车管局车管处。该处答复:车管部门只以发票上的买车人名字为准办理车辆所有权登记,不办理所有权保留登记;车管部门自2001年10月1日起根据《担保法》有关规定开始办理车辆抵押登记。北京地区在此之前没有办理车辆所有权保留和抵押登记的相关规定。

本案一审庭审中,华泰保险公司称从未收到投保单中"担保人"出具的担保书,北京市朝阳区航鹰汽车租赁行提供的担保书是其在诉讼中调查得知,然后由其向法院申请追加的当事人。一审庭审后,华泰保险公司于2002年5月21日向原审法院提交了一份关于退还保险费的意见,称退还保险费直接涉及保险合同实体责任处理,保险人同意在不再承担其他赔偿责任的情况下,退还全部保险单的保险费。

三、原审法院裁判要旨

北京市高级人民经审理认为:

1. 关于《保险协议》、保险单与保险合同关系的问题。本案中的《保险协议》和保险单均系当事人的真实意思表示,合法有效。《保险协议》是当事人之间以将来确定的保险标的为条件,就未来一定时间内分批交付的拟投保财产预先订立的一个意向性、总括性协议,待日后标的确定时再由投保人通知保险人,保险人根据具体情况出具内容不同的保险单。由于《保险协议》的订立具有事先性,其并不具备明确具体的保险标的、保险期限、保险金额、保险费等保险合同必备条款,与保险合同密切相关的购车人、投保人亦处于不确定状态,仅仅依据《保险协议》,无法对双方当事人的权利义务关系产生实质性的约束力,故本案中的《保险协议》不是实质意义上的保险合同。本案的保险单上投保双方依据《保险协议》、投保单、购车合同,就特定财产的保险事项作出的具体约定,其使得具体保险利益、保险标的、保险金额、保险期限、被保险人的义务等内容最终确定下来,是保险合同的正式书面凭证,是实质意义上的保险合同,每一份保险单的记载内容都构成一份独立的保险合同。由于第BJ199850501080003号保险单所产生的权利、义务已为武汉市中级人民法院的民事判决予以认定,不在本案审理范围之内,故本案审理的是根据其余23份保险单所形成的23份保险合同。神龙北京分公司、神龙公司认为《保险协议》等同于保险合同,故双方只签有一份保险合同的答辩理由不能成立。

2. 关于保险合同内容的问题。根据投保单和保险单备注栏的载明情况,保险单按照保险人与被保险人之间的《保险协议》执行,因此保险单的内容当然包括《保险协议》的内容。又根据投保单和保险单首部的载明情况,《保险协议》不是华泰保险公司承担保险责任的唯一根据,还包括保险单背面所附保险条款和保险单所列项目。保险单背面所附保险条款已经在保险监督管理部门备案;《保险协议》订立在前,保险单出具在后,现在没有证据证明华泰保险公司收到并且同意神龙公司方面提出的修改保险条款的意见;两被告向法院提交的1998年3月18日函件的内容,表明神龙公司知道保险条款的存在;神龙公司在投保和接受保险单时,未对投保单和保险单首部的内容提出异议;2000年3月2日会谈纪要的内容表明,神龙公司对保险条款的存在明知且无异议。对保险单中保险费率、免赔率等与《保险协议》的约定不一致的地方,神龙公司亦未提出异议,保险费率已按保险单记载情况执行。神龙公司对保险单记载内容,包括保险条款已经全部接受,应当认定保险条款是本案保险合同的一部分。

关于保险条款与《保险协议》约定不一致而产生争议时,应以谁为准的问题。(1)保险条款和《保险协议》都是保险合同的内容;(2)《保险协议》属于保险单首部所指的附加条款;(3)《保险协议》以手写体或打印体在保险单上载明,而保险条款属于格式条款。因此,如果保险条款与《保险协议》约定不一致而导致相关内容矛盾,且双方无法达成一致意见时,应以《保险协议》的约定为准。但是,如果保险条款与《保险协议》的约定只是内容宽泛程度上的不一致,并不导致相关内容矛盾时,则保险条款与《保险协议》的相关内容是一种并列的、互为补充的关系,《保险协议》与保险条款应该同时适用,本案即属于此种情况。因此,神龙北京分公司、神龙公司认为保险条款与《保险协议》约定不一致时,仅应以《保险协议》为准的答辩理由不能成立。

3. 关于购车合同在本案中地位的问题。投保单和保险单备注栏明确载明,“本保单对应于被保险人与购车人之间的购销合同”。实际上,购车合同对《保险协议》中的有关条款进行了细化,约定了具体的购车人、购车数量、还款期限、担保方式等与保险事项密切相关的内容。同时,根据本案保险条款第15条的规定,购车合同如有变动,神龙公司要事先得到华泰保险公司的书面同意。因此,购车合同是华泰保险公司判断和测算风险程度、决定是否承保、确定承保条件、出具保险单的直接和最终依据,其构成了华泰保险公司赖以承保的条件和基础。据此,神龙北京分公司、神龙公司认为《保险协议》与购车合同分属不同的法律部门,是两个独立的法律关系,本案不应涉及购车合同的答辩理由不能成立。

4. 关于承保基础是否改变、保险标的危险程度是否增加的问题。神龙公司与购车人之间关于保留车辆所有权、设定抵押权及其他担保的约定,对华泰保险公司判断和测算保险标的危险程度、确定承保条件有着实质性的影响。本案中,保险合同的标的是购车人的分期付款义务,其不包括首付款。因此即使被保险人神龙公司有放弃首付款的行为,也不增加保险人华泰保险公司的保险责任。购车合同约定,购车人不按期还款时,神龙公司“有权终止合同,停止供货”,而不是“应当终止合同,停止供货”,华泰保险公司出具保险单时,对此情况应该已经明知,对有关情况应该有所预见。因此即使存在购车人不按期还款时,神龙公司未终止合同、停止供货的情况,亦不构成保险标的危险程度增加、承保基础改变。

本案中,办理车辆所有权保留与抵押登记滞后于保险单的出具。神龙公司根据《保险协议》、购车合同投保分期付款保险后，未按购车合同约定"保留车辆所有权"、"设定抵押权"，使得保险合同约定的保险事故发生时，神龙公司无权收车或行使抵押权优先受偿，华泰保险公司可能遭受的损失是全部车款减去购车人已付款后的尚欠车款，而不是全部车款减去购车人已付款、车辆作价后的尚欠车款。车辆作价部分的损失属于如按购车合同约定履行则不会出现的危险状况。因此，神龙公司未保留车辆所有权、设定车辆抵押权的行为，已经导致承保基础改变，保险标的危险程度增加。

本案中，《保险协议》约定了"神龙公司应要求购车人向保险人提供保险人要求的反担保"，但没有约定明确具体的"反担保"方式；10 份购车合同中的 2 份约定有设定其他担保的内容，但只是约定"购车人提供神龙公司认可的担保"，亦未约定具体的担保方式。在此情况下，购车人根据《保险协议》和购车合同分别提供的两种担保，有可能通过一份担保函件表现出来，即两种担保在内容上是重合的，只要在华泰保险公司对反担保没有异议的前提下，神龙公司认可购车人提供的反担保同时符合购车合同对担保的约定即可。至于担保人是单方出具担保函还是与神龙公司签订担保合同，并不影响华泰保险公司的实质利益。华泰保险公司接受投保单、出具保险单的事实，说明其投保单中列明的"担保人"的担保，包括购车人提供的自保，既未提出异议，故应认为购车人已经向华泰保险公司提供了符合《保险协议》要求的反担保。神龙公司庭审时认可，购车人向华泰保险公司提供的反担保，同时符合购车合同中关于购车人应提供神龙公司认可的担保的约定，故应认为神龙公司没有违反购车合同中设定其他担保的约定。(2001)武经终字第 821 号民事判决书，判决北京市朝阳区航鹰汽车租赁车行承担担保责任亦证明了此节。

5. 关于华泰保险公司是否明知神龙公司未保留车辆所权、设定车辆抵押权的问题。本案中，购车人投保机动车基本险、盗抢险，与神龙公司投保分期付款购车保险，并不是同时进行的。车辆基本险和盗抢险的被保险人为购车人而不是神龙公司，责任并不在华泰保险公司，购车合同亦不能为其设定义务。华泰保险公司收取保费，办理车辆基本险、盗抢险，并不能当然知道基本险、盗抢险保险单项下的车辆就是本案 23 份保险单项下的车辆，故不能得出华泰保险公司在出具车辆基本险、盗抢险保险单时，已知神龙公司未保留车辆所有权、设定车辆抵押权的结论。华泰保险公司对购车人进行的赔付，是根据车辆基本险、盗抢险保险单进行的理赔工作，与华泰保险公司是否已知车辆所有权转移没有必然联系。华泰保险公司 1999 年 8 月 4 日向神龙北京分公司出具的函件中关于保险事故发生原因的说明，亦不能证明华泰保险公司已知车辆所有权转移、未设定车辆抵押权的事实并放弃了相关的权利。因此，神龙北京分公司、神龙公司关于华泰保险公司坐收车辆基本险、盗抢险保险费两年之久，其明知车辆所有权转移、未办理车辆抵押的答辩理由不能成立。

6. 承保基础改变、保险标的危险程度增加时，神龙公司是否履行了如实告知和及时通知义务的问题。《保险法》(1995年)第16条第1款①规定，订立保险合同，保险人应当向投保人说明保险合同的条款内容，并可以就保险标的或者被保险人的有关情况提出询问，投保人应当如实告知。本案中，购车合同是神龙公司签订并向华泰保险公司提供的，其构成了华泰保险公司赖以承保的条件和基础，因此，神龙公司对购车合同约定的事项负有保证其真实的义务。同时，本案《保险协议》第15条的内容表明，保险合同双方约定了承保基础改变、危险程度增加时，被保险人神龙公司负有如实告知和及时通知义务。虽然客观上北京地区不能办理车辆所有权保留及抵押登记，但并不能因此免除神龙公司负有的如实告知和及时通知义务。本案原、被告双方认可购车合同约定的保留车辆所有权、设定车辆抵押权的行为，应在神龙公司投保分期付款购车保险之后，向购车人发车之前进行。现无证据证明神龙公司第一次投保时就已知北京地区无法办理车辆所有权保留及设定抵押权，而其未履行如实告知义务。神龙公司未保留车辆所有权、办理车辆抵押登记，产生于以下两种情况，(1) 每次投保之后，发车之前，神龙公司都未采取措施保留车辆所有权、设定车辆抵押权；(2) 在某次投保之后，发车之前，神龙公司采取了措施，以保留车辆所有权、设定车辆抵押权，但由于客观原因无法完成。在第一种情况下，神龙公司负有及时通知义务，但其未能充分举证证明，其履行了义务；在第二种情况下，神龙公司对已经完成的投保行为和准备进行的投保行为，分别负有及时通知义务和如实告知义务，但其未能充分举证证明，其履行了义务。因此，神龙北京分公司、神龙公司关于车辆所有权保留及抵押登记由于客观原因无法操作，其已将情况告知华泰保险公司的答辩理由不能成立。

7. 关于保险条款备案的问题。《保险法》(1995年)第106条第2款②规定，保险公司拟订的其他险种的保险条款和保险费率，应当报金融监督管理部门备案。保监会北京办事处的函件已说明本案的保险条款已报当时的金融监督管理部门，即中国人民银行北京市分行备案。

8. 关于华泰保险公司要求解除保险合同，同时不承担保险赔偿责任的诉讼请求是否成立问题。根据《保险协议》第16条的内容，如果神龙公司不履行条款规定的各项义务，华泰保险公司有权终止保险合同或拒绝赔偿。而保险合同解除无疑是保险合同终止的情形之一，因此依双方约定，华泰保险公司可以主张解除保

---

① 参阅《保险法》(2009修订)第16条第1款规定：订立保险合同，保险人就保险标的或者被保险人的有关情况提出询问的，投保人应当如实告知。

② 参阅《保险法》(2009修订)第136条规定：关系社会公众利益的保险险种、依法实行强制保险的险种和新开发的人寿保险险种等的保险条款和保险费率，应当报国务院保险监督管理机构批准。国务院保险监督管理机构审批时，应当遵循保护社会公众利益和防止不正当竞争的原则。其他保险险种的保险条款和保险费率，应当报保险监督管理机构备案。

保险条款和保险费率审批、备案的具体办法，由国务院保险监督管理机构依照前款规定制定。

险合同。根据《保险法》(1995 年)第16 条第2、3、4 款,第36 条第1、2 款[①]规定,华泰保险公司提出解除保险合同,同时不承担保险赔偿责任的请求,并无不当。同时,本案所要解除的保险合同只涉及保险人和被保险人的权利义务关系,保险合同解除与否,并不影响购车人的权利义务。因此神龙北京分公司、神龙公司关于华泰保险公司行使起诉权的法律归属错误的答辩理由不能成立。神龙公司自始未按购车合同约定保留车辆所有权和设定车辆抵押权,保险标的危险程度自始处于可能增加的状态,神龙公司亦未履行相应的如实告知或及时通知义务。因此,对约定有"保留车辆所有权"、"设定车辆抵押权"内容的购车合同所对应的21 份保险单,应予解除;华泰保险公司对合同解除前,此21 份保险单下发生的保险事故不承担保险赔偿责任。对华泰保险公司以神龙公司违反购车合同约定,未设定其他担保为由,要求解除 BJ199850501080018 号、BJ199850501080023 号保险单的请求,该院不予支持。

9. 关于保险费退还的问题。华泰保险公司提出,在不承担其他赔偿责任的情况下,同意退还本案所涉全部保险单的保险费的意见,因其并不违反法律、法规规定,是当事人自行处分民事权利的自治行为,该院予以认可。对华泰保险公司要求解除 BJl99850501080018 号、BJ199850501080023 号保险单的请求,该院不予支持,因此,华泰保险公司应将其收取并愿意退还的,且该院予以解除的21 份保险单项下的保险费退还给投保人神龙公司。

该院依据《保险法》(1995 年)第 15 条、第 16 条第 1 款、第 2 款、第 3 款、第 4 款、第 36 条[②]的规定,判决:

1. 解除华泰保险公司出具的,神龙公司为投保人和被保险人的 BJ199850501080001、BJ199850501080002、BJ199850501080004、BJ199850501080005、BJ199850501080006、BJ199850501080007、BJ199850501080008、BJ199850501080009、BJ199850501080010、BJ199850501080011、BJ199850501080012、BJ199850501080013、BJ199850501080014、BJ199850501080015、BJ199850501080016、BJ199850501080017、BJ199850501080019、BJ199850501080020、BJ199850501080021、BJ199850501080024、BJ199850501080025 号分期付款购车保险单。

2. 华泰保险公司对上述分期付款购车保险单解除前发生的保险事故不承担保险赔偿责任。

---

① 参阅《保险法》(2009 修订)第 52 条规定:在合同有效期内,保险标的的危险程度显著增加的,被保险人应当按照合同约定及时通知保险人,保险人可以按照合同约定增加保险费或者解除合同。保险人解除合同的,应当将已收取的保险费,按照合同约定扣除自保险责任开始之日起至合同解除之日止应收的部分后,退还投保人。

被保险人未履行前款规定的通知义务的,因保险标的的危险程度显著增加而发生的保险事故,保险人不承担赔偿保险金的责任。

② 参阅《保险法》(2009 修订)第 15 条(内容未变)、第 16 条(见前注)、第 52 条(见前注)规定。

3. 华泰保险公司退还给神龙公司该判决第一项所列21份分期付款购车保险单项下的保险费2 031 501元。

4. 驳回华泰保险公司其他诉讼请求。一审案件受理费598 278元，华泰保险公司负担81 762元，神龙北京分公司负担516 516元。

四、当事人上诉与答辩情况

神龙公司和华泰保险公司均不服北京市高级人民法院的上述民事判决，向最高人民法院提起上诉。神龙公司上诉称：(1) 保险条款与《保险协议》约定的除外责任内容矛盾，原审判决认定两者的相关内容是并列、互为补充的关系是错误的。保险条款出具时间在《保险协议》签订之前，是保险人单方意思表示，保险条款与《保险协议》的约定不一致时，应以《保险协议》为准。原审判决杜撰了一个不可能操作更不可能存在的程序，上诉人在庭审中从未认可这一操作顺序。保险人在本案中坐收车辆基本险保费，对未保留车辆所有权和未办理车辆抵押是明知的。未保留所有权和行使抵押权并未导致危险程度增加，且保留所有权、设置抵押权的约定，因违反行政法规和《工矿产品购销合同条例》应为无效。原审判决完全混同了保险单和《保险协议》的概念。被上诉人因保险单已过保险期间而丧失权利。保险人未对投保人如何“保留车辆所有权”和“行使抵押权”履行询问和特别说明义务。(2) 华泰保险公司未能举证证明保险单背面是否载有保险条款及其具体出具时间，原审判决仅凭武汉法院审理的京贵云雀案中的保险单背面载有保险条款而推断本案保险单背面也必有保险条款，缺乏依据。保监会北京办事处出具的“函件”系华泰保险公司与其恶意串通的结果，不能作为定案依据。(3) 华泰保险公司一审开庭时变更诉状和诉讼请求，一审法院未依法另行给被告答辩期，剥夺了神龙公司的诉讼权利。华泰保险公司未能向法庭出具保险条款备案的证据，应视为其举证不能。原审法院将本应由法院依职权调取的证据委托华泰保险公司调取，其证据效力待定。(4) 原审判决适用法律错误，其完全抛开《保险法》(1995年)第16条①和第30条②的规定，作有利于保险人的解释。本案属于合同纠纷，对《保险法》未作规定的，应适用《合同法》的有关规定。请求：① 撤销原审判决，发回重审或在查清事实的基础上依法作出公正判决；② 本案上诉费由华泰保险公司承担。

华泰保险公司上诉称：(1) 针对BJI99850501080018、BJI99850501080023号二份保险合同，一审判决书认定购车人已经向我公司提供了符合要求的反担保，与事实不符。神龙公司并未按购车合同的约定设定保证，保险人有权解除保险合同

---

① 参阅《保险法》(2009修订)第16条(见前注)规定。

② 参阅《保险法》(2009修订)第30条规定：采用保险人提供的格式条款订立的保险合同，保险人与投保人、被保险人或者受益人对合同条款有争议的，应当按照通常理解予以解释。对合同条款有两种以上解释的，人民法院或者仲裁机构应当作出有利于被保险人和受益人的解释。

并不承担保险赔偿责任。(2) 一审判决书对部分关键事实认定失准,造成我公司损失。神龙公司在购车人未付清首付款前就发车,且在购车人未按期还款时,未采取终止合同措施并继续发车,导致购车人怠于还款,保险标的危险程度增加。一审认定忽略了被保险人约定和法定的控险减灾义务,损害了保险人的合法利益,请求:① 解除 BJl99850501080018、BJl99850501080023 号分期付款购车保险合同;② 我公司对上述两份保险合同解除前发生的保险事故不承担保险赔偿责任;③ 一、二审诉讼费由两被上诉人承担。

华泰保险公司针对神龙公司的上诉答辩称:(1) 原审判决认定《保险协议》的签订在保险条款适用于本案保险单之前,证据充分。《保险协议》没有明确的合同主体和客体,无从形成保险合同。保险单通过背附保险条款具体确定了保险合同的必备内容。故《保险协议》与投保单、保险单共同构成了保险合同。原审认定客观准确地反映了当事人的真实意思表示,符合一致性合同解释原则。神龙公司在本案一审开庭时曾自行提交保险条款作为证据。京贵云雀案是答辩人本案一并起诉的24 份相同保险合同之一,其制式与本案其他保险合同完全相同。京贵云雀案保险条款背附于保险单,足以证明本案各保单正本背面亦附有同一保险条款。且双方签订的《会谈纪要》明确表明本案所涉保险单适用保险条款。神龙公司并未就保险条款向保险人提出修改意见,《保险协议》与保险条款只是在除外责任的范围上有所不同,两者并不矛盾,在适用上应互为补充。且投保单和保险单首部均载明保险人按照保险单所载条款承担保险责任。(2) 购车合同约定在购车人付款完毕前由神龙公司保留车辆所有权,是神龙公司对保险人的承诺,是保险人承保与否的前提。车辆所有权保留与发车没有必然联系。神龙公司是否保留车辆所有权和抵押权决定了保险的风险程度。神龙公司作为投保人负有如实告知义务和危险增加的通知义务,客观上北京地区车管所暂未办理保留车辆所有权和抵押权登记,并不能免除神龙公司的通知义务。根据保险条款的约定,神龙公司应严格遵守购车合同,履行变动不征得保险人同意的,保险人有权解除合同和不承担赔偿责任。(3) 购车人向保险人投保车辆基本险,不能必然证明保险人知道神龙公司未保留车辆所有权和未办理抵押权。神龙公司举证的车辆基本险保单复印件混乱,不能作为证据认定。保险期间届满至理赔结束,保险合同持续有效。保险人提出解除合同不受保险期间的限制。(4) 答辩人从未改变诉讼请求,神龙公司无权要求 15 天答辩期。北京保监办函已表明答辩人的分期付款购车保险条款已经备案,且附在保险单正本背面,对此答辩人不存在举证不能的问题。保监会北京办事处系主管机关就相关事实出具的证明文件,具有无可置疑的证据效力。(5) 本案属保险合同纠纷,保险法具有完全适用性,不存在保险法无归属问题。原审判决事实清楚,程序合法,适用法律正确,关于保险人有权解除合同和不承担保险责任的判定应予维持。

神龙公司针对华泰公司的上诉答辩称:原审判决针对被答辩人出具的

BJl998505010080018、BJl99850501080023 号保单项下所约定的反担保，被答辩人在核保时并未提出任何异议。答辩人均是在购车人首付款到位且核保后发车，被答辩人关于购车人首付款未到位的主张，没有任何事实依据。原审法院针对BJl99850501080018、BJl99850501080023 号保单的判决事实清楚，证据充分，适用法律正确，应予维持。

五、二审法院查明事实

除一审认定的协议签订、投保等行为的操作顺序外，最高人民法院二审认定一审法院查明的其他事实。

六、二审法院裁判要旨

最高人民法院经审理认为：

根据《保险法》(1995 年)第 12 条①关于“投保人提出保险要求，经保险人同意承保，并就合同的条款达成协议，保险合同成立。保险人应当及时向投保人签发保险单或者其他保险凭证，并在保险单或者其他保险凭证中载明当事人双方约定的合同内容。经投保人和保险人协商同意，也可以采取前款规定以外的其他书面协议形式订立保险合同”的规定，投保人与保险人签订保险合同，可以在保险单或者其他保险凭证上载明当事人双方约定的合同内容，也可以采取其他的形式订立。华泰保险公司与神龙公司先行签订的《保险协议》仅约定双方同意由神龙公司或者其购车人向华泰保险公司购买分期付款购车保险，并在每一份保险单中分别确定保险标的等条款，因无确定的保险合同主体和客体，故并未形成完整意义上的保险合同，原审法院关于《保险协议》是当事人之间订立的一个意向性、总括性协议的认定，符合事实和法律，最高人民法院予以维持。华泰保险公司根据神龙公司的投保单，在明确了具体的投保人、被保险人以及保险标的等后，分别向神龙公司出具的每一份保险单中均明确载明了双方当事人的权利义务，故每一份保险单上所载内容为保险合同的具体内容。保险单中明确载明华泰保险公司“按照保险单所载条款、附加条款以及所列项目承担保险责任”，且在备注栏内标明“保单按照保险人与被保险人之间分期付款保险协议执行，保单对应于被保险人和购车人之间分期付款购车合同”，故保险单所载明的条款、附加条款、所列项目以及保险协议、分期付款购车合同等均是保险合同的内容。

---

① 参阅《保险法》(2009 修订)第 13 条规定：投保人提出保险要求，经保险人同意承保，保险合同成立。保险人应当及时向投保人签发保险单或者其他保险凭证。

保险单或者其他保险凭证应当载明当事人双方约定的合同内容。当事人也可以约定采用其他书面形式载明合同内容。

依法成立的保险合同，自成立时生效。投保人和保险人可以对合同的效力约定附条件或者附期限。

本案《保险条款》是否存在于保险单背面是认定华泰保险公司和神龙公司双方当事人具体权利义务的一个重要前提。但本案神龙公司称其所持上述23份保险单正本原件已全部丢失,无法出示。现华泰保险公司以保险单抬头明确载明其根据保险单所载条款等承担保险责任;保监会北京办事处出具的《关于华泰保险公司分期付款购车保险合同有关问题意见的函》中明确载明,华泰保险公司使用的分期付款购车合同保险条款已于1998年在原保险监管部门中国人民银行北京市分行备案,且根据保险行业惯例,保险条款附在保险单正本背面,作为保险合同的重要组成部分,以约束保险合同双方当事人;武汉市中级人民法院已先行审理的京贵云雀案中003号保险单原件背面附有保险条款;以及2000年3月华泰保险公司和神龙公司签订的《会谈纪要》表明,神龙公司要根据《保险条款》等向华泰保险公司提供有关材料等证据,主张保险单正本背面附有保险条款,神龙公司对此不予认可,应由其负举证责任。鉴于神龙公司至今仍未举出有关证据证明其所持23份保险单正本背面没有保险条款,应由其承担举证不能的责任。故原审法院关于神龙公司对保险单记载内容,包括保险条款已经全部接受,保险条款是本案保险合同一部分的认定,最高人民法院予以维持。

根据保险单所载明的内容,保险协议与保险单载明的其他条款共同构成了保险合同的内容。保险协议与保险条款所规定的内容是一种互为补充、相辅相成的关系,且即使出现冲突,因保险单形成在后,是对保险协议的具体化、确定化,也应以保险单所载条款为准。故上诉人神龙公司关于保险条款与保险协议约定的除外责任矛盾,应以保险协议为准的上诉理由,最高人民法院不予支持。

保险单明确载明保单对应于分期付款购车合同,且在保险条款中明确约定"被保险人应严格遵守分期付款购车合同中的责任和义务,分期付款购车合同如有变动,被保险人须事先得到保险人的书面同意",故本案购车合同中关于神龙公司应保留车辆所有权、设定车辆抵押权以及设定其他担保的内容,构成了神龙公司与华泰保险公司之间保险合同关系的重要组成部分,是华泰保险公司承保的前提和条件。原审法院关于购车合同是华泰保险公司判断和预测风险程度、决定是否承保、确定承保条件、出具保险单的直接和最终依据,构成了华泰保险公司赖以承保的条件和基础的认定,于法有据,最高人民法院予以维持。

华泰保险公司和神龙公司在保险条款中关于被保险人在保险期限内将车辆所有权转交购车人,华泰保险公司不承担赔偿责任的约定,以及神龙公司与购车人在分期付款购车合同中关于保留车辆所有权、设定车辆抵押权的约定,并不违反法律禁止性规定,虽客观上无法办理,但并不因此而无效,故上述约定对缔约各方当事人仍具有法律约束力。在保险合同签订后,如因客观原因不能办理车辆所有权保留或者车辆抵押的登记,神龙公司应及时告知华泰保险公司,并与其通过协商变更保险合同。现神龙公司无法举证证明其通知了华泰保险公司并与其协商一致变更了保险合同的有关条款,故神龙公司不能以此主张免责。

华泰保险公司在2000年7月起诉时提出的诉讼请求即为判令解除保险合同，不承担保险金赔偿责任，并未在一审开庭时变更诉讼请求，故神龙公司关于华泰保险公司变更诉讼请求，原审法院未另行给其答辩期，剥夺其诉权的上诉主张不能成立，本院不予支持。另，关于调取证据问题，究竟由法院调取还是由当事人调取，并不影响证据的效力，只要没有相反证据证明所调取证据的真实性，该证据就应予以认定。神龙公司关于原审法院程序违法的上诉理由，缺乏事实依据，最高人民法院不予支持。

018、023号保险单对应的购车合同约定购车人应提供神龙公司认可的担保，并由担保单位与神龙公司签署担保合同。现虽然神龙公司所举证据为担保书复印件，不能直接予以认定，但是，鉴于在该两份保险单对应的投保单中均明确载明了担保人名称，华泰保险公司根据该投保单出具了保险单，故应认定华泰保险公司当时对投保单上载明的内容是认可的，亦即对购车人根据购车合同提供的担保没有异议，故原审法院驳回华泰保险公司关于解除该两份保险合同的诉讼请求，最高人民法院予以维持。

因保险合同约定的保险标的是购车人付清首付款之后的分期付款义务，首付款是否按时足额交付，直接关系到承保人的保险范围，故原审法院认定保险合同标的是购车人分期付款义务，其不包括首付款是错误的。但鉴于华泰保险公司并未提供有关证据证明神龙公司在购车人首付款未到位时即发车，故对其关于购车人未付清首付款神龙公司就发车导致保险标的危险程度增加，其不应承担赔偿责任的上诉主张，最高人民法院不予支持。综上，最高人民法院依照《民事诉讼法》第135条第1款第(一)项和第158条之规定，判决如下：驳回上诉，维持原判。二审案件受理费598 278元，由华泰财产保险股份有限公司负担299 139元，神龙汽车有限公司北京销售分公司负担299 139元。

七、对本案事实认定和法律适用的分析

本案争议的焦点是保险合同内容的确定和保险责任的承担两个问题。

(一) 保险条款是否真实存在于保险单背面问题

本案保险条款是否存在于保险单背面是确定当事人双方权利义务的前提。根据中国人民银行北京市分行《北京市保险险种备案管理办法》以及中国保险监督管理委员会《财产保险条款费率管理暂行办法》等规定，保险公司必须严格按照核定的保险条款经营业务，不得擅自更改。本案争议的23份保险单正本背面是否附有保险条款问题，一般情况下，只要审查上述保险单正本即可得知，可本案神龙公司称其所持上述正本原件已全部丢失，无法出示，这凭空给法院的调查出了个难题。《保险法》(1995年)第106条第2款①规定：“保险公司拟定其他险种的保

---

① 参阅《保险法》(2009修订)第136条(见前注)规定。

险条款和保险费率,应当报金融监管部门备案”,华泰保险公司专门为此向其对该保险条款备案的中国保监会北京办事处报告,中国保监会北京办事处出具的《关于华泰保险公司分期付款购车保险合同有关问题意见的函》中明确载明华泰保险公司使用的分期付款购车合同保险条款已于1998年在原保险监管部门中国人民银行北京市分行备案,且根据保险行业惯例,保险条款附在保险单正本背面,作为保险合同的重要组成部分,以约束保险合同双方当事人。因本案华泰保险公司向北京市高级人民法院提起诉讼时,是以同期给神龙公司办理的24份保险单提起的,后因武汉市中级人民法院已先行审理了京贵云雀案(003号保险单),北京市高级人民法院在本案中对003号保险单未再进行审理(见原审法院裁定书),但鉴于003号保险单与其他23份保险单情况相同,故一审审理期间,原审法院向武汉市中级人民法院调取了003号保险单原件背面是否附有保险条款的证据。从武汉市中级人民法院出具的证据看,003号保险单背面确实附有争议的保险条款。从上述证据和保险行业惯例,以及正常的逻辑判断来看,本案所涉23份保险单背面附有保险条款应该说是没有什么问题的。且从举证责任角度,因保险单正本系由神龙公司所持有,对正本背面是否附有保险条款,应由神龙公司负责举证。现神龙公司不能举证,应由其承担举证不能的责任,直接依据华泰保险公司所举证据予以认定是有法律依据的。

(二)保险条款、《保险协议》、保险单之间法律关系问题,亦即本案保险合同的内容问题

本案当事人为保险一事,先行签订了《保险协议》,但该协议仅约定双方同意由神龙公司或者其购车人向华泰保险公司购买分期付款购车保险,投保人可以是购车人或者神龙公司,神龙公司与购车人签订的购车合同约定的购车人应向神龙公司履行的分期付款义务,为该协议的保险标的,并在每一份保险单中分别确定保险标的等条款,该协议并无明确的保险合同主体和客体,以及具体的权利义务等,并不购车完整意义上的保险合同,故原审法院关于《保险协议》是当事人之间以将来确定的保险标的为条件,就未来一定时间内分期交付的拟投保财产预先订立的一个意向性、总括性的协议的认定,符合事实和法律,应予以维持。亦即《保险协议》不能单独构成华泰保险公司和神龙公司的保险合同,而仅仅是保险合同的一部分,或者说是保险合同正式签订前的一个意向性的准合同,而最终约束双方当事人权利义务的应是在明确投保人、投保标的后,华泰保险公司向投保人分别出具的每一份保险单上所载明的内容,或者说保险单是保险协议的具体化、明确化,在保险单和保险协议没有冲突的时候,二者是相辅相成,互为补充的关系,当二者在具体的条款上有冲突时,则应以后出具的保险单所载明的内容为确定双方权利义务的依据。也就是说,保险单应是保险合同最终的正式书面凭证,是实质意义上的保险合同。《保险法》(1995 年)第 12 条①规定:“投保人提出保险要求,经保险人同意承保,并就合同的条款达成协议,保险合同成立。保险人应当及时向投保人签发保险单或者其他保险凭证,并在保险单或者其他保险凭证中载明当事人双方约定的合同内容。经投保人和保险人协商同意,也可以采取前款规定以外的其他书面协议形式订立保险合同。”本案严格说,当事人双方是在经过协商后,最终以保险单的形式明确约定的保险人和投保人之间的权利义务,故保险单所载内容为保险合同的内容,具体应包括保险单所载条款、附加条款以及所列项目,其中保险协议、分期付款购车合同以及保险条款均包括其中。

(三)购车合同与保险合同的关系问题

因购车合同系买卖合同的双方当事人签订,约束的是买卖双方当事人的权利义务,而保险合同是保险人和投保人就保险事项签订的协议,约束的是保险双方当事人的权利义务,一般情况下,理解为两个不同的法律关系是可以的。但是鉴于保险合同的特殊性,购车合同的内容直接决定了保险公司判断和测算保险风险程度、决定是否承保、确定承保条件、出具保单的直接和最终的依据,在某种程度上构成了保险公司赖以承保的条件和基础。尤其在本案中,华泰保险公司在其出具的保险单上明确载明“本保单对应于被保险人与购车人之间的购车合同”,在保险单背附的保险条款中亦明确约定:“被保险人应严格遵守分期付款购车合同中的责任和义务,分期付款购车合同如有变动,被保险人须事先得到保险人的书面同意”等,故本案购车合同不能说与保险合同无关,至少从上述约定来看,购车合同是本案华泰保险公司承保的条件和基础。也就是说,购车合同中关于神龙公司应保留车辆所有权、设定车辆抵押权以及设定其他担保的内容构成了神龙公司与华泰保险公司之间保险合同关系的重要组成部分,是华泰保险公司承保的前提条件。

(四)保留所有权、办理抵押的约定是否有效?客观不能是否免责?是否增大危险程度?

华泰保险公司和神龙公司在保险合同和购车合同等中均明确约定了保留车辆所有权、设定车辆抵押权的内容,原审法院就此问题走访公安部车管处,该处答复为,车管部门不办理所有权保留登记,且车辆抵押登记也是到 2001 年 10 月 1 日才开始办理,换句话说,在 1998 年华泰保险公司和神龙公司签订保险合同时,北京地区尚未办理车辆所有权保留登记和抵押权登记。但是,虽然在客观上神龙公司无法办理车辆所有权保留登记和抵押权登记,但双方的约定并不违反法律禁止性规定,应该说是有效的,至于是否能够办理并不必然导致合同约定的无效。对此,神龙公司在得知无法办理时应及时通知华泰保险公司,并就有关条款予以变更。对此,神龙公司虽举证落款为 1999 年 4 月 22 日的函件,以说明其曾经对有关部门

---

① 参阅《保险法》(2009 修订)第 13 条(见前注)规定。

不予办理车辆抵押登记告知过华泰保险公司,但华泰保险公司对此不予认可,且神龙公司无法证明其已将该函件送达华泰保险公司,故对此应不予认定。关于神龙公司华泰保险公司已为其出售的部分车辆办理了车辆基本险和盗抢险,华泰保险公司对其未保留车辆所有权系明知的主张,因此点不能当然说明华泰保险公司对该部分车辆系双方保险协议项下的车辆系明知,且即使如神龙公司所主张,华泰保险公司对所保险车辆所有权未保留明知,也不能排除投保人神龙公司的通知义务,或者说,在保险合同未作修改的情况下,投保人的责任是不能当然免除的。对此,《保险法》(1995 年)第 20 条第 2 款①明确规定:"变更保险合同的,应当由保险人在原保险单或者其他保险凭证上批注或者附贴批单,或者由投保人和保险人订立变更的书面协议。"

(五)程序问题

华泰保险公司在 2000 年 7 月起诉时提出的诉讼请求即为判令解除保险合同,不承担保险金赔偿责任,并未在一审开庭时变更诉讼请求,故神龙公司关于华泰保险公司变更诉讼请求,原审法院未另行给其答辩期,剥夺其诉权的上诉,应不予支持。另外,关于调取证据问题,究竟由法院调取还是由当事人调取,并不影响证据的效力,只要没有相反证据证明所调取证据的真实性,该证据就应予以认定。神龙公司关于原审法院程序违法的上诉理由,与事实不符,应不予支持。

(六)018、023 号保险单是否提供了担保以及首付款问题

上述两份保险单对应的购车合同约定购车人应提供神龙公司认可的担保,并由担保单位与神龙公司签署担保合同。现虽然神龙公司所举证据为担保书复印件,不能直接予以认定,但是,鉴于在该两份保险单对应的两份投保单中均明确载明了担保人名称,华泰保险公司根据该投保单出具了保险单,故应认定华泰保险公司当时对投保单上载明的内容是认可的,亦即对购车人根据购车合同提供的担保没有异议,故该两份保险合同华泰保险公司无权解除。

至于神龙公司是否在购车人未付清首付款前发车问题,因保险合同约定的保险标的是购车人付清首付款之后的分期付款义务,首付款是否按时交付,直接关系到承保人的保险范围,故原审法院认定保险合同标的是购车人分期付款义务,其不包括首付款是错误的。但鉴于华泰保险公司并未提供有关证据证明购车人首付款未到位即发车,故对其主张,不应支持。

① 参阅《保险法》(2009 修订)第 20 条规定:投保人和保险人可以协商变更合同内容。变更保险合同的,应当由保险人在保险单或者其他保险凭证上批注或者附贴批单,或者由投保人和保险人订立变更的书面协议。

7 委托理财

委托理财合同的性质认定和责任承担

——健桥证券股份有限公司与宝鸡钛业股份有限公司、
陕西健桥投资担保有限公司
委托理财合同纠纷上诉案

一、当事人基本情况及案件来源

上诉人(原审被告):健桥证券股份有限公司(以下简称"健桥公司"),住陕西省西安市高新一路志诚大厦16层。

法定代表人:李晓援,该公司董事长。

被上诉人(原审原告):宝鸡钛业股份有限公司(以下简称"宝钛公司"),住陕西省宝鸡市钛城路1号。

法定代表人:胡清熊,该公司董事长。

原审被告:陕西健桥投资担保有限公司(以下简称"担保公司"),住陕西省宝鸡市火炬路宝桥科贸大厦。

法定代表人:李向春,该公司董事长。

上诉人健桥公司为与被上诉人宝钛公司、原审被告健桥公司委托理财合同纠纷一案,不服陕西省高级人民法院(2004)陕民二初字第21号民事判决,向最高人民法院提起上诉。最高人民法院依法组成由审判员吴庆宝担任审判长,代理审判员宫邦友、刘敏参加的合议庭进行了审理,书记员赵穗军担任记录。该案现已审理终结。

二、原审法院查明事实

原审法院查明:2003年8月20日,宝钛公司作为委托人与受托人健桥公司签订《受托国债投资管理合同》一份。双方约定,根据中国证监会《关于规范证券公司受托投资管理业务的通知》以及其他有关法律法规,双方经友好协商,本着平等、自愿、有偿、诚实信用的原则,就双方之间的委托国债投资管理业务达成如下协议:宝钛公司保证其依法具有委托人资格,对其所提供的委托资产享有不受限制的合法所有权。健桥公司承诺已获取中国证监会批准的受托投资管理业务的资格,并严格依照国家有关法律法规开展受托资产管理业务活动;接受宝钛公司存入的受托资金,并按照中国证监会《客户交易结算资金管理办法》的规定进行管理;在从事受托投资管理业务过程中遵循诚实信用原则,以专业技能管理受托资产,保护宝钛公司的利益,不从事任何有损宝钛公司利益的活动;每季至少一次向宝钛公司提供准确、完整的受托投资管理情况、证券交易记录及资产组合评估报告,不得挪用宝钛公司委托资产;不得将委托资产投资于自己在股权、债权和人员等方面有重大关联关系的公司发行的证券,不得以获取佣金或其他利益为目的进行不必要的证券买卖。宝钛公司将其自有资金人民币6000万元委托健桥公司进行国债投资。宝钛公司享有其所投资的国债的利息收益,并承担国债市场价格等因素造成的投资损失,健桥公司不向宝钛公司承诺收益或分担损失。受托资产以宝钛公司名义在健桥公司宝鸡市的证券营业部设立账户,全权委托健桥公司进行国债操作,由健桥公司进行专户管理,但不得与健桥公司自营、经纪账户混合使用。委托期限12个月,委托起始日及截止日均以健桥公司开具的《资产管理证明书》为准。健桥公司未经宝钛公司书面许可,自管理期初买入国债后至管理期末,不得擅自动用宝钛公司账户内的资金和国债,不得擅自买卖国债。在委托关系终止后5个工作日内,双方各派两名代表组成清算组对委托资产进行清算,若期末国债年投资收益率高于3%,则健桥公司管理费用按高出部分收益总额的5%向宝钛公司收取;若期末国债年投资收益率低于3%,则健桥公司不向宝钛公司收取管理费用。健桥公司移交受托资产时,须保证宝钛公司账户内有保持期初数量的国债;委托期内国债派发的利息,期初购买国债剩下的资金余额等。

同日,宝钛公司与健桥公司签订《受托国债投资管理合同补充协议》(以下简称《补充协议》)一份,约定经双方友好协商,对2003年8月20日签署的受托国债投资管理合同作出修改和补充,补充协议是原合同不可分割的组成部分。在健桥公司不对宝钛公司账户内国债进行擅自买卖交易的前提下,宝钛公司同意健桥公司可对该部分国债进行回购交易,回购所得资金由健桥公司自主使用。健桥公司承诺在国债管理期末,向宝钛公司归还受托本金的同时,并按投资年收益率9%支付给宝钛公司投资收益,作为对宝钛公司授予健桥公司回购资金使用权的补偿。健桥公司承诺每半年支付一次收益,如健桥公司不能按期支付本金和收益,宝钛公司有权向健桥公司按逾期金额每日万分之五的比例收取滞纳金等。

同日,宝钛公司、健桥公司、担保公司三方还签订《委托国债投资管理保证合同》(以下简称《保证合同》)一份,约定,担保公司愿意为《受托国债投资管理合同》向宝钛公司提供担保;担保公司对宝钛公司的资产6000万元的安全及投资收益承担连带清偿责任;担保公司的保证期限自主合同生效开始至主合同期满后6个月为止;本合同生效后,宝钛公司与健桥公司如需变更主合同的有关条款,应征得担保公司的同意,由三方签订书面协议等。

上述合同签订后,宝钛公司将6 000万元资金打到健桥公司指定账户上。2003年9月4日,健桥公司向宝钛公司出具了《委托资产管理证明书》,委托金额6 000万元,委托期为2003年9月4日至2004年9月4日。健桥公司于2003年9月8日用上述资金购买了国债,并随即将全部国债进行了回购登记,之后再未进行国债交易。2004年4月21日,健桥公司向宝钛公司支付委托国债投资收益款270万元。同年6月28日,宝钛公司持有的所有国债被中国证券登记结算有限责任公司上海分公司冻结并质押转移。

因健桥公司到期未能偿还回购资金,宝钛公司于2004年8月16日诉至陕西省高级人民法院,请求判令健桥公司归还其委托投资管理的6 000万元资产,并承担利息损失41万元(按同期活期存款利率计付);健桥投资公司承担连带责任;案件受理费由健桥公司和担保公司负担。

三、原审法院裁判要旨

原审法院经审理认为:

宝钛公司与健桥公司所签《补充协议》约定的健桥公司有权对宝钛公司的国债进行回购交易,回购所得资金由健桥公司自主使用及健桥公司承诺在国债管理期末,向宝钛公司归还受托本金的同时,并按投资年收益率9%支付投资收益的条款,实际上在双方当事人间成立了以委托理财为表现形式的借贷关系,资金出借人为宝钛公司,借款人为健桥公司。故该案案由应确定为借款合同纠纷。上述借贷关系的条款违反了企业间不得相互借贷的禁止性法律规定,应属无效条款。而该无效条款所涉内容正是宝钛公司与健桥公司交易的关键性、实质性条款,是整个合同目的的指向。故该关键性条款的无效导致《补充协议》整体无效。虽然《受托国债投资管理合同》形式完备,符合法律规定,但当事人在同日签订形式上合法的合同后,又签订了因内容违法而无效的《补充协议》,且《补充协议》是《受托国债投资管理合同》不可分割的组成部分,因而当事人规避法律的意图明显,实属以合法形式掩盖非法目的,故《受托国债投资管理合同》依法亦应认定无效。健桥公司主张的《受托国债投资管理合同》及《补充协议》除保底收益条款外其余条款有效的主张不能成立,不予支持。宝钛公司主张《受托国债投资管理合同》及《补充协议》无效的理由成立,应予支持。《委托国债投资管理保证合同》作为《受托国债投资管理合同》的从合同,因主合同的无效而无效。对于《受托国债投资管理合同》及《补充协议》无效,健桥公司作为专业证券公司,对证券法的相关规定理应熟知,故其对于合同的无效应承担主要过错责任。健桥公司违法回购国债,挪用回购资金自主使用,致其不能及时向宝钛公司偿还资产,造成损失后果与合同无效没有必然的因果关系。故宝钛公司不因合同无效的次要过错责任而对损失后果承担责任。健桥公司支付的270万元收益款应当折抵本金,健桥公司理应偿还宝钛公司除270万元以外的借款本金及相应利息。健桥公司主张的只需将宝钛公司期初购买的国债依数依原品种返还给宝钛公司,或者按照现在的市场价格将购买同数量同品种国债所需金额退还宝钛公司现金不符合合同无效的处理原则,不能成立。担保公司因《保证合同》无效及其未对补充协议提供担保、对主合同的无效状态不应知而不承担民事责任。担保公司关于其不承担保证责任的主张成立,应予支持。宝钛公司要求担保公司承担连带保证责任的请求不能成立,该院不予支持。

综上,依照《合同法》第52条第(三)项、(五)项、第58条,《担保法》第5条,最高人民法院《关于适用〈中华人民共和国担保法〉若干问题的解释》第8条,《民事诉讼法》第128条、第138条之规定,判决:

1. 健桥公司于该判决生效后10日内偿还宝钛公司5730万元及利息(自2003年9月4日至给付之日止,按中国人民银行规定的同期活期存款利率计息)。逾期履行,加倍支付迟延履行期间的债务利息;

2. 驳回宝钛公司对担保公司的诉讼请求。案件受理费311 510元、保全费300 520元,由健桥公司负担。

四、当事人上诉与答辩情况

健桥公司不服陕西省高级人民法院上述民事判决,向最高人民法院提起上诉称:《受托国债投资管理合同》和《补充协议》系各方当事人真实意思表示,不违反法律禁止性规定,应为合法有效。个别条款无效不影响其余条款的效力。合同无效的法律后果应是健桥公司依数依原品种向宝钛公司返还期初购买的国债,或者按照清算时点的市场价格将购买同数量同品种国债所需金额返还,已经向宝钛公司支付过的270万元款项直接或折算成一定数量的国债予以抵销。且宝钛公司应对合同无效承担部分损失。健桥公司依据《补充协议》的约定回购国债,不构成对宝钛公司的侵权。健桥公司偿还宝钛公司款项应从合同期满后即2004年9月4日开始计付。原审判决认定争议双方形成了以委托理财为表现形式的借贷关系缺乏法律依据。一审判决"逾期履行加倍支付迟延履行期间的债务利息"缺乏法律依据,且诉讼费用的分担显失公平。请求改判原审判决为:健桥公司依数依原品种向宝钛公司返还期初购买的国债,或者按照清算时点的市场价格将购买同数量同品种国债所需金额返还,已经向宝钛公司支付过的270万元款项直接或折算成一定数量的国债予以抵销;一审案件受理费及保全费按照终审判决中宝钛公司得到支持的诉讼请求金额,同宝钛公司起诉书诉请金额的比例,由宝钛公司和上诉人按比例分担,;二审案件受理费由宝钛公司负担。

宝钛公司答辩称:健桥公司与其同时签订《委托国债投资管理合同》和《补充协议》,且《补充协议》对《委托国债投资管理合同》的主要内容作了实质性变更,这种签订合同的方式本身就是以同时签订一份"桌面协议"和一份"桌底协议"的形式规避法律的行为。而“桌底协议”才是当事人双方真实的意思表示。健桥公司关于双方系约定了保底条款的委托理财关系的主张,没有事实和法律依据。委托理财的根本目的是通过各种投资手段实现委托资产收益的最大化。而健桥公司在取得回购资金后未对委托资金进行任何证券投资,而是以占有回购资金自己使用为最终目的。按照合同约定,健桥公司并不收取任何佣金,相反只是支付“回购资金使用权的补偿”款。且《补充合同》明确约定管理期末归还的是受托本金,而非剩余的国债及资金。故双方之间实际上是一种规避法律的融资借贷关系。双方签订的两份合同均为无效合同。按照合同约定健桥公司从宝钛公司取得的是6 000万元资金,故合同认定无效后其当然应当返还相应的资金而非国债。对于合同无效健桥公司负有全部过错,故其应当赔偿宝钛公司的相应损失。原审法院关于计息起算、逾期履行加倍支付迟延利息和诉讼费用的负担等判项符合法律规定,应予维持。请求驳回上诉,维持原判。

担保公司未作书面陈述。

五、二审法院查明事实

二审法院认定一审法院认定的事实。

六、二审法院裁判要旨

最高人民法院经审理认为:

宝钛公司与健桥公司于2003年8月20日签订的《受托国债投资管理合同》关于“宝钛公司将其自有资金6 000万元委托健桥公司进行国债投资;宝钛公司享有投资所生利息收益,并承担国债市场价格等因素造成的投资损失,健桥公司不承诺收益或分担损失;健桥公司不得擅自动用宝钛公司账户内的资金和国债,不得擅自买卖国债;健桥公司收取管理费用”等内容,属于委托理财的权利义务关系。但是双方同日又签订《补充协议》约定,宝钛公司同意健桥公司对国债进行回购交易,回购所得资金由健桥公司自主使用;健桥公司承诺在国债管理期末向宝钛公司归还受托本金时,按照投资年收益率9%支付宝钛公司投资收益,作为对宝钛公司授予健桥公司回购资金使用权的补偿。《补充协议》的上述约定,将双方签订的《受托国债投资管理合同》所约定的由健桥公司代为进行国债投资的内容进行了修改,实质内容已经变更为宝钛公司同意健桥公司使用国债回购后的资金,由健桥公司向宝钛公司支付一定比例的资金使用费。双方以这种方式签订合同,实质上是在规避国家法律、法规关于企业间禁止借贷等有关规定。故原审法院认定双方系以委托理财为表现形式的借贷关系有事实和法律依据,最高人民法院予以维持。根据《合同法》第52条第(三)项关于“以合法形式掩盖非法目的的合同无效”的规定,上述合同应当认定为无效合同。

因双方系非法借贷的民事关系,健桥公司取得的是国债回购所得资金,而非国债,故在返还因上述无效合同取得的财产时,健桥公司应当返还其取得的相应资金。健桥公司关于其应当依数依原品种向宝钛公司返还期初购买的国债,或者按照清算时点的市场价格将购买同数量同品种国债所需金额返还,已经向宝钛公司支付过的270万元款项直接或折算成一定数量的国债予以抵销的上诉请求,没有法律依据,最高人民法院不予支持。原审法院将已支付的270万元收益款折抵本金后判决健桥公司偿还宝钛公司5 730万元款项于法有据,最高人民法院予以维持。健桥公司和宝钛公司对于合同无效均有过错。健桥公司作为专业证券公司,对合同无效应当承担主要过错责任,宝钛公司承担次要过错责任。对此,原审判决在对返还的5 730万元的利息计付上已有体现(即按照活期利率计付利息),符合法律规定,最高人民法院予以维持。关于计息起算日期和逾期履行支付迟延履行期间的债务利息问题,原审判决不违反法律规定,最高人民法院亦予维持。健桥公司的有关上诉请求没有法律依据,最高人民法院不予支持。原审判决在认定健桥公司和宝钛公司对合同无效均有过错的前提下,将一审案件受理费和保全费全部判决由健桥公司负担确属不当,最高人民法院对此予以变更。

最高人民法院依照《合同法》第52条第(三)项、第58条、《民事诉讼法》第153条第1款第(一)、(二)项之规定,判决:维持陕西省高级人民法院(2004)陕民二初字第21号民事判决主文;变更上述民事判决案件受理费和保全费负担部分为:一审案件受理费311 510元和保全费300 520元,合计612 030元,由健桥证券股份有限公司负担50万元,宝鸡钛业股份有限公司负担112 030元;二审案件受理费311 510元,由健桥证券股份有限公司负担30万元,由宝鸡钛业股份有限公司负担11 510元。

七、对本案事实认定和法律适用的分析

(一)关于本案法律关系的确定

本案宝钛公司与健桥公司于2003年8月20日同时签订了《受托国债投资管理合同》和《补充协议》两份合同,表面看双方为委托理财法律关系,但从双方签订的上述两份合同的内容和细究当事人双方的真实意思表示看,双方实为借贷的法律关系。《受托国债投资管理合同》关于"宝钛公司将其自有资金6 000万元委托健桥公司进行国债投资;宝钛公司享有投资所生利息收益,并承担国债市场价格等因素造成的投资损失,健桥公司不承诺收益或分担损失;健桥公司不得擅自动用宝钛公司账户内的资金和国债,不得擅自买卖国债;健桥公司收取管理费用"等规定,确属委托理财的内容。但是,在签订该合同的同日,双方所签订的《补充协议》明确规定,宝钛公司同意健桥公司对国债进行回购交易,回购所得资金由健桥公司自主使用;健桥公司承诺在国债管理期末向宝钛公司归还受托本金时,按照投资年收益率9%支付宝钛公司投资收益,作为对宝钛公司授予健桥公司回购资金使用权的补偿。《补充协议》的上述约定,将双方签订的《受托国债投资管理合

同》所约定的由健桥公司代为进行国债投资的内容进行了全面的修改,实质内容已经变为健桥公司使用宝钛公司国债回购后的资金,而由健桥公司向宝钛公司支付一定比例的资金使用费。双方之所以以这种方式签订合同,实质上是在规避国家法律、法规关于企业间禁止借贷等有关规定。故原审法院认定双方系以委托理财为表现形式的借贷关系有事实和法律依据应予维持。

(二)合同效力及处理

1. 合同的效力问题。因双方签订的《受托国债投资管理合同》和《补充合同》系以所谓的受托国债投资管理的合法形式掩盖双方非法借贷的真实目的,故根据《合同法》第52条第(三)项关于"以合法形式掩盖非法目的的合同无效"的规定,上述合同应当认定为无效合同。

2. 合同无效财产返还问题。因双方系非法借贷的法律关系,健桥公司取得的是国债回购所得的资金,而非国债,故在返还因上述合同取得的财产时,健桥公司应当返还其取得的相应资金。健桥公司关于其应当依数依原品种向宝钛公司返还期初购买的国债,或者按照清算时点的市场价格将购买同数量同品种国债所需金额返还,已经支付的270万元予以冲抵的上诉请求,没有法律依据,应不予支持。原审法院判决健桥公司偿还宝钛公司5 730万元款项应予支持。

3. 缔约过失责任的分担问题。对于合同的无效,应该说双方均有过错,但健桥公司作为专业证券公司,理应对证券法的相关规定熟知,对合同的无效应当承担主要的过错责任,宝钛公司承担次要的过错责任。这一点,原审判决在对5 730万元利息的计付上已有体现,即按照活期利率计付利息。应该说还是合理合法的,应予以维持。

4. 诉讼费用的负担问题。对于诉讼费用的负担,因双方对合同无效均有过错,可适当改判由宝钛公司负担小部分,即一审案件受理费311 510元和保全费300 520元,合计612 030元,由宝钛公司负担112 030元,健桥公司负担50万元。二审案件受理费311 510元,由健桥公司负担30万元,宝钛公司负担11 510元。

5. 利息起算和逾期支付利息问题。关于计息起算日期和逾期履行支付迟延履行期间的债务利息问题,原审判决符合法律规定,应予以维持。健桥公司的有关上诉请求没有法律依据,应不予支持。

8 诉讼时效

诉讼时效：正义价值高于效率价值

——中国信达资产管理公司郑州办事处与河南轮胎集团有限责任公司借款合同纠纷上诉案

一、当事人基本情况及案件来源

上诉人（原审原告）：中国信达资产管理公司郑州办事处（以下简称“信达公司郑州办”），住河南省郑州市丰产路28号。

负责人：杜宝峰，该办事处主任。

被上诉人（原审被告）：河南轮胎集团有限责任公司（以下简称“轮胎公司”），住河南省焦作市焦东南路48号。

法定代表人：郑玉力，该公司董事长。

上诉人信达公司郑州办为与被上诉人轮胎公司抵押担保借款合同纠纷一案，不服河南省高级人民法院（2003）豫法民二初字第5号民事判决，向最高人民法院提起上诉。最高人民法院依法组成由审判员吴庆宝担任审判长，代理审判员宫邦友、刘敏参加的合议庭进行了审理，书记员孔玲担任记录。本案现已审理终结。

二、原审法院查明事实

原审法院查明：1988年至1994年，中国建设银行焦作分行焦东支行办事处（以下简称“焦东支行”）与焦作市合成纤维厂（以下简称“纤维厂”）共签订9份借款合同，纤维厂依据该9份合同共取得借款本金1 509万元。其中，1988年的一笔300万元贷款，纤维厂以其型号为0443A的价值为380万元的机器提供抵押担保。1990年的一笔300万元的贷款，纤维厂以其原值360万元的厂房提供抵押担保。1992年，纤维厂又从中国建设银行焦作分行焦西支行（以下简称“焦西支行”）取得贷款38万元。以上纤维厂贷款金额共计1 547万元。

1997年5月13日，河南轮胎厂（以下简称“轮胎厂”）向中国建设银行焦作支行（以下简称“焦作支行”）出具豫轮厂字〔1997〕33号《关于我厂兼并纤维厂银行贷款的还款计划》称,根据国发(1997)10 号文和河南省经贸委的规定,市政府决定,经该厂职代会通过,该厂同意兼并纤维厂,并列明了 1 547 万元款项的还款计划。其中,2000 年度还款 307 万元,2001 年度还款 310 万元,2002 年度还款 310 万元,2003 年度还款 310 万元,2004 年度还款 310 万元。同日,轮胎厂又向焦作支行出具了抵押担保承诺函。

1997 年 5 月 31 日,焦西支行和焦东支行分别与轮胎厂签订了编号为焦西协字(97)03 号、(98)建东 016 号、(98)建东 017 号和(98)建东 018 号的 4 份《债权债务转移协议书》约定,根据全国企业兼并破产和职工再就业工作领导小组 97(2)号《全国企业兼并破产和职工再就业工作计划》及轮胎厂和纤维厂的兼并协议,轮胎厂同意接收纤维厂原欠焦西支行和焦东支行的债务(共计 1 547 万元)。在计划还款期内,焦西支行和焦东支行根据国务院的有关规定,同意对轮胎厂接收的纤维厂的贷款本金免收利息。轮胎厂必须按照分次还款计划主动归还贷款。如轮胎厂不按照分次还款计划足额归还贷款,对逾期未归还的部分,焦西支行和焦东支行有权按规定对所欠部分贷款自停息日开始恢复计息,利率按照原借款合同利率执行,并加计罚息和复利。其中,焦西协字(97)03 号协议约定的 38 万元的还款期限为 2000 年 5 月 31 日;(98)建东 016 号协议约定的 185 万元的还款期限为 2000 年 5 月 31 日;(98)建东 017 号协议约定的 80 万元的还款期限为 2000 年 5 月 31 日;(98)建东 018 号协议约定的 1 244 万元的还款期限分别为:2000 年 5 月 31 日归还 4 万元,2001 年 5 月 31 日归还 310 万元,2002 年 5 月 31 日归还 310 万元,2003 年 5 月 31 日归还 310 万元,2004 年 5 月 31 日归还 310 万元。同年 10 月,轮胎厂整体改制为河南轮胎集团有限责任公司(以下简称"轮胎公司")。

轮胎厂于 1997 年 5 月 16 日兼并了纤维厂。双方的兼并协议约定,轮胎厂兼并纤维厂,轮胎厂占有纤维厂的所有资产,并承担纤维厂的全部债权债务,享受资产受益和重大决策权,并负责纤维厂富余人员的分流安置、离退休人员的工资待遇。兼并后的纤维厂为轮胎厂的二级法人企业。纤维厂实行独立核算,自主经营,自负盈亏。1998 年纤维厂改制为经纬化纤公司(以下简称"经纬公司")。焦作市审计事务所 1997 年 5 月 7 日给纤维厂出具的焦社审〔1997〕15 号《资产评估报告书》显示,纤维厂的资产并不包含型号为 0443A 的机器。原纤维厂的厂房归经纬公司管理使用(没有房屋所有权证)。

1999 年 11 月,焦东支行将其对原纤维厂的 1 509 万元债权转让给中国信达资产管理公司郑州办事处(以下简称"信达公司郑州办"),并通知了经纬公司,且以公证送达的方式通知了担保人轮胎公司。同年 12 月 19 日,焦西支行将其对轮胎厂的 38 万元债权转让给信达公司郑州办,经纬公司在焦西支行的债权转让通知回执上签字盖章。同时焦西支行以公证送达方式通知了轮胎公司。

2001 年 6 月 12 日,信达公司郑州办向经纬公司发出了催收贷款通知书,经纬公司在该通知上签字盖章。2002 年 5 月 8 日,信达公司郑州办收到经纬公司还款 1 万元。2003年3月10日,信达公司郑州办向轮胎公司公证送达了解除轮胎厂与焦东支行和焦西支行于1997年5月31日签订的4份《债权债务转移协议书》的通知。

另查明:1992年7月30日,由原国务院经济贸易办公室等六部门发布的国经贸企(1992)176号文《关于公布〈大中小型工业企业划分标准〉的补充标准和全国大型工业企业名单的通知》中,轮胎厂被确定为国家大一企业。

因轮胎公司未偿还信达公司郑州办的其余款项,信达公司郑州办于2003年3月7日诉至河南省高级人民法院,请求确认解除原债权人与轮胎公司订立的债权债务转移协议书,判令轮胎公司偿还其借款本金1 547万元,利息42 564 858.52元,合计58 034 858.52元(利息暂计算至2002年12月20日),信达公司郑州办对纤维厂设定抵押的厂房和设备享有优先受偿权,诉讼费由轮胎公司负担。

三、原审法院裁判要旨

河南省高级人民法院经审理认为:

轮胎厂整体改制为轮胎公司后,轮胎公司应当承接轮胎厂的债权债务。信达公司郑州办受让焦东支行和焦西支行与轮胎厂签订的4份债权债务转移协议中的债权后,依法享有焦东支行和焦西支行应当享有的权利,其应依照原协议的约定行使自己的权利。其中(98)建东016号、(98)建东017号和焦西协字(97)03号协议约定的3笔款项的还款期限均为2000年5月31日,该3笔款项到期未还后,在连续两年的期间内,没有证据证明信达公司郑州办向轮胎厂及轮胎公司主张过权利,其后双方亦未就该3份协议所涉及的款项达成新的偿还协议,故信达公司郑州办于2003年3月12日向该院提起诉讼主张,该3笔款项的权利已经超过诉讼时效期间,对其请求该院不予支持。轮胎公司关于该3份协议中的权利已过诉讼时效期间的抗辩理由成立,该院予以确认。

信达公司郑州办2002年5月8日收到经纬公司1万元,与该案不属同一法律关系,该院在该案中不予处理。对于(98)建东018号协议,轮胎公司应按协议的约定按时偿还债务。依照国务院国发(1997)10号《关于在若干城市试行国有企业兼并破产和职工再就业有关问题的补充通知》、参照中国人民银行、国家经贸委、财政部(1995)130号《关于鼓励和支持18个试点城市优势国有企业兼并困难国有企业生产企业后有关银行贷款及利息处理问题的通知》,(98)建东018号协议中约定的还款期限内的利息应予免除。履行期限届满后的利息应依照中国人民银行关于逾期付款的有关规定计付利息。信达公司郑州办向该院提起诉讼,既主张受让的债权,又要求撤销焦东支行和焦西支行与纤维厂及轮胎厂之间签订的债权债务转让协议,其主张相互矛盾,且该案的债权除一笔310万元于2004年5月31日到期外,其他款项均已逾期。故信达公司郑州办要求解除债权债务转移协议的诉讼请求不能成立,应予驳回。信达公司郑州办主张对纤维厂设定抵押的厂房和设备享有优先受偿权,但其在该案中只向轮胎公司提起诉讼,且也未能提供证据证明该用于抵押的厂房和设备转由轮胎公司所有或由其管理使用,故其向轮胎公司主张实现抵押权缺乏事实和法律依据,对其请求亦应予以驳回。轮胎公司的部分抗辩理由成立,该院予以支持。

该院依照《民法通则》第135条、第137条、《合同法》第80条第1款、第81条、第82条、第206条、第207条之规定,判决:

1. 轮胎公司于该判决生效后10日内偿还信达公司郑州办934万元及其利息(4万元自2000年6月1日起,310万元自2001年6月1日起,310万元自2002年6月1日起,310万元自2003年6月1日起,按照中国人民银行逾期付款滞纳金的标准,计算至该判决限定的还款期限届满之日止)。逾期履行,加倍支付迟延履行期间的债务利息。

2. 轮胎公司于2004年5月31日偿还信达公司郑州办310万元。

3. 驳回信达公司郑州办的其他诉讼请求。案件受理费300184.29元,信达公司郑州办负担90055.29元,轮胎公司负担210129元。

四、当事人上诉与答辩情况

信达公司郑州办不服河南省高级人民法院的上述民事判决,向本院提起上诉称:

1. 一审法院认定三份协议项下的303万元债权已超过诉讼时效是错误的。焦西协字(97)03号、(98)建东016号、(98)建东017号3份协议与(98)建东018号协议是(1997)33号还款协议项下的4份分项协议,诉讼时效应按照还款计划确定的最终履行期限即2004年5月31日起算。且信达公司郑州办就上述3份协议项下的债权于2001年4月9日向轮胎公司发出编号为2001年第3937、3939号的两份《催收贷款通知书》,轮胎公司以经纬公司的名义签收,故诉讼时效中断。该两份《催收贷款通知书》指向的义务人是轮胎公司,并注明是原纤维厂的债务。经纬公司是轮胎公司1998年全资设立的子公司,轮胎公司将纤维厂原债务委托经纬公司代理,其经纬公司代轮胎公司偿还了1万元欠款,故303万元并未超过诉讼时效。

2. 原债权人焦作支行与轮胎公司签订的《中国建设银行债权债务转移协议书》中关于免除利息的约定,未按照中国人民银行银发(1995)130号文的规定报经省级建行会同财政部驻当地财政监察专员办事处审批,应为无效。且按照双方的协议,轮胎公司不按照分次还款计划足额归还贷款的,对逾期未归还的部分,债权人有权按规定对所欠部分贷款自停息日开始恢复计息,利率按原借款合同利率执行,并加计罚息和复利。原审法院无视有关规定和事实,免除轮胎公司的利息是错误的,应予改判。原还款计划及其项下的4份协议书明确约定的轮胎公司应在2003年5月31日前归还借款本金927万元。而轮胎公司仅偿还了1万元,构成根本违约,信达公司郑州办依法享有解除权。解除债权债务转移协议,并非消灭原债权,且作为原债务人纤维厂的兼并方,轮胎公司亦应承担偿还债务的民事责任。原审法院认定上诉人撤销协议与主张债权相互矛盾,没有法律依据。

被上诉人轮胎公司答辩称:4 份债权债务转移协议书对还款计划的内容作出了实质性的变更,还款计划已失去要约的效力,对双方当事人产生约束力的应当是 4 份债权债务转移协议书,而非还款计划,应就 4 份独立的债权债务转移协议分别适用诉讼时效。轮胎公司从未收到过信达公司郑州办的催收贷款通知书,亦未委托经纬公司代付款 1 万元。信达公司郑州办基于错误认识向经纬公司催款和经纬公司错误签收并偿还 1 万元款项的行为对轮胎公司不产生任何法律后果。故 3 份协议项下的 303 万元款项已经超过诉讼时效。本案所涉债务的利息已经债权债务双方当事人协议免除,该约定不违反法律、行政法规禁止性规定,应为有效。银发〔1995〕130 号文件中关于免息等应经有关上级行批准的规定,属于内部操作程序,对轮胎公司没有约束力。且建豫焦第 0006-1 号债权转让协议中明确显示的“已核销应收利息”内容亦表明,债权人免除利息的行为是被认可的。免除利息的行为属于单方民事法律行为,一经作出便发生债权债务绝对消灭的法律后果。故按期还款不是免除利息的生效要件,上诉人关于轮胎公司单方违约致使免息约定失效,轮胎公司应当支付各项利息的主张不能成立。且“停息日开始恢复计息”应理解为“免息期满日开始恢复计息”。轮胎公司未按期还款属于一般性违约,不是根本违约,信达公司郑州办无权行使解除权。原债权银行通过与轮胎公司签订 4 份债权债务转移协议,将其与纤维厂 10 份贷款合同项下的债务转移给轮胎公司,并约定原贷款合同失效。故对信达公司郑州办和轮胎公司具有约束力的只能是 4 份债权债务转移协议书而非 10 份贷款合同。信达公司郑州办既主张解除 4 份债权债务转移协议书,又主张轮胎公司偿还其受让的债权相互矛盾,不应得到支持。轮胎公司系在与原债权人达成免除利息,分年还本合意的基础上兼并的纤维厂,故其只能依据 4 份债权债务转移协议承担民事责任,对已经免除的利息信达公司郑州办无权主张。请求依法驳回上诉,维持原判。

五、二审法院查明事实

一审法院所查明的事实,除 2001 年信达公司郑州办发出两份《催收贷款通知书》部分外,最高人民法院均予确认。最高人民法院另查明:2001 年信达公司郑州办发出抬头列明为“借款人轮胎厂(纤维厂)”的编号为 2001 年第 3937 号和 2001 年第 3939 号的 2 份《催收贷款通知书》,分别对轮胎厂与焦东支行和焦西支行所欠债务本金 1 547 万元及其利息进行了催收。经纬公司在两回执上签字盖章。2002 年 4 月 30 日,经纬公司向信达公司郑州办偿还 1 万元款项,在汇票申请书用途栏内载明为“还款”。轮胎公司在答辩状中对经纬公司该 1 万元款项系偿还纤维厂债务不持异议。

六、二审法院裁判要旨

最高人民法院经审理认为：焦东支行和焦西支行与轮胎厂签订的4份债权债务转移协议书中，分别约定轮胎厂偿还债务的期限为2000年5月31日、2001年5月31日、2002年5月31日、2003年5月31日、2004年5月31日。现有证据证明信达公司郑州办曾于2001年6月12日发出债务人为轮胎厂的两份《催收贷款通知书》，分别对轮胎厂与焦东支行和焦西支行的债务本金1 547万元及其相应利息进行了催收，根据《民法通则》第140条关于"诉讼时效因提起诉讼、当事人一方提出要求或者同意履行义务而中断。从中断时起，诉讼时效期间重新计算"的规定，上述债务的诉讼时效均已中断。轮胎公司的二级法人企业经纬公司在上述《催收贷款通知书》上签字盖章的行为，不仅不影响对诉讼时效中断的认定，且恰恰因此证明了信达公司郑州办在诉讼时效期间内主张了其债权。2003年3月7日信达公司郑州办向原审法院提起诉讼时，上述债务均未超过诉讼时效期间。原审法院关于(98)建东016号、(98)建东017号和焦西协字(97)03号协议涉及的3笔(共计303万元)债权到期后信达公司郑州办未向轮胎公司主张过权利，诉讼时效已过的认定，与事实不符，最高人民法院依法予以纠正。信达公司郑州办关于上述3笔债务未过诉讼时效的上诉理由成立，最高人民法院予以支持。焦东支行、焦西支行与轮胎厂签订的4份《债权债务转移协议书》中虽然约定焦东支行和焦西支行同意免除纤维厂原欠债务计划还款期内的贷款利息，但同时亦约定，如轮胎厂不按照分次还款计划足额归还贷款，对逾期未归还的部分，焦东支行和焦西支行有权按规定对所欠部分贷款自停息日开始恢复计息，利率按照原借款合同利率执行，并加计罚息和复利。因轮胎厂并未按照上述《债权债务转移协议书》中约定的分次还款计划足额偿还欠焦东支行和焦西支行的债务，故根据双方协议约定的内容，对未归还部分应自停息日起恢复计息。即轮胎公司应当按照原借款合同约定的利率偿还所欠款项本息。原审法院认定(98)建东018号协议中约定的还款期限内的利息应予免除的认定不当，最高人民法院依法予以纠正。除经纬公司于2002年5月代轮胎公司偿还了1万元款项外，其余款项轮胎公司均未按期偿还，故轮胎公司应当按照双方的约定偿还1 546万元借款本息，已归还1万元本金之利息不再计付。因信达公司郑州办关于解除《债权债务转移协议书》的上诉请求与其其他上诉请求相互矛盾，且是否解除上述协议并不影响信达公司郑州办实体权利的实现，故最高人民法院对其解除《债权债务转让协议书》的上诉请求不予支持。

最高人民法院依照《民法通则》第140条、《合同法》第8条、《民事诉讼法》第153条第1款第(二)、(三)项、第158条之规定，判决如下：

1. 撤销河南省高级人民法院(2003)豫法民二初字第5号民事判决；
2. 河南轮胎集团有限责任公司偿还中国信达资产管理公司郑州办事处1 546

万元本金及其利息(借款合同期内的利息按照借款合同约定的利率计算;借款合同期满至偿付之日止按照中国人民银行同期逾期付款违约金标准分段计付);

3. 驳回中国信达资产管理公司郑州办事处关于解除《债权债务转移协议书》的诉讼请求。

上述应付款项应于本判决送达之次日起10日内偿付,逾期按《民事诉讼法》第232条的规定办理。

一审案件受理费300 184.29元,二审案件受理费300 184.29元,由中国信达资产管理公司郑州办事处负担99 060元,河南轮胎集团有限责任公司负担201 124.29元。

七、对本案事实认定和法律适用的分析

本案涉及的是诉讼时效中断的认定问题。

本案债权人和债务人签订的(98)建东016号、(98)建东017号和焦西协字(97)03号3份《债权债务转移协议书》中涉及3笔共计303万元的款项的还款期限均为2000年5月31日,信达公司郑州办一审起诉时间为2003年3月12日,其对该303万元债权的诉请是否能够得到支持,取决于信达公司郑州办在该3笔款项到期后的2年诉讼时效期间内是否向债务人主张过权利,也就是说,是否存在诉讼时效中断的事由。

河南省高级人民法院认为,上述3笔款项到期后两年内,没有证据证明信达公司郑州办向轮胎厂及轮胎公司主张过权利,其后双方亦未就该3份协议所涉及的款项达成新的偿还协议,故该3笔款项起诉时已过诉讼时效,对其请求不予支持。最高人民法院则认为,有证据证明信达公司郑州办曾于2001年6月12日发出债务人为轮胎厂的两份《催收贷款通知书》,分别对轮胎厂的债务本金1 547万元及其相应利息进行了催收,根据《民法通则》第140条关于"诉讼时效因提起诉讼、当事人一方提出要求或者同意履行义务而中断。从中断时起,诉讼时效期间重新计算"的规定,上述债务的诉讼时效均已中断。轮胎公司的二级法人企业经纬公司在上述《催收贷款通知书》上签字盖章的行为,不仅不影响对诉讼时效中断的认定,且恰恰因此证明了信达公司郑州办在诉讼时效期间内主张了债权。故信达公司郑州办向原审法院提起诉讼时,上述债务均未超过诉讼时效期间。故轮胎公司应当依法偿还除已偿还的1万元以外的其余1 546万元借款本息。

一、二审判决结果的不同,表面上看是对该催收行为的认识不同,究其实质是由于两级人民法院对诉讼时效制度和诉讼时效中断认识上的分歧所导致。本文从诉讼时效制度的历史沿革及价值出发,谈谈笔者对于诉讼时效中断问题的认识。

诉讼时效制度是商品经济发展的结果。由于商品的流转,财产权利从自然经济时期的静态化权利转变为商品经济时期的动态化权利,在商品交易过程中,对

交易安全的保障、第三人利益的保护及对交易秩序的维护变得越发重要，诉讼时效制度应运而生。诉讼时效制度的本质是通过对权利人权利的行使进行一定程度的限制，从而实现社会经济稳健、均衡发展这一民商事法律目的。其法律价值主要表现在两个方面：一是防止权利上的睡眠，即通过督促权利人在诉讼时效期间内积极行使权利，使本处于未定状态的民商事关系在法律上及时确定下来，以推动财产流转，实现社会法律秩序和经济秩序的稳定；二是避免证据因年代久远而难以保存和收集。诉讼时效制度维护效率价值的前提是以牺牲正义价值为前提的，也就是说，是以有条件地牺牲权利人的利益为代价的，所以，如何把对正义价值和效率价值的追求有机地结合在一起，从而最大限度地实现市场经济条件下有限资源的价值，是我们当前理解和适用诉讼时效制度的关键所在。

诉讼时效的中断是指在诉讼时效进行期间，因发生一定的法定事由，使已经经过的时效期间统归无效，诉讼时效从中断时起重新计算。诉讼时效的中断是法律从弥补时效制度缺陷，保护权利人利益的角度设置的一种制度，是诉讼时效制度有益的补充，或者说是广义上诉讼时效制度不可或缺的内容。如何理解和适用我国《民法通则》第 140 条关于“诉讼时效因提起诉讼、当事人一方提出要求或者同意履行义务而中断”的规定，对权利人的保护显得极为重要。

鉴于前已述及的诉讼时效制度设置的价值更多地是为了防止权利的睡眠，通过对不积极行使权利的权利人胜诉权的剥夺来寻求经济秩序的稳定，而诉讼时效的中断，恰恰是在某些情况下对债权人利益的倾斜。在正义价值和效率价值冲突的情况下，对正义价值的维护应当是首位的，也就是说，在认定某些事实是否构成诉讼时效中断存在争议的时候，应以保护权利人的合法利益为重，而不宜轻易地以诉讼时效已过为由使义务人因此取得不法利益。这里体现的是价值取向问题（或者说是司法理念问题），毕竟法律是为保护正义而设置的（而不是为不法者逃避债务、免除责任设置的）。故在认定是否构成诉讼时效中断事由时应尽可能作出对债权人有利的解释。即只要有证据证明诉讼时效期间内，债权人的权利并未处于“睡眠”状态，而是在积极地进行主张，则不应以时效已过为由使其权利丧失法律的保护。本案之所以以信达公司郑州办 2001 年 6 月 12 日向债务人轮胎公司的二级法人企业经纬公司所发《催收贷款通知书》作为认定诉讼时效中断的事由，正是上述指导思想作用的结果。除此原因外，本案还有其他一些特殊事实，包括：(1) 经纬公司系现债务人轮胎公司的二级企业法人；(2) 经纬公司系原债务人纤维厂经兼并、整体改制而来，与纤维厂有密切的关系；(3)《催收贷款通知书》抬头明确列明“借款人轮胎厂（纤维厂）”，且催收款项明确；(4) 纤维厂被轮胎厂兼并、改制为经纬公司后，多次以本案该笔债务的债务人身份在有关通知书上签字、盖章，并实际偿还本案部分债务。综合上述因素，认定信达公司郑州办的催收行为构成诉讼时效中断是有法律依据和事实依据的。

对于诉讼时效因提起诉讼、当事人一方提出要求或者同意履行义务而中断的三个事由,在实践中应当作扩大解释。

1. 权利人提出要求不仅仅指权利人向义务人作出请求其履行义务的催告,还应当包括权利人向债务保证人、债务人的代理人或者财产代管人主张权利的情形,这一点最高人民法院《关于贯彻执行〈中华人民共和国民法通则〉若干问题的意见(试行)》第173条第2款已经作了相应的规定。而且对于权利人提出要求的对象和内容似应作进一步的放宽。在这里只要有证据证明权利人向义务人或者与该义务有直接关系的人主张了权利(甚至包括因某些可信赖的事实足以导致权利人向错误的主体主张该权利),即权利人并未放弃或者怠于行使其权利的,就应当作出诉讼时效中断的认定。

这里应当注意两个问题:一是权利人提出要求不以债务人收到为必要,即只要权利人有证据证明主张权利就构成诉讼时效的中断,义务人是否收到,以及是否签收等不影响诉讼时效中断的认定。如义务人传达室的工作人员或者其他普通工作人员在未经法人授权的情况下签收催款通知等行为,虽然未经法人授权,但其签收行为本身已经足以证明权利人曾向债务人主张了权利,已经满足了诉讼时效中断的条件,即应认定诉讼时效中断。这不同于诉讼时效期间届满后义务人普通工作人员未经授权的签收行为。诉讼时效期间届满后义务人的签收因涉及新的债权债务关系是否成立的问题,故必须经法人、法定代表人或依法取得授权的主体签字、盖章尚可形成新的法律关系。而在诉讼时效期间内不存在新合同成立的问题,故法人是否授权并不影响权利人证明其在期限内主张权利的事实,亦即不影响对诉讼时效中断的认定。另外,权利人如果以特快专递或挂号信等方式邮寄催款通知书时,只要有证据能够证明权利人进行了催收,即可认定诉讼时效中断。如因邮政部门的过失义务人确实未收到该邮件,或者义务人否认其收到该邮件,而权利人又无证据证明义务人收到了该邮件等情节也不影响诉讼时效中断的认定。二是权利人提出要求的方式可以是多种多样的,既可以是书面方式,也可以是口头方式;既可以单独向债务人提出,也可以在债务人众多的情况下以公告的方式提出要求等。认定诉讼时效中断的关键是权利人能否证明其在时效期间内依法向义务人提出了要求,而具体何种方式并不重要。但以公告方式向众多义务人提出要求的,需要符合法定的公告方式,否则无效。同时权利人通过一定的行为行使权利,如银行在还款期限届满直接从借款人账户扣息、向义务人提供对账单进行对账、部分债务抵销等行为也应产生诉讼时效中断的法律后果。

2. 关于债权人向人民法院提起诉讼事由。因该事由实际上体现的是债权人为实现其债权通过向国家有关权力机关寻求救济所采取的措施,故除向法院提起诉讼外,应扩大到向有关行政机关提出权利保护的请求、向仲裁机构申请仲裁、向人民调解委员会请求调解、向法院申请强制执行,以及依督促程序向法院申请支付令等具有同样性质的其他行为。最高人民法院《关于贯彻执行〈民法通则〉若干问题的意见》第174条关于"权利人向人民调解委员会或者有关单位提出保护民事权利的请求,从提出请求时起,诉讼时效中断”的规定对此已作了首肯。在上述情况下,只要债权人有证据证明其在时效期间内向有关部门提起过主张,其未怠于行使权利或者放弃其权利的,即应认定构成诉讼时效的中断。诉讼时效中断的效力,自权利人提起主张时即发生。这里,一是诉讼时效的中断不以债务人是否知晓或者是否通知到债务人为必要。二是在中断的时间上以权利人提出权利保护的时间为诉讼时效中断的时间,而不是以送达给相对人之时为诉讼时效中断的时间。因为向法院或者其他有关机关提起权利保护的主张,表明的是权利人在积极行使其权利,其只要证明在时效期间内主张了权利,即发生诉讼时效的中断。而是否送达债务人不影响诉讼时效的中断。对于债权人向法院提起诉讼后又自行撤诉,或因未能缴纳案件受理费被法院裁定按照自动撤诉处理,或因起诉不符合《民事诉讼法》第 108 条关于民事案件受理的条件而被法院裁定不予受理或者驳回起诉的,均不影响诉讼时效中断的认定。有观点认为,撤诉应视为自始没有起诉,不能引起诉讼时效的中断。对此,笔者不敢苟同。如前所述,起诉本身已经充分证明了权利人在积极地主张权利,至于起诉后因为何种原因又向法院申请撤回了起诉,至多说明其后又放弃了通过司法程序实现债权的方式,但并不能说明其不再主张权利,更不能说明其根本就不曾主张权利。所以,在此不能以其又撤回起诉为由认定不构成诉讼时效中断。

3. 对于义务人同意履行义务的事由。该事由是指义务人对权利人表示承认其义务存在愿意履行义务的行为。在方式上,义务人对义务的认可可以以书面或口头等各种方式作出。这里也主要是证据认定问题。在内容上,义务人同意履行义务除义务人明确表示履行义务外,还应当包括就该笔债务请求延期给付、提供担保、偿还部分债务(包括利息)等行为。

9 诉讼程序

政策性债权转出资不属人民法院民事诉讼受理的范围

——陕西省耀县水泥厂与中国建筑材料集团公司、陕西省建筑材料工业总公司债权转出资纠纷上诉案

一、当事人基本情况及案件来源

上诉人(原审被告):陕西省耀县水泥厂(以下简称“耀县水泥厂”),住陕西省铜川市耀州区东郊。

法定代表人:兰建文,该厂厂长。

被上诉人(原审原告):中国建筑材料集团公司[由中国新型建筑材料(集团)公司更名而来,以下统一简称“集团公司”],住北京市海淀区紫竹院南路2号。

法定代表人:宋志平,该公司总经理。

原审被告:陕西省建筑材料工业总公司(以下简称“建材总公司”),住陕西省西安市西七路162号。

法定代表人:郭汉文,该公司总经理。

上诉人耀县水泥厂为与被上诉人集团公司、原审被告建材总公司债权转出资纠纷一案,不服陕西省高级人民法院(2004)陕民二初字第7号民事判决,向最高人民法院提起上诉。最高人民法院依法组成由审判员吴庆宝担任审判长,代理审判员宫邦友、刘敏参加的合议庭进行了审理,书记员赵穗军担任记录。该案现已审理终结。

二、原审法院查明事实

原审法院查明,1985年至1998年耀县水泥厂为其扩建五号窑工程,先后使用国家中央级“拨改贷”资金825万元、“特种拨改贷”资金2 500万元、“基本建设经营性基金”1 400万元,该3项资金,耀县水泥厂未予偿还。

1996年12月,国家计委、财政部制定并下发了《关于中央级"拨改贷"资金本息余额转为国家资本金的实施办法》,耀县水泥厂据此于1997年1月21日以陕耀泥政发(1997)006号《耀县水泥厂关于将中央级"拨改贷"资金本息余额转为国家资本金的请示》,向国家建材局财务与国有资产监督司申请将其使用的中央级"拨改贷"资金825万元及"特种拨改贷"资金2 500万元本息转为国家资本金。国家计委、财政部于当年以计投资(1997)2586号文件,将国家建材局中央级"拨改贷"资金本息余额转为国家资本金。暂由国家建材局作为出资人。关于"特种拨改贷"资金转为国家资本金的申请,因当时尚无政策依据,而未得到批复。1999年10月7日,国家计委、财政部根据中央有关企业脱钩工作的精神以及集团公司《关于将部分国家建材局中央级"拨改贷"资金本息余额转为国家资本金授权中国新型建筑材料(集团)公司经营管理的申请》和国家建材局《关于申请授权集团公司经营管理部分中央级"拨改贷"资金本息余额转为国家资本金的函》,以计投资(1999)1999号文件批复同意集团公司作为部分建材企业中央级"拨改贷"资金(含耀县水泥厂825万元"拨改贷"资金及利息2 322 300.83元)转为国家资本金的出资人。

1999年12月,财政部制定并下发了《关于中央级"特种拨改贷"资金本息余额转为国家资本金的实施办法》。2000年1月14日,陕西省秦达水泥厂(以下简称"秦达水泥厂")以陕秦水政发(2000)001号《秦达水泥厂关于将中央级"特种拨改贷"资金本息余额转为国家资本金的请示》,向国家建材局企事业改革司申请将其前身耀县水泥厂五号窑扩建处(以下简称"五号窑扩建处")所贷中央级"特种拨改贷"资金2 500万元本息转为国家资本金。同年4月3日,财政部以财基字(2000)64号函,批复国家建材局、集团公司,同意将原国家建材局所属18家企业的"特种拨改贷"资金本息转为集团公司的国家资本金,由该公司代行出资人职能。该函附件集团公司中央级"特种拨改贷"资金本息余额情况表中注明秦达水泥厂(耀县水泥厂)本金2 500万元,利息8 265 631.70元。

1998年5月,国家计委、财政部制定并下发了《关于中央级基本建设经营性基金本息余额转为国家资本金的实施办法》。2000年4月21日,国家计委、财政部以计投资(2000)444号文件批复同意将25个企业使用的中央级基本建设经营性基金委托贷款转为集团公司的国家资本金,由该公司代行出资人的职能,其中包括耀县水泥厂所欠本金1 400万元,利息2 817 427.34元。

另查明:该案所涉三项资金的借款,均用于耀县水泥厂扩建工程——五号窑工程。五号窑工程于1993年底竣工,并在此基础上成立了五号窑分厂(非企业法人,以下简称"五号窑分厂")。1998年6月1日,建材总公司以陕建材总资发(1998)116号《关于秦达水泥厂国有资产产权界定及核实国家资本金的请示》,向陕西省国资局申请对投入到分立五号窑分厂而成立的秦达水泥厂的国有资产进行产权界定并核实国家资本金。陕西省国资局批复同意五号窑分厂实行分立,成立秦达水泥厂。2003 年 3 月 20 日秦达水泥厂向其上级建材总公司提交了秦达政发(2003)002 号《关于“拨改贷”“特种拨改贷”“经营性基金”转增国家资本金的报告》,称:该厂相继转增国家资本金 6 066 万元(即该案所涉三项资金),出资人为集团公司。建材总公司据此向陕西省财政厅申请将耀县水泥厂建设五号窑生产线时使用的中央级“拨改贷”、中央级“特种拨改贷”、中央级“基本建设经营性基金”共计 60 651 359.24 元,其中本金 4 725 万元,利息 134 013 519.24 元转为秦达水泥厂的国家资本金,由集团公司代行出资人职能。陕西省财政厅以陕财办企(2003)86 号《关于秦达水泥厂中央级“拨改贷”、“特种拨改贷”、“经营性基金”转为国家资本金的通知》,批准了建材总公司的申请。

2004 年 4 月 21 日,集团公司以耀县水泥厂和建材总公司未按照国家计委和财政部计投资〔1999〕1999 号、计投字〔2000〕444 号和财基字〔2000〕64 号有关同意集团公司作为该案所涉 3 笔款项转为国家资本金的出资人的批复,办理相应的变更登记手续为由,诉至陕西省高级人民法院,请求判决确认集团公司为耀县水泥厂的出资人,出资额为 60 651 359.24 元;由耀县水泥厂和建材总公司办理有关登记手续;并由耀县水泥厂和集团公司承担案件受理费。

三、原审法院审理情况

原审法院认为,该案当事人争议的焦点为集团公司是否应为耀县水泥厂出资人的问题,其关键在于耀县水泥厂是否为该案所涉 3 项资金借款的债务人问题。耀县水泥厂与建材总公司虽然抗辩认为,3 项资金的借款人为秦达水泥厂的前身五号窑扩建处,而非耀县水泥厂,且所借 3 项资金亦用于建设五号窑分厂,五号窑扩建处、五号窑分厂与耀县水泥厂各自独立,故 3 项资金借款的债务人应为秦达水泥厂。但是集团公司提供的国家计委、财政部关于将 3 项资金转为国家资本金,由集团公司代行出资人职能的文件附件则显示该案所涉 3 项资金的债务人均为耀县水泥厂。由于该案中以五号窑扩建处名义所借 3 项资金均用于耀县水泥厂的扩建工程——五号窑工程,而五号窑扩建处与五号窑分厂并未进行工商登记,依法不享有独立的民事主体资格,二者仅为耀县水泥厂的内设机构。显而易见,3 项资金系耀县水泥厂借用。不仅如此,耀县水泥厂申请将该案所涉 3 项资金转为国家资本金的行为亦表明耀县水泥厂已明确认可了其债务人的地位,故耀县水泥厂应为该案所涉 3 项资金的债务人。两被告辩称耀县水泥厂不是 3 项资金借款的债务人的理由,不能成立。

至于陕西省财政厅行文确认集团公司为秦达水泥厂出资人一节,由于该案所涉 3 项资金为中央级资金,属中央财政债权,地方政府无权处置,且国家计委、财政部对此 3 项资金转化为国家资本金,已下发文件,代表国家将对耀县水泥厂的出资,授权集团公司代行出资人职能,故被告提供的陕西省财政厅的有关确认文件,不能作为该案确认集团公司是何企业出资人的依据。

综上,集团公司依据国家计委、财政部有关文件请求确认其为耀县水泥厂出资人的理由,事实依据充分,亦符合国家政策和法律,该院予以采信。集团公司主张的60 651 359.24 元出资额,对方当事人并无异议,该院亦予以确认。建材总公司作为耀县水泥厂的上级主管单位,理应与耀县水泥厂一同在合理期限内为集团公司办理耀县水泥厂出资人的登记手续。依据《民法通则》第 84 条、第 106 第 1 款、最高人民法院《关于审理与企业改制相关的民事纠纷案件若干问题的规定》第 14 条第 2 款之规定,判决:

1. 确认集团公司为耀县水泥厂的出资人,出资额为60 651 359.24 元;

2. 耀县水泥厂与建材总公司应于该判决生效后30 日内办理集团公司为耀县水泥厂出资人的登记手续。案件受理费 313 266 元,由耀县水泥厂与建材总公司各半负担。

四、当事人上诉与答辩情况

耀县水泥厂不服陕西省高级人民法院上述民事判决,向最高人民法院提起上诉称:该案涉诉的 3 笔资金借款人均是秦达水泥厂的前身五号窑扩建处。五号窑扩建处从立项到实际建设和投入运营,都完全独立于耀县水泥厂。在项目建成后成立的五号窑分厂是有独立财产和实收资本,自负盈亏、自主纳税,在资不抵债时可按破产法的规定实行破产的事实上的独立民事主体。国家建材局认可秦达水泥厂系五号窑分厂更名而来,3 笔资金的债权人耀县建行亦认可秦达水泥厂为债务人。国家建材局和财政部批准秦达水泥厂提出的转增国家资本金的申请,且国家已将其中的2 500 万元"特种拨改贷"资金直接确定为秦达水泥厂的国家资本金。所转增的国家资本金亦被登记为秦达水泥厂持有的国有资产,秦达水泥厂应为3 笔资金转为国家资本金后的被出资人。原审判决错误确认五号窑扩建处和五号窑分厂系耀县水泥厂的内设机构,并确认耀县水泥厂为被出资人。尤其是其中2 500 万元"特种拨改贷"资金是由秦达水泥厂申请国家将其转为自己的国家资本金,国家亦已批准将其转为秦达水泥厂的国家资本金。集团公司的请求以及案件的处理结果与秦达水泥厂有法律上的利害关系,依法应当通知秦达水泥厂作为第三人参加诉讼。一审法院未通知秦达水泥厂参加诉讼,致使秦达水泥厂的国家资本金通过人民法院的判决成了耀县水泥厂的国家资本金,否定了财政部依据国家政策确定的被出资人,使秦达水泥厂的合法利益悬空。原审判决认定事实不清,违反法定程序,请求撤销原审判决,驳回建材总公司的诉讼请求;案件受理费由建材总公司负担。

集团公司答辩称:

1. 该案所涉 3 笔款项的原审债务主体应为耀县水泥厂。五号窑扩建处和五号窑分厂均不是独立的法人,而是耀县水泥厂的内设机构,耀县水泥厂对其内设机构签订的借款合同不持异议,且也接受了合同对方当事人履行合同的行为,故合同的权利义务均应由耀县水泥厂承担。秦达水泥厂是一个全新的民事主体,与五号窑扩建处和五号窑分厂没有任何法律上的关系,不存在秦达水泥厂和耀县水泥厂与生俱来的“发展演变”关系,并不导致两个法人主体之间产生权利义务的承继关系。

2. 对于上述耀县水泥厂债务转国家资本金的事实财政部和国家计委计投资〔1999〕1999 号文件、财基字〔2000〕64 号文件和计投资〔2000〕444 号文件均作了明确的批复,耀县水泥厂关于财政部和国家计委的上述 3 个文件对国有资产的处分错误,或者陕西省地方行政机关的决定可以对抗国家财政部和国家计委的决定,陕西省国有资产管理机构可以处置中央级国有资产等的上诉理由均是错误的。我国国有资产管理的基本原则是分级管理,中央级国有资产由中央管理,地方只能管理地方的国有资产。该案争议的债权属于中央级国有资产,财政部和国家计委的上述 3 个文件应为认定的有效证据,而陕西省财政厅陕财办企〔2003〕86 号文处分属于中央的国有资产,显属越权行为,不应采信。

3. 虽然财基字〔2000〕64 号文件显示使用该项资金的项目名称为“秦达水泥厂(耀县水泥厂)”,但亦应认定耀县水泥厂为该笔资金转为国家资本金后的被出资人。(1) 耀县水泥厂是 3 笔资金的实际使用人,3 笔资金虽然名称不同,但具有不可分割的属性,根据财政部和国家计委的文件,3 种资金转为国家资本金的处理方式是一致的,亦不可分;(2) 2000 年 1 月 14 日秦达水泥厂虽然以自己的名义向国家建材局申请将“特种拨改贷”资金转为在秦达水泥厂的国家资本金,但财政部文件表述的却是“秦达水泥厂(耀县水泥厂)”,与秦达水泥厂的要求截然不同;(3) 耀县水泥厂曾于 1997 年以自己的名义向国家申请将该笔资金转为国家资本金,表明其认可自己是该笔资金的债务人;(4) 耀县水泥厂的出资人建材总公司亦承认该 3 笔资金的使用人是耀县水泥厂,而非秦达水泥厂。

请求驳回上诉,维持原判。

五、二审法院查明事实

最高人民法院除认定原审法院查明的事实外,另查明:根据耀县水泥厂向最高人民法院提出的向财政部调查取证的申请,最高人民法院二审期间就 3 笔资金债权转国家资本金的有关事实向财政部调查,财政部向最高人民法院提供了有关证据。其中,1998 年 6 月 9 日,耀县水泥厂以陕耀泥政发〔1998〕100 号《耀县水泥厂关于将中央级基本建设经营性基金本息余额转为国家资本金的请示》,向建材总公司请求将 1 400 万元经营性中央基本建设基金余额本息共计 16 813 427. 34 元转为国家资本金。国家发展计划委员会和财政部于 2000 年 4 月 21 日以计投资〔2000〕444 号《关于将集团公司中央级基本建设经营性基金本息余额转为国家资本金的批复》,同意将包括耀县水泥厂使用的 1 400 万元中央级基本建设经营性基金委托贷款转为集团公司的国家资本金。

国家计划委员会给陕西省计委的计原(外)〔1985〕014号《关于耀县水泥厂扩建五号窑工程项目建议书的复函》载明,同意陕西省与国家建材局合资扩建耀县水泥厂五号窑,由国家投资75%,陕西省自筹25%,工程基建三材和投产后生产用原燃材料均按投资比例由双方承担,新增产品和利润按投资比例分成。

建材总公司陕建材总办发〔1994〕125号《关于设立五号窑分厂的通知》载明,原省建材局委托耀县水泥厂代管筹建的五号窑新型干法生产线,经国家正式验收投产,为了充分利用耀县水泥厂的技术和管理优势,加强对该线的管理,决定撤销五号窑筹建处,设立五号窑分厂,并交由耀县水泥厂代为管理。分厂应按省经委《陕西省地方预算内国营工业新办企业和新建生产线实行新机制实施细则》的有关规定,实行独立核算、独立纳税。五号窑扩建处自成立之日即由陕西省建材局发给了"耀县水泥厂扩建工程筹建处"印章一枚,并自1986年8月16日起正式使用,且凡有关扩建工程的事宜均由"耀县水泥厂扩建工程筹建处"直接对外联系。在向国家建材局申请购置设备资金、国家建材局批复验收项目、与陕西省耀县建行(以下简称"耀县建行")签订借款合同,以及增值税纳税申报、年度会计报表等均是以五号窑扩建处(后为五号窑分厂)的名义进行的。陕西省人民政府陕政办发〔1987〕92号《关于成立耀县水泥厂扩建工程领导小组的通知》载明,耀县水泥厂扩建工程是"七五"期间国家在陕西省的重点建设项目,为保证工程建设的顺利进行,省人民政府决定成立以副省长任组长、国家建材局投资管理司司长和省计委副主任任副组长的扩建工程领导小组。

建材总公司1998年6月1日给陕西省国有资产管理局的陕建材总资发〔1998〕116号《关于秦达水泥厂国有资产产权界定及核实国家资本金的请示》载明,根据陕建材总办发〔1998〕087号文件精神,将五号窑分厂实行分立,成立秦达水泥厂。为明晰产权关系,该厂委托会计师事务所对拟成立的秦达水泥厂进行了审计,截止1997年12月31日,秦达水泥厂资产总额……建材总公司为秦达水泥厂的产权持有单位,申请对投入到秦达水泥厂的国有资产进行产权界定并核实国家资本金。陕西省国资委同年6月4日给建材总公司的陕国企〔1998〕029号《关于核实秦达水泥厂国家出资的批复》载明,同意五号窑分厂实行分立成立秦达水泥厂,经核实国家对秦达水泥厂的出资为2 800万元,其中实收资本18 085 674.05元,资本公积转增9 914 325.95元。国家对秦达水泥厂的出资由建材总公司持有。陕秦会验字(1998)027号《验资报告》及《验资事项说明》中载明秦达水泥厂已收到其股东投入的资本1 800万元,其中实收1 800万元,由建材总公司投资,系由五号窑分厂的资产设备投入。2001年5月15日财政部和陕西省财政厅颁发的《企业国有资产产权登记证》亦载明,秦达水泥厂依法占有、使用国有资本2 865.8万元。

陕新北会验字(2003)149号秦达水泥厂验资报告载明,秦达水泥厂原注册资金1 800万元,根据财政部财基字(2000)64号、〔1997〕2586号文件和计投资

〔2000〕444 号文件,秦达水泥厂申请增加注册资本 60 651 359. 24 元,由“特种拨改贷”、“拨改贷”和“基本建设经营性基金”的资金本息余额转为国家资本金,变更后的注册资本为人民币 78 651 359. 24 元。经审验,截止 2003 年 4 月 14 日,秦达水泥厂已将上述资金本息余额合计 60 651 359. 24 元转增为国家资本金。转增后秦达水泥厂累计注册资本实收金额为人民币 78 651 359. 24 元。2003 年秦达水泥厂在工商行政管理机关做了相应的变更登记,将企业注册资本由核准登记的 1 800 万元变更为 7 870 元。同年 7 月秦达水泥厂的《企业国有资产产权登记年度检查表》出资人情况栏中明确登记集团公司为其 6 065. 1 万元的出资人,股权比例为 79. 03%,建材总公司为 1 808. 6 万元的出资人,股权比例为 22. 97%。

六、二审法院裁判要旨

最高人民法院经审理认为:该案集团公司起诉要求确认其为耀县水泥厂的出资人,并由耀县水泥厂和建材总公司办理相应的登记手续,而非要求耀县水泥厂偿还该案所涉 3 笔债务。故对该案所涉 3 笔债务的债务主体是谁不属于该案审理的范畴。

原审法院以耀县水泥厂是否该案所涉 3 笔资金借款的债务人问题作为案件审理的关键,并以确认耀县水泥厂为该 3 笔借款的债务人为前提,认定集团公司为耀县水泥厂的出资人不当。该案 3 笔债务系根据国家计委和财政部关于中央级“拨改贷”资金、“特种拨改贷”资金和“基本建设经营性”基金本息余额转为国家资本金的实施办法,由国家计委和财政部批复同意转为国家资本金。对此,国家计委和财政部有明确的批复文件同意 3 笔资金转为国家资本金并由集团公司代行出资人职能。该案当事人对该 3 笔款项是否转为国家资本金问题并无争议,争议的焦点是该款项是转为了对耀县水泥厂的出资还是对秦达水泥厂的出资。

1. 因该案所涉的债权转股权系根据国家计委和财政部的文件由原先对国家的债务转为对国有企业的出资,系政策性债权转出资,是否可以转为出资,以及究竟转为对哪个企业的出资,应当由国家计委和财政部确定,不属于人民法院审理的范畴。

2. 因该案 3 笔借款的形成有其特定的历史原因,故在转为国家资本金的过程中,陕西省财政厅和国有资产管理局等政府部门均明确批复同意将该 3 笔款项转为了集团公司对秦达水泥厂的出资,陕西省工商行政管理局已将该部分出资登记于秦达水泥厂名下,秦达水泥厂 2003 年的《企业国有资产产权登记年度检查表》亦明确登记,集团公司为秦达水泥厂 6 065. 1 万元的出资人,股权比例为79. 03%。如果集团公司对上述政府机关的行为有异议,应当通过有关行政主管机关予以解决,甚至可以提起行政诉讼,不属于人民法院受理民事案件的范围。

最高人民法院依据《民事诉讼法》第 108 条的规定,判决:

1. 撤销陕西省高级人民法院(2004)陕民二初字第 7 号民事判决;

2. 驳回中国建筑材料集团公司的起诉;

3. 一、二审案件受理费各313 266元,均由集团公司负担。

七、对本案事实认定和法律适用的分析

1. 集团公司是否耀县水泥厂的出资人与耀县水泥厂是否本案所涉3笔资金的债务人是两个不同的问题

本案所涉3笔资金从债务的形成看,"拨改贷"时的借款合同借款方为五号窑扩建处,耀县水泥厂在担保人栏内签字盖章,虽然该债务的形成有其特定的历史背景,但鉴于五号窑扩建处毕竟不具备民事主体的法定要件,故从法律意义上看,本案所涉债务的原债务人为耀县水泥厂应无异议。但是,因本案集团公司的诉讼请求是要求确认其为该3笔贷款转为国家资本金后对耀县水泥厂的出资人,并由耀县水泥厂和建材总公司办理相应的登记手续,而非要求耀县水泥厂偿还本案所涉3笔债务,即本案争议的焦点问题是集团公司是否是耀县水泥厂的出资人问题而不是债权债务纠纷,故耀县水泥厂是否所涉3笔债务的债务主体非为本案审理的范畴。原审法院认为认定集团公司是否应为耀县水泥厂的出资人问题的关键在于耀县水泥厂是否为本案所涉3笔资金借款的债务人的观点是错误的。在债权转为出资过程中,一般情况下被出资人应为原债务人。但是,亦不排除因特定事由的存在,债权人与债务人协商一致后,将债权人对债务人的债权转为对他人的出资。故不能简单以债务人的确定来认定债权转为出资后的被出资人。原审法院以耀县水泥厂是否本案所涉3笔资金借款的债务人问题作为案件审理的关键,并以确认耀县水泥厂为该3笔借款的债务人为前提,认定集团公司为耀县水泥厂的出资人不当。

2. 集团公司究竟是耀县水泥厂的出资人,还是秦达水泥厂的出资人问题

集团公司对该3笔资金代表国家行使出资人职能,因财政部和国家计委均有明确的文件,对此双方并无异议。现争议的主要问题是该3笔款项是转为了对耀县水泥厂的出资还是对秦达水泥厂的出资,即集团公司究竟是耀县水泥厂的出资人,还是秦达水泥厂的出资人问题。

该3笔款项最早于20世纪80年代因国家建材局与陕西省合资扩建国家"七五"重点项目耀县水泥厂五号窑,由国家投资而来。至1991年,按照中央级"拨改贷"、中央级"特种拨改贷"和中央级"基本建设经营性基金"的政策,由耀县建行与筹建处(借款合同中体现借款人为筹建处,耀县水泥厂为担保人)就上述投资款签订了借款合同,形成了耀县建行对耀县水泥厂的债权债务关系。1996年开始,因许多使用中央财政资金的国有企业负债过重,不利于发展,国家先后出台了计投资〔1996〕2801号《关于中央级"拨改贷"资金本息余额转为国家资本金的实施办法》、财基字(1999)956号《关于中央级"特种拨改贷"资金本息余额转为国家资本金实施办法》和计投资(1998)815号《关于中央级"基本建设经营性基金"资金

本息余额转为国家资本金实施办法》等政策，允许符合条件的国有企业将原使用的贷款转变为中央对地方企业的投资(即中央级国家资本金)，以减轻地方企业的财务负担。在此背景下，出现了耀县水泥厂上述3笔贷款转为国家资本金的事实。

从当事人双方提交的有关政府审批文件等证据看，由于耀县水泥厂该3笔款项自始系用于筹建处，而该筹建处从1985年立项开始，即为国家建材局和陕西省合资建设的项目，其中国家投资75%，陕西省自筹25%，扩建工程和投产生产后用原料均按投资比例由双方承担，且新增产品和利润均按投资比例分成；因筹建处系“七五”期间国家的重点工程，对此，陕西省政府专门成立了由副省长和国家建材局投资管理司司长和省计委副主任等任组长、副组长的五号窑扩建处领导小组；五号窑扩建处为县团级，有专门印章直接对外联系；耀县水泥厂对五号窑扩建处属于代管筹建的性质；1994年五号窑新型干法生产线验收投产后，建材总公司行文撤销了五号窑扩建处，设立五号窑分厂，仍交由耀县水泥厂代为管理，并明确五号窑分厂按照《陕西省地方预算内国营工业新办企业和新建生产线实行新机制实施细则》，实行独立核算、独立纳税、自负盈亏、财政不收交利润、不弥补亏损，企业资不抵债时，按破产法实行破产；1998年，陕西省国有资产管理局批复同意五号窑分厂实行分立成立秦达水泥厂。上述事实的产生，与我国当时的特定历史背景是一致的，是计划经济和国有经济的产物。正是因此，在20世纪90年代后期，本案所涉3笔资金在转为国家资本金的过程中，才出现了部分资金由法律上的债务人耀县水泥厂向国家有关部门申请，部分资金由具体用款主体五号窑扩建处成立的五号窑分厂分立出来的秦达水泥厂向国家有关部门申请的事实。且在国家有关批准文件上，亦体现了“秦达水泥厂”的字样。

集团公司上诉主张其为耀县水泥厂的出资人系以国家计委和财政部的3个文件即计投资〔1999〕1999号《关于同意集团公司作为部分建材企业中央级“拨改贷”资金转国家资本金出资人的批复》、财基字〔2000〕64号《关于将集团公司中央级“特种拨改贷”资金本息余额转为国家资本金的函》和计投资〔2000〕444号《关于将集团公司中央级基本建设经营性基金本息余额转为国家资本金的批复》为依据的。上述3个批复的主要内容，一是批复同意有关资金转为国家资本金；二是明确由集团公司代替原国家建材局(中央企业脱钩)代行国家资本金出资人的身份。批复中对于具体的被出资人未明确列举，而是以“文登水泥厂等若干家企业”的方式进行的表述。在批复后面另行附有的集团公司中央级“拨改贷”资金、“特种拨改贷”资金和基本建设经营性基本本息余额情况表分别载有“耀县水泥厂825万元拨改贷本息”、“秦达水泥厂(耀县水泥厂)2 500万元特种拨改贷本息”和“耀县水泥厂1 400万元基本建设经营性基金本息”的内容。即在上述批复和附件中出现了不一致的内容，这也正是导致双方当事人争议的一个主要原因。

1. 根据我国《民事诉讼法》和《民法通则》的规定，人民法院受理有关财产关系的民事诉讼的范围是指由民法调整的财产关系所引起的争议。这种财产关系，(1) 表现为主体应当处于平等的地位，他们之间的关系表现为各自独立而平等的主体间的法律关系；(2) 这种财产关系是建立在自愿的基础上的，而非基于行政命令或者强迫基础上；(3) 这种财产关系还应当是建立在等价有偿基础上的。而本案三笔债务转为国家对国有企业的出资，系分别根据国家计委和财政部关于中央级"拨改贷"资金、"特种拨改贷"资金和"基本建设经营性"基金本息余额转为国家资本金的实施办法，通过用款单位申请、国家计委和财政部批复的方式转化的，而不同于普通债权人和债务人之间的债权转出资，且集团公司并非本案所涉3笔债务的债权人，其仅仅是基于行政权利的行使代替国家行使出资人职能而已。本案争议的债权转出资在性质上应当属于政策性的债权转出资。因此产生的纠纷，并非人民法院受理民事诉讼的范畴。故对于企业的债务是否可以转为国家对其的出资，以及究竟转为对哪个企业的出资等问题，应当属于国家计委和财政部等有关行政主管机关行政权利行使的范畴。依据《民事诉讼法》第108条的规定，本案不应作为民事案件受理。

2. 因本案3笔借款的形成有其特定的历史原因，故在转为国家资本金的过程中，可能在陕西省有关政府与财政部之间存在认识上或者处理上的误差，在财政部和国家计委将3笔款项分别批复为对"耀县水泥厂"和"秦达水泥厂(耀县水泥厂)"出资的情况下，陕西省财政厅明确批复同意将该3笔款项转为集团公司对秦达水泥厂的出资，陕西省工商行政管理局已将该部分出资登记于秦达水泥厂名下，且秦达水泥厂2003年的《企业国有资产产权登记年度检查表》亦明确登记集团公司为秦达水泥厂6 065.1万元(即该案争议的3笔资金本息)的出资人，股权比例为79.03%。上述行政机关的行政行为依法应当产生法律效力。如果作为代行国家资本金出资人职能主体的集团公司对上述政府机关的行为有异议，应当通过有关行政主管机关协调或者行政诉讼的方式予以解决。

3. 我院立案庭在审理(2002)民二监字第252—1号关于再审申请人江西省林业厅因与再审被申请人中国国营林场开发总公司借款合同纠纷一案中，对此类问题亦已答复北京市高级人民法院，明确指出：(1) 涉案合同不是双方当事人平等协商，以设定民事权利义务为内容的协议，不是当事人自由意志的体现，而是依据国家经济政策签订的，以落实国家经济计划为目标的特殊合同。因此，涉案合同纠纷不属于平等主体之间以民事权利义务为内容的争议，不属于人民法院受理民事诉讼的范围。(2) 对涉案资金的处置、转国家资本金政策的理解，国家发展改革委员会、财政部和江西省林业厅的上级主管部门国家林业局，与中国国营林场开发总公司的行政主管部门国有资产管理委员会均有明确意见，他们之间存在较大分歧，上述部门均是国务院下属的职能单位，故此案应由有关部门协调解决。原审法院对该案的受理，违反了《民事诉讼法》第108条的规定，应当依照审判监督程序予以纠正。

消极确认诉讼案件的受理及举证责任分配问题

——中国信达资产管理公司沈阳办事处与中国中钢集团公司保证合同纠纷上诉案

一、当事人基本情况及案件来源

上诉人（原审被告）：中国信达资产管理公司沈阳办事处（以下简称“信达公司沈阳办”），住辽宁省沈阳市和平区中山路176号。

负责人：禹华初，该办事处主任。

被上诉人（原审原告）：中国中钢集团公司（以下简称“中钢集团”），住北京市海淀区海淀大街8号。

法定代表人：黄天文，该公司总裁。

上诉人信达公司沈阳办为与被上诉人中钢集团保证合同纠纷一案，不服辽宁省高级人民法院（2007）辽民三初字第103号民事判决，向最高人民法院提起上诉。最高人民法院依法组成由审判员张勇健担任审判长，代理审判员刘敏、杨征宇参加的合议庭进行了审理，书记员袁红霞担任记录。本案现已审理终结。

二、原审法院查明事实

辽宁省高级人民法院查明：

2007年11月26日，中钢集团收到信达公司沈阳办发出的《催收函》。该函内容为：“中国钢铁工贸集团公司（原中国冶金进出口总公司）：1994年12月19日，中国银行抚顺分行与‘抚顺特殊钢集团有限责任公司’（原为‘抚顺钢厂’）签署贷款合同，贷款金额为16 600万奥地利先令，该项贷款由中国钢铁工贸集团公司（原中国冶金进出口总公司）提供不可撤销的还款担保；贷款合同约定贷款的到期日为2006年12月30日；2000年6月30日，中国银行将4 150万奥地利先令的债权实施了债转股……我单位于2004年6月7日从中国银行抚顺分行接收了该借款债权以及贵单位提供的担保债权。接收相关债权后，我单位积极向借款人催要，但是，借款人以各种理由拒绝偿还。截至2007年9月30日，债权总计1 171.32万欧元。由于贵单位出具‘不可撤销的还款担保书’，因此，请贵单位最迟在12月1日之前正式回函，明确表示尽快履行担保责任的意向，并提供切实可行的偿还债务的具体计划。否则，我单位将根据法律的相关规定，依法通过诉讼途径解决相关的债权债务问题。”

另查明,中国钢铁工贸集团公司于2004年8月18日更名为中钢集团。抚顺钢厂成立于1980年6月,2001年7月因未进行年检被吊销营业执照。1994年1月27日,抚顺钢厂为独家发起人,实行部分改组,定向募集法人股及发行内部职工股,登记注册成立抚钢股份有限公司。1995年6月1日,抚顺钢厂以截至1995年4月末,全部所有者权益1 424 400 625.82元中的901 334 997.51元作为出资,通过整顿定向募集股份公司——抚钢股份有限公司,登记注册成立抚钢有限公司。1995年8月15日,抚钢有限公司更名为抚顺特殊钢有限公司。1997年8月27日,抚顺特殊钢有限公司更名为抚顺特殊钢(集团)有限责任公司。2004年12月7日,信达公司沈阳办在辽宁日报刊登的催收公告记载:“债务人:抚顺特殊钢(集团)有限责任公司、借款合同签署时间:1999年12月19日,借款合同文书号:转贷协议,担保人:中国钢铁工贸集团公司(原名:中国冶金进出口总公司),担保合同签署时间:1994年7月7日,担保合同文书号:不可撤销的还款担保书,债权人名称:中国银行抚顺分行。”催收公告中的中国钢铁工贸集团公司即中钢集团的前身。

在该案开庭后法庭第二次指定的举证期限内,信达公司沈阳办提供了中国冶金进出口公司为抚顺钢厂向中国银行出具的“不可撤销的还款担保书”复印件一份,经质证,中钢集团对该担保书的真实性提出异议,要求信达公司沈阳办提供该担保书原件,但在法庭第三次宽延的举证期限内,信达公司沈阳办仍未能提供该担保书原件。

2007年12月26日,中钢集团以其相关档案未见《催收函》中所称的“不可撤销的还款担保书”为由,向辽宁省高级人民法院提起诉讼,请求判决中钢集团不承担对信达公司沈阳办1 171.32万欧元的担保责任;诉讼费由信达公司沈阳办承担。

三、原审法院裁判要旨

辽宁省高级人民法院认为:

(一)中钢集团对信达公司沈阳办依法享有诉权

根据《民事诉讼法》第108条之规定,诉权是当事人基于民事纠纷的事实,要求法院进行裁判的、争议双方平等享有的程序性权利。诉权的发生根据是当事人之间民事纠纷的存在,只要当事人与民事纠纷存在利害关系,就有权基于纠纷的事实要求法院对处于不明确状态的权利义务关系作出合乎法律的判断。当事人是否具备正当原告资格,取决于提起诉讼的当事人在这一诉讼中是否具有诉的利益。只要中钢集团具有通过判决除去现已存在的危险和不安的法律上的利益,就享有受判决保护的实体利益。

本案中,因为信达公司沈阳办在2007年11月26日发给中钢集团的《催收函》中，明确要求中钢集团履行担保责任，偿还总额为 1 171.32 万欧元(合人民币 126 883 239.00 元)的担保债务，而中钢集团不认可《催收函》中提出的巨额担保债务。因此，中钢集团与信达公司沈阳办对该笔担保债务的存在与否有争议；而信达公司沈阳办在《催收函》中关于要求中钢集团“最迟在 2007 年 12 月 1 日之前正式回函，明确表示尽快履行担保责任的意向，并提供切实可行的偿还债务的具体计划。否则将根据法律的相关规定，依法通过诉讼途径解决相关的债权债务问题”的意思表示，使中钢集团的财产权利存在发生争议的危险，处于不确定状态。而担保合同虽为从合同，但最高人民法院《民事案件案由规定》(法发〔2008〕11 号)之第 78 项，明确规定了保证合同纠纷为独立案由。说明保证合同虽为从合同，但可成独立的案由，即当事人可单就保证法律关系形成诉讼。另外，本案属于合同纠纷，涉案标的 12 000 万元，根据最高人民法院《关于调整高级人民法院和中级人民法院管辖第一审民商事案件标准的通知》(法发〔2008〕10 号)之相关规定，本案应由最高人民法院进行审理。因此，中钢集团作为原告提起要求判决其对信达公司沈阳办不承担 1 171.32 万欧元保证责任的诉讼，符合我国法律、法规的相关规定，其依法享有诉权；作为被要求明确表示尽快履行担保责任意向、并提供切实可行的偿还债务的具体计划、否则将被诉诸法律的中钢集团，其提起本案诉讼，通过确认判决消除这种法律上的不安定性，亦不存在违背常理及对诉权滥用的问题。而且本案中钢集团通过诉讼形式消除存在的经济风险，并不违反法律规定。

(二) 信达公司沈阳办对其主张的担保关系依法应承担举证责任

本案中，虽然信达公司沈阳办没有以提起诉讼的方式要求中钢集团承担担保责任，但是，其于 2007 年 11 月 26 日向中钢集团的前身中国钢铁工贸集团公司发出的《催收函》中，以中国钢铁工贸集团公司的前身原中国冶金进出口总公司出具的“不可撤销的还款担保书”为依据向中钢集团主张了担保债权，即信达公司沈阳办以双方间存在保证关系为依据向中钢集团主张担保权利。而本案的诉讼正是由此而引发。最高人民法院《关于民事诉讼证据的若干规定》第 5 条规定：“在合同纠纷案件中，主张合同关系成立并生效的一方当事人对合同订立和生效的事实承担举证责任。”因此，信达公司沈阳办对双方间担保关系的存在负有举证责任，其对“不可撤销的还款担保书”的真实性、合法性负有证明义务，否则应依法承担举证不能的不利后果。

由于信达公司沈阳办对其在《催收函》中要求中钢集团承担担保责任、偿还担保债务所依据的“不可撤销的还款担保书”，在法庭指定的举证期限内始终未能提供，虽在另行指定的宽延期内提供了该担保书的复印件，但因中钢集团对其真实性提出异议，信达公司沈阳办又未能提供其他证据予以支持，故根据最高人民法院《关于民事诉讼证据的若干规定》第 10 条关于“当事人向人民法院提供证据，应当提供原件或者原物”、第 49 条关于“对书证、物证、视听资料进行质证时，当事人有权要求出示证据的原件或者原物。……”及第 69 条关于“无法与原件、原物核对的复印件、复制品不能单独作为认定案件事实的依据”的规定，对该担保书该院不予采信，对其证明的事实不能予以认定。而且，根据中钢集团提供的信达公司沈阳办于2004年12月7日在《辽宁日报》刊登的催收公告记载：担保人为中钢集团的前身原中国钢铁工贸集团公司、担保合同签署时间为1994年7月7日、债权人为中国银行抚顺分行、债务人为抚顺特殊钢（集团）有限责任公司的借款合同签署于1999年12月19日，借款合同文书号是转贷协议。对此，信达公司沈阳办亦没有提供证明中钢集团为中国银行抚顺分行与抚顺特殊钢（集团）有限责任公司的转贷协议提供保证的相关证据。最高人民法院《关于民事诉讼证据的若干规定》第2条第2款规定：“没有证据或者证据不足以证明当事人的事实主张的，由负有举证责任的当事人承担不利后果。”因此，根据现有证据可以认定，双方当事人间不存在担保法律关系；中钢集团关于对信达公司沈阳办不承担偿还总额为1 171.32万欧元（合人民币126 883 239.00元）担保责任及由信达公司沈阳办承担本案诉讼费用的请求，该院予以支持。

综上，根据《民事诉讼法》第108条、《民事案件案由规定》第78项、最高人民法院《关于民事诉讼证据的若干规定》第2条第2款、第5条、第10条、第34条、第49条、第69条之规定，案经该院审判委员会讨论决定，判决：中钢集团对信达公司沈阳办在《关于尽快履行担保责任的催收函》（信沈函〔2007〕59号）中依据“不可撤销的还款担保书”所主张的款项不承担担保责任。案件受理费676 216.20元，由信达公司沈阳办承担。

四、当事人上诉与答辩情况

上诉人信达公司沈阳办上诉称：

1. 一审判决将本案定性为担保合同纠纷错误，本案属于“债务不存在的消极确认之诉”，该消极确认之诉在我国不具备生存条件，且被上诉人提起的本案诉讼不具备消极确认之诉的要件。上诉人的发函催收行为，并未对被上诉人造成任何实际的损害后果，被上诉人并不具备提起确认之诉的诉讼利益，原审法院不应受理本案诉讼。

2. 一审判决要求上诉人对担保关系存在负举证责任，属于适用法律错误。“谁主张，谁举证”是我国基本的举证规则，举证责任倒置必须基于法律的明确规定。本案应由中钢集团对其主张承担举证责任。上诉人在本案中对被上诉人并没有提出诉讼请求，不应承担举证责任。在上诉人已提交了被上诉人出具的《不可撤销的还款担保书》复印件，而被上诉人又不能举证推翻该复印件的情况下，应推定担保关系存在，驳回上诉人的诉讼请求。

3. 上诉人始终认为法院不应受理被上诉人的起诉，以及举证责任在于被上诉人，因此一审时没有向法院提交证据。上诉人二审提交的证据证明，被上诉人的前身中国冶金进出口总公司是涉案贷款的担保人，且中国银行抚顺分行此前多次对中国冶金进出口总公司进行了催收。只是由于时间久远加之人员变动,中国银行抚顺分行没能找到担保书原件。但转贷协议约定由中国冶金进出口总公司提供担保、中国银行抚顺分行存有保证书复印件,以及中国银行抚顺分行的数次催收,足以证实中国冶金进出口总公司出具担保函的事实,至少无法得出上诉人与被上诉人间不存在担保关系的结论。如驳回被上诉人的起诉或其诉讼请求,对其实体权利并不会造成实际影响。相反则可能导致被上诉人逃离了本应承担的担保责任,严重损害上诉人的合法权益。原审判决在事实认定和法律适用上均存在明显错误,请求二审法院依法撤销原决,改判驳回被上诉人的起诉或诉讼请求。

被上诉人中钢集团答辩称,中钢集团对本案有合法诉权,符合民事诉讼法关于起诉的形式要件。原审法院对双方举证责任的分配符合法律和司法解释规定,应由信达公司沈阳办承担举证责任。从本案实体看,中钢集团没有为抚顺钢厂提供担保,更没有为抚顺特殊钢集团有限责任公司提供过担保,不应承担担保责任。信达公司沈阳办试图在没有任何证据的情况下通过驳回中钢集团诉请的判决结果,间接达到为其今后另行起诉提供判决依据的目的。请求二审法院查明事实,依法维持一审判决。

五、二审法院查明事实

最高人民法院认定原审法院查明的有关催收函、中国钢铁工贸集团公司更名以及催收公告的事实。

另查明,中国银行抚顺分行与抚顺钢厂于 1994 年 12 月 19 日签订的《关于抚顺钢厂改造“500”轧机建高精度模具扁钢生产线项目使用奥地利贴息贷款的转贷协议》(原件)载明“担保人系指将另行按本协议附件三的格式签署担保书的中国冶金进出口总公司”“担保书系指由担保人中国冶金进出口总公司和银行于一九九四年七月七日按本协议附件三的格式签署的担保协议”等。

信达公司沈阳办提交的中国冶金进出口总公司于 1994 年 7 月 7 日向中国银行抚顺分行出具的《不可撤销的还款担保书》(复印件)载明,“鉴于抚顺钢厂以合同编号为 940019 的借款合同向贵行申请总金额为 166 600 万奥先令的奥地利贴息外汇贷款……应借款人的请求,中国冶金进出口总公司特此作为担保人开立以贷款人为受益人的不可撤销的还款担保书,以担保人现有及将来的所有财产保证按时偿还由贷款人向借款人提供的贷款及其他有关款项……”

另,庭审后信达公司沈阳办向最高人民法院提交的国家经济贸易委员会国经贸改〔1994〕43 号《关于抚顺钢厂模具扁钢生产线利用外资技术改造项目可行性研究报告的批复》(复印件)载明“国外贷款本息由项目新增能力出口钢材设立专项外汇账户偿还,出口数量根据还贷进度在年度中核定。届时,如企业偿还有困难,由中国冶金进出口总公司负责偿还”。中国银行中银贷〔1994〕72 号《关于抚顺钢厂改造“500”轧机建高精度模具扁钢生产线项目利用奥地利贴息贷款协议及有关事项的通知》(复印件)载明“根据中国冶金进出口总公司与奥地利 GFM 公司为抚顺钢厂改造”500“轧机建高精度模具扁钢生产线项目签订的商务合同……商务合同进口商为中国冶金进出口总公司……贷款货币金额及比例为 166 000 000 奥先令”。鉴于信达公司沈阳办提交的上述两份文件系复印件且并不影响本案判决,二审法院未再组织当事人进行质证,亦不作为二审法院查明的事实予以认定。

六、二审法院裁判要旨

最高人民法院经审理认为:诉权是当事人请求法院行使审判权保护其民事权益的权利,当事人行使诉权需要具备当事人之间存在现实争议和诉的利益两个要件。本案信达公司沈阳办向中钢集团发出《关于尽快履行担保责任的催收函》后,双方之间就中钢集团是否应当承担担保责任的争议已经存在,而且中钢集团存在通过诉讼尽早明确其法律地位的确认利益,由此避免由于争议所导致的不确定性,因此,中钢集团提起要求确认其不承担担保责任的诉讼,符合法律规定,原审法院受理此案并无不当。

中钢集团提起诉讼请求判决其对本案所涉及债务不承担担保责任,应当依法承担举证责任。作为一个主张消极事实的诉讼,其举证责任,一是要求作为原告的中钢集团应当履行举证证明不存在担保关系的义务;二是当双方是否存在担保关系的事实真伪不明、无法判断时,中钢集团应当承担举证不能的法律后果。在这种确认某种法律关系不存在的诉讼,对于原告而言,因其主张没有签订担保合同,其提供证据证明没有存在的事实有现实困难,因此,其行为意义上的举证责任因其客观上无法提供证据证明而不能完成。但是,这并不当然代表其结果意义上的举证责任已完成,而需要反观作为被告的信达公司沈阳办是否有证据证明中钢集团关于担保关系不存在的主张不成立。因信达公司沈阳办未在本案中提出反诉,因此,信达公司沈阳办的上述证明责任并不意味着其应承担担保关系确实存在的举证责任,而是通过信达公司沈阳办的抗辩和证明来判断中钢集团主张的事实是否成立。如果信达公司沈阳办没有提供任何存在担保关系可能性的证据,则中钢集团所主张的关于双方不存在担保法律关系的事实即可确认。但是,如果信达公司沈阳办提供了足以令人怀疑中钢集团关于双方不存在担保法律关系主张的有关证据,即使并不当然能够充分证明担保关系存在,因中钢集团无法进一步举证推翻信达公司沈阳办的有关证据,并充分证明双方之间不存在担保关系的事实,即,因中钢集团举证未达到证明标准以致事实真伪不明时,根据举证责任的分配原则,中钢集团应当承担败诉的法律后果。原审法院在信达公司沈阳办未提起反诉的情况下,将担保关系成立的举证责任分配给信达公司沈阳办,于法无据,最高人民法院依法予以纠正。

本案中钢集团诉讼中提供了信达公司沈阳办的催收函、辽宁日报公告、抚顺钢厂工商档案和中国中钢工贸集团公司更名的工商档案等证据,以此证明其与信达公司沈阳办之间不存在担保法律关系。而信达公司沈阳办提供了中国银行抚顺分行与抚顺钢厂于1994年12月19日签订的《关于抚顺钢厂改造“500”轧机建高精度模具扁钢生产线项目使用奥地利贴息贷款的转贷协议》(原件)、中国冶金进出口总公司于1994年7月7日向中国银行抚顺分行出具的《不可撤销的还款担保书》(复印件)等证据,以此证明双方之间存在担保法律关系。从上述双方提供的证据看,虽然信达公司沈阳办的上述证据能否充分证明双方之间存在担保法律关系尚存在一定的不确定因素,但由此可以认定,担保关系成立的概率远大于中钢集团主张的双方不存在担保法律关系的概率。在目前双方是否存在担保法律关系的事实不清的情况下,应当依法驳回中钢集团关于其不承担担保责任的诉讼请求。鉴于信达公司沈阳办在本案中并未提出反诉,因此,关于信达公司沈阳办是否对中钢集团享有担保债权,本案不予审理。

综上,最高人民法院依据《担保法》第3条,《民事诉讼法》第64条、第108条、第153条第1款第(二)项、第158条,最高人民法院《关于民事诉讼证据的若干规定》第2条的规定,判决:

1. 撤销辽宁省高级人民法院(2007)辽民三初字第103号民事判决;

2. 驳回中国中钢集团公司的诉讼请求。一、二审案件受理费各676 216.20元,均由中国中钢集团公司负担。

七、对本案事实认定和法律适用的分析

(一)关于人民法院是否应予受理消极确认诉讼问题

确认之诉分为积极的确认之诉与消极的确认之诉。消极确认之诉系对消极事实,如主张某一法律行为或者某一法律事实不存在而提起的有关诉讼。本案原审原告中钢集团提起诉讼请求法院认定其与信达公司沈阳办之间不存在担保法律关系,属于对消极事实的确认诉讼。本案当事人争议的首要问题是人民法院是否应当受理当事人提起的消极确认之诉。之所以对此类案件是否应予受理存在争议,主要是考虑有关当事人是否会借此无端甚至恶意挑起诉讼,一方面给对方当事人造成讼累,另一方面给法院造成司法资源的浪费。我们认为,人民法院对于消极确认之诉既不能一概予以受理,亦不能一概拒之于门外,而是要从诉讼权利行使的基本要件上作出合理判断。①

诉讼权利,是指当事人请求法院行使审判权保护其民事权益的权利,是法律赋予当事人的一项基本权利,是当事人进行诉讼活动的前提和基础。当事人行使诉权需要具备两个要件,一是当事人之间存在争议,二是原告有诉的利益。这里需要强调的是,对于当事人之间存在的争议,应该是指双方当事人之间既已存在

① 实践中已有很多消极确认诉讼的案例,如知识产权领域要求确认未侵犯专利、商标或者著作权的确认之诉比比皆是。

或发生的争议,而非原告假想的或未来将要发生的争议。[①] 而原告的诉的利益,是指法律上的利益而非实际利益。

本案中,一方面,信达公司沈阳办向中钢集团发出《关于尽快履行担保责任的催收函》,认为中钢集团应为抚顺特殊钢集团有限责任公司 16 600 万奥地利先令的贷款承担担保责任,而中钢集团认为其不应承担上述债务的担保责任,双方就是否存在担保法律关系已经有了现实的争议。另一方面,在上述争议的基础上中钢集团产生了消除动摇其法律地位因素的确认利益,需要通过诉讼尽早明确自己在这一争议中的法律地位,从而避免由于争议导致的不确定性而致经济上和精神上的不安定状态,包括信誉损失、精神损失和可能的经济损失,因此,中钢集团在诉讼中享有了法律上的诉的利益。信达公司沈阳办抗辩中提到的其发函催收行为没有也不可能对中钢集团造成不利后果,中钢集团的民事权利没有受到侵害,系指实际上的利益损害,而作为诉权行使要件的诉的利益强调的是法律上的利益而非事实上的利益,因此,对信达公司沈阳办的上述抗辩,最高人民法院未予支持。综上,本案中钢集团提起要求确认其不承担担保责任的诉讼,符合法律规定,人民法院应予受理。

(二)关于消极确认诉讼的举证责任分配问题

由于消极确认诉讼案件中原告主张的是某一事实不存在,如果按照"谁主张谁举证"的一般举证责任分配原则,要求原告对于其认为根本不存在的某一事实举证予以证明,似乎不合情理,也正因此,才产生了对于消极确认诉讼举证责任分配的争论,这个问题也是本案中当事人争议的第二个主要问题。笔者认为,对于这种消极确认之诉的举证责任仍应按照证明责任分配的一般原则进行分配,即由原告中钢集团对其提起不承担担保责任承担举证责任。从诉讼法理论上看,举证责任既包括行为意义上的举证责任,也包括结果意义上的举证责任。行为意义上的举证责任,是指负有举证义务的一方当事人应当依法履行举证证明其主张的义务。结果意义上的举证责任,是指当负有举证义务的一方当事人所主张的事实真伪不明、无法判断时,其应当承担举证不能的法律后果。

本案中,对于负有举证责任的原告中钢集团而言,因其主张确认其与信达公司沈阳办之间不存在担保法律关系,双方没有签订担保合同,客观上其不可能提供证据证明没有存在的东西,这时候,其行为意义上的举证责任因其客观上无法提供证据证明其认为本身即不存在的东西而完成。但是,其行为意义上的举证责

---

① 如,公司股东在没有任何人对股东会决议的效力产生质疑的情况下,担心将来有人主张股东会决议无效而径行提起股东会决议有效之诉,这种诉讼的提起因无既已存在或发生的争议存在而不满足诉权行使的要件,其所担心的争议尚未发生,可能将来会发生,也可能将来根本就不会发生,这种情况下,有关人员提起的要求确认股东会决议有效的诉讼,人民法院不应予以受理。反之,如果客观上已经有人对股东会决议的有效与否提出了疑义(这种疑义不以诉讼为必要),则股东提起的股东会决议有效的诉讼就具备了"当事人之间存在争议"这一要件了。

任的完成，并不当然代表其结果意义上的举证责任亦已完成。这时候就要反观作为被告的信达公司沈阳办是否有证据反证证明中钢集团关于担保关系不存在的主张不能成立。因信达公司沈阳办未在本案中提出反诉，因此，在消极确认诉讼中消极事实是否存在的举证虽然更多仰仗于否定消极事实存在的一方当事人提交的有关证据，但是这种事实状态不能在逻辑上推理出举证责任已经从原告一方转移到被告一方，即这种证明并不说明举证责任倒置给了被告信达公司沈阳办。这里的目的在于通过信达公司沈阳办的抗辩和证明来判断原告中钢集团所主张的消极事实是否成立。如果信达公司沈阳办没有提供任何令法官相信二者可能存在担保关系的证据，则中钢集团所主张的其与信达公司沈阳办之间不存在担保法律关系的事实应当说是明确的，人民法院可以结合“直接证据应当在被告手里”这样的经验法则，认定原告已经依法履行了举证责任，并判决支持原告的诉讼请求。但是，如果信达公司沈阳办提供了足以令法官怀疑原告主张不存在担保法律关系的有关证据，哪怕并不当然能够充分证明担保关系存在的，这种情况下，因原告中钢集团无法进一步举证推翻被告的有关证据，无法充分证明担保关系不存在的事实，即因原告举证未达到证明标准以致事实真伪不明时，根据举证责任分配的上述原则，这里更多强调的是结果意义上的举证责任，即应由原告中钢集团承担败诉的法律后果。

这里要强调的是，如果信达公司沈阳办在本案中对于中钢集团关于不承担担保责任的诉讼请求提出了反诉，即其主张中钢集团应当承担担保责任的诉讼请求，则信达公司沈阳办应当依法承担举证责任，如果其无法证明双方之间存在担保法律关系的，则人民法院应当依法驳回其反诉请求，而支持中钢集团的诉讼请求。

（三）关于中钢集团诉请是否应予支持的问题

从上述有关消极确认诉讼举证责任分配问题的分析看，本案中中钢集团的诉讼请求是否能够得到支持，关键在于信达公司沈阳办是否能够提供证明双方之间存在担保法律关系的证据，或者是否能够提供足以令人怀疑原告主张不存在担保法律关系的有关证据。即使中钢集团在本案中没有提供任何证据，只要信达公司沈阳办没有提供证明双方之间存在担保法律关系的证据，或者提供足以令人怀疑原告主张不存在担保法律关系的有关证据，则中钢集团的主张即应成立。

但在本案中，在中钢集团提供了信达公司沈阳办的催收函、辽宁日报公告、抚顺钢厂工商档案和中国中钢工贸集团公司更名的工商档案等有关证据材料后，信达公司沈阳办向法院提供了中国银行抚顺分行与抚顺钢厂于1994年12月19日签订的《关于抚顺钢厂改造“500”轧机建高精度模具扁钢生产线项目使用奥地利贴息贷款的转贷协议》（原件）、中国冶金进出口总公司于1994年7月7日向中国银行抚顺分行出具的《不可撤销的还款担保书》（复印件）、国家经济贸易委员会国经贸改〔1994〕43号《关于抚顺钢厂模具扁钢生产线利用外资技术改造项目可行性研究报告的批复》(复印件)、中国银行中银贷〔1994〕72号《关于抚顺钢厂改造“500”轧机建高精度模具扁钢生产线项目利用奥地利贴息贷款协议及有关事项的通知》(复印件),以及中行抚顺分行的多份催款通知等证据,这些证据所载明的有关内容,虽然对于是否能够充分证明双方之间存在担保法律关系尚存在一定的不确定因素,但至少足以令我们相信中钢集团关于双方不存在担保法律关系的主张证据不充分,不足以对抗目前信达公司沈阳办提供的上述证据,在此基础上,中钢集团又未进一步提供证据,否定上述信达公司沈阳办的相关证据。另外,本案还有其特殊性,即本案所涉债权人和担保人均为国家金融机构和国有企业,所涉贷款项目为国家“八五”重点技改项目。因此,最高人民法院综合上述举证责任的分配和有关证据,在目前双方是否存在担保法律关系的事实不甚清楚的情况下,判决驳回了中钢集团关于其不承担担保责任的诉讼请求。

(四)关于判决驳回中钢集团诉讼请求的法律后果问题

消极确认之诉审查的重点在于原告所主张的消极事实是否存在,而非被告抗辩的积极事实是否存在。因在法律世界中,存在客观事实和法律事实之分,因此,虽然客观上消极事实存在和积极事实存在是两个相反的事实,即消极事实不存在就等于积极事实存在,但在法律认定上,判决驳回原告关于消极事实存在的诉讼请求,并不当然能够推理出积极事实就一定存在的结果,这中间还存在法律事实不清的情形,除非主张积极事实存在的一方当事人能够提供充分证据证明其主张的积极事实后尚可认定积极事实的存在。

因此,本案驳回中钢集团关于其不承担担保责任的诉讼请求,只是意味着“中钢集团提供的证据不足以使担保关系不存在的主张成立”,而不意味着本案对“担保关系存在”这一被告反驳意见加以确认。信达公司沈阳办是否对中钢集团享有担保债权,一是需要信达公司沈阳办的明确主张,如提起反诉或者另行起诉;二是在其向法院提起诉请后,需要通过其举证责任的承担来充分证明其对中钢集团享有担保债权,只有证据充分时才能予以支持。鉴于本案中信达公司沈阳办并未提出反诉,因此,最高人民法院判决对信达公司沈阳办是否享有担保债权未予审理。信达公司沈阳办如要主张担保债权,可以另行提起诉讼,但本案生效判决并不当然能够证明其所主张的担保事实存在。

上述处理,对于双方当事人而言都是公平的,即,中钢集团主张双方之间担保法律关系不存在,由其承担举证责任予以证明,无法证明时驳回其诉讼请求。信达公司沈阳办如主张担保关系存在的,则由信达公司沈阳办承担举证责任,如其无法举证证明双方之间存在担保法律关系的,则驳回其诉讼请求。反之亦然。

债权是否属于应当收购的客户交易结算资金，不属人民法院商事案件审理的范畴

——浙江斯文新技术投资有限公司、广东证券股份有限公司、广东证券股份有限公司广州西华路证券营业部、海通证券股份有限公司证券登记、存管、结算与客户交易结算资金纠纷上诉案

一、当事人基本情况及案件来源

上诉人(原审原告):浙江斯文新技术投资有限公司(以下简称“斯文公司”),住浙江省杭州市解放路138号355室。

法定代表人:李金海,该公司董事长。

被上诉人(原审被告):广东证券股份有限公司(以下简称“广东证券公司”),住广东省广州市越秀区解放南路123号金汇大厦25楼。

诉讼代表人:广东证券股份有限公司破产管理人。

被上诉人(原审被告):广东证券股份有限公司广州西华路证券营业部(以下简称“广东证券西华路营业部”),住广东省广州市荔湾区西华路79号。

诉讼代表人:广东证券股份有限公司破产管理人。

原审第三人:海通证券股份有限公司(以下简称“海通证券公司”),住上海市广东路689号。

法定代表人:王开国,该公司董事长。

上诉人斯文公司因与被上诉人广东证券公司、广东证券西华路营业部,以及原审第三人海通证券公司证券登记、存管、结算与客户交易结算资金纠纷一案,不服广东省高级人民法院(2005)粤高法民二初字第19号民事判决,向最高人民法院提起上诉。最高人民法院依法组成由审判员钱晓晨担任审判长,审判员刘敏、代理审判员赵柯参加的合议庭进行了审理,书记员袁红霞担任记录。本案现已审理终结。

二、原审法院查明事实

原审法院查明:

2000年12月11日,斯文公司在上海证券交易所开立998号股票账户。广东证券公司提供的证据显示,斯文公司于2001年7月13日指定广东证券公司代理其证券交易,并开立了14605号资金账户。但广东证券公司与广东证券西华路营业部无法提供相应的指定交易手续。2001年7月13日,海通证券公司东风西路营业部向广东证券西华路营业部汇入9 000万元和3 000万元两笔款项,银行进账单上载明这两笔款项为"浙江斯文公司"购买国债款。该款划入斯文公司在广东证券西华路营业部开立的14605号资金账户。2001年7月17日,斯文公司998号股票账户购入99国债(8)93 500手及21国债(3)23 500手,使用证券交易结算资金119 808 663.10元,资金余额为191 336.94元。广东证券西华路营业部未能出具上述交易的委托手续,但斯文公司未对此提出异议。

2002年1月15日,海通证券公司杭州解放路证券营业部又向广东证券西华路营业部划入2.85亿元,电汇凭证显示该款用途为"进浙江斯文14605资金户"。2002年11月12日,海通证券公司东风西路营业部向广东证券西华路营业部汇入2亿元,银行进账单上载明该笔款项为"浙江斯文资金款"。广东证券公司与广东证券西华路营业部提供的14605号资金账户流水显示,上述2.85亿元于2002年1月16日被取出;上述2亿元于2002年11月12日被取出。但广东证券公司与广东证券西华路营业部未能提供客户出具的相应划款指令。

2003年1月7日、4月17日,广东证券西华路营业部分别划出3 000万元及2 000万元付至海通证券公司东风西路营业部,款项的用途为"保证金"。广东证券公司与广东证券西华路营业部提供的14605号资金账户流水显示,这两笔款项均于同一日存入和取出。但广东证券公司与广东证券西华路营业部未能提供客户出具的相应划款指令。

广东证券公司与广东证券西华路营业部在诉讼中提供的14605号资金账户流水显示,2003年7月1日的资金余额为5 425.27元,2004年7月1日的资金余额为5 456.52元,除利息收入和支付利息税外,该期间未再发生其他交易。

2004年11月2日,斯文公司向中国证券登记结算有限责任公司上海分公司查询998号股票账户的情况,中国证券登记结算有限责任公司上海分公司出具的《投资者记名证券持有变动记录》显示,该账户指定广东证券公司代理交易的2001年7月13日至2004年11月2日期间,在2001年7月17日、2001年9月20日、2001年9月21日、2002年3月12日、2002年3月19日有变动记录。2005年7月1日,广州市公证处出具(2005)穗证内经字第55761号《公证书》,称:斯文公司法定代表人李金海等人于2005年6月30日向广东证券西华路营业部总经理王昆仑提出要求查询斯文公司在该部开立的股票账户,并打印《资金对账单》,提取资金金额。王昆仑拒绝了李金海等人的要求,口头表示该账户只有2 000多元资金金额。虽经再三要求,李金海等人始终未能查询上述股票账户,未能提取剩余资金,也未得到广东证券西华路营业部的书面答复。

原审法院还查明:江苏省高级人民法院(2006)苏刑二终字第0082号刑事判决书中所查明国洪起、吴克夫、九九公司、赛克赛思公司的犯罪事实,并未涉及斯文公司与案涉14605号资金账户和998号股票账户。

斯文公司提交其与海通证券公司签订的《资产管理协议》、《资产管理补充协议》各一份,分别载明海通证券公司将自有资产5.5亿元、500万元全权委托斯文公司进行资产管理,资产管理期限分别为2004年7月16日起至2005年7月16日止和2005年1月12日起至2005年12月31日止,到期双方可协商续签。后一份协议还载明双方于2005年1月12日签订的45 005 425.27元资产管理协议同时废止。斯文公司称其存放在14605号账户内的资金系来源于其从海通证券公司取得的委托资产,上述与海通证券公司签订的两份协议是为了完善手续而在事后签订的。海通证券公司2007年年度公告中"财务报表附注第58页"载明斯文公司拖欠其款项5.5亿元,该款是其通过斯文公司存放在广东证券公司的保证金。海通证券公司确认斯文公司的涉案资金是其代划入斯文公司在广东证券公司开立的账户,其是与斯文公司而不是与广东证券公司及广东证券西华路营业部发生交易。

2005年9月9日,斯文公司向广东省高级人民法院提起诉讼,请求判令:(1)广东证券公司和广东证券西华路营业部返还挪用的证券交易结算资金435 191 336.9元并赔偿相应的利息损失(按银行活期存款年利率0.72%计息,计至偿清全部证券交易结算资金之日止,截至2005年9月8日,利息损失为10 983 962元);(2)广东证券公司和广东证券西华路营业部赔偿其挪用其国债所造成的损失119 808 663.1元及相应利息损失(按银行活期存款年利率0.72%计息,计至偿清全部国债损失之日止,截至2005年9月8日,利息损失为3 522 374元);(3)广东证券公司和广东证券西华路营业部承担该案诉讼费用。

2005年11月2日,中国证监会作出证监机构字〔2005〕113号《关于委托中国证券投资者保护基金公司组织对广东证券股份有限公司进行托管清算工作的决定》,决定于2005年11月4日收市后委托证券投资者保护基金公司组织对广东证券公司进行托管清算工作。证券投资者保护基金公司据此作出证保函〔2005〕3号《关于委托中审会计师事务所有限公司成立广东证券股份有限公司清算组、托管组的决定》,委托中审会计师事务所有限公司成立广东证券公司清算组、托管组负责广东证券公司清算工作,并对广东证券公司经纪业务实施托管。2005年11月4日,中国证监会作出证监罚字〔2005〕33号《行政处罚决定书》,称:广东证券公司在经营过程中存在挪用客户交易结算资金的行为,且数额巨大,严重违反《证券法》有关规定,造成严重的社会危害,已不再具备继续经营的条件。经研究决定,取消其证券公司业务许可,并责令关闭等。因最高人民法院于2005年11月14日发布《关于对以广东证券股份有限公司及其附属机构为被告、第三人、协助执行人的民商事案件暂缓受理、暂缓审理、暂缓执行的通知》,广东省高级人民法院于

2005年12月25日裁定本案中止诉讼。

2007年10月31日,广东省广州市中级人民法院作出(2007)穗中法民破字第5号-1民事裁定书,裁定受理广东证券公司清算组根据中国证券监督管理委员会委托提出的广东证券公司破产清算申请;并于同日作出决定书,指定中审会计师事务所有限公司担任广东证券公司破产管理人。2008年1月2日,广东省广州市中级人民法院作出(2007)穗中法民破字第5号-2民事裁定书,裁定宣告广东证券公司破产。2008年12月15日,广东省高级人民法院恢复本案的审理,并告知斯文公司应依法将原诉讼请求变更为确认债权的诉讼请求。

在本案审理中,广东省高级人民法院依法追加海通证券公司为本案第三人。广东证券公司与广东证券西华路营业部申请追加国洪起、九九公司、赛克赛思公司、泰怡轩公司、正安公司为本案被告。

三、原审法院裁判要旨

广东省高级人民法院经审理认为,本案为证券登记、存管、结算与客户交易结算资金纠纷。对本案所涉问题,该院认定如下:

(一)关于14605号资金账户和998号股票账户是否为犯罪分子国洪起等人开立、控制和使用及账户内的资产是否为斯文公司所有的问题

14605号资金账户和998号股票账户户名显示两账户为斯文公司开立。该案证据显示,案涉998号股票账户是2000年12月11日在上海证券交易所开立。该账户于2001年7月13日被指定由广东证券西华路营业部代理其证券交易,并相应开立了14605资金账户。《证券法》(1999年施行)第138条规定:"证券公司办理经纪业务,必须为客户分别开立证券和资金账户,并对客户交付的证券和资金按户分账管理,如实进行交易记录,不得作虚假记载。客户开立账户,必须持有证明中国公民身份或者中国法人资格的合法证件。"第139条规定:"证券公司办理经纪业务,应当置备统一制定的证券买卖委托书,供委托人使用。采取其他委托方式的,必须作出委托记录。客户的证券买卖委托,不论是否成交,其委托记录应当按规定的期限,保存于证券公司。"江苏省高级人民法院就国洪起等人犯罪行为作出的(2006)苏刑二终字第0082号刑事判决书未认定斯文公司参与或斯文公司的案涉资金或股票账户被国洪起、吴克夫等人操控,广东证券公司与广东证券西华路营业部既不能提供斯文公司账户和资产为国洪起等犯罪分子开立和控制使用的直接证据,也不能提交斯文公司因案涉资产涉嫌犯罪已被公安机关立案侦查的证据。广东证券公司与广东证券西华路营业部虽曾请求该院调取国洪起、吴克夫等人的证言和在公安机关的供述,以查明斯文公司涉案账户和资产是否涉嫌犯罪行为,但其申请不符合最高人民法院《关于民事诉讼证据的若干规定》关于人民法院依当事人申请调取证据的条件。该院已另行告知广东证券公司与广东证券西华路营业部对该申请不予准许。依照最高人民法院《关于民事诉讼证据的若干规定》第 2 条“当事人对自己提出的诉讼请求所依据的事实或者反驳对方诉讼请求所依据的事实有责任提供证据加以证明。没有证据或者证据不足以证明当事人的事实主张的,由负有举证责任的当事人承担不利后果”的规定,广东证券公司与广东证券西华路营业部主张 14605 号资金账户和 998 号股票账户为犯罪分子国洪起开立和控制使用,但未能提供相应的证据予以证明,该院对该主张不予支持。第三人海通证券公司称其依照斯文公司的指令,向斯文公司 14605 号资金账户先后划进了 6.05 亿元的款项。该行为有银行划款凭证为据。海通证券公司确认,其与斯文公司就上述划款行为形成的债权债务关系属另一法律关系。因此,在广东证券公司和广东证券西华路营业部不能证明 14605 号资金账户内资金来源不合法的情况下,该院对斯文公司关于 14605 号资金账户和 998 号股票账户内资产属其所有的主张予以认可。

(二)关于广东证券公司与广东证券西华路营业部请求追加被告的问题

如前所述,现有证据不能证实斯文公司参与了国洪起、吴克夫等人的犯罪行为及斯文公司案涉资金、股票账户为国洪起开立和控制使用的主张。因广东证券公司与广东证券西华路营业部不能证明国洪起、九九公司、赛克赛思公司、泰怡轩公司、正安公司是该案必须共同参加诉讼的当事人,故其申请追加上述主体为该案被告,不符合《民事诉讼法》第 119 条第 1 款“必须共同进行诉讼的当事人没有参加诉讼的,人民法院应当通知其参加诉讼”的规定,该院亦不予支持。

(三)关于斯文公司请求判令广东证券公司、广东证券西华路营业部偿还相应款项的问题

对于海通证券公司代划入 14605 号资金账户的 6.05 亿元的使用,斯文公司对广东证券西华路营业部于 2003 年 1 月 7 日、4 月 17 日向海通证券公司东风西路营业部划付 3 000 万元及 2 000 万元款项予以认可,对广东证券西华路营业部在没有委托指令情况下购买的价值 119 808 663.1 元国债亦没有异议。斯文公司提供(2005)穗证内经字第 55761 号《公证书》证明广东证券西华路营业部拒绝斯文公司查询 14605 号资金账户与 998 号股票账户的状况,广东证券公司与广东证券西华路营业部在诉讼中确认 14605 号资金账户与 998 号股票账户中已没有斯文公司诉称的资金和国债。在无法证明案涉资金和国债是按照斯文公司指令划转的情况下,广东证券西华路营业部应对擅自划付斯文公司账户中的资产给斯文公司造成的损失承担相应的赔偿责任,广东证券公司亦应对其下属营业部的过错承担相应的民事责任。在该案审理过程中,广州市中级人民法院已于 2007 年 10 月 31 日裁定受理广东证券公司清算组提出的广东证券公司破产清算申请;并于 2008 年 1 月 2 日裁定宣告广东证券公司破产。最高人民法院《关于〈中华人民共和国企业破产法〉施行时尚未审结的企业破产案件适用法律若干问题的规定》第 9 条第 2 款规定:“债权人就争议债权起诉债务人,要求其承担偿还责任的,人民法院应当告知该债权人变更其诉讼请求为确认债权。”因此,斯文公司原请求广东证券公司和广东证券西华路营业部偿还债务的诉讼请求应变更为确认破产债权的诉讼请求。同时,依照《企业破产法》第46条第2款"附利息的债权自破产申请受理时起停止计息"的规定,斯文公司的债权利息应计算至广州市中级人民法院裁定受理广东证券公司清算组提出的广东证券公司破产清算申请的2007年10月31日止。

综上所述,广东证券公司和广东证券西华路营业部主张斯文公司涉案14605号资金账户和998号股票账户为罪犯国洪起等人开立和控制使用没有依据,其关于不应承担偿还责任的抗辩理由不成立,该院不予支持。因在该案诉讼过程中发生了广东证券公司被裁定破产清算的事实,斯文公司原主张广东证券公司和广东证券西华路营业部应承担偿还责任的诉讼请求应变更为确认对广东证券公司享有破产债权的诉讼请求。依照《证券法》(1999年施行)第138条、第139条,《企业破产法》第46条第2款,最高人民法院《关于〈中华人民共和国企业破产法〉施行时尚未审结的企业破产案件适用法律若干问题的规定》第9条第2款,最高人民法院《关于民事诉讼证据的若干规定》第2条之规定,该院判决:确认斯文公司对广东证券公司、广东证券西华路营业部享有5.55亿元本金及相应利息(本金119 808 663元的利息从2001年7月14日计算至2007年10月31日;本金2.85亿元的利息从2002年1月16日计算至2007年10月31日;本金2亿元的利息从2002年11月13日计至2003年1月6日;本金1.7亿元的利息从2003年1月7日计至2003年4月16日;本金1.5亿元的利息从2003年4月17日计算至于2007年10月31日。上述利息利率均按中国人民银行规定的同期活期存款利率计算)债权。一审案件受理费2 857 541.68元,由广东证券公司、广东证券西华路营业部负担。

四、当事人上诉与答辩情况

斯文公司不服广东省高级人民法院上述民事判决,向最高人民法院提起上诉称:

1. 原审判决没有按照上诉人的诉讼请求及其确定的案由进行判决,判非所诉,侵害了上诉人的民事处分权。原审判决在认定案件为证券登记、存管、结算与客户交易结算资金纠纷的情况下,不仅将上诉人返还客户证券交易结算资金及证券的请求变更为偿还债权之诉,而且对是否上诉人的证券交易结算资金和证券、是否应返还不置可否,并将上诉人的诉讼请求直接变更为确认破产债权之诉,违背了民事诉讼法的基本原则。法院只能依照当事人提出的案件事实、理由和诉讼请求进行审理和判决,无权变更、撤销当事人的诉讼请求。原审判决援引最高人民法院《关于〈中华人民共和国企业破产法〉施行时尚未审结的企业破产案件适用法律若干问题的规定》第7条直接变更上诉人的诉讼请求,适用法律不当。

2. 原审判决查明的部分事实与实际情况不符。上诉人提交的证据显示,2003年8月4日和11月20日的《资金对账单》载明14605账户尚有余额595 005 425.27

元，原审判决认定“广东证券公司和广东证券西华路营业部提供的14605号资金账户流水显示：上述2.85亿元于2002年1月16日被取出；上述2亿元于2002年11月12日被取出”……“2003年7月1日的资金余额为5425.27元”等事实错误。

3. 原审判决应当根据认定的事实与自身归纳的案由认定所涉及账户资金的客户证券交易结算资金性质。斯文公司对两账户中的资产享有所有权，完全符合《个人债权及客户证券交易结算资金收购意见》、《个人债权及客户证券交易结算资金收购实施办法》规定的客户证券交易结算资金认定标准，不存在“不属于收购范围的正常经纪客户”的任何情形，且其性质被被上诉人提供的证据完全认可，并非存疑资金。广东证券公司清算组的说明不具有任何证据力，原审判决偏信被上诉人及其清算组的陈述，对资金性质不予认定错误。客户交易结算资金和证券所有权归属于客户，不能纳入证券公司破产财产或自有财产，即使证券公司破产也应通过其他方式返还给客户。认定客户交易结算资金并责令返还系法院管辖范畴，《证券公司风险处置条例》并未规定当事人对行政清理组的甄别确认结果表示异议的，不能向法院起诉。法院依法对该案涉争的客户交易结算资金作出认定并判令返还，并不违反法律、行政法规。原审判决对被上诉人是否应承担返还责任没有认定，缺乏法律根据。

4. 原审判决在认定所涉及账户资金及证券性质以及被上诉人是否应承担返还义务上，适用法律不当。原审判决将上诉人所有的客户交易结算资金和国债判定为“确认对广东证券公司享有破产债权”，实质是将上诉人的客户交易结算资金和国债归入为被上诉人广东证券公司的自有财产，归属为破产财产，违反法律规定。客户交易结算资金和证券即使被证券公司挪用，也应予以返还。原审判决对应该适用的法律不予适用，与《证券投资者保护基金管理办法》、《中国证券投资者保护基金有限责任公司受偿债权管理办法(试行)》、《个人债权及客户证券交易结算资金收购意见》、《个人债权及客户证券交易结算资金收购实施办法》等有关客户证券交易结算资金的认定相悖，更与现实中客户交易结算资金都予以收购的实践相差甚远。原审判决“选择法律”所作出的判决，无法对上诉人的客户交易结算资金及国债给予合法保护，严重侵害了上诉人的合法权益。

综上，原审判决认定事实不准确，证据不足，适用法律不当，请求：

1. 依法撤销原审判决第一项。

2. 依法判令两被上诉人：(1) 返还其挪用的上诉人证券交易结算资金435 191 336.90元及相应利息(按银行活期存款利率计算，计至两被上诉人返还全部证券交易结算资金之日止，其中，截至2007年10月31日止，利息损失是17 718 109.13元)。(2) 返还被其挪用的上诉人购买93 500手99国债(8)、23 500手21国债相对应的证券交易结算资金119 808 663.10元、国债票面利息及相应利息(票面利息按票面利率计算，资金利息按同期活期存款利率计算，计至两被上诉人返还全部证券交易结算资金之日止。鉴于99(8)国债已于2009年9月23日到期,21国债(3)已于2008年4月24日到期,到期前分别按两种国债票面利率计算票面利息分别是27 769 500元和5 379 150元;按年收到的国债利息依规定属于客户证券交易结算资金,分期计至2007年10月31日,99(8)国债和21国债(3)的活期利息分别是493 633.7175元和101 700.51525元。两种国债票面利息及孳息合计33 743 984.2327元。)

3. 依法判令被上诉人承担全部诉讼费用。

被上诉人广东证券公司和广东证券西华路营业部答辩称:

1. 14605号账户名为斯文公司,实为国洪起控制和操纵的涉案账户,上诉人不是该账户的实际权利人,也没有真实的资金投入,上诉人的诉讼请求应当予以驳回,原审法院将该账户认定为斯文公司的账户系认定事实不清。

2. 根据我国现行法律法规及司法解释的规定和最高人民法院司法案例,国家对客户交易结算资金的收购是国家有关行政部门和金融监管机构采取的特殊行政手段,对于相关债权是否属于证券交易结算资金涉及国家收购问题,在证券公司进入行政处置程序后,依法应当由金融监管部门成立的甄别确认小组予以确认,由监管部门批准,不属于人民法院的审理范畴,人民法院对其性质应不予认定。因此,上诉人请求法院对该账户内的资金性质进行确认,法院应予驳回,否则,将与我国现行关于证券公司关闭清算的法律法规和政策相冲突,破坏广东证券公司的正常清算秩序。

3. 涉案账户不存在上诉人诉称的5.55亿元国债或资金,广东证券公司行政清算组也已甄别确认该账户不能认定为正常经纪业务账户,账户内的资金不能认定为客户证券交易结算资金,不能纳入国家收购范围,也不能用原广东证券公司存管的正常经纪业务客户的客户证券交易结算资金进行兑付。原审法院已查明14605号账户截至2004年7月1日的资金余额仅为5 000余元,不存在上诉人诉称的5.55亿元国债或资金,而根据答辩人提供的证据证明,账户内的相关资金均已由国洪起个人转入其实际控制的涉案账户,并非广东证券公司及广东证券西华营业部所挪用,也未与广东证券公司的其他客户证券交易结算资金发生混同。广东证券公司已由行政清算进入破产清算程序,上诉人要求返还国债及资金已不可能实现,法院变更债权人的返还之诉或偿还债务之诉为确认破产债权的诉讼请求在程序上并无不当,但是,由于上诉人不是14605号账户的实际权利人,原审判决在实体上判决上诉人对广东证券公司享有5.55亿元本金及相应利息债权存在不当。广东证券公司清算组对14605号账户的资金性质甄别确认后,上诉人已于2007年12月11日向答辩人提出债权申报,但由于该笔债权涉及诉讼未决,该债权申报目前尚未得到最终确认。

4. 根据《民事诉讼法》第151条“第二审人民法院应当对上诉请求的有关事实和适用法律进行审查”的规定,以及最高人民法院《关于原审法院确认合同效力有错误而上诉人未对合同效力提出异议的案件,二审法院可否变更的复函》的精神，人民法院在审理上诉案件时，如果第二审人民法院发现原判对上诉请求未涉及的问题的处理确有错误，应当在二审中予以纠正。本案中，原审判决下达后，上诉人即向最高人民法院提起上诉，答辩人认为基于前述法律规定及司法解释的精神，即使答辩人不提起上诉，二审法院也会依法对该案认定的事实及适用的法律进行全面审查，对原审判决存在的错误予以纠正，并依法作出正确的判决，基于此，答辩人虽然对原审判决认定的事实存在异议及判决答辩人承担责任错误，但未提出上诉。请求二审法院在查清事实的基础上驳回上诉人的诉讼请求。

五、二审法院查明事实

最高人民法院经审理认定一审法院查明的案件事实。

六、二审法院裁判要旨

最高人民法院经审理认为，斯文公司在广东证券公司行政关闭和破产申请受理前，以广东证券西华路营业部擅自使用其涉案账户，致使其账户内价值5.55亿元的资产灭失为由，起诉请求判决广东证券西华路营业部和广东证券公司承担由此侵权行为造成的损失，返还挪用的资金、赔偿挪用国债造成的损失等，但在案件审理中广东证券公司因违规经营被责令关闭并进入破产程序，根据《企业破产法》第16条的规定，人民法院受理破产申请后，债务人不得再对包括侵权之债的债权人在内的个别债权人清偿债务，原审法院在认定广东证券西华路营业部和广东证券公司应当承担侵权赔偿责任的基础上，基于广东证券公司进入破产程序的事实，经释明后判决确认斯文公司对广东证券公司和广东证券西华路营业部享有5.55亿元本金及相应利息的破产债权，并无不当，最高人民法院予以维持。斯文公司关于原审判决侵犯其民事处分权的上诉理由，缺乏法律依据，最高人民法院不予支持。

斯文公司关于原审判决认定的“广东证券公司和广东证券西华路营业部提供的14605号资金账户流水显示：上述2.85亿元于2002年1月16日被取出；上述2亿元于2002年11月12日被取出”……“2003年7月1日的资金余额为5 425.27元”等事实与实际情况不符的上诉主张，因该部分事实的认定对斯文公司实质权利的保护并无影响，因此，最高人民法院对此不再进行审理。

斯文公司上诉主张原审法院在认定广东证券西华路营业部和广东证券公司承担擅自划付其账户内资产的民事责任时，未对账户内资产是否属于客户交易结算资金性质及是否应予返还予以认定，属于重大遗漏。对此，最高人民法院认为，斯文公司涉案账户内的资金和国债在广东证券公司西华路营业部擅自划付转出后，已不存在返还账户内原有资金和国债的可能性，根据《民法通则》第117条的规定，广东证券公司西华路营业部和广东证券公司应对其侵权行为承担赔偿相应损失的民事责任，原审法院是否认定账户内资金的性质，并不影响斯文公司民事权利的保护。即使原审法院认定涉案账户内资产为客户交易结算资金的性质,但因相应资产已经转出,斯文公司在广东证券公司破产程序中也无法取回相关资产。鉴于证券公司风险处置中国家对客户交易结算资金的收购,是国务院有关行政部门和金融监管机构采取的特殊行政手段,因此,对于有关债权是否属于应当收购的客户交易结算资金范畴,应由金融监管机构以及依据《个人债权及客户证券交易结算资金收购意见》成立的甄别确认小组予以确认,不属人民法院民商事案件审理的范畴。因此,原审法院对本案所涉账户资金性质未作认定并无不当。斯文公司如果对行政清理中对其账户资金性质的确认存在异议,可依据有关规定通过向行政清理组提出的方式寻求救济,最高人民法院对此亦不予审理。

广东证券公司和广东证券西华路营业部答辩中有关斯文公司非涉案账户实际权利人的主张,因其并未提起上诉,最高人民法院对其上述主张不予审理。

综上,最高人民法院依照《民事诉讼法》第 153 条第 1 款第(一)项、第 158 条的规定,判决如下:

驳回上诉,维持原判。

二审案件受理费 2 857 541.68 元,由浙江斯文新技术投资有限公司负担。

本判决为终审判决。

七、对本案事实认定和法律适用的分析

本案二审审理中,主要存在以下几个问题:

(一)如何确定斯文公司的诉讼请求

斯文公司原审起诉请求人民法院判令:(1)广东证券公司和广东证券西华路营业部返还挪用的证券交易结算资金 435 191 336.9 元并赔偿相应的利息损失(按银行活期存款年利率 0.72% 计息,计至偿清全部证券交易结算资金之日止,截至 2005 年 9 月 8 日,利息损失为 10 983 962 元)。(2)广东证券公司和广东证券西华路营业部赔偿其挪用其国债所造成的损失 119 808 663.1 元及相应利息损失(按银行活期存款年利率 0.72% 计息,计至偿清全部国债损失之日止,截至 2005 年 9 月 8 日,利息损失为 3 522 374 元)。(3)广东证券公司和广东证券西华路营业部承担该案诉讼费用。

二审斯文公司上诉中又一再提到原审法院对其账户中资金系客户证券交易结算资金的性质未予认定,并强调在认定上述性质的基础上应当判决两被告返还。对此,合议庭开庭时明确对其释明,请其明确解释其诉讼请求,但斯文公司一直未有明确的解释。

对此,承办人认为,无论其二审中如何解释其主张"返还资金",即无论是请求法院认定其资金为客户证券交易结算资金的性质,因而应当纳入国家收购的范畴,还是请求在破产程序中对其主张的资金行使取回权,因斯文公司提起该案诉讼时,广东证券公司并未进入破产程序,亦未进入行政清算,其本意系基于侵权之

诉提起，斯文公司提起本案诉讼后，广东证券公司先后进入行政清算和破产清算，斯文公司并未对其诉讼请求予以变更，因此，二审审理仍然应该按照其原诉讼请求进行。

（二）原审法院在斯文公司诉请侵权赔偿的情况下，径行判决其对债务人享有破产债权是否妥当

在斯文公司提起侵权之诉请求判决两被告承担赔偿责任的情况下，原审法院以广东证券公司事后进入破产程序为由，在经释明斯文公司不予变更诉讼请求时，径行判决其对债务人享有破产债权是否妥当问题，实践中存在不同观点。

一种观点认为，原审法院未按当事人诉请下判，是导致斯文公司上诉的一个重要原因。最高人民法院《关于〈中华人民共和国企业破产法〉施行时尚未审结的企业破产案件适用法律若干问题的规定》第 9 条第 2 款针对的系破产申请受理后提起的新案件，而非破产申请受理前已经提起的旧案件。对于旧案件，因当事人提起赔偿诉讼时被告并未进入破产程序，其诉请被告给付赔偿，没有任何障碍，对此类案件，除非当事人自行调整或者经法院释明后调整其诉讼请求，法院不得也不必以确认之诉下判，人民法院仍然可以按照给付诉讼进行判决，同时应在判决给付的主文后，明确载明（释明）判决生效后债权人不得向法院申请强制执行，而应依据《企业破产法》的规定到破产程序中去申报债权以获得清偿的内容。

第二种观点认为，对于债务人进入破产程序前提起的给付诉讼，在破产程序启动后，由于《企业破产法》第 16 条规定，人民法院受理破产申请后，债务人不得再对个别债权人清偿债务，原审法院在认定广东证券西华路营业部和广东证券公司应当承担侵权赔偿责任的基础上，基于广东证券公司进入破产程序的事实，经释明后判决确认斯文公司对广东证券公司和广东证券西华路营业部享有 5.55 亿元本金及相应利息的破产债权，并无不当，应予维持。

合议庭考虑到由于对此类案件如何处理，最高人民法院尚未作出明确的规定，虽然实践中存在不同观点，但在广东证券公司已经进入破产程序后，无论原审法院是判决广东证券西华路营业部和广东证券公司向斯文公司承担赔偿责任，还是确认斯文公司对广东证券西华路营业部和广东证券公司享有相应的破产债权，对于斯文公司的实体权利保护而言，并无差异，因此，可维持原审判决，有关问题可待相关司法解释予以解决。

（三）关于斯文公司上诉中提到的部分事实不符问题

斯文公司上诉中虽然提出原审判决认定的“广东证券公司和广东证券西华路营业部提供的 14605 号资金账户流水显示：上述 2.85 亿元于 2002 年 1 月 16 日被取出；上述 2 亿元于 2002 年 11 月 12 日被取出”……“2003 年 7 月 1 日的资金余额为 5 425.27 元”等事实与实际情况不符，但因该部分事实的认定对斯文公司实质权利的保护并无影响，因此，对此部分事实二审法院可不予审理。

（四）人民法院是否应当对斯文公司账户内资金的性质明确认定为证券交易结算资金

本案所涉两个账户究竟是犯罪分子开立控制使用还是斯文公司所有问题，是本案一审中争议的最主要的问题。对此，原审法院因广东证券公司及营业部没有证据证明系犯罪分子所为，认定账户内资产应属斯文公司所有，进而对斯文公司相关资产被挪用受到的损失予以了保护。应该说，尽管原审法院未明确对资金性质予以表态，但对斯文公司的实体权利保护并无实质性影响。因此，对斯文公司该上诉理由可不予支持。

但是，综观斯文公司的上诉主张，包括前述第一个关于斯文公司诉讼请求的确定问题，斯文公司上诉中明显存在通过请求人民法院确认其账户内资金性质为客户交易结算资金性质，从而主张国家收购的意图。原审法院已经确认斯文公司对两被告享有相应破产债权，事实上已经支持了斯文公司的原诉讼请求，在此情况下斯文公司仍然对原审判决不服提起上诉，核心问题应该是对原审法院未对所涉相关账户内资金性质予以定性不服提起上诉。对此，承办人认为，国家对个人债权和客户交易结算资金的收购，是国家有关行政主管部门和金融监管机构针对证券公司破产的特殊性所采取的特殊行政手段，为统一、规范证券公司风险处置中相关债权的处理，保持证券市场运行的连续性和稳定性，中国人民银行、财政部、中国银行业监督管理委员会、中国证券监督管理委员会联合制定发布了《个人债权及客户证券交易结算资金收购意见》。证券公司行政清理中相关债权是否属于国家应当收购的个人债权或者客户交易结算资金范畴，系由中国人民银行、金融监管机构以及依据《个人债权及客户证券交易结算资金收购意见》成立的甄别确认小组根据上述收购意见予以审核确认的，并非人民法院商事案件审理的范畴。

2004 年 8 月以来，在国务院统一部署下开始的证券公司综合治理工作，是在我国社会主义市场经济发展过程中的一项创造性工作，系以行政主导为特点，而非单纯的法律程序，应该说证券公司风险处置工作在相关部门共同研究采取对策的基础上，妥善化解了风险，兼顾了各利益主体的权益，取得了较好的社会效果。为维护证券市场和社会的稳定，依法审理和执行被风险处置证券公司的相关案件，最高人民法院专门以法发〔2009〕35 号文下发了《关于依法审理和执行被风险处置证券公司相关案件的通知》，明确规定，国家对个人债权和客户交易结算资金的收购，是国家有关行政部门和金融监管机构采取的特殊行政手段。相关债权是否属于应当收购的个人债权或者客户交易结算资金范畴，系由中国人民银行、金融监管机构以及依据《个人债权及客户证券交易结算资金收购意见》成立的甄别确认小组予以确认的，不属人民法院审理的范畴。因此，有关当事人因上述执行机关在风险处置过程中甄别确认其债权不属于国家收购范围的个人债权或者客户证券交易结算资金，向人民法院提起诉讼，请求确认其债权应纳入国家收购范围的,人民法院不予受理。国家收购范围之外的债权,有关权利人可以在相关证券公司进入破产程序后向人民法院申报。原审法院在斯文公司侵权诉讼中,回避不属人民法院职权范围内的事项,未对斯文公司主张权利所涉账户内资金的性质作出认定,而仅从其民事权利保护角度作出裁决,并无不当。根据上述通知,二审法院应对斯文公司上诉中"要求认定客户证券交易结算资金性质"的请求仍不予审理。同时,可明确告知斯文公司如果对行政清理中对其账户资金性质的确认存在异议,可依据有关规定通过向行政清理组提出的方式寻求救济。

(五)广东证券公司答辩中关于所涉账户实际权利人不应为斯文公司问题

此问题是一审中当事人争议的主要问题之一,原审法院以广东证券公司没有相应证据为由,确认账户为斯文公司所有。鉴于广东证券公司并未上诉,因此,二审对其答辩意见不予审理。

10 破产、重整

民办学校破产清算的法律适用问题

——深圳市华茂实验学校、广东香港人子弟学校、深圳台商子弟学校和广东建华职业学院破产清算案

一、案件材料①

《中华人民共和国民办教育促进法》（下称《民办教育促进法》）第58条规定，民办学校因资不抵债无法继续办学而被终止的，由法院组织清算，但法院应如何组织清算及适用何种程序进行清算均没有相关的法律规定。经请示，最高人民法院于2006年4月批复认为可以参照民事诉讼法的破产还债程序进行清算。

（一）基本案情

深圳市华茂实验学校、广东香港人子弟学校（以下简称“港人学校”）、深圳台商子弟学校（以下简称“台商学校”）分别经由教育主管部门及其他相关部门批准，先后成立于1996年、1997年、2000年，均登记为民办非企业法人。港人学校、台商学校均开设在深圳市华茂实验学校校园内，该3所学校统称为华茂学校。华茂学校集幼儿园、小学、初中、高中、国际部于一体，在校学生近3 000人，教职工近700人。广东建华职业学院（以下简称“建华职院”）成立于2002年，是经政府有关部门批准成立的全日制高等职业教育学校，登记为民办非企业法人。建华职院教职工200多人，全日制在校生1 300多人。2004年11月中旬，因投资办学人违法挪用巨额教育储备金无法收回，导致华茂学校、建华职院教职工工资不能发放，建筑工程款不能支付，致使教师多次集体罢课、施工单位上门讨债、学生家长上访，学校的日常教学秩序受到严重影响。为此，学校所在地的深圳市宝安区政府成立专门协调领导小组对华茂学校和建华职院进行清查，发现各学校财务管理混乱，资金缺乏监管，挪用办学资金情况严重。相关会计师事务所对学校进行审计的结果显示各学校均已资不抵债。鉴于学校投资人已无法继续办学，为维护社会稳定，

---

① 供稿：李学辉，广东省高级人民法院民二庭副庭长；陈英，广东技术师范学院法律系副教授。

深圳市宝安区教育局自2004年11月起陆续向4所学校垫付资金,维持学校正常秩序。2005年8月1日,深圳市宝安区教育局以债权人身份向深圳市中级法院递交清算申请书,称经审计,华茂学校、建华职院已经资不抵债,依照《民办教育促进法》规定,申请法院对被申请人华茂学校、建华职院进行终止清算。随后,教育行政主管部门作出终止上述学校继续办学的决定,并制定相应的学生、教职工安置方案等,对学校终止办学后学生、教职工进行了妥善安置。

(二) 请示及批复意见

本案发生于2005年,当时有关民办学校终止清算的唯一法律是《民办教育促进法》。虽然该法第58条规定民办学校因资不抵债无法继续办学而被终止的,由法院组织清算,但法院应如何组织清算及适用何种程序组织清算均没有配套的法律规定。学校作为社团法人,不是《企业破产法(试行)》及《民事诉讼法》规定的破产程序适格主体,民办学校的清算不能直接适用《企业破产法(试行)》及《民事诉讼法》规定的破产还债程序。因此,法院是否受理民办学校终止清算及受理后适用何种程序等是本案必须解决的问题。

1. 关于是否受理的问题

在是否受理的问题上,存在两种不同意见。第一种意见认为,《民办教育促进法》第58条规定是法院受理民办学校终止清算的依据。上述学校经审计已经资不抵债,自2004年11月份出现财务危机后无法解决。在无法继续办学的情况下,为维护社会稳定,政府主管部门向上述学校垫资维持继续办学,学生继续上课,并向学校派驻工作组协助管理学校。如果政府主管部门不再继续垫资维持学校运作,学校必将无法继续办学而终止,同时深圳市教育局具函说明学校已终止。因此,由法院组织民办学校终止清算的条件已经成就,法院可以依法受理该清算申请。另一种意见认为,《民办教育促进法》第58条虽规定民办学校因资不抵债无法继续办学而被终止的,由法院组织清算,但法院应如何组织清算及适用何种程序组织清算并无配套的法律规定。在此情况下,法院受理民办学校清算无法操作,因此,法院不宜受理该类案件。

2. 关于清算程序的问题

对于法院组织清算适用何种程序问题,亦存在两种意见。第一种意见认为,民办学校终止清算虽然不能直接适用《企业破产法(试行)》及《民事诉讼法》规定的破产还债程序,但应当可以参照破产还债程序进行。主要理由为,由于学校已资不抵债,无法继续办学,要清理其资产及清理债权债务,只有适用破产程序进行清算,才能彻底解决问题。虽然目前的破产清算制度仅适用于企业法人,但本案所涉及的民办学校实际上是经营性法人,与经营性企业法人在法律上没有实质性区别,其民事权利能力与民事行为能力相同,适用破产清算程序没有法理上的障碍。因此,应参照《民事诉讼法》、《企业破产法(试行)》等有关破产还债程序对学校进行清算。另一种意见认为,不能参照破产程序对其进行清算,只能按照《民办教育促进法》的有关规定组织清算。由于学校不具有破产主体资格,《民办教育促进法》规定法院对民办学校组织清算的债务清偿顺序与破产程序中的破产财产清偿顺序不同,同时破产程序具有消灭债务人法人资格并合法免债的功能。因此,《民办教育促进法》规定法院对民办学校的组织清算不能适用破产程序,只能按照《民办教育促进法》的有关规定进行。

由于本案属于法律适用问题,符合最高人民法院有关请示问题的规定。深圳市中级法院就此向广东省高级法院请示后,广东省高级法院审判委员会讨论决定就法院是否受理民办学校终止清算及适用何种程序进行清算等问题向最高人民法院请示,于 2005 年 8 月 24 日向最高人民法院提交了《关于深圳市宝安区教育局申请华茂学校、建华职院终止清算一案的请示》,2006 年 4 月 20 日最高人民法院函复:"人民法院根据民办教育促进法第五十八条的规定对因资不抵债无法继续办学而被终止的民办学校组织清算时,如果该民办学校不属于企业法人,则可以参照民事诉讼法中的破产还债程序进行清算。其债务清偿顺序应当适用民办教育促进法第 59 条规定。"

其后,深圳市中级人民法院根据最高人民法院的答复意见,审查了华茂学校等已资不抵债无法继续办学的情况,教育主管部门发出的终止办学的公告及学生、教职工安置方案等,依法受理了华茂学校、建华职院的终止清算案,并进行了妥善审理。

(三)案件评析

《民办教育促进法》对民办学校因资不抵债无法继续办学而被终止,由法院组织清算的规定过于简略,缺乏操作性,而法院又不得以此为由拒绝进行裁判,因此,探讨民办学校清算问题十分必要。同时,由于本案发生于 2005 年 8 月,本案的探讨应在当时的法律框架下进行。

1. 法院能否受理民办学校终止清算的问题

《民办教育促进法》明确规定民办学校因资不抵债无法继续办学而被终止的,由法院组织清算,因此,笔者认为,法院应当受理民办学校终止清算案件。

主要理由:(1)《民办教育促进法》第 58 条明确规定,民办学校因资不抵债无法继续办学而被终止的由人民法院组织清算。因此,受理民办学校终止清算是法律赋予人民法院义不容辞的职责。(2)法院组织清算属于司法清算。通过司法清算,使资不抵债的清算主体退出市场是最公平、最有公信力的程序,有利于建立市场经济的秩序。相反,法院不受理该类案件,不利于建立诚实信用的市场秩序。(3)虽然对于如何组织清算并无相应配套的法律规定,但不应成为阻碍法院受理案件的理由。法院不能以法律对民办学校终止清算相应配套的程序没有规定为由,被动地拒绝受理法律关于法院应当受理案件的规定,有悖于"法官不能以法律没有规定而拒绝裁判"原则。人民法院在受理案件后,应主动地依照法律参照相关程序进行裁判。

2. 民办学校终止清算的受理条件问题

从《民办教育促进法》第58条的规定看,人民法院受理民办学校终止清算案件的条件是民办学校因资不抵债无法继续办学而被终止,但“因资不抵债无法继续办学”的事实应由谁认定,“终止办学”的决定应由谁作出,上述条文本身没有具体规定,审判实践如何操作亟待统一。笔者认为,教育主管部门应当对民办学校是否因资不抵债无法继续办学作出认定并作出终止办学的决定。

理由如下:(1)《民办教育促进法》等相关的文义上分析,民办学校“因资不抵债无法继续办学”及“被终止”是法院对民办学校进行清算的前提条件,这些条件是否具备应由教育行政部门作出认定或决定。从《中华人民共和国教育法》第15条、第27条,《民办教育促进法》第53条、第54条、第55条规定的精神看,民办学校的分立、合并这类与终止具有相同性质的事项是必须经过教育行政部门批准的,而变更名称、举办者等重要性不及学校终止的行为也必须经过教育行政部门批准或核准,依举轻明重的道理,民办学校终止应由教育行政部门作出决定。(2)教育行政部门是民办学校的管理和监督部门,由教育行政部门对民办学校的资产状况和办学情况作出认定符合实际情况,也具有操作性。根据《民办教育促进法》第38条、第39条规定,教育行政部门对民办学校有监督管理的权力,可以及时发现民办学校出现的问题。(3)民办学校具有公益性质,其终止关系到学生读书、教职工安置等社会问题,民办学校是否具备进入司法清算程序的条件先由教育行政部门进行认定,不仅有利于解决相关社会问题,也体现出法院受理此类案件相对审慎的态度。

3. 清算程序的问题

深圳市中级法院于2005年8月受理此案时,当时的法律对于法院适用何种程序组织民办学校清算没有具体规定。因此,要完成对民办学校的清算,必须选择一个可参照的清算程序。当时通过清算使被清算主体退出市场的法律规定主要集中在《民事诉讼法》、《企业破产法(试行)》、《公司法》及其相关司法解释。根据上述法律规定,清算分为破产清算和解散清算。两种清算的共同点在于,其内容都是对清算对象的债权债务进行清理和清偿,目的都是通过清理了结债务人的债权债务以使其合法地退出市场。

两者区别如下:(1)适用条件不同。如果债务人资产大于负债,债权人的债权能够得到全额清偿,可依据《公司法》或其他相关法律解散清算。如果债务人资不抵债,债权人的债权不能够得到全额清偿,则必须通过破产清算才能合法退出市场。即便是在解散清算中才发现债务人资不抵债,也必须向人民法院申请破产。(2)适用程序和司法介入情况不同。破产清算程序只能向法院提出破产申请,法院依照破产程序进行清算,即司法必须介入。解散清算既有自行清算,也有司法强制清算。(3)债权清偿原则不同。无论哪一种法人的解散清算,债权清偿原则都是全额清偿,所有债权人的债权必须得到全额清偿。而破产清算的清偿原则是按规定顺序依次清偿，同一顺序平均清偿，破产财产不足清偿的债权再清偿，即破产清算中债权人的债权是不能得到全额清偿的。(4) 清算效力不同。破产清算以破产人的破产财产为限进行清偿，未受偿债权不再清偿，具有免责效力。而解散清算不具有免责效力，解散清算必须全额清偿债务人的全部债权，不能全额清偿债务人的全部债权的，不允许进行解散清算。

通过以上分析可以看到，法院组织民办学校清算的情况与破产清算的上述特点相符。因此，选择参照当时的《企业破产法(试行)》及《民事诉讼法》规定的破产清算程序对民办学校进行清算较适宜，即《民办教育促进法》对民办学校清算有直接规定的，适用其规定；没有直接规定的，可以参照《企业破产法(试行)》及《民事诉讼法》的规定。

主要理由如下：(1) 从法律对清算程序选择的强制性规定来看，民办学校清算程序可参照的选择项只有破产清算程序。区分债务人资产是否大于负债来确定适用程序，资不抵债的债务人都必须通过破产程序才能退出市场，民办学校在资不抵债情况下清算，只能选择参照破产清算程序清算，这样才符合法律对待法人终止的立法精神。(2) 从清算内容和目的来看，《民办教育促进法》和《企业破产法(试行)》、《民事诉讼法》对清算还债的规定精神一致。按照《民办教育促进法》第58条、第59条的规定，民办学校终止时，要组织清算活动，清收债权，清偿债务，然后消灭债务人主体，这与破产清算的清算内容和目的是一致的。(3) 从债权清偿原则和清算效力来看，《民办教育促进法》和《企业破产法(试行)》、《民事诉讼法》对清算还债的规定精神相同。民办学校清算时以民办学校的责任财产为限，按法定顺序清偿，同一顺序平均清偿，只有前一顺序全额清偿后下一顺序才能获得清偿。这与破产清算一样，同样具有清算财产分配完毕后对尚欠债务不再清偿的效力。(4) 从破产法的发展方向来看，参照破产程序清算符合国际国内的立法趋势。从国外破产立法对破产能力的态度看，虽然存在一般破产主义和商人破产主义的区分，但是对破产能力的立法趋势是一般破产主义。一般破产主义已经为世界上绝大多数国家采用，原来采用商人破产主义的国家也纷纷改为采用一般破产主义。按一般破产主义立法，公益法人和营利性法人都具有破产能力，美国、日本等部分国家对铁路公司等公共性很强的公法人限制了破产能力。民办学校不属于公共性很强的公法人，因资不抵债而通过清算退出市场应适用破产清算程序。因此，民办学校虽然不具有破产能力，但由于其清算内容和目的、清偿原则、清算效力与破产清算相同，在没有专门程序法的情况下，参照最相类似的程序既为法律许可，也是法律精神的要求。

4. 债权清偿顺序的问题

根据《民办教育促进法》第59条的规定，对民办学校的财产按照下列顺序清偿：(1) 应退受教育者学费、杂费和其他费用；(2) 应发教职工的工资及应缴纳的社会保险费用；(3) 偿还其他债务。民办学校清偿上述债务后的剩余财产，按照有关法律、行政法规的规定处理。

《企业破产法(试行)》及《民事诉讼法》等法律规定破产财产优先拨付破产费用后，按照下列顺序清偿：(1) 破产企业所欠职工工资及应缴纳的劳动保险费用；(2) 破产企业所欠税款；(3) 破产债权。上述规定存在不同，因此，法院在受理民办学校清算案件后应当解决如何适用法律确定债权清偿顺序的问题。根据《立法法》第83条的规定，同一机关制定的法律、行政法规、地方性法规、自治条例和单行条例、规章，特别规定与一般规定不一致的，适用一般规定；新的规定与旧的规定不一致的，适用新的规定。也就是说，在法律适用上，上位法优于下位法，特别法优于一般法，新法优于旧法。《民办教育促进法》与《企业破产法(试行)》、《民事诉讼法》均是全国人大及其常委会制定的法律，在清算问题上，《民办教育促进法》有关民办学校清算的问题属于特别法的规定，《企业破产法(试行)》、《民事诉讼法》属于可以参照适用的一般法，因此，在确定债权清偿顺序应当首先适用《民办教育促进法》第59条的规定，在第59条没有规定或者规定不明确情况下，可以参照当时的《企业破产法(试行)》或《民事诉讼法》的相关规定确定清偿顺序。

5. 民事诉讼法、破产法修订后，民办学校终止清算的法律适用

全国人大常委会于2006年8月27日通过《中华人民共和国企业破产法》(以下简称《企业破产法》)，该法于2007年6月1日开始实施。《企业破产法》第135条规定其他法律规定企业法人以外的组织的清算，属于破产清算的，参照适用本法规定的程序。另外，基于《企业破产法》对企业法人破产还债程序作出了统一规定，全国人大常委会于2007年10月28日通过的《民事诉讼法》修正案删除了“企业法人破产还债程序”，该修正案于2008年4月1日开始实施。根据上述分析，民办学校因资不抵债无法继续办学而被终止，由法院组织的清算性质上属于破产清算，因此，《企业破产法》实施后，民办学校因资不抵债无法继续办学而被终止，由法院组织清算的，根据《企业破产法》第135条规定，应当参照适用《企业破产法》规定的程序。

二、点评

本案涉及破产能力问题。破产能力是指债务人能够适用破产程序解决债务问题的资格，这种资格来源于破产法的特别规定。如果债务人能够被宣告破产，则其具有破产能力，反之则其无破产能力。各国关于破产能力有两种立法例，即一般破产主义和商人破产主义。[①] 从目前情况看，采用一般破产主义已经逐渐成

---

① 一般破产主义是指破产法适用于不能清偿债务的所有债务人，债务人的破产能力不因其为商人或非商人而有所差别。其承认所有民事主体的破产能力，不能清偿债务的自然人、法人乃至遗产，均可由债务人自己或者债权人向法院申请破产。商人破产主义是指破产法仅适用于商人而不适用于非商人。

为世界上绝大多数国家采用的通例。① 我国破产法律制度关于破产能力问题，新旧法律制度存在不同的规定。1986年《中华人民共和国企业破产法(试行)》规定，该法适用于全民所有制企业。1991年《中华人民共和国民事诉讼法》将破产能力扩大到非全民所有制的企业法人，同时规定，不是法人的企业、个体工商户、农村承包经营户、个体合伙，不适用民事诉讼法规定的破产还债程序。1992年最高人民法院《关于适用〈中华人民共和国民事诉讼法〉若干问题的意见》规定，具有法人资格的集体企业、联营企业、私人企业以及设在中国领域内的中外合资经营企业、中外合作经营企业和外资企业等，适用企业法人破产还债程序。2002年最高人民法院《关于审理企业破产案件若干问题的规定》规定，申请(被申请)破产的债务人应当具备法人资格，不具备法人资格的企业、个体工商户、合伙组织、农村承包经营户不具备破产主体资格。在新企业破产法施行前，通说认为我国破产法律制度采取的系商人破产主义，不承认自然人(消费者)及公益法人的破产能力。新企业破产法制定时，是否扩大债务人的破产能力，一直是参与立法的各方热衷争论的问题。《企业破产法》最终对于破产能力系通过第2条和第135条两个条文作出规定，即原则上仅有企业法人具有破产能力，除非其他法律规定企业法人以外的组织的清算，属于破产清算的，才可参照适用企业破产法规定的程序。对于具有公益性质的民办学校可以参照适用企业破产法的规定进行破产清算，基本形成共识。

本案所涉债务人深圳市华茂实验学校、香港人子弟学校、深圳台商子弟学校(以下统称"华茂学校")和广东建华职业学院均系经政府有关部门批准成立的民办非企业法人。2005年8月，因上述4所民办学校资不抵债无法继续办学，深圳市宝安区教育局以债权人身份向深圳市中级人民法院递交清算申请书，请求依照《民办教育促进法》②的规定对上述四所学校进行清算。因该案发生于《企业破产法》施行前，司法实践中对于《民办教育促进法》规定的由人民法院组织的清算是否属于破产清算，清算工作能否适用企业破产还债程序问题，一直存在争议。一种观点认为，清算分为破产清算和解散清算，当债务人资不抵债，债权人的债权不能得到全额清偿时，只有通过破产清算才能合法退出市场或社会，由于"民办学校在资不抵债、无法继续办学"的情况下组织的清算，在清算内容和目的、清算原则、清算效力上均与破产法的清算相同，在没有专门程序法的情况下参照最相类似的程序既为法律许可，也是法律精神的需要。③ 另一种观点则认为，我国现行破产法律规范所适用的主体范围仅限于企业法人，而不适用于非企业法人，民办学校虽

① 参见齐淑洁主编：《破产法研究》，厦门大学出版社2005年1月第2版，第36页。

② 《民办教育促进法》第58条规定：民办学校终止时，应当依法进行财务清算。民办学校自己要求终止的，由民办学校组织清算；被审批机关依法撤销的，由审批机关组织清算；因资不抵债无法继续办学而被终止的，由人民法院组织清算。

③ 参见郭瑞、陈秀良：《法院组织民办学校清算若干问题研究》，载《法律适用》2006年第7期。

属于法人但不属于企业法人，当然不能适用企业法人破产还债程序。人民法院不应受理其或对其的破产申请。[①] 就此问题，最高人民法院针对广东省高级人民法院就上述4所学校的清算是否适用破产清算程序的请示作出了可以参照《民事诉讼法》中的破产还债程序进行清算的答复。深圳市中级人民法院也因此成功审理了华茂学校和广东建华职业学院破产清算案件，为我国非企业法人的破产清算进行了有益的探索并积累了一定的实践经验，值得肯定。

随着我国新《企业破产法》的施行，人民法院审理民办学校破产清算案件有了可以参考的法律依据[②]，但是"可以参照适用"不等于完全适用。因此，人民法院在审理这类案件时要充分考虑民办学校作为民办非企业法人的特点以及《中华人民共和国教育法》、《民办教育促进法》等的相关规定，审慎决定清算程序的运作，并不断摸索、总结，为今后我国破产法律制度的进一步完善提供司法经验。深圳市中级人民法院审理华茂学校和广东建华职业学院的破产清算案件中总结的以下几点经验，值得借鉴[③]：

1. 充分发挥地方政府作用，做好在读学生和教职工的安置，以及清退受教育者学费、杂费和其他费用等有关维护社会稳定的工作。学校作为特殊主体，民办学校清算案件的审理，往往涉及多方面的社会问题。在目前失业保障体系尚不完善，民办教育的发展尚不成熟的特定时期，仅仅依靠人民法院的力量客观上难以全面解决民办学校清算过程中存在的问题。因此，在民办学校资不抵债的情况下，要让其顺利地退出社会，在维护社会稳定、化解社会矛盾方面，人民法院要尽可能取得相关教育行政部门和地方政府的支持与配合，必要时可以由政府先行垫付有关费用的方式解决稳定问题[④]。在受理民办学校清算案件之前，尽可能由教

---

① 参见刘贵祥：《当前审理破产案件中涉及的若干法律问题探析(上)》，载《国家法官学报》2002年第4期。

② 第135条明确规定，其他法律规定企业法人以外的组织的清算，属于破产清算的，参照适用本法规定的程序。该规定与最高人民法院就华茂学校和广东建华职业学院破产清算案件答复的思路是一致的。

③ 参见陈泽桐、李苗英：《民办学校清算案件专题调研》。

④ 以华茂案件为例，早在华茂案件受理前，深圳市政府已经做了大量的维稳工作，其中垫付了教育储备金、教职员工工资、学校园区在建工程的民工工资，以及政府相关行政部门在接管校园后为学校日常运作而支出的相关费用等，为人民法院顺利处理民办学校清算案件提供了条件。对此，人民法院在审理破产案件中要特别注意妥善处理政府为维护稳定所垫付的各类资金。由于民办学校由终止办学到进入人民法院组织清算阶段往往需要一段期间，而这段时间往往是各方矛盾最为激化、不稳定因素随时可能发生的时期，政府从维护稳定的角度出发，以垫付费用的方式解决受教育者费用、教职工工资等问题是在短时间内最有效地解决问题的办法，在这种情况下，对于政府垫付的费用不能简单地作为普通债权处理，而应当区分垫付款的性质确定清偿顺序。如政府垫付的受教育者的费用，可以理解为政府先以同等价值购买了受教育者的债权，对于这一部分费用当然应在第一顺序受偿。同理，政府垫付的教职员工工资及社会保险应在第二顺序受偿。而政府垫付的学校的日常运作开支，则作为普通债权予以清偿等。

育行政部门会同相关政府部门制订维护稳定的方案，成立专门的维稳工作组，负责学校清算期间的社会稳定工作，并尽可能借助政府力量妥善安置在校学生和教职工，实现社会的稳定。

2. 关于民办学校清算案件的清偿顺序。对于清偿顺序，《民办教育促进法》和《企业破产法》①的规定不同。根据《立法法》的规定②，在法律适用上，上位法优于下位法，特别法优于一般法，新法优于旧法。关于民办学校的清算，《民办教育促进法》属于特别法，《企业破产法》属于一般法。因此，在确定清偿顺序时应当首先考虑《民办教育促进法》第 59 条的规定，在第 59 条没有规定，或规定不明确的情况下，可以参考《企业破产法》的规定确定清偿顺序。按上述原则，民办学校清算案件的清偿顺序为：(1) 应退受教育者的学费、杂费和其他费用③；(2) 应发教职工的工资及应缴纳的社会保险费用；(3) 教职工的医疗、伤残补助、抚恤费用以及法律、行政法规规定应当支付给职工的补偿金；(4) 民办学校欠缴的除前项规定以外的社会保险费用和破产人所欠税款；(5) 普通债权。

另外，《企业破产法》第 109 条关于"对破产人的特定财产享有担保权的权利人，对该特定财产享有优先受偿的权利"的规定，以及第 132 条关于"本法施行后，破产人在本法公布之日前所欠职工的工资和医疗、伤残补助、抚恤费用，所欠的应当划入职工个人账户的基本养老保险、基本医疗保险费用，以及法律、行政法规规定应当支付给职工的补偿金，依照本法第 113 条的规定清偿后不足以清偿的部分，以本法第 109 条规定的特定财产优先于对该特定财产享有担保权的权利人受偿"

---

① 《民办教育促进法》第 59 条规定："对民办学校的财产按照下列顺序清偿：(一) 应退受教育者学费、杂费和其他费用；(二) 应发教职工的工资及应缴纳的社会保险费用；(三) 偿还其他债务。民办学校清偿上述债务后的剩余财产，按照有关法律、行政法规的规定处理。"《企业破产法》第 113 条第 1 款规定："破产财产在优先清偿破产费用和共益债务后，依照下列顺序清偿：(一) 破产人所欠职工的工资和医疗、伤残补助、抚恤费用，所欠的应当划入职工个人账户的基本养老保险、基本医疗保险费用，以及法律、行政法规规定应当支付给职工的补偿金；(二) 破产人欠缴的除前项规定以外的社会保险费和破产人所欠税款；(三) 普通破产债权。"

② 同一机关制定的法律、行政法规、地方性法规、自治条例和单行条例、规章，特别规定与一般规定不一致的，适用特别规定；新的规定与旧的规定不一致的，适用新的规定。

③ 《民办教育促进法》第 37 条规定："民办学校对接受学历教育的受教育者收取费用的项目和标准由学校制定，报有关部门批准并公示；对其他受教育者收取费用的项目和标准由学校制定，报有关部门备案并公示。"《民办教育促进法实施条例》第 35 条前半段规定："民办学校对接受学历教育的受教育者收取费用的项目和标准，应当报价格主管部门批准并公示；对其他受教育者收取费用的项目和标准，应当报价格主管部门备案并公示。"因此，凡经价格主管部门批准并公示的民办学校向受学历教育者收取的费用及经价格主管部门备案并公示的民办学校向其他受教育者收取的费用均应属于"其他费用"的范畴，如杂费、住宿费、空调费、交通费和代收费用(如书费、服装费、伙食费、日用生活用品购置费等)等。

的规定,在没有相反规定的情况下,原则上应当适用于民办学校破产清算案件中。①

3.《企业破产法》中的实体性法律规范应可适用于民办学校清算案件。《企业破产法》除程序性法律规范外,还有一些实体性的法律规范,如取回权、撤销权、抵销权、无效行为,以及共益债务的认定等。民办学校虽然作为民办非企业法人,但是随着市场经济的发展,这些民办学校已经不再是单纯的非营利性的公益法人,在一定意义上其也是市场经济实体,因此,除特别法有明确规定外,原则上应当平等适用破产法的有关规定,包括程序性规定和实体性规定。因此,在《民办教育促进法》和有关法律规定没有作出相反规定的情况下,人民法院审理民办学校清算案件可以参照适用《企业破产法》中的实体性法律规定,以便公平、高效地解决问题。

4. 人民法院在审理民办学校清算案件中,暂不宜参照适用《企业破产法》规定的重整与和解程序。这里主要有两个原因:(1) 根据《企业破产法》第153条关于"其他法律规定企业法人以外的组织的清算,属于破产清算的,参照适用本法规定的程序"的规定,《企业破产法》规定参照适用的范畴仅仅限定于破产清算程序,而未包括重整和和解程序,因此,在没有法律、行政法规等作出其他规定的情况下,人民法院审理民办学校破产案件中参照适用《企业破产法》的重整和和解程序缺乏法律依据。(2) 鉴于民办学校主体的特殊性,其成立、终止等均涉及教育行政主管部门的行政许可问题,对于已经被吊销办学许可证的民办学校而言,如果通过启动重整或和解程序使其重生,面临的一个重要问题就是在重整或和解成功的情况下,教育行政主管部门是否还可能为其重新颁发办学许可证?这些问题均有待于进一步研究、协调予以解决。

---

① 根据《担保法》第37条第(三)款的规定,学校、幼儿园、医院等以公益为目的的事业单位、社会团体的教育设施、医疗卫生设施和其他社会公益设施不得抵押。因此,在民办学校清算案件中一般不存在抵押权人合法主张抵押权的情形。但不能排除质押权人和留置权人合法主张担保物权的情况。

充分发挥企业破产重整作用，实现对危困企业的拯救

——江苏雅新电子（苏州）有限公司和雅新线路板（苏州）有限公司破产重整案

一、案件材料[①]

苏州市吴中区人民法院对濒临破产的雅新电子（苏州）有限公司和雅新线路板（苏州）有限公司实施司法破产重整，是2006年《企业破产法》实施以来，江苏首例将破产重整制度成功运用于非上市大型外资企业的案例，也是苏州市吴中区人民法院在国际金融危机和世界经济衰退的宏观经济形势下，成功拯救濒临破产企业的范例。

（一）破产重整案件的审理经过

雅新电子（苏州）有限公司和雅新线路板（苏州）有限公司（以下简称"雅新苏州公司"）分别于2002年4月和2003年9月在苏州市注册成立，注册资本分别为4 000万美元和5 000万美元。两公司设备优良，技术先进，市场份额占有率高，是业内的佼佼者。2007年5月，由于台湾雅新公司公告其上年度财务报表存在潜在错误，台湾证券交易所停止台湾雅新公司股票交易。之后，台湾士林法院裁定台湾雅新公司破产重整，并限制台湾雅新公司、同时也使雅新苏州公司的法定代表人离开台湾。此后，雅新苏州公司问题逐渐显露，资金链断裂，生产经营陷入困境，外债高达24.46亿元，濒临破产边缘。在企业重组、自救均告失败后，2008年4月，苏州多家银行向吴中法院申请对雅新苏州公司进行破产重整。吴中法院随后通知雅新苏州公司临时负责人，其没有提出异议。4月29日，吴中法院裁定准予对雅新苏州公司破产重整，并指定国际四大会计事务所之一的安永华明会计师事务所上海分所作为破产重整管理人，管理人随后接管了雅新苏州公司。为了以后的破产重整计划草案能够得以顺利实施，管理人提出对雅新电子（苏州）有限公司继续生产并恢复雅新线路板（苏州）有限公司的生产，吴中法院予以批准。在苏州市、区两级政府的协调下，各政府职能部门给予了雅新苏州公司大力支持，外部环

---

① 供稿：江苏省苏州市吴中区人民法院。

境逐渐宽松,资金流转情况也有了好转。同时,管理人与供应商的沟通,实现了对雅新苏州公司核心设备的暂时解锁和原材料供应。雅新电子(苏州)有限公司持续生产,雅新线路板(苏州)有限公司于2008年5月恢复生产。

2008年6月28日,吴中法院召开第一次债权人会议,审核确认雅新电子(苏州)有限公司的债务为12.93亿元、雅新线路板(苏州)有限公司的债务为11.53亿元。同时,通过第一次债权人会议,使债权人包括供应商和客户了解到公司面临的困境以及摆脱困境的走向,破产重整取得了全体债权人的理解和支持。破产重整期间,吴中法院委托江苏中天资产评估事务所有限公司和江苏仁合资产评估有限公司对雅新苏州公司进行资产评估。评估报告显示,雅新电子(苏州)有限公司净资产为-2.197亿元,雅新线路板(苏州)有限公司净资产为-2.218亿元。在法院的监督下,管理人安永华明会计师事务所上海分所先后在《华尔街日报(亚洲版)》、《南华早报》、《中国日报》等媒体上发布了引进投资者的广告。先后有花旗国际亚太企业创投公司、昌升国际投资集团、美国亿泰证券集团、创研科技(香港)有限公司等20多家潜在投资人前来接洽,但由于对投入大量资金且一次性偿还大部分债务没有达成一致,这些潜在投资人均放弃了投资。最后,通过对投资者实力与破产重整方案的评估,选定悦虎电路有限公司(英文名Tiger Builder Consultant Ltd.)为投资人。该投资人的破产重整思路是:投入营运资金,摆脱公司困境,变更公司股权,整合两个公司的资源,形成"线路板生产+电子组装+实验室"的经营模式,切断雅新苏州公司与台湾雅新公司以及其他关联公司的联系,杜绝雅新苏州公司的资金和利益输出,并提出了偿还所有债权的清晰的还款计划,获得了管理人的推荐以及主要债权人的共同接纳和支持。

2008年10月8日,管理人向吴中法院递交了雅新电子(苏州)有限公司和雅新线路板(苏州)有限公司的《破产重整计划草案》,该草案计划:投资人悦虎电路有限公司投入3500元万人民币,获得雅新苏州公司100%股权和经营权。雅新苏州公司的法律主体不发生变化,100%偿还经法院确认的所有债务,偿债方案是:(1)员工债权、税款在2009年4月25日前全额清偿;200多家8万元以下的小额债权在2009年6月25日前全额清偿;(2)债权银行垫付的破产重整申请费用在2009年6月25日前全额清偿;(3)非小额普通债权及优先担保债权将从2009年第三季度起至2012年第一季度按比例偿还;(4)银行债权本金自2012年第二季度起分4年按比例偿还,并在2016年第二季度至第四季度通过融资方式偿还银行贷款余额;(5)银行债权中2008年4月29日之前结欠的贷款利息从2009年第三季度起分3年摊还。

2008年11月8日,吴中法院召开第二次债权人会议,对管理人提交的雅新苏州公司《破产重整计划草案》进行表决。第二次债权人会议分员工债权、税务债权、担保债权、普通债权、出资人五个组对破产重整计划草案进行表决,并由公证员对破产重整草案投票表决进行现场公证。

雅新(苏州)电子有限公司表决结果:(1) 员工债权、税务债权组100%通过;(2) 担保债权组12人出席,11人赞成,表决赞成的债权人所代表的债权额占该组债权总额的比例为93.21%;(3) 普通债券组248人出席,240人赞成,表决赞成的债权人所代表的债权额占该组债权总额的比例为81.20%。

雅新线路板(苏州)有限公司表决结果:(1) 员工债权、税务债权组100%通过,担保债权组11人出席,10人赞成,表决赞成的债权人所代表的债权额占该组债权总额的比例为98.15%;(2) 普通债券组144人出席,137人赞成,表决赞成的债权人所代表的债权额占该组债权总额的比例为99.29%。

由于雅新苏州公司的净资产为负,原出资人权益调整为零,原出资人代表反对。管理人与原出资人代表进行协商后,再次表决,原出资人代表仍未同意,但破产重整计划符合法律批准条件,吴中法院为充分保护所有债权人和原出资人权益,又委托评估机构上海长信资产评估有限公司对原资产评估报告出具专家意见,为批准计划草案作出最终判断。

2008年12月19日,吴中法院作出裁定,批准通过了《破产重整计划草案》,并作出公告,雅新苏州公司的破产重整程序终止,进入破产重整计划执行阶段。

(二)破产重整案件审理的原则和做法

为保证雅新苏州公司破产重整顺利进行,吴中法院确立了四项原则:

1. 社会利益优先与公平对待原则。市场经济是商品生产者之间的竞争经济,优胜劣汰是市场竞争的客观规律,但是对于一些大企业,由于其对所在地区的社会稳定和经济发展有重大影响,为维持社会整体利益,应尽量对其加以维持。雅新苏州公司设备优良,技术先进,市场份额占有率高,是苏州市电子行业龙头企业,为避免其破产,工人失业,和由此带来的金融风险,保持社会安定和经济平稳发展,应当尽量维持雅新苏州公司实体,实现企业的经济价值和社会价值。因此,当雅新苏州公司濒临破产时,相对破产清算,破产重整就成为首选目标。并且根据破产重整程序优先原则,吴中法院未受理部分债权人银行提出的破产清算申请,而是受理了有关债权银行提出的破产重整申请,这为雅新苏州公司能够走向复兴确立了正确的方向。在破产重整过程中,吴中法院公平对待所有债权人和股东,保证同一顺序债权人公平受偿,得到了债权人的一致肯定。

2. 注重破产重整效率与依法审理原则。吴中法院以法律规定的最短期限为时间要求,如法律规定债权申报最短不得少于30日,本案的债权申报期就给了30日。全部破产重整时间为8个月,体现了法院审判的高效率。在审理中,全力以赴消除破产重整进程中的各种法律障碍,实现清理债务与拯救企业的双重目标。在程序和实体上,牢牢把握正确适用法律,程序严格公正,保证了案件审理在实体和程序上的合法性。

3. 坚持原则性与灵活性相结合的原则。破产重整是我国破产法引入的一项新制度,面临很多操作性问题。如案件受理时,苏州关于破产管理人的名册还没有,刻制管理人印章,开立管理人账户,具体操作上碰到很多困难。吴中法院以立法精神为指导,坚持在法律框架下的原则性与灵活性相结合。在苏州没有破产管理人名册的情况下,为了公平公正和选择最合适的管理人,采取了报纸公告和银行团推荐的选择方式、设计严格的债权审核流程和各类法律文书、同意出资人采取网络表决方式行使表决权、强制置换股权等做法,填补了我国破产法操作层面上的空白。

4. 当事人自治与法院监督相结合的原则。破产重整一方面由当事人申请,并依赖公司自身力量,在债权人的谅解协助下,自救自助以完成破产重整工作;另一方面,法院居于监督地位,并予以积极指导,以达到公司破产重整复兴的目的。破产重整的启动,由当事人申请;破产重整计划由管理人拟订,并由债权人会议表决通过,以保证破产重整计划能够充分体现全体债权人和股东的意愿。破产重整计划要照顾各方利益,互作让步,协议解决。破产重整计划一旦通过,对全体关系人,包括不同意破产重整计划的当事人均有约束力。吴中法院在破产重整过程中,自始至终地处在监督地位,主要表现在进入破产重整、程序终止须由法院裁定;破产重整计划须经法院批准;破产重整债权、债务及股东权均由法院最后认定。

破产重整的目标,在于实现债权人权利,使债权人得到比在破产清算的情况下更为有利的清偿结果,同时,保留企业的营运价值,使企业获得复兴的机会。吴中法院在审理雅新苏州公司破产重整案件过程中,积累了如下经验:

1. 只有坚持服务大局,才能充分体现司法的能动作用。全球金融危机和世界经济衰退发生后,吴中法院进一步增强政治责任感,增强对宏观经济变化在司法领域引发的各种新情况和新问题的敏感性。吴中法院连续收到47件以雅新苏州公司为被告的案件后,当即采取措施,一方面充分利用附设在法院的诉前人民调解委员会的工作平台钝化群体性纠纷,防止矛盾激化,维护社会稳定;另一方面,及时进行调研分析,向有关方面通报真实情况,提出破产重整的前瞻性司法建议,为债权银行最终申请破产重整提供了研判资料。

2. 只有争取各方支持,才能保证破产重整工作的顺利进行。雅新苏州公司出现问题后,市、区两级政府多次召开协调会议,确立了"冷静面对、自愿重组、积极维持、稳定过关"的十六字方针,为解决雅新苏州公司问题指明了方向。雅新苏州公司遗留的巨额外汇未及时核销、欠缴员工社会保险费、出口退税、海关报关,以及消防许可、排污许可和金融机构内部利益协调等问题,都是影响破产重整能否成功的难题。市、区两级政府专门组成雅新破产重整案工作组,由政府领导牵头,劳动、社保、人事、招商等主管部门全程参与,多次为雅新苏州公司破产重整问题召开协调会。银行也在苏州市银监分局的牵头下组成银行团,协调各金融机构的利益关系,停止了各家银行各自为战,单一诉讼的局面。

3. 只有选调精兵强将,才能确保破产重整案件的高效审理。雅新苏州公司破产重整案受理后，吴中法院专门成立雅新苏州公司破产重整协调小组，由曹萍院长亲任组长，深入公司开展调研，部署做好破产重整案的各项准备，并多次向市、区两级领导汇报工作、组织参与各种协调会。同时选配分管院长担任合议庭审判长，民二庭庭长和副庭长参加合议庭。审理过程中，坚持实体和程序公正，本着讲实际、求实效的务实精神，参照适用现有法律的程序规则和实体规则，公平与效率并重，建立与管理人、债权人直接通道，及时全面地掌握公司情况和破产重整进程，注意做好与上级法院和其他法院的工作衔接和协调，实现了破产重整的多重目标。

4. 只有坚持解放思想，才能在创新中拓宽破产重整的司法方法。在案件审理过程中，吴中法院遇到很多操作性难题。对此，吴中法院以破产法立法精神为指导，积极探索，努力破解，有效地拓宽了破产重整的司法方法。

（1）破产重整管理人的选任，采取了公告选任和银行团推荐相结合的方法。《破产法》规定，管理人可以由有关部门、机构的人员组成的清算组或者律师事务所、会计师事务所、破产清算事务所等机构担任，但《破产法》实施以来，我省多家法院委托律师事务所和会计师事务所作为破产企业管理人效果不佳。反映出的问题是：目前，专门的破产管理事务所各地几乎没有，律师事务所缺少专业理财人才，会计师事务所缺少法律专业人才，并且都普遍缺少破产管理经验，不能很好地履行管理人职责，如果企业需要恢复生产，管理人普遍缺乏公司运营经验。本案受理后，苏州尚无破产管理人名册，为贯彻公平、公正原则，吴中法院以报纸公告方式公开招聘管理人，同时开创了由主要债权人（银行团）向法院推荐管理人的先例，指定了国际四大会计师事务所之一的——安永华明会计师事务所作为破产重整管理人。实践表明，破产重整是否成功直接关系到主要债权人的切身利益，通过主要债权人推荐的管理人，往往具有丰富的理财和管理经验，这种做法是可行的。

（2）成立银行团。《破产法》没有银行团的规定。本案中，15 家银行是最大的债权人，银行之间因贷款种类多样，法律权益不一，利益发生冲突。银行团组成之前，多家银行分别起诉雅新苏州公司，申请公司破产清算。由苏州市银监分局牵头，组成银行团并签订框架协议后，银行间的意见得到了统一，做到了一个口径说话，行动步调一致，并高票通过破产重整计划草案。此外，他们还成立了债权银行协调小组，推举 5 家银行作为代表，提议召开协调会，处理破产重整事务，并针对雅新苏州公司的突发事件授权协调小组紧急处理，使破产重整涉及银行的事务得以顺利进行。

（3）采用网络表决方式。《企业破产法》第 87 条规定，在部分表决组为通过破产重整计划草案时，债务人或者管理人可以同反对组协商，并由其再表决一次。雅新苏州公司原股东代表在第二次债权人会议上反对破产重整计划草案，由于其身在海外，管理人与其协商，再进行第二次表决有实际困难，对此，管理人与之在网络上进行协商,并采取网络表决的方式让其再次行使表决权,保证了原股东的程序权利。

(4) 强制置换股权。《企业破产法》规定了法院强制批准破产重整计划的条件,但没有规定公司资产不足以清偿全部债务的情况下,对原出资人权益如何削减,能否削减为零。为保证破产重整计划草案对出资人权益公平、公正,在已经对雅新苏州公司进行资产评估的基础上,又委托权威的评估机构对原资产评估报告出具专家意见,为批准计划草案作出最终判断。由于企业净资产为负,如果依照雅新苏州公司破产清算程序,原股东所能获得的清偿比例为零,因此,依据"破产重整计划所获得的清偿比例不低于破产清算程序所获得的清偿比例"的原则,雅新苏州公司原股东权益调整为零并不违背公平、公正。

5. 只有抓住重点环节,才能顺利推进破产重整进程。公司破产重整能够顺利推进,有三个重点需要把握。

(1) 公司顺利接管。如何顺利接管公司,不造成大的震荡,是管理人首先面临的难题。对此,吴中法院指导管理人制定接管预案,成立财务、资讯、保安、仓库、设备流水生产线五个接管小组,实现人员逐一对位、同一时间接管、连续24小时不间断完成全部接管工作,使管理人在最短时间内顺利接管了公司。

(2) 恢复企业生产。企业一旦停产,设备闲置,技术工人流失,客户撤销订单,债权人心理恐慌……有百弊而无一利,因此,破产重整管理人提出继续雅新电子(苏州)有限公司生产和恢复雅新线路板(苏州)有限公司的生产后,法院立即批准同意,并帮助协调外部关系,保证了雅新电子(苏州)有限公司的正常生产,实现了雅新线路板(苏州)有限公司恢复生产,为破产重整计划的执行奠定了基础。

(3) 周密拟定破产重整计划。在法院的指导下,管理人根据公司现有状况以及投资人投资方案,测算公司未来发展前景以及现金流情况后,制定了破产重整计划。法院要求管理人制定计划时重点考虑:小额债权人利益的保障,要能够使其继续经营;雅新苏州公司能够发挥最大的潜在优势;不给未来投资人太大的资金压力;投资者能够投入新的技术,运用公司现有资源创造更大价值;对原股东的股权进行公平、公正处理;债权种类清偿时间顺序科学。由此,破产重整计划安排的还款,首先考虑了工人的工资,有利于维护劳动者权益;其次,偿还8万元以下的小额债权,直接涉及数量较多的小企业,符合目前保障企业生存与发展的主题。对于其他普通债权、银行利息和本金的清偿顺序,着重考虑了破产重整企业的还款能力。

(三) 破产重整成功的社会价值

破产重整期间,雅新苏州公司边经营边清收债权。截至2008年底,公司收回应收账款7 000多万元,支付维持公司正常运行的应付账款500多万元,交付欠缴的社保金1 000多万元,税款1 000万元已支付或处理完毕。至今,公司没有新增债务,已走上正常运行轨道。本案能够顺利破产重整,在于天时、地利、人和。雅新苏州公司破产重整前，适逢新的《企业破产法》实施，为破产重整提供了法律依据。地方政府的大力支持和全面协调，各部门的倾力协作，苏州市法院的正确指导、吴中法院的公正高效审理，管理人的勤勉尽职，雅新苏州公司自身的设备、技术优势，以及债权人的理解配合，所有上述原因的有机结合，促成了雅新苏州公司破产重整工作的顺利进行。同时，雅新苏州公司的成功破产重整，体现了其制度的价值与意义：

1. 提供了预防公司倒闭解散的新路径。破产重整制度与和解、清算制度相比，能够更有效地预防公司解散，使其得以维持并发展。通过债权人、债务人、股东的让步，给公司的起死回生提供机会。同时，破产重整制度中包含着有效的监督机制，有助于改善公司经营管理。破产重整计划通过，在执行阶段，由破产重整管理人或法院实施监督，避免了投资人不负责任的行为。破产重整前，雅新苏州公司由其台湾母公司在英属维尔京群岛注册成立的创新国际股份有限公司投资设立，在我国台湾、东莞都有关联企业，导致雅新苏州公司经营不独立。破产重整后，通过对雅新苏州公司股权进行变更，切断了雅新苏州公司与台湾母公司以及其他关联公司的联系，杜绝资金和利益输出，实现了雅新苏州公司的独立经营。雅新电子(苏州)有限公司和雅新线路板(苏州)有限公司的间接人员合并，统一管理两家公司事务，成本得到有效控制，工作效率得到提高。

2. 有利于实现债权人和股东的共赢。在破产重整制度下，雅新苏州公司的债务和股东权虽然因为破产重整程序暂时冻结，但只要公司能够存续下去并通过破产重整恢复盈利能力，则债权人不仅能维持其和公司的客户关系，还能从公司的未来盈利中获得全部或较高份额的清偿。同样，公司股东也可因公司经营状况好转而获益，避免破产清算时血本无归。

3. 有利于维护社会安定和地方金融秩序。在现代社会中，公司作为一种最主要的经济组织形式，特别是大型公司，规模大，员工多，债务关系复杂，对促进经济发展有举足轻重的作用。如果对于陷入困境的大型公司不设法予以挽救，而是任其破产、解散，必然造成员工失业、社会问题丛生，股东和债权人蒙受重大损失。雅新苏州公司银行债务高达14.6亿元，其他债务高达9.86亿元，如果破产清算，银行将遭受重大损失，由此造成苏州银行业受挫后企业融资受信额度压缩，地方经济发展将受到影响。其他关联企业也将受到不同程度的损失，有的可能一蹶不振，或随之歇业。通过破产重整，使其复苏再生，保留其先进的生产技术、生产线和人才，不但维护了债权人的利益，而且可以重新提升企业的竞争力，带动地区高新技术产业，维护一方稳定，促进一方经济发展。

(四) 破产重整案件审理中碰到的难题及其对策

本案在审理中遇到了一些操作上的难题。

1. 三个“同日”的变通。根据《企业破产法》第10条的规定，债权人提出破产申请的，人民法院应当自收到申请之日起5日内通知债务人。债务人对申请有异议的，应当自收到人民法院的通知之日起7日内向人民法院提出。人民法院应当自异议期满之日起10日内裁定是否受理。实际做法是，法院于2008年4月25日收到银行破产重整申请，同月29日即通知雅新苏州公司临时负责人，其没有提出异议，便当日裁定受理并送达雅新苏州公司。这里，存在一个矛盾，如果给予债务人7天异议期，则不能确保财产、技术不被转移，计算机不被未经授权操作，造成数据丢失。因此，吴中法院在通知其已收到破产重整申请后，进行了法律释明，债务人放弃异议期，如此，保证了三个"同日"。如果债务人不放弃异议期，则很难保证接管前企业不发生各种非正常变化。

2. 水电费不属于公益费用。雅新苏州公司因欠交水电费，停水停电，要恢复生产，供水和电力部门要求必须交付水电费。《企业破产法》规定为债务人继续营业而应支付的劳动报酬和社会保险费用属于公益债务，债务人可以随时清偿，但水电费并没有明确规定，也不属于破产费用，因此，提前支付水电费，是否属于《企业破产法》第32条前半段规定"人民法院受理破产申请前6个月内，债务人不能清偿到期债务，并且资产不足已清偿全部债务或者明显缺乏清偿能力的，仍对个别债权人进行清偿的，管理人有权请求撤销"的情形不明确。本案为了使企业及时复工，提前支付水电费，不应视为第32条规定的"对个别债权人进行清偿"。

3. 投资人的进入时间。《企业破产法》没有规定新投资人能否进入企业参与管理以及进入企业的时间，但规定了管理人可以决定继续债务人的营业和聘用必要的工作人员。破产重整通常程序是，管理人选择好新投资人后，可以聘任新投资人为其工作人员进入企业。本案为了保证破产重整计划的顺利执行，在选定新投资人后，管理人即聘任新投资人的法定代表人为其营运负责人，负责破产重整期间的企业经营。充分利用了新投资人的经营管理经验，促进了企业走上正常经营的轨道。

总之，雅新苏州公司破产重整案的顺利审结，在当前金融危机深刻影响实体经济的严峻形势下具有重要的现实意义。吴中法院以对雅新苏州公司破产重整案的成功审理，有效地保障了企业发展，维护了社会稳定。

二、点评

雅新苏州公司破产重整一案应该说还是取得了较好的法律效果和社会效果的。

拯救困难企业，稳定社会经济秩序，是《企业破产法》的一项重要立法目的。破产重整程序是企业破产法设置的一个重要的破产预防程序。破产重整的设置，不仅为那些虽已发生破产原因或有发生破产原因之虞，但事业尚有挽救希望的债务人，提供了避免破产清算死亡、获得更生的机会，而且对于与债务人相关的债权人、出资人、职工、关联企业、所在社区，乃至整个社会而言，避免了因债务人破产可能带来的不利影响，社会资源也因此得到充分的发挥和利用。

破产重整程序的创设和适用,充分反映了《企业破产法》破产与拯救相结合的原则,是现代企业破产法与传统企业破产法的一个重大差别,体现了现代企业破产法的社会价值取向,突出了企业破产法在公平保护债权人的前提下,对债务人进行积极挽救的立法目的,同时,对于构建和谐社会亦具有重要的现实意义。努力推动企业破产重整成功,避免企业破产带来的社会震荡,是人民法院审理企业破产案件的重要目标,也是人民法院商事审判工作服务于保增长、保民生、保稳定大局的必然要求。

人民法院要深刻认识推动破产重整程序的重要意义,积极受理符合法定条件的破产重整申请。人民法院在审理具有挽救希望和必要的企业破产案件时,应当充分发挥主观能动性,特别注重做好释明和调解工作,通过破产重整程序的适用,加强对债务人的挽救。

下面结合雅新苏州公司破产重整案件审理中的问题和经验,就目前存在的几个主要问题谈一下看法。

(一) 关于破产重整案件的受理问题

判断是否受理破产重整案件,很重要的两个标准:(1) 困境企业是否有必要挽救,以及挽救的成本和收益之间的比例;(2) 与困境企业有关的各方当事人是否具有挽救该企业的意愿。

对于资金链断裂,经营暂时出现困难,但有发展前景、对社会有重大影响的企业,人民法院要充分利用破产重整制度,调动各方利害关系人的积极性,共同致力于挽救困难企业,使其摆脱经济困境获得复苏。对于经营规模较小、虽有挽救必要但破产重整成本明显高于破产重整收益的困难企业,人民法院则可通过促成债务人与债权人团体达成有关债务减免、延期清偿、分期付款等和解协议的方式挽救企业。

在决定是否受理破产重整案件前,要充分利用听证方式,探究各方当事人对挽救困境企业的意愿。各方当事人是否具有挽救企业的意愿,直接影响到将来破产重整程序能否顺利进行。对于确有必要挽救的企业,人民法院还应充分发挥司法审判的主观能动性,多做释明和调解工作,积极促成企业的破产重整成功。对于不同申请权人同时向人民法院提出对债务人进行破产清算、重整、和解申请的,人民法院要根据债务人的实际情况和各方当事人的意愿,在组织各方当事人充分论证的基础上,尽可能优先受理有利于债务人复苏的破产重整或者和解申请;对于同一申请权人同时向人民法院提出对债务人破产清算、重整、和解申请的,人民法院不能简单、机械地作出不予受理的裁定,而是要对申请权人进行充分的释明和引导,并结合有关各方当事人的意愿和实际情况,在申请权人作出相应变更申请的前提下,或者有其他申请权人提出破产重整或者和解申请的前提下,优先受理债务人破产重整或者和解申请;对于申请权人仅提出破产清算申请的,人民法院也可在释明、引导的前提下,通过申请权人变更申请或者其他申请权人提出破产重整、和解申请等方式,优先受理破产重整或者和解申请。当然,通过各方当事人的充分论证,对于确实没有挽救希望的企业法人或者各方当事人均无破产重整或者和解愿望的,人民法院应当及时受理破产清算申请,以便债务人能够尽快了结所有债务、依法退市,而不能久调不决。

吴中区法院在雅新苏州公司因母公司破产导致资金链断裂,生产经营陷入困境时,考虑到雅新苏州公司设备优良,技术先进,市场份额占有率高等因素,从维护社会整体利益,保持社会安定和经济平稳发展,避免破产清算带来的职工失业等一系列危害等目的出发,依法受理了雅新苏州公司破产重整一案,应该说是符合《企业破产法》的立法目的的,对社会的良性运转发挥了积极作用。

(二) 关于破产重整模式和管理人的确定问题

鉴于破产重整中,涉及很多重大资产重组、经营模式选择、战略投资者引入等商业运作方面的内容,破产重整中管理人的职责主要不在于管理和处分债务人财产,而是管理债务人的经营业务,特别是制定和执行破产重整计划,在目前我国破产管理人队伍尚未成熟的情况下,为保障破产重整的高效、顺利进行,人民法院可以引导各方当事人更多地考虑采用债务人主导下的破产重整模式,由债务人自行管理财产和营业事务,并制作破产重整计划草案,管理人负责处理有关法律、财会事务,并对破产重整程序进行必要的监督等。

债权人因对债务人缺乏信任而反对由债务人主导破产重整的,人民法院在采用管理人主导下的破产重整模式确定管理人时,也应当优先考虑通过组成由政府有关部门、中介机构、金融资产管理公司、人民银行及金融监督管理机构等组成的清算组作为破产重整案件的管理人。破产重整程序启动前,政府有关部门已经成立了企业“临时应急小组”等的,人民法院指定破产案件管理人时,可以根据实际需要优先考虑将“临时应急小组”的有关成员指定为清算组成员。

人民法院确实需要指定中介机构担任破产重整案件管理人的,也应当采用竞争方式产生适格的中介机构担任管理人。破产重整案件中的管理人,以及清算组管理人中的中介机构成员,均不宜采用随机方式产生。人民法院在指定管理人时,要根据《企业破产法》和有关司法解释的规定,采用适当方式指定适格管理人,尤其是对于重大、疑难案件,不能简单以随机方式确定管理人。

审理破产案件的业务庭:(1) 要根据案件实际情况决定采用哪类管理人,包括清算组管理人、中介机构管理人或者个人管理人。(2) 决定采用中介机构作管理人,或者以中介机构作清算组管理人成员的,业务庭还要对中介机构管理人,以及清算组管理人中的中介机构成员的产生方式作出决定,包括随机方式、竞争方式和接受推荐的方式。决定以随机方式产生中介机构的,由司法技术辅助部门通过随机方式产生;决定以竞争方式产生中介机构的,则由业务庭、司法技术辅助部门、纪检监察部门,以及有关院领导共同组成评审委员会评选产生;决定以接受推荐的方式产生的,业务庭要审查有关部门推荐的人选是否符合《企业破产法》和司法解释的规定来决定。决定由清算组或者个人担任管理人的，除清算组中中介机构成员按照上述方式产生外，其他成员由业务庭根据需要指定，个人管理人由随机方式产生。

这里要特别强调加强对管理人队伍的建设。鉴于破产事务的复杂性，以及管理人在破产程序中的特殊身份和职责，客观上要求一名合格的管理人，不仅要有丰富的法律、财会、经营管理等多方面的专业知识和经验，还要有解决各种社会矛盾、协调各方利益和应对各种突发事件的能力，同时，还要具有高度的敬业精神和公正的职业道德。我国《企业破产法》和上述司法解释虽然将与破产事务最相接近的法律人员和财会人员及相关中介机构作为管理人的选用范围，但建立一支真正符合上述要求的职业管理人队伍仍任重而道远。各级人民法院要特别注意加强对管理人业务知识和各种能力的培训，并可根据实际情况建立管理人考核机制，通过业绩考核的导向、激励和约束作用，促进管理人队伍的不断发展与完善。对于具备高尚职业操守，严格依法履行职责、勤勉工作、专业水平高、工作能力强、工作实绩突出、自觉接受人民法院及债权人会议和债权人委员会监督、有效维护债权人利益、积极履行社会责任、取得良好政治效果及社会效果和法律效果的管理人，可通过颁发优秀等级证书及在采取竞争方式产生管理人中获得加分等方式予以肯定。对于不能依法公正履行职责，恶意利用管理人身份为自己或者他人牟取私利，严重损害债权人利益，经批评教育仍不悔改的，应当及时从管理人名册中除名。

（三）关于法官职业化队伍的建设问题

随着我国加入 WTO，我国经济市场化、国际化程度越来越高，企业破产将成为市场经济中的常态，企业破产案件数量的大幅度增加，对人民法院审判工作提出了更高的要求。

一方面，企业破产案件审理周期长、难度大、事务性工作繁重，人民法院长期以来人少案多的矛盾更加突出。另一方面，从法律层面看，破产案件的审理不仅涉及破产法、公司法、企业法、合同法、担保法、物权法等众多民商事法律规范，而且还涉及劳动法、社会保障法、会计法、审计法、刑法等诸多法律领域；从能力层面看，破产案件的审理除了要求法官有深厚广阔的法律知识和综合运用法律的能力外，还需要有解决社会矛盾、处理应急事务、协调各方作用等多方面的工作能力。因此，破产案件审理的特殊性客观上需要一支具备上述各方面知识和能力的专业化法官队伍来负责破产案件的审理工作。在破产重整中，因很多事务还涉及重大资产重组、经营模式选择、战略投资者引入等商业运作方面的内容，对审理破产重整案件的法官提出了更高的要求。由于我国企业破产法律制度建立初始，以往司法审判实践中破产案件数量非常有限，因此，法院队伍中尚缺乏这样一支成熟、稳定的的专业化队伍。

面对上述种种挑战，各级人民法院应当高度重视企业破产案件的审理，加强破产法官职业化队伍的建设,在人力、物力、财力上给予充分的支持和保障。应当合理调配办案人员,指派精通多门法律、政治觉悟高、工作方法得当、社会协调能力强的优秀法官负责审理企业破产案件。有条件的法院可以根据企业破产案件的数量,成立专门的破产案件审判庭,或者指定专门的破产案件审判合议庭负责破产案件的审理。要积极调动法官审理企业破产案件的积极性,在考核法官工作业绩时,要充分考虑法官办理企业破产案件所付出的辛勤劳动和承担的各种压力,积极探索能够客观反映审理破产案件工作量的科学考评标准;对于工作业绩突出、综合能力强的审理破产案件的法官,应当在晋职、晋级中优先考虑。

雅新苏州公司破产重整案件成功的一个重要经验,就是"只有选调精兵强将,才能确保破产重整案件的高效审理"。雅新苏州公司破产重整案件由院长担任破产重整协调小组组长,主管副院长、庭长、副庭长组成合议庭进行审理,精兵强将的配备,是吴中区法院成功审理雅新苏州公司破产重整案件的重要保障,值得各地法院学习。

(四)关于裁定批准破产重整计划草案问题

破产重整程序之所以能够较为有效地使企业避免破产,其重要原因之一就是其具有较其他程序更强的强制性。这种强制性体现在两个层面:(1)各表决组全部以法定多数通过破产重整计划草案,经法院批准,则该破产重整计划草案对所有债权人和出资人均具有法律效力,包括在各表决组投反对票的债权人和出资人;(2)在未获全部表决组通过时,如破产重整计划草案符合法定条件,经债务人或者管理人申请,人民法院也可强制批准破产重整计划草案,使该破产重整计划草案对所有债权人和出资人发生法律效力。

人民法院在批准破产重整计划草案时,应当区分上述两种情形分别进行审查,积极审慎适用裁量权,在依法保障债权人和出资人合法权益的前提下,实现对困境企业的挽救。

1. 对于各表决组均按照法定标准通过了破产重整计划草案,人民法院裁定批准的,应当从两个方面进行审查。(1)鉴于该情形下主要涉及各表决组内部利益的冲突,因此,人民法院主要是针对投反对票的债权人的异议理由,着重于对异议债权人利益的合法保护进行形式上的审查,如,表决组的分组、各权利人表决权的确定、会议的召集程序等是否合法;同一表决组中是否公平对待了投反对票的成员,是否按照债权比例清偿或者按照股权比例削减等。(2)要注意审查破产重整计划草案中债务人经营方案的内容是否违反法律、行政法规强制性规定,破产重整计划草案是否涉及国家行政许可事项,如果债务人经营方案内容违反法律、行政法规的强制性规定,或者应当经国家有关部门行政许可而未获许可的,人民法院不能裁定批准该破产重整计划草案。

2. 对于部分表决组未通过破产重整计划草案,人民法院强制批准的,因此时关涉的是不同表决组债权人利益的冲突,因此,人民法院批准时应当严格按照《企业破产法》第87条规定的条件进行审查,坚持债权人利益最大化、公平对待和绝对优先三项基本原则。要保证反对破产重整计划草案的债权人或者出资人在破产重整程序中至少可以获得他在破产清算程序中本可获得的清偿,即要保护对破产重整计划持反对意见的少数派的既得利益。如,对债务人的特定财产享有担保权的债权人组未通过破产重整计划草案的,要保证所有对债务人的特定财产享有担保权的债权人就该特定财产以变现价款全额获得清偿,并且对其因延期清偿所受的损失将进行公平补偿,以及其担保权未受到其他实质性损害。职工优先债权组未通过破产重整计划草案的,要保证职工优先债权将获得全额清偿。税款债权组未通过破产重整计划的,要保证税款全额清偿。普通债权人组未通过破产重整计划的,要保证普通债权所获得的清偿比例不低于其在破产清算中所能获得的清偿比例。出资人组未通过破产重整计划草案的,要保证对出资人权益的调整公平、公正,主要是指在对出资人权益进行削减时,其前提应当是企业已经资不抵债。

这里要特别注意,在实际操作中要注重对债权人利益最大化的保护。如,如何评估、计算债务人设定担保的特定财产的变现金额问题。因破产重整程序中并未实际通过拍卖、变卖等对特定财产进行变现,其真实变现价值并未客观体现出来,对担保权人就该特定财产优先权的保障是建立在会计方法计算基础上的,因此,在担保债权人组未通过破产重整计划草案,人民法院强制批准破产重整计划草案时,应当充分考虑其计算方法是否科学、客观、准确,是否充分保护了担保债权人的应有利益。

又如,普通债权人组未通过破产重整计划草案时,所涉破产重整计划草案被提请批准时依照破产清算程序所能获得的清偿比例,因破产重整中并未对债务人进行实际的破产清算,因此,破产清算程序中所能获得的清偿比例也是会计计算的结果,而一般情况下,以收益法评估企业破产重整条件下债务人的清偿率往往高于用清算法评估清算条件下债务人的清偿率,因此,如果债权人组以资产评估报告低估了资产价值,甚至有虚假,从而损害了债权人的利益;认为破产重整计划不公平,债权人削减债权比例很大,而出资人权益调整的比例过小或没调整;或者认为大股东对经营失败负有重大责任,应该分担更多债务重组损失而破产重整计划未体现;或者认为债务重组采取债转股的方式,而引入的重组方资产质量差影响债权的回收等为由,对破产重整计划草案投反对票的,人民法院不宜简单以破产重整草案中的清偿率高于清算下的清偿率为由,强制裁定批准破产重整计划草案,而是应该在充分协调各方利益主体利益的前提下,并综合各方因素考虑债权人意见的合理性,慎重作出裁定。

另外,如果债权人组或者出资人组反对破产重整计划草案,该项破产重整计划草案应当保证持反对意见的债权人组或者出资人组获得公平对待,即处于同一顺序的债权人必须获得按比例的清偿,或者对于出资人权益的调整应当保证所有出资人按比例削减。

如果债权人组反对破产重整计划草案,该破产重整计划草案应当保证只有这个组的成员获得充分清偿后,在清偿顺序上低于这个组的其他组成员才能开始获得清偿,即破产法对清算程序规定的优先顺序,在破产重整程序中对持反对意见的表决组必须同样适用。

总之,人民法院在审查批准债务人或者管理人提交的破产重整计划草案时,一定要严格按照上述原则进行审查,并综合考虑社会公共利益的维护后,依法审慎作出强制批准破产重整计划草案的裁定,对于不符合强制批准条件的,不能假挽救企业之名违法批准。上级人民法院应当肩负起对下级法院违法强制批准破产重整计划草案的监督职责,在以破产重整程序挽救债务人的同时,仍然要坚持对债权人合法权益的保护。

(五)关于坚持在当地党委领导下,努力配合政府做好维稳工作问题

与破产清算类似,在破产重整案件中,各方矛盾也极为集中和突出,协调处理不好,一方面,极易引发群体性、突发性事件,严重影响社会稳定,另一方面,也不利于破产重整成功。因此,人民法院审理破产重整案件时,也要坚持在当地党委的领导下,充分利用和积极参加政府建立的风险预警机制、联动机制、应急机制、资金保障机制、风险防范机制等,力求主动、务实、有效地配合政府做好企业破产重整案件中维护社会稳定的工作。

对于职工生存问题突出、众多债权人矛盾激化、债务人弃厂逃债等敏感类破产案件,要及时发现问题,尽早向当地党委、政府进行汇报,加强与各部门的沟通、配合、协调,及时采取有力措施,积极输导并解决各种矛盾纠纷,避免债权人哄抢财产、职工集体上访,以及企业出资人和高级管理人员非法出境等,将不稳定因素消除在萌芽状态。破产重整中涉及与有关部门协调解决的,要积极取得政府的支持,及时协调解决。

雅新苏州公司破产重整案件中,就是在政府领导牵头,劳动、社保、人事、招商等诸多主管部门全程参与下,解决了巨额外汇核销、补缴员工社会保险费、消防许可、排污许可、协调各金融机构内部利益,以及法院之外其他权力机关对破产重整企业财产的查封解除和执行中止等重大问题,为破产重整成功创造了有利的条件。

综上,破产重整不仅是人民法院在目前应对国际金融危机的背景下的一项重大举措,而且作为企业破产法中的一项重要制度,更是人民法院服务于保民生、保稳定、保发展的一项长期任务。各级人民法院应当积极探索,勇于实践,在法律允许的框架下,充分发挥企业破产重整的作用,实现对危困企业的拯救。

第三编

商事审判专论

1 公司法

上市公司董事、监事选举累积投票制刍议①

2002 年以来，鉴于上市公司中小股东权益屡受控股股东侵害的现实，中国证监会开始在上市公司董事、监事选举中积极推行累积投票制，市场上也对这一“保护中小投资者的有力举措”充满期望。然而笔者认为，对于累积投票制在实践中的作用，仍有探讨之余地。

一、累积投票制概述

累积投票制(cumulative voting)是指股东大会在选举两名或两名以上的董事时，股东所持有的每一股份拥有与当选董事总人数相等的投票权，股东可将所有投票权集中选举一人或分散选举数人，并按得票数之多少决定当选人选的表决制度。② 例如：假定某公司总股本 100 股，甲乙分别持有 18 股和 82 股，且可分别提名 5 个董事候选人。如实施直接选举(straight voting)，甲乙只能将选票平均分配给每个候选人，甲最多可给每个候选人 18 票，而乙可给每个候选人 82 票，故乙所提名的候选人都能当选。换言之，无论董事会有多少个席位，持有公司 51% 以上股份的股东可以绝对控制董事的人选。如实施累积投票，则甲可以获得总投票数为 90 票，乙为 410 票。如果甲将所有 90 票全部投给其提名的 1 个候选人，由于乙无法将 410 票在 5 个候选人之间分配并使之超过 90 票，因此，甲至少可以保证有 1 个候选人可以当选。显然，累积投票是给少数股东打开了一扇“通向董事会的窗口”，提高了其参与董事会的机会。

实施累积投票制时，判断某一候选人是否当选的标准为获得较高选票者当

---

① 合作作者：刘燊。

② 参见〔美〕罗伯特·C. 克拉克：《公司法则》，胡平等译，工商出版社 1999 年版，第 291—292 页；Robert W. Hamilton, *Corporations Including Partnerships And Limited Liability Companies*, West Group, 1998. 435-437; Robert W. Hamilton, *The Law of Corporations*, 法律出版社, 1999. 212-213; Jesse H. Choper 等, *Case And Materials On Corporations*, 中信出版社, 2003. 599; *Management and control of marketable share companies*(该书为 *International encyclopedia of comparative law* 第四部), 20; 胡国威：《美国公司法》，法律出版社 1999 年版，第 143—144 页。

选。这一当选规则具有重要意义:一方面,它决定了差额选举为累积投票制之前提,否则,除非对最低当选票数有相应要求,实施累积投票制无实际意义;另一方面,可以由此推导出在充分博弈的情况下股东选出一定数量的董事所需要最低表决权数的一般公式,即要确保1人当选董事的最低表决权数(x)与参加投票的总表决权数(s)成正比,与拟选出的董事人数(d)成反比,即 $x = (s/d + 1) + 1$。①

二、各国法上的累积投票制

累积投票之概念发源于美国,并最早见诸于伊利诺伊州1870年宪法。② 之后,累积投票制在全美得到广泛的承认和推行。依各州法关于累积投票制效力之不同规定,可将其分为强制性(mandatory)累积投票制和许可性(permissive)累积投票制两大类。强制性(mandatory)累积投票制是指公司选举董事必须采取累积投票制;许可性(permissive)累积投票制又可进一步分为规定采用(opt-out election)累积投票制和规定排除(opt-in election)累积投票制。规定采用累积投票制是指除非公司章程作出相反之规定,否则应实行累积投票制;规定排除累积投票制是指除非公司章程有明确之规定,否则不实行累积投票制。③

从美国法制史来看,累积投票制经历了一个由强制性向许可性转化的过程且已经趋于式微的过程。如其不同时期的《标准公司法》版本即体现了这一变迁过程:其1950版本规定了强制性的累积投票制;1955版本规定可在强制性和许可性累积投票制之间选择;1959版本又规定可在许可性累积投票制的"规定采用"或"规定排除"之间选择;1984版本则明确规定采纳"规定排除"(第7.28条之2:"股东对董事之选举没有累积投票权,除非公司章程有此规定")。目前,大约只有亚利桑那州等6个州仍然保留强制性的累积投票制,大多数州公司立法采取许可性的累积投票制,如特拉华、纽约等州采取"规定采用"制度,而阿拉斯加、明尼苏达等州则采取"规定排除"制度。对于这一趋势,有人解释为,"累积投票在19、20世纪初盛行于美国公司法有两个原因:对于立法机构存在少数方代表的理想信念被转移到公司董事会,以及对于大股东利用其持股优势可能带来危害的关注,尤其是考虑到公众股东获得公司信息的困难。但1950年代,部分是因为联邦证券法的

---

① 参见胡国威:《美国公司法》,法律出版社1999年版,第145—147页;参见〔美〕罗伯特·C.克拉克:《公司法则》,胡平等译,工商出版社1999年版,第292页;*The Law of Corporations*, 216-217。

② *Management and control of marketable share companies*, 18-20。也有学者提到累积投票制度起源于英国,如梅慎实:《现代公司机关权力构造论》,中国政法大学出版社1996版,第199页。笔者所引证的 *International encyclopedia of comparative law* 一书属于权威的比较法专著(英国法也属于其比较内容之一),其明确写道"The concept of cumulative voting is an original AMERICAN idea",且笔者从有关英国公司法和董事制度的介绍中,都未发现有关累积投票制度的介绍,也从另一个角度证明了这个概念与英国法并无必然的联系。参见 Janet Dine, *Company Law*,法律出版社2003年版;英国董事协会托尼·兰顿等:《公司董事指南:职责、责任和法律义务》,李维安、牛建波等译,中国财政经济出版社2004年版。

③ 参见胡国威:《美国公司法》,法律出版社1999年版,第144页;*The Law of Corporations*, 212。

通过及其强制性信息披露制度的建立,原先的考虑渐渐失去了其绝大部分的意义……"①

除美国以外,还有日本、韩国、我国台湾地区等部分国家和地区也规定了累积投票制。日本1950年商法典和我国台湾地区旧"公司法"均规定实行强制性的累积投票制②,但已分别于1970年代和2001年将其修改为可以章程排除累积投票制之适用,即所谓"规定采用"的许可性累积投票制。韩国1998年修订《商法》于第382条之2规定,"在召集以选任2人以上董事为目的的股东大会时,持有不包括无表决权股份的发行股份总数的3%以上股份的股东,除了章程中另有规定,可以请求公司以累积投票的方式选任董事",也采纳了"规定采用"的许可性累积投票制。

三、累积投票制的作用及局限性

(一)累积投票制的作用

累积投票制的首要作用在于促进公司治理的民主化,以使持有大量股份的"少数股东"在董事会中有自己的代表,从而丰富董事会中的不同意见,减少管理层因内部人控制而引起的利益冲突行为。如克拉克教授指出,"对累积投票最有力的证明是,它使大批小股东有机会参与董事会和管理决策,……而且,存在小股东的董事可以迫使公司其他董事在制定方针决策的时候更为谨慎小心,因为他们知道,这名独立和有着切身利益的董事对违反信托义务的迹象会保持高度警惕。尤其是,小股东的董事有可能引导名义上的独立董事作出自己的独立判断,否则,这些人就将支持任何甚至全部管理层提议。"③

其次,累积投票制可以为积极的机构投资者参与公司治理提供一个重要的法律武器。

此外,累积投票制还在以下两个方面发挥作用:(1)有限责任公司的场合。美国封闭公司的股东人数一般有限,股东通常直接经营公司,而出资较多的大股东往往出任公司董事或经理,掌握公司主要经营权,且很多封闭公司"不发股息,股东在公司任职后领到的工资是其投资的回报"。④ 因此,极易发生控制股东滥用控制权损害小股东利益的情况——事实上,英美国家小股东诉控制股东损害其合法权益的判例几乎都发生在封闭公司中。实施累积投票制将有助于小股东获得董事的席位,从而改善其不利处境。(2)在收购兼并的场合。累积投票制既可以作为保护原有股东的必要手段,使得收购人即使取得目标公司的控制权,仍难以

---

① *Case And Materials On Corporations*, 599-600.

② 我国台湾地区将累积投票制同时适用于监事之选举。

③ 参见〔美〕罗伯特·C.克拉克:《公司法则》,第292页。

④ *The Law of Corporations*, 218;朱伟一:《美国公司法判例解析》,中国法制出版社2000年版,第224页。

完全改选目标公司的董事会;也可以“给叛乱的团体(an insurgent group)在公司中一个并不稳固的立足点(toehold)以努力获得公司的控制权”。[①]

(二)累积投票制的局限性

首先,判断累积投票在公司治理方面的正反角色非常困难。[②] 一般认为,在董事会中引入所谓代表少数股东的董事与“董事会是代表公司利益的观点”不相符合。此外,少数董事可能引起董事会的不和谐从而降低董事会的效率;可能在实践中迫使董事会多数成员在正常会期的前一天举行没有该少数董事参加的“彩排会议”,从而使得正式董事会的决定往往系在非正式场合中协商而成;少数董事可能不合理的批评管理层,导致管理层不愿意采取存在风险但却对公司有利的行动;少数董事可能泄露公司的重要机密等。此外,累积投票还可能会被利用为要挟勒索公司的手段。

其次,累积投票制本身也存在一定的问题,主要表现在:(1) 累积投票有一定的“技巧性”。累积投票很容易在分配投票权的时候出现错误,如果计算失误,股东很可能不能得到本应属于其的董事席位。如对前述案例略作修改,假设甲乙分别持有30股和70股,仍选举5名董事,则甲共有150票,乙共有350票,根据前述公式,一般情况下,乙可以保证获得4个董事席位;但是,如果乙投给其5个候选董事每人70票,而甲投给其2个候选董事每人75票,则甲就从乙手上“抢走了”一个董事席位。[③] (2) 累积投票以小股东持有或者合计持有一定数量的表决权为条件,仅仅在持股比例差距不大的情况下才有其意义,若小股东持股数量过低从而在持股比例上与大股东相差悬殊或不能有效地一致行动,累积投票制将难以发挥作用。[④] 易言之,累积投票制对于持股很少且高度分散的小股东,究竟有何实质意义颇有疑问。

再次,有许多合法的方法可以规避和削弱累积投票制。具体包括:(1) 直接修改公司章程,减少董事会的席位。根据前述公式,董事会的席位越少或者每次选举的董事数目越少,则赢得一个席位所需要的股份越多。参考前述案例,如实施累积投票,甲只要持有17股以上即可保证1个董事候选人当选。但是,如果选举的董事不是5个,而仅仅是4个或者更少的情况下,则持有18股的甲将不可能赢得一个董事席位。(2) 交错(staggered)董事会。如美国各州公司法都允许公司分批改选董事会,通常规定不超过三类董事,要求每年至少改选其中的1/3。这

---

① 殷召良:《公司控制权法律问题研究》,法律出版社2001年版,第146—147页;*The Law of Corporations*, 218; *Corporations Including Partnerships And Limited Liability Companies*, 435。

② 参见〔美〕罗伯特·C. 克拉克:《公司法则》,第293页;*Case And Materials On Corporations*, 600。

③ 对于“小股东通过行使累积投票权选出了多数董、监事”案例的法律效力问题,1883年美国法院在“Piere 诉 Commonwealth 案”中肯定了选举的法律效力,并认为“这纯系宪法权利之行使”。参见刘俊海:《股东累积投票权:以小博大的制度设计》,载《上海证券报》,2005年4月5日。

④ 参见张明远、甘瑛:《累积投票制涉及的若干法律问题》,载《上海证券报》,2005年4月6日。

样，每次仅能改选1/3董事，几乎完全剥夺了少数股东以累积投票获得参与董事会的机会。美国亚利桑那州法院也在一个判决中对此表示支持，认为交错董事会对于“公司的富有经验的管理层的稳定和持续”具有作用，并称“由于累积投票制仅仅是作为一个很粗糙的小股东代表措施发挥作用，因此，只要交错董事会仅是限制累积投票制的效果而不是完全剥夺其权利，就可以准许它存在”。[①] 此外，还有公司在章程中规定不同的董事类别，而每一类别董事只能由相应类别的股票持有人来投票。

最后，根据公司法，股东大会可以免除董事的职务，而对于累积投票选出的少数董事，是否可以被多数股东重新召开股东大会免去职务。换言之，公司法是否允许多数股东无特定理由而免除通过累积投票选举的代表少数股东的董事？在理论和实务上，这一问题目前仍没有答案。

在美国，理论和实务上关于累积投票制的争论至今尚未结束。根据一项1973年对美国855家公司的调查，只有极少数公司在选举董事时提供了累积投票方式，也只有极少数的股东使用这一投票方式。[②] 实践中，累积投票制也绝少在公众公司中使用。[③] 这也从实证的角度说明了这一趋势。

四、关于我国现行累积投票制的评析[④]

（一）我国关于累积投票制的有关规范

根据我国《公司法》，股东大会“选举和更换董事（由股东代表出任的监事）”（第38、103条），“（有限责任公司）股东会会议由股东按照出资比例行使表决权”（第41条），“（股份有限公司）股东出席股东大会，所持每一股份有一表决权。股东大会作出决议，必须经出席会议的股东所持表决权的半数以上通过”（第106条）。以上条款，一般都认为规范的仅为直接投票，换言之，我国《公司法》没有规定累积投票制。目前，我国关于累积投票制的规范条款主要见诸于证监会出台的两个规范性文件：

1. 2002年1月证监会和原国家经济贸易委员会联合发布的《上市公司治理准则》之第31条规定，“股东大会在董事选举中应积极推行累积投票制。控股股东控股比例在30%以上的上市公司，应当采用累积投票制。采用累积投票制的上市公司应在公司章程里规定该制度的实施细则”。《治理准则》首次引入了董事选

---

① 参见〔美〕罗伯特·C. 克拉克：《公司法则》，第293—294页；*Case And Materials On Corporations*, 598。

② *Case And Materials On Corporations*, 601.

③ 参见〔美〕弗兰克·伊斯特布鲁克：《公司法的经济结构》，张建伟、罗培新译，北京大学出版社2005年版，第82页。

④ 此文形成于2005年公司法修改前，体现的是当时实务界和理论界的争论，2005年公司法规定了该项制度。

举的累积投票制,并要求"控股股东控股比例在30%以上的上市公司"实施强制性的累积投票制。但是,由于持股在30%以上的控股股东与其他股东的持股比例往往相差悬殊,因此,即使实施强制性的累计投票制,其实际效用如何仍颇值疑问。

2. 2004年12月证监会发布的《关于加强社会公众股股东权益保护的若干规定》规定,"在股东大会选举董事、监事的过程中,应充分反映社会公众股股东的意见,积极推行累积投票制"。《若干规定》将累积投票制扩大到监事选举,并第一次以规范性文件的形式将累积投票制定义为"上市公司股东大会选举董事或监事时,有表决权的每一股份拥有与拟选出的董事或监事人数相同的表决权,股东拥有的表决权可以集中使用"。

(二)对于我国累积投票制实践的有关评析

第一,累积投票制对于我国机构投资者参与公司治理有一定的作用。在流通股和非流通股股权分置的情况下,我国证券市场的流通股股东可以分为两类:持股份额较大的流通股股东(一般为机构投资者,尤其是在近年"超常规大力发展机构投资者"的激励下,以基金为代表的机构投资者已成为证券市场的主导力量)和持股份额相对较小的中小流通股股东("散户")。考虑到在资金、信息、时间以及持股方面的优势,累积投票制在一定意义上扩大了机构投资者的话语权,使之通过累积投票制对上市公司治理活动施加具有实质意义的影响成为可能。某种意义上,机构投资者实际上已经成为包括实施累积投票制在内的任何改善流通股股东地位政策措施的主要受益者。

但是,机构投资者参与公司治理活动也是有限度的:(1) 其主要目的是投资,而非介入公司的经营管理,其往往对董事会席位不感兴趣;一家机构投资者往往同时持有众多公司的股票,并没有足够的精力参与每家公司的经营活动,且通常也没有合适的董事人选;即使选出了一名董事对于人数众多的董事会也并无多大实际的作用。(2) 还必须注意:机构投资者的利益远非与"散户"完全一致(以基金为例,还必须要另外考虑成本、基金份额、关联关系、熟人网络等自身的相关利益,同样,基金也存在着严重的代理问题),因此,在流通股股东内部,以基金为代表的机构投资者难免与中小流通股股东的利益发生冲突,且市场上机构投资者通过与控股股东的共谋行为和内幕交易从而伤害真正的"散户"利益的例子并不鲜见。

第二,累积投票制对于我国持股很少且高度分散的"散户"较少有实际意义。一般认为,证监会在目前推行"强制性"累积投票制之目的是保护以散户为代表的流通股股东。但是,"散户"参加股东大会的"热情普遍不高",遑论推举董事候选人和运用累积投票制选举董事与大股东在董事会中争夺席位了。这并非中国独有的问题,克拉克教授指出,"无论何时,公开持股公司的股东只要就公司的有关事项投票,他们就在从事集体行为,从而就会遇到许多困难。这些困难包括股东的'理性冷漠'、个别股东'搭便车'以及即便是集体行为获得成功还是对某些股东造成不公平”①。这种冷漠或者说消极性并非毫无理智和没有原因,如加拿大公司法学者从经济分析的角度也得出了“投资人具有较少的动力干预管理事务”的结论。②

第三,我国中小股东难于提名董事候选人。根据《公司法》、《关于在上市公司建立独立董事制度的指导意见》和《上市公司股东大会规范意见》之有关规定,股东欲提名董事候选人有三种途径:(1)向董事会提出建议;(2)单独或者合并持有已发行股份1%以上的股东可以提出独立董事候选人;(3)持股或者合并持股超过5%的股东可以提出非独立董事候选人。实务上,公司提出董事候选人通常是由主要股东事前达成一致或者形成默契(这也部分解释了股东大会上各候选人基本都能当选的原因):由于中小股东持股有限,公司主要股东和董事会在酝酿董事候选人时一般不会考虑其意志,其欲通过上述第二、三种途径提出董事候选人非常困难或者在成本上不可能。

综上,笔者认为,到目前为止,我国上市公司实施累积投票制的作用不大。也许,可以认为,证监会在当前中国上市公司治理陷入困境的状态下极力推崇实质功能非常可疑的累积投票制,更多的只是体现一种姿态。

五、对于我国建立累积投票制的若干建议

(一)关于《公司法》是否规定累积投票制

如前所述,累积投票制作为促进中小股东参与公司治理的一个举措,其功能之发挥取决于众多的限制条件,且极易被规避。在其发源地美国,累积投票制也已经属于式微的制度。但不能全然否认的是,累积投票制在股东持股比例相近、有限责任公司、公司收购等特定情形下还有一定的积极意义,对于证券市场上积极的机构投资者参与公司治理也有一定的促进作用。同时,考虑到目前我国对于累积投票制的规范层级较低,建议在将来修订《公司法》之时对于累积投票制予以规范。

值得注意的是,《公司法(修改草案)》增列第123条,规定了许可性的累积投票制,并涵括了监事之选举。该增列条文规定,“公司股东大会选举董事、监事时,可以实行累积投票制。本法所称累积投票制是指公司股东大会选举董事或者监事时,有表决权的每一股份拥有与所选出的董事或者监事人数相同的表决权,股东拥有的表决权可以集中使用”。但是,该增列条文仍有若干问题值得讨论。

(二)关于是否规定强制性的累积投票制

笔者认为,考虑到公司董事、监事之选任,属于公司内部自治事项,且累积投

---

① 〔美〕罗伯特·C. 克拉克:《公司法则》,第311页。

② 参见〔加拿大〕布莱恩、R. 柴芬斯:《公司法:理论、结构和运作》,林华伟、魏旻译,法律出版社2001年版,第65页。

票制也远非完美的制度,因此,我国未来公司立法应以草案所规定的许可性的累积投票制为宜。但草案并未明确其系"规定采用"抑或"规定排除",根据草案条文字面理解,则有疑问:是否无论公司章程对于累积投票是否作出规定,出席会议的股东都"可以"要求以累积投票制来实施选举?笔者建议仿效日本、我国台湾地区和韩国的立法,采取"规定采用"的许可性累积投票制,同时可以仿效韩国商法限定享有行使累积投票权的股东为"持有不包括无表决权股份的发行股份总数的3%以上股份的股东",以兼顾公司法的效率原则。

(三)关于完善有关的实施细则

目前,由于缺少实施累积投票制的实施细则,导致实践中产生了不少的问题:包括如何确定董事或者监事候选人当选的标准、是否仍然要求股东大会有效表决权的半数通过或者应该有一个最低的票数标准、是否应实施董事或者监事的差额选举、股东在累积投票制下能否对董监事候选人投反对或者弃权票等。

2005年3月30日,上海证券交易所起草了一份供沪市上市公司在修订《公司章程》时参考、不具有强制效力的《累积投票制实施细则建议稿》,主要规定了累积投票制度下的当选规则(按照董事、监事候选人得票多少的顺序,从前往后根据拟选出的董事、监事人数,由得票较多者当选)、实行差额选举(候选人的人数应当多于拟选出的董事、监事人数)以及上市公司应当就董事、监事候选人之确定书面征求公司前十大流通股股东的意见等内容。该《建议稿》在一定程度上缓解了上市公司在实施累积投票制"无法可依"的局面,然而,由于其"纯粹指引性质",实际效果非常有限。建议将来在《公司法》中对有关的实施细则予以明确,以免给公司治理运作带来一定的混乱。

(四)关于董事、监事的一并选举

考虑到中美公司治理结构之差异,草案将累积投票制之实施范围扩大到监事自无疑义。但是,有学者鉴于"在累积投票制下,选出一名董(监)事所需最低票数是与拟选出的董(监)事人数成反比的。换句话说,拟选出的人数越多,小股东的意志越有可能得到反映",主张"可将董事和监事一并选举",而"董监合并选举可以给予小股东以更大的回旋余地,小股东可以把累积投票机制运用得淋漓尽致,大股东即使是企图控制全部董事会和董事会人选也是很困难的",有学者进而建议,在修订公司法的时候增加规定,"得票多者有优先选择出任董事或监事的权利"①。笔者认为,这种观点不能苟同。根据我国《公司法》基本上按照德、日大陆法框架构建的公司治理结构,董事(会)和监事(会)扮演着不同的角色,也承担着不同的职能。尽管证监会在上市公司中引入了具有英美法色彩的独立董事制度,

---

① 刘俊海:《股东诸权利如何行使与保护》,人民法院出版社1995年版,第218页;张明远、甘瑛:《累积投票制涉及的若干法律问题》;王继军:《股份有限公司累积投票制度研究》,载《中国法学》,1998年第5期。

使得部分董事会成员的角色与监事有一定的混同,但是,这也并不意味着董事和监事的角色可以互换,甚至可以“一并选举”,随意“选择出任董事或监事”。尤其是,仅仅为了一项并非十分完美的制度而牺牲基本的价值判断,显然是非常不科学的态度。

公司合并分立中的债权人利益保护
——在21世纪商法论坛国际研讨会上的主旨发言

公司合并和分立作为公司重组中的重要方式,是对公司重大组织结构予以变更的交易,对公司债权人具有重大的影响,因此,如何在公司合并分立中对债权人利益进行充分保护,是立法和司法实践中的一个重要课题。下面笔者从司法的角度,分别对公司合并和分立中如何保护债权人,即如何界定合并、分立前已形成债务的承担问题,谈一下自己的看法。

一、公司合并中的债权人利益保护

公司合并是指两个或者两个以上的公司依照法定程序组成一个公司的行为,具体方式包括吸收合并和新设合并。一个公司吸收其他公司为吸收合并,被吸收的公司解散。两个以上公司合并设立一个新的公司为新设合并,合并各方解散。这里,被吸收或者被合并各公司主体的消灭,不以清算为必要,只要办理注销登记,符合形式要件即可,因此,对被吸收或者被合并各公司债务的界定,直接决定着债权人的利益是否会因公司的合并而受到损害。

我国修订后《公司法》关于公司合并中的债权人利益保护,是从两个方面作出规定的:一是明确规定公司作出合并协议后应当及时通知债权人,债权人有权要求公司清偿债务或者提供相应的担保。二是从权利义务概括性继受的角度规定,公司合并时,合并各方的债权、债务,应当由合并后存续的公司或者新设的公司承继。① 对于上述第一个方面,公司法虽然是从强制性规范的角度作出的规定,原则上公司合并应当履行这样的义务。但是,如果公司合并时没有依法通知债权人,或者通知债权人后债权人提出提前清偿或者提供担保的要求后,公司没有提前清偿或者提供担保的,债权人利益如何保护呢?债权人是否有权通过诉请合并无效来阻止或者否定公司之间的合并行为呢?从修订后公司法的规定看,是没有作出

---

① 新《公司法》第173条:"公司合并可以采取吸收合并或者新设合并。一个公司吸收其他公司为吸收合并,被吸收的公司解散。两个以上公司合并设立一个新的公司为新设合并,合并各方解散。"

第174条:"公司合并,应当由合并各方签订合并协议,并编制资产负债表及财产清单。公司应当自作出合并决议之日起十日内通知债权人,并于三十日内在报纸上公告。债权人自接到通知书之日起三十日内,未接到通知书的自公告之日起四十五日内,可以要求公司清偿债务或者提供相应的担保。"

第175条:"公司合并时,合并各方的债权、债务,应当由合并后存续的公司或者新设的公司承继。"

这样的制度安排的。在旧公司法下,对“不清偿债务或者不提供相应的担保的”,明确规定为“公司不得合并”①,司法实践中对这种情况是按照合并无效处理的。但公司法修改时,考虑到公司合并系两个以上组织主体的合并,除了资产、债务合并外,还包括组织结构、股东、职工等众多主体的变化,其中还存在资产评估等诸多事项,因此,从维护经济秩序稳定、减少经济成本、提高效率等角度,将“公司不得合并”的规定予以删除,而是以由合并后存续的公司或者新设的公司承继原债务的事后救济方式解决债权人利益保护的。这种保护方式,一般情况下是可行的,但在特殊情况下,可能存在对某些债权人利益的损害。如甲、乙两个公司合并为丙公司,甲公司经济效益好,其债权人的权利以甲公司财产是完全能够全额清偿的,而乙公司经济效益不好,合并前可能已经出现事实上的破产原因(财产不足以偿还全部债务),乙公司债权人的权利是无法获得全额清偿的。这种情况下,如果甲、乙公司合并,由合并后公司财产承担原甲、乙公司的所有债务,如果甲、乙公司合并后的财产足以偿还二者全部债务,则不存在对债权人利益的损害,但如果合并后财产不足以偿还二者全部债务的,则对甲公司债权人存在事实上的不公平。从目前法律规定和司法实践看,对上述情况是缺乏特别考虑的,或者说这种制度设计即是以牺牲部分债权人利益为代价,以实现维护经济秩序稳定和经济效率的目的的。对此,似有必要进一步研究。

司法实务在界定合并各方原有债务承担时,要注意区分公司兼并与公司合并两个概念。公司兼并不是法律术语,而是一个经济术语,兼并的方式包括公司合并式兼并、控股式兼并、购买资产式兼并,以及公司联合形成企业集团式兼并等多种方式,不同兼并方式下债权人的保护是不同的。其中公司合并式兼并是指公司以合并的方式实现兼并的目的,与上述公司合并概念是一致的。公司控股式兼并,是指收购公司通过购买目标公司的股权,达到控制目标公司目的的行为,实现兼并。一般情况下,控股式兼并不影响被兼并公司法人资格的存续,被兼并公司的债务仍由其自行承担。但是,控股式收购可以被用作合并的手段,如当收购方收购目标公司的所有股份后,可以通过注销目标公司的方式达到收购方与被收购方合并的结果。购买资产式兼并,是指兼并方以现金购买被兼并公司的部分或者全部财产的法律行为。公司合并和资产收购都采用合同形式,产生相同的经济效

① 旧《公司法》第182条:“公司合并或者分立,应当由公司的股东会作出决议。”

第183条:“股份有限公司合并或者分立,必须经国务院授权的部门或者省级人民政府批准。”

第184条:“公司合并可以采取吸收合并和新设合并两种形式。一个公司吸收其他公司为吸收合并,被吸收的公司解散。二个以上公司合并设立一个新的公司为新设合并,合并各方解散。公司合并,应当由合并各方签订合并协议,并编制资产负债表及财产清单。公司应当自作出合并决议之日起十日内通知债权人,并于三十日内在报纸上至少公告三次。债权人自接到通知书之日起三十日内,未接到通知书的自第一次公告之日起九十日内,有权要求公司清偿债务或者提供相应的担保。不清偿债务或者不提供相应的担保的,公司不得合并。公司合并时,合并各方的债权、债务,应当由合并后存续的公司或者新设的公司承继。”

果,都可能导致公司集中,但两者本质上是不同的。合并是主体法内容,而资产收购是行为法的内容;合并产生被合并者主体的消灭,债务转由合并方承担,资产收购不影响双方法人资格及债务承担。公司联合形成企业集团式兼并,是指两个或者两个以上的公司通过控股、企业合同、企业一体化、相互参股、领导相互兼任、企业之间成立共同领导机构等途径形成企业集团,以此形成兼并的后果。这些途径给企业集团化前的公司保留了法人主体资格,公司联合化的结果不是单一法人的形成,因此,各联合主体的责任仍由其各自承担。

二、公司分立中的债权人利益保护

公司分立是指不经过清算程序,从一个公司中分立出另一个或者几个公司,或者一个公司分解为两个以上公司的法律行为。公司分立包括派生分立与新设分立两种形式。

对于公司分立中的债权人利益保护,新旧公司法作出了不同的制度安排。旧《公司法》规定[①],公司作出分立决议后应当通知债权人;债权人有权要求公司清偿债务或者提供相应的担保;不清偿债务或者不提供相应的担保的,公司不得分立[②];分立前债务按所达成协议由分立后公司承担。[③] 修改后的《公司法》取消了"不清偿债务或者不提供相应的担保的,公司不得分立"的规定;规定分立前公司的债务,由分立后各个公司共同承担,达成协议的除外。[④] 修改后的《公司法》的规定:一是基于法人财产原则,确保了分立前公司债权人仍然以原公司责任财产作为承担其债务的一般担保财产,保障其债权的实现不因公司分立受到损害;二是提高了经济效率,减少了资源浪费,兼顾保护了分立中其他权利人如公司股东、职工等利害关系人的合法权益;三是考虑到了当事人的意思自治。应该说是一个比

---

① 旧《公司法》第185条:"公司分立,其财产作相应的分割。公司分立时,应当编制资产负债表及财产清单。公司应当自作出分立决议之日起十日内通知债权人,并于三十日内在报纸上至少公告三次。债权人自接到通知书之日起三十日内,未接到通知书的自第一次公告之日起九十日内,有权要求公司清偿债务或者提供相应的担保。不清偿债务或者不提供相应的担保的,公司不得分立。公司分立前的债务按所达成的协议由分立后的公司承担。"

② 司法实践中对于未依法通知债权人,或者未按照债权人的要求清偿债务或者提供相应担保分立的,一般按照分立无效处理。

③ 该规定未考虑没有达成协议和所形成协议债权人不予认可两种情形下,债务如何承担问题。

④ 新《公司法》第176条:"公司分立,其财产作相应的分割。公司分立,应当编制资产负债表及财产清单。公司应当自作出分立决议之日起十日内通知债权人,并于三十日内在报纸上公告。"

第177条:"公司分立前的债务由分立后的公司承担连带责任。但是,公司在分立前与债权人就债务清偿达成的书面协议另有约定的除外。"

较好的制度安排。①

人民法院在具体界定分立前公司的债务承担时,应当从以下几个层次考虑:

第一,公司在分立前与债权人就债务清偿没有达成书面协议的,在对外关系上,原有债务由分立后各个公司承担连带责任;分立后公司对外承担债务后,在对内关系上,各分立公司之间按照分立时各自获得的财产比例分担原有债务。

第二,公司在分立前与债权人就原有债务清偿达成书面协议的,按照协议约定承担债务。② 这里需要注意,如果债务清偿协议系经全体债权人同意的,则该协议对全体债权人产生法律约束力;如果仅仅是部分债权人同意,而其他债权人不同意的,则该协议仅对表示同意的部分债权人产生法律约束力,对其他不同意的债权人不产生法律约束力,其他不同意的债权人的债务仍然由各分立公司承担连带责任。

第三,分立的公司之间就原有债务清偿达成了书面协议,但未通知债权人或者债权人未同意的,仍由各分立后公司承担连带责任,分立公司之间的约定不得对抗债权人;债务清偿协议不存在无效、未生效等事由的,分立后公司对外承担连带责任后,可按照债务清偿协议的约定向其他分立公司追偿。

另外,在界定公司分立前债务承担时,还要注意区分公司分立基础上的重组行为与公司对外的正常投资行为,这个问题主要涉及最高人民法院《关于审理与企业改制相关民事纠纷案件若干问题的规定》第6、7条③的适用。区分公司行为究竟是分立基础上的重组行为还是公司对外的正常投资行为,主要标准是看公司将部分财产转移给新公司后,其就该部分财产是否持有对新公司相应的股权,持有相应股权的,应当定性为正常投资行为,则投资公司的债务与新成立公司之间没有任何关系,新公司对投资公司投资前形成债务不承担偿还责任,充其量是投

① 最早思路来源于最高人民法院2003年《关于审理与企业改制相关民事纠纷案件若干问题的规定》。

第12条:"债权人向分立后的企业主张债权,企业分立时对原企业的债务承担有约定,并经债权人认可的,按照当事人的约定处理;企业分立时对原企业债务承担没有约定或者约定不明,或者虽然有约定但债权人不予认可的,分立后的企业应当承担连带责任。"

第13条:"分立的企业在承担连带责任后,各分立的企业间对原企业债务承担有约定的,按照约定处理;没有约定或者约定不明的,根据企业分立时的资产比例分担。"

② 实际上发生的是债务转移的法律后果。

③ 最高人民法院《关于审理与企业改制相关民事纠纷案件若干问题的规定》第6条:"企业以其部分财产和相应债务与他人组建新公司,对所转移的债务债权人认可的,由新组建的公司承担民事责任;对所转移的债务未通知债权人或者虽通知债权人,而债权人不予认可的,由原企业承担民事责任。原企业无力偿还债务,债权人就此向新设公司主张债权的,新设公司在所接收的财产范围内与原企业承担连带民事责任。"

第7条:"企业以其优质财产与他人组建新公司,而将债务留在原企业,债权人以新设公司和原企业作为共同被告提起诉讼主张债权的,新设公司应当在所接收的财产范围内与原企业共同承担连带责任。"

资公司以其持有的新公司的股权承担相应责任(投资公司持有的股权属于其法人责任财产部分);不持有相应股权的,则应当定性为分立基础上的重组行为,分立重组的新公司对分立前公司的债务要按照最高人民法院《关于审理与企业改制相关民事纠纷案件若干问题的规定》第6、7条的规定,在所接收财产范围内与原公司承担连带民事责任。[①] 当然,对上述两条规定,司法实践和理论界存在一定争论,我们也在进行进一步的研究和论证,因为时间的原因,在此不再展开论述。

以上内容,我仅是从司法的角度粗浅地谈了公司合并分立中的债权人利益保护问题,不妥之处请大家多多指教。

谢谢!

① 这个规定,除了考虑分立前公司债权人利益的保护外,还适当考虑了对组建新公司的其他出资人利益的保护,因此,将新公司承担原公司债务的责任范畴界定在其所接收财产范围内,应当说是利益平衡的结果。

公司解散清算法律制度研究

公司制度是市场经济发展到一定程度的产物,作为所有权与经营权完美分离的现代企业制度,在实现了投资者利润最大化和创造了大量社会财富的同时,也使得公司这种企业形态成为现代市场经济中占有绝对地位的经济主体。美国学者伯纳德·施瓦茨在评价公司制度对美国经济发展的作用时谈道,正是公司制度使人们能够聚集起来对这个大陆进行经济征服所需要的财富和智慧。公司的产生为社会化大生产提供了适当的企业组织形式,并在更广泛和更深层次的领域中促进了市场经济的发展,从而使资本主义在短时期内创造了比以前所有社会都大得多的生产力。但公司制度也是一把双刃剑,一方面它为投资者大胆投资,创造更多社会财富提供了有效的法律途径;另一方面也为某些不诚信的投资者损害他人利益,谋求更大私利创造了条件。公司法律制度作为规范公司各方利益主体利益的主要法律,规范着亚当·斯密"看不见的手"的运作,主导着竞争性资源运用的分配问题。正因为如此,世界各国通过公司法律的制定和完善,不断对公司自设立、运行至解散终止的各个环节作出更为严密的制度设置,以尽可能减少公司制度所产生的不良影响,保障社会经济的有序状态。

公司解散清算法律制度是一个完善的公司法律制度中的重要组成部分。公司解散清算是指公司解散后了结公司所有既存法律关系,最终使公司法人人格归于消灭的法律程序。它解决的是一个公司退出市场的机制问题。市场经济是法治经济,成熟的市场经济体制需要正常的市场进入机制,同样也需要正常的市场退出机制。公司作为持续性从事营利活动的社会组织,是独立的法律主体。与自然人的不同之处在于,自然人依自然规律而生,依自然规律而死,其主体资格的取得和丧失都是基于事件而非行为。而公司的主体资格必须经发起人的设立行为方能取得,其主体资格的丧失也必须在出现特定事由时,经清算行为才能实现。公司终止前的清算是对债权人权利的保护,也是对公司及其股东信誉的最后交待。公司是众多法律关系的集合体,包括股东与公司之间的投资关系、公司与债权人之间的债权债务关系、公司与劳动者之间的劳动关系、公司与政府之间的行政管理关系等。公司的终止如同公司的设立一样,对经济生活产生着重要的影响。公司法人人格终止前,必须对其存续期间所发生的上述各种法律关系进行彻底地、一次性地清结,从而避免公司退出市场对市场交易秩序造成的负面影响,保障整个社会经济的健康、有序发展。公司与其投资者、债权人、职工等各利益主体之间的利益,既有某种一致性,也有可能发生冲突。在公司解散终止阶段,维系公司各方利益主体之间的一致利益基础已经不复存在,各方主体利益冲突往往体现得更加剧烈和尖锐。公司解散清算法律制度正是为妥善处理即将完结的公司善后事宜、使其存续期间建立的多种法律关系平稳归于消灭、实现公司合法退出市场、保障公司债权人等利害关系人的利益实现、维护社会交易秩序和信用体系而建立的法律规范体系。作为公司终止的必经程序,公司解散清算法律制度通过一系列严格、公正的程序设计,通过法律对公司退出市场的适当干预,使投资者、债权人、职工乃至社会公众的利益得到有效的维护。公司解散清算法律制度在整个公司法律制度中起着举足轻重的作用。

从发达国家的立法现状看,世界各国公司法无不把公司解散清算法律制度作为公司法律的重要部分进行系统、科学的制度设计。反观我国,公司法虽然建立了该项制度,但该制度仅处于起步阶段,更多的是原则性规定,缺乏可操作性,一些必要的制度亦未建立。这与我国法律界长期以来对公司解散清算法律制度的严重忽视不无关系。我国公司解散清算理论研究上的缺失和立法上的漏洞,在一定程度上给某些不诚信主体以可乘之机,甚至怂恿了一些不法分子故意借解散之机逃废债务,使得公司解散清算实际上已经成为股东逃避债务和经营风险的合法途径。实践中公司解散不予清算,以及不依法清算的现实大量存在,侵害了以债权人为主的利害关系人的合法利益,对我国社会经济秩序、交易安全乃至社会信用体系均造成了极大的破坏。而且,当债权人诉诸法院时,法院因没有相应的法律依据,亦无从下判,从而在债权人权利保障处于尴尬境地的同时,也严重危害了我国司法的权威。公司在退出市场的关键环节,如果没有法律的调整,整个市场将处于混乱的局面,公司制度根本无法发挥其应有的作用,甚至可能仅仅因为公司退出环节规制的缺乏,最终导致整个公司制度的流产。我国目前实践中出现的严重问题,足以说明加强公司退市法律规制的重要性。我国公司法律制度的建立已有14年的历史,尤其是近几年,随着国有企业轰轰烈烈的公司制改造,原在社会经济中占有绝对统治地位的非公司制企业法人逐渐被公司制企业法人替代,公司成为我国市场经济的主力军。如何充分发挥公司法律制度的积极功能,克服其消极影响,使其最大限度地服务于我国社会,是目前我国法学界面临的主要任务。市场经济的复杂性与多变性导致公司终止的多样性,向我国目前公司解散清算法律制度简单而缺乏理性的制度设计提出了严峻的挑战。我国现有的公司解散清算法律制度已经不能适应我国市场经济及建立现代公司制度的需要,亟待修改和完善。因此,对公司解散清算法律制度进行系统的研究是非常必要的。研究公司解散清算法律制度,在理论上树立正确的公司解散清算理念,在实践中逐步完善我国的公司解散清算立法,这不仅在公司法研究领域具有重要意义,而且对我国以公司经济为主的现代市场经济能否走上良性发展轨道亦起着举足轻重的作用。

一、公司解散清算的概念

公司解散清算(liquidation)是指公司出现解散事由后,公司自行或者通过公权力机关的介入,按照法定或者章定的程序,依法对公司的财产、债权债务进行清理,终结公司现存法律关系,消灭公司法人资格的程序。①

公司解散是解散清算的事由,又称为公司解散清算的前置性程序。公司解散(dissolution of a company)是指引起公司人格消灭的法律事实。除公司因合并、分立解散的外,公司因本身不能存续的事由导致的解散,是公司终止程序的一个环节。② 当公司因某种事由解散时,公司即停止积极活动,开始整理财产关系,进入最终目标为公司消灭的事实状态和法律状态。因公司作为一个独立的法人,公司解散时不存在类似自然人死亡的继承既有法律关系的制度。故公司解散并不立即导致公司人格的消灭,而是首先需要进入清算程序了结公司既有的法律关系。公司在清算目的范围内视为依然存续。正如台湾学者郑玉波先生所言:"公司解散者乃消灭其公司人格之一种程序也。公司一经解散,则公司所取得之公司人格即趋向消灭之途。惟不立即消灭,必须清算完了后,始全归消灭。"③公司解散有广义和狭义之分。广义的解散系包括宣告破产在内的所有的解散事由发生。而狭义的解散则排除了破产宣告这一解散事由。在广义的解散概念下,当公司通过破产程序解散时,其公司人格在破产程序终了时终止。④ 公司终止必须以清算完毕为前提。笔者之所以强调依法清算为公司终止的必要条件,主要是考虑我国公司法所认可的有限责任公司和股份有限责任公司这两种公司类型⑤的基础在于法人制度,公司的财产是对公司债权人唯一的担保,即是将公司法定资本作为一种保

---

① 参见江平主编:《中国公司法原理与实务》,科学普及出版社 1994 年版,第 76 页。

② 公司因合并、分立而解散是公司解散中的一个特殊情况。因公司合并、分立后,其原有全部权利、义务均由合并后公司或分立后公司概括性地承受,不需再通过清算程序的进行来了结公司原有债权、债务关系以达到保护原债权人权益和国家税收等目的,故公司因此解散的,不需进行清算,只要依法办理注销登记即可终止其公司人格。此为公司解散中之一特例,本文如无特别说明,所称公司解散一般不包括该解散事由。正因为公司因合并、分立解散这两种解散事由的特殊性,有的国家专门将公司的合并与分立在解散外单独立法,如,《德国变更法》第 123 条和第 138 条分别将公司的合并和分立作为公司终止的另外一个途径予以规定,并且强调其资产可以不经清算而全部转让给后继公司。引自〔德〕托马斯·莱塞尔、吕迪格·法伊尔:《德国资合公司法》,高旭军、单小光、刘晓海等译,法律出版社 2005 年版,第 664 页。

③ 张璎:《我国公司解散与清算法律制度的不足及完善》,载《华东政法学院学报》2001 年第 2 期,第 37 页。

④ 参见〔日〕末永敏和:《现代日本公司法》,金洪玉译,人民法院出版社 2000 年版,第 270 页。

⑤ 对于国外公司法中的两合公司和无限公司,我国公司法并未予以认可,故本文除特别说明外,仅就有限责任公司和股份有限责任公司的解散清算问题进行研究。

障债权人利益防范机制的安全底线。[①] 对于采取有限责任制度的资合公司，其筹措的资本构成了唯一的公司信用的基础。[②] 对于有限责任制度，正如21世纪初美国哥伦比亚大学校长巴特尔（Butler）先生所言："有限责任形态的公司乃现代最伟大的创举，以至于蒸汽机以及电子的发明亦无法与其媲美。"[③]但是任何一把刀都有好坏两种用途。[④] 法人制度一方面以牺牲债权人利益为代价将股东的风险控制在公司法人财产范围内，另一方面又给公司股东为了谋取更大的私利损害债权人利益创造了条件。其中突出的一点就是，现实中利用公司解散之机逃废债务，不经清算或者不依法清算注销法人的现象比比皆是，以至于导致债权人追债无门。故强调只有清算终结后，清结了债权、债务关系，清算了全部资产，经过公司登记机关办理注销登记，公司的法人资格才告终止。[⑤] 这是法人制度的应有之意，同时也有着非常重大的现实意义。

对公司解散清算属性的准确理解应当从以下几个方面把握：

首先，公司解散清算是一种民事法律行为，它是公司清算机关以终止公司法律人格为目的而依法进行的具有确定法律后果的行为。公司解散清算与公司设立目的相反，公司设立是为了取得公司法人人格，出资人或者发起人依照法律规定的条件和程序所进行的一系列法律行为的总称。公司解散清算则是为了消灭公司法人人格，依照法律程序和条件所进行的一系列法律行为的总称。即清算行为与普通的民事行为有所不同，它不是一个法律行为，而是由一系列的法律行为组成的。

其次，公司解散清算是一种民事法律程序，是依据法律或者公司章程的规定进行的程序。它不只是某个人或某个机构的单方行为，是公司法为公司清算活动所设计的专门工作规程，从清算人的选任，到清算人的职责，再到债务的清偿顺序等，都有明确的法律规定。

最后，公司解散清算还是一种民事法律制度。清算与否并非当事人的自愿选择，清算是公司终止时必须履行的法律义务，是一种强制性的法律程序，有关公司清算行为、清算程序等各种法律规定构成了系统、完整的清算制度，并成为整个公司法律制度的重要组成部分。这种法律制度是针对已经出现解散事由的公司，以了结公司未了结的事务，包括清点公司财产、清理债权债务，以及向股东分配剩余财产等作为内容的特殊制度。

---

① James D. Cox, Thomas Lee Hazen & F. Hodge O' Neal, Corporations Volume I (1996), Little, Brown and Company, at 485.

② 参见〔日〕志村治美：《现物出资研究》，法律出版社2001年版，第6页。

③ Steven C. Bahis, Application of corporate common law Doctrines to limited liability companies, montana law Review, winter, 1994, p.55.

④ 参见〔美〕路易斯·洛温斯坦：《公司财务的理性与非理性》，张蓓译，上海远东出版社1999年版，第182页。

⑤ 参见江平主编：《中国公司法原理与实务》，科学普及出版社1994年版，第322页。

公司解散清算的目的,从形式上看,是为了终止公司的法律人格,但事实上,清算的目的应是对公司债权人利益、公司股东利益和社会经济秩序的保护。而这种保护,又是通过公司财产的清理、债权的受偿、债务的清偿和剩余财产的处理实现的。应该说,终止公司的法律人格是最简单不过的事情,公司的人格本来就是法律拟制或赋予的,不过是通过一个注册的程序,法律同样也可以通过一个简单的程序取消公司的法律人格,仅仅为了终止公司的法律人格,大可不必通过复杂的清算程序。然而,终止公司人格后,债权人的债权能否得到清偿,公司股东对公司享有的股东权益能否得到实现,社会经济秩序能否得到维护,却是法律最应关注的问题。公司解散清算法律制度的根本目的和价值正在于此。①

二、解散清算的类型

公司解散清算的分类是指依照一定的标准将公司清算分成不同的门类。由于公司的责任类型、财产状况和公司解散事由不同,公司出现解散事由后进行清算所采取的方法也不同。公司的解散清算正是以解散事由和清算方法等为主要标准进行的分类。不同的清算种类意味着不同的清算程序,而提供和规定不同的清算程序,表明了立法者对与公司有密切利害关系的主体的不同态度。因此,对公司解散清算进行分类不仅在理论上具有非常重要的意义,实践中也有其不可估量的价值。英国、日本、韩国和我国台湾地区等均以清算种类为主线建立了较为完备的公司解散清算法律制度。公司解散清算的分类是公司清算法律制度的框架,体现了公司清算的价值取向。因此,对公司解散清算的分类进行研究,具有非常重要的意义。综观各国公司立法,公司解散清算可作如下分类:

(一)普通清算与特别清算

依据自行清算是否存在严重障碍,或者公司负债超过资产是否存在不实的嫌疑,可将公司解散清算分为普通清算和特别清算。普通清算是指公司解散后自行选任清算人,按照法律规定或者章程规定的一般清算程序进行的清算。特别清算是指公司因普通清算的执行发生显著障碍,或其负债超过资本不实时启动的一种特殊清算程序。② 对于特别清算,《日本公司法》和我国台湾地区“公司法”都有明确的规定,它的立法原意在于加强对不正常情况下清算的管理。一般公司的普通清算,大体上偏向于公司自行清算,对于公司的债权人及股东的权益同等对待。法院除对选任清算人有相当的监督之外,一般并不干涉清算事务的进行,公司债权人也不干预。但特别清算更偏重于法院的干预,特别强调公司债权人的权益,法院和公司债权人都可以通过一定方式,积极监督公司清算。因此,特别清算程序较普通清算程序更为严格,对保护债权人利益、维护交易秩序具有重要意义。

---

① 参见赵旭东:《企业与公司法纵论》,法律出版社 2003 年版,第 309 页。

② 参见江平主编:《中国公司法原理与实务》,科学普及出版社 1994 年版,第 77 页。

对于直接进行普通清算还是进行特别清算,公司本身没有自己选择的权利。公司解散后,首先必须进行普通清算,待有特别清算事由发生时,才可以由法院裁决进入特别清算程序。①

普通清算与特别清算的区别:

第一,发生的事由不同。在公司解散的一般情况下,只要能进行清算的,适用普通清算。特别清算发生的事由:一是普通清算发生显著障碍时,即清算的实行,遇有法理上或者事实上显著障碍,无法依清理方针顺利完结清算。法理上的障碍是指债权人已获得执行名义,对公司的财产已进行强制执行查封程序,或者公司部分财产已非公司占有,无法处分等事由。事实上的障碍是指如处分公司财产无法变现,或乏人问津,或者公司财产已经消灭,且无损害赔偿请求权者等事由。二是公司负债超过公司资产有不实的嫌疑时。只有在上述两种情况之一发生时,才导致特别清算的发生。

第二,启动的程序不同。普通清算由公司自行启动。特别清算必须由公司以及公司的股东、债权人、清算人、监察人等向法院或者行政机关申请启动,或者由法院依职权启动。

第三,清算人的选任方式不同。普通清算是公司自行选任清算人。特别清算则由法院或行政机关指定清算人。

第四,司法干预程度不同。普通清算是自主清算,法院一般只作消极监督。特别清算中特别注重司法权的行使,主要表现在:一是除清算以外的其他法律程序均被停止。特别清算一旦开始,对公司的破产、和解以及强制执行程序当然中止。由此可见,特别清算具有破产清算的一些特征。二是财产保全。在特别清算开始前或进行中,法院为保全公司财产的需要,基于当事人的申请或依职权,可以采取保全措施,如记名式股份转让的禁止,发起人、董事、监察人、经理或清算人责任解除的禁止。三是纠正不当行为。法院可以随时命令清算人提供清算事务及财产状况报告,进行其他清算监督上必要的调查,并可依利害关系人申请或依职权要求清算人纠正其不正当行为。四是法院有职权确认债权人会议的有关决议。

第五,债权人参与程度不同。普通清算过程中,因为债权人的利益是有保障的,债权人对清算过程并无兴趣,故债权人一般并不参与。特别清算是因普通清算遇到了显著障碍,或债务超过资产有不实之嫌时,在特殊情况下适用的清算程序。故特别清算程序中更加注重对债权人利益的保护,具体表现在特别清算程序中,清算人认为必要时可召集债权人会议,占列入清算债权总额 1/10 以上的债权人也可以请求召集债权人会议。如果债权人会议召集程序未立即进行,债权人可以请求法院准许自行召集。有关股东会召集的程序准用于债权人会议。债权人会议的表决方法准用破产法的规定。

---

① 参见高程德主编:《中国公司法实务》,企业管理出版社 1994 年版,第 390 页。

债权人会议的职能主要体现在三个方面：一是对清算事务的表决权。清算人应向债权人会议提交公司业务及财产状况调查书、财产目录及资产负债表，并就清算实行方针及情况陈述其意见。债权人会议有权对清算人提交的上述资料进行审议，并就清算事项依债权数额的多少按照资本多数的方式予以行使。在公司财产的处分、起诉、达成和解或仲裁协议、放弃权利等重大事项上，清算人原则上应征得债权人会议的认可。二是对清算事务的监督权。债权人会议对清算人所进行的清算事务当然地实行监督职能。为了对清算人的清算事务更加有效监督，债权人有权选择监理人（《日本公司法》称为监察委员）对清算人实施监督，规定监理人的职责。清算事务的执行应征得监理人的同意。三是债权人会议作为清算机关之一，可以与公司达成协议，并经无优先受偿权或别除权的债权人行使表决权后，以一定比例的表决数通过协议。

第六，清算人的职权不同。特别清算中清算人的职权与普通清算相比受到较多限制。

第七，清算的机关不同。特别清算的机关除清算人外，还有债权人会议、监理人和检查人。普通清算的清算机关只有清算人。

我国《公司法》和《外商投资企业清算办法》虽然有法院或外商投资企业主管机关启动清算程序的规定，而且《外商投资企业清算办法》（已失效）明确表述为特别清算，但相比日本和我国台湾地区公司法中的特别清算制度而言，该制度仅涉及公司自行清算不能时公权力机关介入公司清算的有关程序规定，对公司负债超过资产有不实嫌疑情况下的特别清算问题，并没有相应的规定。且这种公权力介入的清算，仅仅是在自行清算无法启动时开始的清算，与国外立法中的特别清算启动中有关普通清算存在严重障碍的事由尚存在差异。① 故严格地说，我国《公司法》和《外商投资企业清算办法》（已失效）中所规定的基于公权力干预的清算程序，充其量是普通清算程序中的一种特殊程序而已（即强制清算），并非特别清算的有关规定。

（二）法定清算与任意清算

依公司清算是否必须依照法律规定的程序进行为标准，公司解散清算可分为法定清算和任意清算。

法定清算是指依法律规定的程序所进行的清算。由于资合公司系建立在公司股东出资基础上，而非如人合公司系建立在股东之间的信赖关系上，股东对公司债务仅以其出资额为限承担有限责任，公司对外承担责任的基础是公司的全部财产。故对于有限责任公司和股份有限责任公司等资合性公司只能进行法定清算。如果允许资合公司采取下文所述的任意清算方式进行清算：一方面，存在公

---

① 国外立法中特别清算程序的启动是在普通清算已经启动的前提下，即普通清算程序启动后发现清算存在严重障碍，或者负债超过资产有不实的嫌疑时，由有关权利人或者法院启动的清算程序。

司恶意清算损害公司债权人利益之嫌;另一方面,因公司尤其是股份有限责任公司在股东人数众多、彼此之间缺少信任的前提下,全体股东很难就清算问题达成一致意见,从而影响清算的顺利进行和损害公司股东的利益。故对资合公司而言,清算法定化对保护公司债权人利益和股东利益均有重大意义。

任意清算是指公司解散后依据公司章程规定或者股东会、股东会决议所确定的方式进行的清算。即公司清算不是按照法律规定的方式进行,而是按照公司股东的意志进行。如《日本商法》第 117 条对无限公司的任意清算规定,公司解散时,公司财产的处分方法,可以依章程或全体股东的同意确定。在此情形下,应自解散之日起两星期内造具财产目录和资产负债表。任意清算原则上只适用于无限公司和两合公司等具有人合属性的公司。但是,出于对债权人利益的保护,有的国家也规定,如果公司解散时股东仅剩一人,或者因法院的解散命令或解散判决解散时,鉴于任意清算很难期待能够公正地处分财产而不损害债权人的利益,故此情形下不允许进行任意清算,而必须进行法定清算。也就是说,任意清算仅限于公司章程规定的解散事由以及因股东会、股东会决议解散的情形。法律认许人合公司任意清算主要是由于人合公司的成立基础是股东间的信任,在公司股东对公司债务承担无限连带责任作为对公司债权人担保的前提下,按照公司章程或者股东会、股东会决议进行任意清算,原则上不会影响债权人权益的实现。同时,因该任意清算系股东意思自治的结果,一般也不会影响股东利益的实现。

虽然从上面的论述看,一般情况下法定清算适用于资合公司,任意清算适用于人合公司。但很多国家立法对于人合公司采取任意清算方式并未作出硬性规定,也就是说,人合公司既可以采取任意清算的方式进行清算,也可以采取法定清算的方式进行清算。如《日本商法》第二编和《日本有限责任公司法》规定,股份有限公司、有限责任公司只能进行法定清算,而无限公司和两合公司可以进行任意清算和法定清算。日本和德国的法律除了规定人合公司可以实行任意清算外,还规定当公司的解散是因法院的命令导致时,必须采用法定清算方式进行清算。对于任意清算,也有法律根本就不认可,如我国台湾地区"公司法"规定,即便是人合公司也必须采用法定清算形式,从而排除了公司任意清算的可能。台湾地区"公司法"规定,对于无限公司的清算,除了允许由公司章程或者经股东决议选任清算人外,其他事项均由法律进行规定。股东不得自行确定清算方法。只有公司在解散事由出现前,如果有清理账目的情形,而非公司解散后的法定清算,可以不适用有关公司法定清算的规定。①

即使在允许人合公司采取任意清算方式进行清算的国家,考虑到任意清算可能存在不公正地进行财产处分的可能,出于对债权人利益的保护,也规定了相关的保护程序。如《韩国商法》第 247、238 和 249 条规定,公司自出现解散事由之日

① 参见梁宇贤:《公司法论》,台北三民书局 2003 年版,第 199 页。

起两周内,要制作财产目录和资产负债表,并在此期间内向债权人公告;若在一定期间内有异议,可以提出异议,对公司已知的债权人应当分别催告。如债权人在此期间内未提出异议,视为已承认任意清算。如有提出异议的债权人,公司应当对该债权人清偿或者提供相当的担保,或者债权人接受清偿为目的将相当的财产信托给信托公司。因公司违反上述程序处分财产而损害公司债权人利益时,公司债权人自知道违反之日起1年内,财产处分之日起5年内,可以请求法院取消该财产处分。但是,因财产处分而取得利益的人或者转得人在处分和转得时没有认识到会侵害公司债权人利益时,不得取消。对有扣押持份债权人的,公司采取任意清算必须经该扣押债权人同意。如果公司未经扣押债权人同意处分公司财产的,扣押债权人可以请求公司支付相当于持份的金额,而且可以公司债权人的名义行使取消请求权。

我国公司法因仅承认资合性质的有限责任公司和股份有限责任公司,而没有规定无限公司和两合公司的形式,因而公司清算不存在任意清算的规定。我国《合伙企业法》和《个人独资企业法》等有关出资者承担无限责任的企业形态的清算时,虽规定了具体的清算程序(即法定清算程序),但笔者认为,对于这类企业的清算可以借鉴国外立法,采取由企业或者出资者自由选择的方式进行清算。也就是说,其既可以按照有关法律的规定采取法定清算方式进行清算,也可以依照出资者的意志自由选择清算的方式,而不必一味局限于法定清算,这样在清算中给出资者以更多的自由空间,有利于清算的高效完成。鉴于目前我国公司法并未认可人合性质的公司,故本文对任意清算不作深入研究。文中所述公司解散清算除有特别说明外,均指法定清算。

(三)解散清算与破产清算

依据公司解散[①]时是否出现破产事由,即公司财产是否足以偿还其全部债务以及所采取的不同清算程序,可将公司清算分为解散清算(也有人称解散清算为非破产清算或者一般清算)和破产清算。破产清算是指公司严重亏损、不能清偿到期债务时,法院基于公司、公司债权人或者其他准债务人的申请启动的清算程序。解散清算是公司出现解散事由后,在公司财产尚足以清偿全部债务的前提下[②],为对公司资产、债权债务进行清理,了结公司对内对外所有法律关系而启动的清算程序。破产清算与解散清算的法律后果均为消灭公司法人人格,但二者在法律属性上具有重大差异。如前文所言,因解散清算又分为普通清算和特别清算。故在比较解散清算和破产清算的差异时,应当区分普通清算、特别清算和破

① 此处为广义的解散概念。

② 严格说这种前提是从理论上而言的,因实践中有些公司在出现破产以外事由解散后,对公司资产状况不甚清楚的情况下,在进行解散清算中,通过资产清查发现公司财产不足以偿还其全部债务,故这种情况下,首先虽然进行的是解散清算,但最终因解散清算进行不能,需要通过向破产清算的转化才能最终终止公司人格。

产清算。

普通清算、特别清算和破产清算的差异主要表现在：

第一，启动的事由不同。普通清算一般是在解散事由出现后公司自行组织进行的清算。特别清算是在公司进行普通清算出现严重障碍，或者公司负债超过资产有不实的嫌疑时，由普通清算转入的清算程序。破产清算启动的事由是公司财产不足以偿还全部债务。

第二，程序的严格程度不同。三个清算程序的严格程度是从普通清算到特别清算，再到破产清算，逐渐加强的。其中普通清算给关系人留有的自主决策空间最大，破产清算给关系人留有的自主决策空间最小。

第三，司法干预程度不同。普通清算中除公司通过章程规定、股东会决议无法确定清算人，以及法定清算人无法担任清算人时，法院可以基于关系人的请求选任清算人外，一般情况下法院对于普通清算不予干预。特别清算和破产清算中法院都进行了积极的干预，但比较而言，特别清算中的干预小于破产清算。

第四，债权人会议的干预。普通清算中因债权人的权利都能得到实现，故债权人一般无须干预，也不予干预。特别清算中因存在负债超过资产的嫌疑，债权人的利益又可能无法实现，故在此清算程序中债权人进行了干预。对很多事项均有权决定。但这种干预程度还是弱于破产清算中的干预。

第五，债务的清偿。普通清算中债务均能全额偿还。特别清算中因其启动的事由是负债可能超过资产，故公司债务的清偿存在三种可能：第一种结果是经清算发现公司财产足以偿还全部债务，此情形下公司的债务清偿同于普通清算，即债务全额得到清偿；第二种结果是清算后发现公司财产确实不足以清偿全部债务，基于特别清算的特殊程序设置，通过债权人会议的协定方式了结全部债务；第三种结果是公司财产不足以偿还全部债务，债权人会议又无法达成有效的协定，或者协定无法有效执行，最终转为破产清算程序了结。破产清算中债务的了结是基于法定顺序公平受偿的。

通过上面对普通清算、特别清算和破产清算的比较，可以看出，特别清算是介于普通清算和破产清算之间的一种特殊的清算程序，在司法干预、债权人干预及程序的严格程度上等方面均处于普通清算和破产清算之间，也就是说，三种清算程序是渐进的过程。特别清算虽然属于解散清算的范畴，但其很多地方已经类似于破产清算，只是程度上有所差别而已。一般情况下，如果公司经营状况良好，因经营目的达到或者经营期限届满而解散时，当然可以按照公司法关于普通清算的规定处理其未了的事务。如果公司因为经营不善、决策失误、重大亏损而解散时，就应当按照破产法的规定，启动破产清算程序。这是公司解散清算和破产清算比较典型的情形。但是，如果公司清算时是否已经发生了破产事由尚不能确定，这时如果直接执行破产程序，由于破产程序严格而且繁杂，既费时又费钱，成本很高，对公司和债权人而言都是一种损失，这就需要一种特殊的清算程序。基于这种需要,特别清算程序作为解散清算的一种特殊程序应运而生。而且特别清算很多情况下是对实质上已经处于破产境地的公司开始的清算程序(即使在负债超过资产有不实的嫌疑时,最终结果往往是大多确实负债超过了资产),其通过协定的方式公平了结债务,目的同样是为了保护公司和债权人的正当权益,在这点上,特别清算非常类似于破产清算的公平受偿。本文仅就公司狭义上的公司解散清算进行研究,对破产清算不作过多论述。

三、解散清算的事由

公司解散清算的事由,又称为公司解散清算的原因,是指公司解散的法律事实发生。公司解散作为法人终止程序的一环,是公司解散清算的前提。[①] 前已述及,公司因合并或者分立解散的,因其权利、义务由新设或者存续或者分立后的各个公司整体性承继,故法人终止不以清算为前提。公司宣告破产也属广义上的解散事由范畴,法人资格的终止也需以依法清算为前提,但鉴于破产清算属于破产法调整的范畴,且与其他解散事由出现后所进行的解散清算程序上不同,故公司破产清算不属公司法上公司解散清算法律制度的调整范围。故本文对公司因合并、分立或者宣告破产这两类解散事由不作涉及。公司成立的原因系基于出资者从事商业活动谋求利益需要所致。而公司解散的事由则较为复杂,除了有出资者放弃上述目标原因外,还有出资者以外的其他外在事由。本文结合各国立法对导致公司解散清算的事由进行比较研究。

(一) 公司自行解散事由

公司自行解散(voluntary dissolution),又称为任意解散,是指依据公司或其出资者的意志决定解散公司。公司自行解散可以从以下几个方面再行分类:

1. 从公司自行解散发生的事由进行区分

基于不同的解散事由可分为基于公司章程规定的解散事由出现解散和基于公司的意思机关即股东会或股东大会决议或全体股东同意解散两类。

第一,基于公司章程所规定的解散事由出现而解散,是指因设立公司可以是一项附解除条件或附期限的法律行为,故法律赋予公司在制定公司章程时对解散事由自由规定的权利,只要章程规定的解散事由不违反法律强制性规定均为有效,一旦章程规定的解散事由出现,即所附条件成就或者期限届满,法律行为即失去效力,公司亦随之解散。最常见的公司章程规定的解散事由是明确规定公司的存续期限届满公司解散。也就是说,如果一个公司的成立本来就是为了在一定期限内实现特定的目的,就会在公司的章程中规定公司的存续期限。这种期限的规定,有时是以明确的日期,如某年某月某日公司解散;有时是以相对明确的方式进

---

① 参见张俊浩:《民法学原理》,中国政法大学出版社1991年版,第211页。

行规定,如某一股东死亡或者某一股东年满70周岁时解散。[①] 上述两种情况下均可认为公司章程已经对公司的存续期限作出了明确的规定。对于公司章程明确规定公司存续期限届满公司解散的,除公司延长存续期限的,公司到期均应自行解散。对于公司的存续期限多数国家公司立法没有强制性限制,少数国家则限制了公司存续的最长期限,并规定公司章程应该载明公司的存续期,如法国、比利时等国家。但是,公司章程所规定的公司存续期限届满一般都允许延长,但延长不得超过法定最长期限。延长公司存续期限,必须经过股东会特别决议,同时修改公司章程,并且允许不同意延长公司存续期限的股东退股。如果公司章程规定了存续期限,期限届满没有依法续展,则公司应当解散。除了规定公司的存续期限届满为公司的解散事由外,公司章程中还可以规定其他解散事由,如规定公司成立的目的完成或者无法完成、公司亏损达到一定数额、经营条件发生重大变化、发生不可抗力等,公司可以解散。如某矿产开采公司,可在公司章程中规定如该矿产开采完毕或者探明无矿产可供开采时公司将自行解散。各国或地区公司立法中几乎均将公司章程规定的公司存续期限届满及发生其他章程中规定的事由作为公司解散的事由作了规定。如我国台湾地区"公司法"第41条第1款第(10)项、第101条第1款第(8)项、第115条、第315条第1款第(1)项规定,公司章程定有公司存续期限的,则于期限届满,公司解散;或者附以解除条件的,则于解除条件成就时,公司解散。[②]

第二,基于公司的意思机关(包括股东会或股东大会)决议解散,是指因公司的成立系因成员的共同意思表示而设立,故基于公司成员的共同意思表示,即通过公司股东会或者股东大会决议的方式亦可解散公司,而不论公司章程规定的营业期限是否届满,或者章程规定的其他解散事由是否出现。如果公司决定解散在章程规定的解散日期之前的,则解散公司必须首先修改公司章程,还必须符合其他前提条件:对股东决议进行公证并交商务注册处登记。[③] 当然,这个程序进行与否并不影响解散决议的效力,登记仅发生公告的作用。股东会或者股东大会的解散决议一旦作出,立即发生法律效力。

公司自行解散与公司设立自由原则相对应,体现了公司法的立法思想,即私法自治原则。基于此,对于公司股东会据以解散公司的具体事由,各国立法一般不作界定,以体现私法自治的原则。我国公司法也采该原则。公司解散的事由很

---

① 参见〔德〕托马斯·莱塞尔、吕迪格·法伊尔:《德国资合公司法》,高旭军、单小光、刘晓海等译,法律出版社2005年版,第665页。

② 对于无限公司经全体或者部分股东同意可以继续经营,但应变更公司章程,不同意的股东视为退股。

③ H. M.; Hachenburg/Ulmer $60 Rdn. 33; Scholz/Schmidt $60 Rdn. 14; vgl. auch RGZ 65,264,266f; 101,78; OLG Karlsruhe GmbHR 1982, 276. 转引自〔德〕托马斯·莱塞尔、吕迪格·法伊尔:《德国资合公司法》,高旭军、单小光、刘晓海等译,法律出版社2005年版,第665页。

多,如股东之间分歧较大而散伙、因股东身体状况不佳而解散、因公司亏损或市场的变化而解散,等等。甚至有的国家将公司住址迁往国外,也作为公司解散的事由。如德国法学界的主流观点认为,如果公司决定将公司住址迁往国外属于解散公司的决议,因而也必须对公司的资产进行清算。主要理由是公司迁往国外后该企业将不再适用德国公司法,也不再接受德国法院的管辖。同时,各国立法普遍认为,决定公司解散系法律赋予公司股东会和股东大会的职权,股东会和股东大会有权根据自己的意志决定公司的存亡。故对于公司决议解散的,法律并未规定公司必须为其决议终止说明具体理由。司法判例也拒绝对解散决议进行实质性审查。即使公司客观上依然具有生存能力,司法判例并不认为大股东必须对小股东承担忠实义务,从而继续维持公司从事经营活动。但是,如果大股东滥用其表决权损害小股东的利益,小股东可以根据公司法的一般法律原则要求撤销股东会或者股东大会的决议。《德国股份公司法》第 243 条第 2 款规定,如果大股东有计划地试图解散公司,并希望借此机会将小股东排挤出公司,并且在清算中以比较优惠的价格购得企业,或者股东非法谋取特别利益的,则违反了其承担的忠实义务。根据上述规定,如果小股东仅以股东会或者股东大会的决议导致公司的解体,以及大股东在决议解散公司时已经表示其有意在公司清算时收购企业大部分资产等为由提出撤销股东会或者股东大会的决议的,并不能当然撤销解散决议,其还必须证明大股东有其他不正当的行为,尤其是股东有计划地、不诚信地谋求企业的解散行为。例如,大股东在股东会或者股东大会作出解散决议之前就已经设立了一家收购公司,该收购公司随即接管了解散公司的业务,或者与解散公司达成了收购资产的协议,借此排挤小股东,同时自己依然可以经营企业等。①

由于公司的解散直接关系到各个成员的切身利益,故相对于一般的公司事项而言,法律规定了更为严格的决议方式。解散公司必须采取股东会特别决议的方式,在表决通过的人数上作了较为苛刻的条件限制。一般事项的决议通常只要参加表决公司成员过半数同意即可通过,但解散公司的决议往往规定要由出席会议的成员的 2/3 或者 3/4 多数同意才可通过,有的甚至规定必须经全体股东同意尚可解散公司,除非公司章程明确作出了特别的规定。同时,股东会决议解散的程序因公司形式的不同而有不同规定。如我国《公司法》规定,在有限责任公司,解散决议必须经代表 2/3 以上表决权的股东通过;股份有限责任公司的解散决议应由出席会议的股东所持表决权的 2/3 以上通过;在国有独资公司中,解散必须由国家授权投资的机构或者国家授权的部门决定。《德国股份公司法》则规定,股东会通过解散决议需要在作出决议时代表基本资本的至少 3/4 的多数通过,同时章程还可以规定更大的资本多数和提出其他要求。我国台湾地区“公司法”在规定股

---

① 参见〔德〕托马斯·莱塞尔、吕迪格·法伊尔:《德国资合公司法》,高旭军、单小光、刘晓海等译,法律出版社 2005 年版,第 665 页。

份有限公司应经股东会代表已发行股份总数2/3以上股东出席,以出席股东表决权过半数同意;公开发行股票的公司,出席股东的股份总数2/3以上之同意的同时,也允许公司章程对出席股东股份总数及表决权数有较高的规定。且对于有限公司、无限公司及两合公司设有执行业务股东,均须经股东全体的同意。①

2. 从作出解散的主体上进行区分

如美国《示范公司法修正本》将公司自愿解散分为由公司创办人自愿解散、股东自愿解散及董事会提出解散三种。

第一,创办人自愿解散公司是指当公司尚未发行股票或还未开始营业时,其创办人可以随时解散公司。其解散程序是:由创办人向州务长官提交载有公司名称、公司成立日期、公司尚未公开发行任何股票、公司尚未开始营业和公司债务已全部清偿的事实,若已经发行股票,则在公司结业时剩下的纯资产都已分配给股东以及大部分创办人同意解散公司等内容的解散申请书。州务卿批准后,一经颁布该公司的解散证书,公司即消灭。

第二,股东会决议解散公司是指股东会解散公司的决议,除公司章程另有要求外,以有投票权股东的多数票通过。决议通过后,公司应向州务长官提交记载有公司名称、批准解散日期、有权投票的票数及同意或反对解散的总票数,并说明投赞成票的票数足以批准解散。在解散条款生效日,公司解散。

第三,董事会解散公司是指通常董事会只有建议公司解散的权力,而没有决定权,但公司开办之初的董事在开业之前有权解散公司,其权利及行使权利的程序与创办人相同。②

对于自行解散,各国公司法一般都予以承认并进行了相应的规定。且因公司自行解散的意思自治范围较大,法院或者行政机关对公司自行解散的清算事务一般不予干预,故通常情况下,自行解散事由出现后一般启动的系普通清算程序。

(二)公司强制解散事由

广义的强制解散(compulsory dissolution)是指因公司违反法律或者行政法规,非基于公司或其出资者的意志而被国家有关权力机关强行解散。这种解散主要是出于公共利益的考虑而作出的解散决定。由于各国司法体制的不同,对于公司设立的目的和行为违反法律强制性规定或违背善良风俗时,各国强制其解散的方式不同。有的国家是通过法院裁决强制其解散,如日本和韩国是通过法院的命令解散制度强制其解散;有的国家是通过有关行政主管机关依法撤销或者关闭公司的方式强制其解散,如我国,公司的强制解散基本上是通过行政主管机关的行政行为进行的;也有的是两种方式并存,如我国台湾地区,分别在其"公司法"第9条和第10条,对公司违反法律强制性规定或者违背善良风俗的,分别由法院裁判公

---

① 参见梁宇贤:《公司法论》,台北三民书局2003年版,第143页。

② 毛亚敏:《公司法比较研究》,中国法制出版社2001年版,第338页。

司解散和由主管机关命令解散。

狭义的强制解散不包括依据法院裁决的解散，仅指依据国家有关行政主管机关的命令而被迫解散的强制解散，故又称为行政解散。对于依据法院裁决的解散，即通常所说的司法解散，虽所体现的解散意志亦来源于国家的强制力，但因其特殊性，故本文特将其作为单独的一种解散事由在下文予以介绍，在此所称强制解散系狭义的行政解散的概念。

由于各国司法体制的不同，对强制解散的事由作了不同的规定。如美国《示范公司法修正本》对于这类强制解散事由规定，州务卿确认公司存在依法应交的特许税及罚款在到期后 60 日内不予支付；到期后 60 日内公司未向州务长官送交年度报告书；在 60 日内公司未在本州设注册代理人或注册办事处；在注册代理人更改或辞职，注册办事处更改或停止办事后 60 日内未通知州务卿；组织章程规定的存续期限到期等解散事由有一项或多项存在的，即应将其确认通知书送达该公司。如果该公司不将足以使其解散的事由更正，或其不能令州务卿满意地证明，州务卿所确认的事由并不存在，则州务长官便可签发一份重述解散事由以及生效日期的解散证书，以此行政命令方式解散该公司。州务卿应将该证书原件归档，并将其副本送交公司，解散便完成。① 被行政命令解散的公司，可继续公司的存在，但不能经营业务。该法第 14 条第 22 款和第 23 款同时规定了行政命令解散公司的恢复和对拒绝恢复的诉请制度。被行政命令解散的公司，在解散生效日后两年内，可向州务卿申请恢复其公司的存在。申请书必须重述公司名称以及行政命令解散的生效日期、说明解散事由或已不存在或已被消除、说明公司名称满足该法要求，以及有税务局的证明书证明公司拖欠的所有税款均已偿付完毕。如果州务卿确认申请书中已经具备上述信息内容，且内容均为正确，则州务卿应撤销解散证书并准备一份恢复公司存在的证书，在该证书中重述其确认与恢复公司存在的有效日期，该证书的原件应当归档，其副本应当送达该公司。恢复公司存在的生效，应当与行政命令解散的生效相连接，且以行政命令解散的生效日为公司恢复存在的生效日，公司重新经营其业务如同行政命令解散从未发生过一样。如果州务卿拒绝被行政命令解散的公司关于恢复其公司存在的申请，则应将说明拒绝理由的书面通知送达该公司。公司在拒绝通知送达后30 日内，对该拒绝公司恢复存在的通知，可向法院提起诉讼。起诉状中应当向法院申请撤销解散，并附具州务卿的解散证书、公司向州务卿要求恢复公司存在的申请书以及州务卿的拒绝通知。法院可即速命令州务卿恢复解散公司的存在，或可采取法院认为适当的其他行动。对法院的最终判决可上诉，如同其他民事诉讼程序一样。② 我国台湾地区“公司法”第 10 条规定，公司设立登记后满 6 个月尚未开始营业的，或者开始营业

① 毛亚敏：《公司法比较研究》，中国法制出版社 2001 年版，第 339 页。
② 虞政平编译：《美国公司法规精选》，商务印书馆 2004 年版，第 132 页。

后自行停止营业6个月以上的,中央主管机关可以依职权,或者依地方主管机关报请或者利害关系人申请,命令解散公司。

由于历史和现实的原因,国家行政权力在我国社会生活的各个领域都发挥着广泛的作用,国家行政机关的行政命令在公司法领域有着很大的影响力。我国公司法中所规定的公司强制解散基本上属于行政机关的强制解散。我国有关行政机关强制公司解散主要包括两种方式:一是由工商行政管理部门通过收缴企业法人营业执照强制公司解散,如我国《公司登记管理条例》、《消费者权益保护法》、《水污染防治法》、《大气污染防治法》分别规定,企业法人领取企业法人营业执照后,满6个月尚未开展经营活动或者停止经营活动满1年的;擅自改变主要登记事项或者超出核准登记的经营范围从事经营活动的;不按照规定办理注销登记或者不按照规定报送年检报告书,办理年检的;伪造、涂改、出租、出借、转让、出卖或者擅自复印企业法人营业执照、企业法人营业执照副本的;抽逃、转移资金,隐匿财产逃避债务的;从事非法经营活动的;侵犯消费者权益情节严重的;严重污染环境的等可处以吊销企业法人营业执照的行政处罚。二是由主管机关作出撤销或者关闭决定。如《外资企业法》[①]规定,外资企业违反中国法律、法规,危害社会公共利益被主管机关依法撤销的,应予终止。又如为整顿金融秩序,处置我国银行的不良资产问题,我国政府对金融机构退出市场先后采取了关闭、撤销等一系列措施,国务院为此专门制定了《金融机构撤销条例》。该条例规定对于有违法违规经营、经营管理不善等情形,不予撤销将严重危害金融秩序、损害社会公众利益的,金融机构应当依法撤销。撤销金融机构是中国人民银行对经其批准设立的具有法人资格的金融机构依法采取的终止其经营活动并予以解散的行政强制措施。另外,对于国有独资公司,有时虽然没有违法行为,但其主管部门亦可依据某种需要决定撤销或者关闭该公司。如公司产品长期无销路、技术水平落后、经营不善,整顿亦无好转,原材料、能源不符合标准等情况,均可作出撤销决定,解散该公司。国家经贸委起草的企业关闭条例也是为强制国有企业解散,规范企业退出市场行为作出的规定。

(三)公司司法解散事由

司法解散(judicial dissolution)又称为法院勒令解散,是指公司的目的和行为违反法律、公共秩序和善良风俗的,可依法律的规定命令其解散;或者公司经营管

---

① 因我国公司法起步较晚,很多企业系以一般的非公司制企业法人形态出现。如中外合资企业、外商投资企业以及金融机构等。但随着公司制改革的不断深化,上述企业也逐步改制为公司制法人,但原有法律、行政法规尚未进行修改,故本文论述中多有涉及。这些法律、行政法规仅就公司规制部分而言,相对于公司法而言为特别法。在法律适用中,特别法有规定的,适用特别法的规定;特别法没有规定的,适用公司法的规定。对此,2005年新修订的《公司法》已经作出了明确的规定。尤其是外商投资企业的特别清算问题,其主管机关即国家商务部门,也一再提出因其组织特别清算缺乏相应的强制力,建议将特别清算一律归并到公司法规范中,由法院组织进行。

理出现显著困难、重大损害或董事、股东之间出现僵局时，依据股东的申请，裁判解散公司。在国外公司立法中，一般来说，公司的行政强制解散只占较小的比重，国家对公司事务的干涉主要通过司法程序即司法解散来进行。

1. 司法解散可从以下几个方面再行分类

（1）从保护的法意不同可以将法院裁决解散公司的程序区分为公法意义上的解散程序和私法意义上的解散程序。公法意义上的解散程序是基于社会公共利益的考虑，当公司的目的和行为违反法律、公共秩序和善良风俗，由有关机关提出请求，法院依法命令或者宣告解散公司。如《瑞士民法典》规定，社团的宗旨违法或违背善良风俗时，法官须依照主管官厅或利害关系人的起诉，宣告其解散。私法意义上的解散程序是基于个人权利保护的考虑，当公司经营管理出现显著困难、重大损害或董事、股东之间出现僵局无法继续经营时，受损者向法院提出救济请求，法院裁判解散公司。

（2）从法院对司法解散之诉作出的不同裁决方式区分为经法院命令解散和判决解散。《韩国商法》在公司通则部分，就解散命令制度和解散判决制度作为对所有公司共同适用的解散事由作了规定。

司法命令解散主要是以公益性为理由，即公司的存在或其行为危害公益的时候，法院可以通过命令解散的方式不允许公司继续存续。主要包括公司设立的目的为非法、公司无正当理由设立后1年之内未开业或者1年以上歇业，以及董事或者执行公司业务的社员违反法律或者章程，作出不能允许公司存续的行为等事由。司法命令解散具有不仅根据利害关系人的请求，而且根据检察官的请求或依法院的职权也可以进行的特点。这是为事后纠正公司设立的准则主义引起的滥设公司的弊端而建立的制度。解散命令请求案件属非讼案件，故裁判程序依非讼案件程序法，由总公司所在地所属的地方法院合议部管辖，裁判以附理由的决定作出。法院在作出裁定以前，应听取利害关系人的陈述，听取检察官的意见。但是在抗告审程序上并非必须经过辩论，不给抗告人以辩论的机会也是无妨的。公司、利害关系人、检察官对于解散决定可以立即抗告，该抗告具有停止执行的效力。解散命令是为了公益而进行的，所以即便根据其他法令，公司的解散须经行政部门的具备认可，法院也可以不顾此规定命令解散。有解散的命令请求时，法院在命令解散之前也可以根据利害关系人或者检察官的请求或者依职权选任管理人，以及进行其他公司财产的保全所必要的处分。根据解散命令判决的确定，公司解散。

司法判决解散是为了保护社员利益而制定的制度。公司终究是为社员利益而存在的，如因公司存续的团体性约束反而害及股东利益时，应通过剥夺公司人格来防止股东的损失。对于人合公司，如股东之间极度不和，在业务执行或代表公司上互相无法信任，且以退股、除名、转让所持份额等消极方法或经全体股东同意很难解散公司时，不得已继续维持没有必要的人的结合的情形，即可解散。对于资合公司，提起解散判决公司之诉的事由主要是指：公司业务继续处于显著的停顿状态而产生无法恢复的损害时或者有产生损害的可能性时；或因公司财产的管理或者处分显著失策，危及公司存立时，如有不得已的事由，持有发行股份总数的10%以上股份的股东或者资本的10%以上份额的股东（有限公司情形），可请求法院解散公司。资合公司比人合公司中请求解散判决的事由狭小得多，都是因公司经营者的原因经营停滞严重的时候。即使是这种时候，如没有不得已的事由，也不能请求解散公司。因解散判决是保护股东利益的制度，因此，请求权人限于公司股东。解散判决，是以公司的存续不能为股东团体结合的目的作出贡献为其事由的，即使对上述解散事由有责任的社员也可以请求解散判决。解散判决请求案件作为诉讼案件，其诉相当于形成之诉，裁判依判决。该诉专属于关系总公司所在地的地方法院。只要确定解散判决，公司即告解散，进入清算程序。原告败诉时，如有恶意或者重大过失，对公司承担连带损害赔偿责任。①

《日本商法》命令解散的事由与《韩国公司法》的规定相似，包括公司为了达到不法目的而设立，或公司无正当理由在成立后1年内未开业或停业1年以上，或者公司执行业务的股东或董事不顾法务大臣的书面警告继续、反复实施超越或滥用法令或章程规定的权限的行为，以及违反刑罚法令的行为几种情形。当公司出现上述情形之一时，法院为了维护公益，认为不应当允许其存在时，可以根据法务大臣、股东、债权人及其他利害关系人的请求，命令该公司解散。但为了防止权利人滥用请求权，法律允许公司以请求出自恶意为由，请求法院命令请求权人提供相当的担保。对于公司在业务执行中遭遇显著困难，已经产生公司难以挽回的损失或有产生损失的可能时，或者对公司财产的管理或处分显著失当，危及公司存立时，集有公司已发行股份总数1/10以上的股东，可以请求法院判决解散公司。同时，为防止股东滥用这一请求权，规定原告败诉时，若有恶意或重大过失，应对公司负连带损害赔偿责任。

（3）从提起司法解散之诉的主体进行区分。如《美国公司法》根据提起司法解散之诉的主体将司法解散区分为州检察长提起、股东提起、董事提起、债权人提起和公司提起五种情形。

第一，州检察长提起。如果发现公司有不法的行为，包括公司是通过欺骗或是隐瞒重大事实注册成立的，以及公司经营的业务超过了法律允许的范围，触犯了法律，在经营中有欺骗和不法行为，滥用公司的权力，违反州政府的公共政策等，各州的检察长（Attorney General）可以公诉人的身份起诉，要求法庭勒令公司解散并将公司的执照吊销。如《美国商业公司法》第14条第30款规定，在检察长提起的诉讼程序中，如果能证实公司通过欺诈手段获准其章程，或者公司已经持续逾越或滥用法律所赋予的权利的，法院可解散公司。

---

① 参见〔韩〕李哲松：《韩国公司法》，吴日焕译，中国政法大学2000年版，第109—110页。

第二,股东提起。如果多数股东通过决议,认为公司的资产不足以偿还债务,或者认为解散公司对股东有好处,多数股东可以向法庭呈递一份请愿书,要求法庭勒令公司解散。或者董事会成员之间或股东之间出现僵局:如果董事会成员是双数而出现僵局,或是意见不同的股东各持有50%的股票,双方相持不下,提议解散公司的一方可以向法庭呈递请愿书,要求法庭勒令公司解散,由法庭定夺。在这种情况下,法庭也许会建议双方通过仲裁解决,或是让反对解散公司的一方买下建议解散公司一方的股票。[①] 甚至在某些情况下,不到半数的股东也可以提出解散公司的诉讼。如,如果公司股东之间势不两立,无法选举产生董事或是公司内部斗争过于激烈,则持有投票权的股票的半数股东可以向法院提出解散公司;或如果股东有严重分歧,两次召开股东年会的日期之间未能产生董事,则任何股东可以要求法院解散公司。[②]《美国商业公司法》规定,如果董事们在公司事务管理中已经陷入僵局,而股东不能打破该僵局,且由于该僵局的出现,该公司很可能遭受或者正在遭受无法弥补的损害,或公司商业与事务已经无法再为普遍股东的利益而进行;或者董事们或控制公司者已经或正在或将会以非法的、压制的或欺诈的方式而行事;或者公司股东在行使投票权方面已经陷入僵局,且在至少两次连续召开股东年会的期限内,未能为任期届满的董事选举出继任者;或者公司的资产正在被滥用或浪费。只要存在上述一种或者一种以上情形的,股东可以向法院提出解散公司之诉。

第三,董事提起。美国判例认为,即使公司并没有从事非法行为,如果多数董事通过决议,认为公司的资产不足以偿还债务,或者认为解散公司对股东有好处,董事会也可以向法庭呈递一份请愿书(petition),要求法庭解散公司。

第四,债权人提起。如果债权人权利主张已被转化为判决书,且该判决的执行又未能如愿,同时该公司已无偿付能力;或者公司已经以书面形式承认债权人的债权已到偿付期,并且公司缺乏支付能力未能支付的,公司债权人可以请求法院解散公司。

第五,公司自己提起。《美国商业公司法》还规定,除由检察长、股东和公司债权人提起解散公司之诉外,公司还可以自己提起一项诉讼,以使其自愿解散于法院监督下继续进行。

2. 司法解散的事由

(1)基于公权力干预的事项发生,具体包括:

第一,公司设立目的非法。公司设立的目的非法,既包括公司章程所记载的目的本身非法,也包括公司设立背后的企图非法。如虽然公司设立时在章程上记载以生产食品为目的,但实际上却生产毒品,这种情形即为设立背后的其他非法,

---

① 参见朱伟一:《美国公司法判例解析》,中国法制出版社2000年版,第336页。

② 参见李亚虹主编:《美国公司法》,法律出版社1999年版,第240页。

因此应解散。章程记载的目的本身非法时，虽然相当于设立无效的事由，但是在没有被提起设立无效的诉讼时，可以通过提起解散之诉命令其解散。如《瑞士民法典》规定，社团的宗旨违法或违背善良风俗时，法官须依照主管官厅或利害关系人的起诉，宣告其解散。

第二，公司设立手段违法。公司的设立或其他登记事项有伪造、变造文书的，应当解散。

第三，公司应收的股款。如我国台湾地区“公司法”规定，公司应收的股款，股东并未实际缴纳，而以申请文件表明收足，或股东虽已缴纳，而于登记后将股款发还股东，或任由股东收回的。经法院裁判确定后，由检查处通知主管机关撤销或废止登记而解散。《德国有限责任公司法》第19条第4款还规定，如果公司设立后所有的股份逐步集中在一个股东手中，而且在公司设立后的3年内，股东依然没有付清所有现金出资，也没有为拖欠的股金设定担保，或者没有再次出让一部分股份的，注册法院也可以作出解散公司的决定。

第四，公司章程存在重大缺陷的解散。如《德国股份公司法》第262条第1款第(5)项、《德国有限责任公司法》第60条第1款第(6)项规定，如果股份有限公司或者有限责任公司的章程中含有重大缺陷，这些缺陷符合有关自愿管辖权事项的法律列举的重大缺陷，而且在法院规定的期限里，公司又没有对此进行修正，注册法院可以作出解散公司的决定。这一规定是注册法院的一项重要手段，借此可以迫使股份有限公司制定一个正确的章程。

第五，公司无正当理由设立后1年内未开业或者停业1年以上的解散。在韩国商法中是指休眠公司。对取得公司人格后长期不进行营业的公司，没有使其继续维持其公司人格的意义，而且如果长期放置，公司人格有可能为本来目的以外的不健全的目的而滥用，所以剥夺其公司人格。但只在没有正当事由而不进行营业时，才能解散该公司。因此，判断有无正当事由是一个很重要的问题。像营业资金不足、营业业绩不佳等，受公司内部条件所限未能进行营业时，不能认为是有正当事由。但进行开业准备花费1年以上的时间，根据其营业的性质，不可避免地需要进行长期准备时，应当视为有正当事由（如以油田开发为目的的公司进行钻井作业需要1年以上时）。即使不因其营业的性质或者外部的障碍而不进行营业的，只要客观地表现出“欲营业的意志和能力”时，亦应视为有正当的事由。我国《公司登记管理条例》中对于这种歇业或者自动歇业的情形，是作为强制解散事由进行规定的，即在程序上是通过工商行政管理机关吊销公司法人营业执照的方式进行的。

第六，公司或者公司的董事、执行公司业务的股东违反国家利益和社会公共利益，或者违反法令、章程，作出不能允许公司存续的行为的解散。如《德国股份公司法》第396条和《德国有限责任公司法》第60条第1款第(3)项、第62条分别规定，一个股份公司、股份两合公司或有限责任公司因其行政管理人员的违法行为而危及公共利益，并且其监事会和股东会又没有罢免这些人的职务的，公司所在地的州最高行政机构可以申请法院通过判决解散该公司。如果公司股东会作出了非法的决议或者股东默认了经理的非法行为，并且因此而危及公共利益，行政法院可以基于管理部门提起的解散公司之诉作出解散公司的判决。《德国协会法》第 3 条和第 17 条规定，如果一家有限责任公司违反了宪法保护的秩序或者违反国民的公共意识，或者公司的目的或行为违反了维护国家利益的刑法条款，州政府或者联邦内政部可以颁发禁令，禁令中通常情况下包含了解散公司的命令。董事或者执行股东以公司机关资格作出违反法令或章程的行为，以及滥用其地位作出违反法令或者章程的行为，如理事贪污公司资产或与公司业务相关欺诈第三人等行为，如果导致公司不能进行存续的，则应当判决解散。但是，如果将有关的董事或业务执行社员更换而能够纠正时，则不能视为相当于"不能允许公司存续"的情形。如果从董事和股东的构成上看，是属于从组织法上不能牵制违反行为的状态的话，就可以命令解散。法院可以根据利害关系人或者检察官的请求或者依职权命令解散。利害关系人可以是股东、董事、监事、公司的债权人以及因董事等的违反行为而受损害的人等，但必须是对公司的存立具有直接的法律上的利害关系者。

第七，公司由于资产不足拒绝破产而开始的清算。①

第八，由注册法院下令注销没有资产的公司。《德国有限责任公司法》第 66 条第 4 款规定，在公司不再拥有任何资产的情况下，根据有关自愿管辖权事项的法律规定的程序，必须由政府机构或者由商务机构的官方代表提起解散公司的申请，以此启动对毫无资产的公司的注销程序。这里所说的机构，如工业和商业行会、税务部门等。如果已经对公司资产开始了破产程序，且没有任何证据能够证明该公司依然拥有任何资产的，可由上述机构向法院申请注销该公司。这一条款的法律意义在于，消除已经没有资产的公司，不仅可以减轻商务注册处的负担，而且可以防止这些形式上依然存在的空壳公司损害第三人的利益。根据司法判例，解散这类公司的关键在于公司已经没有任何资产，因而不具备生存能力。在这种情况下，通常无须进行清算。由于注销直接决定公司的存续，故在法院作出资产注销决定前，必须认真审查公司是否真的没有任何资产了，否则注销尚有资产的公司对公司的债权人、股东等是不公平的。当然，如果在注销后发现公司依然拥有可以分配的资产，法律强调还必须进行清算。

(2) 基于私权利的主张。基于私权利主张解散公司主要是以因公司经营者的原因导致经营停滞严重，以至于公司的存续不能再为股东们团体结合的目的作出贡献为其提出事由的。这里更多地强调必须存在"不得已的事由"，也就是说，

---

① 《德国股份公司法》第 262 条第 1 款第(4)项规定，根据决议的法律效力，这项决议使得破产程序因缺少与程序费用相适当的破产资产而遭到拒绝。

其他途径已经无法消除公司的停滞状况，提出解散公司之诉作为"不得不"作出的最后的选择。具体包括：

第一，公司在业务执行中遭遇显著困难，使公司业务继续处于显著的停顿状态，已经产生公司难以挽回的损失或有产生损失的可能性的。这种事由主要因董事之间的深刻矛盾导致在公司事务管理中陷入僵局，公司股东无法打破该僵局，且由于该僵局的出现，公司业务停滞，使公司很可能或者正在遭受无法弥补的损失，公司的商业与事务已经无法再为广大股东的普遍利益而进行。如我国台湾地区"公司法"规定，公司于设立登记后，开始营业，在经营中有业务不能开展的原因，如再继续经营，必然导致不能弥补的亏损的，可以解散公司。

第二，对公司财产的管理或处分显著失当，危及公司存立的。公司董事或者实际控制公司的人已经或者正在或将会以非法的、压制的、欺诈的方式行事，使公司财产的管理或者处分显著失策，危及公司存立时。如董事不当挪用、处分公司财产时，而其他股东又不能阻止公司资产的滥用或者浪费行为的，这种情况下，可以提起解散公司之诉。

第三，不得已的事由发生。这种事由仅适用于人合公司，包括无限公司和两合公司的股东，如有"不得已的事由"时，可以请求法院解散公司。在判断"不得已的事由"时，主要是考虑人合公司的特点，如股东之间极度不和，在业务执行或代表公司上互相无法信任，且以退股、除名、转让所持份额等消极方法或经全体股东同意很难解散公司时，不得已继续维持没有必要的人的结合的情形，即属于上述"不得已的事由"。如我国台湾地区"公司法"规定，在公司因股东意见不合无法继续经营，而其余股东又不同意解散时，股东可以申请法院裁定解散公司。

3. 司法解散的要件

司法解散的要件包括股东提起解散之诉的要件和法院裁判解散公司的要件。股东可以向法院提起解散公司的诉讼，这是法律赋予小股东的法定权利。但是，该项权利的行使是受到限制的，也就是说，不是股东在任何情况下都可以提起解散公司之诉，也不是只要股东提起了解散公司之诉，法院就当然判决公司解散，而必须要符合一定的前提和条件。

(1) 股东提起解散公司之诉的要件。股东提起解散公司之诉的要件包括实质条件和形式条件。

实质条件是指公司关系中必须存在解散公司的重要事由，其核心是由于某些情况的发生，公司已经不可能实现其经营目标。具体事由包括：由于法律规定或者某些客观情况的出现，致使公司无法继续经营；公司股东之间出现了根深蒂固、无法消除的矛盾，且该矛盾的存在直接危及公司的存续。

股东提起解散之诉的形式要件主要包括：提起解散之诉的股东必须持有公司一定比例的股份，如《德国有限责任公司法》规定，提起解散之诉的股东必须持有公司1/10以上的股份；股东在提起解散公司之诉之前已经通过合法的途径向公司寻求解决矛盾但未能解决的；股东提起解散之诉需要向法院缴纳一定的保证金等。上述要件的规定，是为了在保护公司股东利益和公司利益之间作出平衡，也就是说，即要通过赋予个别股东提起解散公司之诉实现其合法权益，又要防止个别股东借解散公司之诉恶意损害公司以及其他股东的利益。所以，各国法律在赋予股东提起解散公司之诉的同时，均不同程度地规定了提起这类诉讼所必须满足的要件。

上面谈到的是股东向法院提起解散公司之诉所必须具备的条件，但是，并不是只要股东符合提起解散公司之诉的条件，法院就当然判决解散公司。法院受理这类案件后，还要就有关问题进行审查，只有在满足一定条件时才能裁判解散公司。也就是说，必须在该诉符合裁判解散公司的要件时，才能最终判决解散公司。

（2）裁判解散公司的要件。主要包括：

第一，审查股东提起的解散公司之诉是否符合实质要件，即是否由于法律规定或者某些客观情况的出现，致使公司无法继续经营；或者公司股东之间出现了根深蒂固、无法消除的矛盾，且该矛盾的存在直接危及公司的存续。

第二，即使在上述情形存在的情况下，还必须审查是否可以通过股权转让，尤其是强制其他股东收购提起解散公司之诉的股东股权的方式，或者通过开除一个或者几个股东来挽救公司，这样既可以解决股东间的矛盾，亦可以使公司继续存续。这里，开除个别股东，必须是正当的。如在只有两个股东的公司中，如果只有一个股东对股东之间的冲突负有责任，则可将该股东开除出该公司。但是，如果两个股东对他们之间的矛盾均负有责任的，则不可能通过开除的方式使公司继续，也就是说，只能判决解散公司。至于法院强制其他股东收购提起解散公司之诉股东的股权，在很多国家的立法中均有相应的规定。在具体程序操作中，也可以通过法院的调解工作，使其他股东自愿受让提起解散公司之诉股东的股权，从而保全公司不受解散之命运。

四、解散清算中的公司

（一）解散清算中公司的法律属性

解散清算中公司是指公司出现解散事由后至依法清算完毕前这一特定阶段的公司。[①] 对解散清算中公司的法律属性问题，实践中和理论界一直颇多争论，概括起来主要有以下五种观点：

1. 人格消灭理论

人格消灭理论认为，公司解散后，其人格即告消灭，公司财产归股东所有。[②]此时公司的财产应转变为股东的共有财产，公司的清算事务应以股东的名义为

---

① 参见沈四宝：《西方国家公司法原理》，法律出版社 2006 年版，第 359 页。

② 参见梁宇贤：《公司法论》，台北三民书局 1993 年版，第 128 页。

之。该理论主要为日本和德国法学者所主张,但因该理论实际上不能达到清算的目的,故近来各国学者及立法者对该理论已经不再采纳。

2. 清算公司理论

清算公司理论也称为继承理论,该理论认为,公司解散后,公司法人资格即告消灭,但公司的财产不能成为无主财产,债权债务也需要清理,因此,需要为清算目的重新设立一个清算公司。[①] 这种公司的能力是特殊的,不再享有原公司的能力,原公司本身的能力因解散而消灭,而清算中公司享有的是对原公司的债权债务进行清算的权利能力和行为能力。这一理论的主要代表是德国学者基尔克。清算公司理论不能说明既然因解散而消灭其主体资格,为何在清算结束后才进行注销登记,同时不能说明专为清算而设立的清算中公司的名称、住所、组织机构、财产等条件是否具备。[②]

3. 拟制存续理论

拟制存续理论又称为假存续理论,该理论认为,公司因解散而丧失权利能力,公司不得从事其经营范围所决定的活动,但是,由于法律的拟制使公司在清算目的范围内享有权利能力,从公司解散至清算完结,在此阶段视为公司仍然存续,为解散清算中公司。该理论明确了公司解散其法人人格依然存续的特性,应该说相对于前两个理论而言,有了质的飞跃。但该理论更多强调的是解散清算中公司的拟制存续性,忽略了解散前后公司的同一性问题。

4. 同一人格理论

同一人格理论强调解散清算中公司与解散前的公司在本质上是相同的,不过是权利能力缩小而已。解散清算中公司不再享有从事生产经营活动的能力,但是在清算的目的范围内,与解散前的公司一样享有权利能力,解散前公司的一切权利能力,都要转移给解散清算中公司。日本学者我妻荣、石田和我国台湾地区民法学者李宜深等学者都持此观点。此理论应该说是建立在承认公司解散后其人格继续存续的基础上的,对解散清算中公司的法律属性应该说定性还是比较准确的,只是未强调解散清算中公司的存续系基于法律的拟制,尤其是对于公司已经名存实亡的情形下,如果缺少这种法律的拟制,很难令人理解此时的公司依然存续,且与解散前的公司系同一人格。

5. 同一人格兼拟制理论

同一人格兼拟制理论认为,公司解散后,其人格仍然存在,但是,因为公司解散事由出现后,由于内部成员的缺乏致使公司丧失了其存在的基础,因此,解散清算中公司只是由法律拟制的公司,不是实在的公司。这种理论实际上是对同一人格理论和拟制存续理论综合后提出的观点,相对于这两个理论而言,并没有什么

---

① 参见邓荣霖主编:《现代企业法人制度》,中国人民大学出版社 1995 年版,第 185 页。

② 参见胡长清:《中国民法总论》,中国政法大学出版社 1997 年版,第 118 页。

实质性的创新,而是将二者有机地结合起来,更加准确完美地对解散清算中公司的法律属性作出了归纳和总结。

笔者倾向于同一人格兼拟制理论。

首先,公司一经解散,其法人资格依然存续。公司解散并未改变其内部组织机构,公司依然是同一个法律统一体。解散清算中公司与解散前公司唯一的不同点是公司的目的发生了变化:公司解散后,其权利能力和行为能力即当然缩减,其业务范围被严格局限于对解散的公司的法律关系的清理、处理与清算有关的公司未了结的业务及剩余财产的处置等以清算为目的的民事行为,不得再开展新的商业活动。解散清算中公司的目的是对公司资产进行清算,其原定的目的不再有效。因解散前后公司人格的同一性,从前的法律关系不因解散而变更,原则上适用于一般公司的法律规定同样适用于清算中的公司。① 即除进行经营和分配利润的法律规定不再适用于解散清算中的公司外,其他有关公司的规定同样适用于解散清算中公司。在清算中,股东甚至还可以修改设立合同。例如,为了清偿所有的债务,股东可以决定增加公司的基本资本。与公司董事一样,清算人还对外拥有无限的代表权。②

其次,公司解散前原有的权利义务关系并不因解散事由的发生而有任何的变化。公司的财产仍归其所有,债权仍由其享有,债务仍由其承担,只有在清算完成后,法人才能最终丧失人格,不复成为法律主体,不再享有权利能力。除法律另有规定外,解散清算中公司对解散事由出现前公司的债务以其财产对外独立承担民事责任。例如,它可以主张债权和清偿债务,可以因财产纠纷起诉、应诉,也可以为清算工作实施必要的民事行为,这些活动都是以公司的名义进行的,故否认其人格的存在,或者否认其原有人格的存在,显然不合实际。故解散清算中公司与原公司在本质上是同一的,即由于公司因解散其权利能力和行为能力受到限制,故以解散清算中公司这一特定的形态代替原公司行使权利,除了能力有所缩减外,其他与原公司无二,故两者系同一人格。同时,很多情况下公司解散后,公司无人管理,常常人去楼空,虽然在法律上视该公司依然存续,但在现实中,其已失去了存在的客观基础,故此时的解散清算中公司只不过是法律上为了某种需要而拟制的公司而已(即拟制之上的拟制)。基于此,才能更好地解释,为什么公司因歇业、被撤销、被关闭以及被吊销公司营业执照等事由解散后,一方面解散清算中公司在法律上可以作为诉讼主体参加诉讼(同一性),另一方面又无实际主体参加

---

① 但是不得适用有关分配利润的规定,因为分配利润和清算的性质相矛盾。

② 参见〔德〕托马斯·莱塞尔、吕迪格·法伊尔:《德国资合公司法》,高旭军、单小光、刘晓海等译,法律出版社 2005 年版,第 668 页。

诉讼活动。[①]

笔者之所以强调清算终结前(包括清算过程中以及应当清算而未清算两种情况),法律为清算的目的拟制该公司继续存续,目的是为了在公司终止前了结其既存的法律关系,偿还其债权,并依法缴纳有关税款,以给社会、国家和债权人一个合理的交代;同时,也是公司有限责任制度的具体体现,即公司一经依法清算终止后,其出资者除仅以其对公司的出资为限承担有限责任外,不再以自己的其他财产对公司未了的债务承担民事责任。

国外许多国家的立法例对此均有类似规定,如《德国民法典》第49条规定,在清算终止以前,以清算为目的所必要为限,社团视为继续存在。《德国有限责任公司法》第69条第1款规定,在清算结束前,以不因本章的规定和不因清算的性质而有其他规定为限,对于公司与股东的法律关系,可以不考虑公司的解散而适用。《日本民法总则》第7款第(2)项规定,公司一经解散,就结束原来的业务,进入处理善后事务(清算)阶段。公司仍保持其同一性(在清算目的范围内,至其清算完结,公司仍被视为存续)。《日本商法》第116条规定,即使公司解散后,只要在清算标的的范围内,仍视为存续者。我国台湾地区"民法"第40条第2项和"公司法"第25条分别规定,公司至清算终结止,在清算之必要范围内,视为存续;解散的公司,于清算范围内,视为尚未解散。《美国标准公司法》第86条规定,公司除进行必要的结束工作外,应终止经营业务,但公司的法人资格应继续存在。当然,有的国家为了区分公司是否在清算阶段,在公司保留其原有名称的前提下,后面要加上"正在清算"的字样,而且这种字样必须在公司信件或者公司在清算过程中提交的各种官方文件中的开头有所显示[②],其目的无外乎提示相对人其清算的特殊阶段而已。

我国立法和司法实践,对解散清算中公司的性质认识,经历了由人格否定到人格肯定的过程。[③] 在公司法之前,我国的民商事立法并未明确解散清算中公司的法律属性问题,而且在不同的规定中甚至有相互矛盾的地方。如最高人民法院《关于贯彻执行〈中华人民共和国民法通则〉若干问题的意见(试行)》第60条规定,清算组织是以清算公司债权、债务为目的而依法成立的组织,它负责对终止的法人的财产进行保管、清理、估价、处理和清偿。对于涉及终止的法人债权、债务的民事诉讼,清算组织可以用自己的名义参加诉讼。最高人民法院《关于适用〈中

① 在此要注意将解散清算中公司与清算公司说中的清算公司相区分。解散清算中公司是对公司出现解散事由后至清算完毕前这一阶段的特殊称谓,与解散事由出现前的公司系同一人格。而清算公司说中所指清算公司系指在解散事由出现后,原公司人格当然终止,而为了清算的目的,又重新设立了一个公司即清算公司,该清算公司与原公司是两个不同的法人人格。二者的内涵与属性是截然不同的。

② 参见沈四宝:《西方国家公司法原理》,法律出版社2006年版,第359页。

③ 参见童兆洪主编:《公司法法理与实证》,人民法院出版社2003年版,第254页。

华人民共和国民事诉讼法〉若干问题的意见》第 51 条亦规定,企业法人未经清算即被撤销,有清算组织的,以该清算组织为当事人;没有清算组织的,以作出撤销决定的机构为当事人。上述两个司法解释虽然没有直接回答解散清算中公司的法律属性问题,但是,均明确规定应当将清算组织列为独立的诉讼主体,允许其以清算组织的名义参加诉讼。如果认为清算中法人与解散事由出现前的法人系同一法人的话,则不可能在涉及有关解散事由出现法人的纠纷中将清算组织列为诉讼主体,故该两个司法解释隐含着"清算法人理论"的影子,即清算组织性质上系原法人解散法人资格消灭后,法律专为法人的清算目的而设立的新的法人,即清算法人,由清算组织负责对原法人的债权债务行使清算的职责。但是上述司法解释又规定清算组织是专为清算法人债权债务为目的而依法成立的组织,其责任是对法人的财产进行保管、清理、估价、处理和清偿,而不是直接承继原法人的全部权利和义务,故似又与"清算法人理论"不尽一致。如果说清算组织仅仅是对解散法人的财产负责保管、清理等,则其只能代表法人参加诉讼活动,而不是直接作为法人自身以诉讼主体的身份参加诉讼;如果是清算组织为清算目的拟制设立的一个新的清算法人,则清算组织不仅要作为诉讼主体参加诉讼活动,而且应当对解散的法人的原有债务以其承继的财产来独立承担诉讼产生的法律后果,即如果清算组织以清算法人的身份作为诉讼主体,就应当由其最终承担有关民事责任,而不是以清理的法人的财产来承担民事责任。故从这个意义上看,司法解释似又不是完整意义上的"清算法人理论"。另外,有人依据"反对解释方法",对我国《民法通则》第 40 条关于"法人终止,应当依法进行清算,停止清算范围外的活动"的规定解释为:不经清算,公司不终止。从而进一步得出结论认为,我国《民法通则》系采用的"同一公司理论"。① 这种推论实际上是一厢情愿,并非立法者的本意。

对解散清算中公司的法律属性问题应该说是在公司法颁布后逐步明确下来的,尤其是 2005 年新修订的《公司法》在第 181 条、第 184 条、第 189 条中分别规定了公司解散的事由,以及公司解散应当进行清算,并在清算结束后,申请注销公司登记,公告公司终止等。明确了公司解散至终止期间其民事诉讼主体资格依然存续的法律属性,为司法实践处理债务人解散后民事诉讼主体的确定提供了理论依据。

(二)解散清算中公司的能力

公司的能力包括民事权利能力和民事行为能力。民事权利能力是指公司作为法律关系主体的能力,即作为权利的享有者和法律义务的承担者的能力。民事行为能力是指法律所认可的公司可以进行法律行为的能力。② 公司的权利能力和

---

① 参见钱卫清:《公司诉讼》,人民法院出版社 2004 年版,第 288 页。

② 参见〔德〕卡尔·拉伦茨:《德国民法通论》,王晓晔、邵建东、程建英等译,法律出版社 2002 年版,第 89 页。

行为能力始于公司成立之时，亦即自公司主管机关登记时起，终于公司清算完结时止。[①] 对此，我国《民法通则》第 36 条明确规定，法人是具有民事权利能力和民事行为能力，依法独立享有民事权利和承担民事义务的组织；法人的民事权利能力和民事行为能力，从法人成立时开始，到法人终止时消灭。

解散清算中公司的法人资格虽然并不随着清算的开始而立即消灭，其法律人格在清算范围内继续存续，但公司的权利能力和行为能力仅限于清算的目的范围内，除为清算的目的，公司不得经营业务[②]，即清算中的公司除了为了结现有业务或者其他清算目的，还可暂时经营外，不得从事其他与清算无关的经营活动。这是清算中的公司与解散前的公司最根本的不同。换句话说，由于清算中的公司和解散前的公司属于同一公司，故公司名称不变；股东除不享有盈余分配请求权及股票转让权外，其权利和义务并没有变化；股东会和监事会依然存续，公司还可以选派检查人；正在进行的诉讼并不发生当事人变更问题，且诉讼程序并不因解散而当然停止；如果董事担任清算人的，也不会发生代理权的消灭。但是，以经营活动存在为前提的有关公司的法律规定，对清算中的公司当然不再适用。如清算中的公司不得选任经理人员，原有经理人员应当终止其委任关系；清算中的公司也不得发行新股。[③] 清算人的职务一般仅局限于以下三项：即了结债务，收取债权，清偿债务及移交剩余财产。[④]

对解散清算中公司的能力很多国家立法例均作了相应的规定。如《美国示范公司法》规定，一家解散的公司仍应继续其公司的存在，但不能继续经营业务，除了经营和其结业有关的以及和清算有关的业务和事务。《德国股份公司法》第 268 条规定，清算人应结束现行业务、收回款项、将其他财产兑换成现金以及偿还债务人。如果是清算所需要的，也可以开展新业务。我国《公司法》也作了类似规定，即清算期间公司不得开展与清算无关的经营活动，公司财产在未依法清偿债务前，不得分配给股东；企业自开始清算之日起，除为清算目的或经原审批机构批准而进行的民事活动外，应当停止其他生产经营活动。

对解散清算中公司所为的清算目的之外的行为，是否当然认定为无效问题存在争议。有观点认为，法律限制解散清算中公司对外进行与清算无关的经营活动的目的主要在于：一是避免清算中公司开展与清算无关的经营活动转移财产，侵犯债权人和股东的利益；二是出于对第三人保护的考虑，避免由于第三人与处于不稳定状态的清算中公司交易而受到损害，以维护市场交易的安全。故对解散清算中公司所为的清算目的以外的行为，从保护交易安全、保护善意第三人和债权人、股东利益角度考虑，不必一概认定上述行为无效，而可以根据相对方的主观状

① 参见柯芳枝：《公司法论》，中国政法大学出版社 2004 年版，第 22 页。
② 参见江平主编：《中国公司法原理与实务》，科学普及出版社 1994 年版，第 42 页。
③ 参见高程德主编：《中国公司法实务》，企业管理出版社 1994 年版，第 389 页。
④ 参见梅仲协：《民法要义》，中国政法大学出版社 1998 年版，第 71 页。

态分别认定其行为效力,即第三人在明知或者应当知道公司处于清算阶段而仍与其发生交易的,则应当认定该法律行为无效,由双方根据过错分别承担缔约损失;当第三人对解散清算事宜不知时,应当认定该第三人为善意第三人,从而认定该行为有效。

笔者对此观点不敢苟同。第一,在法律明确规定解散清算中公司不得开展与清算无关的经营活动情况下,作为行为相对人应当负有对交易对方基本状况进行审查的义务,如果该相对人没有尽到应有的审查义务的,应当推定其应当知道对方解散事宜;第二,在行为相对人尽到了审查义务,但由于对方的欺诈行为等其未发现交易对方解散的事实,对此所进行的行为,不必以认定行为有效来体现对善意第三人利益的保护,完全可以在缔约过失责任承担中保护该无过错第三人的权利。

鉴于解散清算中公司与解散前公司的同一性,解散清算中公司具有从解散前公司继续下来的民事诉讼及新的民事诉讼中的当事人能力,即解散清算中公司具有一般民事诉讼主体资格,对于有关解散前公司的所有法律关系而产生的纠纷,均由该公司作为诉讼主体参加诉讼活动。依法选任的清算人在诉讼中作为清算中公司的法人机关代表公司参加诉讼。

五、解散清算中的清算人

(一) 清算人的概念

清算人是公司解散清算程序中最为活跃、最为重要的人,其负责接管公司财产和执行公司清算事务,协调利害关系人之间的利益冲突,在整个清算活动中处于核心的位置。公司清算主要是在清算人的组织下进行的,清算人能否忠实、公正、高效地完成清算事务,对公司、股东、债权人等相关利害关系人利益的保护,以及社会经济秩序的维护,至关重要。故研究公司解散清算法律制度,首当其冲应当明确界定清算人的概念。

理论界对清算人的概念争议较大,分别表述有:清算人是执行清算事务及代表公司的法定必备机关,于其执行清算职务的范围内,也是公司的负责人①;清算人是执行清算事务的机关,而不是构成清算中公司的机关,是清算人会的成员之一②;清算人是在法定清算中执行清算事务并根据情况代表清算中公司的人③;清算人是公司清算中执行清算事务并代表公司的机关④;清算人是被任命的执行清算公司事务的人⑤;清算人(清算组织)是以清算企业法人债权、债务为目的而依法

① 参见高程德主编:《中国公司法实务》,企业管理出版社 1994 年版,第 183 页。

② 参见〔日〕末永敏和:《现代日本公司法》,金洪玉译,人民法院出版社 2000 年版,第 274 页。

③ 参见〔韩〕李哲松:《韩国公司法》,吴日焕译,中国政法大学出版社 2000 年版,第 137 页。

④ 参见郑玉波:《公司法》,台北三民书局 1980 年版,第 70 页。

⑤ Henry Campbell Black's Law Dictionary, 6th ed., West Publishing Co., 1990, p. 931.

成立的组织,它负责对终止的企业法人的财产进行保管、清理、估价、处理和清偿[①];《牛津法律词典》则将其定义为:清算人是由法庭或公司自己任命的,从事公司清理工作的人,其职责是收回并变卖公司资产、清偿公司债务以及分配公司剩余财产等。这些争论,实际上对清算人系公司解散清算中负责清算事务的主体并无异议,而争论的核心问题是清算人的法律属性,即其是否清算中公司的代表机关问题。

笔者认为,公司一旦进入清算程序,与执行业务无关的股东会及监事会可以依然存续,但是公司的执行机关,包括执行董事、董事会及代表董事等则丧失其地位,而被清算人等新的执行机关所代替。清算人应该是清算中公司的执行机关[②],其对内负责清理公司资产和债权债务,对外代表公司参加诉讼活动和处理与清算有关的公司未了结的业务等。故清算人的概念应该明确界定为:清算人系公司解散清算中负责保管公司财产、执行清算事务的公司执行机关。

对作为公司解散清算机关的清算人,各国家或地区立法称谓不尽相同,如《德国股份公司法》[③]和我国台湾地区称之为清算人;美国《特拉华州普通公司法》和《特拉华州有限责任公司法》中分别称之为受让人、接收人[④],以及清算受托人[⑤];我国香港地区则称之为清盘官。[⑥]

我国公司解散清算法律制度体系较为零散,在对清算人概念的使用上亦存在不同称谓并举的状况,如《公司法》和《保险法》称之为清算组,《民法通则》、《民事诉讼法》、《合同法》、《企业法人登记管理条例》和最高人民法院《关于贯彻执行〈中华人民共和国民法通则〉若干问题的意见(试行)》称之为清算组织,《中外合资经营企业法实施条例》、《外资企业法实施细则》和《外商投资企业清算办法》(已失效)称之为清算委员会。对于清算人的称谓,我国立法中,一是曾在新中国成立初期使用过此概念,如 1951 年 3 月 30 日中央人民政府政务院财政经济委员会公布的《私营企业暂行条例施行办法》第 17 条规定,企业的歇业或解散,法院认为必要时得选派清算人;二是在近几年的立法上,包括《合伙企业法》、《个人独资企业法》和《信托法》中称之为清算人。笔者认为:

第一,无论以什么称谓,至少在不同部门法中对解散清算中的清算机关应当统一称谓,以便统一执法。

第二,从各国立法情况看,多数国家法律规定清算机构人数不以超过一人为必要,也就是说,从事清算工作有时可能只有一个人,而并非多个人的集合体。尤

---

① 最高人民法院《关于贯彻执行〈中华人民共和国民法通则〉若干问题的意见(试行)》第 60 条。

② 对清算人的法律属性本文将在后面详细论述,在此不做赘述。

③ 参见卞耀武主编:《德国股份公司法》,贾红梅、郑冲译,法律出版社 1999 年版,第 429 页。

④ 参见虞政平编译:《美国公司法规精选》,商务印书馆 2004 年版,第 419 页。

⑤ 参见同上注,第 498 页。

⑥ 参见甘培忠:《企业法新论》,北京大学出版社 2000 年版,第 353 页。

其是在公司清算以效率和效益最大化为目标的理念下,一些小型公司的清算并不需要机构庞大、人员冗余的工作班子,基于此考虑,使用清算人的称谓更为合理。

第三,从近年来我国法律工作者对国外公司法进行的大量研究看,绝大部分学者对国外公司法典的译著和专业资料的编译中使用的均是清算人的概念,且从英美国家表达这一概念使用的"liquidator"、"trustee"、"receiver"的词源来分析,"-ee"、"-or"、"-er"等后缀指的也是一个人格化的词缀,故从我国公司立法国际化的角度来看,使用清算人更容易为国外法律同行所理解和接受。

第四,从我国近年来的立法发展来看,对清算机构名称的使用已经逐步从混乱走向规范,且注意与世界接轨,具体表现在:一是在近几年颁布的《合伙企业法》、《个人独资企业法》和《信托法》中已经开始使用清算人的称谓;二是在2005年《公司法》修订中,对统一使用清算人称谓呼声很高,很多专家学者均建议将传统的清算组称谓换成世界上通行的清算人称谓。该建议虽然在修订的公司法中未予采纳,但在2006年公布的《企业破产法》中对原先一直沿用的清算组称谓按照世界各国的立法习惯改称为管理人。破产法的这一重大变革,为我们将来确立统一的公司解散清算人制度作了很好的铺垫。尤其是随着最高人民法院关于破产管理人指定办法司法解释的出台和使用,专业化管理人队伍将逐步确立和发展起来。与此同时,同为进行具体清算事务的公司解散清算人专业化队伍也必将一同发展,清算人制度的确立和完善指日可待。

这里应当注意区分几对概念:

1. 清算人与清算义务人

清算人与清算义务人是两个截然不同的概念。如前所述,清算人是公司解散后接管公司财产、执行公司清算事务的主体。而清算义务人则是指公司解散时,依法负有启动清算程序、对公司组织清算义务的主体。清算人与清算义务人的区别主要在于:

第一,主体不同。清算人区别不同的确立方式分为章定清算人、议定清算人、法定清算人和指定清算人,即清算人可由公司章程或者股东会决议确定,章程或股东会未确定时由法定清算人担任,法定清算人不能担任或有其他障碍时可由法院指定确定。清算义务人则主要包括公司的董事和公司控制股东。

第二,两者所负义务的内容不同。清算人的义务是完成具体的清算事务。清算义务人的义务是负责启动清算程序、组织清算和产生清算人。

第三,二者所负义务的性质不同。清算人的义务是约定或指定的,是基于公司或者法院等的委任或指派产生的,因公司或者法院的解任或清算人的辞任而解除清算人的义务。清算义务人的义务则是法定的,不能任意解除。

第四,不履行义务承担责任的源泉不同。清算人不履行清算义务给公司或者债权人造成损失时承担的赔偿责任源于其与公司之间的委任关系。清算义务人怠于履行清算义务时对公司债务承担的赔偿责任源于其法定的义务。

2. 清算人与清算人代表、清算人会

除清算人外,国外立法中还有清算人会和代表清算人等概念。如《韩国公司法》第542条规定,股份公司一旦进入清算程序,与执行业务无关的股东会及监事会依然存续,并且也可以选任检查人,但是董事、董事会、代表董事丧失其地位,分别被清算人、清算人会、代表清算人代替,处理清算业务。清算人会议作出执行清算事务的意思决定,代表清算人根据清算人会议的意思决定担任有关清算事务的诉讼内外的一切执行。解散之前的公司董事担任清算人时,以前的代表董事成为代表清算人;法院选任清算人时,由法院决定代表清算人。除此以外,以清算人会议的决议来决定。关于清算人会议及代表清算人,准用董事会的召集、决议方法、公司代表等有关董事会及代表董事的规定。①

实际上,清算人会和代表清算人解决的是在清算人为多人时的组织机构和代表人问题。因在公司清算时对清算人的人数法律上并不作限制性规定,故当选任数个清算人时,为执行清算事务的便利,可以从中推选一人为代表清算人,在执行清算事务方面代表公司。在未推选代表清算人时,各清算人均可代表公司。代表清算人实践中来源于代表董事制度。代表董事制度产生的原因在于,由全体董事组成的董事会作为公司执行业务的机关,其具有有关执行业务的所有权利,但如果全体董事都去执行业务,则很难提高经营效率,甚至在代表公司执行业务中还容易出现相互矛盾、相互推诿的情形,故各国公司法均规定可以为此选任代表董事,代表董事作为董事会的派生机关履行职责。代表董事对外代表公司,对内担当业务执行。一般情况下,代表清算人在清算范围内履行代表董事的职责。清算人会是多个清算人组成单独集合体,其议事规则等适用于公司法关于董事会的有关规定。如果清算人会未选任代表清算人的,关于清算事务的执行,取决于过半数同意。对外,各清算人均有权代表清算中公司。

相对于我国现行的清算体制,清算人会在地位上相当于我们的清算组织,代表清算人相当于清算组织的负责人,清算人相当于清算组织的成员。我国在确立清算人制度的同时,可以借鉴上述立法例,在公司规模较大,需要多个清算人执行清算事务时,通过清算人会、代表清算人等概念的确定,来明确清算事务的具体行使方式、代表权限等。

3. 清算人与管理人

清算人和管理人是对不同清算程序中负责清算事务的主体的不同称谓,即清算人系公司解散清算中具体负责清算事务的主体;管理人则是在公司破产清算中具体执行清算事务的主体。关于清算人系清算中公司执行机关的法律属性问题,笔者将在下一节予以深入阐述。对于破产清算程序中管理人的法律属性问题,各国破产法理论中存在着较大争议,主要有以下四种学说:

---

① 参见〔韩〕李哲松:《韩国公司法》,吴日焕译,中国政法大学出版社2000年版,第738页。

一是代理说。该学说认为,破产管理人系代理人身份,其在破产清算程序中以被代理人的名义行使职权。根据被代理对象的不同,又分为破产人代理说、债权人代理说、双重代理说和财团代理说等。该学说的主要理论依据是,虽然破产管理人是由法院指定的,但是清算法律关系主要是公司和债权人之间的财产法律关系,故应属私法代理关系的范畴。

二是职务说,即公吏说。该学说强调清算法律关系是国家强制执行机关(法院)对宣告破产的公司及其债权人之间的公法关系,破产管理人由法院指定,其行使的是类似强制执行机关公务员的职权,其行为是一种职务行为。

三是财团代表说,即机关说。该学说认为,破产财产是因公司被宣告破产而形成的以破产清算为目的的独立财产,这些财产整体人格化形成财团,而清算人就是这种人格化的财团的代表人。

四是社团代表说。该学说认为,破产人和债权人共同构成了一个具有权利能力的社团,破产管理人即为这个社团的代表人。

上述四种学说从不同的角度对清算人的法律地位作出了不同的定位,其中财团代表说是现代破产法理论中最具代表性的学说,美国、日本立法均采此学说,德国也有相当多的学者持此观点。但上述四种学说均有其不能解决的问题。如代理说,不论是代理债权人还是代理破产人,均与管理人制度产生的初衷不一致。破产清算程序中之所以创设管理人制度,旨在以一个与债权人和债务人均无利害关系的中立机构行使清算职权,以避免由破产人或者债权人任何一方管理破产财产而对另一方的利益造成损害,而代理说恰恰不能满足管理人这种中立地位的要求。职务说最大的问题是在债权人会议确定管理人的立法例中,无法解释管理人基于公职的身份履行职责与其由债权人会议产生的矛盾。财团代表说和社团代表说成立的前提必须是有法律明确承认财团和社团具有法人资格,而目前法律中并无此规定。

笔者认为,无论是破产清算中的管理人还是解散清算中的清算人,在法律属性上都应界定为清算中公司负责具体清算事务的执行机关,二者的区别仅限于以下几点:第一,来源不同,管理人来源于破产程序中的指定,包括法院指定和债权人会议指定。清算人来源于解散清算中章程或股东会的决议,或者法定的清算人和法院指定的清算人。第二,因破产清算相对于解散清算而言有其特殊性,故在公司资不抵债前提下启动的破产清算中,基于管理人适当履行清算事务、维护债权人全体利益的需要,法律对管理人履行职责规定了特殊的行为规则,其目的不外乎通过公权力的干预和监督,保障清算的依法进行,以公平保护各方利益主体的合法权益而已。这些特殊行为规则的要求和法院或者债权人指定方式等,并不影响管理人作为清算中公司的执行机关的定性,即破产清算中的管理人和解散清算中的清算人作为公司解散后的执行机关的法律属性并不因不同目的设置的清算程序而有所二致。

(二) 清算人的法律属性

公司解散后不能自行实施清算,必须设置清算机关,具体负责清算事务。清算人作为公司出现解散事由后具体负责公司清算事务的主体,法律明确赋予其保管、清理、估价、处理和分配清算中公司财产的职责。它是联系清算中公司和公司的出资者、债权人、职工,以及法院、主管机关甚至国家等多方主体的纽带。它既要善意维护清算中公司及其投资者的利益,又要维护全体债权人、公司职工以及国家等的合法权益。故各国立法对清算人问题均给予高度的重视。对于清算人的法律属性问题,虽然理论界和实务界曾颇多争论,但从目前各国立法看,对于清算人为清算中公司的代表及执行机关、在清算目的范围内与清算前公司的董事有同一法律地位的属性①应该说是一致的。② 其表述上的不同主要是源于对法人机关本身地位属性的争议。③ 对清算人的法律地位,主要有以下两种学说:

1. 委任说和准委托说理论

大陆法系国家认为,清算人在执行清算业务的范围内其权利义务与公司的董事基本相同,与公司之间的关系属民法上的委任契约关系。委任是指当事人约定一方委托他方处理事务,他方承诺处理的契约。就公司和清算人的委任关系而言,委任人是公司,受托人是清算人,委任标的是公司的清算事务,清算人基于委任关系清算公司财产和债权债务,分配剩余财产。清算人和公司之间的委任关系系就内部关系而言。对外而言,清算人在执行职务的过程中对外代表公司。清算人代行董事会职权,执行公司清算事务并为诉讼上的一切行为,清算人原则上有代表公司的权利。如《德国民法典》第 48 条规定,清算人具有董事会的法律地位。《德国商法典》第 149 条规定,清算人在其事务范围内,在诉讼上和诉讼外代表公司。《德国股份公司法》第 269 条规定,清算人在法院内外代表公司;如果任命了若干清算人,在章程或其他主管机构没有其他规定的情况下,只能由全体清算人代表公司,如果要对公司作出一项意思表示,仅对一名清算人作出即可;章程或其他主管机构还可以规定,由个别清算人单独或与一名代理人共同代表公司。如果章程或股东会授权给监事会,也可由监事会作出同样规定;被授予共同代表权的清算人可以授予其中一名清算人从事某些业务,这一点也同样适用于由单个清算人和一名代理人共同代表公司的情况;清算人的代表权限不得受到限制。我国台

---

① 参见史尚宽:《民法总论》,中国政法大学出版社 2000 年版,第 201 页。

② 在这点上与管理人法律属性的严重分歧是不同的。

③ 如对此问题仅在英美判例法上,就有如下多个角度的表述:基于董事代表公司与第三人从事交易的需要,董事被认为是公司的代理人;基于董事对公司资产的管理和运用,董事被认为是公司的受信托人;基于公司对董事侵权行为、犯罪行为等不法行为承担责任的需要,董事被认为是公司的机关;基于董事为公司提供具体的劳务服务,董事被看作是公司的雇员;基于董事在封闭公司中的特殊性,董事被看作是公司的管理合伙人。参见张民安:《现代英美董事法律地位研究》,第 47 页。转引自李建伟:《独立董事制度研究》,中国人民大学出版社 2004 年版,第 32 页。

湾地区“公司法”规定,清算人执行清算事务有代表公司为诉讼上或诉讼外一切行为之权利,但将公司营业包括资产负债转让于他人时应得到全体股东之同意。《法国商事公司法》第412条规定,清算人代表公司,清算人拥有变卖公司资产(即采取协商的方式变卖)的最广泛的权力。《日本民法总则》第7款第(2)项规定,清算人取代董事,成为其执行机关,处理清算事务,除此之外,其他机关别无变动,原则上董事即为清算人。《日本商法典》第254条第3款规定,董事和公司之间的关系从有关委任的规定,且该条款在《日本商法典》关于无限公司清算、两合公司清算和股份公司清算中,以及有限公司法中都被准用于清算人。《韩国商法典》第542条规定,清算人与公司之间的关系如同董事与公司之间的关系,是准委托关系。

2. 代理说和信托说理论

英美法系国家基于董事与公司的关系,将清算人视为公司的代理人或受托人(vertretertheorie)。英国公司法理论中,关于清算人的法律地位有以下两种观点:第一种观点是将清算人作为公司的代理人。基于代理关系理论,代理人在代理权限内以被代理人名义实施民事法律行为。被代理人应对代理人的代理行为承担民事责任。因此,即使公司通过授权证书授予清算人全部或部分资产的处分权,但资产的所有权仍属公司。资产的出售需以公司名义进行,由此产生的任何责任由公司资产承担,而不是由清算人承担。清算人作为代理人,以其身份对外签订合同也应由公司负责。第二种观点则将清算人作为受托人。在此情况下,清算人行使公司资产管理权。清算人依法行使职权,清理债权债务,分配公司财产。清算人在违反法定职责时应承担个人责任。因此,清算人作为清算中公司的代理人和受托人与一般情形下公司代表董事的地位相同。

综观上述各国法律规定,不难得出如下结论:

第一,对内而言,清算人准用有关董事的规定。无论是基于委任、委托关系理论还是信托、代理关系理论,清算人与清算中公司的关系,如同董事与公司之间的关系,在清算范围和期间内,清算人取代董事,接管董事的全部权力,执行清算事务,系清算中公司的代表机关,是清算中公司所依赖完成公司事务功能的机构。[①]公司的行为能力由其代表机关代表进行。[②] 在公司解散清算阶段,公司的行为能力仅限于进行以清算为目的的范畴,故清算人在执行清算事务范围内,作为公司代表人在其被授权的范围内享有权利并承担相应的义务。作为清算中公司的法人机关,清算人的任务是清理法人的债权债务,而解散前的法人机关(即董事)的任务是管理法人事务,从事经营活动,二者在行为内容上不同,但其身份是相同的。[③] 故有关清算人的报酬、清算人的自己交易、对公司或者第三人的责任、股东

① 参见龙卫球:《民法总论》,中国法制出版社2001年版,第412页。

② 参见柯芳枝:《公司法论》,中国政法大学出版社2004年版,第28页。

③ 参见江平主编:《法人制度论》,中国政法大学出版社1994年版,第161页。

代表诉讼等均准用有关董事的规定。清算人既要对公司负责,也要对债权人负责。董事、经理的职权随清算人的确立而解除。

第二,对外而言,清算人代表公司。公司解散确定清算人后,原公司代表人(代表董事)的代表权终止,由清算人对外代表公司。当清算人为一人时,该清算人当然成为公司的代表人;当清算人为两人以上时,究竟由谁代表公司,各国有不同的立法例。一是单独代表制,如日本和韩国立法均采该制度。除有公司章程规定、股东会或股东大会决议、法院规定外,原则上所有清算人都享有对外各自代表公司的权利;除法院选任清算人的情况外,章程中可以规定或者全体股东一致同意由清算人中的一人或数人分别享有代表公司的权利,而其他清算人不享有代表公司的权利;除法院选任清算人的情况外,章程可以规定或者全体股东一致同意由数名清算人共同代表公司,而单个清算人不享有代表权;法院选任清算人的,法院有权确定其中可以单独代表公司的清算人,或规定数名清算人共同代表公司;在全体清算人都由业务执行股东充任的情况下,除非另有章程规定、股东一致同意决定或者法院决定,原来对于业务执行股东代表公司权利的规定直接适用于清算人。在公司自行选任清算人的情况下,代表清算人由清算人会议以通过决议的方法选任。二是共同代表制,即原则上要求全体清算人共同代表公司。如《德国股份公司法》第 269 条第 2 款规定,如果任命了若干清算人,在章程或主管机构没有其他规定的情况下,只能由全体清算人代表公司。

清算人的代表权利广泛,包括对有关清算事务在诉讼中和诉讼外代表公司的一切权利。如《日本商法典》第 124 条、《德国商法典》第 149 条和《德国股份公司法》第 269 条第 1 款规定,清算人的代表拥有在法庭内外代表公司实施一切行为的权利。对于公司章程或者选任清算人的有关法律文件对清算人的代表权有限制时其法律效力如何这一问题,日本和德国立法有不同的规定。如《德国商法典》第 151 条规定,对清算人的权限范围进行限制的,限制对第三人无效;《德国股份公司法》第 269 条第 5 款规定,清算人的代表权不得受到限制,即该立法例认为公司章程或者选任清算人的法律文件对清算人的代表权作出的限制无效。而《日本商法典》第 78 条第 2 款和《日本民法典》第 54 条则兼顾交易安全和公司内部的意思自治规定,公司章程或者选任清算人的法律文件对清算人的代表权作出的限制不得对抗善意第三人。

我国对于清算人的法律属性问题,目前主要有以下两种观点:

第一种观点认为,应当按照国际惯例,在解散清算中,清算人的地位应是清算中公司的代表及执行机关,对内执行清算事务,对外代表公司了结债权债务,在清算目的范围内,与解散前公司的机关(董事)具有同等的法律地位,即“关于董事之规定,于不违反清算目的之限度,应准用于清算人”①。只不过清算人的任务是清

① 史尚宽:《民法总论》,中国政法大学出版社 2000 年版,第 201 页。

理公司的债权债务，而解散前公司机关的任务是管理公司事务从事经营活动，二者虽然在行为内容上不同，但其身份是相同的。清算人在诉讼中应作为清算中公司的机关代表公司进行诉讼，诉讼主体仍应为公司。

第二种观点认为，清算人系因原公司解散主体资格消灭后，法律专为公司的清算目的而设立的清算法人，是独立于原公司的，其享有的是对原公司的债权债务进行清算的权利能力和行为能力，故在诉讼中清算人应作为诉讼主体参加诉讼。

上述观点突出表现在最高人民法院《关于贯彻执行〈中华人民共和国民法通则〉若干问题的意见（试行）》第60条关于“清算人（清算组织）是以清算企业法人债权、债务为目的而依法成立的组织。它负责对终止的企业法人的财产进行保管、清理、估价处理和清偿。对于涉及终止的企业法人债权、债务的民事诉讼，清算组织可以用自己的名义参加诉讼”的规定，以及最高人民法院《关于适用〈中华人民共和国民事诉讼法〉若干问题的意见》第51条关于“企业法人未经清算即被撤销，有清算组织的，以该清算组织为当事人……”的规定中。且由于上述司法解释的规定，多年以来，我国司法实践中均是将清算人（清算组织）作为诉讼主体。

笔者认为，第二种观点的形成，很大程度上是我国计划经济的产物，在以国有经济为主体的情况下，企业解散时，多由主管机关组织清算组织对解散企业进行清算，该清算组织具有浓厚的行政管理色彩。在涉及解散的法人的民事诉讼中，一方面，将清算组织作为诉讼主体；另一方面，又判决其以原法人的财产为限承担民事责任，这种规定既与合同相对性原则不一致，又不能自圆其说。① 故笔者倾向于第一种观点，即清算人（清算组织）的法律属性为清算中公司的法人机关，而非原公司的延续，其与公司解散前的董事地位相仿。公司进入清算程序后，清算人就取代公司董事而成为公司的代表人。这种观点应该说与国际惯例是一致的，更符合基本法理。我国2005年修订后的《公司法》中虽然没有明确规定清算组系公司清算中的执行机关，但在清算组的职权中已经明确规定清算组代表公司参与民事诉讼活动，且明确清算期间公司存续，对于清算组成员亦按照公司董事的有关规定，规定清算组成员应当忠于职守，依法履行清算义务，清算组成员不得利用职权收受贿赂或者其他非法收入，不得侵占公司财产，清算组成员因故意或者重大过失给公司或者债权人造成损失的，应当承担赔偿责任。《公司法》作为后法和特

---

① 根据《民事诉讼法》第49条、《民法通则》第37条和最高人民法院《关于适用〈中华人民共和国民事诉讼法〉若干问题的意见》第40条的规定，作为民事诉讼当事人的主体包括公民、法人和其他组织，而法人和其他组织最基本的要件是必须具备必要的或者一定的财产，目的是能够实际承担民事责任，否则其作为诉讼主体则无意义而言。按照第二种观点，如果将清算组织作为诉讼主体，则该主体就应当具备承担民事责任的能力，不能一方面作为诉讼当事人参加诉讼活动，另一方面又没有自己的财产，对败诉后的责任又不承担责任，这在理论上是不能自圆其说的。因此，清算组织要么作为诉讼主体，并承担相应的民事责任；要么不作为诉讼主体，仅代表解散的公司（以公司的名义）参加诉讼活动，由解散的公司独立承担民事责任。

别法,实际上已经变更了上述有关法律规范关于由清算组织作为诉讼主体参加诉讼活动的规定。而且,我国《外商投资企业清算办法》(已失效)第 37 条已经明确规定清算委员会主任履行清算企业法定代表人的职责。故应该说我国理论界和实务界关于清算人法律属性的争论可以尘埃落定了。

对于涉及出现解散事由的公司的有关民商事纠纷中当事人的确定问题,因清算中公司与解散事由出现前的公司在法律人格上系同一民事主体,故清算中公司仍应以自己的名义参加诉讼活动。清算人作为清算中公司的法人机关,在诉讼中应当以代表人的身份代表清算中公司参加诉讼活动。在我国现行法律体制下,依法成立清算组织进行清算的,应由清算组织负责人作为代表人参加诉讼活动;未成立清算组织的,仍由原公司代表人作为诉讼代表人参加诉讼。当然,在我国目前司法实践中,对于在未成立清算组织的情况下,诉讼中常常会陷入无人应诉的尴尬境地,对此可适用《民事诉讼法》第 84 条和第 130 条的规定,在被告经依法传唤,无正当理由拒不到庭的,法院可以缺席判决。

(三)清算人的选任

由于公司解散的原因和清算类型的不同,确定清算人的程序、依据和主体也不尽相同。根据清算程序的不同,清算人分为普通清算人与特别清算人。普通清算人是指在普通清算程序中,由法律或者公司章程规定,以及通过股东会决议,或者法院指定的方式产生的清算人。普通清算人又包括法定清算人、章定清算人、议定清算人和选定清算人四种。特别清算人是在特别清算程序中负责清算事务的清算人。原则上特别清算人由原普通清算程序中的普通清算人继续担任,特别清算人一般情况下准用普通清算人的有关规定。普通清算人的四种类型即为清算人选任的四种途径。

1. 法定清算人的选任

法定清算人,又称为当然清算人,是指根据《公司法》等相关法律的直接规定产生的清算人。公司立法对清算人选任的规定,一般均考虑到公司组织形式的特性,对不同性质的公司作出不同的规定。法定清算人一般有以下两种不同的规定:

第一,由出资人担任法定清算人。投资人担任法定清算人主要是针对独资公司和人合公司,包括具有人合属性的有限责任公司。即对于上述性质的公司,原则上由公司的出资人担任法定清算人。这里还有两种模式:一是由全体出资人作为法定清算人,如《德国商法典》第 146 条和我国台湾地区“公司法”第 79 条的规定。我国台湾地区“公司法”第 127 条规定有限责任公司的全体股东为公司的法定清算人,在全体股东清算期间,如果有股东死亡,则清算事务由其继承人进行。

继承人有多人时,应由继承人中推选一人进行清算。① 如果继承人均为未成年人,则由其法定代理人负责清算事务。二是仅由业务执行股东作为法定清算人,如我国台湾地区"公司法"规定,两合公司由全体无限责任股东作为法定清算人,而有限责任股东不承担清算责任。《日本商法典》第 121 条规定,有限责任公司的清算由执行业务的股东负责,但经股东过半数决议另选清算人的,不在此限。对于股东死亡的,《日本商法典》第 144 条规定,在继承人有数人时,关于清算事务,应指定一人行使股东的权利。《瑞士债法典》第 583 条也作了类似规定。

第二,由董事担任法定清算人。董事担任法定清算人主要是针对资合性质的公司。如《德国股份公司法》第 265 条规定,董事会成员作为清算人处理清算事宜。我国台湾地区"公司法"第 322 条规定,股份有限公司的清算,以董事充任清算人为原则。这里的董事是指全体董事,即使原设有执行业务代表或者代表公司的董事的,亦指全体董事。《韩国商法典》第 531 条规定,对于股份有限责任公司原则上董事当然成为清算人。此处所说的董事包括由法院选任的行使临时董事职务的假董事。在依解散命令或者解散判决而解散的情形下,公司董事不能担任清算人。

我国《公司法》虽然未明确规定公司的法定清算人,但在第 184 条规定,有限责任公司由股东组成清算组、股份有限责任公司由董事组成清算组进行清算,由此可以推定,有限责任公司的股东和股份有限责任公司的董事应为法定清算人。

一般情况下,法定清算人无须任何特别的聘任程序即可成为清算人履行清算事务。当然,有的国家规定,即使是法定清算人也必须办理一定的登记手续。如《德国有限责任公司法》第 67 条规定,法定清算人担任清算人时无须任何特别的聘任程序,所需履行的手续是必须在商务注册处登记。②

2. 章定清算人的选任

章定清算人是指根据公司章程的规定产生的清算人。公司章程的效力始于公司的成立,终于公司的消灭。各国公司法在清算人的确定上一般均适当地给予公司自主选择的空间,对公司章程中关于确定清算人的有关规定的效力予以承认。章程,一是可以规定清算人产生的办法,在公司解散后,由股东会根据章程规定的办法产生具体的清算人,一般不再强行按照公司法的规定确定清算人或者另行选派清算人。二是可以直接在章程中指定具体的清算人人选,在公司解散事由出现后,即由该指定的人担任清算人。如《德国有限责任公司法》第 66 条、《法国公司法》第 1844 之八条和我国台湾地区"公司法"第 322 条第 1 款但书均规定清

---

① 参见我国台湾地区"公司法"第 66 条的规定,死亡为退股的原因,继承人不能继承股东资格。按公司既经决议解散,清算为股东的义务,其目的在于结束公司的事务,不须负信用关系,所以由继承人继承其清算事务。

② 参见〔德〕托马斯 · 莱塞尔、吕迪格 · 法伊尔:《德国资合公司法》,高旭军、单小光、刘晓海等译,法律出版社 2005 年版,第 668 页。

算人可按公司章程的规定任命，且原则上如果公司章程对清算人有规定，首先依据公司章程确定清算人，而不是以法定清算人为公司清算人。

3. 议定清算人的选任

议定清算人一般是指在公司章程中未确定清算人的情况下，公司可以通过股东会决议的方式确定清算人。股东会作为公司的最高权力机构，有权决定公司的一切重大事项，故当公司章程对清算人未作规定时，股东会有权通过决议的方式确定清算人。而且即使在公司章程对清算人人选作出规定的情况下，股东会仍然有权通过股东会特别决议的方式，通过变更公司章程的方式另行选任清算人。除上述需要变更公司章程另行选任清算人的以外，一般情况下，股东会决议选任清算人以普通决议的方式作出。《韩国商法》第531条规定，若在清算中公司的股东会上作出选任董事的决议时，不得视其为无效，而应视为选任了清算人。对于选任清算人的瑕疵，《韩国商法》第542条规定，在股东会上选任清算人或者董事成为清算人的情形下，可以争执选任决议的瑕疵。在这种情况下，即使尚未确定清算人选任决议的无效、取消的判决，也可以申请停止其执行职务或者选任职务代行者的假处分。我国台湾地区"公司法"规定，通过公司章程或者股东会决议确定的清算人不限于公司股东，即使第三人，如律师、会计师或其他人均可被选任为公司的清算人。公司选任或者解任清算人，无须公司全体股东同意，只须由股东过半数同意即可。选任清算人与公司之间系基于委任关系，故应适用民法上关于委任的规定。两合公司中选任清算人时，以无限责任股东过半数的决议选任清算人，而无须有限责任股东的同意。

4. 选定清算人的选任

（1）法院选定。选定清算人一般是指在公司出现解散事由后因章程未规定清算人，股东会亦未选任清算人，董事等法定清算人又因故（如因经济犯罪逃匿等）不能担任清算人的情况下，即一般是公司股东只剩一人，或因股东全部死亡、破产或受禁治产的宣告尚未复权的，或因公司倒闭股东全体逃亡等情形，法院依据利害关系人的申请选派的清算人。

一般情况下，选派清算人系法院依据利害关系人的申请，如果没有利害关系人的申请，法院不得自动选派。所谓利害关系人，是指公司的债权人、债务人或者其他与公司结束有密切关系的人，甚至包括年老或者身体残疾无法胜任清算事务的股东。[①] 当然，基于对小股东的特别保护，也有国家法律规定可以基于符合一定条件的股东的要求，由法院指定清算人。如《德国股份法》第265条第3款规定，如果存在重要原因，拥有或者合并拥有5%以上公司股本的小股东可以要求由法院指定或者解聘清算人。拥有100万欧元以上股本的股东也拥有同样的权利。[②]

---

① 参见梁宇贤：《公司法论》，台北三民书局2003年版，第200页。

② 参见〔德〕托马斯·莱塞尔、吕迪格·法伊尔：《德国资合公司法》，高旭军、单小光、刘晓海等译，法律出版社2005年版，第345页。

《德国有限责任公司法》也规定,持有10%以上公司股份的股东可以申请注册法院指定清算人。

对法院选派的清算人,公司不得拒绝或者另行任命。能够被法院指定为清算人的,不要求必须是公司的股东,也不受是否与公司有任何利害关系条件的限制。通常情况下,被法院选任为清算人的是具有从事清算业务资格的有关人员,如专业的清算人、会计师事务所和律师事务所等相应专业机构的从业人员。我国台湾地区"非讼事件法"第81条及第85条规定,对于法院选派清算人,由本公司所在地的地方法院管辖,并依该法第64条的规定向法院申请时,应当附具证明资格及法定事由的文件。同时该法第86条和第87条分别规定,未成年人、禁治产人、被夺公权尚未复权的人、受破产宣告尚未复权的人、曾任清算人而被法院解任的人,均不得选任为清算人;选任清算人应当酌情付给报酬,其报酬由公司负担,其数额由法院征询股东意见后决定。美国《特拉华州法典》第八篇第279节规定,根据本章规定组成的任何一家公司,不论以何种方式解散,衡平法院按照任何一位债权人、股东或公司董事,或任何有正当理由的其他人的申请,可以在任何时候指派一位或多位公司董事成为委托人,或指派一位或多位其他人成为为公司工作的财产管理人。也有国家规定,在因法院命令解散时,公司的出资者或者董事不得成为清算人。如日本和韩国商法中规定,如果公司是因法院的命令解散的,则投资人或者董事不得成为清算人,必须由法院根据利害关系人或者依据职权选任他人为清算人。① 另外,《日本商法典》规定,除因利害关系人的申请法院可以选任清算人外,公司解散时法院因法务大臣的请求或依职权也可选任清算人。②

特别情况下,法院可以依职权直接选派清算人。如《韩国商法》规定,当公司股东仅剩一人而解散时,或者因解散命令或解散判决而解散时,法院可以根据股东及其他利害关系人或者检察官的请求,或者依法选任清算人。作出这样规定的目的是为了防止在上述情况下公司确定的清算人在清算中恶意处分公司财产,损害债权人利益。同时,韩国法院判例认为,当两个清算人中一人死亡,清算人仅剩一人时,或者即使有清算人但无法行使职务时,可以类推适用上述规定,由法院选任清算人。③

(2)主管机关选定。除法院选派清算人外,有的国家和地区立法规定,特殊情况下也可由有关主管机关选派清算人。如我国台湾地区"保险法"第149条第3项规定,对于保险公司解散的,其清算人由主管机关选派。我国《外商投资企业清算办法》(已失效)第3条和第36条亦规定,企业不能自行组织清算委员会进行清

---

① 参见〔韩〕李哲松:《韩国公司法》,吴日焕译,中国政法大学出版社2000年版,第737页。

② 《日本商法》第122条规定,公司解散时法院因利害关系人或者法务大臣的请求,或依职权选任清算人。

③ 参见汉城地方法院1971年7月9日判决,转引自〔韩〕李哲松:《韩国公司法》,吴日焕译,中国政法大学出版社2000年版,第138页。

算,或者依照普通清算的规定进行清算出现严重障碍的,企业董事会或者联合管理委员会等权力机构、投资者或者债权人可以向企业审批机关申请进行特别清算。企业进行特别清算的,由企业审批机关或者其委托的部门组织中外投资者、有关机关的代表和有关专业人员成立清算委员会。我国《金融机构撤销条例》第8条也规定,商业银行依法被撤销的,由中国人民银行组织成立清算组;非银行金融机构依法被撤销的,由中国人民银行或者中国人民银行委托的有关地方人民政府组织成立清算组。清算组由中国人民银行、财政、审计等有关部门、地方人民政府的代表和被撤销的金融机构股东的代表及有关专业人员组成。清算组组织及成员,由中国人民银行指定或者经中国人民银行同意。我国《公司法》也有关于公司违反法律、行政法规被依法责令关闭的,应由有关主管机关组织股东、有关机关及有关专业人员成立清算组进行清算的规定。

上述清算人产生的四种方式是互相分工、互相补充的。英美法系国家一般规定,公司自愿解散或依行政命令解散时,公司自行选任清算人处理清算事务,属于法定清算人、章定清算人或议定清算人的情形;公司依司法程序解散时,清算人由法院指定的财产管理人(trustee)担当,属于选定清算人。大陆法系国家一般尊重公司自治原则,以公司章定、议定、法定的先后顺序确定清算人,如果以上各方均未确定清算人,则由法院指定。如《德国有限责任公司法》第66条规定,除宣告破产外,公司解散后应由董事进行清算,但章程和股东决议亦可规定由其他人进行清算;有股份总和达股本总额的1/10的股东申请,且有重要理由时,可由法院任命清算人;具备与任命相同的要件时,法院可撤换清算人;非经法院任命的清算人,亦可在其任职期满前,由股东决议予以撤换。《法国公司法》第1844条之八规定,清算人按章程的规定任命,章程未作规定的,由全体股东任命,股东未能任命的,由司法判决任命。也就是说,如果公司章程对清算人有明确规定的,公司解散时按照公司章程的规定确定清算人;如果公司章程未作规定或者仅就清算人的产生办法、程序等进行了规定,则在公司解散时,由公司的股东会按照章程规定的产生办法、程序选任,或者由股东会按照公司的议事规则选任清算人;如果公司章程或者股东会未对清算人予以规定或者决议的,公司可直接按照公司法规定的主体为公司的清算人;如果按照上述办法无法产生清算人的,公司的债权人或者公司的有关股东可以向法院和其他行政管理机关等主体提出指定清算人的申请,法院或者其他行政管理机关可指定具体的清算人。当然,在少数国家立法中,除了上面谈到的清算人产生的四种方式外,如英国等国家规定,债权人也享有选任清算人的权利,且在自愿清算中,大多数情况下是债权人选任清算人。[①] 同时,在统一规定公司清算规则的《法国商法典》中,没有法定清算人的规定,对于清算人的选任

① Fiona Tolmie, Introduction to Corporate and Personal Insolvency Law, Sweet & Maxwell (London), 1998, pp. 159-160.

系根据公司解散原因的不同而不同。根据该法第406条至第408条的规定,公司自愿解散时,清算人由股东任命;股东不能任命一名清算人的,法院应任何利害关系人的申请任命清算人;在法院裁判解散时,清算人由法院在裁决中任命。[①]

清算人选任后,除法定清算人外,章定清算人、议定清算人和选定清算人必须经过就任承诺后,方可确认其清算人地位,与公司发生权利义务关系。同时,清算人就任之日即为清算开始之日。并且,清算人就任后,应当通知法院,并将其姓名、住址及就任日期留法院备案。如由法院选派的,应将清算人的就任及基本情况进行公告,以便于法院及公司利害关系人对清算事宜实施监督。[②]

我国目前《公司法》中关于清算人(清算组的组成)的选任上存在以下几个问题:

第一,我国《公司法》规定,有限责任公司的清算组由股东组成,这里未对股东人数众多的情况下如何确定清算组成员作出进一步的规定。在有限责任公司股东人数不多的情况下,由全体股东成为公司的清算人直接进行清算,有利于保护全体股东自身的利益,并能提高清算效率,降低清算成本。但是,根据现行《公司法》的规定,有限责任公司股东人数最多可达50人,在公司股东人数众多的情况下,如果全部股东均作为清算组成员进行清算,其效率问题就产生质疑了。所以,在此情况下,是否可以考虑由股东会通过决议的方式选定其中一部分股东具体进行清算,一方面可以提高清算的效率,另一方面可充分兼顾各个股东利益的保护。

第二,我国《公司法》仅赋予债权人在有限责任公司、股份有限公司逾期未成立清算组进行清算时,有权申请法院指定有关人员组成清算人进行清算,但却忽视了对公司中小股东权利的保护。应该说,除了公司的债权人有权申请法院指定清算人外,公司的中小股东作为公司剩余财产权利的享有者,也应当具有相应的司法救济权利。正如德国法律规定,法院可以根据监事会或占股份数5%或者100万马克的少数股东申请任免清算人一样,在特定条件下,法院根据一定条件下股东的申请可以对清算人予以指定。这里强调的是一定条件下的股东,而非所有股东,目的是为了防止个别股东的权利滥用而影响正常清算的进行。

第三,我国法律对法院在组织特别清算中如何选任清算人等亦缺少明确的规定,这在法制健全的国家都有相应的规定。如《美国示范合同法修正本》规定,在公司被提起解散的司法程序时,法院可以指定一位或者多位财务管理人员去结束和清理公司的业务和事务,或指定一位或者多位保管人去经营公司的业务和事务。

第四,我国除有法院指定清算人的规定外,还在《公司法》和《外商投资企业清算办法》中规定有关公司(企业)的主管机关负责组织清算组进行清算。而且实践

① 参见金邦贵译:《法国商法典》,中国法制出版社2000年版,第257页。

② 参见高程德主编:《中国公司法实务》,企业管理出版社1994年版,第393页。

中这种由部门主管机关负责组织清算组进行清算的比例相当大。这种法律体制与我国传统的计划经济和国有经济是密切相关的。在国有企业为主的传统经济体制下,企业的管理大多是通过行政主管机关进行的,所以在公司(企业)强制解散的时候,公司(企业)的清算也规定由其主管机关负责组织清算组进行。这种状况随着我国计划经济向市场经济的转化、国有企业改制的深入,以及公司制的真正建立,由主管机关指定清算人的情形应逐渐减少。尤其在规范的公司制情况下,公司作为独立的市场经济主体,其主管机关缺失,公司的解散、终止多是依据公司自己(包括公司的股东)的意志,而非像传统的国有企业,大多由主管机关通过作出撤销、关闭决定来解散。即使在公司因违反法律、行政法规等被行政执法机关勒令退出市场的,作为行政执法机关也不必担负起指定清算人的职责。这种需要由国家公权力机关选定清算人的情形,应该统一到一个部门进行,以防止权利适用上的混乱。也就是说,我国完全可以在适当的时候参照国外立法将选定清算人的职责统一由司法部门解决,这样也可以减轻行政主管机关工作上的负担。

第五,我国《公司法》对清算人的任职时间缺少相应的规定。清算人的任职时间,因直接关系到清算人是否履行了其法定义务,也关系到其责任开始的时间,有必要在公司法中予以规定,应区别不同性质的清算人确定不同的任职日期。即公司章程事先约定清算人的,公司宣布解散之日就是其任职之日;公司解散时股东会决议选任清算人的,选取之日即为其就任之日;法定清算人担任清算人的,自法律规定的清算人选任期限届满之日为其就任之日;法院指派或者有关主管机关指定清算人的,指派之日或者指定之日即为清算人就任之日。

(四)清算人的解任

清算人的解任又称为清算人的终任,是指被选任为清算人的人在法定情形出现时丧失清算人身份,终止与清算中公司的关系,不再负责公司的清算事务。

1. 正常解任和非正常解任

清算人的解任有广义和狭义之分。广义的解任包括因清算终结清算人的正常解任和因清算人的违法行为或者丧失能力等原因导致的非正常解任。正常解任一般是指自公司清算完毕,清算报告经股东会或者法院通过之日清算人身份的解除。《日本公司法》和我国台湾地区"公司法"均有类似规定。非正常解任主要是因清算人显著不适任或者故意、过失实施重大违反义务的行为时,或者清算人生病、死亡、破产、丧失行为能力等导致的委任关系的终止事由发生,以及清算人因故主动辞任等。一般情况下所言清算人的解任是指非正常解任。

2. 股东会决议解任和法院裁定解任

从作出清算人解任决议的主体上区分,可将清算人的解任分为股东会决议解任和法院裁定解任。公司股东会作出解任清算人的范围应仅限于法定清算人、章定清算人和议定清算人,而不包括法院选派的清算人。也就是说,股东会只能就法定清算人、章定清算人或者议定清算人通过普通决议的方式解任,而法院选派的清算人是不能通过股东会决议的方式解任的。法院裁定解任除针对法院选派的清算人作出外,还可以对其他三种清算人作出解任决定。在清算人明显不能胜任清算工作或者有重大违反清算人义务的行为时,出资者或者债权人可以申请法院裁决解任清算人。对于出资者申请解任的,立法往往要求其必须持有一定数量的股份并持股一定时间以上。如《日本商法典》第426条第2款规定,有重要事由时,法院可以根据6个月前连续持有已发行股份总数3%以上股东的请求解任清算人。《韩国商法典》第539条第2款也有类似规定,但没有持股时间的要求。我国台湾地区"公司法"第82条规定,对于有限责任公司,法院因利害关系人的申请,认为必要时,可以解任清算人;但股东选任的清算人,需要由股东过半数同意将其解任。所谓认为必要时,应由法院就事实进行判定,如是否怠于履行清算事务、不利于关系人等情形。同时,这里所说的股东过半数同意解任,是针对表决股东的人数而言,而非指股东的出资额。而对于股份有限责任公司,该法第323条规定,法定清算人、股东会选任的清算人及法院选派的清算人,法院均得因监察人或者连续1年以上持有已发行股份总数3%以上股东的申请,将其解任。法院认为公司解散后清算人有违法或者不称职,有必要解除的,可以解除,但解任时,应由公司继承人于15日内向法院申报并予以公告。《日本商法典》对清算人的解任亦同样规定,由股东选任的清算人可由股东随时经股东过半数同意解任;有重要事由时,法院亦可依利害关系人的请求将其解任。

(五)清算人的权利

如前所述,清算执行人在清算公司中的地位相当于正常运营公司中的董事,但是其权利仅限于清算事务。清算人在执行清算事务范围内,有权代表公司从事一切活动,包括对财产的处分及民事诉讼等。清算人的权利具体包括以下几方面:

1. 清算人执行清算事务的权利

清算人对内有执行公司清算事务的权利。清算人执行清算事务的权限即为其职责范畴,主要包括处理与清算有关的公司未了结的业务;收取债权、清偿债务;清理公司财产,编制资产负债表和财产清单;通知或者公告债权人催报债权;分配剩余财产;清缴公司所欠税款;制作清算报告并办理注销手续;申请宣告破产或启动特别清算程序等。很多国家立法例均规定,清算人为二人以上时,关于清算事务的执行,应当由全体清算人过半数以上同意作出决议。如《韩国商法典》第254条第2款规定,清算人为数人时,以过半数决议来决定。

2. 清算人代表公司的权利

清算人在执行清算事务范围内,有权代表公司进行诉讼上或者诉讼外的一切行为。与公司董事一样,清算人对外拥有无限的代表权,且这一权利是不受限制的。有人认为,清算人仅在清算范围内有代表权,这种观点既不符合机构代表权的基本原理,亦不符合法律交往的实际需要。清算人有一人时,由该清算人代表公司。清算人有多人时，一般情况下应当推选一个清算人代表公司[①]；如未推选时，各个清算人对外均有代表公司的权利。对于清算人代表权利的限制，不得对抗善意第三人。[②] 对此，《韩国商法典》规定，清算人为数人时，应各自代表公司，但可根据全体社员的同意指定代表清算人，又可规定共同代表清算人，业务执行社员成为清算人时，可根据从前的规定代表公司，法院选任数名清算人时，可以指定代表公司者或数人共同代表公司，但是对代表清算人权限的限制，不能对抗善意第三人。《德国股份公司法》规定，在章程或主管机关对各位清算人的代表性没有规定的情况下，则由全体清算人共同代表公司，任何第三人向任何一位清算人的意思表示或行为，均对全体清算人和公司发生效力。我国台湾地区"公司法"第85条第1项规定，清算人为数人时，得推定一人或数人代表公司，如未推定时，各有对于第三人代表公司之权利。关于清算事务之执行，取决于过半数之同意。我国在由清算组或者清算委员会的形式进行公司清算情形下，原则上由清算组负责人或者清算委员会主任对外代表公司行使权利。[③]

3. 清算人请求报酬的权利

因清算人与公司之间的关系，准用有关委任的规定。[④] 故基于委任关系，清算人有权向委任方即清算公司请求相关的报酬。具体报酬金额的确定，一般情况下，公司选任的清算人的报酬，按照其与公司的约定确定；由法院选派的清算人的报酬，由法院酌定。对此，我国台湾地区"公司法"第325条规定，清算人得请求报酬，其报酬数额，除由法院选派者由法院决定外，余均由股东会议定之。清算费用及清算人之报酬，由公司现存财产优先给付。同时规定，法院为酌定清算人报酬时，应当征询董事及监察人的意见。至于保险公司的清算，依据我国台湾地区"保险法"的规定，清算人的报酬及因执行职务所生的费用，由清算保险业负担，并优先于其他债权受到清偿。该项报酬应报请"财政部"核定。《德国股份公司法》第2条第4款规定，法院任命的清算人有权要求得到适当的现金补助和工作报酬。如果法院任命的清算人和公司不能取得一致意见，则由法院确定补助和报酬的数额。对于法院裁判允许提出即时抗告。

我国《公司法》对清算组成员的报酬未作规定。鉴于目前清算组一般是由政府各部门派出的人员组成的，还不是真正意义上的清算人概念，其劳动报酬已经涵盖在国家支付的工资中，故不支付这些人员清算的报酬是可行的。但随着职业

① 《韩国商法典》称为代表清算人。

② 参见梁宇贤：《公司法论》，台北三民书局2003年版，第205页。

③ 我国《外商投资企业清算办法》（已失效）第37条规定，清算委员会主任行使企业法定代表人的职权。

④ 《韩国商法典》第265条至第382条第2款规定，关于公司和清算人之间的关系，准用有关委任的规定。我国台湾地区"公司法"第97条规定，清算人与公司之关系，除本法规定外，依民法关于委托之规定。

化清算人不断加入到清算中来,即使其仍是作为清算组成员参加清算活动,对其付出的劳动亦应支付合理的报酬。实际上目前实践中已经存在这种情形了。如证券公司破产前,由证监会组织的行政清算中,很多是由专业的律师事务所或者会计师事务所等进行的清算,而且证监会也已规定了相应支付报酬的方法。而且,最高人民法院起草的确定管理人报酬的司法解释可作为确定清算人报酬的参考。① 当然管理人的报酬和清算人的报酬还是有一定区别的。在公司财产不足以偿还全部债务的情形下,管理人在获取劳动报酬时,必须要兼顾公司债权人及职工利益、国家税收利益等多方利益的平衡。而在公司尚未出现破产原因时,清算人报酬的获取相对约束会小些。对于公司自行确定的清算人,其报酬只要公司和清算人双方形成合意即可;对于法院指定的清算人,法院在确定清算人的报酬时,只要不是明显不合理即可。

对于清算人的权限,公司的股东会在不影响正常清算范围内,有权对清算人的权限加以限制。如规定清算人非经股东会许可,不得自行定价出售公司固定资产、转让公司营业和资产负债等。但这种限制不得对抗第三人。②

(六)清算人的义务

由于清算人在公司中的地位实质上就是公司董事的地位,因此国外公司立法通常规定董事的义务准用于清算人,要求清算人在执行清算事务时应负善良管理人的注意义务,忠于职守,依法履行职责。对此,《日本商法典》第 434 条规定,在特别清算情形,清算人对公司、股东及债权人负有公正且诚实处理清算事务的义务。《德国有限责任公司法》第 71 条规定,清算人适用关于公司董事权利义务的有关规定。其中包括,应以正当商人的注意处理公司事务,如违反其义务,应对所发生的损害对公司负连带责任。我国《公司法》第 190 条第 1 款也规定,清算组成员应当忠于职守,依法履行清算义务。概括起来,清算人的义务是对股东和债权人的忠实义务和诚信义务,依法履行清算义务,不得利用职权收受贿赂或者其他非法收入,不得侵占公司财产,以维护公司股东和债权人的利益;在履行职权过程中必须有足够的谨慎注意义务,妥善、公正地处理清算公司的财产,保障公司财产完好无损;以及公法上的义务,如不得违反国家有关公司清算的强行性法律规定等。

清算人的义务可分为对清算中公司的义务、对债权人的义务和接受监督的义务三类。

1. 清算人对于清算中公司的义务

公司解散事由出现后,在清算范围和期间内,清算人取代董事全面接管公司

---

① 最高人民法院《关于审理企业破产案件确定管理人报酬的规定》(法释〔2007〕9 号)自 2007 年 6 月 1 日起施行。可参阅本书附件 9 的相关内容。

② 参见高程德主编:《中国公司法实务》,企业管理出版社 1994 年版,第 397 页。

事务,对外代表清算中公司表示意思、对内执行清算事务。因此,公司清算人对公司的义务,与董事对公司的义务相似,即对公司的善良管理人的注意义务。善良管理人的注意义务是民法确定主观过错的较高标准,意即要求清算人执行清算事务时的注意程度必须与其作为清算人的身份及自己的职业、地位、能力、学识等相适应,清算人处理公司事务,应具有与处理本人事务同一程度的谨慎和勤勉,并确信其采取的措施是在当时具体条件下最有利于公司的选择。清算人的善良管理人的注意义务具体可分为忠实义务和勤勉义务。忠实义务是从道德角度对清算人作出的要求,是指清算人应当忠实履行其职务,不得使自身利益与公司的利益相冲突,不得自己受益而公司受损。勤勉义务是从是否称职角度对清算人作出的要求,是指清算人必须诚实信用地履行其职责,表现出一般审慎者处于相似位置时在类似情况下所表现出的勤勉、注意和技能。公司法关于董事对公司的义务,唯一对清算人的例外是,因清算中公司不得开展新的业务,因此,清算人不负竞业禁止的义务,即清算人可以从事与公司同样的业务。对此,《德国股份公司法》第268条明确规定,该法第88条规定的禁止竞争不适用于清算人。

2. 清算人对于债权人的义务

清算人对债权人的义务主要有,清算人不得隐瞒公司债务,不得故意不通知已知债权人申报债权。在付清清算费用、职工工资和劳动保险费用、缴纳所欠税款后,应当依法清偿公司债务。清算人应当在清算期限内完成清算工作,不得故意拖延。

3. 清算人接受监督的义务

清算人应当接受来自内部监督和外部监督两个方面的监督。内部监督主要体现在两个方面:一是清算人以组织的名义对其成员进行监督,这种监督主要通过清算人会的方式进行;二是通过法律的规定强化清算人的义务,清算人因违反义务,故意或过失对公司财产造成实质性损害时,清算人应承担相应的法律责任。外部监督包括法院、债权人会议、监察委员会等多元化的监督主体。各国法律都赋予法院全面控制权和否决权,多数国家都授权债权人会议选出常设机构,代表债权人会议实行日常的监督工作。虽然公司股东、监事会和债权人会议都有权对清算人行使职权进行监督,但法院的监督是核心,其他利害关系人往往要通过向法院申请而启动法院的监督方能实现。

4. 清算人自己交易禁止的义务

有的国家明确规定,清算人的自己交易受到限制①,但因清算中公司不能继续进行经营活动,故清算人不承担竞业禁止的义务,也就是说,清算人在担任清算人期间可以进行与清算中公司相同的业务。

---

① 《韩国商法典》第199条至第265条。

（七）清算人的法律责任

前已述及，清算人在其执行清算事务范围内，其权利和义务原则上与董事一致。清算人与公司之间的关系，属于有偿委托—代理关系，根据代理制度和理论，无论是意定代理的代理人还是法定代理的代理人，都负有勤勉工作并为本人谋取利益的义务①，故清算人应当善意而认真地履行职责。清算人如同董事一样，负有的诚信义务包括谨慎义务（duty of care）和忠实义务（duty of loyalty）。清算人的忠实义务主要是针对其履行清算事务与自身利益发生冲突的情况下，要求清算人在履行职责时，必须以清算中公司的最大利益作为出发点，不得使自己的利益与所承担的对公司、公司股东和公司债权人的义务发生冲突，不得作出有损于公司、股东和公司债权人利益的行为。清算人的谨慎义务，也被称为勤勉义务，参照新泽西州最高法院在佛朗西斯诉新泽西联合银行案（1981）中给董事所下的定义："公司董事必须以诚信履行其义务，表现出处于类似位置的通常审慎者在类似情况下所表现出来的勤勉、谨慎或技能。"②对清算人的谨慎义务可以解释为，清算人应当善意地并且按照同样一个通情达理的人在相似的情形下所应表现出的勤勉、谨慎和技能行事。③ 这是在不存在利益冲突的情况下，清算人应当承担注意和谨慎义务的最低标准。简言之，就是指清算人（董事）谨慎职责初期的构建得益于侵权法的过失理论，是从针对普通人的常识所建立起来的过失侵权原则中得到启发而发展起来的。④ 清算人的法律责任是指清算人在违反其忠实义务和谨慎义务时所应承担的法律责任。清算人除应依法履行清算职责外，其清算终结时，还应当明确报告其处理清算事务整个过程的始末，提出清算报告并造具清算期间收支报表和各种财务账册，报股东会或者法院确认。只有经确认后，清算人的责任才能解除。但清算人的行为有违法现象的，并不因清算的终结而解除，清算人仍然要对其违法行为承担相应的法律责任。规定清算人的法律责任对保证公司清算的公正高效进行和保护债权人的利益均有其积极意义。

清算人的法律责任是与其清算义务紧密相连的。清算人未履行相应义务时，则应承担相应的法律责任。从各国立法看，清算人的责任包括刑事责任、行政责任和民事责任三种责任形态。

1. 清算人的民事责任

如前所述，清算人的性质相当于公司存续期间的董事，其与公司之间系委任关系。故当清算人违反法律规定，未尽善良管理人的忠实义务和勤勉义务，因其故意或者过失行为给公司或其股东和债权人造成损失时，应当承担相应的责任。

---

① 参见梁慧星：《民法总论》，法律出版社 1996 年版，第 210 页。

② 朱伟一、董婉月编著：《美国经典案例解析》，中国法制出版社 2000 年版，第 329 页。

③ 参见柯皓：《美国公司法上的董事谨慎义务》，载沈四宝主编：《国际商法论丛》（第 2 卷），法律出版社 2000 年版，第 194 页。

④ 参见沈四宝：《西方国家公司法原理》，法律出版社 2006 年版，第 284 页。

《日本商法典》第 430 条关于清算人的准用规定中列举了董事对公司的各项义务和责任。该法第 134 条第 2 款还规定，清算人怠于其职务时，应对公司负连带损害赔偿责任；于前款情形，清算人有恶意或重大过失时，对第三人也负连带损害赔偿责任。《法国商事公司法》第 400 条规定，清算人对在执行其职务过程中所犯错误造成的损害，向公司和第三人承担责任。我国台湾地区"公司法"第 95 条规定，清算人应以善良管理人的注意处理职务，如有怠忽而致公司发生损害时，应对公司负连带责任；其有故意或者重大过失时，并应对第三人负连带责任。我国内地《公司法》第 190 条也规定，清算组成员应当忠于职守，依法履行清算义务。清算组成员不得利用职权收受贿赂或者其他非法收入，不得侵占公司财产。清算组成员因故意或者重大过失给公司或者债权人造成损失的，应当承担赔偿责任。

2. 清算人的刑事责任

清算人严重违反义务，侵害公司和债权人利益的，除承担民事赔偿责任外，还要承担刑事责任。如《法国商事公司法》第 486 条至第 488 条规定，公司清算人如有在清算结束时没有召集股东会对清算结果进行确认或未在一定期限内提交资产负债情况、清算进展情况的报告等行为的，将被处以两个月至 6 年的监禁及 2000 至 6 万法郎的罚金，或单处监禁或罚金；清算人明知违背公司的利益，为了个人的目的或为了有利于另一个他们有直接或间接利害关系的公司或企业使用清算公司的财产或罚款的，将被处以 1 至 5 年的监禁及 2000 至 6 万法郎的罚金，或单处监禁或罚金。我国台湾地区"公司法"第 90 条规定，清算人非清偿公司债务后，不得将公司财产分派于各股东。清算人违反前项规定，分派公司财产时，各处 1 年以下有期徒刑、拘役或科以 6 万元(台币)以下罚金。由于我国公司立法的习惯，在《公司法》第 216 条规定，违反本法规定，构成犯罪的，依法追究刑事责任。同时，我国《刑法》第 162 条对妨害清算罪作了相应的规定，即公司、企业进行清算时，隐匿财产，对资产负债表或者财产清单作虚伪记载或者在未清偿债务前分配公司、企业财产，严重损害债权人或者其他人利益的，对其直接负责的主管人员和其他直接责任人员，处 5 年以下有期徒刑或者拘役，并处或者单处两万元以上 20 万元以下罚金。

3. 清算人的行政责任

对于清算人的行政责任，主要体现在清算人违反法律和法规的强行性规定。如我国《公司法》第 205 条和第 207 条分别规定，公司在合并、分立、减少注册资本或者清算时，不按照本法规定通知或者公告债权人的，责令改正，对公司处以 1 万元以上 10 万元以下的罚款。公司在进行清算时，隐匿财产，对资产负债表或者财产清单作虚伪记载或者未清偿债务前分配公司财产的，责令改正，对公司处以隐匿财产或者未清偿债务前分配财产金额 5% 以上 10% 以下的罚款；对直接负责的主管人员和其他直接责任人员处以 1 万元以上 10 万元以下的罚款。清算组不按照该法规定向公司登记机关报送清算报告，或者报送清算报告隐瞒重要事实或者有重大遗漏的，责令改正。清算组成员利用职权徇私舞弊、谋取非法收入或者侵占公司财产的，责令退还公司财产，没收违法所得，并可处以违法所得1倍以上5倍以下罚款。

对比国外的立法可以看出：

第一，我国对于清算人责任的规定倾向于对违反实体性行为所进行的处罚，而对违反程序性的行为则疏于规定，如对公司出现解散事由后不依法进行清算、不在法定的清算期限内完成清算，以及未及时任命清算人等，都缺乏相应的规定。公司清算更多体现的是一种程序，只有法律规定的程序得到认真遵守，公司清算的目的才能实现。没有程序的公正，就没有实体的公正。只有严格遵守程序得出的结论，当事人才能信服。从这个意义上看，清算中程序的完善更为重要，而这恰恰是我国《公司法》的不足。

第二，我国《公司法》关于清算责任的规定过于原则，以至于缺乏可操作性，在约束与监督清算人依法清算中所起的作用还有待于进一步强化。

第三，清算人的责任很大程度上是强调行政责任的追究，而对民事责任和刑事责任的追究显得力度不够。而且，即使规定得较为完善的行政责任，在实际执行时亦缺乏应有的力度，以至于清算人的责任实际上是空置，没有起到规范清算的应有作用。

六、解散清算中清算义务人

（一）清算义务人的概念

清算义务人是指基于其与公司之间存在的特定法律关系而在公司解散时对公司负有依法组织清算义务，并在公司未及时清算给相关权利人造成损害时依法承担相应责任的民事主体。清算义务人与清算人是两个不同的法律概念。清算义务人的义务是组织清算，故又有人称之为公司清算的组织主体。而清算人是在清算中具体进行清算事务的主体。当然，清算义务人在直接担任清算人进行清算时，在具体民事主体上存在竞合的情形。

清算义务人概念主要是针对在我国目前司法实践中，作为债务人的公司出现解散事由后，不依法进行清算，严重损害债权人利益的现状提出的。我国《公司法》只规定了清算人（清算组成员）在清算过程中的法律责任，却没有规定清算义务人不履行义务所应承担的法律责任。从法律规范的构成上看是不完整的。从规范的实践效果看，因法律制度的不完善，给某些不诚信主体假借公司解散之机逃废债务、损害债权人利益以可乘之机，造成整个经济市场的混乱。因清算义务人对公司组织清算属于一种作为行为，如果义务人不作为，法院可以判决其承担清算责任，这种判例在实践中是存在的，但是对于这种给付行为的判决执行时却存在一定困难[①]。我们可以通过增加清算义务人不作为的成本迫使其选择作为，即在清算义务人不进行清算时，可通过将其清算责任向财产责任转化的方式，达到督促其依法清算和规范法人退出行为的目的，同时，实现对公司解散清算中债权人利益的保护。我国提出清算义务主体最早见诸于最高人民法院的有关文件[②]，当时主要是参考《德国民法典》第48条、《日本民法典》第74条和《俄罗斯民法典》第61条的规定提出的。后来逐渐演化为现在的清算义务人概念[③]。同时，该概念在我国《企业破产法》修改中亦被立法者予以采纳。[④] 笔者认为，公司的清算义务人主要应界定为公司的董事和控股股东[⑤]。

1. 董事作为清算义务人的理由

对于董事而言，之所以将其界定为公司的清算义务人，主要理由是：

第一，从公司董事的职责[⑥]考虑。根据现代企业制度经营权和所有权相分离的原则，董事作为公司的执行机关，其对公司负有忠实义务和善良管理义务。董事不是公司的雇用人员，他们常被称为公司的代理人（agents）或准受托人（quasi-trutees）。公司并无生命形体存在，因此，只能通过其代理人即董事行事。[⑦] 之所以将公司董事作为股份有限责任公司的清算义务人，主要是基于董事忠实义务和善管义务的要求。

董事的忠实义务，在英美法系被称为信任义务，也译为信托义务。董事的忠

---

① 虽然《民事诉讼法》第228条规定，对判决、裁定和其他法律文书指定的行为，被执行人未按执行通知履行的，人民法院可以强制执行或者委托有关单位或者其他人完成，费用由被执行人承担。但由于清算行为一是需要以一定的资金作为启动的基础；二是必须有公司的账册等材料为基础，故在清算义务人不积极配合的情况下，很难由人民法院或者委托的有关单位或者其他人完成。

② 参见曹士兵：《关于企业歇业、撤销或被吊销营业执照后的诉讼问题》，载《经济审判指导与参考》（第2卷），法律出版社2000年版，第149页。

③ 参见刘敏：《最高人民法院〈关于审理涉及企业法人解散案件若干问题的规定〉的说明》，载《中国民商审判》2004年总第六集，法律出版社2004年版，第6页。

④ 《企业破产法》第7条表述为，企业法人已解散但未清算或者未清算完毕，资产不足以清偿债务的，依法负有清算责任的人应当向人民法院申请破产清算。

⑤ 《最高人民法院〈关于审理涉及企业法人解散案件若干问题的规定〉（送审稿）》中将企业法人的投资者或者开办者界定为清算义务人，这在原传统国有企业为主的企业法人模式下，是可行的。代行国家资产出资人职能的投资者或者开办者，作为国有企业出资主体，在企业解散时，依法负有组织清算的义务。但是，随着国有企业改制的不断深化，原国有企业大多数已经进行了公司制改造，除了代行国家资产出资的投资人或开办者以外，还吸引了其他的出资者；同时，大量非国有经济的出现，产生了很多公司。故对公司清算义务人的概念，最高人民法院在制定公司解散清算的司法解释时，进行了进一步的研究。最初，系区分有限责任公司和股份有限责任公司，将有限责任公司的全体股东和股份有限责任公司的董事界定为清算义务人。目前已拟将其界定为公司的董事和控股股东。当然，对公司其他高管人员是否也将其界定为清算义务人尚在论证中。其根本点在于探究究竟哪个主体对公司清算的启动更应负有义务，以及哪个主体更有这个能力启动清算。

⑥ 一般公司法理论认为，董事主要履行着两大职能，即对公司所有重大事项的管理和监督职能，故当然应当包括公司出现解散事由后启动清算的职责。

⑦ 参见张汉槎：《香港公司法原理与实务》，科学普及出版社1994年版，第124页。

实义务源于作为受信人的董事与作为受益人的公司之间的信任关系。大陆法系民法一般仅规定受任人对于委托人负有善管义务，而不规定受任人的忠实义务，但近年来这种状况有所改变，如《日本商法典》第254条便规定了董事的忠实义务。董事的忠实义务包括：一是主观性义务，即董事应当在强行性法律规范与公序良俗允许的范围和程度之内，忠诚于公司利益，始终以最大限度实现和保护公司利益作为衡量自己执行董事职务的标准，全心全意为公司利益服务；二是客观性义务，即董事实施的与公司有关的行为必须具有公平性，必须符合公司的整体利益，在个人私利与公司利益发生冲突时，必须以公司利益为先，不得利用其在公司中的优势地位为自己或与自己有利害关系的第三人谋求在常规交易中不能或很难获得的利益。董事的善管义务，在大陆法系被称为善良管理人的注意义务，在英美法系被称为注意义务或勤勉义务。其基本涵义是指一个合理、谨慎的人在相似情形下所应表现的谨慎、勤勉和技能，以履行其职责。① 基于善管义务的要求，董事应当在法律、公司章程允许的公司目的范围内和其应有的权限内行事。

董事除了在公司正常经营中必须履行其忠实义务和善管义务外，在公司出现解散事由时，仍然必须履行该两项义务，即在公司解散事由出现时，董事有义务依法及时启动清算程序，以最高的效率保证公司财产不因解散事由出现无人管理财产造成公司财产损失，进而也损害到第三人，包括公司债权人和公司股东的权利。董事不及时清算或不合法清算，即违反了保护公司财产不受损失、保证公司债权人依法受偿的注意义务，如果因此而使公司资产流失，进而导致公司股东或公司债权人利益受损，则董事理应承担对股东或债权人的赔偿责任。② 清算程序的启动系董事的职责范畴，其有义务及时选任清算人，如果未能选任清算人时，各国法律均规定，直接由董事自行担任清算人进行清算。在董事应当组织清算而不组织时，违反的是其对公司所负有的忠实义务和善管义务，理应对此向公司承担责任。另外，虽然董事只向公司负有受任人的义务，与公司外的第三人（包括债权人和股东）并无法律关系，但从理论上说，当董事不作为的行为侵害第三人的合法权益时，第三人可以依据民法中关于侵权行为的一般规定追究董事的侵权责任。即首先是董事的违反义务行为造成了公司财产的减损，其次因公司财产是其对外承担责任的一般担保财产，同时也是股东权益保障的基础，故董事在对公司承担责任的同时，还需向公司的债权人、股东等第三人承担责任。对于董事的义务，英美公司法已经突破了传统的董事仅对公司承担责任的理论，司法判例确立了董事对第三人负有信托义务，从而拓展了董事的责任，使得董事对公司股东及债权人承担直接的责任。③ 如澳大利亚法庭在 Neffree v. National Corporations and Securities Commission 一案中认为，公司董事对于公司债权人，无论是现在还是将来，均负有

① 参见齐奇主编：《公司法疑难问题解析》，法律出版社2004年版，第113页。

② 参见张民安、梅林：《侵权法》，中山大学出版社2005年版，第119页。

③ 参见万鄂湘主编：《商主体法律理论与适用》，人民法院出版社2005年版，第430页。

受信义务。[1] 美国马萨诸塞州最高法院在 Donahue v. Rodd Electrotype Co. of New England Inc. 一案中也确立了董事对少数股东承担受信托义务的原则。[2]《日本商法典》第 266 条和我国台湾地区"公司法"第 23 条分别规定,董事执行其职务有恶意或重大过失时,对第三人也负连带损害赔偿责任;公司负责人对于公司业务的执行,如有违反法令致他人受有损害时,对他人应与公司负连带赔偿责任。故从董事对第三人责任制度上看,在公司解散清算中,对于董事违反组织清算义务时,追究其对公司债权人相应的法律责任,是有法律依据的。这里应当注意,董事在执行职务有恶意或者重大过失时承担的责任包括两个方面:一是基于其忠实义务和善管义务产生的对公司的责任;二是因给债权人或者股东造成损失时对第三人的赔偿责任。这两个责任是不矛盾的,均是基于董事的忠实义务和善管义务。第三人欲追究董事的责任,只要证明董事对职务的履行有故意或者重大过失、且该故意或者重大过失与其所受的损失有因果关系即可。

第二,鉴于实践中董事会与管理层基本上二位一体,公司高层管理人员一般身兼董事[3],董事对公司的经营状况最了解,也最有能力判断公司何时应该解散,避免公司名存实亡的情形发生。因此,由董事负责组织清算,是最具现实操作性的。例如,《德国民法典》第 48 条、《日本民法典》第 74 条、《俄罗斯民法典》第 61 条都规定了董事会成员对公司清算不及时和不合理承担无限连带责任。故公司的董事应当界定为清算义务人。

2. 控股股东作为清算义务人的理由

对于公司的控股股东而言,之所以将其界定为清算义务人,主要是从公司的成立系股东的投资行为考虑,其既然成立了公司,在公司退出时,其就应当承担保障公司依法退出的责任,这是维护经济秩序稳定的要求和股东承担有限责任的前提。虽然按照现代公司治理理念,公司的所有权与经营权分离,原则上公司的所有执行事务由公司董事负责。但是,股东会作为公司的权力机关,其在公司解散时基于法律的规定,有义务及时作出依法清算的决议,并督促董事会组织清算;即使其作出清算决议后,董事会如果怠于执行该决议,股东会亦可以通过撤换董事的方式保障该决议予以执行。故董事会不依法启动清算,对于股东会而言,其有不可推卸的责任。要么是股东会本身对依法清算缺乏积极性,要么是股东会对于董事会的不作为疏于监督,故公司股东应当承担不及时清算的责任。但考虑到很多中小股东根本不参与公司的经营管理,他们无权也没有可能自行提起清算程序,公司不依法清算时,他们往往也是受害者,让他们作为清算义务人承担清算责任,对其不公。尤其是对于股份有限责任公司,股东人数众多,且流动性大,更不

---

① 参见张民安、丁艳雅:《公司债权人权益之保护与我国公司法的完善》,载《中山大学学报》(社会科学版)1996 年第 2 期,第 38 页。

② 参见张民安:《现代英美董事法律地位研究》,法律出版社 2000 年版,第 71 页。

③ 参见朱伟一、董婉月编著:《美国经典案例解析》,中国法制出版社 2000 年版,第 329 页。

可能将所有股东都作为清算义务人。公司的中小股东客观上并没有能力决定公司的清算与否,甚至很多情况下公司不依法清算还损害了中小股东的利益,故将公司控股股东①作为公司清算义务人应该说更为合理。

(二) 清算义务人的义务内涵

清算义务人的义务具体包括:一是作出进行清算的决定或决议,启动清算程序。公司被解散时,清算义务人必须作出进行清算的决议。二是委任清算人。清算事务由清算人负责具体完成,因此,清算义务人必须在法定期限内以一定的方式产生合格的清算人。三是监督清算,保证清算依法进行。清算义务人应当对清算人进行的全部清算事务予以监督,确保清算依照法律规定的程序进行,确保各项事务的处理在实体上符合法律的规定。如发现有违反法律的情形,应当制止或纠正。明知清算人的行为违法而不制止的,亦应向受害人承担法律责任。

(三) 清算义务人承担责任的理论基础

1. 清算义务人承担责任的法理学分析

清算义务人承担相应法律责任是其法定义务向法律责任转变的必然结果。无救济则无权利,同样,没有责任规范的约束或者威慑,义务的履行也将受到巨大的障碍。法律责任是一个与义务相对应的概念,又是一种与救济权相对应的概念。由合法的行为而生的法律关系,是一种以权利义务为内容的一般的法律关系。在此种法律关系中,如果义务主体认真履行义务,权利主体的合法利益完全实现,该关系即正常消灭。如果义务主体不履行其义务,该为的行为不为,不该为的行为又为了,侵害了权利主体的合法利益,原来的权利义务关系即发生性质和内容上的变化,转化为以救济权和法律责任为内容的特殊法律关系。原来的权利人因其原有权利受到侵害而取得救济权,成为救济权的主体;原来的义务人则因其义务的违反而依法承担责任,成为责任主体。公司解散后,清算义务人组织清算人对公司资产进行清理,启动清算程序是其法定义务。这种义务的履行是确保公司财产得以保全,公司债权人利益得以实现的先决条件。当法律规定法律关系主体的一方履行某一义务时,目的是为了同一法律关系中其他主体权利的实现。故当清算义务人在公司解散时不主动积极履行其清算义务时,其法定的清算义务即应相应地转化为法律责任。所以从这个意义上说,清算义务人承担有关法律责任是其法定义务转化的必然结果。

2. 清算义务人承担责任的经济学分析

课以清算义务人对其不依法清算承担相应的法律责任符合成本效益分析的

---

① 根据我国《公司法》第217条的规定,控股股东是指其出资额占有限责任公司资本总额50%以上或者其持有的股份占股份有限责任公司股本总额50%以上的股东;出资额或者持有股份的比例虽然不足50%,但依其出资额或者持有的股份所享有的表决权已足以对股东会、股东大会的决议产生重大影响的股东。

制度设计。无论是因何种原因解散,公司法设计的模式是:解散—清算—注销。公司法这样规定实际上是一种公司消灭的理想状态。立法者可能没有对潜在的清算责任主体所可能进行的行为加以成本收益分析的合理预期。理性利益最大化的人不会按照立法者的设计安排自己的行为,因为那样对其而言效用不是最大的,无法实现均衡——尤其是当今社会维护信用需要极高的成本,故许多情况下很可能是负效用。所以,公司在经营过程中,如果预期其继续存在对其已经没有任何意义,便会置其于不顾,公司实际上就成了一个被抛弃的废物。而目前我国的法律给其创造了作出这种选择的机会。我国立法尚未明确规定清算义务人及其相应责任,清算义务人为了个人利益,完全可以利用拖延清算和不合法清算等手段,将公司财产不当地转移到自己名下,从而损害债权人的利益。这种局面既有悖于公平原则,又不利于良好经济秩序的形成。更为重要的是,这可能会对非善良的市场主体产生负激励,面对债务一走了之。公司股东的有限责任沦为某些人行骗的手段,而减少行骗的方法之一就是增加行骗的成本,减少行骗的收益。因此,应当通过加大追究清算义务人责任的方式,加大其违法成本,从而促使其依法履行清算职责。同时,从立法成本看,界定清算义务人及其民事责任,也是完善我国公司解散清算制度的最佳效益方案。

3. 清算义务人承担责任的实证学分析

确定以公司所有者和经营者为清算义务人并承担相应的法律责任,同样具有实证的基础。有观点主张,公司解散应当由工商行政管理机关负责对公司的清算。对此观点,笔者不敢苟同。原因是:

第一,工商行政管理机关的职责是对公司进行行政管理,包括进行公司的成立、注销登记和对违反法律、行政法规的行为进行行政处罚等,对公司进行清算不是其行政行为的职责范畴。而且作为清算义务人在不依法清算造成公司或其债权人利益损失时,是要承担相应民事责任的,而工商行政管理机关履行的系行政职权,其没有承担民事责任的能力和义务。

第二,工商行政管理机关缺乏必要的强制手段,如果课其以组织清算的义务,一旦被组织者阻碍或不配合清算,其是没有必要的强制手段来保障其职务行使的。也正因此,我国国家工商行政管理局《关于企业登记管理若干问题的执行意见》(工商企字〔1999〕第173号)①第10条规定,工商管理机关不负责对被吊销的企业进行清算。故将公司的董事和控股股东作为清算义务人并课其以相应的法律责任,是符合我国实际情况且是切实可行的。

(四) 清算义务人的民事法律责任

法律责任是指由于违法行为或不属于违法的特定法律事实的出现而使责任主体应对国家、社会或他人承担的法律后果,是权利得以实现、义务得以履行的保

---

① 该部门规章已于2006年6月23日废止。

障。清算义务人不依法履行清算义务所应承担的法律责任主要包括以下类型：

1. 清算义务人的清算责任

根据公司制度理论，公司一经合法产生，就具有独立法人资格，拥有独立财产，对于民事活动就应以其财产独立承担民事责任，公司与其投资者是彼此独立的民事主体，投资者仅以其投资对公司承担有限责任。故在公司解散的情况下，原则上应由公司独立承担民事责任。公司的清算义务人在公司解散时负有的基本民事责任只是清算责任，即对公司的资产和债权债务进行清算的责任。清算责任是指股东承担的对已经解散公司应当承担的组织清算人进行清算的责任。由于清算责任强调股东应组织清算人进行清算，所以，有的学者干脆不使用"清算责任"这一术语，而直接称"清算的组织责任"①。严格来讲，在公司解散后依法组织清算人进行清算是清算义务人的清算义务，在自愿履行的范围内。在公司解散后，如果清算义务人自愿主动地履行清算义务、积极地组织清算人进行清算，则不需要承担清算责任；但是在未依法组织清算的情况下，股东承担的清算义务就转化为清算责任，即由清算义务人自行进行清算。

2. 清算义务人的侵害债权责任

侵害债权责任是指债的关系当事人以外的第三人故意实施妨害债权实现，使债权人因此遭受财产利益损害，所应当承担的损害赔偿责任。清算义务人的侵害债权责任，即基于清算义务人的作为和不作为的侵权行为直接导致的其对债权人所应承担的民事责任。因公司的所有财产（包括注册资金和企业经营取得的收益）系该公司对外承担债务的一般担保，故公司的出资者在侵犯公司的财产权利时，同时构成了对债权人权利的侵犯。清算义务人的侵害债权责任具体包括以下三种情况：一是清算义务人在法定期限内未依法履行清算义务，造成公司财产贬值、流失、灭失等实际损失的，债权人可以要求清算义务人在损失范围内对公司债务承担民事赔偿责任。二是清算义务人恶意处置公司财产给债权人造成损失的，应当在损失范围内对公司的债务承担赔偿责任。三是清算义务人侵占公司财产的，应当在其侵占财产份额内对公司的债务承担连带责任。

既然是侵权责任，在构成要件上就应当具备一般侵权民事责任的构成要件，包括行为违法性、损害事实、因果关系和主观过错等四个方面，具体说：一是清算义务人有故意抽逃出资、恶意处置财产、非法侵占解散公司财产等作为的侵权行为，以及依法应当清算而未清算，造成公司财产流失、贬值等不作为的侵权行为。二是因清算义务人的侵权行为造成了解散公司赖以清偿债务财产（即作为债务一般担保的公司财产）的减少，造成了债权人的实际损失。三是清算义务人的侵权行为是造成债权人实际损失的直接原因，即正因为清算义务人作为和不作为的侵权行为直接导致债权人债权的不能实现或者不能完全实现。四是清算义务人对

---

① 参见吕涛：《论公司强制清算中的责任承担》，载《河北法学》2001 年第 1 期，第 85 页。

其侵权行为具有过错,包括故意和过失两种形态,即明知不该为而为之或者应为而不为,或者应知该为(或不该为)而不为(或为之)造成债权人损失的。清算义务人侵权损害赔偿范围包括积极损害债权人权益行为和不作为损害债权人权益行为造成的债权人的实际损失。

我国目前法律中虽未明文规定侵害债权责任类型,但是,确立债权侵权制度有足够的立法根据。第一,我国《民法通则》第 4 条、《合同法》第 6 条关于诚实信用原则的规定,不仅是一个对民事、经济活动参与者不进行任何欺诈行为、恪守信用的要求,更是补充立法不足的补充性、不确定性、衡平性的一般条款。第二,我国《民法通则》第 5 条规定,公民、法人的合法的民事权益受法律保护,任何组织和个人不得侵犯。《民法通则》第 106 条第 2 款规定,法人由于过错侵害国家的、集体的财产,侵害他人财产、人身的,应当承担民事责任。第三,我国《民法通则》第 117 条第 2 款规定的是侵害财产权的损害赔偿责任,是债权侵权行为损害责任的直接立法根据。

3. 清算义务人的直索责任

按照公司法人人格和股东人格分离的理论,公司债务不是股东的债务,因而股东作为清算义务人对公司的债务一般不承担清偿责任;公司债权人的债权应以公司财产受偿。但是,股东有限责任的承担在特殊情况下亦有例外。在公司出现解散事由时,清算义务人如果不仅未及时依法进行清算,且侵占公司的财产,造成该公司财产与其财产混同,无法区分的,系利用该公司的独立人格和有限责任逃废债务,根据诚实信用原则和权利不得滥用原则,应当追究滥用公司人格的出资者的民事责任。即清算义务人侵占公司财产,造成清算义务人财产和公司财产混同的,清算义务人应当对公司的债务承担连带责任。另外,如果清算义务人怠于履行清算义务,长期不组织清算组进行清算或者故意拖延清算,导致公司主要财产、账册、重要文件等灭失而无法清算的,清算义务人亦应对公司债务承担连带清偿责任。追究清算义务人的直索责任有利于通过加大清算义务人的民事责任来防范实践中借解散之机逃废债务的恶意行为,以加大规范民事主体退出市场的力度,保护债权人的利益。

4. 清算义务人对公承诺的民事责任

这种民事责任产生于《企业法人登记管理条例》以及《企业法人登记管理条例施行细则》的有关规定和目前工商行政管理机关的具体行政行为。《企业法人登记管理条例》第 21 条规定:企业法人办理注销登记,应当提交清理债务完结的证明或者清算组织负责清理债权债务的文件;《企业法人登记管理条例施行细则》第 48 条规定:企业法人申请注销,应提交主管部门或者清算组织出具的负责清理债权债务的文件或者清理债务完结的证明。正是基于上述规定,工商行政管理部门在具体办理企业法人注销登记时,只要企业法人的出资者、开办者向其出具了负责清理债权债务的文件后,即可办理法人的注销登记。对这种承诺如何看待,存

在三种不同的观点:

第一种观点认为,既然上述规定将出具负责清理债权债务文件与清理债务完结作为注销的两个同等条件,该承诺的结果就应等同于清理债务完结的结果,清算义务人应当承担企业债务的偿还责任。

第二种观点认为,鉴于实践中清算义务人向工商管理机关出具的承诺五花八门,故应分别予以对待,不应过多加大清算义务人的民事责任。对于明确承诺承担偿还责任的,或者承诺予以担保的,应当按照其承诺由其承担偿还责任或者担保责任;如果仅承诺负责处理的,则不宜要求其承担偿还责任,而应由其承担清算责任。

第三种观点认为,对于承诺负责处理的,不应免除其对企业债务的民事责任,否则,容易给违法者以可乘之机,故应由其在造成企业财产损失范围内对企业法人的债务承担赔偿责任,这是符合其承诺的原意的。

笔者赞同第三种观点,即清算义务人未履行清算义务,且在申请注销企业登记过程中,作出对企业债务承担偿还、保证责任等承诺的,应按照其承诺的内容对企业债务承担相应的民事责任;作出对企业债权债务负责处理等承诺的,应在造成企业财产损失范围内对公司的债务承担赔偿责任。清算义务人未履行清算义务,以欺诈手段骗取工商行政管理机关办理企业法人注销登记的,清算义务人应当对企业的债务承担赔偿责任。前已述及,这种清算义务人基于对公承诺产生的民事责任多是发生在非公司制企业法人中,公司制企业法人中原则上不应出现这种情形,在此介绍更多,是为了全面明确作为法人出资者在法人出现解散事由后的民事责任。当然,如果实践中公司存在类似情形的,在处理时可以比照处理。

5. 清算义务人违反出资义务的民事责任

公司资本是公司获得独立法人人格的必备法律要件,是公司财产首要的和重要的组成部分,是公司对外信誉的重要基础,也是公司对公司债权人债权的担保。清算义务人违反出资义务所应承担的民事责任,是指作为清算义务人的控股股东对解散的公司的实际投资与注册资金不符,但解散的公司已具备法人资格的,清算义务人在清算中公司不能清偿债务时,在其实际投入的自有资金与注册资金差额范围内承担民事责任。依照《公司法》第 26 条和第 81 条的规定,分期缴纳尚未届满缴付期限的出资,在公司出现解散事由时,应当视为缴付期届满,公司债权人主张未缴出资股东在其未缴出资范围内对公司债务承担连带清偿责任的,人民法院应当支持。当然,此种情况下,由于解散的公司有独立的财产,具体承担责任时可首先由解散的公司承担偿还责任,不能偿还的,再由其投资者承担。这里应当注意,清算义务人对公司存在投资不足或者实际没有投资的,以致公司自始不具备法人资格的,这种情况下,清算义务人对公司债务的承担不属公司解散状态下民事责任的范畴。

对于清算义务人,除应追究其上述有关民事法律责任外,还应当追究其行政责任和刑事责任。但目前我国根本没有这方面的立法。虽然我国《刑法》第162条规定了妨害清算罪,但该罪的制裁对象系在清算阶段隐匿财产或分配财产、严重侵害债权人和其他人利益的行为,对不清算而严重侵害债权人利益的行为未有规定。而实践中,许多公司清算前即已开始的侵害债权人利益的行为和在出现解散事由后不清算造成债权人利益的损害可能更为严重。对此情况,应当考虑在刑法中明确有关罪名,以加大对这类危害社会经济秩序的犯罪行为的惩处力度。

法人人格否认制度的适用

法人人格否认制度是法人制度具体运用发生异化时应运而生的一种新的法律制度。法人人格否认制度和法人制度从正反两方面确保了法人人格的独立性和股东的有限责任,即当法人具备独立性人格特征时,适用法人制度,股东享受有限责任的庇护;当因某些股东滥用法人人格造成法人缺乏独立性人格特征时,则适用法人人格否认制度,否认滥用者的有限责任,直接追究其对法人债务的无限责任。法人人格否认制度是对法人制度必要的、有益的补充,是对法人制度的严格遵守,是以维护法人人格独立为使命的。该制度设计的理念是为个案中债权人权利实现提供司法救济,以对失衡的公司利益关系进行的事后规制,实现法律公正、公平的价值目标,而不是为了对公司法人人格作出是否合法的评价。目的是通过对事实上已经丧失独立人格特征的法人状态的揭示来凸现隐藏于公司背后的人格滥用者,借此突破股东有限责任的局限,以使滥用者的责任由有限责任向无限责任复归,实现股东与公司之间责任的再分配。该法理的适用是在承认公司具备独立法人人格前提下针对特定法律关系对法人人格暂时地、个案的否认,而不是从根本上、全面地否认其法人人格。且个案中对法人人格否认的效力不及于公司其他法律关系,也不影响该公司作为独立法人继续存在。即法人人格否认的效力是对人的,而非对世的,是及于特定原因,而非普遍适用。因滥用法人人格,以法人作为损害他人利益工具的行为是违背法人制度的,亦违背了民事法律规范诚实信用原则和权利不得滥用原则。故在目前我国尚未以法律形式确立法人人格否认制度的情况下①,我们可以适用诚实信用原则和权利不得滥用原则作为追究滥用者民事责任的法律依据。但在具体适用该制度时一定要注意以下几点:

首先,法人人格否认制度适用的前提是法人人格依法存在。适用中应严格区

---

① 2005 修改后《公司法》第 20 条明确对法人人格否认制度作出了规定,即公司股东不得滥用公司法人独立地位和股东有限责任损害公司债权人的利益。公司股东滥用公司法人独立地位和股东有限责任,逃避债务,严重损害公司债权人利益的,应当对公司债务承担连带责任。目前司法实践面临的主要问题是如何认定"公司股东滥用公司法人独立地位和股东有限责任,逃避债务,严重损害公司债权人利益"的情形,最高人民法院正在抓紧制定相关司法解释予以解决,在具体适用时还是需要回到基本理论下,根据具体事实进行分析,即公司和股东人格严格区分的,股东对公司债务仅以其对公司的出资(包括依法缴付的出资和尚未缴付的出资)为限承担有限责任;公司和股东的人格严重混同无法区分彼此损害债权人利益的,公司股东应当对公司债务承担连带责任。

分法人人格否认制度下对人格暂时、个案的否认和对欠缺法人成立必备要件法人人格的彻底、全面的否认。在很多学者的著述中,均将最高人民法院《关于企业开办的其他企业被撤销或者歇业后民事责任承担问题的批复》(法复〔1994〕4 号)(以下简称“〔1994〕4 号批复”)中有关“企业开办的其他企业虽然领取了企业法人营业执照,但实际没有投入自有资金,或者投入的自有资金达不到《中华人民共和国企业法人登记管理条例施行细则》第十五条第(七)项或其他有关法规规定的数额,或者不具备企业法人其他条件的,应当认定其不具备法人资格,其民事责任由开办该企业的企业法人承担”的规定,作为我国司法实践中具体适用法人人格否认制度的典型。对此笔者不敢苟同。

笔者认为,法人人格否认制度是为了在股东为其自身利益在具体法律关系中滥用法人人格,并将法人独立人格作为其逃避法律责任和契约义务的保护伞,在该保护伞的遮护下仅以其出资承担有限责任,从而损害债权人利益的情况下,追究滥用者责任而设置的一种制度。如果法人人格根本就不存在,滥用者就不可能披着法人面纱,将法人人格作为其牟取私利的工具和手段,而将自身隐藏于公司背后,达到规避法律义务的目的。故法人人格的存在一方面是滥用者滥用法人人格潜在的前提,另一方面是法人人格否认制度适用的必备要件。该制度的适用仅针对滥用者个人,而不殃及公司其他股东,其他股东仍然对公司债务承担有限责任。〔1994〕4 号批复所涉企业开办的企业,因其实际没有投入自有资金,或者投入的自有资金达不到有关法规规定的基本数额,或者不具备企业法人其他条件,其根本不具备法人成立的基本要件,故法律是从根本上不承认其法人人格。这种对法人人格的否认是彻底的、绝对的,是法律对法人人格作出的客观评价。这种评价导致的结果是向自然人责任的复归,其效力不仅及于某一特定法律关系,而是直接影响该法人所有的法律关系,并且影响其作为独立法人继续存在。理论界之所以将法人人格否认制度下对法人人格的暂时否认和因法人本身欠缺成立要件的彻底否认常常混淆,还在于我国学者在从国外移植该制度,特别是照搬日本“法人人格否认”这一名称时的词不达意导致的。法人人格否认制度的适用并不否认法人人格的存在,而且是必须在法人人格存在的前提下,绕开法人的独立面找到股东,即暂且无视公司的独立人格而追究股东的无限责任,以保证债权人利益的实现。无视法人人格只是表象,其根本目的是追究股东的无限责任。所以在适用法人人格否认制度时一定要注意该制度的内涵,不能被所引用的名称迷惑。当然,不排除某些情况下个案否认法人人格事由与彻底否认法人人格事由存在竞合的可能。如在公司形骸化场合,因股东和公司财产混同或者组织机构混同,在个案否认法人人格后,亦可以公司缺乏独立财产、独立意志、欠缺法人人格生成必备要件为由,彻底剥夺公司法人人格。另外,《英国公司法》规定,当公司实际上仅仅是大股东、董事或者经理人实现个人利益的“工具”、“外衣”或者被人利用进行诈骗或其他非法活动的,法官可以通过颁发公正合理清盘令来解散公司。当然,这两种人格否认适用的法理和程序不同,要予以区别对待。

另外,对于注册资金显著不足和实际上的一人公司,是否是法人人格否认制度适用的情形问题,笔者认为,虽然在国外多数司法实践中将上述两种情况作为法人人格否认制度适用的主要情形,但是:一是由于我国实行资本实缴制,对公司成立前注册资金的到位要求严格,注册资金未全部缴足的法律后果应该是法人成立不能或者成立无效。而不同于授权资本制度下,公司依法取得法人资格后,因出资人故意不缴足所余出资,存在利用法人人格独立制度逃避股东责任的企图,可通过适用法人人格否认制度追究有关股东的民事责任。故在我国司法实践中,注册资金显著不足应当是法人人格彻底否认的结果,而不是适用法人人格否认制度的情形(见〔1994〕4 号批复)。① 二是我国 2004 年《公司法》对一人公司尚持否定态度,在此公司制度框架下,如果出资者通过冒名股东形成事实上的一人公司,因其不具备公司法律特征,也应是通过彻底否认法人人格恢复出资者个人责任的法律后果。②

其次,严格法人人格否认制度适用的条件,尤其要注意滥用行为的认定,以及滥用行为和债权人损失之间的因果关系这两个要件。法人人格否认制度的适用首先是存在滥用者对法人人格的滥用行为。由于滥用法人人格行为本身是规避法律的行为,一般情况下手段都极为隐蔽,所以很难概括什么是具体的滥用行为,同时给司法实践认定滥用行为带来了一定难度。但无论何种形式的滥用行为均应表现为忽略法人制度的本质和目的,将法人人格作为其牟取私利的工具和手

---

① 注册资金显著不足问题,实践中观点分歧较大,在原有制度下,公司股东出资不实,尤其是在所有出资未达到法定最低注册资本金额的,根据〔1994〕4 号批复精神,是按照公司成立无效处理的,一方面由公司全体股东对公司债务承担无限责任,另一方面人民法院要通知工商行政管理机关吊销该公司法人执照。因此,当时理解的公司注册资本显著不足应该是"小马拉大车",即注册资金很小的公司通过严重超过其法人能力的交易损害债权人利益的情形。但是,在最近出台的《公司法司法解释(三)》中,对于出资不实股东的责任仅规定了在出资不实的本息范围内对公司债务承担补充赔偿责任,而没有按照最高人民法院〔1994〕4 号批复精神,规定注册资金没有达到法定最低注册资本金额时全体股东对公司债权人的无限责任。虽然最高人民法院尚未明确废止〔1994〕4 号批复,但至少有观点认为,应当不再区分注册资金是否达到法定最低限额来追究股东的不同责任。当然,也有相当一部分人认为,在注册资金没有达到法定最低注册资本金额的情况下,应当由股东对公司债务承担无限责任。如果将来〔1994〕4 号批复被明确废止了,可能会有人通过法人人格否认制度的适用来追究严重出资不实股东的无限责任。笔者一直认为,《公司法》明确规定公司设立出资不得低于法定的最低注册资本最低限额,即使在《公司法》修改后采取折中授权资本制下,也是明确规定公司全体股东的首次出资额不得低于法定的注册资本最低限额,如果公司全体股东的出资没有达到法定最低注册资本金的,原则上,工商行政管理部门是不应该给其办理成立登记的,错误登记的,应该是公司成立无效的法律后果,应当由公司全体股东按照共同行为承担公司存续期间形成的所有债务。

② 因《公司法》修改后承认了一人有限责任公司,因此,对于通过借用他人名义成立的两人以上股东的有限责任公司,如果证明是事实上的一人公司的,应当按照《公司法》第 64 条的规定,由实际的一人股东证明公司财产是否独立于股东自己的财产,能够证明的,公司以公司财产独立承担责任,不能证明的,适用法人人格否认制度,由公司股东对公司债务承担连带责任。

段,无视法人利益,将自身意志强加于法人意志之上等这些基本特征。理论界现存在一种倾向,即简单地将财产混同、业务混同和人员混同(组织机构的混同)视为滥用法人人格的行为,并在出现几种混同情形时不加任何条件地要求股东承担无限责任。笔者认为,不论是哪种混同,仅仅是为某些股东滥用法人人格提供了方便,或者说是一种表象,至于其是否滥用了法人人格,不能简单地以混同来认定,而应视其在具体法律关系中是否利用混同之方便,以牺牲法人利益为代价,将法人作为其牟取个人利益的工具。只有股东确实实施了滥用法人人格的行为,才可适用法人人格否认制度追究其责任。这里还要特别强调,滥用法人人格行为还必须给债权人造成了实际损失,如果股东的行为虽然有悖于法人人格独立和股东有限责任的宗旨,但客观上并未造成任何第三人利益的损害,没有影响到平衡的利益关系,则无须适用法人人格否认制度去矫正并未失衡的利益体系。同时滥用行为与债权人损失之间必须存在因果关系,如果滥用行为与债权人的损失之间不存在因果关系,因无法确定滥用行为者的法律责任,故不能在具体法律关系中通过适用法人人格否认制度直接追究股东的民事责任。法人人格否认制度一定要在条件严格成就前提下谨慎适用,毕竟该制度的精髓是对法人制度的维护,其建立的目的在于完善法人制度,而不是为了否定它。在引进和适用该制度时绝不能任意扩大其适用范围,否则会颠覆我们刚刚构筑起来的法人制度之"大厦",同时也背离了法人人格否认制度设立的初衷。

再次,法人人格否认制度的适用必须适用于司法程序,这是由该制度的设立理念决定的。法人人格否认制度是为了对债权人在法人制度框架下无法得到保护的权利予以保护设置的司法救济制度,故该制度的适用必须由利害关系人向人民法院提出诉讼主张。这里的利害关系人除了公司的债权人外,还应当包括为公司债务提供担保的保证人。因股东滥用法人人格的行为直接影响债权人权利的实现和保证人承担保证责任的范围,故债权人和保证人均可以依据法人人格否认制度,直接追究滥用法人人格股东的无限责任。这里要注意,由于法人人格否认制度是专为保护第三人因股东滥用法人人格行为遭受不利益而设置的一项救济制度,尽管很多情况下个别股东滥用法人人格也会侵犯公司或者公司其他股东的利益,但公司或者公司其他股东不得求助于法人人格否认制度追究滥用者的责任,而应通过侵权制度或者股东派生诉讼制度等寻求法律保护。

最后,还要注意法人人格否认制度适用的结果,即股东无限责任对有限责任修正的效力仅及于滥用公司法人人格的股东个人,不及于公司其他未滥用法人人格的股东。是在特定情况下,在"由公司形式所树立起来的有限责任之墙上钻一个孔,但对被钻之孔以外的所有目的而言,这堵墙依然矗立着"。也就是说,法人人格否认制度的适用是在特定法律关系中,通过刺穿法人面纱,或揭开法人面纱的一角,仅将个别滥用公司法人人格的股东凸现出来,使其不再受法人独立人格这一面纱的遮挡和享受股东有限责任的庇护,从而将该股东与公司视为一体,直接要求该股东对公司债务承担无限责任。而对于其他未滥用法人人格的股东,法人这一面纱仍然存在着,并以法人的独立人格为屏障仍然以其对公司出资为限承担有限责任,这也是法人人格否认制度下对法人人格"一时"、"一事"的否认和"彻底"、"永久"否定法人人格区别之所在。在因欠缺法人成立必备要件情况下对法人彻底否定时(包括成立不能、成立无效和强制解散等),是对所有出资者有限责任的否定,恢复的是所有出资者的个人责任或者合伙责任。

股东请求解散公司之诉中若干问题之思考

2005年10月27日修订后《公司法》第183条明确规定,公司经营管理发生严重困难,继续存续会使股东利益受到重大损失,通过其他途径不能解决的,持有公司全部股东表决权10%以上的股东,可以请求人民法院解散公司。股东请求解散公司制度的确立为公司受损股东权益的保护提供了一条新的司法救济途径,对解决我国公司,尤其是具有人和属性、相对封闭的有限责任公司股东之间的僵局问题有其积极的法律意义。但因《公司法》对该制度规定得较为原则,在司法实践中对究竟应当如何适用该制度存在较大争议。笔者现就股东请求解散公司之诉审理中涉及的几个主要问题,发表拙见如下:

一、股东请求解散公司之诉的性质

根据诉讼请求内容的不同,诉可以分为确认之诉、给付之诉和变更之诉。股东请求解散公司之诉,实质上是为了变更(消灭)其与公司之间投资与被投资的法律关系,故此类诉讼,性质上应当属于变更之诉,人民法院对此类案件的审理应当以判决的方式作出认定。而且,根据上述关于诉的种类的划分,除人民法院对给付之诉作出的判决具有司法执行力外,对变更之诉和确认之诉作出的判决,均不具备强制执行效力。故人民法院依法作出解散公司的判决后,也仅仅是发生了公司解散的事由,等同于修订后《公司法》第181条规定的被吊销营业执照、责令关闭或者撤销等其他四项解散事由。对被人民法院依法判决解散的公司的清算问题,《公司法》第184条已明确规定,公司应当在解散事由出现之日起15日内成立清算组,开始清算。有限责任公司的清算组由股东组成,股份有限公司的清算组由董事或者股东大会确定的人员组成。逾期不成立清算组进行清算的,债权人可以申请人民法院指定有关人员组成清算组进行清算。人民法院应当受理该申请,并及时组织清算组进行清算。故对于股东提起的解散公司之诉,人民法院判决生效后,该案件既已结束,人民法院无须负责对公司进行清算。如果公司不能自行组成清算组进行清算的,有关利害关系人应当另行向人民法院申请启动强制清算程序。

这里应当注意两个问题:一是按照《公司法》第184条的规定,公司自行清算不能时,仅规定债权人有权向人民法院申请启动强制清算程序,而未规定公司的股东是否可以申请。对此,笔者认为,由于客观情况的复杂性,公司自行清算不能时，不仅涉及公司债权人利益的保护问题，同样也存在公司其他利害关系人利益的保护问题，这里首当其冲的是公司的实质利益者股东的利益保护问题，故应当赋予公司股东在公司自行清算不能时，向人民法院申请启动强制清算的权利。二是实践中，股东在向人民法院提起解散公司之诉时，往往同时申请人民法院对公司进行清算。这里实际上存在着两个不同性质的诉讼。股东请求解散公司之诉性质上属于变更之诉，审理中应当适用诉讼程序，而申请强制清算之诉性质上属于非讼案件，审理中应当适用非讼程序。首先，因其二者适用的诉讼程序截然不同，不可能合并审理；其次，在人民法院对是否判决解散公司作出生效判决前，公司是否解散尚无定论，且即使判决解散后，公司是否能够自行清算亦无定论，在此不定因素下，人民法院无法就是否受理股东提起的强制清算申请作出裁决。故对于股东提起解散公司之诉时同时提出强制清算申请的，人民法院应当告知股东在解散公司之诉判决生效后、公司不能自行清算时再另行向人民法院提起强制清算的申请。

二、股东请求解散公司之诉的受理

第一，关于管辖问题。因股东请求解散公司之诉系变更之诉，故根据《民事诉讼法》第 22 条之规定，该类案件应当由被告即公司（公司作为这类案件的被告问题详见下文）住所地人民法院管辖。考虑到有些公司规模较大，如果一概由公司住所地人民法院（一般为基层人民法院）审理，对案件的处理不妥，则可根据《民事诉讼法》第 19 条第（3）项的规定，由最高人民法院通过司法解释的方式规定。公司注册资金达到 500 万元以上的，股东请求解散公司之诉由公司住所地的中级人民法院审理。

第二，关于案件受理费的收取。因股东请求解散公司之诉系股东请求变更（消灭）其和公司之间的投资与被投资的法律关系，而非具有财产给付内容的案件，故对该类案件的受理费的收取应当根据《人民法院诉讼收费办法》（已失效）第 5 条[①]关于对于"其他非财产案件，每件交纳十元至五十元"的规定收取。这里，特别应当注意将股东请求解散公司之诉和申请强制清算之诉作以区别。申请强制清算因属非讼案件，故其案件受理费的收取可以参照《人民法院诉讼收费办法》（已失效）第 5 条第（8）项[②]和《〈人民法院诉讼收费办法〉补充规定》（已失效）第 3 条[③]关于破产案件受理费收取的规定，按公司财产总值，依照财产案件收费标准减半交纳，但最高不超过 10 万元。

---

① 可参阅并适用《诉讼费用交纳办法》（国务院令第 481 号）第 13 条第（三）项关于"其他非财产案件每件交纳 50 元至 100 元"的规定。

② 同前注。

③ 可参阅并适用《诉讼费用交纳办法》（国务院令第 481 号）第 14 条第（六）项关于"破产案件依据破产财产总额计算，按照财产案件受理费标准减半交纳，但是，最高不超过 30 万元"的规定。

第三,关于案件当事人问题。股东请求解散公司之诉的原告顾名思义应当是公司的股东,而且还必须是符合一定条件的股东。对原告股东的资格问题,我国《公司法》未区分有限责任公司和股份有限责任公司,而是一概规定为要求提起解散公司之诉的股东必须满足持有公司全部股东表决权10%以上的条件。对于原告股东持股比例的要求作出限制性规定的目的,在于防止个别股东利用该制度滥诉,以至于影响公司正常经营活动的进行和其他股东合法权益的实现。应该说,是各方利益平衡的结果。但是,《公司法》对于单个股东所持公司表决权未达到10%以上,而多个提起解散公司之诉的股东累计所持公司表决权在10%以上的,是否可以共同提起解散公司之诉,并未作出相应规定。

对此,笔者认为,从持股比例限制原告提起条件的立法本意(防止滥诉)看,当多个股东累计持股达到公司全部股东表决权10%的,应当赋予这些股东共同提起解散公司之诉的诉权。这个问题实际上和《公司法》第152条关于股东代表诉讼案件原告资格的规定原理上应当是一致的。对于股东请求解散公司之诉的被告问题,争议较大。有观点主张应由公司作被告,有观点主张由公司的全体股东作被告,还有观点主张应当将公司和公司的全体股东均作为被告。对此,笔者认为,因股东请求解散公司之诉,请求的系消灭其与公司之间的出资与被出资的法律关系,系有关公司组织的诉讼,对这类诉讼,被告均应为公司。有关公司组织的诉讼的判决,不仅对案件当事人产生法律效力,对于未参加诉讼的其他的公司有关利益主体,如公司的其他股东,公司的董事、监事、高级管理人员、职工等均产生既判力。至于公司的其他股东,可以依需要列为案件的无独立请求权的第三人。之所以考虑将公司的有关股东列为案件的第三人,是因为考虑到解散公司对公司而言是最为严厉、最为彻底的打击,其中涉及提起解散公司诉请的股东的利益和公司以及公司其他股东利益之间的平衡问题,故为了尽可能避免公司和公司的其他股东遭受公司解散的不利益,同时又能解决股东之间的僵局,人民法院在受理股东提起的解散公司之诉后,也应尽可能采取在法官主持调解下,由公司其他股东受让的方式解决争端,以实现维持公司继续存续的目的,甚至也可同时将其他有受让意图的股东以外的其他主体列为第三人,以调解由其他主体受让原告股东的股权。这种采用“股东离散而非公司解散”的方式解决公司的僵局问题,社会效果和法律效果应该是最符合目前我国实际情况的。

第四,关于立案标准问题。对于股东请求解散公司之诉的立案标准,除必须满足《民事诉讼法》第108条规定的4项条件外,因该类诉讼的特殊性,还应当同时满足《公司法》第183条规定的有关条件。

首先,对提起解散公司之诉原告资格持股比例的限制,即提起解散公司之诉的股东必须满足持有公司全部股东表决权10%以上的条件,实际上该条件应该说是对《民事诉讼法》第108条第(1)项有关“原告是与本案有直接利害关系的公民、法人和其他组织”规定的进一步规定。作为股东提起解散公司之诉的原告,只有在持股比例达到《公司法》规定的10%的比例时，才能认定该股东（包括合计持有10%以上的多个股东）符合了“与解散公司之诉有直接利害关系”的条件。

其次，立案审查时应当对公司是否存在“公司经营管理发生严重困难，继续存续会使股东利益受到重大损失”这个实质条件进行初步审查，因股东提起解散公司之诉的权利行使是受到限制的，不是任何情况下股东都有权提起。按照《公司法》的规定，只有在上述实质条件存在的情况下，符合条件的股东才有提起这类诉讼的权利，故在人民法院确定是否受理股东提起的解散公司之诉时，对该实质条件应当作为立案审查的内容。但是对该条件的立案审查和案件实体审理中的审查是有区别的，即立案审查中主要基于原告提供的有关证据和其声明，审查是否符合上述实质条件，如果经审查，其诉请根本不属于“公司经营管理发生严重困难”的，人民法院应当直接裁定不予受理。比如，原告以公司的资产负债表、年度审计报告等主张公司经营严重亏损请求解散公司的，因公司亏损仅仅是公司经营状况恶化的表现，而非公司因股东之间的僵局导致公司无法正常经营，使公司处于瘫痪状态的表现，因此诉请并不满足《公司法》规定的股东提起解散公司之诉的实质条件，故在立案程序中即可不予受理。但是，如果原告主张由于股东之间的矛盾深化，公司已经无法正常经营，请求解散公司的，立案审查时仅需对原告的该诉请进行形式上的审查后，即应予以立案，至于是否真的因为股东之间的矛盾导致公司经营管理出现严重困难，以至于足以导致公司解散的，则应属于实体审理的范畴，不应因此剥夺原告的诉权。

最后，根据《公司法》的规定，还存在一个“通过其他途径不能解决”这一前置程序的审查。因《公司法》的这一规定，更多的是试图体现对于公司诉讼尽可能穷尽内部救济手段的原则，而无他意。即当公司内部发生冲突时，因公司社团性法人的特点（一人公司除外），应当尽可能通过公司内部的行为规则（比如章程）来解决，确实无法解决的，也不排除其选择司法救济手段维护其权利。故对于股东僵局情况下，股东提起解散公司之诉的，对于该前置程序的设置更多的是倡导性的规定，人民法院在立案受理时应当采取从宽的原则。

三、股东请求解散公司之诉的审理

人民法院受理股东请求解散公司的诉请后，是否判决解散公司的标准仍然是“公司的经营管理是否发生了严重的困难”。对于该条的理解，笔者认为，在我国目前情况下，“公司经营管理出现严重困难”主要是指公司股东僵局和董事僵局两种情形（因董事僵局可以通过股东会、股东大会的决议解决，故主要还是体现为股东僵局，而且是有限责任公司的股东僵局），即由于股东之间或者公司管理人之间的利益冲突和矛盾深化导致公司的有效运行失灵，股东会或者董事会因对方的拒绝参加而无法有效召集，或者即使勉强召集了会议，也因任何一方的提议都不被对方接受或者认可而无法达到法定或者公司章程规定的资本多数或者表决人数的有效决议，导致公司无法正常进行经营活动，使公司的事务处于一种瘫痪的状态，继续存续将会给公司的股东（公司实质利益者）造成重大的损失。这里必须强调的是“经营管理”出现严重困难，而如前述仅仅是生产经营出现严重亏损，或者公司运营正常，仅仅是股东的有关权益如股东资产收益权、知情权等权利无法有效实现等，并不当然导致“公司经营管理严重困难”的后果，即不能以此作为判决解散公司的理由。

根据《公司法》的规定，公司股东出资后，并不当然亲自经营管理公司，而仅基于其对公司持有的股权享有资产收益、参与重大决策和选择管理者的权利。其对公司的经营管理是通过股东会或者股东大会表决的方式进行的，一般情况下，只有因股东僵局导致股东会或者股东大会无法召开或者无法达成有效决议时，才构成请求公司解散的事由。而股东的其他权利无法实现时，体现的仅是股东权利的保障问题，对此，《公司法》有相应的制度予以规制，如资产收益权连续 5 年应分而未分时，异议股东可以请求公司收购其股权；公司未按照章程规定定时召开股东会，以至于股东参与经营管理的权利受到侵害时，股东可以要求公司召开，公司不召开的，代表 1/10 以上表决权的股东有权提议召开临时会议；股东知情权无法实现的，可以要求公司给其提供公司章程、股东会会议记录、董事会会议记录、监事会会议决议、财务会计报告，以及会计账簿等进行查阅。故股东上述权利无法实现的，股东应当通过其他途径予以救济，而不能以此为由请求法院判决解散公司。至于公司股东的合法权益受到控制股东（而非控股股东）的严重压制，使得股东无法直接参与公司的经营管理，也无法得知公司的经营状况的，只要公司的经营管理正常运行（甚至很多情况下经营效益很好）的，也不能认定为“经营管理发生严重困难”，受压制股东的权益应当通过其他合法途径予以保护。总之，对于解散公司应当严格把握在“经营管理发生严重困难，继续存续会使股东利益（而且是全体股东的利益）受到重大损失”的范畴内，而不应轻易判决解散公司。

四、股东请求解散公司之诉判决的效力

因股东请求解散公司之诉系对公司组织提起的诉讼，故人民法院就该诉讼作出的生效判决，包括解散公司的判决和驳回原告解散公司诉讼请求的判决，均对该案的当事人，包括提起诉讼的股东、公司、作为第三人的股东，以及其他未参与诉讼的股东，甚至包括公司的董事、监事、高级管理人员、公司职工等均有法律约束力。

五、股东请求解散公司之诉再次提起的限制

人民法院判决驳回原告诉讼请求后，没有新情况、新理由，公司的股东（包括原提起解散公司之诉的股东，也包括没有提起过解散公司之诉的其他股东）在一定期限内又以同一理由提起解散公司之诉的，出于对公司利益和其他股东利益的

考虑,人民法院不应予以受理。对此,可参照《民事诉讼法》第 111 条第(7)项有关"判决不准离婚和调解和好的离婚案件,判决、调解维持收养关系的案件,没有新情况、新理由,原告在六个月内又起诉的,不予受理"的规定,由最高人民法院起草司法解释作出规定。

六、股东提起解散公司之诉中的财产保全和证据保全

根据《民事诉讼法》第 92 条的规定,人民法院对于可能因当事人一方的行为或者其他原因,使判决不能执行或者难以执行的案件,可以根据对方当事人的申请,作出财产保全的裁定;当事人没有提出申请的,人民法院在必要时也可以裁定采取财产保全措施。由于股东请求解散公司之诉性质上属于变更之诉,人民法院作出的生效判决不存在将来能否执行的问题,故一般来说,在股东提起解散公司的诉讼中不应存在财产保全的事由。但是,由于股东提起解散公司之诉后,人民法院如果判决解散公司,则公司马上需要进入清算程序。如果股东之间没有矛盾,公司能够自行清算的话,也不会出现财产保全的问题。但事实是,在股东之间矛盾深化的情况下(即提起解散公司之诉事由满足的情况下),公司自行清算已成奢望,在股东提起解散公司之诉后,公司或者公司其他股东很可能会转移财产,以至于影响将来清算的顺利进行和股东利益的实现。故鉴于此,在股东提起解散公司之诉时,如果基于将来清算的需要,同时提出对公司财产进行保全或者有关证据(主要是公司账簿)进行保全等申请的,人民法院可以考虑在不影响公司正常经营的前提下依据《民事诉讼法》第 92 条和第 74 条的规定予以保全。

股东资格的取得

股东资格的取得包括原始取得和继受取得。原始取得是指直接向公司认购股份,包括设立取得和增资取得。设立取得股东资格必须同时满足实际缴纳出资和公司依法成立两个要件。尤其注意公司依法成立是出资者取得股东资格的必备要件。如果投资者缴纳了出资,但因公司最终设立失败,投资者也不能取得股东资格,即投资者的身份是随着公司的成立而转化为公司股东的,没有公司则股东资格无从谈起。公司设立过程中、设立失败或者被认定成立无效后,均无股东资格之说。增资取得股东资格需区分有限责任公司和股份有限责任公司。根据《公司法》的规定,有限责任公司增加注册资本,须由股东会经代表2/3以上表决权的股东通过作出决议。故对有限责任公司而言,除出资者按出资协议缴纳出资外,还必须以公司股东会按程序作出有效增资决议为前提。这里实际上存在着两个法律关系:一个是公司增加注册资本的公司内部法律关系;另一个是公司与第三人之间缴纳出资的公司外部法律关系。前者受公司法律规范调整,后者受普通民事法律规范调整。后者的效力要受前者效力的制约,即如果增资未经股东会决议通过,即使出资者与公司达成出资协议并实际缴纳了出资,亦因公司增资行为无效导致出资协议无效,由此出资者无法取得股东资格。《公司法》关于股份有限责任公司发行新股的规定更为严格,除了股东会作出发行新股的决议外,该决议还必须经有权机关批准尚可有效。故在股份有限责任公司发行新股中取得股东资格,必须同时满足三个条件,即股东大会依法作出决议、决议经有权机关批准,以及投资者按协议认购缴纳出资,缺少任一条件出资者均不能取得股东资格。

对设立取得股东资格中缴纳出资与公司股东资格取得之间的关系问题,笔者认为,对此问题应视各国贯彻公司资本理念的不同而有所区别。采取法定资本制的国家对公司成立前资本确定到位要求较严,采取授权资本制的国家对公司成立前的资本充足要求较低,故在授权资本制度下,股东出资与股东资格之间不必要建立一一对应的法律关系,但在采用法定资本制的国家,则应当以实际向公司缴纳出资为取得公司股东资格的必备要件。[①] 作为公司股东首先应承担相应股东义务,然后才能享有相应股东权利。股东向公司实际缴纳出资是确保公司资本真实,维护公司交易安全的保障。但对于瑕疵出资者是否具备股东资格问题,应区分其是一般瑕疵还是重大瑕疵来确定是否取得公司股东资格。如是重大瑕疵,即根本未出资,则按照上述分析认定该瑕疵出资者不具备公司股东资格;如出资未全部到位,则因其已经履行了部分出资义务,故其股东资格应该是具备的,除非因其出资严重不足导致公司根本未成立。对瑕疵出资者取得公司股东资格的,其享有的股权是有瑕疵的。其一方面构成了对公司和公司其他股东的违约责任,另一方面也形成了对公司法人财产权利的侵犯。同时该股东的权利是受到限制的。

继受取得又称传来取得或派生取得,包括转让取得、继承取得、赠与取得和因公司合并而取得股东资格,其中转让取得是最常见的一种继受取得方式。无论何种类型的公司,股东的出资均可转让,但因公司的性质不同,法律对股东转让出资的限制也宽严有别。有限责任公司虽然在性质上属于资合公司,但因股东之间重视相互间的联系,具有人合公司的因素,故在向股东以外的人转让出资时受到一定的限制,即必须经全体股东过半数同意尚可转让,否则转让无效。股东依法转让其出资后,公司应当变更受让人为公司新的股东,即原则上受让人自依法履行有效股权转让协议后就应当享有公司股东资格。但对股权转让协议签订并已实际履行后,公司未及时变更股东登记,股东资格应当如何认定问题,有不同观点。有观点认为,股权转让协议系转让方和受让方签订,而非公司与受让方达成的协议,所以要使双方的股权转让效力及于公司,只有通过公司变更股东登记,才能将股权转让双方的意志转化为公司的意志。转让方与受让方签订的股权转让协议对公司没有当然的约束力,故尽管双方履行了转让协议,如公司未予变更登记,亦不发生股东变化的法律后果。但笔者认为,正因为有限责任公司兼具人合的特性,有限责任公司股权的转让不仅是股东个人的事情,同时关系到公司的变化,所以《公司法》才对有限责任公司股权转让做了一定限制,即必须经全体股东过半数同意方可转让,否则转让无效。故有效的股权转让都是经公司股东过半数同意后转让的。虽然从形式上看,股权转让协议系转让方和受让方签订,体现的是转让双方的法律关系,但并非简单地表现为转让双方的意思表示,同时包含了公司的意志,转让的后果应当然及于公司。故受让人依法履行出资义务后即成为公司股

---

① 严格意义上说,在采用法定资本制的国家,对于出资未全部到位的,公司不能成立,因此,也不存在公司的股东。但在我国实践中,《公司法》修改前很多本不符合成立登记条件的公司都办理了成立登记,而事后又是从追究股东出资不实的民事责任角度解决债权人利益保护问题,因此,在这种情况下,对于瑕疵出资股东的股东资格应当是承认的,换句话说,之所以能够追究股东在其未缴付出资本息范围内对公司债务承担补充赔偿责任,是建立在承认其股东资格的基础上的,但是,根据最近出台的《公司法司法解释(三)》的规定,对于经过催缴而仍然不缴纳出资的,公司可以通过除名机制否定其股东身份,由他人替代出资或者作注销处理。

东,公司有义务及时变更股东登记,受让方基于股东身份依法享有要求公司变更股东登记的权利。未予变更的不影响受让方主张股东权利。但是如果涉及善意第三人时,应当从保护善意第三人和商法的公示原则出发,作有利于第三人利益保护的认定,而非简单地以股权转让事实认定股东资格,即如果公司对外公示内容与股权转让事实不一致时,以公示内容作为认定股东资格的依据。如果受让方签订股权转让协议后,未全部履行合同义务,即未全额支付转让款,因受让方系基于履行股权转让协议取得股东资格,故公司因此未作变更登记的,仍应依登记载明内容认定公司股东。如果机械地认为受让方未支付款项仅构成违约,而其股东资格自转让协议生效之日起取得,则将形成权利义务的不对等。如果股权转让过程中存在欺诈行为或者未经股东过半数同意转让,则受让方因转让协议被撤销或被认定无效而无法取得股东资格。有限责任公司股东之间可以相互转让其全部出资或者部分出资,不受任何限制。

对如果股东之间相互转让出资形成一人公司的,该转让行为是否应受到限制问题,笔者认为,转让出资是法律赋予出资者的权利,不能因此限制股东转让其股权。但因股东转让股权给公司另一唯一股东后,形成了事实上的一人公司,故应当依法办理公司变更登记,将有限责任公司变更为个人独资企业。① 股份有限责任公司股东资格原则上可以自由转让,这是由于股份有限公司是典型的资合公司,以公司资本为其信用基础,股东间的人身关系较为松散的属性决定的。股东资格的转让是通过股票转让实现的。记名股票的受让人从转让双方背书转让股票并支付转让款项后取得股东资格;无记名股票的转让从转让人将股票交付受让人后发生股东的变化。但股份有限责任公司股东资格的转让不得违反《公司法》的禁止性规定,包括:股东转让无记名股票,必须在依法设立的证券交易场所进行;记名股票由股东以背书方式或者法律、行政法规规定的其他方式转让;发起人持有的本公司股份,自公司成立之日起3年内不得转让;公司董事、监事和经理在任职期间不得转让本人持有的公司股份。违反上述规定的股权转让,不发生股东资格变化的法律后果。

以继承方式取得股权符合继承法的规定。但是继承人能否直接通过行使继承权取得股权,又属于《公司法》的调整范畴。股份有限责任公司因其资合性特征,其股权继承没有什么问题。而有限责任公司因其兼具人合和资合的特征,如果继承人当然取得股权恐怕有悖于有限责任公司人合的属性;但如果不允许继承人通过行使继承权取得股权,则违反了继承法的规定,侵犯了公民的继承权。我国现行《公司法》对这一矛盾尚未明确作出合理解决。② 笔者认为,我们可以借鉴

① 因《公司法》2005年修改后承认了一人有限责任公司,因此,由于股权转让形成事实上的一人公司的,应当根据《公司法》的有关规定,依法变更登记为一人有限责任公司。

② 2005年修改后《公司法》第76条明确规定,自然人股东死亡后,其合法继承人可以继承股东资格;但是,公司章程另有规定的除外。即股东资格的继承是一般情形,公司章程规定是特殊情形。

《法国商事公司法》的规定,在允许公司股份通过继承方式自由转移的前提下,出资者可通过在公司章程中对继承人取得公司股东资格的条件作出明确规定,即规定股东死亡时其股权什么情况下可以被继承,什么情况下不可以被继承等,体现有限责任公司的人合属性。同时也是通过股东对其股权的自行处理,来解决股权继承权问题。这样既有效保护了公民继承权,又与有限责任公司人合属性相吻合,应该说是一个比较好的选择。但是,如果公司在章程中对此没有作出约定,发生了股权继承问题应如何处理呢?笔者认为,继承权继承的是财产权,而非人身权。股权作为一种特殊的权利,除了具有财产权内容,同时还具有基于股东身份而产生的人身权。继承法之所以规定股权等有价证券可以继承是基于其财产权属性,所要继承的也是股权中的财产权,而非人身权。人身权是特定人身固有的权利,是随着人身的消灭而消灭的,是不能被继承的。所以,当股权发生继承事由时,继承人可以当然地继承被继承人股权中的财产权,而不能继承股权中的人身权。如果公司的其他股东同意继承人代替被继承人成为公司股东,不是基于其继承权的行使,而是股东之间达成的一个新的合意。如果公司的其他股东不同意继承人代替被继承人成为公司股东,则继承人只能就被继承人享有的股权作价予以继承,而被继承人持有的股份应由其他股东认购,即通过股权财产权和人身权的分离来实现对继承人继承权的保护和有限责任公司人合性特征的维护。

有限责任公司中股权赠与取得同样存在对人合属性的冲击,故赠与取得股东资格亦需经全体股东过半数同意。不同意赠与的应参照《公司法》关于股权转让的有关规定处理。但由于赠与本身没有股权价格之说,如其他股东不同意赠与,其他股东购买拟赠与股份价格如何确定,值得探讨。

股东资格认定中的三个问题

股东资格是投资人取得和行使股东权利、承担股东义务的基础。有关股东资格确认纠纷是公司法诉讼中最为常见的一种诉讼。不仅表现在单一的股东资格认定纠纷案件中，而且在审理股权转让纠纷、股东权益诉讼纠纷、出资不足股东向债权人承担民事责任纠纷等类型的民商事案件中，股东资格的认定是首当其冲要解决的问题。

一、股东登记和出资证明书、股票在股东资格认定中的意义

公司章程、股东名册和工商登记中对公司股东的登记在认定股东资格时具有特殊的意义。公司章程在某种程度上是公司的小宪章，公司的主要事项均记载于章程中，包括股东的姓名（名称）、权利义务和出资等。对内约束公司和股东，对外具有公示作用。公司设立登记或转让出资时，应当办理章程的核准、备案和变更登记手续。公司章程一方面表明了出资者向公司出资，欲为公司股东的意思表示；另一方面也起到一定的对外公示作用。故公司章程上载明的股东内容是确定股东权利义务的主要根据，具有对抗股东之间其他约定的效力；在对外效力上也是相对人据以判断公司股东的依据。公司置备的股东名册具有权利推定力，是认定股东资格的证据。因此，一般情况下股东名册上载明的股东即应推定为公司的股东，除非有充足证据证明载明的内容错误。公司工商注册登记的功能主要是政府对进入市场交易的市场主体资格进行审查，以减小市场交易整体风险，其内容因其公示性而对相对人具有确定的效力。由于公司工商注册登记是公司成立的法定程序，虽然公司成立登记本质上属于证权性登记，不具有创设股东资格的效力，但从某一方面看，客观上又产生了设权性的效果，即具有对善意第三人宣示股东资格的功能。作为均具有对外公示作用的公司章程和工商登记，正常情况下应当一致，但在股权变化时，因公司未及时变更有关登记而造成公司章程和工商登记不一致时，如何确定股东资格？笔者认为，如果仅仅是受让方向公司主张股东权利，不涉及第三人利益时，应当以实际股权转让情况确定受让方为公司新的股东，并责令公司立即办理工商变更登记。但是，如果涉及善意第三人的利益，在认定公司股东时，从二者对外具有公示力的作用看，很难说究竟谁的效力更高。尤其是对善意第三人来说，其完全可以相信任何一个有公示力的记载作出相应的行为。所以原则上应当依据善意第三人主张依据的公示内容认定股东资格，以保护

善意第三人的合法权利。公司可以通过及时变更登记来确定公司真实的股东。

出资者是否取得出资证明书和股票不是认定其股东资格的必备要件。出资证明书和股票性质上是物权凭证,是证明股东持有股份或出资的凭证。出资者出资后,只要公司一经批准登记成立,出资者就当然地转化为公司股东,公司就有义务向出资者签发出资证明书或者股票,出资者也享有出资证明书或者股票的请求权。这种权利来源于其股东身份。出资证明书和股票在其中只起到证据的作用。即使没有出资证明书或者股票,只要出资者能够证明其已经依据公司章程和设立协议缴纳了出资,就应当依法认定其股东资格,即不能以出资者不具有出资证明书或者股票而当然否认其股东资格。

二、瑕疵出资股东资格的认定

瑕疵出资是指出资者没有严格按照公司章程规定的数额、时间等出资。关于瑕疵出资者是否享有股东资格问题,实践中争论较大。有观点认为,瑕疵出资者未按照公司章程履行出资义务,不能取得股东资格。笔者认为,由于瑕疵出资者在公司章程上明确签字,有其真实意思表示,且有的已履行了部分出资义务,故瑕疵出资不影响其股东资格的认定。故在法人成立情况下,对瑕疵出资者的股东资格应当予以认可,否则将会出现公司股东缺位。但因其出资并未全部到位,股东权是有瑕疵的。其股东权利只能在出资范围内行使,未出资部分不得行使。对于瑕疵出资者未严格履行出资义务的行为,根据《公司法》的规定,由其承担相应的民事责任和行政责任。如果瑕疵出资者事后补足了出资,也只能在补足出资后行使该部分出资的股东权利。如果因投资者的瑕疵出资导致公司设立失败或者因公司注册资金低于法定最低注册资本金数额而导致公司成立无效的,因公司不存在,投资者亦不享有股东资格。

瑕疵股东权是否可以转让主要存在三种不同观点:一是不可以转让;二是仅可以转让已出资部分,未出资部分不得转让;三是可以转让,但必须以转让款项先行补足不足出资;转让股份款项不足以补足出资,转让人又不能继续补足的,公司或者其他股东可主张撤销股份转让合同。如未主张撤销的,可保留向转让人追索不足出资的权利。笔者认为,应严格限制瑕疵股东权的转让。虽然转让股权是股东的权利,但是对于未缴足出资的瑕疵股东权,如果允许其转让股权,很容易给不法者提供利用转让股权的方式损害债权人的便利,而通过转让股权款项先行补足不足出资的做法来避免债权人的损失,似乎又缺乏必要的保障落实措施,操作起来非常困难,所以不如明确规定瑕疵出资者只有在补足出资后方可转让股权。对于根本未出资的,尽管该投资者在公司章程上签字,但因其未实际履行出资义务,不具有股东资格。公司可以投资者未按设立协议出资为由单方解除合同,并通过变更股权结构,让他人认购未出资人所承诺认购的股份,变更公司章程等方式,变更他人为公司股东,同时可追究未出资者的违约责任。[①]

三、名实不符股东资格的认定

名实不符股东主要包括隐名股东和冒名股东。隐名股东[②]是指虽然实际出资认购公司股份,但在公司章程、股东名册和工商登记中却记载为他人的投资者。隐名股东主要为规避法律型。我国《公司法》和其他相关法规对公司投资领域、投资主体、投资比例等方面做了一定限制,如国家机关不得开办公司;外方投资不得低于一定比例;有限责任公司股东人数不得低于2人,超过50人等。有些投资者为了规避这些限制,采取隐名股东的方式进行投资。也有少数隐名股东为非规避法律型,主要是出于不愿公开自身经济状况原因而采取的隐名投资方式。隐名股东和显名股东与公司之间的关系,实质上是公司股东的认定问题。笔者认为,隐名投资多数情况是为了规避《公司法》等有关法律、法规的禁止性规定,故在认定股东资格时,一定要严格遵循制裁法律规避行为原则,即法律不应支持或者纵容违法行为,应当对法律规避行为加以规范和制裁,将非法的法律关系通过法律强制力恢复到合法状态,使当事人的不法意图无法得逞,同时也起到法律示范作用。对于所谓的非规避法律型隐名股东,因《公司法》已经明确赋予民事主体投资进行民事活动的权利,既然投资者作出不享有股东权利,而由他人作为其权利享有者的选择,是其自身选择的结果,其应当承受由此导致的后果,且属于隐名股东的财产权利可以通过其与显名股东之间形成的法律关系得到相应保护,不存在不承认其股东资格就剥夺其民事权利问题。法律没有必要为了所谓的保护无过错隐名股东民事权利,而区别情况认定隐名股东的股东身份。对于本应由隐名股东享有的股东权利由显名股东享有,或者本应由隐名股东承担的责任由显名股东承担,因作出隐名投资系隐名股东和显名股东双方的真实意思表示,因此产生的后果双方应当有所预见,按照显名情况认定公司股东权利义务的承受者,对双方应当说

---

① 瑕疵股权转让问题和根本未出资问题等,是近几年司法实践中争议很大的问题,前后思路均有巨大变化,近期出台的《公司法司法解释(三)》最后定论是,对于瑕疵股权可以转让,但转让后股东出资瑕疵的责任原则上由转让方和受让方承担连带责任。对于出资不实股东资格问题,系通过追究股东出资不实民事责任和除名机制解决的,即如果公司通过股东会决议或者章程规定剥夺瑕疵出资股东资格的,该瑕疵出资股东则不再享有股东资格,如果公司没有剥夺其股东身份的,则其对公司债务对外承担补充赔偿责任。因该文形成于《公司法》修改和公司法司法解释制定中,反映的是当时背景下的认识,之所以还放在本书中,意在反映我国司法实践的历史发展,正好与《实践中的商法》这个书名相吻合。本书中如公司担保问题、法人人格否认问题、公司解散问题、诉讼时效问题等也都涉及类似问题。在相关司法解释出台后,均以司法解释的观点为准。

② 对于隐名出资问题,《公司法司法解释(三)》作出了明确的规定,即实际出资人与显名股东明确约定由实际出资人出资,由显名出资人代为显名,实际权利均归实际出资人的,如无违反法律强制性规定的,可以认定该协议有效;实际出资人起诉主张合同中约定的财产权利的,人民法院应当予以支持;实际出资人主张变更其为公司股东的,除其隐瞒出资无违反法律强制性规定情形外,还应当由公司其他股东过半数同意,人民法院方可确认其股东身份。

是公平的。隐名股东和显名股东之间的法律关系属于个人法调整范畴,应当依据当事人双方的真实意思表示认定二者之间的法律关系,如债权债务关系、赠与关系,或者行纪、信托关系等。如果双方在出资时约定明确,只要其约定不违反法律强制性规定,则按照双方的约定确定二者的权利义务关系;没有约定的,视举证情况确定双方的权利义务;举证不能的,承担举证不能的民事责任。隐名股东如因举证不能权利得不到有效保护是其自己意志选择的结果,符合私法法律精神。

冒名股东是指以根本不存在的人的名义(如死人或者虚构者)出资登记,或者盗用真实人的名义出资登记的投资者。冒名股东和隐名股东的根本区别在于要么被冒名者客观上根本不存在,要么缺少被冒名者和冒名者的合意。故对冒名股东的认定应当区别于隐名股东。首先被冒名者不能认定为公司股东。如果认定不存在的人为股东,将会因股东的缺位导致股东权利义务无人承受,不利于维护公司团体法律关系稳定;如果认定被盗用名义者为股东,因其既无真实出资,亦无与冒名者的合意,不仅不符合股东的基本要件,而且将导致不当得利的法律后果。其次冒名者亦不能认定为公司股东。冒名无非是为了规避法律的禁止性规定,如果认定冒名者为公司股东,有违公序良俗原则,是立法者之禁忌。对冒名登记成立的公司,如果构成事实上的一人公司,应当认定公司成立无效,一方面解决了股东资格问题(即因公司成立无效,无股东之说),另一方面涉及债权人权利实现的,由公司实际投资者承担偿还责任。这样处理即维护了法律尊严,制裁了违法分子,又达到了保护善意第三人的目的。如果虽然存在冒名股东,但并未构成一人公司,其他股东对此不知情的,为了保护无过错股东利益,不宜认定公司成立无效或强制其解散,而应收缴该部分股权,通过拍卖或者由其他股东认购等方式,确定新的投资人为公司股东。

干股的实际出资者也不是股东登记所载明的股东。干股股东一般是指具备股东的形式特征并实际享有股东权利,但自身并未实际出资的股东。干股多是基于公司及其他股东的奖励或者赠与形成的,确切地说,干股股东是有实际出资的,只不过其出资是由公司或者他人代为交付的,故对干股股东资格应当予以认定。实践中也有将接受贿赂等违法犯罪行为取得的股份称为干股的,是否认定受贿者股东资格存在争议。笔者认为,从民事法律关系上认定受贿者的股东资格,与对受贿者予以刑事制裁,依法收缴其违法所得,通过拍卖转让股权确定新的股东,二者并不冲突。

赴日公司法研修报告

2006年1月16日至25日，根据中日经济法、企业法合作项目的安排，笔者作为最高人民法院的代表参加了商务部条法司组织的日本公司法研修班，赴日学习。参加此次研修的除了商务部和最高人民法院代表以外，还有全国人大常委会法工委、国务院法制办、国家工商行政管理总局、中国政法大学以及地方商务部门的相关人员共计10人。赴日期间，研修班拜会了日本法务省和最高法院，了解了日本公司法立法的有关情况和日本最高法院的基本设置及公司案件的审理情况等；走访了一桥大学、京都大学、东京证券交易所、日本监事协会、富士通株式会社等单位，与日本公司法专家进行了深入的座谈，了解了日本公司法律制度及公司法实施中的热点问题。现将日本公司法的有关情况概要汇报如下：

一、日本公司法制现代化下的股东代表诉讼制度

2003年日本开始了标榜为“公司法制现代化”的有关公司法律制度的大修改。同年10月，日本法务省公布了《公司法制现代化要纲试案》（以下简称《要纲试案》），在社会各界广泛征求意见。并于2005年2月形成了《公司法制现代化的要纲》（以下简称《要纲》）。《要纲》就公司法制现代化的意义明确为：一是公司法条文语言的现代化，即把明治时代文言文式的条文改写成现代口语式的条文。并把分散在《商法》第二编的公司编、《有限责任公司法》和《关于股份公司监督的商法典》等相关法律中的有关公司的规定合编为统一的公司法典。二是对条文进行实质性修改。根据《要纲》形成的新公司法草案在日本国会的审议中进行了些许修改之后，于2005年6月29日获得国会的正式通过。新公司法于同年7月26日正式颁布，并于2006年4月开始实施。

在公司法制现代化过程中，如何完善股东代表诉讼制度成了人们关注的焦点问题之一。日本于1950年对商法进行大修改时，参照美国法导入了股东代表诉讼制度，至今已有五十多年的历史。但是，在导入后的前40年里该制度几乎没有得到充分的利用，有关股东代表诉讼的案件屈指可数。直至1993年修改商法，将股东代表诉讼案件费用收取方法由财产权上的请求之诉改为非财产权上的请求之诉（《日本商法》第267条第5款、新《公司法》第847条第6款），案件受理费大为降低后，有关代表诉讼的案件大幅度上升，引起了社会各方的关注。2002年12月，日本曾在股东代表诉讼制度合理化的名义之下对代表诉讼进行了修改。这次

借公司法制现代化的机会又对代表诉讼制度的进一步完善采取了新的立法举措。具体如下:

(一)股东代表诉讼的原告资格要件

依照《日本商法》第 267 条第 1 款的规定,提起代表诉讼的原告股东必须是 6 个月以前连续持有公司股份的股东。关于原告股东持股数法律没有明文规定,因此股东代表诉讼提起权为单独股东权,而非少数股东权。新《公司法》第 847 条但书部分就原告股东的资格规定:如果提起诉讼追究董事责任的目的仅是为了追求该股东个人或者第三人的不正当的利益,或者给公司造成损害,则该股东不得提起诉讼。这一要件不同于上述现行商法上的客观要件规定,它注重的是原告股东的起诉的主观意图,即主观要件规定。

《要纲试案》中没有关于原告股东的主观要件的提案。由于经济界提出了这方面的要求,日本自民党政务调查会法务分会的商法小委员会在其《关于公司法制现代化的中期报告》中建议,若提起诉讼会造成全体股东利益受到损害这样的情形发生,则应当限制股东提起诉讼。根据这一建议,日本法务省法制审议会公司法分会于 2004 年 6 月 26 日召开的讨论会上就以下事项取得了较为一致的意见,即提起股东代表诉讼时,如果股东的起诉目的是为了图谋自己或者第三人的不正当的利益,或者给公司造成损害,则该起诉应当受到限制。《要纲》除了建议规定此情形之外,还建议若代表诉讼的提起及其进行会严重损害公司的正当利益,会给公司造成过大的费用负担及其他相似情形的发生,而且对该情形发生所做的预测具有相当的确切性,则该起诉也应当受到限制。新《公司法》草案将上述要纲的提案原本写下。但是,在国会的审议过程中,在野党的民主党对“代表诉讼的提起及其进行会给公司造成过大的费用负担”这种限制提起诉讼的要件提出了质疑,建议应该删除,理由为该要件会偏袒公司经营者,不利于股东提起代表诉讼。该建议被采纳,形成了现在的条文内容。

一般说来,股东代表诉讼具有代位诉讼性和代表诉讼性的双重性质。所谓代位诉讼性,是指原告股东作为公司的机关代位行使公司的诉权。现行《日本商法》第 267 条第 1 款中的“为了公司”这一用词就意味着诉讼代位性。所谓诉讼代表性,是指原告股东代表和自己处于相当地位的其他股东提起诉讼。基于这种双重性质,代表诉讼的判决一旦确定,成为终审判决,公司和其他股东不得就同一事实再提起诉讼,即产生所谓的判决第三人效力。作为股东代表诉讼制度母法的美国法,不但要求原告股东在提起代表诉讼之前首先请求公司提起诉讼追究董事等不正当行为人的损害赔偿责任,而且还要求他必须满足“公正与适当的代表性”这一主观要件。很显然,这些要求都是基于股东代表诉讼的双重性质。

《日本商法》在导入股东代表诉讼的草案中曾经尝试过借鉴美国法规定的“公正与适当的代表性”这一主观要件,但后来考虑到法院很难通过职权对原告股东是否符合该要件进行调查为由而未作出此项规定,以至于现行《日本商法》仅要求原告股东符合形式上的和划一式的客观要件。对此,日本有学者严厉批评这是完全无视股东代表诉讼的代表诉讼性,主张有必要规定原告股东的主观要件,从而完善代表诉讼制度。为防止滥诉,日本新《公司法》虽然不像美国法那样就原告股东的主观要件以"公正与适当的代表性"的用词作出抽象的规定,但是通过列举具体情形的方式达到了规定原告股东主观要件的目的,从而弥补了日本股东代表诉讼制度的一大缺陷。

(二)股东代表诉讼被告范围的扩大

《日本商法》第 267 条第 1 款、第 196 条、第 280 条第 1 款、第 430 条第 2 款、第 280 条之 11 第 2 款和第 295 条第 4 款规定,股东代表诉讼主要是为了追究公司董事的损害赔偿责任,但是,在追究公司发起人、监事、清算人、用不公正的价格认购新发行股份人,以及借行使股东权利之机从公司获得不正当利益股东的利益返还责任的场合,也可以通过准用的形式利用股东代表诉讼。然而,商法中没有将会计监察人对公司的责任列为代表诉讼所追究的责任范围。就此,《要纲试案》和《要纲》均提议将会计监察人对公司的责任列为代表诉讼所追究的责任范围,新《公司法》制定中接受了该建议,明确规定公司股东可以向会计监察人提出代表诉讼追究其责任(新《公司法》第 847 条第 1 款)。

一般说来,会计监察人对公司负有赔偿责任发生的情形主要是帮公司做假账,如尽管公司没有可分红的利益,当公司董事编制了违法的财务报表时,对此会计监察人不但不予以纠正,反而和董事沆瀣一气对违法的财务报表给予合法的结论。根据关于股份公司的商法典第 9 条的规定,会计监察人因渎职给大公司造成损害时对大公司必须承担连带赔偿责任。但在上列情形中,本身具有违法行为的董事,或者没有阻止会计监察人违法行为的董事,替公司起诉追究会计监察人的损害赔偿责任根本没有可能,故新《公司法》中将股东代表诉讼的被告范围扩大到会计监察人的立法举措,有利于强化股东代表诉讼职能的发挥。

(三)公司不提起诉讼理由的书面说明

根据《日本商法》,股东在提起诉讼之前首先得通过书面或者电子形式请求公司(具体为公司监事)提起追究董事责任的诉讼(《日本商法》第 267 条第 1、2 款),如该请求过了 60 天公司仍没有起诉,该股东方可提起代表诉讼。此时,法律并没有要求公司就没有起诉的理由作出书面或者其他形式的说明。《要纲》对此提出,公司在收到股东诉讼请求之后,如果在起诉期间内没有起诉,依照该股东或者董事的请求,必须尽快向该股东本人或者董事以书面形式作出说明。新《公司法》采纳了这一提案,并且规定除书面形式以外还可以法务省省令(即行政部门规章)规定的其他形式作出说明(新《公司法》第 847 条第 4 款)。公司不起诉理由说明制度的导入,一方面明确地赋予了诉讼请求的股东有要求公司公开不起诉的理由,并且作出说明的权利;另一方面也能促使公司构筑行之有效的公司内部监督体制。

（四）公司并购重组中的股东代表诉讼

根据《要纲》的提案，日本新《公司法》第851条第1款就股东代表诉讼还规定，为追究公司董事等人的责任而提起代表诉讼的股东，或者依据第849条第1款的规定作为共同诉讼人参加该代表诉讼的股东，即使在诉讼结审之前不再为公司的股东，但是若符合以下所列情形也可以继续进行诉讼。第一种情形是，该股东通过股份交换或者股份转移而成为其持有过股份的公司的全资母公司的股东的。第二种情形是，该股东所持有股份的公司因与别的公司合并消失后，该股东自己成为存续公司的股东的。一般情况下，股东一旦转让股份，放弃股东身份，就不具有股东代表诉讼的原告资格，其提起的代表诉讼就得终止。日本新《公司法》之所以作出上述特别规定，起源于对日本兴业银行股东代表诉讼一案的争议。

1999年4月，日本兴业银行的两名股东向东京地方法院提起股东代表诉讼，请求该银行的董事和监事共计80人向银行承担连带损害赔偿责任。理由是银行的融资和向日本债券信用银行提供“解困出资”等行为给银行造成了损害，这些损害的发生起因于董事犯有重大过失，这意味着董事违反了《日本商法》第254条之3所规定的董事的善管注意义务和忠实义务，而监事则因没有及时阻止董事的损害行为和追究他们的赔偿责任，也应当承担连带赔偿责任。该股东代表诉讼还没有结审，日本兴业银行和富士银行、第一劝业银行于2000年9月以股份转移的方式设立控股公司。这样，原告股东因基于公司组织法上的意志把持有的日本兴业银行的股份转移给了控股公司（非基于个人意志），而失去了日本兴业银行的股东身份，成为其控股公司的股东。2001年3月，东京地方法院以原告失去公司股东资格为由，驳回了其诉讼请求。其判决理由为：依照商法第267条第1款的规定，提起股东代表诉讼的股东必须是6个月之前开始持续持有股份的股东。这一规定是关于股东代表诉讼原告资格的规定。依据文义解释，这里所说的股东应解释为被告董事所属公司之股东。就由于股份转移而失去股东资格的情形中的股东代表诉讼当事人资格仍否可以继续维持一事，法律没有作出特别规定。与此同时，也没有什么特别的理由去违背法律的文义作出维持股东的原告资格之解释。

此判决作出后，日本商法学界和舆论界一片哗然，纷纷谴责该判决有失公正。主要反对理由认为，该判决剥夺了股东的代表诉讼提起权，明显有助长别有用心之徒利用股份交换和股份转移阻止股东代表诉讼进行的危险性。日本商法学者不仅提出立法机关应当针对股份交换和股份转移后的股东原告资格等问题作出明确规定，而且还为解决该问题从法理解释的角度提出了“双重股东代表诉讼”和“股东继续持股原则的适用除外”两种主要补救办法。“双重股东代表诉讼”，是指母公司的股东为了追究子公司董事等人的责任而提起的代表诉讼，它源于美国的判例法。其理由是：因为母公司持有子公司的股份，母公司的股东对子公司拥有实质性的所有利益，若子公司和母公司怠于提起追究子公司董事等人损害赔偿责任的诉讼时，母公司的股东理应有权提起代表诉讼，追究赔偿责任，维护自己实质性的所有利益。"股东继续持股原则的适用除外",是指虽然一般情况下法律要求股东不仅在提起股东代表诉讼时应当是公司股东,而且在法院对股东代表诉讼作出终审判决时也应当是公司股东。但是,其前提应当是原告股东转让股份失去股东地位是出于自愿,而非因强制,否则,就可以适用除外原则,即在提起股东代表诉讼的原告不再具备被诉董事等的公司股东身份时,仍然不否定其原告资格。

鉴于立法的呼声日益高涨,日本立法者在此次公司法制现代化之际,就股份交换和股份转移后等特殊情况下股东原告资格应予维持作出了前述规定。

二、日本公司法的监事制度

(一)监事制度发展概要

如何加强对公司经营者的监督,使其能够忠实勤勉地履行职务,提高公司经营绩效,一直是日本公司法修改关注的重点问题。1899 年制定的《日本商法》设立了监事制度,规定监事的权限主要在于监督董事业务的执行。1950 年修改商法,缩小了监事的权限。1974 年修改商法,大幅修正监事制度,扩大监事职权,加强监事地位。1993 年对商法的修订中,引入了外部监事制度,规定大公司的监事须为 3 人以上,且其中 1 人为外部监事。2002 年的修订,将大公司的外部监事增加为监事总数的半数以上。同时,为加强对股份公司的财务监督,制定了《关于股份公司监督的商法典》,针对公司规模之大小,设计不同的监督制度。强制大型股份公司设置双重监事制度,即大型股份公司除按商法规定设立监事外,强制规定必须设置会计监事。根据该法律,资本额 5 亿日元以上的大公司,必须设监事会,除监事外,还应设置专门的会计监事;而资本额在 1 亿日元以下的小公司,监事仅可以行使会计监督权,而无业务监督权。

日本参考美国的公司治理制度,通过 2005 年对《公司法》的修改,开始实施设置委员会等机构的公司制度,即公司资本金 5 亿日元以上或负债总额 200 亿日元以上大规模的股份有限公司,或者资本金超过 1 亿日元的股份有限公司,可以通过章程的特别规定设置董事会委员会,董事会委员会下设提名委员会、监查委员会和薪酬委员会。该制度是被作为可选择的制度采用的。也就是说,符合上述条件的公司可以选择设立监事会的方式,也可以选择设立董事会委员会(下设监查委员会)的方式对公司事务进行监督。

(二)监事制度的主要内容

现行日本法有关大公司的监事制度主要包括以下内容:

1. 监事会的构成。大公司的监事须 3 人以上,且半数以上须是外部监事。全体监事组成公司的监事会。监事由股东直接选拔任命,至少应当选一名专职监事。禁止董事和雇员等兼任监事。监事通过互选确定常任监事。

2. 监事职权以监督董事职责的履行为其核心内容。

3. 监事向股东报告和说明制度。监事通过制作监查报告,在定期股东大会上以向股东报告监查结果的方式,监查财务报表和附属明细表。有关监查报告的记载事项,法律、规则都作了详细的规定。比如,有关董事的职责履行,当董事有不规行为或违反法律、公司章程规定的重大事实时,必须记载该事实。董事违反同业竞争交易和关联交易的义务时,必须按个别违法事实逐一记载相关事实。监查报告须连同财务报表等资料向股东和公司的债权人披露。监事负责调查由董事向股东大会提出的议案和资料,当认为有违反法律、章程规定,或者有明显不当事项时,应当向股东大会陈述意见。监事有义务和董事一样在股东大会就股东要求的事项作出说明。

4. 与会计监查人协作的会计监督制度。在大公司,有关财务报表、附属明细表,除了监事的监查外,还应当接受会计监查人的监查。监事如果认为会计监查人的会计监查是相当的,可以此为根据,在监事会的监查报告中主要记述业务监督的结果。会计监查人可以随时阅览、抄写公司的会计账簿,要求董事、经理人员等报告有关会计事项,并在履行职责需要时,调查公司的业务财产状况。母公司的会计监查人在履行职责需要时,可以要求子公司报告有关会计事项,或调查子公司的业务财产状况。会计监查人发现董事职责履行有不规行为或违反法律、公司章程规定的重大事实时,应当向监事会报告。监事认为必要时,可以要求会计监查人就监查事项作出报告。会计监查人的任免属于股东大会的权限,但监事会可积极参与,即董事向股东大会提出会计监查人的候选人,必须得到监事会的同意。监事会也可以请求董事就会计监查人的特定候选人向股东大会提出人事议案。董事如果不接受监事会的请求,会受到罚款处罚。有关会计监查人的不连任和解任的情况也相同。会计监查人有违反义务、玩忽职守、履行职责有障碍等场合,可以不召开股东大会,由监事会全体成员一致通过解任会计监查人。当会计监查人缺位时,监事会可通过决议选任临时会计监查人。

5. 监事会的调查权限、信息收集制度。监事可以随时要求董事、经理等报告业务经营情况,或调查公司的业务财产状况。母公司的监事因履行职责需要时,可以要求子公司报告经营情况,或调查子公司的业务财产状况。妨碍这些调查的行为会受到罚款处罚。董事在发现明显有损于公司的事实时,有义务立即向监事报告。

6. 出席董事会制度。监事应当出席董事会,必要时应当陈述意见。董事会是监事获取重要信息的场所,出席董事会也是监事调查业务财产的重要一环。有关董事违反法律、章程的行为,监事须向董事会报告。如有必要,可以请求召开董事会,根据情况需要,也可以亲自召开董事会。董事会是监事直接纠正董事违法行为的重要场所。

7. 通过向法院提起诉讼纠正董事违反法律、章程等行为的制度。董事进行违反法律、章程等行为,由此可能会给公司带来明显的损害时,监事可以要求该董事停止该行为,如要求向董事提出未被采纳时,可以向法院申请临时处分命令。公司对董事,或董事对公司提起诉讼时,监事代表公司。通过诉讼追究董事对公司的责任是监事的任务之一,监事在其他方面也是各种公司法上的提起诉讼者。

8. 监事会的独任制度。即便监事为多人时,各位监事亦单独行使权限。因为与有关业务经营妥当性的判断不同,有关合法、违法的判断不应当由多数表决原则来决定。这一监事独任制的精神,在大公司设置监事会时也得到了贯彻。监事会通过要求监事报告职责履行情况,使各监事间的信息共有成为可能,又可以通过确定监查的方针、方法,较为容易地确定各监事的职责分工,但不能妨碍各监事行使权限。大公司的监查报告,是在各监事报告的基础上制作而成的。这时,监事意见的形成按监事会的多数表决原则进行。但是,各监事的意见可以附记在监查报告之后。

9. 监事独立性的保障制度。为了确保监事履行职责,应当确保监事能较为容易地作出独立于负责公司业务的经理人员的判断。为此,日本商法在制定当初就规定了禁止监事兼任董事的内容。1993 年以后,关于大公司增加了公司外部监事的要件。2001 年 12 月,修改后的法律规定,大公司的监事半数以上须是外部监事。为了强化监事的地位,监事的任期也相应得到了延长。现在,原则上规定任期为 4 年。有关监事选任、解任、任期中途辞职的规定,保障了监事在股东大会的意见陈述权,以此期待着牵制董事的效果。监事由股东大会选任、解任。但是,如今大规模的上市公司的股东大会未必进行实质性的审议,一般而言,公司提案都会通过。因此,由哪个机构决定公司提案就显得至关重要了。关于这一点,长期以来原则上规定召集股东大会的权限在董事会,以此为根据,有关监事候选人的公司提案一直是由董事会决定的。这样,实际上形成了接受监督的人决定监督者人事的局面。对此,2001 年 12 月法律进行了修改。按照修改后的法律规定,董事向股东大会提出监督候选人议案时,须经监事会的同意。监事会也可以请求董事就监事的特定候选人向股东大会提出人事议案,董事如果不接受请求,将会受到罚款处罚。这一修改在提高监事相对于公司总经理等的独立性方面起到了一定作用。监事的报酬由股东大会决定,当股东大会仅规定监事报酬总额时,具体给各监事的报酬金额由各监事协商决定。这一内容是在 1981 年修改时规定的,此前的做法是股东大会只规定包括监事在内的所有公司经营者的报酬总额,由董事长或董事会分配决定具体金额,同时规定监事在股东大会有关就报酬问题陈述意见的权利。事实上,在日本多数大公司,特别是常任监事已经确立了较高的地位和得到丰厚的报酬。监事履行职责需要一定的费用。在一般的委托合同中,关于受托者处理委托事务所需要的费用,受托者可以请求委托者预付或加利息的事后支付,以及取代债务等。但这时,受托者应当表明该费用是处理委托事务所必需的。对此,监事就履行职责提出预付或加利息的事后支付,以及取代债务等请求时,公司方面如无法证明该费用是监事履行职责不需要的证明,公司就无法拒绝请求,即与民法的原则相比较,举证责任进行了转换。这一转换现实中意义重大。

（三）监事的职权

日本的股份有限公司均须设置监事，监事由股东会选举产生，每位监事可独立行使职权，监事的主要职责是对公司会计和业务情况进行监督，制止董事在业务中的违法行为，具体包括：

1. 出席董事会并发言的权利。监事出席董事会，可陈述意见。

2. 请求并召集董事会的权利。监事认为董事为不属于公司经营范围内的业务，及其他违反法令及章程的行为，或有上述行为的嫌疑时，应向董事会提出报告。必要时监事可要求召集董事会。董事会未于5日之内发出两周之内开会的通知，监事可以自行召集董事会。

3. 营业报告请求权，公司业务、财务状况调查权。监事拥有对董事、经理及公司其他职工的报告请求权和对子公司的营业报告请求权，以及对公司、子公司的业务及财务状况的调查权。

4. 请求制止违法行为的权利。因董事违反法令或章程的行为，对公司产生显著损害的嫌疑时，监事可请求停止董事的行为。

5. 诉讼代表权利。公司与董事间的诉讼，以及少数股东对董事的代表诉讼，均由监事充当公司代表。

除此之外，监事还有对董事职务执行的监查权利、监事任免的意见陈述权、监事辞职的相关意见陈述权、对各监事报酬的协商权、对报酬问题的意见陈述权、监查费用请求权、专职监事的选拔任命权和成立手续的调查权等职权。

上述职权，监事可单独行使。因为监事会不可能每天召开，而监督却要每天进行，所以赋予监事单独行使监督的权利很有必要。在公司董事会权利日益扩大的今天，监事的权利显然也要随之变化，否则便会威胁监事的独立性，从而造成监督不利。同时，监事在行使权利时，应当与董事一样，履行一个善良管理人的注意义务和忠实义务。

（四）监事会的职权

《日本商特法》第18条之2规定，由全体监事组成监事会，监事会除拥有法律规定的职权之外，还可以决议的方式决定监督方针、公司业务及调查方法等与监事执行职务有关的事项。具体包括：

1. 同意监事的选拔任命权。2002年修订的《日本商法》规定，董事向股东大会提出监事会人选时，必须经监事会同意。

2. 会计监查人的解任权。当会计监查人违反职务上的义务或怠于履行职务，或有与会计监事不相称之劣迹，或因健康原因发生执行职务障碍或不胜任其职务时，监事会可以决议解任会计监事。

3. 决定监督事项权。监事会可以决定监督方针、调查公司业务及财产的方法及其他有关监督事项，但不得妨碍监事行使职权。监事会有要求时，监事应随时向监事会报告其职务执行情况。

4. 听取董事报告权。董事应向监事会提交计算文件及附属明细表,董事对监事会有报告义务,监事会可得到董事会的报告书。

(五) 会计监查人

会计监查人是具有注册会计师资格的会计专家,是公司依法聘请的外部人士。《日本公司法》规定,大、中、小公司都可以设置会计监查人,只有大公司有义务设置。《日本商特法》规定,资本在5亿日元以上或负债200亿日元以上大股份公司必须设立会计监查人。监查人为临时设立的监督人士,或者由主管机关委派,或者由公司自行选举产生。会计监查人监督是公司外部人监督,主要是对妥当性、适法性两方面进行监督。

对于商法所规定的财务报表及附属明细表,除由监事监督外,应受会计监查人监督。对于前述会计报表或文件是否合法或合乎章程,会计监查人和监事意见不一致时,会计监查人应出席定期股东会,陈述其意见。

(六) 外部监事的功能

外部监事是指由公司外部人担任的能够独立行使职权的监事,是为了保障监事监督的独立性和客观性而设计的。日本于1993年修正商法时,引进外部监事制度。于2001年12月修改商事法律,明确了外部监事的定义。修改前要求外部监事就任前5年内不得为公司的相关者,修改后的法律取消了5年的限制,达到了"纯粹外部监事"的要求,同时规定过半数的监事必须是外部监事,且大、中、小公司的监事,其任期都是4年。

外部监事作为监事会的成员,其职能大体与内部监事相同,其特殊性仅在于外部监事的监督更具有客观性和独立性,即监督经营者决策的合法性和正当性,包括监督决策的制定是否程序合法,监督决策的执行是否损害其他利害相关者的正当利益。外部监事的立法目的,旨在选任独立于公司业务执行的监事。

(七) 监事会、监事与会计监事的关系

《日本公司法》对各种类型公司设置监事的规定不同:限制转让公司可以用会计监查人代替监事;限制转让公司可以设置董事会委员会制度;限制转让大公司必须设置会计监查人,但可以任意选择设置监事会或者董事会;非限制转让的大公司(公开大公司)必须设董事会、监事会、会计监查人。

上述监事会、监事、会计监事的关系为,监事会享有会计监事的解任权及临时会计监事任命权,以及监督事务决定权,但监事会不行使具体的监督职权,而且不妨碍监事行使监督职权。大公司的监督权主要属于各监事,会计监事专门监督大公司的财务会计,实际上为监事执行财务监督提供帮助。

(八)《日本公司法》上的监事会制度和监查委员会制度的比较

监事会和设置委员会等机构公司中的监查委员会虽然在根本作用上一样,但还是存在着差别:

首先,导入制度政策上的区别。监事会中采用了固定监事制度,而监查委员会未采用该制度。并且,监事会中十分重视独任制的精神,而监查委员会未必如此。因此,监事会是"自己亲自监督的监事们的会",而监查委员会则是"让他人监督的委员会"。

其次,结构上的区别。由于监查委员也是董事会的成员这一结构、框架性的区别的存在,因此派生出许多不同点。比如,在设置委员会等机构公司仿效美国法,董事的任期仅为1年,而监事的任期为4年,两者的区别显著。提交股东大会的监事候选人的名单,监事会可以掌握主动权制定,而监查委员的人事决定是在董事会按多数表决原则进行,并且董事会候选人名单的制定,是由提名委员会按多数表决原则进行。相比监查委员,监事不为董事会多数派的意向所左右,独立的地位得到了保障。另一方面,与监事相比较,监查委员可以作为董事参与董事会决策,比如,可以直接参与经营负责人的人事任免。这样,基于两种资格所拥有的权限之和非常大。另外,由于监查委员参加董事会决议,当董事会决议本身违法,或违法行为是基于董事会的决议进行的,这时,对于这些行为的监督,结构上就比较弱(自我监督的问题)。此外,监事接受股东大会的委托监督董事经营公司业务的情况,并调查由董事向股东大会提交的议案,发现问题向股东大会发表意见。而监查委员只接受董事会的委托,仅向董事会报告。

总而言之,在监事制度中,股东大会把有效经营和合法经营的职责托付给了董事会,把确保合法经营的职责托付给了监事会。在设置委员会等机构公司中,股东大会把有效和合法经营的职责托付给了董事会,把确保合法经营的职责托付给了监查委员会。二者在提高公司经营效率和确保企业经营的健全性方面各有所长。但自董事会委员会制度实施以来,从选择设置董事会委员会的公司只有100家左右的情形看,目前选择传统的监事会方式的公司还是占据了日本社会的主流。

综上,日本监事会制度,发展至今,除继受欧陆英美法系的制度外,还因屡次修正国内企业内部弊病而发展出自己的特色。其每次修正之处,确实亦是监事制度缺漏之处。为提升监督力量,组成监事会;为避免监事与董事利益牵扯过深,引进外部监事;为专业分工监督公司财务状况,设置具有专业能力的会计监查人。日本公司法监事制度的发展过程,值得我们学习借鉴。

三、日本公司法对公司类型的修改

为适应经济形势的发展,对实践中出现的经济现象进行有效规制,日本此次修改公司法,对公司类型进行了调整,废除了有限责任公司类型,新设立了合同公司。

(一)废除有限责任公司类型

新公司法将股份公司与有限公司统一为一个公司类型,即股份公司。统一的原因为:有限责任公司与股份有限公司在性质上相同,有限责任公司也可以被认为是中小型的股份有限公司,两者只是在转让份额的规定上有区别。股份有限公司可以自由转让股份,有限责任公司限制转让股份。虽然法律要求,只有有限责任公司才能限制股份的转让,但经济现象往往并不能完全被法律所控制。实际中存在着转让限制的股份有限公司,很多股份有限公司在其章程中规定限制股份的转让。事实上,很多公司都是以有限责任公司的形式成立,发展到一定阶段转为股份有限公司,再发展为上市公司。很多公司名义上是股份公司,实质上已变为有限责任公司,有限责任公司与股份有限公司的界限已经模糊了。

为适应实践中出现的这种现象,1966 年日本对商法作了修改,规定公司章程可以限制股份的转让,创设了股份转让限制的股份有限公司制度。该项制度使得两种公司类型在实质上趋同。在日本,有限责任公司商业登记的数量为 180 万,股份公司为 110 万到 120 万,其中,上市公司不到 5 000 个。很多股份公司通过章程限制股份的转让,导致实际上的有限责任公司(包括限制转让的股份公司)有 299 万,而真正的股份公司只有 1 万左右。

大部分公司之所以采用股份公司的形式并不是为了未来的上市,而是因为有限责任公司的信息公开程度比股份有限公司低,透明度不高,导致社会对有限公司的评价较低。为了让采取有限责任公司形式的中小企业得到更好的发展,此次日本公司法修改取消了有限公司这一形式,将有限公司制度整合到股份公司制度中,使非上市公司能在与其实质相符的法律制度下运营。

(二)新设合同公司

为鼓励有才能、有技术的中小企业和个人创业,此次日本公司法现代化还借鉴美国的有限责任公司(LLC)和英国的有限责任合伙(LLP)制度,引入了新的公司形式,创设了新的公司类型——合同公司。顾名思义,合同公司,就是公司由各种各样的合同来进行规范。合同公司的特征有两点:一是出资者负有限责任;二是公司内部关系由出资者通过协议约定。投资各方的权利义务与出资额无关,公司的盈亏、权限的分配是自由的,不与出资额成比例,同时公司内部不设监视公司经营者的董事会、监事会等机构。

在税制上,对合同公司只征一重税,即只对出资人个人征税,对公司不征税。合同公司主要是为了促进当前实践中高科技企业的发展而创设的,实践中,很多专业人士有丰富的专业知识和富有市场潜力的研究项目,但是缺乏资金,采用合同公司,可以很少的资金创设承担有限责任的公司,并在公司中享有充分的权利。同时,该类型的公司在经营机制上更加灵活,又享有一重征税的优惠,在实践中可以更好地促进高科技企业的创设和发展。

四、日本公司法对公司重组的修改

近年来,在日本国内,为了实现事业的多元化或者集中化,公司之间的重组日趋活跃。此次修改公司法,一个主要目的就是使公司的合并、分立等重组行为更为方便。因此,对于合并、股份交换、股份转移等机构重组行为,放松了限制。

(一)合并

按照2003年以前日本法律的规定,公司合并时,存续公司只能向失效公司的股东交付存续公司的股份作为对价,外国公司同日本公司间的股票互换以及现金合并都是不允许的。2003年4月9日,日本公布了《产业复兴法》修正案,把三方的合并(母公司股票互换的合并)和现金合并作为《商业法》的例外来看待。2005年公司法现代化之际,根据形势需要,重新考虑了《商业法》和其他与公司重组相关的法律制度,把三方合并和现金合并变成了永久的措施。新公司法规定,只要股东大会决议通过,可以向失效公司的股东交付现金或其他对价。新公司法允许了以前不允许的三角合并及以现金为对价的合并,使得公司的合并更自由,实现了合并对价的柔性化。

为便于理解三角合并,举例说明。例如,外国公司向对象公司即本国公司的股东进行股份公开收购,在取得股份支配权之后,通过股份转移在对象公司之上设立母公司。然后,收购公司再从母公司那里取得对象公司的全部股份。对象公司的母公司在取得对价后立即解散,对象公司原来的股东接受母公司的残余财产分配,残余财产即为母公司营业转让的对价。对价如果是收购公司的股份的话,就会出现与股份交换相同的结果,如果对价是现金的话,就会出现与利用交付金合并相同的结果。

三角合并是一种非课税的企业组织变更方式,其关键是允许以股票作为"实物投资"设立控股公司。"三角合并设立"在控股公司实务中的意义在于:既存的公司虽然最终在法律意义上消亡了,但是其资产(包括营业权)及负债等被存续的公司续承,而消亡公司的股东则继续拥有存续公司的股票,仍然是自己原来资产和负债的主人。这样就在股东和营业没有实质性变化和损失的情况下完成了公司的合并和业务整合。

三角合并可能带来的另一种后果是,使外国公司通过合并将日本公司变成自己的全资子公司,使得外资对日本企业的敌意收购更为容易。新公司法规定,合并对价的放宽将于公司法实施1年以后再行实施,从而为公司防卫措施的导入创造机会。

总之,在制定法的规制下提高自由度,实现合并对价的柔性化,无论对于国内公司之间还是国际性企业结构重组的高效运作都是必要的。

(二)股份交换和股份移转

股份交换和股份转移是日本公司进行重组的重要方式,股份交换和股份转移制度是在1999年引入日本商法典的。1997年修改商法时已经开始谋求合并程序的简易化,通过1997年禁止垄断法的修改,日本开始承认美国等许多国家所承认的纯粹持股公司。1999年又修改了有关母公司和子公司的商法规定,承认了易于实现全资母公司、全资子公司这种企业结合的股份交换、股份转移制度。

股份交换是在现有的股份公司之间进行，当事公司的一方获得其他当事公司已经发行股份的全部，成为全资母公司，其他公司成为全资子公司。股份交换制度的目的在于，通过股份交换，在对象公司是另外法人的情况下取得对象公司的股份，企业结构重组变得更简练。

股份转移是在现有的股份公司和新设立的公司之间进行的，现有股份公司作为全资子公司将其股东的股票转移到新设立的全资母公司，同时全资母公司向现有的股份公司股东发行其股票。目前，大规模的银行合并，多利用股份转移的方法进行。几个银行进行股份转移，设立上一层的控股公司；之后，利用参股的做法，将承担相同业务的银行合并到一起，控股公司下设两到三个承担不同业务的公司。在此情况下，不需要办理新设立公司的手续，只需要办理股份转移即可。

股份交换和股份转移的实质是股份和股份之间的交换。在股份交换或股份转移之后，当事公司的财产状况并不发生大幅度的变化，因此，股份交换和股份转移的保护重点是当事公司的股东，而没有规定对于债权人的保护。股份交换和股份转移比公司合并制度程序简便、成本更低。

五、特别清算问题

除上述几个问题之外，我们还专门针对日本公司法中的特别清算问题与日方专家进行了探讨。日方专家就公司的普通清算和特别清算，以及日本公司再生法、破产法等相关的法律制度给我们做了简要的对比介绍，但因时间原因，尚有许多问题有待于进一步的研究和学习。为此，日方专家非常重视我们的意见，准备专门就公司特别清算问题于2005年3月份在京举办有关专家的座谈会。

短短一周多的考察，对于博大精深的公司法律制度来说虽然时间太短，但也收获颇多。他山之石，可以攻玉。借鉴他国经验，结合本国实情，设计具体制度，可以有助于我国加速建立良性公司治理机制，而此次考察的成果也必将对今后我国公司法的进一步完善和最高人民法院对全国公司纠纷案件审理的指导产生有益的影响。

特此报告。

二○○五年二月十九日

2 破产法

关于新旧破产法的适用衔接问题[①]

我国新《企业破产法》于2007年6月1日起实施。最高人民法院颁布了《关于〈中华人民共和国企业破产法〉施行时尚未审结的企业破产案件适用法律若干问题的规定》(以下简称《适用法律规定》),以解决新旧破产法的适用衔接问题。

这一司法解释适用于新《企业破产法》施行时人民法院已经受理而尚未审结的企业破产案件(以下简称"未结破产案")。破产案件不同于普通民商事案件的特点之一,就是所涉及的法律与社会问题较多,案情复杂,尤其是审理周期长。初步预计,新《企业破产法》施行后,人民法院已经受理而尚未审结的企业破产案件约在1万件左右,故在较长时间内,企业破产案件的审理将面临新旧破产法的衔接适用问题。为统一裁判尺度,指导各级人民法院审理新《企业破产法》实施时的未结破产案,最高人民法院制定了上述司法解释。

对未结破产案的审理,人民法院应当如何确定新旧破产法的衔接适用问题,在制定《适用法律规定》时,司法解释起草组内存在不同观点。一种观点认为,考虑法律不溯及既往的原则,对未结破产案原则上应适用旧破产法。另一种观点认为,由于新破产法比旧破产法更为先进、合理,有利于保护债权人、债务人的正当权益,因此,对于未结破产案原则上应适用新破产法。有的人主张,应根据法律规范的性质确定新旧破产法的适用范围,对于实体性法律规范一般适用旧法,以尊重法律不溯及既往的原则;对于程序性法律规范,则因不存在法律不溯及既往的原则,应当一律适用新法。此外还有人主张,根据法律对债权人的保护程度确定对新旧法的适用,凡是有利于对债权人保护的规定就应优先适用。

经过反复研讨后,司法解释起草组认为,原则上,人民法院在审理未结破产案时应当尽可能地适用比旧法更为先进、合理的新破产法,从而实现最大化保护当事人合法权益之破产立法目的。对未结破产案是否适用新《企业破产法》,涉及对新法溯及力的理解。《企业破产法》兼具程序法与实体法两方面的属性。对法律溯及力的判定,首先应考虑其属于程序性规范还是实体性规范。对于程序性法律

---

① 合作作者:王欣新,中国人民大学法学院教授。

规范而言,新法施行后,其适用于尚未进行的程序,不存在对已进行程序行为的否定,故一般不涉及法律适用的溯及力问题。所以,新破产法中的程序性规范应当当然地适用于未结破产案尚未进行的法律审判程序。

从一般法理上讲,新的法律规范原则上不能规范过去的实体行为。因此,除非法律另有规定,新法施行后,实体性法律规范一般不能适用于该法施行前已经发生的行为,即一般不具有溯及既往的效力。但此原则在立法上也有例外,即对保护当事人权益有利的法律规范可以考虑除外。这往往是两种正当权益保护间的立法平衡问题,需视各国国情而定,并无绝对的一定之规。笔者在2006年于中国人民大学法学院召开的"破产法国际研讨会"上,曾经就破产法的溯及力问题与参加日本近年破产法修订的几位日本教授进行讨论,令笔者意想不到的是,日本的破产法修订后实施之时,只有两个问题不适用新法,其他问题不管是程序性规范还是实体性规范,全部适用新法。在新旧法的适用效力问题上,日本专家认为,他们只是评价如何适用法律对保护当事人的权益更为有利,而未从纯理论的法律溯及力方面考虑。这一现象或许值得人们深思,我国应当如何理解抽象法律理论的运用,又如何保障立法目的更好地实现。

新《企业破产法》中规定的实体性法律规范,就对当事人权益的保护而言,与旧破产法区别较大的,主要是关于撤销权的行使和无效行为认定的规定。这些规定涉及对新《企业破产法》颁布前已经受理而未结破产案中,对债务人已经实施民事行为的效力是否予以否定的问题。经过反复争论,并与有关立法部门协调,征求意见,尽管仍然存在不同观点,司法解释起草组最后决定,从当事人对涉及其权利义务的行为后果应有合理预期的角度考虑,尊重法不溯及既往原则的适用,对新破产法施行前已经受理的未结破产案中有关债务人行为的撤销与无效仍然适用旧法规定,虽然新法对债务人的可撤销行为与无效行为的处理更为合理,更有利于维护债权人的权益,打击破产欺诈行为。

但需明确的是,对于2007年6月1日《企业破产法》施行后新受理的企业破产案件中存在的可撤销行为与无效行为,尽管其行为可能发生于《企业破产法》施行前,甚至可能发生于该法颁布之前,人民法院在审理这类案件时也应当适用新《企业破产法》的有关规定。这主要是考虑,新《企业破产法》在颁布后、实施之前已经有很长的准备期(长达8个多月),债务人对其在此期间内进行的行为后果已经可以有合理的预期期间,若考虑到2004年6月首次提请全国人大常委会审议的新破产法草案中就有相应规定,并通过媒体进行了宣传,则可预期期间更长。关键是债务人的这些行为均是损害债权人利益的侵权行为,行为人对其行为性质是有明确认识的,对这些行为本来就应给予严厉的打击,在新法适用后绝不能再予以放纵。所以,在撤销权的行使和无效行为的认定方面,应当适用新《企业破产法》,给予债权人以更多的权利保护,有效遏制破产程序中的不诚信行为,打击目前司法实践中颇为严重的破产欺诈逃债行为。

此外,由于旧的企业破产法律规范中的某些规定明显违背法理,本身就无法执行,根据法律适用从新兼从优的原则,也应当适用新破产法的规定,排除旧的企业破产法律规范的适用。尤其是考虑到破产案件审判的现实需要,如不适用新法的有关规定,有些问题将因无法可依,或虽有旧法却不能依(如旧法规定的由债权人会议确认债权问题),得不到妥善解决。为解决这些问题,在未结破产案中也应尽可能地适用新破产法的规定。

需注意的是,新《企业破产法》施行时,未结破产案已经按照旧的破产法律规范进行完毕的程序、已经产生法律效力的程序活动,尽管可能与新法的规定不一致,也不再适用新法调整,不能破坏司法的既判力。如对于申报债权的异议处理,按照旧破产法律规范的规定,债权人对债权登记提出异议后,由审理破产案件的人民法院经过审查程序以裁定形式予以认定。这一程序显然是违背对当事人实体权利义务必须诉讼解决的法治原则的,所以,新《企业破产法》规定,应当按照审判程序进行审理后以判决形式确定。在新《企业破产法》施行前受理的未结案件中,如果人民法院已经对债权人提出的异议进行审查,并裁定解决了债权争议,则在新破产法施行后,如果债权人再按照新破产法规定提起诉讼,要求对其异议债权进行重新审理,出于对人民法院司法活动权威的维护和破产案件审理效率的考虑,人民法院应当裁定对其提起的债权异议诉讼不予受理。

但是,对一些旧法规定明显不合理,且在后续破产程序中具有挽救可能的活动,也可以考虑做除外处理。如《适用法律规定》第 8 条规定:"债权人未在人民法院确定的债权申报期内向人民法院申报债权,可以依据企业破产法第五十六条的规定补充申报。"而旧法第 9 条则规定,债权人逾期未申报债权的,视为放弃债权。这显然是错误、不合理的规定,所以,应当允许在新法适用中加以补救、纠正。

综上所述,司法解释起草组在制定《适用法律规定》时把握的基本原则是:

第一,新《企业破产法》施行后,人民法院审理未结破产案,尚未进行的程序一律适用新《企业破产法》的有关规定。

第二,对于未结破产案中的相关实体问题以及已经按照旧破产法完成的清算程序,原则上不再适用新《企业破产法》的有关规定,《适用法律规定》另有规定的除外。

第三,人民法院审理未结破产案中涉及债务人财产的民事诉讼时,其民事行为或事件发生在新《企业破产法》施行前的,除法律另有规定者外,原则上适用当时的法律法规。

企业破产派生诉讼案件审理中有关问题的研究

一、报送材料[①]

（一）前言

改革开放三十年，我国的特色社会主义市场经济体制逐步建立健全，成功的探索使我们认识到，市场经济既要体现经济规律，更要规制于法治要求。企业是市场的主体，具有主导性和能动性。目前，有关企业主体设立、交易运行方面的法律法规以及司法实践已日臻成熟，而涉及企业主体退出的公司清算和企业法人破产法律制度，正在成为理论、立法与实践中就如何进一步完善现代企业制度方面进行深入探讨和研究的重点内容。

社会主义法治的健全，要体现对诚信、和谐的良好社会、商业秩序的维护和发展。企业在市场中的主体退出，必然涉及债务清偿、税款清缴、劳动者安置、经济资源再分配等一系列经济问题、社会问题和法律问题。司法机关作为实现社会正义的最后防线，如何运用法律手段规范并实现市场主体退出行为的合法性和正当性、保障经济的法治化和秩序的有序性，是当前人民法院司法改革、商事审判模式变革过程中所面临的新要求和新挑战。在企业破产、公司清算的相关法律、法规出台并施行后，申请破产或强制清算的案件数量已经大幅度增加，而在当前全球性金融危机爆发、我国企业亦不同程度受到波及的国内外形势下，中小企业甚至少数的大型企业通过清算关闭或者破产保护的法律手段退出或重建，更将是今后几年中会大量出现的。在最高人民法院去年就关于成立破产类案件专门审判机构问题进行调研并得到肯定与重视的基础上，我们进一步认为，因企业破产而发生的破产派生诉讼案件是企业主体退出法律环节中的一个重要的诉讼类型，其相关问题亟待解决，并认为，在科学发展观重要思想的指引下，建立合理、科学的商事审判模式，弥补现有模式的不足，是人民法院科学司法的现实要求，也应是落实科学的社会主义司法理念要求的实践内容。

---

① 材料提供：北京市第一中级人民法院。

（二）破产派生诉讼概述

1. 概念的来源和含义

《中华人民共和国企业破产法》（以下简称《企业破产法》）的颁布施行，使我国建立了社会主义市场经济体制下的新的企业法人破产法律制度，不仅设立和完善了破产重整、破产和解和破产清算三项具体的法律程序，更设定了因破产案件的审理而发生的新的诉讼案件类型。

概括地说，无论是破产预防、债务和解还是企业清算，都必然以确定企业财产和债务为前提。进入破产程序的企业，最终是清算注销，还是通过和解或更为有利的拯救措施免于主体消灭，是对财产和债务采取不同的处理方法而得出的不同结果。因而从这个角度上看，破产案件的审理是与确定破产企业财产和债务两方面问题密不可分的。对于确定破产企业的财产和债务的方法，《企业破产法》作出了全新的规定。在此之前，依照《企业破产法（试行）》的规定，无论是清算组追回破产企业财产还是其他权利人行使权利，均以提出申请或提出异议由人民法院对该事项作出裁定的方式处理；对于债权的异议，则是通过债权人会议表决后，由人民法院对异议债权以裁定方式确定，例如《企业破产法（试行）》第 15 条、第 29 条、第 35 条，最高人民法院《关于审理企业破产案件若干问题的规定》第 42 条、第 63 条、第 73 条等。《企业破产法》则将涉及破产企业财产和债务相关争议的解决方法设定为诉讼解决。由此可见，在旧的破产法律制度下，所有与破产案件有关的争议问题均与破产案件作为一个整体一并处理，而在《企业破产法》施行后，破产案件的审理是在财产确定、债务无争议的情况下对企业能否拯救、债务能否和解、企业如何清算的处理，相关的民商事权益争议案件与破产案件相分离，以诉讼方式解决，由此形成新的一类诉讼案件。因其系由破产案件的审理而产生且其结果与破产案件相联系，故称之为破产派生（民事）诉讼。

从诉讼目的上看，破产派生诉讼是有关债务人的、以确认破产财产和破产债权为目的的诉讼，故应包括受理破产申请后向人民法院提出的有关债务人的诉讼，以及受理破产申请时已经开始而尚未审理完毕的有关债务人的诉讼。由于债权确认诉讼、取回权、别除权、撤销权、抵销权等受理申请后的派生诉讼可能发生的数量较大，因而，本文以此为重点展开调研。

2. 破产派生诉讼是含义丰富、内容复杂的诉讼案件类型

破产派生诉讼作为一类新的诉讼案件类型，并非仅仅是有关破产债权确认的诉讼，而是涉及财产和债权争议的全部诉讼的集合，其含义丰富，在诉的主体、权利类型、诉的类型和涉及法律关系方面具有复杂性。

破产派生诉讼是以管理人代表债务人参加诉讼为主要形式的诉讼。管理人代表债务人参加诉讼、仲裁或者其他法律程序是管理人的法定职责，但是债务人有关债权表记载异议而提起的债权确认诉讼属于这种情况的例外。

破产派生诉讼是涉及多项民事权利类型的诉讼。正如最高人民法院民二庭

宋晓明庭长"在全国法院民商事审判工作会议上的总结讲话"所提到的"破产程序中有关取回权、抵销权、别除权、撤销权,以及无效行为的认定等很多权利在行使中均可能存在有关权益主体实体权利的确认问题",权利人在行使以上权利时,均可以导致发生破产派生诉讼的情形,是破产派生诉讼的重要组成部分。

破产派生诉讼是既包括确认之诉也包括给付之诉的诉讼。破产派生诉讼中的确认之诉主要是关于债权确认的诉讼,而管理人追回财产提起的撤销权诉讼、要求出资人补足出资的诉讼、权利人行使物上请求权提起的取回权诉讼是典型的给付之诉。

破产派生诉讼是涉及民商事关系类型丰富、因破产案件的个案特点不同而又相对集中的诉讼。理论上,破产派生诉讼所涉及的民商事关系几乎及于民商事关系的全部。但是,从实际发生的破产派生诉讼的情况来看,所涉及的法律关系相对集中,占绝大多数的是由较为常见的几类民事关系引起,而且,具体到某一件破产案件来看,更加集中为与债务人实际从事的经营活动有关的几类诉讼。

(二)破产派生诉讼的特点

根据《企业破产法》的规定,破产派生诉讼与破产案件分别审理。其审理程序依民事诉讼法规定,因此,破产派生诉讼从外观上看似与普通民事诉讼并无区别。但是,最高人民法院《民事案件案由规定》将破产派生诉讼与破产案件共同作为"与破产有关的纠纷"进行规定,系将其与普通民事诉讼作出相区别的处理,对此,笔者认为,该规定除具有法定性外,更具有合理性,其原因在于,破产派生诉讼具有区别于普通民事诉讼的特点和独特的法律地位。

1. 破产派生诉讼是以围绕破产程序进程中的民商事纠纷为审理对象的诉讼

破产派生诉讼与破产案件为两类不同的案件,但二者具有紧密的联系,破产案件程序的启动和进行,导致破产派生诉讼的发生,破产案件程序的终结,与破产派生诉讼争议事项的确定密切相关,并且,破产派生诉讼案件的审理应体现与破产案件相统一的法律价值。普通民事诉讼则不具有以上特点。

(1) 审理破产派生诉讼须体现有利于破产案件审理的价值取向

破产派生诉讼与普通民事诉讼的诉讼价值取向不尽相同。在均需遵守民事诉讼法基本原则的前提下,相对于普通民事诉讼而言,破产派生诉讼的主要目的不在于直接的实现民事权利,而在于确定破产案件审理所需的相关事实,通过破产派生诉讼的审理实现有利于破产案件审理的实体价值取向。

破产案件的程序是非诉程序,相关的民事争议的解决是通过审理破产派生诉讼案件实现的。从审理破产案件所需要的角度看,破产派生诉讼主要归结为两方面,即涉及破产债权的争议和涉及破产财产的争议,因而,确定破产债权和破产财产是破产派生诉讼的主要目的。

对争议债权的确认,主要是对债权请求权是否成立、债权数额、债权的优先及实现方式等方面的确认,主要涉及别除权、抵销权、自然债等相关问题。

对债务人财产的确认是分清不应属于债务人财产和追回应属于债务人财产的过程。主要涉及取回权和破产撤销权、破产无效行为的诉讼。

总体上看,在破产派生诉讼中,涉及债权的诉讼主要是确认之诉,其最终的给付结果需要通过破产清算、破产和解、破产重整程序得以实现;而涉及财产的诉讼是给付之诉或直接产生给付后果的诉讼,但其给付的目的对于破产案件来说,仍在于确认破产财产。因而,破产派生诉讼与破产案件具有密切的联系,前者是为了后者的审理而确定相关的事实和权利义务关系的过程,具有重要的实体价值。

(2) 破产派生诉讼在程序上体现了与破产案件的程序衔接和程序保障

破产派生诉讼虽然与普通民事诉讼的审理程序相同,但是有其自身的程序价值,体现在:① 破产派生诉讼类型是基于《企业破产法》的规定而产生的,破产派生诉讼与破产案件之间具有程序上的衔接性。② 破产派生诉讼与破产案件作为两项不同的程序,两项程序的进程相互影响。③ 破产派生诉讼是《企业破产法》设置的以诉讼方式确认债权、财产的权利确认模式,解决了原《企业破产法(试行)》中债权确认操作上的困难,使实体权利的确认更体现程序上的合法性,即公正、合法审理破产案件的程序价值。

2. 审理破产派生诉讼的法律原则、法律概念和具体认定标准区别于普通民事诉讼

《企业破产法》是审理企业法人破产案件法律规范的特别规定,破产法上的权利类型与民法上的相关概念存在区别,由此导致破产派生诉讼与普通民事诉讼在审理时适用法律方法不同,对涉及权利类型争议的认定原则与普通民事诉讼所适用的民商事法律规定及原则不尽相同。

破产抵销权在概念上不同于民法抵销权。为适应破产程序的特点、保证对债权人的公平清偿,破产法对民法中的抵销权加以适当扩张或限制,形成破产法上的抵销权,并产生了一些不同于民法抵销权的特点。破产抵销权具有以下特点:一是未到期之债因受理破产而发生加速到期的效力,可以与已到期之债相抵销。二是附条件之债可以抵销。三是破产抵销权只能由债权人行使。四是不同种类、品质的标的物在破产程序中需折合为货币形式,可进行抵销。

破产撤销权与民法上的撤销权具有相似性,但也存在明显的差异:一是破产撤销权以违反破产法的规定、违反破产公平清偿原则为基础原因,而非以意思表示瑕疵为标准。二是破产撤销权是对损害全体债权人利益行为的撤销,是为实现全体债权人利益、保证公平受偿而行使。三是破产撤销权既有私权利的性质,同时也是管理人履行法定职责的行为,不行使破产撤销权,将导致管理人失职的后果。四是破产撤销权只能由管理人代表债务人行使,而不能由债权人行使。债权人主张撤销的,非破产撤销权。五是破产撤销权的行使期限与民法撤销权的行使期限不同。

别除权是有物权担保的债权在破产法理论上的专有概念,来源于担保法和

物权法的规定,但是与之也有所区别。别除权在破产清算和破产和解程序中为不受限制的优先权,但在破产重整程序中,通常受到条件限制。其优先性与破产费用、共益债务随时优先受偿的性质不同,但优于普通债权,就特定物有限受偿。

破产法上的无效行为与民法上的无效行为的法律后果一致,具有违法性的特点也相同,但是前者是以债务人具有《企业破产法》第 33 条规定的情形,认定行为具有违法性;而后者则是依据其他法律和行政法规强制性规定内容认定的,略有区别。由于概念不同,所适用的法律依据和原则也相应不同。

取回权是基于民法物权原则产生,其处理原则与物权法原则一致。

由于以上破产法中的相关权利在法律概念和特点上与民法上的相似概念存在较大的差别,而以上差别正是审理破产派生诉讼时必须加以把握和区别的,所以破产派生诉讼与普通民事诉讼在审理方法、适用法律原则方面存在重大区别,应将破产派生诉讼作为区别于普通民事诉讼的一类特别的民事诉讼类型对待。

3. 破产派生诉讼的数量随破产案件的数量成几何级增长

由于破产派生诉讼是基于破产案件的产生而产生,所以,破产派生诉讼的数量受破产案件的数量和具体情况的影响。这种影响关系主要体现在:

(1) 破产案件数量增多,导致破产派生诉讼数量相对增加

至今,《企业破产法》已经施行一年有余,加之破产法和公司法相关司法解释陆续出台,对公司清算义务人的清算责任和不履行清算责任的法律后果进行了明确,使达到破产界限的公司申请破产的数量已经明显增加,在审理这些破产案件时,相应的破产派生诉讼从无到有,数量也由少到多。

(2) 破产案件与破产派生诉讼的数量比例关系

大多数的破产案件都会引起相关的破产派生诉讼,二者的数量比例是一比多的关系。一方面,债权人众多的破产案件,会引起多个针对债权的异议,每一个异议的确认都可能构成一个破产派生诉讼案件。另一方面,企业经营不规范、资产状况混乱的企业,会产生较多的涉及取回权、撤销权、破产无效行为的争议,每一项争议的诉讼也都可能构成一个破产派生诉讼案件。

从总体上看,破产派生诉讼的数量受破产案件数量的直接影响,同时又因破产案件个案具体情况的不同而具有不确定性和特殊性。

4. 破产派生诉讼为法定专属管辖

根据《企业破产法》第 21 条的规定,破产案件受理后,有关债务人的民事诉讼,只能向受理破产申请的法院提起,因而,从原则上看,破产派生诉讼具有法定专属管辖的特点。但是,这种法定专属管辖在破产派生诉讼的全部类型上不具有绝对性,例如,受理破产申请时已经开始而尚未审结的诉讼、属于专门管辖的诉讼,另外,还涉及级别管辖以及诉讼管辖与仲裁之间的关系等。因而在实践中是复杂的。

（三）审理破产派生诉讼具体问题的提出和建议

1. 对破产派生诉讼法定专属管辖的理解和集中审理的建议

根据《企业破产法》第 21 条的规定，破产派生诉讼具有法定专属管辖的特点，但该特点并非绝对化的特点，其需要说明和存在例外的情况如下：

第一，法定专属管辖不排除仲裁条款的效力。管辖是在法院主管概念下的概念，在约定仲裁条款有效的情况下，应依照《民事诉讼法》第 111 条的规定，告知当事人申请仲裁。

第二，对于受理破产申请时已经开始而尚未审理完毕的有关债务人的诉讼，不属于《企业破产法》该条规定的情形，而应依照《企业破产法》第 20 条①以及最高人民法院《关于〈中华人民共和国企业破产法〉施行时尚未审结的企业破产案件适用法律若干问题的规定》②处理，不适用专属管辖的规定。

第三，专门管辖与专属管辖的关系。根据最高人民法院《关于适用〈中华人民共和国民事诉讼法〉若干问题的意见》的规定，海事法院、铁路运输法院为专门管辖的法院，《企业破产法》没有对原属于专门管辖的案件作特别的管辖原则的规定，从法律与司法解释的位阶以及新法优于旧法的法理，在《企业破产法》未作区分的情况下，专门管辖应吸收于法定专属管辖中。破产派生诉讼的专属管辖是为了便于系统化处理企业破产相关法律问题，而使其与破产案件的审理集中在同一法院，对于专门管辖案件中涉及的具体问题的特殊性，虽然与普通的商事案件有所区别，但仍属于商事法律、法规调整的范围，且其案件数量较少，故由受理破产案件的法院审理，亦无不可。

第四，对于劳动争议等通常标的额不大的简单民事案件，如果第一、二审分别由中级人民法院和高级人民法院审理，一方面确无此必要，另一方面区县基层人民法院审理此类案件较多，审判经验相对丰富，所以在不违背专属管辖的情况下，可以通过指定管辖的方式，指定区县基层法院审理部分破产派生诉讼。

是否应集中审理破产派生诉讼也是目前破产法律实务和司法实践中观点不一的问题。如果完全不改变现有的人民法院业务庭的设置，破产派生诉讼应按照各业务庭的专业不同分散审理，甚至破产案件亦不能集中审理。但是从破产案件与其他民商事案件的审理特点的区别、破产案件与公司强制清算案件的程序以及价值的相似性、破产案件数量在《企业破产法》施行后明显大量增加的实际情况、完善企业主体的市场退出法律制度的法治要求等各方面因素的需要看，专业化集中审理破产案件已是商事审判模式变革的必然趋势，且其条件已基本成熟，故在

---

① 《企业破产法》第 20 条规定："人民法院受理破产申请后，已经开始而尚未终结的有关债务人的民事诉讼或者仲裁应当中止；在管理人接管债务人的财产后，该诉讼或者仲裁继续进行。"

② 《关于〈中华人民共和国企业破产法〉施行时尚未审结的企业破产案件适用法律若干问题的规定》第 9 条第 2 款规定："债权人就争议债权起诉债务人，要求其承担偿还责任的，人民法院应当告知该债权人变更其诉讼请求为确认债权。"

考虑破产案件、公司强制清算案件审判机构设置的同时，应一并将审理破产派生诉讼作为专业机构的职能之一。

破产案件审理机构是否有能力处理案由较为丰富的派生诉讼，确实是值得争议的，但这可以通过在实践中对派生诉讼案由的归纳、审判人员设置的方式解决，破产庭中可以长期设置或由本院临时指定民事、知识产权、行政审判业务庭中经验丰富的法官与该破产案件的合议庭组成新的合议庭进行审理，对于属于商事案由的派生诉讼案件，可以由破产庭直接审理。需要说明的是，对此类案件的专业化审判并不等同于简单的集中审理，但是，集中审理的专业模式的设立，可以对审理中的问题作专门的归纳、分析、探讨的调研和实践，最终从形式上和实质上实现专业化审理的目标。

2. 破产派生诉讼对破产案件审理程序进程的影响

由于破产派生诉讼是围绕债务人财产争议和债权人债权争议展开的诉讼，所以其审理对破产案件的审理具有一定的影响。一方面，债务人财产总额的变化影响债权人总的受偿比例的变化，债权人之间的债权比例变化影响债权人的表决权比例和各自受偿比例的变化。另一方面，在个别破产案件中，对债务人隐匿财产的追回可能导致破产原因消除，但是，破产派生诉讼的发生原则上并不阻止破产程序的继续进行，即不产生导致破产案件程序中止的法律后果。

对于已经提起的涉及债权确认的诉讼，根据《企业破产法》的规定，对债权人表决权方面的影响，可以通过人民法院确定临时表决权的方式解决；对债权人受偿数额方面的影响，可以通过管理人预留分配额的方式解决；对于已经提起的涉及债务人财产的诉讼，可以通过追加分配的方式解决。

因此，原则上，破产案件不因破产派生诉讼案件的审理而中止，但是，在实践中可能还存在一定的问题：

第一，当有关债务人财产的诉讼可能减少债务人的财产时，该诉讼的提起是否影响破产案件的审理进程？例如取回权诉讼。取回权是物权上请求权，如果变价的财产是取回权诉讼争议财产，取回权诉讼案件未作出生效判决前，该财产不能确定为债务人财产，一旦进行分配，则有可能对物权造成侵害，故该项财产应暂不进入破产财产的分配程序，待诉讼确权后再行分配，但不影响债务人其他财产的分配。这种情况属于以上原则的例外。

第二，当债务人财产的增加导致破产原因消除时，如何处理？笔者认为，如果发生在宣告破产前，原则上应依照《企业破产法》第 12 条的规定裁定驳回申请；如果发生在宣告破产后，债务人已依法进入破产清算程序，相当于公司解散后的强制清算状态，且《企业破产法》对企业被宣告破产后的程序规定为变价和分配，破产清算程序在此时不可逆转，在考虑清算效率和程序保障的基础上，应按照破产清算程序继续清算，对于清偿债权人后剩余财产的分配，应比照《公司法》上的清算原则，由出资人按出资比例取得。对于破产宣告前出现破产原因消除的处理方式,有观点认为,如果是债务人申请破产清算,应认为债务人选择了破产清算的方式而非公司法上的清算方式退市,那么即使破产原因消除,也仍可以继续破产清算程序,宣告破产并进行清算,《企业破产法》第 12 条仅规定为可以裁定驳回申请,并非应当或只能裁定驳回申请。对此,笔者认为,从立法表述上看,该条确应规定为"可以"而非"应当",债务人以破产清算的方式清偿债务、退市确属其真实的意思和选择,该观点具有其合理的价值,但是在破产原因完全消除时,仍然宣告企业破产并清算的做法,其法律依据阙如,且在其不符合破产清算条件时,通过公司法上的清算程序退市亦是法律已经设计的程序,亦可实现其主体消灭的意愿。在考虑到程序成本以及程序价值的基础上,笔者部分赞同此观点,但进一步认为,将制定的司法解释应对此问题予以明确,以指导和统一司法实践。

第三,如何在实践中理解提存分配额的期限?《企业破产法》第 119 条规定:"破产财产分配时,对于诉讼或者仲裁未决的债权,管理人应当将其分配额提存。自破产程序终结之日起满二年仍不能受领分配的,人民法院应当将提存的分配额分配给其他债权人。"其中两年期间的规定属于对提存分配额的期限限制。笔者认为,实践中的处理应存在例外,即债权人已及时提起债权确认诉讼①,而因审理诉讼存在特殊情况导致其不能在破产程序终结后两年内受领分配的,仍应适当延长期间。其中,特殊情况包括但不限于送达、诉讼中止、鉴定、审计、异地取证等原因造成的第一、二审程序未能在破产程序终结后两年内审结的情况。但是,不包括因异议人未积极行使诉权或怠于受领而导致的不能受领的情况。如一概以两年为期限,则可能损害积极主张权利的善意异议人的合法权益。

3. 在债权确认诉讼中,如何认定管理人在破产案件中确认债权与否的理由

根据《企业破产法》的规定,在管理人登记债权后,应对债权应否得到确认说明理由,债权人或债务人对确认债权有异议的,可以诉讼方式解决。提起诉讼的可以是债权人或者债务人,在债权人提起诉讼的情况下,又可以分为对他人债权的异议和对自己债权的异议,笔者针对最后一种情况分析。

债权人要求确认自己的债权,实际是确认自己与债务人之间的债权债务关系,因而应以债务人为被告,管理人代表债务人参加诉讼。被告的抗辩理由是否应受管理人在不确认该笔债权时的理由的限制,一方面,被告答辩时能否放弃管理人不确认债权时的理由。另一方面,被告能否增加新的抗辩理由。这一问题来源于实践中的一个真实案例。

根据债权人提供的债权申报证明材料,足以认定该债权的实体权利成立,但超过了诉讼时效期间,管理人以超过诉讼时效为由对该债权不予确认,为此债权人提起诉讼。管理人在代表债务人应诉时,未提出时效利益抗辩,所提出的其他抗辩理由显然均不成立。因司法解释已经明确,人民法院不应主动以超过诉讼时

① 按照下文所述,在管理人公布债权表后至进行第 1 项事项表决前提起诉讼。

效为由判决驳回原告的诉讼请求,那么,本案是否应认定管理人在破产案件中不确认债权的理由及于本案,即视为在本案中已经就时效利益进行了抗辩?

从破产案件与破产派生诉讼为两个分别的案件角度看,诉讼中未就时效抗辩,法院不应以此判驳原告请求。但是,如果这样机械地运用司法解释和诉辩规则,显然有失公平,且有纵容个别清偿之嫌。此时,应认为管理人在诉讼中的做法构成失职,应依法承担相应的法律责任,但是对于其已作出的抗辩应如何认定?笔者认为,管理人对债权的确认和债权确认诉讼的审理是确认争议债权整个程序的不同环节,而非两个不同程序,所以,本案应视为被告在诉讼中已经进行了时效利益的抗辩。至于被告在诉讼中的其他抗辩理由,虽未在管理人确认债权时提出,但为了确认债权的公正性,也可以提出。当然,这是从实体正义作为出发点考虑的,而且在实践处理中,也确实能够保证破产案件与破产派生诉讼的价值统一性,因为,根据管理人的如此抗辩可以推定其抗辩的不当甚至恶意,但是这种处理方法仍应实现程序上的严谨。可以探讨的做法是,将管理人在破产案件中不确认债权的理由的陈述作为破产派生诉讼案件审理中的证据,在管理人不能否认该证据真实性的情形下,认定该证据,从而确认该笔债权已经超过诉讼时效期间的事实。

由于此类问题已经在司法实践中发生,而制定法律未进行规定,因此,笔者建议,最高人民法院在制定司法解释时,予以考虑。

4. 对依据生效裁判申报债权的确认、调整及对异议的可诉性

笔者关于债权申报所依据的生效裁判,包括仲裁机构作出的裁决和人民法院作出的生效判决,但是此处并不讨论裁判确有错误的情况,如确有错误,应通过审判监督程序纠正。

管理人对依据生效裁判申报的债权,原则上应予以确认,并且债务人或其他债权人不得对该债权提起确认之诉,否则,违背了一事不再理的法律原则。但是生效裁判所支持的债权数额并不一定符合破产法规定的破产债权条件。例如,判决给付至实际清偿之日止的利息,不符合《企业破产法》关于"附利息的债权自破产申请受理时起停止计息"的规定。

在破产申请受理前即已经生效的判决,因判决时尚无受理破产申请的事实,故支持原告诉讼请求的,应判决至实际清偿日的利息;在破产申请受理前已经受理但未作出生效判决的案件,因破产案件在受理后宣告破产前仍存在以法定事由驳回申请的可能,故支持原告诉讼请求的,也应判决至实际清偿日的利息。以上两种情况造成的判决给付的利息中包含受理破产申请后的部分,因不属于破产债权,故应依法作出相应的调整。

对此类债权数额的具体调整,人民法院应对管理人进行指导。

关于债权人或债务人对此类债权调整后编制的债权表内容是否可以提出异议并诉讼问题,笔者认为,分为两种情况:(1) 如仍对生效判决内容提出异议,因

异议人无诉权,异议不能成立;(2) 如以管理人未按照《企业破产法》的规定调整债权或以管理人统计计算的债权数额错误且拒绝更正为由提出异议的,受理破产案件的合议庭应进行审查,如确有错误,应通过告知管理人更正的方式解决,如管理人仍拒绝更正,属于管理人不能依法履行职责的情况。笔者认为,应依照最高人民法院《关于审理企业破产案件指定管理人的规定》更换管理人,由更换后的管理人重新编制债权表,以该理由提起债权异议诉讼的,不予受理。

综上,依据生效裁判申报债权的,原则上应予确认,对数额应依照破产法调整,对提起的债权确认诉讼不予受理。

5. 不以诉讼方式提出债权异议问题的解决

《企业破产法》第 58 条第 2、3 款规定,债务人、债权人对债权表记载的债权无异议的,由人民法院裁定确认,对债权表记载的债权有异议的,可以向受理破产申请的人民法院提起诉讼。该条规定赋予债务人或债权人提出债权异议和提出债权确认之诉的权利,最终以生效判决结果确认债权。实践中,有的异议人以书面形式向审理破产案件的合议庭提出债权异议,但不提起诉讼。根据《民法通则》的规定,民事诉讼的诉讼时效期间一般为两年,债权人申报债权时,债权的诉讼时效中断。那么,不以诉讼方式提出的债权异议应如何处理? 是否仍有两年的诉讼时效并可中断? 由此导致破产债权及破产财产处于不确定状态,从而影响破产程序的进行。

笔者认为,可以变换思路考虑该诉讼时效问题,即至破产财产清偿完毕时,仍未提起债权确认诉讼的,因已无财产可供分配,破产程序也已终结,故不能再提起有关债权异议的诉讼。此时,只能按照管理人预留份额受偿。这种处理方法回避了债权确认诉讼的诉讼时效问题,在结果上可以解决不以诉讼方式提出债权异议的问题。但是,破产案件的审理期限较长,尤其是在破产重整时,不但重整计划的执行期限漫长,而且不存在财产分配完毕的情况,故前述处理原则不能适用。另外,即使是在破产清算的情况下,未决的异议债权长期不确定,导致权利长期处于不确定的不安状态,也导致破产案件参加人产生不安心理,不利于破产案件的审理。

笔者认为,可以在以上思路的基础上探讨新的解决方案:

第一,在破产案件中的财产分配应是对无争议债权的分配,而有争议的债权,需通过一定的方式使争议债权确定为无争议债权。根据《企业破产法(试行)》的规定,这种方式最终为裁定方式,而根据《企业破产法》的规定,这种方式为债权确认诉讼方式,虽然采用的方式不同,但是,无争议债权取得分配受偿是新旧法一致的原则,而有关争议债权的预留分配额的规定,则是《企业破产法》的立法进步。

第二,《企业破产法》第 58 条第 2 款对无争议债权的理解是指,根据管理人编制的债权表的记载,债权人对自己与债务人之间的债权债务、债权人对其他债权人与债务人之间的债权债务、债务人对其与所有债权人之间的债权债务均无异议。此时,人民法院应裁定确认。

第三,《企业破产法》第58条第3款对提出异议的债权的性质是按照有争议的债权认定的,因为管理人编制债权表的行为是产生债权异议的根据,而不具有真正意义上的确认债权的效力。此时,人民法院不能直接裁定确认争议债权,而异议人应以诉讼方式确认。

破产债权不确定的状态,对破产程序最直接的不利影响是造成表决权和财产清偿比例的确定困难。《企业破产法》关于争议债权中为行使表决权临时确定债权额和为分配而预留债权额的原则有所规定,即第59条、第117条和第119条,但是在异议人没有通过债权异议诉讼最终确认债权之前,以上两项事项的确定属于法官自由裁量权的内容,目前缺乏统一合理的判断标准,笔者认为,可以采取以下方式处理:

第一,为行使表决权而临时确定债权额的方法。《企业破产法》第59条第2款规定:"债权尚未确定的债权人,除人民法院能够为其行使表决权而临时确定债权额的外,不得行使表决权。"实践中,对争议债权的债权人属于债权尚未确定的债权人的理解是统一的,问题是,当提出异议但不提起诉讼时,应如何确定临时债权额。对此,应分别不同情况分析:如该异议为债权人是针对自己的债权提出的,因其申报债权的行为属于提出请求的行为,未提起诉讼则其请求未经确认,故原则上不确定其表决权,当其提起诉讼时,按照债权表的比例确定临时的表决权;如该异议为债权人针对其他债权人的债权提出的,其请求仍属未经确认,故尚不成立,应确定其他债权人的表决权不受影响;如该异议为债务人提出的,因债务人相对于债权人申报债权的行为而言,属于对债权请求权的抗辩,债务人不提起诉讼,则其抗辩尚不能被确认为成立,不影响债权人的表决权。

第二,为分配而预留债权额的确定方法。根据《企业破产法》第117条的规定,对于附生效条件或解除条件的债权,管理人应当将其分配额提存,按至公告日时条件是否成就作不同的处理。除此以外,对提出异议但不提起诉讼的情况,原则上按债权表记载的数额预留。至分配方案作出时,异议人仍未提起诉讼的,属其怠于启动法律规定的救济程序,则按预留数额比例实际分配;如已经提起诉讼,且判决已经生效的,按照判决确认的数额计算受偿比例,判决尚未生效的,则按照第119条的规定处理。

在适用以上两项方法时,如异议人提起诉讼后又撤诉的,有两种处理方法:一是根据《民事诉讼法》第131条的规定不准许撤诉;二是撤诉的行为视为确认债权登记。采用哪种方法更妥,可以进一步讨论。

之所以采取以上两项方法,是因为《企业破产法》没有对异议人提起诉讼的期限进行规定,司法解释如果从诉讼时效的角度进行规制,则有超越立法之嫌。以上方法,可以解决提出异议但不提起诉讼而引起相关问题的困惑和困难。不再从诉讼时效的角度考虑问题,而是通过可能使异议人承担不利后果的方式起到督促其提起诉讼尽快确定债权的作用,同时,这也是司法解释有权进行规定的。

6. 别除权的受偿方式

笔者此处关于别除权的受偿方式问题,是指有物权担保的债权是否应通过申报债权程序,在破产程序内受偿。对此,存在不同的认识。

一种观点认为,有物权担保的债权也是破产债权,故应依法申报,在破产程序内就担保物变价价款优先获得清偿,除抵销权外,破产债权均不能在破产程序以外受偿。

另一种观点认为,尤其在债权人占有担保物的情况下,债权人未申报债权,其对担保物享有的权利并不丧失,仍可行使受偿权利,但从担保物上受偿不足的部分债权,如未申报则不能受偿。

以上观点均有其理由,之所以产生分歧,是对债权与物权侧重角度不同所导致。当司法实践中遇到有物权担保的债权未经申报时,如何处理?《企业破产法》对此没有明确规定。

笔者认为,别除权仍应在破产程序中受偿。从债与担保的关系上看,二者是主从合同关系,别除权的行使仍应以债权符合破产法规定的债权确认条件为前提,即使债权已经生效判决确认,仍涉及在申报后依据破产法的规定进行调整的问题。从别除权属有物权担保的债权的含义上看,因债务人已经进入破产的司法程序,所以在破产程序以外行使别除权,虽然便于别除权人权利的实现,但毕竟缺乏程序上的审查。而如果允许别除权人在破产程序外受偿,若所担保的债权中有不属于破产债权的部分,而别除权人以担保物已全额受偿,管理人对不属于破产债权的部分的受偿,应予追回,将造成程序上的繁琐。

别除权的具体情况在实践中是较为复杂的。因抵押、质押、留置等事实构成别除权的,权利成立的条件不同;而在物的所有权人与债务人是否同一的不同情况下,别除权的行使方式也应有所不同;在破产清算、破产和解和破产重整的不同程序中,别除权的优先性程度不同。故实践中涉及别除权的具体问题,还需具体分析。如能够在归纳总结实践问题的基础上,在今后的司法解释或指导意见中予以明确,则更能够清晰地指导实践。

7. 对个别清偿执行行为的撤销和财产的返还

(1) 对个别清偿执行行为不能行使撤销权

破产撤销权,是指债务人财产的管理人对债务人在破产申请受理前的法定期间内进行的欺诈债权人或损害对全体债权人公平清偿的行为,有申请法院予以撤销的权利。《企业破产法》对破产撤销权进行了规定。

笔者此处所述的对个别清偿执行行为的撤销,是指债务人在可撤销期间内,利用双方合谋提起的诉讼或仲裁程序,将依法可撤销的违法行为通过法院的判决、裁定、调解或仲裁裁决等形式获得法律执行效力,并已经执行时,管理人能否主张撤销。对此,法律上没有规定,观点上争议严重。笔者认为,对个别清偿的执

行行为原则上不能撤销,理由简述如下:

第一,《企业破产法》所列举的可撤销行为均为民事行为,破产撤销权行使的结果是使财产回转,但其原因是对行为效力的撤销,在这一点上,破产撤销权与民法撤销权并不矛盾。所以破产撤销权所指向的行为是民事主体之间基于意思表示而作出的行为,而执行行为是在认定当事人之间行为效力的基础上的公权力行为,所以,如果把执行行为作为撤销权的行使对象,从对象上不符合撤销权的要件。

第二,撤销权的行使对象是民事行为,这是撤销权的本来含义。对于民事行为已经被生效裁判确认并被执行完毕的,如仍对该民事行为主张撤销,那么确认该民事行为的生效判决所依据的基础关系变化了,该生效判决的效力如何认定?

鉴于此,对执行行为的撤销和对执行行为所认可民事行为的撤销的做法都是不妥的。

(2)借助执行所获得的个别清偿财产仍应当返还

虽然对个别清偿的执行行为不能行使撤销权,但是如果允许违法的个别清偿通过借助执行效力的合法化形式被确认,而未借助执行形式的个别清偿被撤销,不仅导致同为违法个别清偿的差别对待,而且违背破产法公平受偿的基本原则,损害多数债权人的利益。对此,笔者认为,个别清偿的财产仍应当返还,但不是行使撤销权的后果。

具有给付内容的判决,不仅须对给付之债作出确认,而且应判定债的给付履行效力,所以个别执行的判决是由这两部分内容组成的。破产法的公平受偿原则排除了个别受偿的做法,是对履行内容的排除,如《企业破产法》第 19 条规定,受理破产申请后,债务人的执行程序应当中止。该条规定并未对执行程序所依据判决中的确认内容予以否认,所以,对受理破产申请前一定期间内已经通过执行程序执行完毕的个别清偿,其判决的确认内容仍然有效,但执行财产应当返还,之后,原申请执行人可以依据判决的确认内容申报债权,按比例获得清偿。至于该一定期间的确定,可以参照撤销权期间的规定。

对于实现返还已执行财产的操作程序,法律没有规定,可探讨的建议是:一是由管理人向受理破产案件的人民法院提起诉讼,请求判决个别清偿的受领人返还财产。这种做法的最大问题是,缺乏法律依据。二是由管理人向受理破产案件的人民法院说明该情况并提出申请,人民法院在审查后,比照《企业破产法》第 19 条执行中止通知的做法,向执行法院发出通知,由执行法院要求受领人返还财产。这种做法的问题是,虽然具有一定的可参照的法律依据,但受地方保护主义等各种原因的制约,难以操作。对此程序设置,笔者没有更好的解决方法,只能以问题和建议提出,希望能引起重视。

8. 债务人提起债权异议诉讼的代表诉讼问题

根据《企业破产法》第 58 条的规定,债务人也可以对债权表记载的债权提起异议诉讼。此时管理人已经接管了债务人的财产和印章等,并且管理人的法定职责中包括"代表债务人参加诉讼、仲裁或者其他法律程序",由此产生的问题是,债务人如何提起债权异议诉讼?

首先,不应由管理人代表债务人提起该诉讼。因为债权表是管理人编制的,管理人不可能对自己确认的债权提出异议。

其次,不应由债务人原法定代表人或原董事会代表债务人提起该诉讼。因为受理破产申请后,原法定代表人和董事、监事、高级管理人员只是履行《企业破产法》第15条规定的保管、回答询问等义务,不能再代表债务人行使权利,其已被管理人取代。

鉴于以上原因,债务人提起该诉讼,以股东(或出资人)代表诉讼的方式最为合理。股东(或出资人)作为债务人财产的实际拥有者,当认为管理人编制的债权表记载的债权不利于债务人时,股东(或出资人)是实际的利益受损者,由其代表债务人提起诉讼最能反映债务人的真实异议,在程序上,可以借鉴《公司法》关于股东代表诉讼的模式。

笔者认为,破产法对此问题应该作出规定,以明确债务人提起诉讼的程序,现建议司法解释予以完善。

9. 破产派生诉讼的诉讼费数额及负担

破产派生诉讼的诉讼费数额及负担问题,是目前关于收取诉讼费相关规定尚未成熟涉及的内容,也是司法实践中较为困惑的问题。

破产派生诉讼包括给付之诉和确认之诉。破产派生诉讼中的确认之诉与普通民事诉讼中的确认之诉不同。确认之诉是要求确认权利关系或法律关系之诉,通常不具有给付的请求,虽然例如确认民事法律行为无效将导致返还的后果,但是这种返还的给付是行为无效的法定后果,不是基于给付的请求。而破产派生诉讼中的确认之诉从发生原因上看,本是给付之诉的类型,提起该诉的目的就是取得给付利益,但由于破产程序的要求和法律的特别规定使之变更为确认之诉,其给付内容被破产案件的分配程序所吸收。所以,破产派生诉讼中的确认之诉是具有潜在给付请求的确认之诉。此外,从诉讼费的作用角度看,诉讼费除作为制裁侵权行为和违约行为的一种重要的手段外,还可能对诉讼的"爆炸性"增长起到一个抑制的作用。尤其在破产派生诉讼中,如果设置过低的诉讼费,则诉讼可能被债权人或债务人滥用,导致司法资源浪费和不当地阻碍程序的正常进行。因此,从破产派生诉讼中的确认之诉的性质以及诉讼费对诉讼案件数量调剂作用两方面考虑,应按照给付之诉的诉讼费收取标准收取,同时可以考虑统一的减半收取或个案中的减免收取的做法。

对于破产派生诉讼的诉讼费负担问题,笔者认为,原则上仍应本着败诉方承担和按败诉比例承担诉讼费的原则,但是在债务人败诉时的诉讼费负担问题应作特别规定。在债务人为被告且败诉的情况下,债务人已经达到破产界限,或已明确缺乏清偿能力,或已资不抵债,为了使债权人能够得到更多的清偿,人民法院可令其免于承担诉讼费,并退还债权人预交的诉讼费;在债务人为原告时,由于该诉讼应比照股东代表诉讼的方式进行,为避免债务人滥用诉权情况的发生,当其败诉时,应由提起诉讼的股东以其自有财产负担诉讼费。

(四)结语

《企业破产法》的颁布施行,发展了我国的企业法人破产法律制度,完善了破产案件的具体法律程序,加之公司法司法解释的陆续出台,破产案件、公司清算案件与破产、公司清算派生诉讼案件构成了我国企业法人主体市场退出的法律制度的全部内容。

破产派生诉讼具有如下法律特点:

第一,破产派生诉讼相对于破产程序的独立性特点。相对于原《企业破产法(试行)》,《企业破产法》将破产案件中对破产债权和破产财产的民事争议和权益纠纷以分离出破产案件的诉讼程序方式解决,使由此产生的破产派生诉讼具有独立于破产案件的特点。

第二,破产派生诉讼独立性的相对性特点。破产派生诉讼的产生及目的在于,通过对财产和债权争议的裁判,使破产案件在民事权利无争议下处理债务人的主体存续的各项事宜,其与破产案件的价值取向具有一致性。从这个意义上看,破产派生诉讼法律地位的独立性具有相对性特点。

第三,破产派生诉讼有别于普通民事诉讼的自身统一性特点。破产派生诉讼与普通民事诉讼具有共同点,但又存在明显的差异。审理破产派生诉讼的原则、方法和具体的认定标准在很多方面不同于普通民事诉讼,而在其自身范围内具有统一性。

笔者认为,应从整体上认识企业法人市场退出的法律制度。一方面,破产清算与公司强制清算制度相结合,共同构成目前我国法人型企业通过司法清算程序退出市场的法律制度的整体,而对达到破产界限的企业,通过债务和解、经营调整等方式,是实现依法更生存续的法律途径和程序,充实和完善了我国社会主义市场经济的法治内涵。另一方面,分离于破产程序之外而又立足于确定破产案件权利争议的破产派生诉讼,具有明显区别于普通民事诉讼而与破产案件审理价值相统一的特点,使破产案件与派生诉讼构成人民法院审理企业法人破产案件所涉及的法律关系的内容,二者密不可分。从整体上看,破产案件与公司强制清算案件是解决企业法人退出或存续这一同类问题的不同程序,派生诉讼则相对成为解决以上问题的辅助性程序和手段,反映了三者统一性、紧密性的制度(价值)本质。与破产派生诉讼性质相同的诉讼不仅发生在企业破产案件中,在公司强制清算案件中同样存在。由此,在企业的退出制度上,形成了两个清算、两个预防、两个派生诉讼,共三个内容的整体框架。因此,在司法实践中探讨建立对三类案件的专业化审理模式,是法律制度特点的内在要求;集中审理三类案件、梳理疑难问题、解决实践中的困难、健全相关法律制度,是调整审理模式的商事审判方式改革的必然趋势和结果。

目前,破产案件、公司强制清算案件的数量明显增加,企业在自主经营过程中因经营行为的不规范所遗留的大量问题在企业退出阶段中集中凸显,待确定的争议事项多且复杂,人民法院在审理因此发生的案件时,从受理至终结的过程中,每一个具体程序的进行,每一项争议事项的裁判,都须实现企业法人市场退出机制的统一、公平的价值要求。法律制度的确立和完善需要反复的实践过程,因此,探讨建立集中、专业化的审理模式,形成理论好、能力强、经验丰富的专业审判人员队伍,设立专门化的审判机构,是人民法院通过司法审判实践加速我国现代企业制度走向成熟的最佳选择。

二、笔者点评

《企业破产法》施行后,北京市第一中级人民法院能够紧密结合审判工作,针对《企业破产法》制度的变化,及时对审理企业破产派生诉讼案件的有关问题进行积极调研,值得肯定。对于其调研报告中所涉问题,笔者着重提出以下几个问题供大家进一步研究探讨。

(一)破产派生诉讼概念提出的背景

破产派生诉讼,广义上说包括所有与债务人破产案件相关的民商事案件。这个概念的提出,是与我国《企业破产法》对有关债务人的实体权益之争与债务人的破产程序采"分别审判主义"的重大制度变革紧密相关的。

对有关债务人的实体权益之争与债务人的破产程序的协调处理问题,从中外破产立法例和司法实践看,主要有两种处理方法:

第一,吸收合并审判主义。即破产程序启动后,由破产程序吸收有关债务人的实体权益之争,有关债务人的实体权益之争在破产程序中一并予以处理。这以我国旧的破产法律规范和司法实践为代表。最高人民法院《关于审理企业破产案件若干问题的规定》第19条、第20条、第24条、第42条、第63条和第73条分别规定:"人民法院受理企业破产案件后,以债务人为原告的其他民事纠纷案件尚在一审程序的,受诉人民法院应当将案件移送受理破产案件的人民法院……""……以债务人为被告的其他债务纠纷案件……尚未审结且无其他被告和无独立请求权的第三人的,应当中止诉讼,由债权人向受理破产案件的人民法院申报债权。在企业被宣告破产后,终结诉讼。尚未审结并有其他被告或者无独立请求权的第三人的,应当中止诉讼,由债权人向受理破产案件的人民法院申报债权。待破产程序终结后,恢复审理……""债权人虽未在法定期间申报债权,但有民事诉讼法第七十六条规定情形的,在破产财产分配前可向清算组申报债权。清算组负责审查其申报的债权,并由人民法院审查确定……""债权人会议一般包括以下内容:……讨论并审查债权的证明材料、债权的财产担保情况及数额……讨论内容应当记明笔录。债权人对人民法院或者清算组登记的债权提出异议的,人民法院应当及时审查并作出裁定……”“债权人对清算组确认或者否认的债权有异议的,可以向清算组提出。债权人对清算组的处理仍有异议的,可以向人民法院提出。人民法院应当在查明事实的基础上依法作出裁决。”“清算组应当向破产企业的债务人和财产持有人发出书面通知,要求债务人和财产持有人于限定的时间内向清算组清偿债务或者交付财产。破产企业的债务人和财产持有人有异议的,应当在收到通知后的7日内提出,由人民法院作出裁定。破产企业的债务人和财产持有人在收到通知后既不向清算组清偿债务或者交付财产,又没有正当理由不在规定的异议期内提出异议的,由清算组向人民法院提出申请,经人民法院裁定后强制执行……”吸收合并主义,具有缩短债务人财产纠纷的审理周期、减少诉讼成本,以及方便受理破产案件的人民法院统一协调处理纠纷的优点。但是,这种模式存在对于当事人实体民事权利有失正当程序救济的缺点,无法充分保证权利人的合法权益。

第二,分别审判主义。即对债务人的破产程序与有关债务人的实体权益之争,采取分别审判的处理方法。破产程序主要进行债务人的破产清算,而对有关债务人的实体权益之争则另行通过普通民事诉讼程序予以解决,两者分别进行,并行不悖。此为国际上通行的破产立法体例与司法惯例。我国《企业破产法》改变了原有的立法模式,采取了分别审判主义的处理方法。《企业破产法》第4条、第20条、第21条、第48条和第58条分别规定:“破产案件审理程序,本法没有规定的,适用民事诉讼法的有关规定。”“人民法院受理破产申请后,已经开始而尚未终结的有关债务人的民事诉讼或者仲裁应当中止;在管理人接管债务人的财产后,该诉讼或者仲裁继续进行。”“人民法院受理破产申请后,有关债务人的民事诉讼,只能向受理破产申请的人民法院提起。”“债权人应当在人民法院确定的债权申报期限内向管理人申报债权。债务人所欠职工的工资和医疗、伤残补助、抚恤费用,所欠的应当划入职工个人账户的基本养老保险、基本医疗保险费用,以及法律、行政法规规定应当支付给职工的补偿金,不必申报,由管理人调查后列出清单并予以公示。职工对清单记载有异议的,可以要求管理人更正;管理人不予更正的,职工可以向人民法院提起诉讼。”“依照本法第五十七条规定编制的债权表,应当提交第一次债权人会议核查。债务人、债权人对债权表记载的债权无异议的,由人民法院裁定确认。债务人、债权人对债权表记载的债权有异议的,可以向受理破产申请的人民法院提起诉讼。”

鉴于我国新旧破产法律制度有关债务人的实体权益之争与债务人的破产程序的协调处理问题所采取的立法例不同,因此,在《企业破产法》施行后衍生出一批有关破产企业的民事诉讼,为突出其与破产案件的特殊关系,故以破产派生诉讼(也可称为破产衍生诉讼)这一概念予以体现是必要的。

(二)破产派生诉讼的种类及所涉相关问题

破产派生诉讼可分为人民法院受理破产申请时,已经开始而尚未审结的有关破产企业的民事诉讼案件，和人民法院受理破产申请后，就有关破产企业的实体权益之争新提起的民事诉讼案件两大类。

1. 关于人民法院受理破产申请时，已经开始而尚未审结的有关破产企业的民事诉讼案件

这类案件可称为破产派生诉讼的旧案件，或者逆向派生诉讼案件。这类案件在案件性质上包括了各种民商事案件，如给付之诉、侵权之诉、确认之诉等，这类案件在管理人接管破产企业财产后，原则上由管理人代表破产企业继续进行。[①]判决生效后，应当根据不同判决处理。如破产企业为债务人的，债权人应依据生效判决向受理破产案件的人民法院申报债权；如破产企业为债权人的，破产企业可依据生效判决直接向有关法院申请强制执行，并将执行回来的财产作为破产财产……上述逆向破产派生诉讼，在案件管辖上，仍由原审理法院管辖；案件当事人仍然是破产企业和有关争议相对方；破产企业的诉讼代表人，应当由原法定代表人变更为破产企业的管理人或者管理人的负责人[②]；案由仍然是原案由，如借款合同纠纷、担保纠纷等；案件受理费仍按原核定数额收取[③]；判项上，主要是破产企业为债务人的，应当明确载明，判决给付内容应在破产清算中一并清偿的字样（即明确禁止个别清偿或执行）。

2. 关于人民法院受理破产申请后，就有关破产企业的实体权益之争新提起的民事诉讼案件

这类案件可称为破产派生诉讼的新案件。这些新案件应当说是破产派生诉讼的主流。

（1）债权确认诉讼

根据《企业破产法》第48条和第58条的规定，债权申报中有关破产债权的异议，包括职工对破产企业所欠其的工资等的异议，均应通过民事诉讼审判程序予以确定。破产程序启动后，任何人不得再提起对破产企业的给付之诉，所有针对破产企业的给付请求均应通过向受理破产申请的人民法院申报债权、在破产清偿程序中获得公平清偿的方式解决，因此债权人对债权表或者拖欠职工工资清单的记载有异议提起的诉讼案件，在案由上应当确定为破产债权的确认诉讼，而非给付之诉。这个问题，最高人民法院在《关于〈中华人民共和国企业破产法〉施行时尚未审结的企业破产案件适用法律若干问题的规定》第9条中已经予以明确。除

---

① 特殊案件可能存在中止诉讼、终结诉讼的情形，如人民法院受理破产申请前，债务人的股东之间由于僵局提起的解散公司诉讼，在人民法院受理破产申请后应当先行中止审理；人民法院作出驳回申请裁定的，案件应当继续审理；人民法院宣告债务人破产的，解散公司诉讼应当终结。

② 区分管理人的不同类型，诉讼代表人亦有所差别：管理人为律师、会计师的，诉讼代表人为该律师或者会计师；管理人为中介机构的，诉讼代表人为该中介机构指定的负责人；管理人为清算组的，诉讼代表人为清算组负责人。

③ 对此问题，现也有观点认为，对于破产申请受理后上诉的，是否在上诉费中考虑适当降低。

此以外，关于债权确认诉讼中还存在以下几个问题：

第一，债权人对债权表记载或未予记载的本人债权有异议的，该债权人可作为原告，以破产企业（债务人）为被告，提起债权确认诉讼。该类诉讼，对债权人而言，要么是管理人对其申报的债权未予确认，要么是确认的数额小于其申报的数额。债权人未提起诉讼的，视为其对债权表记载的事项无异议，管理人依据债权表记载事项进行有关清算事务，债权人不及时提起诉讼并不影响清算事务的进行。即使清算事务进行到一定程度，债权人通过诉讼程序确定了其未被管理人确认的债权，或者确定了高于管理人确认的债权的，可以通过债权补充申报的方式解决，在尚未分配财产中对其进行公平分配，此前已经进行的分配，不再对其补充分配。基于此，债权人为权利实现最大化的目的，其会积极主动提起有关债权确认诉讼，因此，不需通过法律规定设定债权人提起诉讼的除斥期间。

第二，债权人对债权表记载的他人债权有异议的，根据《企业破产法》第 58 条的规定，也是通过诉讼程序予以解决的。这里存在几个问题需要解决。

一是管理人对申报债权进行审查后编制的债权表提交第一次债权人会议核查时，其他债权人对债权表记载的他人债权有异议的，异议债权人是否以自己名义即可提起诉讼？还是需要体现债权人团体的意志，即需由出席会议的有表决权的债权人过半数通过，并且其所代表的债权额占无财产担保债权总额的 1/2 以上通过？对此问题，目前我们的倾向性意见是异议债权人可自行提起诉讼。

二是债权人对债权表记载的他人债权有异议提起诉讼的，是否应当确定其提起诉讼的除斥期间？我们考虑，如果在此不设定一个提起诉讼的期间，则债权人可能一方面对债权表记载的债权提出异议，另一方面又迟迟不向人民法院提起诉讼予以确认，如此，对于审理破产案件的人民法院而言，将会陷于两难的境地：认可其异议，则不能按照债权表记载的债权确定受异议债权人的表决权，以及对其进行破产清偿等，如果诉讼长期没有提起，将会影响受异议债权人权利的行使；如果不认可其异议，债权人确实又对记载的他人债权提出了异议，径行按照债权表记载债权予以确认，似又与法不符，因此，有必要在此确定一个期限，以督促异议债权人尽快行使诉权，超过该期限其仍未提起诉讼的，则视为其对记载的他人债权无异议。

三是债权人对债权表记载的他人债权有异议提起诉讼的，由于异议债权人对他人债权异议的举证能力有限，是否需要在此设定举证责任倒置，由受异议债权人和债务人举证证明其权利义务依法存在？这里也存在两难的选择：举证责任倒置，有利于查清事实，但容易导致滥诉；举证责任不倒置，则因异议债权人举证不能，这类诉讼形同虚设，发挥不了应有的作用。这个问题，是否可考虑与诉讼费用收取标准及负担来统筹解决，即在确定举证责任倒置的情形下，在异议债权人的诉讼请求没有得到法院支持时，由其承担诉讼费用，并且该诉讼费用不能简单地按照非财产案件标准，即每件 50 元至 100 元的标准计付，由此达到防止滥诉的目的。

第三,债务人能否因对债权表记载的债权有异议而提起诉讼,以及由谁代表诉讼问题。《企业破产法》第58条明确规定,债务人对债权表记载的债权有异议的,可以向受理破产申请的人民法院提起诉讼。但目前面临的问题是,《企业破产法》第25条规定,由管理人代表债务人参加诉讼、仲裁或者其他法律程序,即债务人进入破产程序后,由管理人代行债务人诉讼代表人的职责。而债权表系管理人根据债权人申报债权的情况,审查后编制的,即债务人提起异议的标的系管理人所为的债权表,此时,债务人提起诉讼,其诉讼代表人是谁?如按照上述第25条的规定由管理人代表债务人提起诉讼,但其诉讼所指向的对象又是管理人自己制作的债权表,这在逻辑上存在障碍。那么,能否由原破产企业的执行机关,即原法定代表人代表诉讼呢?如果可以,一是与《企业破产法》关于管理人代表债务人参加诉讼活动的规定冲突;二是人民法院受理破产申请后,债务人按照法律规定是要将企业债务清册、债权清册、有关财务会计报告,以及印章、账簿、文书等资料依法提交人民法院或者移交管理人,由原法定代表人代表债务人提起诉讼,其如何举证?在企业进入破产程序后,原法定代表人的代表职能是否依然存续?这些问题,均需要进一步研究论证。

北京市第一中级人民法院的观点认为,既不应由管理人代表债务人提起诉讼,也不应由债务人原法定代表人代表债务人提起诉讼,而应由债务人的股东或者出资人代表诉讼。理由是:股东或者出资人作为债务人财产的实际拥有者,当认为管理人编制的债权表记载的债权不利于债务人时,股东或者出资人是实际的利益受损者,由其代表债务人提起诉讼最能反映债务人的真实异议,在具体程序操作上,可以借鉴公司法关于股东代表诉讼的模式。这种观点存在以下问题:一是在企业出现破产原因的情况下,因其财产已不足以偿还全部债务,债权认定不当,一般情况下已经不存在股东或者出资人利益受损问题,在这种情况下,股东或者出资人代表债务人提起诉讼的动机有多大?二是股东或者出资人代表债务人提起诉讼后,仍然面临着举证不能的现实,如何解决?三是按照《公司法》设定的股东代表诉讼,被告应当是类似于公司董事、监事、高级管理人员身份的破产企业的管理人,受异议债权人是否亦应作为共同被告?而股东代表诉讼解决的主要是管理人不当履行职责给公司造成损失的赔偿责任,而债务人因对债权异议提起的债权确认之诉并非赔偿的事项,与股东代表诉讼如何衔接?

(2)破产撤销权诉讼

破产撤销权,是指债务人财产的管理人对债务人在破产申请受理前的法定期间内进行的欺诈债权人或损害对全体债权人公平清偿的行为,有申请法院予以撤销的权利。我国《企业破产法》第31条和第32条规定:“人民法院受理破产申请前一年内,涉及债务人财产的下列行为,管理人有权请求人民法院予以撤销:(一)无偿转让财产的;(二)以明显不合理的价格进行交易的;(三)对没有财产担保的债务提供财产担保的；(四) 对未到期的债务提前清偿的；(五) 放弃债权的。”“人民法院受理破产申请前六个月内，债务人有本法第二条第一款规定的情形，仍对个别债权人进行清偿的，管理人有权请求人民法院予以撤销。但是，个别清偿使债务人财产受益的除外。”撤销权的设立，是为了防止债务人在丧失清偿能力的情况下，通过无偿转让、非正常交易或者偏袒性清偿债务等方法损害全体或者多数债权人的利益，破坏破产法的公平清偿原则。

第一，关于撤销权诉讼的当事人问题。《企业破产法》规定的是“管理人有权请求人民法院予以撤销”，这里涉及究竟是管理人以自己的名义提起撤销权诉讼，还是管理人作为债务人的诉讼代表人以债务人的名义提起撤销权诉讼的争议问题。我国《企业破产法》第25条关于管理人的职责中明确规定由管理人代表债务人参加诉讼、仲裁或者其他法律程序，这个规定，是否意味着所有有关债务人实体权益之争的诉讼均由管理人代表呢？这实际上是与管理人的法律属性这个一直尚未定论的问题相联系的。因此，在撤销权诉讼的原告问题上，产生了两种观点：一种观点认为，由管理人直接以自己的名义提起诉讼；另一种观点则认为，由管理人作为债务人的诉讼代表人以债务人名义提起。破产撤销权是为债权人的利益设立的，因此，撤销权的权利主体即实质主体是债权人。不论是以管理人名义提起撤销权诉讼，还是以债务人名义提起撤销权诉讼，均面临撤销权的权利主体与行使主体分离的现象，这也是破产撤销权与民法撤销权的一个不同之处。对于撤销权行使主体，各国立法例有着不同的规定，除一般规定由管理人行使外，有些国家破产法规定，在某些特殊破产程序中其他主体，如债权人、债务人、财产监督人等有权行使撤销权。如《德国支付不能法》第280条规定，在债务人对财产的自行管理程序中(未设管理人)，由财产监督人行使撤销权。其第九编规定，在消费者支付不能程序中适用简易破产程序(简易破产程序不设管理人)的，撤销权由债权人行使，债权人会议可以委托个别债权人行使撤销权。《美国破产法》规定，在第十一章下的重整程序中，不指定托管人即管理人的案件，由经管债务人(即债务人)行使管理人的职权，所以，此时撤销权由经管债务人行使。其第十二章适用于有固定收入的家庭农场主，虽其程序中要指定管理人，但债务人可以同时作为经管债务人存在，同样被明确授予管理人的撤销权，既可以与管理人共同享有撤销权，也可以单独享有撤销权。如果债权人要求行使撤销权，但经管债务人因利益冲突而拒绝行使，美国第八巡回法院认为，单个债权人可以申请法院许可债权人自己实施撤销行为。[①] 与此相关的还有被告的确定问题。如以管理人作为原告，是否将欲撤销行为的双方当事人，即债务人和行为相对人均列为被告？如此，又出现了债务人由谁代表的尴尬场面。为此，有观点提出，只将受益人列为被告而

① 转引自王欣新：《破产法》，中国人民大学出版社2007年版，第174页；参见〔美〕大卫·G.爱泼斯坦等：《美国破产法》，韩长印等译，中国政法大学出版社2003年版，第278、279页。

不列债务人。这样虽然解决了债务人诉讼代表人与原告竞合的问题,但在原被告双方诉辩的权利义务关系上似又解释不通。而且,通过撤销权诉讼取得的财产是作为债务人的财产用以清偿其债务的,由管理人这一特殊主体作为原告行使权利,似也有理论上的不足,有待完善。

第二,关于危机期个别清偿行为的撤销问题。我国《企业破产法》第32条规定,人民法院受理破产申请前6个月内,债务人有企业破产法规定的破产原因,仍对个别债权人进行清偿的,管理人有权请求人民法院予以撤销。实践中提出两个问题:一是债务人在危机期内,因依法履行人民法院生效判决书、调解书或者仲裁机构的仲裁裁决书的,是否属于上述法律规定的可撤销的个别清偿行为?二是在危机期内,债权人依据人民法院生效判决书、调解书或者仲裁机构的仲裁裁决书向人民法院申请强制执行,人民法院予以执行的,是否可以撤销?从破产法立法本意看,撤销权设置的目的是为了纠正债务人不当处分财产行为,恢复其责任财产,防止债权人的利益受到非法损害。撤销权行使的法律后果,是使债务人在破产申请受理前法定期间内实施的损害债权人利益的行为,因被撤销而丧失效力,管理人收回被处分的财产或恢复被处分的权利,利益归于破产财产,用于对全体债权人的分配。我国《企业破产法》对于撤销权构成的主观要件没有作出规定,仅采形式判断原则,即原则上对危机期内的不当处置财产行为均可予以撤销,而不论债务人与交易相对人或转得人在行为时主观上为善意或者恶意。但对于上述两类特殊情形下的个别清偿,是否可考虑通过主观要件的判断决定是否应予撤销,即对于债务人与债权人恶意串通,通过采取诉讼、仲裁、调解、强制执行等特殊手段规避《企业破产法》规定,达到个别清偿目的的行为,可予以撤销,而对于没有主观恶意的,则不予撤销,以此解决生效裁决履行和执行与撤销权行使的冲突问题。

除上述所列问题外,企业破产派生诉讼案件审理中尚存在很多问题需要我们研究,如派生诉讼的案件受理费收取标准、案件的内部管辖、取回权诉讼、无效行为诉讼、对外追收债权诉讼、追收未缴出资诉讼、追收非正常收入和侵占债务人财产诉讼、抵销权诉讼、别除权诉讼、对管理人侵权行为诉讼等,因篇幅原因,在此不再一一展开。北京市第一中级人民法院的调研报告中已经注意到了这类特殊诉讼案件审理中的有关问题,我们在此进行点评,目的无外乎希望引起更多的关注,希望更多的人士参与到这些问题的研究中来,献言献策,以便我们能够尽快得出明确的结论,实现统一执法的目的。

企业破产法适用中的几个问题

《企业破产法》施行后，最高人民法院为配合该法的施行，及时出台了《关于审理企业破产案件指定管理人的规定》、《关于审理企业破产案件确定管理人报酬的规定》和《关于〈中华人民共和国企业破产法〉施行时尚未审结的企业破产案件适用法律若干问题的规定》三个司法解释，下面针对上述三个司法解释中涉及的几个主要问题介绍如下：

一、管理人制度的确立

管理人制度是世界各国破产立法普遍采取的一项制度。管理人制度的起源可以追溯到古罗马时代，在债权人自力救济的原则下，债权人胜诉后，可以通过自行执行实现其权利，后来以委付财产为主要方式的财产执行制度建立并获得发展。当时法律规定，宣告债务人将财产让债权人占有30日后，债权人可为财产变卖而申请法院就债权人中选任Magister（即财产管理人），由他充当拍卖财产的特别负责人。《罗马法》中Magister即为破产管理人制度的开端。英美法系国家，如英国、美国采用破产程序受理开始主义，法院受理破产申请后，即使未宣告债务人破产，破产程序也已经开始，法律规定由临时财产管理人接管债务人的财产和经营关系，在破产宣告后则将临时财产管理人接管的财产转变为破产财产。大陆法系国家，如法国、德国，则实行破产程序的宣告开始主义，由法院在破产宣告之时指定负责债务人财产的人为破产财产管理人。[①] 破产管理人始终是破产程序中各种利益主体关注的焦点。

管理人制度是我国《企业破产法》中的一项全新的制度，我国《企业破产法》第三章专门就管理人作出了特别的规定。原有破产法律制度下规定的清算组虽然在一定程度上也发挥了管理人的作用，但是由于存在清算组成立时间晚、独立性差、缺乏承担民事责任能力的缺点，不能满足高效、公正破产程序的需求，因此，借鉴发达国家的立法经验，引进管理人制度成为立法的当然之选。担任破产管理人的社会中介机构或个人，需具备高于一般中介服务的专业知识和能力，我国《企业破产法》第24条规定，管理人可以由有关部门、机构的人员组成的清算组或者依法设立的律师事务所、会计师事务所、破产清算事务所等社会中介机构担任。人

① 参见王卫国、朱晓娟等编：《破产法》，清华大学出版社2006年版，第87页。

民法院根据债务人的实际情况,可以在征询有关社会中介机构的意见后,指定该机构具备相关专业知识并取得职业资格的人员担任管理人。但是考虑到:一是由于长期以来我国并没有专门的管理人资格考试和相应的行业协会以及专门的资质管理,《企业破产法》中规定的可以担任管理人的主体良莠不齐,在人员结构、组织形式、承担民事责任能力、清算经验,以及是否具备必要的专业知识等方面均存在重大差异;二是目前我国破产案件数量有限,而中介机构和专业人员的数量众多,从培育专业管理人队伍的需要出发,有必要在现有机构和人员范围内进一步缩小,因此,目前我们的管理人制度系建立在管理人名册之下的,即只有进入到人民法院系统管理人名册中的中介机构和专业人员,在将来的破产案件中才有可能担任管理人,而没有进入管理人名册的中介机构和专业人员,不可能担任个案的管理人。实行管理人名册制度是基于人民法院指定管理人的便利性、有效性、公正性的考虑。编制一个经过资质审核的、公开的管理人名册,可以消除法院管理人指定工作的盲目性和随意性。其他国家和地区建立管理人名单,大体有两种较常见的做法。第一种是建立专门的破产管理人名单。如德国的法院根据一份1 600 名左右的破产管理人名单颁发选任证书。第二种是将专业协会提供的会员名单作为破产管理人名单。我国台湾地区的破产管理人名单是由律师公会提供的名单和会计师公会提供的名册构成的。由于《企业破产法》将破产清算事务所作为破产管理人的一种形式,且短期内立即在律师、会计师、破产清算事务所中建立统一的破产管理人协会、开展资格考试还不具备条件,没有一支专门的管理人队伍,所以,其他国家和地区那种直接将律师协会会员名单、会计师协会会员名单、破产管理人协会会员名单作为编制破产管理人名册的做法尚不可行。《关于审理企业破产案件指定管理人的规定》借鉴其他国家和地区的经验,针对我国实际情况,规定了由人民法院制定管理人名册。制定一个经审核的、公开的管理人名册,既可以消除法院管理人指定工作的盲目性和随意性,又可以为进一步完善管理人制度打下一定的基础。管理人名册制度的确立,既考虑到了现实情况,保证办理企业破产案件的质量,又照顾到了管理人专业队伍的培育,为进一步完善我国管理人制度打下了一定的基础。

二、关于管理人积极条件的设定

《企业破产法》没有对管理人设置专门的执业资格,更没有设置管理人资格考试制度,希望利用现有的律师、会计师执业资格的资源解决这个问题,规定凡依法设立的律师事务所、会计师事务所、破产清算事务所,具有律师、注册会计师等专业资格的执业人员均可以担任管理人,其立法本意是避免造成新的市场准入障碍。但客观事实是,破产管理事务是一项十分复杂、实践性很强的综合性业务,融社会、经济、法律问题于一体,不仅大量的法律事务与非法律事务交织在一起,而且可能面临破产清算、重整、和解多重任务,对管理人素质、能力的要求应该说要高于一般的律师、会计师。采取何种方式解决管理人能力与破产管理人事务的复杂程度相适应的问题,成为指定管理人的难题。因此,《关于审理企业破产案件指定管理人的规定》第一次征求意见稿规定了管理人的积极条件。

有关方面对于规定社会中介机构和个人为管理人的积极条件提出了不同意见,主要包括:一是法律没有设资格限制,最高人民法院在司法解释中增设条件有同法律抵触之嫌;二是法律只授权最高人民法院规定指定管理人的办法,而不是设定管理人的积极条件;三是只要是依法设立的律师事务所、会计师事务所均能履行好管理人职责;四是增设条件有难度,如果过高,有些地区就可能出现无管理人可供指定,如果过低,则失去了提高"门槛"的意义。

《关于审理企业破产案件指定管理人的规定》吸收了有关部门的意见,没有再规定管理人的积极条件,对相关问题通过以下方式解决:一是规定管理人的消极条件,强调在编制管理人名册时,审查申请人的专业能力和承担民事责任的能力;二是编制管理人名册时,应当根据本地区破产案件数量和社会中介机构及其从业人员的数量分批择优确定名单。

三、管理人名册的编制

管理人名册的编制是实行我国管理人制度的前提。对于管理人名册的编制法院问题,存在以下几种观点:

1. 除直辖市由高级人民法院建立管理人名册外,其他地区由各中级人民法院建立本辖区管理人名册,逐级报最高人民法院备案。理由是除直辖市外,省、自治区地域广、地区差异大,很难找到一个符合全省各地区中介机构发展现状且满足全省各地区破产案件审理需求的入围标准,故由高级人民法院统一标准不切实际,很可能会出现各地区入册备选的管理人数量与破产案件的审理需要不相匹配的问题。鉴于破产案件由债务人所在地的基层人民法院或中级人民法院管辖,管理人宜从受理破产案件法院地产生,故由各中级人民法院建立本辖区管理人名册更符合实际,亦便于操作。

2. 由各高级人民法院建立本辖区管理人名册,报最高人民法院备案。理由是:第一,律师事务所、会计师事务所的注册和年审一般在省一级行政管理机构,由高级人民法院建立名册便于对申报入册的中介机构进行评审。第二,由高级人民法院建立名册便于统一省内管理人准入标准,规范操作,有利于统一管理管理人队伍和市场,同时也有利于高级人民法院对下级人民法院的指导与监督。我国管理人制度刚刚建立,统一标准、统一管理有利于我国管理人市场的健康发展,如果从市场建立初期就不严格规范的话,准入标准混乱、政出多头,将导致管理人市场不是一个统一市场,管理人队伍的执业水平不会很快提高。况且我们的终极目标应该是建立全国的统一市场,由高级人民法院建册也还仅仅是一个过渡。第三,高级人民法院审判任务相对较轻,由其建立并管理管理人名册,在时间和精力上有保证。第四,高级人民法院可以根据中介机构资质的高低将名册分两个等级建立,并按各中级人民法院辖区编列名册,以便于受理案件的法院从当地指定与案件适配的管理人。

3. 由中级、高级、最高人民法院分别建立地区级、省级、全国级管理人名单,采取逐级上报的方式产生名单,高级人民法院根据中级人民法院上报的管理人名单确定省级管理人名单,然后再行上报最高人民法院,由最高人民法院确定全国级管理人名单。规定各级别管理人所管理的案件规模,各级别管理人在相应级别的区域内执业。此种方式的好处是,可以根据案件的需要有针对性地指定与案件相匹配的管理人,但这种建立名册的程序比较复杂,且对名册进行持续管理更是一件难度很大的事情。上述关于编制管理人名册的思路各有利弊。在法律适用准备期较短、全国地区差异大、管理人制度在实践中几乎为空白的情况下,如何建立管理人名册面临一个地区之间、现实与理想之间的平衡问题。综合各方面意见,《关于审理企业破产案件指定管理人的规定》采取了由高级人民法院决定由本院编制管理人名册还是由中级人民法院编制管理人名册的方案。高级人民法院在作出此项决定时,应当考虑的因素是本地区破产案件的数量和社会中介机构及从业人员的数量。如西藏、宁夏、海南等省区以及直辖市,一般应由高级人民法院编制管理人名册,而广东、山东、江苏等较为发达的省区则宜由中级人民法院编制管理人名册。

管理人名册的编制机制是决定管理人名册编制工作能否公正、公平的重要方面,《关于审理企业破产案件指定管理人的规定》采取"申报公告—提交申报材料—编制初审名册—初审名册公告—管理人名册的审定"的程序进行。需要明确的有四个问题:

第一个问题是关于公告的内容。关于管理人的申报条件应当限于《企业破产法》和《关于审理企业破产案件指定管理人的规定》中所涉及的积极条件和消极条件,不宜增设其他条件,尤其是不能根据申请人的条件划分管理人的级别,分级管理;关于评定的标准,应当根据《关于审理企业破产案件指定管理人的规定》第10条第2款列出的参考因素制定,该标准应当对相关因素确定评分办法,体现对管理人能力的要求;关于管理人的职责以及相应的法律责任,要依《企业破产法》和《关于审理企业破产案件指定管理人的规定》的相关规定列明,包括编入管理人名册的社会中介机构和个人没有正当理由不得拒绝人民法院的指定或辞去管理人职务的情形。不能因上述几个方面的内容致使符合《企业破产法》规定的社会中介机构丧失申请人资格。当然,这样有可能增加法院的工作量,这就要求编制管理人名册的人民法院提高工作效率,加快推进编制名册的程序。

第二个问题是关于申请管理人应当提交的材料。《关于审理企业破产案件指定管理人的规定》区分三种情形规定了申请人提出申请所应提交的材料:

一是律师事务所和会计师事务所。这两种社会中介机构的设立有相应的法律规定，需要具备资质条件，并且有行业自律组织实行自我规范，一般具备担任管理人的专业能力，其承担民事责任由相应的法律和机构内的章程规定，在编入管理人名册时，更多需要关注的是其从事清算事务的实践经验和专业水准。

二是破产清算事务所。破产清算事务所虽然也被《企业破产法》列为可以担任管理人的社会中介机构之一，但与律师事务所、会计师事务所不同的是，破产清算事务所的设立并没有相应的法律规定和严格的资质条件，也没有行业自律组织。其组织形式也多种多样，如有事业单位、国有独资企业、公司、合伙等。其设立按照咨询公司办理登记，新《公司法》施行前，最低注册资本为 10 万元，新《公司法》施行后，有限责任公司为 3 万元，由于有限责任公司股东在注册资本范围内承担有限责任，上述注册资本与管理人可能承担的民事责任相比，显然相去甚远。破产清算事务所的人员构成也较为复杂，有具备资格证书的律师、会计师，有的曾是企业和国家机关的工作人员。因此，在将破产管理人编入管理人名册时，更多需要关注的是其专业能力、承担民事责任的能力和以前从事破产清算事务的业绩。

三是个人。从《企业破产法》第 24 条第 2 款的规定看，个人担任管理人首先是其所在社会中介机构被编入管理人名册；其次，该个人需具备相关专业知识并取得执业资格，从而将个人管理人限定为律师、会计师，而律师、会计师执业资格只能通过在律师事务所、会计师事务所执业取得，这就排除了破产清算事务所中的个人担任管理人的可能。《企业破产法》为保证个人担任管理人承担民事责任的能力，规定了个人担任管理人应当参加执业责任保险。因此，在个人编入管理人名册时，需要关注的是其执业资格、承担民事责任所需要的保险、从事破产清算事务的业绩情况等。

第三个问题是关于管理人名册的评审机制。为保证管理人名册编制工作的公平公正，防止权力集中可能给人民法院带来的负面影响，编制管理人名册的人民法院需要组成一个临时机构完成此项工作。具体说主要包括两个方面的内容：

第一是临时机构的组成，评审委员会应当由四个方面的人员组成：一是审理企业破产案件审判庭的人员，这部分人员对《企业破产法》及破产案件的审理比较熟悉，有利于对管理人专业水准和执业能力的审查；二是法院内部司法技术辅助工作部门的人员，这部分人员在人民法院对外聘请社会中介机构进行审计、评估、拍卖等工作中具有较为丰富的经验，有利于对社会中介机构的综合评价；三是有关审判委员会委员，这部分人员有丰富的审判经验，具有较强的决策能力，有利于管理人名册编制的高效与公正；四是法院内部监察部门人员，这部分人员的介入有利于对此项工作的监督。

根据最高人民法院《关于地方各级人民法院设立司法技术辅助工作机构的通知》(法发〔2006〕182 号)的规定，“高级人民法院与中级人民法院应根据实际工作需要设立独立建制的司法技术辅助工作机构，为审判工作和执行工作提供技术保障服务。有条件的基层人民法院,可以根据工作需要设立相应的机构”。司法技术辅助工作部门作为具体工作部门,负责申请材料的整理工作。

第二是审定机制,对于社会中介机构和个人编入管理人名册需要考察的因素较多,以单一的投票表决难以体现申请人各自的综合条件,《关于审理企业破产案件指定管理人的规定》设计了评分机制,由评审委员会根据申请人的情况和事先确定的评定标准打分,确定申请人的综合分数,从而体现择优编制名册的原则。这一机制既有参加人员及人数上的最低要求,又有评分机制的设计,可以将编制管理人名册权力适当分散,审定结果相对客观,有利于防止不良行为。

第四个问题是关于分批确定名单。《关于审理企业破产案件指定管理人的规定》第 13 条第 1 款规定:“人民法院可以根据本辖区的实际情况,分批确定编入管理人名册的社会中介机构及个人。”规定管理人名册可以择优分批编制,是基于以下几点理由:一是《企业破产法》施行准备期较短,需要人民法院尽快确定一批有经验的社会中介机构和个人编入管理人名册,以适应《企业破产法》施行时指定管理人的需要。二是表明人民法院编制的管理人名册是一个开放式的名册,未被编入名册的社会中介机构和个人并不是否认其担任管理人的资格,只是反映人民法院审理企业破产案件对管理人数量的客观需求。三是人民法院在完成第一批名册的编制工作后,可根据破产案件审理的实际需要编制后一批名单。

四、三种类型管理人的适用

我国《企业破产法》规定了三种形式的管理人,即社会中介机构、社会中介机构中的个人和清算组,但对三者之间的关系,并未给予清晰的界定。最高人民法院《关于审理企业破产案件指定管理人的规定》采取了对个人为管理人适用的案件和清算组为管理人适用的案件进行明确列举,而其余情况可用中介机构为管理人适用的案件的模式作出了规定。关于个人为管理人适用的案件,《关于审理企业破产案件指定管理人的规定》对《企业破产法》规定的“债务人的实际情况”从三个方面进行了界定,即“事实清楚、债权债务关系简单、债务人财产相对集中”,而没有规定是否为小额破产案件,主要是考虑标的额的大小固然是判断一个案件是否为简易案件的标准,但有时虽然标的额较大,符合上述三个界定因素,亦未增加破产清算工作的复杂性,因此,未将标的额作为指定个人管理人的考虑因素。对于清算组担任管理人案件的几种情形,《关于审理企业破产案件指定管理人的规定》规定:

第一种案件是人民法院受理破产申请前已经进行清算并已组成清算组的,包括依《公司法》规定的公司强制清算、金融机构行政清理、清算程序中的清算组(或清理组)。破产前清算程序中的清算组在清算转入破产程序时并不能当然地被指定为管理人,人民法院应根据《关于审理企业破产案件指定管理人的规定》第 19 条规定的条件重新审查清算组成员的适格性。

第二种案件是纳入国家计划的国有企业政策性破产案件可指定清算组担任管理人。《企业破产法》保留清算组这种管理人形式，主要是基于新旧法衔接和对国有企业政策性破产的考虑。尽管由政府有关机关人员组成清算组进行破产清算存在诸多弊端，但清算组在国有企业破产清算中也有积极作用的一面：政府有关部门参加清算，可以对破产清算中企业职工分流安置、退休人员移交社会化管理、非经营性资产的移交、长期投资的清理等工作提供行政上的支持与配合。

第三种案件是其他法律规定企业破产时成立清算组的。其中"其他法律"主要是指《商业银行法》和《保险法》。《商业银行法》第71条规定："……商业银行被宣告破产的，由人民法院组织国务院银行业监督管理机构等有关部门和有关人员成立清算组，进行清算……"《保险法》(2002年)第87条[①]后半段规定："保险公司被宣告破产的，由人民法院组织保险监督管理机构等有关部门和有关人员成立清算组，进行清算。"虽然这两条都是《企业破产法》公布之前的法律规定，不可能考虑到与管理人制度的衔接，但如果相关行政部门和监管部门提出参加破产清算，则只能通过清算组的形式进行。

第四种案件是其他，系兜底条款。关于清算组适用的案件，在制定规定的时候和规定出台适用中大家的认识存在一定变化。制定规定时，考虑到由清算组担任管理人存在诸多弊端，如政府部门派出人员担任清算组成员只是兼职，清算效率没有保障；清算组作为临时性组织，没有责任财产，成员系无偿工作，对清算组违法失职行为难以追究法律责任等，当时的思路是，要对由清算组担任管理人有所限制，而尽可能多地适用中介机构担任管理人。但是，在规定适用中，很多人倾向于在目前情况下，还不宜过快地加大对中介机构的适用，尤其是对于国有企业的破产案件以及金融机构、上市公司等特殊主体的破产案件，由于其企业规模大，涉及的职工安置和法律关系都比较复杂，再加上历史的原因，这类企业的破产对社会的影响巨大，因此在指定管理人时，应当尽可能适用有政府成员参加的清算组担任管理人，以尽可能依赖当地政府和党委解决好有关社会问题。当然，这里的清算组应当在原先清算组成员基础上加入具有专业知识和技能的中介机构成员，这种在资源强强联合基础上的清算组管理人应当是目前我国实践中比较适用的管理人模式。当然，随着我国经济体制的改革和专业管理人队伍的建立和完善，在将来时机成熟时逐步转化为以中介机构和专业人员为主的管理人模式，应该是我国管理人制度的发展方向。

五、指定管理人的方式

关于管理人的指定方式，《关于审理企业破产案件指定管理人的规定》依据不

---

① 《保险法》已于2009年修订，自2009年10月1日起施行。可参阅《保险法》(2009年)第90条的规定，法条主旨未变。

同情形规定了随机方式、竞争方式、接受推荐三种方式。随机产生是指定管理人的主要方式,之所以如此规定,主要是为避免在指定管理人的环节中过多的人为干预。有些人认为,破产案件的管理人工作情况复杂,对采取随机方式指定的管理人能否与破产案件难易程度相适应产生疑虑。我们认为:

第一,随机指定方式针对的是一般破产案件,对于重大疑难或专业性强的金融机构破产案件,本规定规定了其他的指定方式。

第二,随机指定方式指定的范围限于管理人名册,人民法院在编制管理人名册时,即对社会中介机构和个人进行了筛选,编入名册的管理人应能具备一般破产案件的管理工作能力。

第三,随机指定社会中介机构已经为破产案件审判实践所使用,在其他审判、执行案件中,也采取此种办法聘用社会中介机构,效果良好。

第四,其他国家和地区为公平对待管理人也有采取轮候的随机方式指定管理人的做法。以随机方式指定管理人的工作宜由司法技术辅助工作部门完成。存在的问题是,根据最高人民法院《关于地方各级人民法院设立司法技术辅助工作机构的通知》的规定,中级以上人民法院应当设立司法技术辅助工作机构,基层人民法院只在有条件的情况下设立相应机构。如果审理企业破产案件的基层人民法院没有设立相应机构,此项工作应由其内部的司法行政部门指派专人负责。

由于实践中出现的诸如证券公司、信托投资公司等金融机构破产,以及如德隆系跨地区大型企业的破产,不是一般的社会中介机构都能完成管理人工作的,因此,需要对此类企业破产案件指定管理人在随机方式以外另行加以规定。重大、疑难且报酬较高的案件,必然成为利益相关人竞逐的目标,如果没有较为严格的程序规定,容易出现问题。《关于审理企业破产案件指定管理人的规定》参考招投标的方式,设计了竞争指定管理人的方式。为保证竞争的公正性,规定采取了公告邀请的方式,且参与竞争的社会中介机构不限于本地的机构。因竞争方式费时、费力,如果一旦出现以竞争方式指定的管理人不能履行管理人职责需要更换时,将使管理工作存在较长时间的空白,因此,规定在指定的同时应当确定一至两名后备人选。

金融机构破产具有特殊性,资产量大、涉及的债权人和债务人较多、政策性强、社会关注度高,其他国家一般都是通过特别程序进行清算,如美国就是以《投资者保护法案》规定的清算程序进行。基于其特殊性,对管理人的要求也要高于普通企业破产的管理人。《企业破产法》授权国务院对金融机构破产的事项制定办法。目前,国务院有关部门起草的相关规定中,已经考虑就此问题作出相应规定,因此为衔接好行政清理、清算程序与破产程序,《关于审理企业破产案件指定管理人的规定》规定,人民法院可以根据金融监管部门的推荐指定管理人。金融监管部门推荐的管理人一般都参加了金融机构的行政处置工作,对企业情况熟悉,由他们担任破产程序中的管理人,可以大大节省破产费用。这里应当注意的是,金融监管部门向法院推荐管理人的范围应限于编入管理人名册的社会中介机构,以保证所推荐的人选符合本规定所规定的管理人的基本条件。

六、管理人的更换

对管理人不能胜任职责,债权人会议提出异议,管理人有正当理由请求辞去职务,人民法院发现管理人不能履行职责,以上情形都会导致管理人的更换。《关于审理企业破产案件指定管理人的规定》对更换管理人的情形和程序进行了规定。

第一,债权人的异议权和人民法院的职权。《企业破产法》第 22 条赋予债权人会议申请更换管理人的权利,这是破产程序中债权人意思自治与人民法院主导相结合的规定,是债权人对管理人行使监督权的具体落实。债权人会议可以申请人民法院更换管理人,人民法院亦可依职权径行更换管理人,这源于《企业破产法》赋予债权人会议和人民法院对管理人的监督权。由于管理人的更换直接涉及人民法院指定管理人程序的审查和重新启动,因此有必要对债权人会议申请更换管理人的理由以及法院解任管理人的理由进行细化,从而使法律规定的这一权利和程序具有操作性。但管理人是在法院受理破产案件的同时即被指定管理破产财产的,在债权人会议召开之前,管理人已经进行了大量工作,许多工作已经不可逆,此时随意撤换管理人,会对破产财产保全及破产程序的顺利进行造成不利影响。故债权人会议不能随意行使异议权,必须要经过债权人会议的合法表决,且应当提出具体的更换理由。在人民法院作出更换或不更换的决定后,是否赋予管理人或债权人复议权,在起草规定的过程中有过反复,最终没有赋予管理人和债权人会议复议权。理由是:在管理人与法院、债权人会议的关系问题上,《企业破产法》明确规定管理人由法院指定,这意味着管理人是否胜任职责的最终决定权在法院,虽然债权人会议有监督和申请更换的权利,如果在此问题上设计的程序过于复杂,必然会影响破产程序的效率。

第二,管理人辞去职务。管理人无正当理由不得辞职,这也是许多国家破产法的一致规定。之所以限制管理人辞职,是因为管理人处理破产事务的统一性和稳定性是破产程序顺利进行的保证,一旦更换管理人,会延误破产程序的进行,增加破产费用,导致债权人利益受损。另外,管理人一旦被指定,就负有尽心尽力、尽职尽责处理破产事务的义务,没有正当理由是不得辞职的。《关于审理企业破产案件指定管理人的规定》第 33 条和第 34 条分别规定了机构和个人不宜继续担任管理人的情形,管理人有相关情形时,以此为理由构成正当理由,人民法院应当许可管理人辞去职务。管理人辞职或被解除职务后的工作移交、工作进度交代,应视为管理人的延伸职责;而且在该破产案件终结前,原管理人有义务就其原履行职务的情况接受询问。如果原管理人拒绝或客观上不能履行其延伸职责,新管理人有权直接接管。为保证破产程序不因原管理人的辞职受到影响,尤其是对原管理人前期工作的监督和继续,需要原管理人承担相应的报告义务。①

七、确定管理人报酬的方法

从国际成熟经验看,确定管理人报酬的方法主要有两种:按时间计酬法和按标的额计酬法。前者根据管理人工作时间计酬,后者根据债务人财产按照一定比例计酬。两者各有利弊:按时间计酬法可以鼓励管理人对债务人财产进行非常彻底的管理,但可能会导致管理人拖延破产程序,增加工作时间,而这些工作对案件未必是必要的。按标的额计酬法的优点是鼓励管理人尽可能多地清收债务人财产扩大分配,但对管理人从事与增加财产无直接关系的工作缺乏激励作用。鉴于:第一,目前全面推广按时间计酬法尚不成熟,配套体制欠缺,道德风险高,社会认知度差。第二,按标的额计酬法简单易行,社会公众易于接受。第三,按标的额计酬法特有的激励机制鼓励管理人多收回财产,有利于保护债权人的利益。第四,国际上多数国家和地区采取按标的额计酬法确定管理人报酬。因此,《关于审理企业破产案件确定管理人报酬的规定》采取按标的额计酬的方法确定管理人报酬。

八、管理人报酬的确定程序

管理人的报酬与其工作业绩有关,而破产案件一般历时较长,管理人既不可能在案件初期得到所有报酬,也不可能在较长工作时间里对报酬问题不管不问,故多数国家或地区都采取事先确定方案、事中观察调整、事后实际支付的做法,类似于财政支出中预算、决算程序。

《关于审理企业破产案件确定管理人报酬的规定》采取了同样的确定程序,即人民法院在受理破产案件后,应当对管理人的工作量作出初步预测并决定管理人报酬的方案,确定管理人报酬计算标准和收取时间;人民法院决定管理人报酬方案后,可以根据破产案件和管理人执行职务的实际情况对原方案进行调整;管理人最终按照管理人报酬方案确定的内容收取报酬。

九、关于管理人报酬比例限制范围

管理人报酬应当有个基本的上限,如果管理人报酬没有高限,一方面,债务人财产中大部分甚至全部被管理人收取,债权人公平受偿的目的无法实现,管理人职能本末倒置;另一方面,债权人无法预期未来实际的债权清偿情况,可能对申请债务人破产望而却步。所以,对于管理人最高报酬作出合理限制是必要的。

国外部分国家既规定上限,又规定下限,如美国规定下限为 60 美元,德国为

---

① 参见高民尚:《〈最高人民法院关于审理企业破产案件指定管理人的规定〉理解与适用》,载《人民司法》2006 年第 5 期。

500 欧元。但所谓下限多为象征性规定,现实中极少采用,其本身具有的保护管理人利益的功能实践中很难体现。下限过高会造成管理人不劳而获,过低则失去实际价值。这些国家已经开始对下限规定制度进行反思,德国最高法院甚至判决本国管理人报酬最低标准规定违宪。

参考国外的相关立法例并结合我国的实际情况,《关于审理企业破产案件确定管理人报酬的规定》以债务人最终清偿的财产价值作为计酬标的,分段规定了管理人报酬的上限比例。据此,债务人最终清偿的财产价值(注:按照平均清偿率为 10% 计算,债务人的债务规模一般是该标的额的 10 倍左右。)为 100 万元、500 万元、1 000 万元、5 000 万元、1 亿元、5 亿元、10 亿元的,管理人报酬的上限分别为 12 万元、52 万元、92 万元、332 万元、482 万元、882 万元、1 132 万元。

《关于审理企业破产案件确定管理人报酬的规定》确定的管理人报酬比例上限,具有以下特点:

第一,与其他国家或地区相比,本规定内容具体、标准适中、符合实际、易于掌握。国际上一些国家或地区对管理人报酬标准也作出了相应规定,但针对个人破产之外的企业破产案件的规定较为简单,尺度宽、标准松、法官自由裁量大。本规定在起草过程中,既注意吸收借鉴国际成熟经验,也注意结合中国实际,是综合考量的结果。

第二,与国内其他行业报酬相比,本规定确定的管理人报酬比例价格适当。从事管理人职业的多为律师、会计师等,管理人报酬水平与上述专业人员在同等时间内从事本专业的平均报酬水平基本一致,同时也照顾到管理人工作专业强、任务重、时间长、责任大等特点。

第三,《关于审理企业破产案件确定管理人报酬的规定》特别注意不同地区差异问题。就管理人报酬的上限标准,广泛征求了东部发达地区以及中西部经济欠发达地区的意见,进行了反复修改,反映了地区差异实际。

第四,管理人报酬与管理人素质息息相关,过低的报酬将无法吸引高素质的专业人员从事管理人事业。《关于审理企业破产案件确定管理人报酬的规定》具有一定的前瞻性。

我国地区经济发展水平差异很大,同样的报酬标准,有些地方认为高得离谱,有些地方认为低得可怜。管理人报酬比例限制范围面临众口难调的局面。应当认识到,劳动力价格地区差异现象符合市场经济规律,要求整齐划一是不切实际的,所以管理人报酬比例限制范围应当重视不同地区的差异性,留出二次调整的机会,保证管理人报酬比例上限在不同地区的合理性。为此,《关于审理企业破产案件确定管理人报酬的规定》授权各高级人民法院可以根据当地实际的经济发展水平,在本规定确定标准的一定幅度内上下调整上限比例,制定符合本地实际情况的管理人报酬比例限制范围。

十、关于债务人财产不足支付管理人报酬问题

破产程序的一个重要功能是检验债务人是否存在欺诈,并通过撤销等手段追索债务人隐匿转移的财产。如果将表面上“无产可破”的债务人一律拒之破产程序之外,可能纵容债务人的逃债行为。因为债务人将财产转移得越干净,支付管理人报酬的可能性越低,而通过破产程序发现追回债务人逃债财产的可能性也越低。这样将形成债务人逃债越彻底债务人越安全的法律漏洞。因此各个国家和地区设计出很多办法,在债务人表面上无产可破但可能存在隐蔽财产时将破产程序进行下去,这些办法包括:交叉补贴、政府拨款、特殊税收、法院收取额外费用和利害关系人垫款。

上述办法各有利弊。第一种办法与管理人指定办法相关,目前条件下尚无法采取所有破产案件一律由人民法院直接指定管理人的办法,故交叉补贴的办法无法采用。第二、三种办法现实中矛盾最小,法理上最为公平,但由于涉及国家财政税收问题,目前无法实施。第四种办法与第二、三种办法相类似,同样涉及法院额外收取附加费的问题,目前条件尚不成熟。比较而言,第五种方法较为切实可行。因为债务人转移财产的行为必然会影响到一定的利害关系人,这些利害关系人具有通过破产程序挽回损失的利益驱动,其垫付一部分款项使破产程序继续下去,符合包括垫付人在内的各方当事人的利益。《关于审理企业破产案件确定管理人报酬的规定》采用了这种办法。

十一、关于在和解重整程序中如何确定管理人报酬问题

和解重整程序具有挽救企业的功能,管理人应当为促成和解重整作出努力。但按标的额计酬的方法缺乏对管理人促成和解重整的激励机制,是否可以针对和解重整程序规定管理人报酬的特殊办法呢?

现实中和解重整案件情况复杂多样,与破产清算相比,给管理人的工作带来的变化并不确定。和解重整成功有的依赖于管理人的努力,有的并不需要。管理人负责经营债务人业务的,增加了管理人的工作量;相反债务人自行经营业务的,减少了管理人的工作量;认识不一致的债权人谈判会增加管理人的工作量,而认识一致的债权人谈判将使管理人迅速解脱;和解重整程序可能因顺利执行而终结,也可能因执行失败重新转为清算。可见,和解重整程序对管理人报酬的影响具有很大的不确定性,制定出针对和解重整程序的管理人报酬特殊办法是非常困难的。

在和解重整程序中,仍然有财产清偿问题,故一般情况下仍然可以依照按标的额计酬的方法确定报酬。为调动管理人的积极性,《关于审理企业破产案件确定管理人报酬的规定》在衡量因素中增加了“管理人为促成和解、重整所作的实际贡献”的规定。确有贡献的管理人可以据此获得调高报酬比例的机会。管理人在

重整程序中负责经营债务人业务或在较长时间内需要履行重整监督职责的，人民法院也可以根据衡量因素中有关“破产案件复杂性”的规定上调管理人报酬的比例。

十二、关于担保物管理报酬问题

管理人对担保物的维护、变现、交付等管理工作付出合理劳动的，如何收取相应报酬问题具有很强的现实意义。在普通案件中，上述工作是债务人的合同义务，履行该义务发生的成本亦应由债务人承担。但在破产案件中，简单从债务人财产中支付必然会影响无担保普通债权人的利益，使得无担保的普通债权人为管理人的这部分劳动支付报酬，而管理人的这部分劳动并不会给普通债权人带来利益。普通债权人很难接受自己为他人利益买单的现实。《关于审理企业破产案件确定管理人报酬的规定》采取了折中方案，规定管理人对担保物的维护、变现、交付等管理工作付出合理劳动的，由担保权人在优先受偿的担保物价值一定比例范围内给予管理人适当的报酬。①

十三、有关债务人的民事诉讼问题

关于债务人的民事诉讼与债务人的破产程序如何协调处理的问题，从中外破产立法例和司法实践看，主要有以下两种处理方法：一是吸收合并审判主义，即破产程序启动后，由破产程序吸收债务人的民事诉讼，债务人的民事诉讼在破产程序中一并予以处理。这以我国旧的破产法律规范和司法实践为代表。吸收合并主义，具有缩短债务人财产纠纷的审理周期、减少诉讼成本，以及方便受理破产案件的人民法院统一协调处理纠纷的优点。但是，这种模式存在对于当事人实体民事权利有失正当程序救济的缺点，无法充分保证权利人的合法权益。二是分别审判主义，即对债务人的破产程序与债务人财产的民事诉讼程序，采取分别审判的处理方法。破产程序主要进行债务人的破产清算，对债务人财产纠纷另行通过普通民事诉讼程序予以解决，两者分别进行，并行不悖。此为国际上通行的破产立法体例与司法惯例。

我国《企业破产法》改变了原有的立法模式，采取了分别审判主义的处理方法。该法第 4 条、第 20 条、第 21 条、第 48 条和第 58 条分别规定：破产案件审理程序，《企业破产法》没有规定的，适用《民事诉讼法》的有关规定。人民法院受理破产申请后，已经开始而尚未终结的有关债务人的民事诉讼或者仲裁应当中止；在管理人接管债务人的财产后，该诉讼或者仲裁继续进行。人民法院受理破产申请后，有关债务人的民事诉讼，只能向受理破产申请的人民法院提起。破产企业的

---

① 参见杨征宇：《最高人民法院〈关于审理企业破产案件确定管理人报酬的规定〉理解与适用》，载《人民司法》2006 年第 5 期。

职工或者债权人对清单或者债权表记载的债权有异议的,可以向受理破产申请的人民法院提起诉讼。

对于尚未审结的案件中有关债务人的民事诉讼,应当区分两种情况分别予以考虑:

第一,关于人民法院受理破产申请时,已经开始而尚未审结的有关破产企业的民事诉讼案件,在破产申请受理后如何处理问题。

对此问题,《企业破产法(试行)》没有作出规定,最高人民法院 2002 年《关于审理企业破产案件若干问题的规定》(以下简称"2002 年司法解释")和《企业破产法》规定差别很大。2002 年司法解释第 19 条和第 20 条就破产企业在民事诉讼案件中的不同诉讼地位分别作出了规定。对于以债务人为原告的其他民事纠纷案件,原则上规定应当继续审理,只是就企业破产案件受理时民事纠纷案件所处的程序不同区分了不同的审理法院。即破产申请受理时,以债务人为原告的其他民事纠纷案件尚在一审程序的,受诉人民法院应当将案件移送受理破产案件的人民法院;案件已进行到二审程序的,受诉人民法院应当继续审理。以债务人为被告的其他债务纠纷案件,对于原告与债务人之间的法律关系原则上规定应当中止诉讼,由债权人向受理破产案件的人民法院申报债权,人民法院在债权审查中以裁定方式对争议债权作出认定,而不再针对债权人与破产企业之间的法律关系进行普通程序审理。对于上述案件中除债务人外,尚有其他被告或无独立请求权的第三人的,在破产程序终结后,再就原告和其他被告或无独立请求权的第三人之间的法律关系恢复审理;没有其他被告或无独立请求权的第三人的,则在破产程序终结后,终结民事诉讼案件。而《企业破产法》第 20 条规定,人民法院受理破产申请后,已经开始而尚未终结的有关债务人的民事诉讼或者仲裁应当中止;在管理人接管债务人的财产后,该诉讼或者仲裁继续进行。即所有有关债务人的已经开始而尚未终结的民事纠纷案件,都要继续按照审判程序审理或者按照仲裁程序仲裁,以此确定双方争议的法律关系。《企业破产法》更注重对有关当事人实体权益和程序权益的保障,即强调必须要按照审判程序继续审理或者按照仲裁程序继续仲裁,以确定当事人双方的权利义务。而原有旧的破产法律规范则更强调破产案件审理的效率问题。

对于尚未审结的破产案件中已经开始而尚未终结的有关债务人的民事诉讼案件,2002 年司法解释中虽然因其系法院内部职能分工问题而未作出明确规定,但笔者认为,应当掌握以下原则:一是以债务人为原告的一审案件,已经按照 2002 年司法解释移交给受理破产案件的人民法院的,应当按照 2002 年司法解释规定由受理破产案件的人民法院继续审理;尚未移交的,依据《企业破产法》的规定,不再移交,由原受理法院继续审理。二是以破产企业为被告的案件,以受理破产案件的人民法院是否已经按照 2002 年司法解释的规定就相关争议作出裁定为分界线:已经中止诉讼,且人民法院对相关争议已经作出裁定的,不适用《企业破产法》的规定继续审理;尚未作出裁定的,则应当适用《企业破产法》的规定,由原受理法院继续审理。

第二,关于人民法院受理破产申请后有关债务人的其他实体权益之争如何解决问题。

《企业破产法》第48条和第58条分别规定了职工对清单中记载的有关债务人所欠其工资和医疗、伤残补助、抚恤费用,所欠的应当划入职工个人账户的基本养老保险、基本医疗保险费用,以及法律、行政法规规定应当支付给职工的补偿金存在异议的,或者债务人、债权人对债权表记载的债权有异议的,均可向受理破产申请的人民法院提起诉讼,由人民法院按照民事诉讼的审判程序进行审理,改变了旧的破产法律体制下,对破产程序开始后所有有关债务人的权益之争均吸收到破产案件审理中,由受理破产案件的人民法院审查确定的模式。《企业破产法》的立法目的在于充分保障有关利益主体的诉讼权利和实体权利。由于《企业破产法》的设置更加有利于对权利人从程序上到实体上的充分保障,因此规定将《企业破产法》的上述规定亦适用于尚未审结的案件中,即尚未审结的案件中债务人的职工对清单有异议,或者债权人对债权表记载的债权有异议,向受理破产申请的人民法院提起诉讼的,人民法院应当依据《企业破产法》第21条、第48条和第58条的规定予以受理。但如果《企业破产法》施行前,受理破产案件的人民法院已经经过审查对异议债权作出裁决的,不再按照审判程序进行审理。

这里应当注意以下几个问题:

一是债权人或者职工对债权表或者清单中记载的债权存在异议,包括两种情形:一种情形是债权人或者职工对债权表或者清单中记载的本人的债权存在异议,这种情况下提起的诉讼案件,原告应为异议债权人或者职工,被告应为债务人;另一种情形是债权人或者职工对债权表或者清单中记载的本人的债权没有异议,而是对债权表或者清单中记载的其他债权人或者其他职工的债权有异议,因其他债权的存在与否或者数额多少,直接影响到异议债权人最终权利实现的大小,因此在此情形下,应当允许异议债权人对债权表或者清单中记载的他人债权提起诉讼。这种情况下提起的诉讼案件,原告应为异议债权人或者职工,被告应为其他债权人或者其他职工,以及债务人。

二是《企业破产法》第58条虽然规定债务人对债权表记载的债权有异议的,也可向受理破产申请的人民法院提起诉讼。笔者认为,债权表系管理人在审查债权人的申报材料、核对企业账册等基础上编制的,管理人此时的身份应当是作为债务人的代表,其行为应当代表了债务人的意思表示。原则上该债权表记载的内容应当视为是债务人的意思表示。如果管理人在代表债务人进行核对申报债权时,疏于履行职责,因故意或者重大过失造成债务人财产损失的(此时体现为登记了不真实的债权,或者登记的债权数额高于真实数额),公司的股东有权依据《公司法》的规定,向管理人提起股东代表诉讼,以追究管理人的民事责任。但是,由于此时企业已经出现了破产原因,企业财产是否受到损失已经对公司股东没有任何实际意义,股东也不可能基于自身利益的维护再去提起股东代表诉讼,而此时企业财产的多少恰恰只与企业其他债权人的利益息息相关。同时,债务人破产申请受理后,其原执行机关已经丧失其职能,而由管理人代行其执行职能,因此,债务人难以因对债权表记载的债权存在异议提起诉讼。

三是基于破产程序开始后有关债务人诉讼案件统一归口审理的需要,按照《企业破产法》第 21 条的规定,人民法院受理破产申请后,有关债务人的民事诉讼,只能向受理破产申请的人民法院提起。即破产申请受理后,所有新提起的有关债务人的诉讼案件均由受理破产案件的人民法院集中管辖。这里"有关债务人的民事诉讼"既包括债务人为原告的民事诉讼案件,又包括债务人为被告的民事诉讼案件。

四是在审判组织上,上述有关债务人财产的民事诉讼案件应当由受理破产案件的人民法院根据案件性质和人民法院内部职能分工,并依据《民事诉讼法》的有关规定由相关业务庭以独任审判或者组成合议庭的方式进行审理。

五是虽然《企业破产法》基于依法保障权利的考虑,确立了对有关债务人财产的纠纷均按照审判程序进行审理的制度,但考虑到破产案件审理的效率,在人民法院审理有关债务人的民事纠纷时,应当尽可能地加快审理这类案件,以保障破产案件的顺利、高效进行,从而充分保障全体债权人的利益。

六是由于对债务人破产案件与有关债务人财产纠纷案件分别进行,两者审判程序往往不能同步进行。如有关债务人财产纠纷案件先行完成,已经审判确认的债权当然参加破产财产分配。但是,如果债务人破产清算提前完成,至破产财产分配时,相关债务纠纷案件仍未审结,此时对于诉讼或者仲裁未决的债权,管理人应当预留其分配额,并依据《企业破产法》第 119 条的规定将其提存,自破产程序终结之日起满两年仍不能受领分配的,人民法院应当将提存的分配额分配给其他债权人。

除上述权益纠纷外,根据《企业破产法》的立法精神,其他诸多有关债务人财产的争议,如债务人合同履行诉讼、追收债务人对外债权诉讼等,均需通过诉讼程序予以解决。因此,在《企业破产法》施行后,尚未审结的企业破产案件中有关债务人的财产纠纷,均应适用《企业破产法》的有关规定,按照审判程序予以审理。当然,如果当事人在合同中明确有仲裁条款规定的,究竟是按照原仲裁条款仲裁解决,还是一并按照审判程序予以审理,尚存在很大争议,笔者倾向于仍按照仲裁程序确定双方的权利义务关系。

十四、有关债务人职工的特殊保护问题

《企业破产法》对破产企业职工的权益给予了特别的制度保障,将在《企业破产法》施行之前仅是针对国有企业的政策性破产中对职工的保护扩大到所有的企

业破产,该法第132条明确规定,《企业破产法》施行后,破产人在该法公布之日前所欠职工的工资和医疗、伤残补助、抚恤费用,所欠的应当划入职工个人账户的基本养老保险、基本医疗保险费用,以及法律、行政法规规定应当支付给职工的补偿金,依照该法第113条的规定清偿后不足以清偿的部分,以该法第109条规定的特定财产优先于对该特定财产享有担保权的权利人受偿。该规定系从解决历史遗留问题、做好职工安置工作、维护社会稳定的角度出发,对职工权益在按照正常破产清偿顺序无法得到实现时作出的特殊制度设置。各地人民法院在审理破产案件时应当从稳定大局、解决社会矛盾的高度认真贯彻执行。

在适用《企业破产法》第132条时应当特别注意以下几个问题:

第一,享受这一特殊政策保护的范畴仅局限于《企业破产法》公布之日前,即2006年8月27日前所欠的职工权益,而形成于《企业破产法》公布之日后所欠的职工权益不属本条适用的范畴,这部分职工权益只能从破产企业已经设定担保物权之外的其他财产中受偿,企业其他财产不足以清偿的,法律不再保护。

第二,需要强调的是,即使是2006年8月27日前形成的职工权益,也必须是在按照正常清偿顺序无法得到清偿时才可从设定担保的财产中受偿,而不能在破产企业尚有其他财产可以清偿时先行从担保财产中清偿,这里体现的是对担保物权人优先受偿权的保护。

第三,即使2006年8月27日前所欠职工的权益依据《企业破产法》第132条的规定以设定担保的财产进行清偿的情况下,对于企业破产案件中因按照正常清偿顺序无法实现的破产费用、共益债务以及职工的其他权益(尽管上述权益在清偿顺序中排位优先于或者等同于《企业破产法》公布之日前所欠的职工权益)不得要求优先于担保物权人受偿。

第四,在具体操作中,可以将《企业破产法》公布之日前所欠的全部职工权益数额从变现的担保物价值中予以提存,提存之外的其余部分可由担保物权人先行受偿。提存部分视《企业破产法》公布之日前所欠的职工权益按照正常顺序清偿的具体情形,再行确定担保物权人行使优先受偿权的范围。

对于尚未审结的案件,既然国家在《企业破产法》的制定中对职工保护问题下了这么大的决心,从全局的角度考虑,就应当将该特殊政策保护适用于尚未审结的案件中,以尽可能加大对职工利益的保护。因此,《关于〈中华人民共和国企业破产法〉施行时尚未审结的企业破产案件适用法律若干问题的规定》中明确规定,《企业破产法》施行后,破产人的职工依据《企业破产法》第132条的规定主张权利的,人民法院应予支持。

十五、关于破产预防制度

《企业破产法》在原有破产法律规范的基础上,增加了重整这一新的制度安排,同时对原有和解整顿程序作了进一步的完善,即在企业出现破产原因时,《企业破产法》除了注重对债权人的公平保护以外,还强调对债务人的挽救。最高人民法院在制定《关于〈中华人民共和国企业破产法〉施行时尚未审结的企业破产案件适用法律若干问题的规定》时,通过对破产清算程序向重整或者和解程序转化的规定,充分贯彻了《企业破产法》挽救企业的立法思想。

破产清算制度旨在利用法律规定的方法,强制将债务人的全部财产依一定程序变价及公平分配,以一次性了结债务人的全部债务。其功能重在合理分配债务人的破产财产,目的是为了实现对全体债权人的公平保护。但是破产清算在发挥其上述积极职能的同时,也不可避免地暴露出其固有的缺点,诸如因破产程序费时、费力、费用高昂等原因,导致债权人通过破产清算程序能够获得的实际利益并不大;由于企业间存在着错综复杂的债权债务关系、相互持股关系、互保关系以及其他关系,一个企业的破产清算往往引起相关企业的连锁反应,对社会经济交易秩序的正常流转造成重大的影响;此外,由于企业倒闭,还将导致大量劳动者下岗,影响社会的稳定等。因此,随着破产法律制度的不断发展,传统破产法仅注重债权人利益保护的法律价值观受到了极大的冲击。在此背景下,产生了以挽救债务人为目的的破产预防制度。该制度的产生从根本上动摇了破产法的传统框架,促成了破产法律价值观的历史性变化,使之在不损害债权人利益的前提下,朝着挽救债务人和维护社会经济秩序的方向转化。[①] 这种转化应该说更符合现代社会的内在要求,尤其是重整制度,其制度设置的根本目的即在于拯救债务人,其把债权人权利的实现建立在债务人再生的基础上,力图在企业营运价值保留的前提下,使债权人能够得到比在破产清算的情况下更为有利的清偿结果;同时,通过对债务人企业产权、资本结构、经营战略和内部管理等多方面的调整,消除破产原因,摆脱经济困境,获得重生。[②] 重整相比于和解而言,虽然二者均为破产预防制度,但因法律对于重整设置了很多区别于和解的程序和制度,调动了包括债务人、债权人、出资人以及战略投资者等众多利害关系人在内的主体参与到债务人的挽救中来,再加上司法强制力的干预,使得重整程序对于挽救企业而言,力度更大、效果更好。正因为如此,我国《企业破产法》才将该制度明确地规定到法律中来,力图使尚有挽救机会的企业通过重整程序的进行得以重生,在使债权人权利得到高于破产清算下的清偿比例的同时,实现对债务人的挽救。

鉴于和解和重整制度对于整个社会的积极作用,《关于〈中华人民共和国企业破产法〉施行时尚未审结的企业破产案件适用法律若干问题的规定》对于尚未审结的案件,即按照旧的破产法律规范的规定,已经进入破产清算程序的企业破产案件,在一定条件下,允许自破产清算程序向重整或者和解程序的转化。这里体现了《关于〈中华人民共和国企业破产法〉施行时尚未审结的企业破产案件适用法

---

① 参见沈达明、郑淑君:《比较破产法初论》,对外贸易教育出版社 1993 年版,第 235 页。

② 参见常怡主编:《比较民事诉讼法》,中国政法大学出版社 2002 年版,第 714 页;转引自齐树洁主编:《破产法研究》,厦门大学出版社 2004 年版,第 440 页。

律若干问题的规定》制定时侧重对债务人拯救的价值取向,这与《企业破产法》的立法本意也是一致的。由于旧的破产法律规范系狭义的破产概念,仅包括破产清算程序,其所规定的和解整顿程序是包含在破产清算程序中的,且无重整程序的规定。而新《企业破产法》系广义的破产概念,其包括破产清算程序及以和解和重整为内容的破产预防程序。《企业破产法》将破产清算、和解和重整设置为三个相对独立的程序。在企业法人不能清偿到期债务,并且资产不足以清偿全部债务或明显缺乏清偿能力的,或者有明显丧失清偿能力可能的,债务人可以直接提出重整、和解或者破产清算的申请,债权人可以直接提出重整或者破产清算的申请。由于尚未审结案件的申请人,在启动破产清算程序时系基于旧的破产法律规范的规定,因制度的原因仅能提起破产清算程序,因此,在《企业破产法》施行后,只要尚未宣告债务人破产的,应当尽可能赋予有关主体申请转入和解或者重整的机会。

这里应当包括两种情形:一是符合《企业破产法》规定情形下破产清算向和解或者重整程序的转化,即债权人申请破产清算的案件,债务人或者出资人于债务人被宣告破产前提出重整申请,且符合《企业破产法》第 70 条第 2 款的规定;或者债务人依据《企业破产法》第 95 条的规定申请和解的,人民法院经审查认为重整或者和解申请符合《企业破产法》的规定的,应当裁定债务人重整或者和解。二是考虑到旧的破产法律规范没有重整程序的规定,而新《企业破产法》规定了重整程序,且从现代《企业破产法》的发展方向看,企业的挽救受到更多的关注。《企业破产法》规定债权人或者债务人可以直接向人民法院申请重整等因素,对于《企业破产法》施行前债权人申请破产清算的案件,《企业破产法》施行后,债权人于宣告债务人破产前提出重整申请;或者《企业破产法》施行前债务人申请破产清算的案件,《企业破产法》施行后,债务人于宣告其破产前提出重整申请的,虽然并不符合《企业破产法》第 70 条第 2 款关于破产清算向重整程序转化的规定,但是只要符合《企业破产法》关于债权人或者债务人直接向人民法院申请重整的规定,人民法院亦应予以受理。

十六、关于尚未审结案件中程序性问题的法律适用

破产法大多属于程序性规范,鉴于其琐碎和繁杂性的特点,最高人民法院在制定《关于〈中华人民共和国企业破产法〉施行时尚未审结的企业破产案件适用法律若干问题的规定》时,不可能将所有与旧的破产法律规范存在差异的部分一一列举,故基于《关于〈中华人民共和国企业破产法〉施行时尚未审结的企业破产案件适用法律若干问题的规定》通篇掌握的基本原则,笔者认为,人民法院审理尚未审结的企业破产案件,对于尚未进行的程序,《关于〈中华人民共和国企业破产法〉施行时尚未审结的企业破产案件适用法律若干问题的规定》未作出规定的,均应适用《企业破产法》的有关规定。如特殊债权分配额的提存、债务人有关人员的义

务，以及保全措施的解除和执行程序的中止等。①

十七、关于最高人民法院司法解释继续适用的问题

考虑到最高人民法院此前所作的司法解释，尤其是2002年司法解释，对破产清算中的很多问题均有比较细致、合理的规定，是目前破产案件审理中的主要依据，现并未明令废止，且其法律依据除了《企业破产法（试行）》外，还包括《民事诉讼法》。更为重要的是，很多规定还有继续适用的必要性。故对于此前所作司法解释中与《企业破产法》和《关于〈中华人民共和国企业破产法〉施行时尚未审结的企业破产案件适用法律若干问题的规定》不相抵触的部分，在尚未审结案件中可以继续适用；相抵触的部分，不再继续适用。同时，最高人民法院也在考虑对以前所作司法解释进行系统的归纳和整理，拟将能够继续适用的部分重新制定统一的司法解释，而废止此前的司法解释。因该项工作的完成还有一段时间，基于尚未审结案件工作的需要，在《关于〈中华人民共和国企业破产法〉施行时尚未审结的企业破产案件适用法律若干问题的规定》中通过作出"本院此前所作相关司法解释与本规定相抵触的，尚未审结的企业破产案件中不再适用"的规定，来解决最高人民法院此前所作相关司法解释的继续适用问题。

附件9

最高人民法院《关于审理企业破产案件指定管理人的规定》

（2007年4月12日法释〔2007〕8号公布，自2007年6月1日起施行）

为公平、公正审理企业破产案件，保证破产审判工作依法顺利进行，促进管理人制度的完善和发展，根据《中华人民共和国企业破产法》的规定，制定本规定。

一、管理人名册的编制

第一条 人民法院审理企业破产案件应当指定管理人。除企业破产法和本

---

① （1）关于特殊债权分配额的提存程序：《企业破产法》施行后，未审结破产案件的管理人可以依据《企业破产法》第117条、第118条和第119条的规定提存处理相关附生效条件或者解除条件的债权分配额、债权人未受领的破产财产分配额，以及诉讼或者仲裁未决的债权分配额。

（2）关于债务人有关人员的义务：《企业破产法》施行后，人民法院应当书面通知债务人的有关人员承担《企业破产法》第15条规定的义务。债务人的有关人员拒不配合人民法院、管理人、债权人会议履行义务的，人民法院可以对其予以训诫、拘传、拘留和罚款。

（3）关于保全措施的解除和执行程序的中止：《企业破产法》施行后，人民法院在审理未审结破产案件时，发现债务人财产被查封、扣押、冻结的，应当依据《企业破产法》第19条的规定，通知相关单位及时解除有关债务人财产的保全措施，中止执行程序，由管理人统一接管处理债务人的财产。人民法院裁定驳回破产申请的，原保全措施和执行程序应当予以恢复。对于解除债务人财产保全措施和中止执行程序中造成的权利人的损失，申请人应当承担赔偿责任。

规定另有规定外,管理人应当从管理人名册中指定。

第二条 高级人民法院应当根据本辖区律师事务所、会计师事务所、破产清算事务所等社会中介机构及专职从业人员数量和企业破产案件数量,确定由本院或者所辖中级人民法院编制管理人名册。

人民法院应当分别编制社会中介机构管理人名册和个人管理人名册。由直辖市以外的高级人民法院编制的管理人名册中,应当注明社会中介机构和个人所属中级人民法院辖区。

第三条 符合企业破产法规定条件的社会中介机构及其具备相关专业知识并取得执业资格的人员,均可申请编入管理人名册。已被编入机构管理人名册的社会中介机构中,具备相关专业知识并取得执业资格的人员,可以申请编入个人管理人名册。

第四条 社会中介机构及个人申请编入管理人名册的,应当向所在地区编制管理人名册的人民法院提出,由该人民法院予以审定。

人民法院不受理异地申请,但异地社会中介机构在本辖区内设立的分支机构提出申请的除外。

第五条 人民法院应当通过本辖区有影响的媒体就编制管理人名册的有关事项进行公告。公告应当包括以下内容:

(一)管理人申报条件;

(二)应当提交的材料;

(三)评定标准、程序;

(四)管理人的职责以及相应的法律责任;

(五)提交申报材料的截止时间;

(六)人民法院认为应当公告的其他事项。

第六条 律师事务所、会计师事务所申请编入管理人名册的,应当提供下列材料:

(一)执业证书、依法批准设立文件或者营业执照;

(二)章程;

(三)本单位专职从业人员名单及其执业资格证书复印件;

(四)业务和业绩材料;

(五)行业自律组织对所提供材料真实性以及有无被行政处罚或者纪律处分情况的证明;

(六)人民法院要求的其他材料。

第七条 破产清算事务所申请编入管理人名册的,应当提供以下材料:

(一)营业执照或者依法批准设立的文件;

(二)本单位专职从业人员的法律或者注册会计师资格证书,或者经营管理经历的证明材料;

（三）业务和业绩材料；

（四）能够独立承担民事责任的证明材料；

（五）行业自律组织对所提供材料真实性以及有无被行政处罚或者纪律处分情况的证明，或者申请人就上述情况所作的真实性声明；

（六）人民法院要求的其他材料。

第八条 个人申请编入管理人名册的，应当提供下列材料：

（一）律师或者注册会计师执业证书复印件以及执业年限证明；

（二）所在社会中介机构同意其担任管理人的函件；

（三）业务专长及相关业绩材料；

（四）执业责任保险证明；

（五）行业自律组织对所提供材料真实性以及有无被行政处罚或者纪律处分情况的证明；

（六）人民法院要求的其他材料。

第九条 社会中介机构及个人具有下列情形之一的，人民法院可以适用企业破产法第二十四条第三款第四项的规定：

（一）因执业、经营中故意或者重大过失行为，受到行政机关、监管机构或者行业自律组织行政处罚或者纪律处分之日起未逾三年；

（二）因涉嫌违法行为正被相关部门调查；

（三）因不适当履行职务或者拒绝接受人民法院指定等原因，被人民法院从管理人名册除名之日起未逾三年；

（四）缺乏担任管理人所应具备的专业能力；

（五）缺乏承担民事责任的能力；

（六）人民法院认为可能影响履行管理人职责的其他情形。

第十条 编制管理人名册的人民法院应当组成专门的评审委员会，决定编入管理人名册的社会中介机构和个人名单。评审委员会成员应不少于七人。

人民法院应当根据本辖区社会中介机构以及社会中介机构中个人的实际情况，结合其执业业绩、能力、专业水准、社会中介机构的规模、办理企业破产案件的经验等因素制定管理人评定标准，由评审委员会根据申报人的具体情况评定其综合分数。

人民法院根据评审委员会评审结果，确定管理人初审名册。

第十一条 人民法院应当将管理人初审名册通过本辖区有影响的媒体进行公示，公示期为十日。

对于针对编入初审名册的社会中介机构和个人提出的异议，人民法院应当进行审查。异议成立、申请人确不宜担任管理人的，人民法院应将该社会中介机构或者个人从管理人初审名册中删除。

第十二条 公示期满后，人民法院应审定管理人名册，并通过全国有影响的媒体公布，同时逐级报最高人民法院备案。

第十三条 人民法院可以根据本辖区的实际情况,分批确定编入管理人名册的社会中介机构及个人。

编制管理人名册的全部资料应当建立档案备查。

第十四条 人民法院可以根据企业破产案件受理情况、管理人履行职务以及管理人资格变化等因素,对管理人名册适时进行调整。新编入管理人名册的社会中介机构和个人应当按照本规定的程序办理。

人民法院发现社会中介机构或者个人有企业破产法第二十四条第三款规定情形的,应当将其从管理人名册中除名。

二、管理人的指定

第十五条 受理企业破产案件的人民法院指定管理人,一般应从本地管理人名册中指定。

对于商业银行、证券公司、保险公司等金融机构以及在全国范围内有重大影响、法律关系复杂、债务人财产分散的企业破产案件,人民法院可以从所在地区高级人民法院编制的管理人名册列明的其他地区管理人或者异地人民法院编制的管理人名册中指定管理人。

第十六条 受理企业破产案件的人民法院,一般应指定管理人名册中的社会中介机构担任管理人。

第十七条 对于事实清楚、债权债务关系简单、债务人财产相对集中的企业破产案件,人民法院可以指定管理人名册中的个人为管理人。

第十八条 企业破产案件有下列情形之一的,人民法院可以指定清算组为管理人:

(一)破产申请受理前,根据有关规定已经成立清算组,人民法院认为符合本规定第十九条的规定;

(二)审理企业破产法第一百三十三条规定的案件;

(三)有关法律规定企业破产时成立清算组;

(四)人民法院认为可以指定清算组为管理人的其他情形。

第十九条 清算组为管理人的,人民法院可以从政府有关部门、编入管理人名册的社会中介机构、金融资产管理公司中指定清算组成员,人民银行及金融监督管理机构可以按照有关法律和行政法规的规定派人参加清算组。

第二十条 人民法院一般应当按照管理人名册所列名单采取轮候、抽签、摇号等随机方式公开指定管理人。

第二十一条 对于商业银行、证券公司、保险公司等金融机构或者在全国范围有重大影响、法律关系复杂、债务人财产分散的企业破产案件,人民法院可以采取公告的方式,邀请编入各地人民法院管理人名册中的社会中介机构参与竞争,从参与竞争的社会中介机构中指定管理人。参与竞争的社会中介机构不得少于三家。

采取竞争方式指定管理人的,人民法院应当组成专门的评审委员会。

评审委员会应当结合案件的特点,综合考量社会中介机构的专业水准、经验、机构规模、初步报价等因素,从参与竞争的社会中介机构中择优指定管理人。被指定为管理人的社会中介机构应经评审委员会成员二分之一以上通过。

采取竞争方式指定管理人的,人民法院应当确定一至两名备选社会中介机构,作为需要更换管理人时的接替人选。

第二十二条 对于经过行政清理、清算的商业银行、证券公司、保险公司等金融机构的破产案件,人民法院除可以按照本规定第十八条第一项的规定指定管理人外,也可以在金融监督管理机构推荐的已编入管理人名册的社会中介机构中指定管理人。

第二十三条 社会中介机构、清算组成员有下列情形之一,可能影响其忠实履行管理人职责的,人民法院可以认定为企业破产法第二十四条第三款第三项规定的利害关系:

(一) 与债务人、债权人有未了结的债权债务关系;

(二) 在人民法院受理破产申请前三年内,曾为债务人提供相对固定的中介服务;

(三) 现在是或者在人民法院受理破产申请前三年内曾经是债务人、债权人的控股股东或者实际控制人;

(四) 现在担任或者在人民法院受理破产申请前三年内曾经担任债务人、债权人的财务顾问、法律顾问;

(五) 人民法院认为可能影响其忠实履行管理人职责的其他情形。

第二十四条 清算组成员的派出人员、社会中介机构的派出人员、个人管理人有下列情形之一,可能影响其忠实履行管理人职责的,可以认定为企业破产法第二十四条第三款第三项规定的利害关系:

(一) 具有本规定第二十三条规定情形;

(二) 现在担任或者在人民法院受理破产申请前三年内曾经担任债务人、债权人的董事、监事、高级管理人员;

(三) 与债权人或者债务人的控股股东、董事、监事、高级管理人员存在夫妻、直系血亲、三代以内旁系血亲或者近姻亲关系;

(四) 人民法院认为可能影响其公正履行管理人职责的其他情形。

第二十五条 在进入指定管理人程序后,社会中介机构或者个人发现与本案有利害关系的,应主动申请回避并向人民法院书面说明情况。人民法院认为社会中介机构或者个人与本案有利害关系的,不应指定该社会中介机构或者个人为本案管理人。

第二十六条 社会中介机构或者个人有重大债务纠纷或者因涉嫌违法行为正被相关部门调查的,人民法院不应指定该社会中介机构或者个人为本案管理人。

第二十七条 人民法院指定管理人应当制作决定书,并向被指定为管理人的社会中介机构或者个人、破产申请人、债务人、债务人的企业登记机关送达。决定书应与受理破产申请的民事裁定书一并公告。

第二十八条 管理人无正当理由,不得拒绝人民法院的指定。

管理人一经指定,不得以任何形式将管理人应当履行的职责全部或者部分转给其他社会中介机构或者个人。

第二十九条 管理人凭指定管理人决定书按照国家有关规定刻制管理人印章,并交人民法院封样备案后启用。

管理人印章只能用于所涉破产事务。管理人根据企业破产法第一百二十二条规定终止执行职务后,应当将管理人印章交公安机关销毁,并将销毁的证明送交人民法院。

第三十条 受理企业破产案件的人民法院应当将指定管理人过程中形成的材料存入企业破产案件卷宗,债权人会议或者债权人委员会有权查阅。

三、管理人的更换

第三十一条 债权人会议根据企业破产法第二十二条第二款的规定申请更换管理人的,应由债权人会议作出决议并向人民法院提出书面申请。

人民法院在收到债权人会议的申请后,应当通知管理人在两日内作出书面说明。

第三十二条 人民法院认为申请理由不成立的,应当自收到管理人书面说明之日起十日内作出驳回申请的决定。

人民法院认为申请更换管理人的理由成立的,应当自收到管理人书面说明之日起十日内作出更换管理人的决定。

第三十三条 社会中介机构管理人有下列情形之一的,人民法院可以根据债权人会议的申请或者依职权迳行决定更换管理人:

(一) 执业许可证或者营业执照被吊销或者注销;

(二) 出现解散、破产事由或者丧失承担执业责任风险的能力;

(三) 与本案有利害关系;

(四) 履行职务时,因故意或者重大过失导致债权人利益受到损害;

(五) 有本规定第二十六条规定的情形。

清算组成员参照适用前款规定。

第三十四条 个人管理人有下列情形之一的,人民法院可以根据债权人会议的申请或者依职权迳行决定更换管理人:

(一) 执业资格被取消、吊销;

(二) 与本案有利害关系;

(三) 履行职务时,因故意或者重大过失导致债权人利益受到损害;

(四) 失踪、死亡或者丧失民事行为能力;

(五) 因健康原因无法履行职务;

（六）执业责任保险失效；

（七）有本规定第二十六条规定的情形。

清算组成员的派出人员、社会中介机构的派出人员参照适用前款规定。

第三十五条 管理人无正当理由申请辞去职务的，人民法院不予许可。正当理由的认定，可参照适用本规定第三十三条、第三十四条规定的情形。

第三十六条 人民法院对管理人申请辞去职务未予许可，管理人仍坚持辞去职务并不再履行管理人职责的，人民法院应当决定更换管理人。

第三十七条 人民法院决定更换管理人的，原管理人应当自收到决定书之次日起，在人民法院监督下向新任管理人移交全部资料、财产、营业事务及管理人印章，并及时向新任管理人书面说明工作进展情况。原管理人不能履行上述职责的，新任管理人可以直接接管相关事务。

在破产程序终结前，原管理人应当随时接受新任管理人、债权人会议、人民法院关于其履行管理人职责情况的询问。

第三十八条 人民法院决定更换管理人的，应将决定书送达原管理人、新任管理人、破产申请人、债务人以及债务人的企业登记机关，并予公告。

第三十九条 管理人申请辞去职务未获人民法院许可，但仍坚持辞职并不再履行管理人职责，或者人民法院决定更换管理人后，原管理人拒不向新任管理人移交相关事务，人民法院可以根据企业破产法第一百三十条的规定和具体情况，决定对管理人罚款。对社会中介机构为管理人的罚款5万元至20万元人民币，对个人为管理人的罚款1万元至5万元人民币。

管理人有前款规定行为或者无正当理由拒绝人民法院指定的，编制管理人名册的人民法院可以决定停止其担任管理人一年至三年，或者将其从管理人名册中除名。

第四十条 管理人不服罚款决定的，可以向上一级人民法院申请复议，上级人民法院应在收到复议申请后五日内作出决定，并将复议结果通知下级人民法院和当事人。

最高人民法院《关于审理企业破产案件确定管理人报酬的规定》

（2007年4月12日法释〔2007〕9号公布，自2007年6月1日起施行）

为公正、高效审理企业破产案件，规范人民法院确定管理人报酬工作，根据《中华人民共和国企业破产法》的规定，制定本规定。

第一条 管理人履行企业破产法第二十五条规定的职责，有权获得相应报酬。

管理人报酬由审理企业破产案件的人民法院依据本规定确定。

第二条 人民法院应根据债务人最终清偿的财产价值总额，在以下比例限制范围内分段确定管理人报酬：

（一）不超过一百万元（含本数，下同）的，在12%以下确定；

（二）超过一百万元至五百万元的部分，在10%以下确定；

（三）超过五百万元至一千万元的部分，在8%以下确定；

（四）超过一千万元至五千万元的部分，在6%以下确定：

（五）超过五千万元至一亿元的部分，在3%以下确定；

（六）超过一亿元至五亿元的部分，在1%以下确定；

（七）超过五亿元的部分，在0.5%以下确定。

担保权人优先受偿的担保物价值，不计入前款规定的财产价值总额。

高级人民法院认为有必要的，可以参照上述比例在30%的浮动范围内制定符合当地实际情况的管理人报酬比例限制范围，并通过当地有影响的媒体公告，同时报最高人民法院备案。

第三条 人民法院可以根据破产案件的实际情况，确定管理人分期或者最后一次性收取报酬。

第四条 人民法院受理企业破产申请后，应当对债务人可供清偿的财产价值和管理人的工作量作出预测，初步确定管理人报酬方案。管理人报酬方案应当包括管理人报酬比例和收取时间。

第五条 人民法院采取公开竞争方式指定管理人的，可以根据社会中介机构提出的报价确定管理人报酬方案，但报酬比例不得超出本规定第二条规定的限制范围。

上述报酬方案一般不予调整，但债权人会议异议成立的除外。

第六条 人民法院应当自确定管理人报酬方案之日起三日内，书面通知管理人。

管理人应当在第一次债权人会议上报告管理人报酬方案内容。

第七条 管理人、债权人会议对管理人报酬方案有意见的，可以进行协商。双方就调整管理人报酬方案内容协商一致的，管理人应向人民法院书面提出具体的请求和理由，并附相应的债权人会议决议。

人民法院经审查认为上述请求和理由不违反法律和行政法规强制性规定，且不损害他人合法权益的，应当按照双方协商的结果调整管理人报酬方案。

第八条 人民法院确定管理人报酬方案后，可以根据破产案件和管理人履行职责的实际情况进行调整。

人民法院应当自调整管理人报酬方案之日起三日内，书面通知管理人。管理人应当自收到上述通知之日起三日内，向债权人委员会或者债权人会议主席报告管理人报酬方案调整内容。

第九条 人民法院确定或者调整管理人报酬方案时，应当考虑以下因素：

（一）破产案件的复杂性；

（二）管理人的勤勉程度；

（三）管理人为重整、和解工作作出的实际贡献；

（四）管理人承担的风险和责任；

（五）债务人住所地居民可支配收入及物价水平；

（六）其他影响管理人报酬的情况。

第十条　最终确定的管理人报酬及收取情况，应列入破产财产分配方案。在和解、重整程序中，管理人报酬方案内容应列入和解协议草案或重整计划草案。

第十一条　管理人收取报酬，应当向人民法院提出书面申请。申请书应当包括以下内容：

（一）可供支付报酬的债务人财产情况；

（二）申请收取报酬的时间和数额；

（三）管理人履行职责的情况。

人民法院应当自收到上述申请书之日起十日内，确定支付管理人的报酬数额。

第十二条　管理人报酬从债务人财产中优先支付。

债务人财产不足以支付管理人报酬和管理人执行职务费用的，管理人应当提请人民法院终结破产程序。但债权人、管理人、债务人的出资人或者其他利害关系人愿意垫付上述报酬和费用的，破产程序可以继续进行。

上述垫付款项作为破产费用从债务人财产中向垫付人随时清偿。

第十三条　管理人对担保物的维护、变现、交付等管理工作付出合理劳动的，有权向担保权人收取适当的报酬。管理人与担保权人就上述报酬数额不能协商一致的，人民法院应当参照本规定第二条规定的方法确定，但报酬比例不得超出该条规定限制范围的10%。

第十四条　律师事务所、会计师事务所通过聘请本专业的其他社会中介机构或者人员协助履行管理人职责的，所需费用从其报酬中支付。

破产清算事务所通过聘请其他社会中介机构或者人员协助履行管理人职责的，所需费用从其报酬中支付。

第十五条　清算组中有关政府部门派出的工作人员参与工作的不收取报酬。其他机构或人员的报酬根据其履行职责的情况确定。

第十六条　管理人发生更换的，人民法院应当分别确定更换前后的管理人报酬。其报酬比例总和不得超出本规定第二条规定的限制范围。

第十七条　债权人会议对管理人报酬有异议的，应当向人民法院书面提出具体的请求和理由。异议书应当附有相应的债权人会议决议。

第十八条　人民法院应当自收到债权人会议异议书之日起三日内通知管理人。管理人应当自收到通知之日起三日内作出书面说明。

人民法院认为有必要的，可以举行听证会，听取当事人意见。

人民法院应当自收到债权人会议异议书之日起十日内，就是否调整管理人报酬问题书面通知管理人、债权人委员会或者债权人会议主席。

最高人民法院《关于〈中华人民共和国企业破产法〉施行时尚未审结的企业破产案件适用法律若干问题的规定》

(2007年4月25日法释〔2007〕10号公布，自2007年6月1日起施行)

略。(具体条文可参见本书“附件3”)

关于德国和瑞典破产法律制度的考察报告①

最高人民法院民二庭破产法考察团一行6人，于2008年11月6日至15日赴德国和瑞典，对两国破产法律制度进行了专题考察。期间，考察团在德国法兰克福、柏林，瑞典的伦德、斯德哥尔摩等地分别走访了德国司法部、柏林市夏洛特区法院、德国破产管理人协会、德国HUSE律师事务所和瑞典VICI HB律师事务所等单位，受到了德国司法部副部长、夏洛特区法院主审法官、德国破产管理人协会会长等的热情会见和接待，就两国破产法律制度的历史沿革和制度创新、破产案件的审理情况和法律适用，以及破产管理人履行职务等情况，与有关法官、专家学者、政府破产管理机构官员和管理人等破产清算从业人士进行了广泛的会谈，对德国、瑞典两国的破产司法程序及破产实践进行了详细的考察和互动式交流，对两国的破产法律制度和体系有了比较直观的感受，了解了两国破产立法和司法的最新发展情况，从中获取了许多对贯彻实施我国《企业破产法》、改善司法实践及制定破产法司法解释的有益知识和经验教训，取得了预期的考察目的，现就考察团关于德国和瑞典两国破产法律制度的考察情况及体会汇报如下：

一、德国破产法律制度的发展沿革

德国破产立法是与其国家命运和社会经济发展形势密切联系的，其大体可分为以下三个发展阶段：

（一）德意志帝国与1877年旧破产法

1848年德意志联邦成立，1871年德国统一成立德意志帝国。在此之前，德国于1861年已经颁布了《商法典》，但是该商法典只规定了商业公司、商业合同、商业运送等内容，没有采取《法国商法典》的立法体例规定破产事项。1877年，德意志帝国颁布了《破产法》，并于1879年施行。

1877年德国《破产法》逻辑清楚、表述明确，各方面考虑周全而成熟，几十年来一直是其颇为傲人的特色，并因此被匈牙利、荷兰、奥地利、阿根廷和日本等国在制定破产法时当作蓝本加以借鉴，因此在相当长的时期里一直被视为“最杰出的德国司法制度法律”，并被誉为“司法制度法律”中的“明珠”。1898年，为了与新颁布的《德国民法典》和修正后的《德国商法典》保持一致，又对1877年破产法作

---

① 合作作者：刘子平，广东佛山法院法官。

了相应修改,并于1900年施行。

进入20世纪后,德国对破产法作了进一步的完善。1914年颁布的《破产预防业务监视条例》为德国《和解法》的制定奠定了基础。1916年,德国发布《暂行和解法》,1924年对之加以修正,于1927年最终颁布了用于预防破产的《和解法》。

(二)"二战"后德国分裂状态的破产法

"二战"后,德国一分为二,东德与西德长期处于政治上的分裂状态,东德地区在苏联为首的社会主义国家的支持下实行社会主义制度,而西德在美国为首的资本主义国家的支持下实行资本主义制度,彼此法律制度迥异。

东德制定了《德意志民主共和国破产法》,即《集体强制执行法》,并在东德地区一直沿用至1999年1月1日。客观而言,该法乏善可陈,基本已不为世人所提及。

在西德继续沿用1898年修正的《破产法》和1934年修正的《和解法》,并进行了六次较大的修改,特别是1967年为配合刑法改革全面修改了破产犯罪编;1976年又为配合打击经济犯罪和简化破产程序,大规模修改破产法,将破产法中的犯罪编移至刑法典,造就了德国破产法的纯民事化。

(三)1990年统一后的德国破产法

1990年,东德、西德实现了政治上的统一,并签订了德意志民主共和国与德意志联邦共和国关于建立统一德国的条约,规定东德几乎毫无例外地承袭所有西德现有的法律制度,但是西德的破产法律制度不适用于合并后的东德地区,东德地区暂时继续适用《集体强制执行法》。

1994年10月5日,德国议会最终通过了新的统一的《破产法》,又称《支付不能法》,用以取代了制定于1877年2月10日并于1879年10月1日生效的已有120多年历史的旧破产法,以及东德地区的《集体强制执行法》。德国现行新《破产法》共11编335条,即第一编:通则;第二编:破产程序的开始,包括破产财产、诉讼参与人;第三编:破产程序开始的效力;第四编:破产财团的管理与变现;第五编:债权清偿及破产程序的终结;第六编:重整方案;第七编:自行管理;第八编:剩余债务的免除;第九编:消费者破产程序与其他小型程序;第十编:特种破产程序;第十一编:生效。德国新《破产法》直接导致1877年《破产法》和《和解法》等九部法律废止,并使《民事诉讼法典》、《强制拍卖及强制管理法》、《非诉管辖事件法》、《诉讼费用法》、《民法典》、《住房所有权法》、《商法典》、《股份法》、《有限责任公司法》、《刑法典》、《营利事业法》、《金融制度法》和《劳动促进法》等几十部法律共约100项的规定变更。但是由于这次改革对破产诉讼程序改动实在太大,为适应其要求,特别是为处理新引进的消费者破产程序,当时德国约有170万私人过度负债者(家庭),德国法院需新增法官500名,法院司法辅助人员1 800名。而这不是一下子就能办得到的,最终被迫确定生效日期推迟到1999年1月1日。

德国新《破产法》统一了传统的破产清算法和破产和解法,破产程序包括清算程序和重整程序。同时,该法还设立了消费者破产程序。对于破产企业的重整再建,参照了《美国破产法》第 11 章的重整程序,但与《美国破产法》相比采取了更加灵活的做法。为了让破产企业进行再建,扩大了保全处分的效力,在宣告破产程序开始前设立保全破产管理人制度。德国的新破产法实施后又经过了多次修改。为使自然人债务人能够更容易通过破产程序最终获得余债免除,2001 年 10 月 26 日通过的破产法修改法案增加了延期支付诉讼费的规定,"良好品行期"也从 7 年改为 6 年,这使债务人在社会生活中更容易获得自新发展机会。

2008 年由美国华尔街次贷危机引发的金融危机在全球蔓延,全球经济形势急转直下,直接危及了德国的金融安全。德国议会针对德国金融危机及时作出反应,在考察团访德前两周,即 2008 年 10 月底,对《德国破产法》第 19 条作了特殊规定。《德国破产法》第 19 条为资不抵债启动破产程序的规定。依据该条法律规定,债务超越、债务超过资产或者说资不抵债的判断,通常按企业提交税务部门的资产负债表来确定。但是如按以往判断标准,则连德意志联邦银行在内的大多数金融机构都将构成资不抵债,不能幸免于破产清算的困境。为避免金融机构大面积破产,德国对此作了特殊变通规定,明确对债务人财产价值实行新估价方法,在企业能够继续运营的情况下,除非能证明将来不能生存下去,否则不算资不抵债,可以不启动破产程序。这是应对金融危机时期的特殊规定,仅适用到 2010 年 12 月 31 日。这是德国最新破产立法的变化。考察时,有关专家特别对此进行了详细的介绍。

目前德国调整破产的法律主要有:第一,《破产法》(《支付不能法》)及其《施行法》;第二,《破产管理人收费法》;第三,同时受《欧盟破产程序规则》影响。《欧盟破产程序规则》未规定破产案件管辖,在欧盟内一国受理,其他国都要承认,如涉及欧盟外国家,也有规定,主要是看是否有互惠待遇,要具体案例审查。

二、德国破产法法律制度的创新

(一)德国旧破产法存在的主要问题

根据德国司法部官员 Dr. Johannes Holzert 等破产法专家所述,德国 1877 年旧破产法,虽然在立法体例上浑然一体,完美无缺,但是从实际效果来看,该法具有许多缺陷,并没有很好地完成其历史任务,已经不能适应经济和社会发展的要求。旧破产法实施主要存在以下问题:

第一,在 1935 年至 1999 年主要为企业破产,负债消费、自然人难以通过破产自新,形成制度缺陷。同时,因旧破产法没有考虑企业维持生存问题,缺乏企业重整制度,而和解程序的成功率更是微乎其微,大概只有 1% 的案件最终能够达成和解,不利于挽救企业。

第二,许多企业根本无法启动破产程序,因为没有足够的财产。在所有提出来的破产申请中,有 75% 以上破产申请因为破产财产不能抵偿破产程序费用而不予受理或被驳回。只有10% ~15%不能清偿债务的企业能够启动破产程序。

第三,债权人不能公平清偿。在开始破产程序的案件中,又因为国家税收、工人工资等大量的优先权债权而无法做到公平分配偿债额,没有优先权的债权人或后顺位的债权人根本得不到清偿。

因为存在问题,破产法已经失去了其社会信任感,人们在思考其意义何在。

(二)德国现行破产法的制度创新

鉴于这种情况,德国着手对旧破产法进行改革,制定新破产法,对破产程序进行了重大革新,重树了社会信任。1999年新破产法的制度创新主要有以下方面:

第一,针对困境中的企业创设破产重整程序。新破产法增设了重整计划,加强了破产债权人的自主决定地位,破产债权人对破产程序进程的影响力得到显著增强。债权人会议可以决定是否以及如何对债务人的企业进行清理整顿,包括重组和转让。在重整计划中,对于如何向破产债权人进行清偿、如何变现和分配破产财产,以及债务人在破产程序结束后如何承担责任等,可以作出不同于旧破产法规定的安排重整计划,以一个更好和更符合市场经济要求的体系取代了原来呆板的和解制度,使破产涉及的利害关系人能够更加灵活有效地解决问题。

第二,针对自然人破产增设余债免除制度。余债免除制度是这部破产法引入德国的新事物,它只适用于无支付能力的自然人,为的是使陷入经济困境的"诚实的"债务人在经过一个"良好品行期"之后可以获得解脱而重新起步。为防止这一机制受到滥用,法律规定了严格的前提条件。必须在开始之前没有任何损害利益的行为,在破产程序中则要"建设性地"给予协作,在所提交的有关财产、收入、债权等的文件中不得作出不完整和不真实的说明。最后,还必须作出一项意思表示,声明在6年(最初规定为7年)的时间内将其用于偿债的财产收入转让给一名托管受托人,由其偿付给债权人,这段时间即所谓的"良好品行期"。在经过"良好品行期"之后,剩余债务即被免除。

第三,鼓励尽早申请破产并简化程序启动要件。新《破产法》第17条、第18条规定,只要出现即将无支付能力的情况,债务人就可以申请破产,不必一定要到已经无支付能力时才申请。新破产法还加重了法人的业务执行人(公司总经理)的责任,规定其若违背破产申请义务,要承担相应的法律责任。而且,只要破产程序最初阶段的费用能够得到偿付,即可开始破产程序。

第四,加强保护债权人的利益、确保实现公平清偿的制度设计和程序安排。主要有以下方面:

一是取消债权人优先权规定,使更多的债权人得到公平清偿。依照旧破产法,税收、社会保障费用等债权具有优先权,这必然要首先满足它们的清偿利益,则普通债权人利益没有保障,如买卖债权。现在统一了各种债权的受偿地位,统一按债权比例受偿。目前职工劳动债权没有优先权地位,为了保障职工利益,对受理破产申请后3个月内国家实行工资保障,国家规定了补偿计划,由联邦政府财政或社会保障金保障支付。同时,破产人有 3 个月的信贷保障,以保证其生产经营。需要注意的是,法院诉讼费用作为特殊费用仍具有优先权地位,优先支付。

二是引入破产撤销权,并作了现代化规定,破产管理人可以撤销债务人破产欺诈行为,追回相关债务人财产。为防止损害债权人利益的转移财产行为,扩大了对破产企业在破产前所作交易的撤销权。

三是有担保的债权人必须自己承担确认和变现其权利的费用。对于债权债务抵销则加强了限制。

四是降低破产费用。破产费用包括法院费用和破产管理人清算报酬费用。法院费用有:案件受理费用,这按破产财产一定比例收取,一般为 30 ~ 50 欧元;公告费用;鉴定人费用。目前法院的收费大大降低,在网上公告只需要 1 欧元,在报纸上公告则需 1 000 欧元。破产管理人清算报酬费用,则按可分配破产财产比例计算,与收回破产财产挂钩。

五是增加债权人自主管理能力,实现债权人自我管理,目的是使破产程序启动后,财产得到增加,保障债权人的利益。法院任命的债权人委员会应由债权人推选出来,体现并强化了债权人意思自治的原则。

第五,增强企业职工的参与作用。德国新破产法规定企业职工、雇员作为债权人也可以提出破产申请,并且可以其破产债权参与破产程序,以及在债权人会议中享有表决权。在提出重整计划时,如果企业职工的破产债权占有相当份额的话,劳动债权人也可以组成一个债权人小组参与表决。新破产法取消了旧法中规定的职员的破产优先权和工资债权在破产财产中的特权,但是破产程序中的社会保障(社会计划)在原有法律保护的最高限度内得到保证,《解雇保护法》为职员提供的保护、职员的破产薪酬补偿费以及在企业转让时强制转让劳动关系的规定仍然保留。

第六,创设了适用于消费者和小业主破产的简易破产程序,以减轻法院的负担。这个程序的主要目的就是促使债务人与债权人在诉讼前和诉讼中协商制定债务清理计划,如果最终未能达成此种计划,则争取通过一个简易的消费者破产程序实现余债免除。

新破产法的实施收到明显的效果,原来只有 10% ~15% 的企业能启动破产程序,现在能够启动破产程序的企业达到 80%。法院受理的破产案件大幅增加,许多负债消费者、小业主得以通过破产程序余债免除制度实现自新发展,有效地保障了破产法得到真正适用,重获社会信任。

三、德国法院审理破产案件的司法实践

考察团访问了德国受理破产案件最多的法院之一柏林市夏洛特区法院。该院是州指定管辖破产案件的基层法院,专门设有破产庭,共有 9 名破产法官,14 名司法助理,每年受理破产案件约 6 000 件,包括:企业破产案件;自然人破产、消费

者破产案件;遗产破产案件;国际破产案件。通过与 Frau Johu 等破产法官的深入交流,考察团详细地了解了德国法院审理破产案件的司法实践。

(一)受理破产案件的法院及审判人员

在德国,并没有设立专门的破产法院和破产法官。《德国破产法》第 2 条规定,州法院所在地的初级法院为破产法院,对州法院辖区的破产程序具有专属管辖权;同时为了更好地处理破产程序,州政府有权将其他初级法院指定为破产法院,并对其破产案件辖区作出规定。可见破产案件主要由基层法院受理,具体做法是由各州指定其中一个或两个基层法院集中管辖破产案件,并非所有基层法院都审理破产案件。

审理破产案件的法官素质要求比普通法官高,要进行一段特殊法律技能的学习和培训,每个破产法官要先从公司登记开始学习和培训。在德国法院,法官不是固定专门从事某领域的审判业务,而是实行定期轮换制度,普通民事法官可能轮换为破产法官,也可能由破产法官轮换为刑事法官。

基层法院管辖破产案件比较适应案件的审理,如社会经济形势不好,破产案件会很多,而且案件审理周期比较长,集中破产案件管辖法院的审理任务相当重。因为破产案件审理周期长,不少长达六七年,甚至更长,故平时案件卷宗登记存放于档案室,由专人管理,需要使用时破产法官可随时拿取。

(二)破产案件的管辖权

第一,普通破产案件的管辖。在德国,对普通破产案件实行地域管辖。《德国破产法》第 3 条规定,只有债务人普通审判籍所在地的破产法院具有地域管辖权;如债务人独立经济活动的中心在另一地点的,只有该地点所在辖区的破产法院具有管辖权。为避免破产案件的管辖权争议而影响破产案件的审理进程和清算,《德国破产法》规定:“数个法院均具有管辖权的,首先收到开始支付不能程序申请的法院,将其余法院排除于管辖权范围之外。”也就是说,确定由先收到破产申请的法院管辖,在根本上排除其他法院管辖的可能性。因此,也就不会出现因管辖权争讼数年不已而影响破产清算的局面。

第二,跨国破产案件的管辖。针对跨国破产案件,如雷曼兄弟投资公司有财产在德国,美国已启动破产程序。德国法院对外国开始的破产程序一般予以认可,但也可在德国启动附属破产程序,进行针对本国债权人的破产清算。这是一个紧急性的独立司法程序,为快速审查程序,只针对德国本国债权人,保护本国人利益。在理论上所有债权人都可申报,但只能满足一次分配利益。跨国破产协助,主要视国家与国家之间有没有互惠约定。目前德国进行跨国破产协助也较困难,因为多数为德国的州与他国有约定。当前,中国与德国也没有签订正式司法协助条约,德国开始的企业破产程序,可能在中国有财产,德国司法部官员和破产法官坦言,如要保全财产,平衡两国债权清偿利益,则需要两国进一步加强沟通和交流。

（三）破产申请的提起与受理

第一，破产申请资格及类型。根据《德国破产法》第 11 条的规定，自然人、法人及无权利能力的社团的财产；无法律人格的合伙或公司的财产以及遗产、延续共同财产关系中的共同财产和共同财产关系中由夫妻双方共同管理的共同财产均可申请破产。其中，无权利能力的社团视同于法人；无法律人格的合伙或公司包括无限公司、两合公司、自由职业者合伙、民事合伙、航运企业、欧洲经济利益集团。据此，教会财产、遗产也可申请破产。但是依据《德国破产法》第 12 条的规定，对于下列财产不准申请破产：联邦或州的财产；受州监督的公法人财产，但以州法有此种规定为限。债务人、债权人均可提起破产申请而进入破产程序，结果由法官来决定。如债务人不愿申请破产，债权人可申请强制其进入破产程序。

破产申请人分为两种类型：一是债权人基于其利益考虑申请债务人破产，此为外部人申请。因破产申请是形式审查，超过诉讼时效、执行期限的债权，也可能作一般债权启动程序，但破产程序开始后，这种债权清偿则得不到保障。如法院审查申请人的债权过了诉讼时效，可驳回其破产申请，如发生了实际费用，由申请人负担。因为自然债务没有清偿利益，法院不予保护。在德国判决生效债权的执行保护期很长，长达 30 年，故一般债权不会存在超过强制执行时效问题。二是债务人自我申请破产，此为自愿申请。公司总经理在公司无支付能力，资不抵债时，有义务及时提出破产申请。企业具备破产原因时，公司总经理要在 3 周内提起破产申请，否则负相关法律责任。破产申请有一个进行重整的过程，开始相应法律程序。

随着全球化发展，德国人可在外国如英国等国申请德国公司破产，以选择有利的法律、法院；债权人也可选择适用法律、法院对债务人提起破产申请。另外，申请人可基于其利益考虑，撤回破产申请。

第二，破产申请原因。根据《德国破产法》第 16 条、第 17 条、第 18 条和第 19 条的规定，破产原因有三个：支付不能、行将出现支付不能和资不抵债或债务超过。

一是支付不能，即无力偿债，或称无支付能力。《德国破产法》第 17 条规定了“支付不能”。对“支付不能”或说“无支付能力”，法律规定为：“债务人不能够履行到期支付义务的，其为支付不能。债务人已经停止支付的，通常即应认为是支付不能。”但是对此如何理解判断，法律没有更多的规定。根据德国联邦法院判例，一般理解为债务人在“3 周内对其 90% 的到期债务不能支付”即构成支付不能，这是通过判例确定的。

二是行将出现支付不能，濒临无力偿债。根据《德国破产法》第 19 条的规定：债务人行将出现支付不能也是破产程序开始的原因。预期债务人在到期时不能够履行现有支付义务的，其即构成行将出现支付不能。这是鼓励尽早申请破产并简化程序启动的限制，以避免债务人“无产可破”的局面出现。

三是资不抵债,或称债务超过。《德国破产法》除了将不能清偿到期债务作为一般破产原因之外,对于公司法人另补充"债务超过"作为条件。《德国破产法》第19条规定:对于法人,资不抵债也是开始破产程序的原因。债务人的财产不再能够抵偿现有债务的,即为资不抵债。但在估价债务人的财产时,以从情形上看十分有可能继续经营为限,应当以继续经营企业为出发点。具体评估企业资产负债是否达到资不抵债的判断标准,是看债务人提交税务部门的资产负债表,是否在企业运作下存在到期债务超过其资产达3周时间。这是作出破产决定的关键因素。

在支付不能(无力偿债)、行将出现支付不能(濒临无力偿债)或债务超过(资不抵债)三种破产原因中,无力偿债及濒临无力偿债着重的是现金流标准,而债务超过则着重资产负债标准,两者结合构成对《德国破产法》的破产原因的判断。

第三,破产申请的受理。在德国,申请人向法院提起破产申请的时间很短,一般五六分钟即可完成。但是,破产申请后案件进程非常漫长,破产申请办完后,由法官直接打电话指定临时破产管理人,也可临时决定对债务人作出相应措施。德国鲍尔博士认为,根据中国破产法,法官要在15日内完成破产申请的受理,法官回旋余地太少。

第四,法院受理破产案件后应进行的主要工作。

一是调查债务人财产负债状况。德国破产法官履行职责不能离开法院办公区,如破产法官对债务人破产申请有疑问,其可找一鉴定人(调查人)进行鉴定,鉴定人可对债务人进行询问,调查相关财产状况等事实。如不能确定债务人财产多少,法官可通过鉴定人进行调查鉴定,视其财产是否能够保障破产程序费用。鉴定调查费用由国家或州政府支付。如发现债务人没有财产,则不必找鉴定人鉴定其财产,对此不收费,直接终结案件。如债务人具有一定财产,则启动破产程序,指定破产管理人,交由破产管理人进行清算。

二是确定临时破产管理人。破产管理人分为两种:强有力的破产管理人,直接控制接管企业;弱势破产管理人。

三是决定对债务人管理层进行限制,发布相关司法禁令,限制债务人对财产进行处分。但是在德国,限制破产人不能离开住所地的规定已经被废除。

四是针对债务人财产执行的禁止,但对土地的强制执行除外。

五是法官可决定对债务人作出相应措施,如限制或停止生产经营。如债务人属大型生产企业,如汽车制造商,一旦作出企业不能生产经营的限制,企业就会马上有大麻烦,会产生一系列问题,故要慎重。

在破产期间,法官的工作职责主要有:决定采取调查、保全措施;监督破产管理人;决定破产管理人费用等。需要注意的是,法院的破产决定,应予以公告,现在也在网站上公布,每个人都可看到。

(四)德国破产别除权、抵销权、撤销权的司法适用

第一,《德国破产法》第49条、第50条和第51条规定了特殊利益债权人,即债权人对债务人财产有担保,为别除权担保物权人,有优先受偿的权利,担保财产由破产管理人单独管理,别除受偿。

第二,破产程序开始后,债务人名下财产为破产财产,债权人不得随意行使抵销权,即使银行对信贷产生的债权也不能行使抵销权,擅自扣留债务人财产抵销债权债务。对于破产申请前可抵销的债务,在破产受理后也受行使抵销限制。具体视抵销人知道债务人破产与否,如知道仍抵销债权债务的,则可能面临被撤销的风险。

第三,破产管理人撤销权。在德国,对破产欺诈行为,即债务人不法处分财产后,为逃避债务申请破产问题,主要通过破产法官委任鉴定人进行调查鉴定解决。鉴定调查时间由法院掌握,法院收到破产申请后,任何时候都可委任鉴定人进行调查,在破产申请时,受理后,随时都可找鉴定人,不影响破产程序的进行。当法院根据鉴定人的调查,确定债务人存在不法处分财产的行为,涉嫌破产欺诈时,将通知破产管理人行使撤销权,由管理人向法院提起撤销权诉讼。

破产法院只审理破产案件,破产管理人提起的撤销权诉讼作为普通民事诉讼由其他法院法官审理,5 000 欧元为基层法院审限。在德国,审理破产撤销权诉讼的法院,可以判决撤销其他法院作出的民事判决、执行裁定,凡与破产法冲突者可撤销之,以恢复原来债务人财产状态。

(五)企业重整程序的处理

在德国,进入破产程序的案件,除自然人不能重整外,凡是企业均可重整。企业重整由破产管理人、债权人决定,典型的是第三人支付款项清偿债务。

依《德国破产法》第六编重整规定,法院在企业重整时,其作用比《美国破产法》第十一章规定的法院的作用有所弱化。德国破产法专家认为,德国企业重整与美国企业重整其实是一样的,他们自愿降低法院的作用,以增加债权人的自我管理能力,法院在适用第六编重整规定时很灵活,破产管理人和债务人可提出企业或死或活的方案,法院可以进行实质审查,但实践中很少适用。在与德国司法部和德国专家学者交流时,他们表示,德国法院没有重整方案的强制批准权,中国破产法给法院在重整方案的强制批准权确是一种立法进步。

另据了解,目前德国对上市股份公司重整并没有过多的特殊规定、安排,主要按破产法进行其破产重整程序。但是,由破产管理人接管董事会,要对外发布公告。不过,对发行企业债券有特殊规定;抵押法对土地抵押也有特殊规定,要专门交给托管人进行托管,不属于破产财产。

(六)自然人破产案件的处理

目前德国自然人破产案件增长很快,大量案件使法院不堪重负。以夏洛特区法院为例,该院在 2007 年受理了约 6 000 件破产案件,其中 2 247 件为自然人破产案件。另据 2005 年 3 月德国《明镜》周刊报道,在 1999 年私人破产案件为 7 562 件,而在 2004 年,这类案件猛增 10 倍以上,为 79 061 件,约占全部破产案的 2/3。

针对破产法适用中出现的新问题，德国的联邦和州已经组成一个工作小组，目前正在研究修改对策。

针对自然人破产案件大幅增长的态势，德国的解决思路是想通过非诉讼方式清算他们的财产和负债，非诉讼不行时，才应通过法律破产程序清算。非诉讼方式解决债务问题，主要是实行和解，债务人随时可与债权人和解，可找债权人沟通或由律师出具债务清算计划，这为一般和解。私人财产达到2 000 欧元的，则可通过破产程序解决其债务问题，通过对其财产进行拍卖清偿，并在6 年内以其所得财产满足清偿债务。具体由托管人托管债务人财产，除债务人生活费用每月约1 000 欧元外，如有小孩家庭，小孩开支的则要相应增加其必要生活费用，其余所得则要用于还债。这是因为一般债权清偿率极低，如破产清算后，对其余债务无条件免除，则对债权人极为不利。相比之下，德国自然人财产清算后，免除其余债务，前后要6 年时间，在英国需要1 年，在法国仅需6 个月。

（七）对“无产可破”企业的清算处理

在德国，对“无产可破”的公司，主要通过公司自行清算解决退出市场问题。法院对无产可破的企业拒绝受理破产申请，由公司总经理、股东按公司法规定完成清算后注销登记。公司清算，主要是由公司总经理与债权人协议清算。修改后的《德国有限责任公司法》消除了最低资本制。公司在3 周内不能支付债务达90%，总经理应提出破产申请；依有限责任公司法的规定，没有总经理的，股东应在3 个月内提出破产申请，否则应承担法律责任。企业资产为2 000 欧元以下的，不能启动破产程序，总经理可与债权人达成部分或全部清偿协议。公司依公司法清算的，要提交清算报告给法院审查，符合法律规定，公司清算后注销登记。1990年德国统一后，东德一大批企业陷于困境，无法生存，又无产可破，最终由政府成立托管机构，无法以企业财产满足债权人的利益，最后走形式死亡之途。

四、德国破产管理人制度

（一）德国破产管理人概述

德国破产管理人制度有很长的发展历史。德国从20 世纪70 年代开始加强对特殊企业的破产管理人培训，现在很多破产管理人都可作为重整人、经理人。目前，德国有约1 800 名破产管理人，约一半搞企业破产，他们一般有很大的办公室，手下有许多工作人员，另有其他行业专业人员协助其工作。破产管理人要具有破产法、经济法、公司法等各方面法律知识，还要懂经济审计和企业经营管理，以及这方面的判断能力。在企业重整时，破产管理人需要与广大企业职工、管理层、供应商、金融机构等打好交道，才能保障企业生存下来，属于一个高风险职业。

在德国，原来破产管理人的工作繁重，利润有限，很多人不愿意从事破产管理人工作，现在从事破产管理人的清算工作有利可图，其积极性也有所提升。破产管理人需要专业知识和技能，主要为律师、税务师、审计师。德国专家认为，中国破产管理人与德国破产管理人的工作基本相同,法律基础也是一样的。

根据德国现行破产法,破产管理人必须由有专业知识的自然人担任。在具体破产案件中也由一个自然人担任破产管理人,即破产管理人为个人,但是破产管理人可与其他专业人士合作完成其职责。值得注意的是,对《中华人民共和国企业破产法》第 24 条第 1、2 款规定:“破产管理人可以由有关部门、机构的人员组成的清算组或者依法设立的律师事务所、会计师事务所、破产清算事务所等社会中介机构担任。人民法院根据债务人的实际情况,可以在征询有关社会中介机构的意见后,指定该机构具备相关专业知识并取得执业资格的人员担任破产管理人。”德国破产法专家认为,中国破产法将破产管理人设置为法定中介机构和专业人员具有先进性。在德国,当前也有要求将破产管理人由个人转变为组织或者机构的呼声。

(二)破产管理人的选任

《德国破产法》没有选任破产管理人的具体规定,大体可分以下三个阶段完成选任:首先,由管辖破产案件的法院确定一份破产管理人名录;其次,由破产法官在审理具体破产案件中直接指定临时破产管理人;最后,由债权人会议选任确定破产管理人。

第一,关于确定破产管理人名录的标准比较宽泛,主要有以下参考因素:一是执业上办理过破产案件,具有破产清算经验;二是在法院附近有工作地点,实行属地主义,方便法院与破产管理人进行沟通;三是工作年龄限制在 65 岁前,因为宪法规定 65 岁退休。

第二,破产管理人名录的确定。在每年的 12 月份,凡有意做破产管理人的人都可向法院提出申请,法律和法院对申请人条件没有过多的限制。第二年 2 月份,由法院决定破产管理人名录。申请人对没有被列入破产管理人名录不服的,可作为原告提出诉讼,被告为决定法院。这种案件作为民事诉讼处理。有因当事人对法院决定破产管理人不服,上诉到联邦最高法院的案例。

以我们访问的柏林市夏洛特区法院为例,该院原只有 21 ~ 25 名破产管理人,通过诉讼确定后达到 80 人。据我们了解,每个审理破产案件的法院都有一份自己的破产管理人名录,实践中每个法官心中也有自己的破产管理人名录考虑。因为破产管理人多实行属地主义,他们很难到德国其他地方找案源,主要通过破产管理人协会进行协调。

第三,破产案件临时破产管理人的指定。在具体破产案件中,由破产法官直接指定具体破产管理人。《德国破产法》第 27 条规定:“破产程序开始时,破产法院任命一名破产管理人。”主要由审理破产案件的法官根据破产管理人的技能和品德指定,对此指定不服的,可提起申请撤销诉讼。破产法院在受理破产申请后,为了防止在对申请作出裁决前债务人的财产状况发生对债权人不利的变化,法院可以任命临时破产管理人对债务人发出一般性的处分禁令。法院采取保全措施或任命临时破产管理人必须进行公告。法院指定破产管理人为个人,但其可找其他人合作。破产管理人工作通常由律师联合审计师共同完成,相互弥补对方技能、知识上的不足。

第四,由债权人会议选任正式破产管理人。德国法院指定的破产管理人为临时性质,他须在债权人大会上作报告,由大会进行决定是否将其转为正式破产管理人。《德国破产法》第57条规定:债权人在破产财产破产管理人受托后的第一次债权人会议上,可选任另外的破产财产破产管理人以代替法院的任命。法院仅在推选者不符合担任此项职务时方可否认此项选举。对法院的否认,每个债权人均可上诉。可见德国破产管理人的选任是由法院临时指定,最后由债权人选任的。债权人在第一次债权人会议上可以推选代表取代法院任命的临时破产管理人。破产管理人的行为受到法院的监督。

(三)破产管理人的报酬费用

破产管理人的报酬费用,按破产财产的百分比,累进收取,最高者可达破产财产的60%。例如,破产财产价值4万元按40%收取,最高可收取5万元;50万元按7%收取,最高可收取50万元;5 000万元按2%收取,5 000万元以上按1%收取,最高达100万元。破产管理人报酬费用,是按变价后可供分配的破产财产计算的,设有担保财产不属于破产财产,担保权人,如质权人、抵押权人可自己处分,破产管理人无权收取报酬。一般来说,如破产管理人在一个破产案件中收取30万元报酬,已经是非常高的数额。

德国为了提高破产管理人的积极性,主要对企业进行整体出售,并使破产管理人收入报酬与拍卖变现财产、追回财产挂钩作为奖励,目的是使破产管理人更好地保管、保全债务人的财产。

(四)破产管理人的职责

根据《德国破产法》的规定,破产管理人职责主要体现在以下方面:一是接受债权申报。德国有关债权申报原向法院申报,现改向破产管理人申报。二是决定企业继续营业,还是关闭清算。三是管理债务人财产,对财产价值进行估价、变现。四是制定清偿计划。五是决定是否行使第141条规定的破产管理人撤销权,追回相关财产。六是进行破产财产分配。七是其他破产事务。因破产管理人职责与中国《企业破产法》基本相同,在此不作赘述。

值得我们注意的是,在德国,破产管理人若认为法院执行生效判决行为不妥,可向法院提起民事诉讼撤销。原告为破产管理人,这是基于立法授权和全体债权人的利益,被告为债务人(其法定代表人不能作共同被告)和财产受让人。

另外,法院依据《德国破产法》第58条和第69条对破产管理人进行监督。破产管理人行使职权不必事先请示法院。破产管理人在其职责范围内决断,处分时只是通知法院,而非请示。当然,破产管理人要在债权人会议上作清算工作报告,报告其完成的相关清算事务,并接受监督。

五、瑞典破产法的考察

在瑞典,原行程安排中的瑞典管理人协会负责人因身体原因无法会见我考察团,其安排伦德市 VICI HB 律师所与我们进行了交流。据该所合伙人 Carl 等人介绍,1835 年瑞典制定第一部破产法,后不断有改进,但基本没有大的改变。现行《瑞典破产法》各章分别编号,共 250 多条。《瑞典破产法》在法律条文后附有由最高法院发布的相关判例,适用起来非常方便。在 20 世纪 90 年代,因受经济危机和房地产泡沫破裂的影响,瑞典出现一波破产浪潮,法院受理的破产案件很多。目前瑞典有 80 万家企业,每年约有 1 500 ~ 2 000 件破产案件。

(一)破产申请的调查与受理

在瑞典,破产申请应向地区法院提交,要提交公司董事、股东资料,自然人破产的要提交个人资料。法院在两周之内开始受理,不一定要求破产申请人在场,但要随时接受法院的传讯。破产申请的主要原因为不能清偿债务,没有财产清偿债务。

第一,调查债务人财产状况,确定是否在申请两周前已无钱支付债务,达到破产条件。公司财产转移在个人名下的,也要算在公司财产里。针对个人破产,法院要调查清楚申请人的财产情况,包括房屋、汽车、存款、股权等,调查申请人的所有财产,列一清单;同时列一债权名单。这有时限的规定。完成财产调查后,法院对破产申请人进行传讯,确认无误后,将破产申请人的财产清单、债务清单向债权人和社会公布。如破产申请人拒不参加传讯,可拘传其到庭。这个传讯是公开的,任何人都可旁听。

第二,法院确认债务人无钱支付债务,受理破产申请。大多数公司的破产申请将得到破产法的保护。破产欺诈行为在瑞典也有,但极少见。有时债务人会出现各种财产纠纷,如民事纠纷、税务纠纷,这些纠纷要等受理破产案后才能处理。税务纠纷由高等法院审理。

第三,法院受理破产申请后,指定破产管理人。破产管理人与国家没有任何关系,为独立的人,不行使国家权力。除破产管理人,还设有一个监督机构,起监督作用。

第四,确定破产管理人费用。破产管理人费用通常从债务人财产中支付,律师、评估师、审计师报酬等破产费用要优先支付清偿。

(二)破产管理人的主要职责

第一,调查破产人资产。瑞典有限公司财产与个人财产无联系,但无限公司与个人财产有联系。无论是有限公司还是无限公司在破产时都得一体接受调查,并无两样:一是调查清楚是否有个人财产在公司里;二是调查公司财产是否转移到个人名下。破产管理人接手管理债务人的主要任务之一,就是调查清楚公司资产,保全财产不致流失。

第二,破产管理人有权利决定债务人继续运营还是停业。这个决定要快,否则对公司损害很大。破产管理人要快速作出正确的决定,如作出错误的或不当的决定给债务人造成损害的,要负相应法律责任。在破产管理人接管债务人后,可以使用自己的财务人员、会计师。债务人公司运作不是指长久的运作,是指维持那部分有盈利项目的运转,以便及时回笼资金。对公司职工要作出解雇决定,对被解雇工人由国家给付每人一笔保证金。公司准备运营下去的,破产管理人应找一个购买者、接手人,如找不到,公司应当完全关闭清算。

第三,管理破产财产。一是将债务人财产变现为货币,以便分配;二是追回债务人财产,撤销不正常的财产处分行为。这有犯罪嫌疑,但不一定构成犯罪。追回破产财产是破产管理人的责任,应当向法院申请撤销处分行为,回收相关财产,包括货币、土地、房产等。对公司以前分红超出法律规定,损害债权人利益的,破产管理人应将公司分红追回纳入破产财产。破产管理人如发现债务人、企业责任人有犯罪嫌疑,如将利益输送给熟人,破产管理人要马上向司法机关报案。

第四,破产管理人有权决定是否接手处理法院受理破产申请前发生的民事纠纷。破产管理人对法院受理破产申请前发生的民事纠纷,可与法院协商代表债务人出庭。但是大部分破产管理人都不愿意处理这样的债务,除有胜诉的信心。如破产管理人不接管破产申请前发生的民事纠纷,则由破产人董事会成员进行诉讼,接收的财产纳入破产财产。在破产程序结束3周后,当事人(债权人)追收回来的财产也可以清偿自己的债务。但这个过程一定要公开,让破产管理人知道,否则得重新调查。这是最近瑞典最高法院作出的判例。

破产管理人处理债务人与债权人之间的民事纠纷,一般在仲裁委员会进行裁决或和解,很少作为民事诉讼提交法院审理。因为案件通过仲裁解决的费用比提起民事诉讼少得多,且程序迅速。

第五,制订破产财产分配方案。破产财产如何分配也由破产管理人依法决定。破产管理人把债权分配方案提交法院,第一清偿顺序是法院诉讼费用和破产管理人报酬费用,这属于优先清偿;第二是有财产担保的债权;第三是普通债权。以前瑞典破产法规定税款优先,后来改变了法律规定。人身损害债权与普通债权清偿原则上处于同一清偿地位,但个人破产时,其人身损害之债不能免除,如破产人确无力清偿,可由国家代行为人赔偿。

第六,破产管理人向法院报告工作。破产管理人每半年须向地区法院提交清算调查报告,要对债权人询问进行回答,具体由法院决定。债权人可向法院索要清算调查报告。

(三)破产案件的审理

第一,破产案件的审理周期。破产案件,有的很快就可结束,但有的几年甚至十几年都难以结束,特别是金融机构、房地产公司破产案件。瑞典在20世纪90年代出现经济危机,房地产泡沫破裂,造成不少金融机构、证券公司、房地产公司破产,有些破产案件到现在也没有处理完毕。房地产泡沫破裂时,很多房地产公司都找不到接手人,一般在现有资产半价以下卖掉。个别破产企业如有专利技术的,占有市场的,可以卖一个好价钱。

第二,破产程序的不可逆转性。在破产实践中,出现极个别破产企业,在其财产分配清偿债权人后尚有剩余,并不是完全资不抵债。但即使出现这种情况,该企业也不能继续运营下去,因为破产清算程序启动后,相关清算程序已完成,不可再逆转。

(四)集团公司、关联企业破产清算的处理

集团公司破产涉及众多企业、分公司,如何确定案件的管辖,是集中管辖还是分散于各地法院?引起管辖冲突如何处理?相关企业是合并清算,还是独立清算等?各国做法不一。

在瑞典,集团公司破产由总公司所在地的地区法院集中管辖,但可在各地公司分别指定破产管理人。瑞典法律规定较明确,一般不会出现管辖冲突,如不同申请主体向不同法院提出破产申请,一旦总公司被申请破产,所有子公司的破产案件,也应转移于总公司所在地的法院集中管辖,由法院指定子公司破产管理人。这既有立法规定,又有判例支持。总公司破产,其子公司不一定破产。如公司滥用法人人格者可合并清算,如子公司在国外,依该子公司所在国法律处理。

六、德国、瑞典两国破产法律制度对我国制定破产法司法解释和破产实践的启示

德国是大陆法系资本主义典型国家,而瑞典是北欧社会福利主义国家的典型,两国的破产法律制度均有其鲜明的特色。短短十天时间的考察,对于要深入了解这两个国家的破产法律制度及其运行来说并不足够,但是我们已从中收获颇多。他山之石,可以攻玉。借鉴他国经验,结合本国实情,设计具体制度,可以有助于我国完善破产法律制度,改进中国破产实践中种种弊端,而此次考察的成果也将对制定我国破产法司法解释和破产案件审理指导产生有益的影响。下面简单谈几点启示。

第一,破产案件管辖权的确定。国外破产法对破产案件的管辖权规定非常明确,同时为杜绝管辖权争议而影响破产程序顺利进行,规定如数个法院均具有管辖权的,由首先收到破产申请的法院管辖,将其余法院排除于管辖权范围之外。同时,企业集团破产,可合并清算的,由总公司所在地法院集中管辖企业集团属下公司的破产清算案件。这对解决我国破产案件管辖权异议和关联企业破产清算问题,具有重要借鉴意义。

第二,债权优先权的取消。德、瑞两国破产法都取消了大量债权优先权,如国家税款债权、社会保险费用等,使全体债权人,特别是普通债权人得到公平清偿;同时随着债权优先权的取消,普通债权人的清偿率得到大幅提高,这具有防止国

家与民争利的作用。

第三,破产撤销权的制度设计。管理人行使破产撤销权,对坚决打击破产欺诈行为,撤销债务人不当处分财产行为,追回破产财产、保护债权人利益,具有重要作用。在德国,审理破产撤销权诉讼的法院,可以判决撤销其他法院作出的民事判决、执行裁定。这可有效防止债务人与利害关系人恶意串通,通过诉讼、调解、仲裁等形式伪造债务、转移财产等行为。

第四,德国鉴定人制度。在德国,破产法官可以足不出户,完全在法院办公室审理案件,对破产申请有疑问乃至破产欺诈行为的调查,均通过委任鉴定人进行调查解决。任何时候都可委任鉴定人进行调查,鉴定费用由政府支付。

第五,法院与破产管理人的职责分工明确,破产法官专司案件的审判,有关破产清算事务、重整事务则由破产管理人负责。破产管理人在其职责范围内决断,依法行使职权,不必事事请示法院,处分时只是通知法院,而非请示法院。这与我国法院、法官对破产事务事必躬亲,管理人事必请示法院决断的弊病,形成鲜明对比。

第六,债务人民事纠纷解决方式。在瑞典,有关债务人的民事纠纷,大部分通过仲裁解决,不但费用低,且程序迅速。

此外,德国破产法专家学者对中国破产法的比较研究和评价,也值得我们注意。他们对中国破产法的评价,总体是持肯定的态度,但同时也不讳言认为,中国破产立法存在一些问题。鲍尔博士认为,中国破产法有些地方规定不够明确,不好理解,有可能会影响执行适用。例如,中国《企业破产法》第 2 条第 1 款规定:"企业法人不能清偿到期债务,并且资产不足以清偿全部债务或者明显缺乏清偿能力的,依照本法规定清理债务。"他认为这样规定破产原因,不够明确,外国人对此不好理解。相反,德国法律规定非常明确,方便执行,德国有争议事项要在联邦法院作出判例,判例具有法律效力。又如中国《企业破产法》第 112 条规定:"变价出售破产财产应当通过拍卖进行。"但是这与中国广泛存在的优先购买权规定可能产生不协调,破产财产拍卖是否应保障优先购买权的行使,中国立法机关在立法时,没有考虑与其他法律规定的协调,会导致冲突产生。这些问题,在德国是不存在的。

德、瑞两国破产法律制度的其他许多方面,对我国制定破产法司法解释和改进破产实践都不乏借鉴意义,鉴于篇幅及上文已有述及,在此不作赘述。

特此报告。

二〇〇八年十一月二十三日

3 担保、物权

保证责任若干问题研究

一、前言

债的担保是一种特殊的民事法律关系，是为保证债务履行，确保债权实现，为保护债权人利益而由国家制定或认可的法律制度。担保是商品经济发展到一定阶段的产物，是深深植根于商品经济之中的，没有商品经济的存在和发展，就没有债的担保制度。担保的目的在于维护商品交易的安全，降低财产流转风险，巩固和完善信用关系，融通资金，发展经济，创造良好的经济运行法律环境。其直接目的是确保债权正常实现，为债权人提供有利的债权救济途径。担保对交易安全起着特殊的保障作用，有利于债权债务关系的确立、巩固、稳定和顺利完成。担保法律制度是否健全，直接关系债权人的合法权利是否得到有效的保护和债务人的债务能否得到切实的履行，关系着商品流通和资金融通的顺利进行，故建立健全有效的担保法律制度是非常必要的。

债的担保分为人的担保和物的担保。人的担保是指以人的资产和信誉为他人的债务提供的担保，其主要表现形式即为保证，其实质是债的担保扩张于第三人的财产上，使债权人的受偿机会增多。保证制度是民法上一项重要的债的担保制度，其肇端于罗马法中的允诺契约（sponsio），允诺契约经由诚意允诺契约（fidepromissio）发展到诚意负责保证（fidejussio）。大陆法系诸国民法对保证制度均作了具体规定，如德国、法国、瑞士、奥地利和日本等国。

我国《担保法》第6条亦明确规定，保证是指保证人和债权人约定，当债务人不履行债务时，保证人按照约定履行债务或者承担责任的行为。保证制度在合同实务中被普遍采用，它与其他几种担保形式相比较，具有灵活性、可靠性等特点。通过合同以外的第三人为合同提供保证，既扩大了合同不履行时的责任主体范围，同时也能够大大增加合同履行的成功率。我国《担保法》对保证作了专章规定，分别对保证和保证人、保证合同和保证方式以及保证责任作了较为具体、明确的规定，其核心问题是保证责任问题，保证责任的落实是保障债权实现的关键。但是，由于《担保法》在立法中的一些疏漏，以至于在审判实践中，对《担保法》的适用仍存在一些难以把握或争议较大的问题,给审判实践带来诸多不便。

本文以完善我国《担保法》的立法,为准确司法提供理论依据,保证交易安全为写作目的。笔者拟以保证责任为线索,围绕保证责任的几个主要争议问题进行研究,力图对现行《担保法》规定中长期困扰审判实践的问题提出较为合理的解释。本文分四个部分,分别对保证责任的方式、保证责任的性质、保证责任期间以及无效保证责任等问题进行分析研究,尤其是对司法实践中争议较大的几个问题,如保证责任方式约定不明时,如何确定保证责任方式问题、独立担保问题、保证期间与诉讼时效关系问题和保证合同无效后保证人责任问题等提出了个人见解。

二、保证责任方式

(一)保证责任方式的种类

保证责任的具体方式是保证人基于保证合同所需承担责任的形式,它是保证合同中的一项重要内容,直接决定着保证人的责任性质,制约着受益人的获益方式及其实现债权的必要手段和途径。故当事人在订立保证合同时,应当明确规定保证人承担何种方式的保证责任,以确定保证人承担责任的范围。

保证责任的方式有一般保证责任和连带保证责任两种。这种分类是保证责任的最基本分类方式,它是根据保证人有无先诉抗辩权(einrede der vorausklage)划分的。先诉抗辩权又称检索抗辩权(beneficium excussionis),是指一般保证的保证人在主合同纠纷未经审判或者仲裁,并就债务人财产依法强制执行依然不能履行债务前,对债权人可以拒绝承担保证责任的抗辩权。

《担保法》第17条至第19条规定,当事人在保证合同中约定,债务人不能履行债务时,由保证人承担保证责任的,为一般保证;当事人在保证合同中约定保证人对债务承担连带责任的,为连带责任保证;当事人对保证方式没有约定或者约定不明确的,按照连带责任保证承担保证责任。一般保证的基本特征是保证人享有先诉抗辩权。构成一般保证有两个要件:一是必须有当事人的约定,也就是说,保证人与债权人必须在保证合同中明确约定保证的方式为一般保证。如果没有约定或者约定不明确的,不能视为一般保证。二是只有在债务人不能履行债务的情况下,保证人才承担保证责任。所谓债务人不能履行债务,是指经过法定程序,债务人在客观上确实无法履行债务或者没有履行债务的能力,而不是指债务人在主观上不愿意或者拒绝履行债务。连带责任保证的保证人没有先诉抗辩权,债权人在主合同规定的债务履行期届满,而主债务人没有履行债务时,可以要求债务人履行债务,也可以要求保证人履行保证责任。

(二)一般保证责任和连带保证责任的区别

一般保证责任与连带保证责任的根本区别在于有无先诉抗辩权。一般保证中的保证人享有先诉抗辩权,保证人承担的保证责任具有从属性(akzessoritat)和补充性(subsidiaritat);连带保证责任的保证人不享有先诉抗辩权,保证人承担的保证责任仅具有从属性,不具有补充性。

一般保证责任和连带保证责任的区别具体表现在:

(1) 一般保证人承担保证责任具有补充性,当债务履行期满时,债权人首先应当请求债务人履行债务或赔偿损失,只有在债务人确实不能履行时,债权人才能请求保证人履行债务或者承担赔偿责任。因此,一般保证债务人和保证人对债权人履行债务有先后顺序之分。主债务人是第一债务人,保证人是第二债务人。一般保证的保证人在主合同纠纷未经审判或仲裁,并就债务人财产依法强制执行仍不能履行债务前,对债权人可以拒绝承担保证责任。换句话说,保证合同只有在主合同纠纷经过人民法院审判或者仲裁机构仲裁,并就债务人财产依法强制执行而仍不能履行债务后,才承担责任。故在一般保证中,债务人是履行债务的第一顺序人,保证人是第二顺序人。只有在前一顺序的债务人不能或者不完全履行债务时,才由第二顺序的保证人承担责任。而连带责任保证在债务人到期不履行债务时,债权人既可以要求债务人清偿,亦可以直接要求保证人承担保证责任,连带责任保证人不能以先请求债务人履行为由拒绝履行保证义务,即连带责任保证人没有先诉抗辩权,连带责任保证人与债务人是连带债务人,对债权人履行债务没有先后顺序和主次之分。

(2) 连带保证责任保证人所承担的义务和风险大,保证担保力度强,有利于保护债权人的利益。一般保证责任保证人承担的义务和风险小,担保力度弱,有利于保护保证人的利益。

(三) 保证方式约定不明时,如何确定保证责任方式问题

对保证方式约定不明的,立法例一般规定,除非债权人和保证人对保证方式作出特殊约定,保证人仅负一般保证责任。我国立法中对此问题曾有过不同的规定。如最高人民法院在《关于审理经济合同纠纷案件有关保证的若干问题的规定》中规定,保证合同没有约定保证人承担何种保证责任,或者约定不明确的,视为保证人承担赔偿责任。当被保证人不履行合同时,债权人应当首先请求被保证人清偿债务。强制执行被保证人的财产仍不足以清偿其债务的,由保证人承担赔偿责任。

而《担保法》立法对保证方式采取了加重保证人责任的立场,将连带责任规定为法定责任,将补充责任规定为约定责任。这种立法例是站在保护债权人利益的角度,在当事人依私法自治原则决定相互之间的权利义务关系有欠明了时,强行赋予此种解释并上升为国家意志。我国《担保法》第 19 条规定,当事人对担保方式没有约定或者约定不明确的,按照连带责任保证承担保证责任。只有当事人在担保合同中明确约定为一般保证的,保证人才承担补充责任。可见,这种约定表面上看有助于加强保证人的责任意识,体现了侧重保护债权人利益的立法意图。但是,对此规定,笔者不敢苟同。

从我国的实际情况看,把保证人的责任规定为连带责任,不符合保证的主旨,不利于发挥保证的作用。

(1) 违反了公平原则和责权利相一致原则,不利于平衡债权人、债务人和保证人三方利益。保证是为担保债务人履行债务设置的,一般而言,保证责任只在债务人不履行债务时才能承担。《担保法》将连带责任视为法定责任,将补充责任视为约定责任,明确规定一般保证只能依当事人的特别约定才能产生,未约定或者约定不明确的,一律推定为连带责任保证。这种规定明显违反了公平原则。保证合同是主债务合同的从合同,保证人虽有保证责任,但是由于保证合同通常为无偿合同,并无相应利益为对价。相对于债务人而言,即使是有偿保证,其利益所得也极不相称。而主债务人虽负有义务,但却享有相应的权利,根据责权利相一致原则,保证人的责任承担显然应较之于债务人为轻才合理。"《担保法》实质上是将保证人与债务人置于同等地位",在立法上"过多地加重保证人的责任,是显失公平的"①。

(2) 这种规定也不利于保证担保融资功能的发挥,打击了保证人的积极性,将导致"揽保难"。保证制度是为保障债权实现设立的,是为了维护债权人的利益,但其前提是保证人的存在。而由于连带责任重于补充责任,不经保证人明确表示同意而推定其承担连带责任,将加重其保证责任和风险,将导致没有人愿意充当保证人,这种保证制度"事实上加重了保证人的责任,但无疑对保护债权人的利益更为不利"②,不利于市场经济的发展。

(3) 不利于维护法制的稳定性和一贯性。最高人民法院《关于审理经济合同纠纷案件有关保证的若干问题的规定》第 7 条规定,保证合同没有约定保证人承担何种保证责任,或者约定不明确的,视为保证人承担赔偿责任。当被保证人不履行合同时,债权人应当首先请求被保证人清偿债务。强制执行被保证人的财产仍不足以清偿其债务的,由保证人承担赔偿责任。该规定是司法实践长期总结经验的结晶,是符合我国国情和历史潮流的,《担保法》的这一规定是逆潮流而为。

(4) 不符合国际惯例。大多数国家将保证责任作为补充责任,除非当事人有特别约定,保证人不承担连带责任。如《日本民法典》第 44 条、第 452 条规定:保证人于主债务人不履行其债务时,负履行责任;债权人请求保证人履行债务时,保证人可以请求先向主债务人进行催告。但主债务人受破产宣告或去向不明时,不在此限。《法国民法典》第 2021 条规定:债权人应先就债务人的财产进行追索,但保证人放弃此种抗辩权或保证人与债务人负连带债务时,不在此限。德国、我国台湾地区亦有类似规定。我国正在大力建设市场经济,融入国际经济秩序乃大势所趋,《担保法》的规定明显不利于同国际接轨。

---

① 江平主编:《商法案例评析》(上),中国人民公安大学出版社 1995 年版,第 103 页。

② 唐德华主编:《最新担保法条文释义》,人民法院出版社 1995 年版,第 59 页。

三、保证责任的性质

(一) 保证责任的性质

保证合同是为了担保债务的履行和债权的实现,由保证人和债权人订立的,当债务人不履行债务时,由保证人代为清偿或者承担责任的协议。保证是为确保债权实现而存在的从属于债权的法律形式,保证涉及两个合同,即主债权合同和保证合同。保证涉及三方当事人,即保证人、债权人和债务人。债务人对主债权合同承担债务,保证人对保证合同承担责任。保证合同是为了确保主债权合同的履行而签订的合同,是从属于主债权合同的从合同。保证责任的性质主要体现为:

1. 保证责任的从属性

保证责任的从属性是指保证债务不仅在成立、移转和消灭上与主债务同命运,而且其范围和强度要受主债务的限制。对于保证责任的从属性,各国立法均予确认,各种民商法学说亦普遍予以承认。

保证责任的从属性具体表现在:

(1) 保证成立上的从属性。保证合同的设立以主债权合同的存在为前提,没有主债权合同,保证合同无从产生。一般情况下,保证债务必须依附于主债务。《法国民法典》第 2012 条规定,保证仅得对有效债务而成立。当然,保证债务的此种从属性并不妨碍民事主体之间就附条件或者附期限的债务订立保证合同。如《德国民法典》第 765 条规定,对将来的或附有条件的债务,亦得承担担保。我国《担保法》第 14 条规定的最高额保证,也是承认保证人可以为将来发生的债务提供担保。

(2) 保证范围和强度上的从属性。保证债务成立的目的以及适度维护保证人利益的要求,决定了保证债务的范围和强度不能超过主债务的范围和强度,但保证人和债权人可以约定担保的范围小于主债务,原则上保证担保的范围与强度应与主债务相同。在当事人约定的保证责任和强度大于主债务或未作约定时,保证担保的范围应解释为与主债务相同。保证责任的范围一般是主债权及其从属费用,包括利息、违约金、损害赔偿金以及实现债权的费用。《日本民法典》第 448 条、《法国民法典》第 2013 条、《瑞士债务法》第 495 条和第 502 条均明确规定,保证人的负担,就债务的标的或样态,较主债务为重时,缩减到主债务的限度。就保证债务的范围而言,保证债务的数额不得大于主债务的数额,因主债务数额的降低而降低。就保证债务的强度而言,若主债务为附条件,而保证债务为无条件,则保证债务亦应解释为附有为主债务同一的条件;若保证债务的履行期早于主债务的履行期,则保证债务的履行期应当解释为与后者相同;若保证债务的利率高于主债务的利率,则应将保证债务的利率降低至与主债务的利率相同的水平上;若主债务人仅就故意或重大过失负责,而保证人应就债务人的轻过失负责,则应解释为保证人亦应仅就故意或重大过失负责。

（3）保证移转上的从属性。此从属性可从被保证的债权和被转让的债务两个方面予以观察。被保证的债权与保证债权相比，前者为主债权，后者为从债权。从债权依主债权的移转而移转，从债权与主债权不得分离。我国《担保法》第22条规定，债权人依法将主债权转让给第三人的，保证人在原保证担保的范围内继续承担保证责任。保证合同另有约定的，按照约定。《担保法》第23条规定，保证期间，债权人许可债务人转让债务的，应当取得保证人书面同意，保证人对其同意转让的债务应继续向债权人承担保证责任；对未经其同意转让的债务，不再承担保证责任。

（4）保证消灭上的从属性。消灭上的从属性是指主合同债务因清偿、债权人免除、混同、抵销等原因发生消灭，保证债务因丧失其存在的前提而随之消灭，保证人的保证责任也不再存在。但并不妨碍保证债务先于主债务而消灭。如保证合同约定保证责任从主债务清偿期届满后经一段期间即告消灭。

2. 保证责任的信用性，亦称人身性

保证责任的信用性主要体现在保证责任成立的前提是建立在人的信用基础之上，是与自然人或法人的人格、身份密不可分的，保证人的名义、身份、信用往往意味着或代表了其经济实力，保证人的经济实力体现了其履行能力或清偿能力，是保证人获得良好信誉的物质条件，也是债权人是否信任的物质基础。保证的建立合理存续，不是游离于财产关系而单纯寄托在人身信用方面。保证人的信用是关键，保证人的资产是信用的物质基础。

3. 保证责任的要式性

我国《担保法》借鉴《德国民法典》第766条和《瑞士民法典》第491条的立法例，在《担保法》第13条中规定，保证人与债权人应当以书面形式订立保证合同。保证责任的成立必须以书面保证合同为前提，保证人与债权人以口头形式订立的保证合同，除非双方当事人一致承认，否则不产生保证责任。

4. 保证责任的补充性

保证责任的补充性主要体现为在保证法律关系中，债务人是第一债务人，保证人是第二债务人，在债务履行期届至，只有当债务人不履行债务时，保证人始负履行之责。正是由于保证债务的补充性，决定了保证人即使受领债权人代为履行之责的请求，亦可行使先诉抗辩权，除非保证人为连带责任保证人。正如前面所述，传统民法上的保证都是以一般保证为原则，连带责任保证为例外，即一般保证是法定责任，连带责任保证是约定责任。在保证人有权行使先诉抗辩权的期间内，保证人不负迟延的责任。但若主债务人给付迟延，则可加重保证人的责任。保证责任原则上应根据债权人的请求方届清偿期。因此，主债务因期限之到来而届清偿期，并不等于保证债务亦自动至清偿期。但如果保证合同特别约定当主债务人不履行主债务时，保证人即应履行保证债务，而无须等待债权人的请求，亦为合法。[①] 但是保证责任的补充性可由当事人双方根据契约自由原则予以否定,如约定保证责任为连带责任时,即无所谓保证责任的补充性了,保证人亦不享有先诉抗辩权。

5. 保证责任的相对独立性

保证债务相对于主债务来说具有从属性,但保证债务与主债务是两个债务,两者具有相对独立性。具体表现在:

(1) 保证人在设立保证时,可以就主债务的部分设立保证而不必须为全部主债务设立保证,即保证人可以对其所负代为履行责任的限额予以规定。

(2) 保证债务因违反法律规定而无效或被依法撤销、解除时,主债务依然存在、有效。

(3) 保证债务因混同或免除而消灭时,主债务仍然存在。

(4) 一般保证人享有的先诉抗辩权,主债务人不得行使。

(5) 保证人可以就保证债务单独约定违约金,也可要求债务人提供反担保。

6. 保证责任的单务性

保证合同成立后,只有保证人对主债权人承担保证责任,而主债权人对保证人不承担责任。

(二) 独立担保(independent guarantees)与保证责任的从属性

1. 独立担保的产生

独立担保是指担保人(通常是银行)应申请人的要求或者指示,对受益人允诺承担下述义务:只要受益人按担保合同所规定的条件和程度要求付款,担保人即应向其支付约定的金额,在受益人要求付款时,他无须像保证合同下的债权人那样要证明被担保的主债务(基础交易合同)未能得到履行。

独立担保的主要法律特点是担保合同独立于基础合同,担保合同虽然根据基础合同成立,但是担保人的责任并不取决于基础合同是否履行或者违约,只要债权人提出付款要求,担保人必须履行无条件的偿付责任。担保人的义务仅以付款为限,而不代替基础合同债务人的实际履行,基础合同的内容并不一定同时是担保合同的内容。担保人债务负担的条件或时效可以与基础合同相同,也可以不同。即使受益人未得担保人同意擅自允许基础合同的债务人延期清偿,担保人也不能以此主张免责,亦不能用基础合同债务人对债权人所能主张的抗辩作为拒绝履行担保责任的事由。只要被担保人在担保有效期内未退回担保合同的正本或未声明解除担保人的付款责任,即使基础合同已经履行或因其他原因导致合同终止,担保合同亦不能自动作废,担保责任也不能自动解除。独立担保是为适应国际商业界和金融界的商业实践和国际惯例而产生的一种新类型的担保方式。

独立担保产生的根源在于这种担保方式在担保的三方当事人之间形成了一

---

① 参见唐德华主编:《最新担保法实用问答》,人民法院出版社 1995 年版,第 22 页。

个较为平衡和合理的内在利益机制,从而能够为各方当事人所接受。

(1) 从担保人的角度来说,其最关心的是不让自己卷入申请人和受益人之间由于国际融资关系所引起的争端中去。担保人在申请人为其担保提供了足够的保证措施的情况下,一般都希望他履行担保义务。向受益人付款的条件应当尽可能简单易行,不使担保人承担太重的责任。尤其是由于独立担保的担保人多是银行,它们不愿意也无能力去判断究竟是受益人的付款要求有理,抑或是申请人付款的抗辩有理,它们一般同意只要受益人提出的付款要求符合担保合同的规定,就可以对受益人付款。正因为这样,独立担保对担保人并无不利或不便之处,而且也符合担保人的利益要求。

(2) 从受益人的角度来说,独立于国际融资的担保最适合其利益。在独立担保合同下,由于这种担保所具有的独立性和自动性的特点,"担保人不得以基础合同产生的抗辩来对抗他,申请人也不能以基础合同所产生的抗辩来阻止担保人向他付款"。这样,作为贷款人的受益人就可以从独立担保中获得"具有物的担保的性质"的充分担保保障,而且独立担保还可以使受益人免于陷入旷日持久的诉讼或仲裁程序。

(3) 从担保申请人的角度来说,独立担保符合其根本利益要求。对申请人来说,"最理想的方式是保证合同,因为保证合同是从属性的,他可以根据基础合同所产生的抗辩对抗受益人,这样就可以有效地防止受益人恶意或滥用要求担保人付款的权利的行为"。然而,尽管如此,由于国际融资卖方市场的存在,申请人(借款人)往往在融资谈判中处于劣势地位,他们为了获得所需要的贷款,往往会不得不接受受益人(贷款人)提出的对申请人来说较为苛刻的条件。其中包括要求申请人为其提供独立性的担保。①

目前,独立性担保已经在国际融资和国际贸易中被广泛采用,也已为大陆法系和英美法系的大多数国家所接受,在法院判例和学理上都承认了这种独立性的担保,对其效力予以确认,"但各国法律尚没有对此作出规定,只有捷克斯洛伐克1964年的《国际贸易法典》涉及这种新型担保方式"②。但是,一些国际性组织为适应国际经济贸易发展的需要,力图对这种独立性担保作为一项国际惯例加以规范。如"联合国国际贸易法委员会委托国际合同惯例工作组在讨论其新的《保证书和备用信用证统一法》(Uniform Law on Guarantee and Stand-by Credit)时,只着眼于独立性责任(Independent Undertaking)的保证书和备用信用证,将来可能改名为'保证信'(Guaranty Letter)。"③独立担保主要适用于对外担保,如德国,司法实践认为"凭要求即付担保主要适用于国际合同"。

---

① 参见沈达明、冯大同主编:《国际经济贸易中使用的银行担保》,法律出版社1987年版,第49页。

② 王家福主编:《中国民法学 民法债权》,法律出版社1991年版,第93页。

③ 张向东编:《对外担保》,中国对外经济贸易出版社1995年版,第7—8页。

2. 我国关于独立担保的法律规定和司法实践

我国《担保法》第5条第1款规定:“担保合同是主合同的从合同。主合同无效,担保合同无效。担保合同另有约定的,按照约定。”该规定表明,在国际担保业务中普遍采用的关于担保人承担独立性责任的国际惯例为我国法律所接受。

司法实践中,对合同当事人约定担保合同的效力独立于主合同的、约定担保合同为无条件的和不可撤销的等独立担保合同只适用于涉外经济、贸易、金融等国际性活动中,对其适用范围进行了限制,“当事人另有约定的,按照约定”,仅适用于对外担保。在国内担保业务中,仍适用主合同无效,担保合同亦无效的原则。下面试举一案例予以说明。

基本案情是:1996年1月25日,湖南公司与东方公司签订一份代理进口协议书,约定:东方公司代理湖南公司进口总价款为4 971 240美元的电脑零件;东方公司根据湖南公司的要求,进行对外询价、签约、执行对外合同、开具信用证、直至货物到达指定目的港;东方公司的代理手续费为3%,由湖南公司于开证前存入东方公司账户;湖南公司必须在开证前将开证总额的10%货款存入东方公司账户,于单据承兑前再将10%货款存入东方公司账户,其余80%的货款必须经东方公司认可的第三方作担保;湖南公司保证在信用证承兑日240天内将本协议下的全部金额存入东方公司账户,否则,因此引起的费用及责任均由安平公司承担,担保人承担连带责任等。同日,安平公司向东方公司出具不可撤销担保函一份,承诺:保证对湖南公司按时支付代理手续费、货款及其他应付款项负有连带责任;此担保函不因委托人或担保人清盘、破产、重组、改组、人事变动或经济变化而受影响或导致其失败;此担保函是不可撤销的和没有附带条件的,并继续有效直至委托人向代理人付清所有代理手续费、货款及其他应付款项为止;本担保函为独立担保;本担保函不因委托人的原因导致代理进口协议书无效而失去担保责任。同年5月22日,东方公司与香港百利图有限公司签订了购销合同一份。同年5月28日和29日,东方公司委托中国工商银行宁波分行开立了两张不可撤销跟单信用证,受益人为香港百利图有限公司。上述两张信用证到期后,东方公司应湖南公司请求,向中国工商银行宁波分行确认同意付款。款项付出后,湖南公司款项一直未付清。1997年6月2日,东方公司以湖南公司未完全履行代理进口协议书中约定的付款义务、安平公司未履行担保义务为由诉至人民法院,请求判令湖南公司偿还欠款4 174 116元及其利息,安平公司承担连带责任。

一审法院判决认为,代理进口协议有效,湖南公司收到提单后未按约向东方公司付款属违约行为,依法应承担逾期支付货款的违约责任。安平公司为湖南公司应支付的结算款提供担保的意思表示真实,约定的担保方式符合法律规定,亦为有效,故安平公司应按其在担保函中的承诺对湖南公司的债务负连带责任。

安平公司和湖南公司均不服一审判决,向上级人民法院提起上诉。二审法院经审理认为,由于湖南公司与东方公司签订的代理进口协议没有真实的交易背景，因此本案争议的代理进口协议无效。安平公司的担保合同中虽然有“本担保函不因委托人的原因导致进口协议书无效而失去担保责任”的约定，但在国内民事活动中不应采用此种独立的担保方式，因此该约定无效。对此，应按照《担保法》第5条第1款的规定认定该担保合同因主合同无效而无效。虽然安平公司对本案的损失无直接过错，但其提供的担保函却为东方公司对外开证付款起到了一定的作用，因此应当承担相应的赔偿责任，该责任为湖南公司不能偿还欠款部分的50%。

笔者认为，保证合同规范的既然是平等民事主体之间的民事权利义务关系，应充分尊重当事人的意思自治，担保法律关系的当事人对担保权利义务作出的特殊约定，只要不违反国家的强制性规定，就应认定为有效，主合同无效，不应当然导致担保合同无效。确认保证人的独立债务，既合乎私法自治原则，又不违反强行法和公序良俗，自然为法所允许。保函责任独立于主合同，不仅是国际经济活动中的普遍做法，在国内经济活动中也越来越得到普遍的运用。从理论和实践上看，不应对独立担保在国际经济活动和国内经济活动中作出区别对待。但是，考虑到我国现阶段的国情，经济秩序尚欠规范、经济活动主体法律意识薄弱等因素，暂时将独立担保限制在国际经济活动中，作为向国内经济活动中适用的过渡是可行的，但不是长久之计，也不符合国际立法的基本原则，故应通过法制建设来提高国民的法律意识，尽快与国际接轨。

3. 独立担保与保证责任的从属性

大多数国家一方面在国内立法中坚持保证责任的从属性原则，另一方面，又承认独立担保在国际贸易领域中的合法、有效性。如《法国民法典》第1134条规定的原则，在法国既存在从属性担保合同也存在非从属性担保合同。《韩国民法典》也有类似规定。我国《担保法》第5条第1款的规定也明确表示保证合同是主合同的从合同，具有从属性，但同时当事人可以约定独立担保。

有学者认为，既然一方面认为从属性是保证责任的主要特征，又同时承认独立担保的法律地位，这是自相矛盾的。另外，《担保法》第5条“主合同无效，担保合同无效。担保合同另有约定的，按照约定”的规定是违背法理的。因为合同的效力体现的是国家意志对已成立的合同的评价，无效合同由于其行为的违法性，国家意志对其作出了否定评价，合同效力是强制性的，当事人不能自行约定。

对上述两个问题，笔者认为：

(1) 保证责任的从属性，是保证制度历史发展的结果。早期的保证，是依附于主合同之上的，是以主合同的存在和有效为前提的，这种性质的保证一直被广泛沿用至今，故各国法律均认为从属性是保证责任的主要性质之一。但是，随着国际经济贸易的不断发展，在国际经济贸易实务中，自发地形成了又一种保证方式，这种保证方式最根本的特点是具有独立性，保证责任独立于基础交易合同，这一特点与传统的保证责任方式截然相反，而正是这一特点才使其得以产生并迅速发展,并为各国司法实践所认可。正如有学者所说:法律的生命力在于其适应社会经济生活的客观的、不断发展变化的要求而作出相应的调整。保证责任的从属性与独立担保并无矛盾,从属性保证与独立性保证是两种类型的保证方式,担保合同究竟是哪种性质的保证,应根据担保合同本身条款来确定。由于独立担保必须由当事人在保证合同中明确约定始能成立,如无约定,则推定为从属性保证。从属性保证为一般保证方式,独立担保为特殊保证方式。

(2) 正如上文所说,合同的效力是国家强制力的表现,是不以当事人的意志为转移的,故对我国《担保法》第 5 条第 1 款"担保合同是主合同的从合同,主合同无效,担保合同无效。担保合同另有约定的,按照约定"的规定不应理解为是对保证合同效力的约定,而应理解为是针对"担保合同是主合同的从合同"的约定,对保证方式作出的特别约定,即对独立性保证方式作出的约定,是对担保合同是主合同的从合同的否定。如无特别约定,则推定为从属性保证责任方式。

四、保证责任期间

(一) 保证责任期间的概念

保证责任期间是指根据债权人和保证人的约定或者法律规定,由保证人承担保证责任的期间。

保证责任期间是一种重要的法律事实,能够引起担保法律关系的发生、变更或者消灭的法律后果。保证期间将保证人的保证责任限定在一定的期间内,在这段时间内,债权人是没有行使权利的,保证人的保证责任即被免除。保证期间的规定,可以避免保证人长期处于可能承担责任的不利状态,维护了保证人的利益。同时,保证期间实质上也维护了债权人的利益,促使债权人及时向债务人行使权利,避免可能因债务人财产状况恶化而影响债权的实现。

(二) 保证责任期间的性质

保证责任期间性质的确定,直接关系期间届满后的法律后果,是保证制度中的首要问题。

担保法规定的或者当事人约定的保证期间在性质上应属于除斥期间。民法原理上的除斥期间指某种权利预定存续的期间,在此期间权利人不行使权利,期间届满后,该权利当然消灭。保证期间是指债权人要求担保人承担担保责任的权利存续期间。债权人只有在保证期间内向保证人主张权利,其保证债权才能得到维护,否则,就丧失了要求保证人承担保证责任的权利。

除斥期间与诉讼时效期间在期间的经过上有相似之处,都是一定的事实状态,经过一定的期间后引起一定的法律后果,都属消灭时效的范畴。但两者的性质及效力有很大的区别,保证期间与诉讼时效是两个性质截然不同的法律概念,保证期间是保证人承担保证责任的期限;而诉讼时效是权利人在实体权利受到侵害时请求司法保护的期间。二者的区别在于:

（1）两者的权利性质不同。除斥期间是权利人享有某种实体权利的存续期间，在此期间内，权利人享有某种实体权利。诉讼时效期间是权利人请求司法保护的期间，权利人享有的是胜诉权，而非实体权利。

（2）规范的性质不同。诉讼时效的目的在于通过对民事权利的限制，促使权利人及时行使权利，加快民事流转，维护稳定的社会经济秩序，性质上属于民法的强制性规范，当事人不能依意思表示变更、排除时效限制。保证期间属任意性规范，当事人可以自由约定，无约定时，才适用法定期间，法定期间是对无约定的补充。

（3）期间的起算时间不同。除斥期间的起算应从权利成立时起算。诉讼时效期间从权利人知道或者应当知道权利被侵害时起算，是以权利被侵害为前提的。

（4）期间不同。除斥期间又称不变期间或者预定期间，除斥期间不因任何事由而中止、中断或延长。诉讼时效期间为可变期间，适用法律规定的中止、中断或延长。

（5）期间届满后的法律后果不同。保证期间届满，保证民事法律关系消灭，债权人的实体请求权消灭，不存在自然债务，即使保证人自愿履行，履行的也不是保证债务，充其量应认定其为具有赠与性质的行为。诉讼时效届满，消灭的是胜诉权，实体权利依然存在，形成一种没有司法强制力的自然债务，债务人仍可自愿履行该债务。

从以上分析不难看出，保证期间是符合除斥期间的特点的，应定性为除斥期间，而非诉讼时效。有学者认为，《担保法》规定的保证期间为两种性质的除斥期间，其中一般保证为混合的除斥期间，即相对意义上的不变期间，有允许准用诉讼时效中断的规定；而连带责任保证规定的保证期间为纯粹的除斥期间，即绝对意义上的不变期间，期间不得中止、中断或延长。①

笔者认为，这种解释有点牵强附会，当然最直接的原因是因为《担保法》立法本身的漏洞造成的。《担保法》第25条一方面规定，一般保证的保证期间为自主债务履行期届满之日起计算；另一方面，又碍于一般保证责任的补充性，即由于一般保证的保证人享有先诉抗辩权，保证人承担的保证责任是一种补充责任，即债权人必须在保证期间内先向法院起诉或者向仲裁机关申请仲裁，并就债务人的财产依法强制执行后，仍不能满足债权时，保证人才承担保证责任这一基本特性，强行规定“债权人已提起诉讼或者申请仲裁的，保证期间适用诉讼时效中断的规定”。《担保法》的这一疏漏，给理论界和司法实践带来了一系列不必要的麻烦，首当其冲的就是关于保证期间性质的争论。由于除斥期间在传统民法理论中一直被认为是不变期间，不因任何事由的发生而中止、中断或者延长，而《担保法》关于

① 参见宋健：《保证期间若干法律问题探析》，载《江苏社会科学》1996年第3期。

一般保证的保证期间适用诉讼时效中断的规定,模糊了诉讼时效和除斥期间的关系,人为地使问题复杂化,造成了对保证期间到底是除斥期间还是诉讼时效的争论以及两种除斥期间理论的形成。事实上,由于保证期间应从保证责任开始时起算,而一般保证中保证人所具有的先诉抗辩权是实体权,而非程序权。先诉抗辩权的设立,推迟了一般保证责任的保证人承担保证责任的期限,其所承担的保证责任是附条件的,保证责任只能始于债权人对债务人提起诉讼或者申请仲裁,并就债务人的财产予以强制执行仍不能履行债务之时。而作为债权人要求保证人承担保证责任的权利存续期间的保证期间,应自保证人开始承担保证责任时起算。在此之前,保证人根本没有保证责任,计算其保证期间没有任何意义,只能造成混乱。故只要将一般保证责任的保证期间起算日明确规定为对主债务人强制执行程序终结之日,上述争论则毫无意义,保证期间的除斥期间性质即显而易见了。

(三)保证责任期间的种类

保证责任期间包括约定保证责任期间和法定保证责任期间。

1. 约定保证责任期间

约定保证责任期间是指保证人和债权人在保证合同中规定的由保证人承担保证责任的期间。

约定保证责任期间应当由保证人和债权人以书面形式作出。在约定有保证期间的保证合同中,只要保证合同有效,保证人就应当在约定的保证期间内按照保证合同约定的方式承担保证责任。保证人承担保证责任可以是主动的,也可以是应债权人的请求而承担的,但是债权人应在保证期间内以法定的方式向保证人主张权利,否则,保证人不再承担保证责任。

《担保法》根据不同的保证方式,对债权人向保证人行使权利的方式作了不同的规定。《担保法》第25条规定,在保证人承担一般保证责任的保证合同中,债权人未在合同约定的保证责任期间内对债务人提起诉讼或者申请仲裁,保证人免除保证责任;债权人已提起诉讼或者申请仲裁的,保证期间适用诉讼时效中断的规定。第26条规定,在保证人承担连带责任的保证中,债权人未在约定的保证责任期间内要求保证人承担保证责任的,保证人免除保证责任。

2. 法定保证责任期间

法定保证责任期间是指法律、法规直接规定保证人承担保证责任的期限。

最高人民法院《关于审理经济合同纠纷案件有关保证的若干问题的规定》第11条规定,保证合同中没有约定保证责任期限或者约定不明确的,保证人应当在被保证人承担责任的期限内承担保证责任。《担保法》对于保证期间的规定与上述规定作出了不同的规定。《担保法》第25条第1款规定,一般保证的保证人与债权人未约定保证期间的,保证期间为主债务履行期届满之日起6个月。第26条第1款规定,连带责任保证的保证人与债权人未约定保证期间的,债权人有权自主债务履行期届满之日起6个月内要求保证人承担保证责任。可见,《担保法》对一般保证和连带保证的保证期间作出了相同的规定,即主债务履行期届满后6个月。

但是应当注意的是,《担保法》对保证期间的规定属于任意性规范,根据合同当事人意思自治原则,保证人和债权人对保证期间可任意约定,约定的保证期间可以改变法定的保证期间。而且约定的保证责任期间在效力上优先于法定的保证责任期间,即有约定期间的适用约定期间,只有保证人和债权人对保证期间无约定或者约定不明时,才适用法定保证期间。在法定保证期间内,债权人行使权利的方式,《担保法》作出的规定与约定保证期间是一致的,在此不再赘述。

(四)保证责任期间的起算

保证责任期间的计算直接关系到保证责任的发生、存续或者消灭,因此正确确定保证期间的起算点尤为重要。保证之债设立的目的是担保债务的履行,而非单纯代替主债务人履行,因此主债务人于主债务履行期限内先行履行债务为法律之必然要求。只有当主债务履行期届满主债务人仍不履行,保证人才按照保证合同的约定承担保证责任。因此,不论何种类型的保证期间,其始期均不同于保证合同的成立日期,也不能早于主债务的履行期。

连带责任保证的保证期间从主债务履行期届满之次日起计算,履行期届满之次日为法定节假日的,依次顺延。

一般保证的保证期间,正如上述保证期间性质中所说,保证期间应自保证人应当承担保证责任时起算。由于保证人享有先诉抗辩权,故原则上应以对主债务人强制执行程序终结之次日为起算点。但在具体操作中,应具体问题具体分析,即对可以执行的案件,保证期间从对债务人的财产依法强制执行完毕之次日起计算;对于执行不能的案件,应从主债务诉讼作出判决或者仲裁作出裁决之次日起计算。

(五)保证责任期间与诉讼时效

债权人对债务人诉讼时效期间完成或者不完成,其效力是否及于保证人,在审判实践中有两种不同的处理原则,即时效从属原则和时效独立原则。时效从属原则即指债权人对债务人诉讼时效完成或者不完成,其效力当然及于保证人,在诉讼中不单独审查债权人对保证人的诉讼时效。时效独立原则是指债权人对债务人诉讼时效完成或者不完成,其效力并不当然及于保证人,在诉讼中单独审查债权人对保证人的诉讼时效。担保之债为债权人、债务人、保证人三个独立民事主体所为的法律行为所引起,债权人分别对债务人和保证人各有一个时效。确定保证期间、保证债务诉讼时效和主债务诉讼时效三者的关系问题,是极为重要的一个问题。

在连带责任保证中,主债务和保证债务各有其诉讼时效,适用诉讼时效独立原则,即债权人对债务人诉讼时效的完成与不完成,其效力不及于连带责任保证人，在诉讼中单独审查保证人的诉讼时效。

在连带责任保证中，主债务履行期届满后，由于保证人不享有检索抗辩权，债权人可以直接要求保证人承担保证责任，保证人与债权人处于同一法律地位。保证责任从主债务履行期限届满时产生，只要主债务履行期届满，主债务人未履行债务，债权人即可要求保证人承担保证责任。故连带责任保证的诉讼时效应从主债务履行期限届满时开始计算，而非像有些学者所说的保证债务的诉讼时效从保证人拒绝承担保证责任时起算。①

笔者认为，债权人在保证责任期限内的请求遭保证人拒绝，按照《民法通则》有关诉讼时效的规定，导致的是已经开始的保证债务诉讼时效的中断。由于连带责任保证中，保证人与主债务人法律地位平等，且保证具有相对独立性，债权人可选择保证人或者债务人履行债务，亦可同时要求保证人和债务人履行债务，故连带责任保证的诉讼时效的中断亦不影响主债务诉讼时效的中断。

在连带责任保证中，保证债务的诉讼时效和保证期间的起算点发生竞合，保证期间与保证债务诉讼时效的有一部分是重合的。法定的保证期间为主债务届满后6个月，而约定的保证期间幅度未定，可能出现保证期间短于、等于或者长于诉讼时效三种情况。保证期间短于诉讼时效时，更能发挥出保证期间对债权人的抑制作用，只要债权人在保证期间内未向保证人主张权利，即使保证债务诉讼时效尚未届满，保证人的保证责任亦已免除；保证期间等于诉讼时效时，保证期间与诉讼时效完全重合，债权人在保证期间内未向保证人主张权利的，债权人同时丧失了胜诉权和实体请求权；保证期间长于诉讼时效时，诉讼时效届满，债权人丧失其请求法院保护其权利的请求权，但在剩余的保证期间内，保证人的保证责任依然自然存在，债权人仍可向保证人主张权利，但不受法律强制力保护。

在法律规定或者当事人约定的保证期间内，债权人向保证人主张权利后，保证人则不能免除保证责任，保证期间的任务已经完成，其继续存续已无任何意义，保证责任不再受保证期间的制约，而只受诉讼时效的制约。

一般保证责任中，根据《担保法》第25条的规定，债权人在合同约定或者法律规定的保证期间内对债务人提起诉讼或者申请仲裁的，保证期间适用诉讼时效中断的规定。

但正如前面所述，笔者认为，由于一般保证的保证人享有检索抗辩权，在未就主债务人的债务进行强制执行仍不能履行时，保证人不承担保证责任，保证期间和保证债务诉讼时效均未开始计算，而诉讼时效中断的前提必须是时效期间已经开始进行。故债权人对债务人提起诉讼或者申请仲裁，不构成保证期间或者保证债务诉讼时效的中断。按照《民法通则》的规定，一般保证的债权人仅向债务人提起诉讼或者申请仲裁，只能导致主债务诉讼时效的中断。由于一般保证的保证人

① 参见孙泊生主编：《经济审判专题研究》（第1辑），中国政法大学出版社1993年版，第179页。

享有检索抗辩权，自始至终处于从属地位，影响债权人对债务人的诉讼时效完成或者不完成的法律事实，虽然不直接造成保证债务诉讼时效的中断，但由于主债务诉讼时效的中断，导致了就主债务人的债务进行强制执行的推迟，相应地推迟了保证债务诉讼时效的起算时间。

这里出现一个问题，即《担保法》设定保证期间的目的在于敦促债权人尽快行使权利以消灭债权债务关系。如债权人在当事人约定或者法律规定的保证期间内，不及时行使诉权，则保证人免责。连带责任保证中，由于保证人不享有先诉抗辩权，只要债权人未在保证期间内向其提起诉讼，保证人即可免责。而在一般保证责任中，由于保证人享有先诉抗辩权，债权人得先向债务人提起诉讼或者仲裁并予强制执行后，才得以向保证人主张权利。如债权人怠于向债务人主张权利，也就表明其对要求保证人承担责任漠不关心。《担保法》正是出于此考虑，才作了第25条关于一般保证中保证期间适用诉讼时效中断的规定。这个立法理由是对的。但是正如上面分析，一般保证责任中保证期间的起算时间和保证期间适用诉讼时效中断的规定是违背法理的，是《担保法》立法中的漏洞。由于一般保证中，保证期间从债权人对债务人提起诉讼或者仲裁，并就其财产依法强制执行后开始计算，虽然法律为敦促债权人及时行使权利设定了诉讼时效制度，但这一制度仍然给债权人行使权利以相当宽容的时间，对保证人极为不利。

为解决此矛盾，笔者认为，有必要赋予保证人以催告权，即在主债务的清偿期届满之后，保证人可向债权人发出书面限期催告，通知债权人在限期内对债务人提起诉讼或者申请仲裁，否则保证人免负责任。如《日本民法典》第452条关于催告的抗辩权的规定，以及最高人民法院《关于审理经济纠纷案件有关保证的若干问题的规定》第11条“……保证人如果在主合同履行期限届满后，书面要求债权人向被保证人为诉讼上的请求，而债权人在收到保证人的书面请求后一个月内未行使诉讼上的请求权的，保证人不再承担保证责任”中规定的1个月，实质上即为催告期。赋予保证人以催告权，在法律中明确区分催告权和保证期间，既能及时催促债权人行使权利，又不至于人为地模糊保证期间的除斥期间性质。

五、保证责任的承担

对保证责任的承担，本文只着重论述无效保证责任的承担和主债权合同变更后保证人责任承担两个问题。

（一）无效保证责任的承担

无效保证责任是指由于保证合同欠缺法律规定的生效条件导致的债权人与保证人之间达成的担保债权不产生法律约束力。准确认定无效保证责任及其引发的民事责任承担的性质、范围等问题，对于充分保护债权人的利益，合理界定保证人的民事责任具有重要的现实意义。

1. 无效保证责任的认定

无效保证责任应从以下几个方面来认定:

(1) 主合同无效,保证合同也无效。保证合同对于主债权债务合同具有从属性,为世界各国立法及司法实践所公认,我国《担保法》也采用了此立法例。《担保法》第5条第1款规定:"担保合同是主合同的从合同,主合同无效,担保合同无效……"即无特别约定的情况下,保证合同的成立、有效以主债权债务合同的成立和有效为前提,主合同无效,保证合同无效。这是因为如果确定主债权人和主债务人之间权利义务的主合同被认定无效,则依主合同所确定的权利义务对主债权人和主债务人也归于无效,相应的,保证人在保证合同中的保证对象即主债务的履行因无效而不得履行,故保证人在保证合同中作出的保证主债务履行的承诺亦为无效。

(2) 主合同有效,保证合同因保证人不适格而无效。保证人的适格,是指保证人在缔约时必须具有相应的能力。签订保证合同是民事法律行为,作为保证人必须具备完全的行为能力,有代为清偿债务的能力,当主债务人不履行合同债务时,保证人才有能力承担保证责任。

《担保法》第7条规定:"具有代为清偿债务能力的法人、其他组织或者公民,可以作保证人。"这里所说的具有代为清偿能力,是指保证人在提供保证时,应当具有足够的承担保证责任的财产,否则,当债务人不履行债务时,保证人就无法承担保证责任。此条规定只是一般性的、警示性的告示用语,而不是强制性的,即提示债权人在签订保证合同时,要注意保证人是否具有代为清偿的能力,如缺少这一条件对保证合同的履行可能会有一定的影响,甚至不能履行。由债权人自行决定是否与其签订保证合同,而不是将保证人是否具有代偿能力作为保证合同有效的必备要件。即强调作为保证人应当具备清偿债务的能力,而不是说不具备清偿能力就不能充当保证人。世界上绝大多数国家也没有规定保证人的清偿能力是保证人主体资格的必备要件。

对保证人的不适格,我国《担保法》是从公共秩序和债权人利益角度出发,以列举方式对一些特殊主体进行了限制。《担保法》第8条至第10条规定,国家机关不得为保证人,其所订立的保证合同应认定为无效,但经国务院批准为使用外国政府或者国际经济组织贷款进行转贷的除外;学校、幼儿园、医院等以公益为目的的事业单位、社会团体不得为保证人;企业法人的分支机构、职能部门不得为保证人,除非企业法人的分支机构有法人书面授权的,可以在授权范围内提供保证。对上述主体作出的保证,均应认定为无效保证。

(3) 主合同有效,保证人意思表示不真实,保证合同无效。保证合同是双方法律行为,是由主合同债权人与保证人签订的。当事人的意思表示真实、一致是保证合同成立的必要条件。意思表示真实是指每一方当事人的意思表示与其内心真意相同;意思表示一致是指双方当事人意思表示的内容相同。由于保证合同的单务、无偿的性质，强调保证人的意思表示真实尤为重要。

《担保法》第11条和第30条分别规定，任何单位和个人不得强令银行等金融机构或者企业为他人提供担保；银行等金融机构或者企业对强令其为他人提供保证的行为，有权拒绝。主合同当事人双方串通，骗取保证人提供保证的或主合同债权人采取欺诈、胁迫等手段，使保证人在违背真实意思的情况下提供保证的，都视为无效。这里要注意，骗保必须是主合同债权人与债务人串通所为，如果只是主合同债务人一方骗取保证人作保，则不影响保证人对善意主债权人承担保证责任。

例如：某房地产公司为偿还债务向某信用社贷款500万元，房地产公司找到甲公司要求其提供担保，并骗甲公司说该笔贷款将用于其即将开工的某房地产项目，并将其伪造的该房地产项目的所有手续出示给甲公司，告知其有该房地产，担保不会有什么风险。甲公司因此向信用社出具了保函，明确表示为该笔贷款承担连带保证责任。房地产公司拿到该笔贷款后，用其偿还了以前的债务，并未投资所谓的某房地产项目。该笔贷款到期后，房地产公司无力偿还，信用社依据甲公司向其出具的保函，向甲公司提起诉讼。甲公司以主债务人骗保为由，拒绝承担保证责任。

此案在审理过程中，有两种观点：一种观点认为，房地产公司骗取甲公司为其提供保证，保证人在不知债务人贷款的真实用途的情况下向债权人出具的保函，非保证人真实意思表示，应认定该保证合同无效，保证人不承担保证责任。另一种观点认为，我国《担保法》第30条规定的骗保是指主合同当事人双方串通，骗取保证人提供的保证无效。房地产公司为让甲公司为其贷款提供担保，以贷款用于房地产项目为由，骗取担保，将贷得款项用于偿还以前债务，对此情节主合同债权人并不知晓，不存在共同骗保，甲公司对善意债权人信用社仍应承担保证责任。

笔者认为第二种观点是正确的。保证合同的双方当事人系债权人与保证人，债权人与债务人恶意串通，违反诚实信用原则和公序良俗，骗取保证人提供保证的，保证人违背其真实意思表示提供保证，责任应归咎于债权人，对此保证，保证人不应承担保证责任。而债务人单方骗取保证人提供保证，保证人提供保证，虽亦非其真实意思表示，但责任在债务人，而保证合同系债权人与保证人签订，作为保证合同一方当事人的债权人并无过错，保证人不能以债务人的过错来对抗善意的债权人。故保证人仍应承担保证责任。

在司法实践中，未经单位同意，单位职工利用本单位名义为他人提供保证，事后单位又未予以追认的，虽违背单位的真实意思，但不造成保证合同的无效。提供保证的单位应承担管理不善的法律后果。如主债权人明知单位职工未经法人授权而以法人名义提供保证的，不在此限。

例如：甲公司王某在负责管理单位公章时，应债务人乙公司的要求，未经甲公司同意，私自在乙公司与丙公司签订的购销合同中保证人栏内盖章。后丙公司因乙公司违约诉至法院,并要求甲公司承担保证责任。甲公司以购销合同保证人栏内公章系其公司王某未经单位同意偷盖,该保证并非其公司真实意思表示为由,要求免责。上述情况,虽甲公司公章系其单位职工未经单位同意,私自所盖,并非甲公司真实意思表示,但由于王某的行为构成表见代理,丙公司完全有理由认为王某的行为系职务行为,从而与之签订保证合同。甲公司对王某的行为负有不可推卸的责任,故甲公司应承担保证责任。

2. 无效保证责任的性质

保证合同被确认无效后,保证人不承担保证责任,但是,并不是说保证人就不承担任何责任。《担保法》第5条第2款规定:“担保合同被确认无效后,债务人、担保人、债权人有过错的,应当根据其过错各自承担相应的民事责任。”也就是说,保证合同被确认无效,如果保证人有过错,并给债权人造成了一定的经济损失,则应由保证人承担相应的民事责任。这种“相应的民事责任”,笔者认为,应是不同于合同责任和侵权责任的缔约过失责任。

缔约过失责任是指在合同订立过程中,一方因违背其依据诚实信用原则所应尽的义务,而致另一方的信赖利益的损失,并应承担民事责任。①

德国法学“硕儒”耶林认为,“从事缔结契约的人,是从交易外的消极义务范畴,进入契约上的积极义务范畴,其因此而承担的首要义务,系于缔约时需善尽必要的注意义务。法律所保护的,并非仅是一个业已存在的契约关系,正在发生中的契约关系亦应包括在内,否则,契约交易将暴露于外,不受保护,缔约一方当事人不免成为他方疏忽或不注意的牺牲品。契约的缔约产生了一种履行义务,若此种效力因法律上的障碍而被排除时,则会产生一致损害赔偿义务,因此,所谓契约无效者,仅指不发生履行效力,非谓不发生任何效力。简言之,当事人因自己过失致使契约不成立者,对信其契约为有效成立的相对人,应赔偿基于此项信赖而发生的损害。”

缔约上过失的提出,实质上解决的是这样一个问题:在订立合同的过程中,可能会由于当事人一方的不谨慎或者恶意而使将要缔结的合同无效或被撤销,从而给对方当事人带来损失;也可能会由于一方当事人的过失而直接导致对方当事人的损失。这种损失应由引起损失的一方承担。保证合同在缔约之际,保证人与债权人之间已由一般关系转变为特殊的结合关系,由此而产生了建立在诚实信用原则上的先保证合同义务,这种义务不受保证合同的成立和效力的影响,它是随着缔约过程中的互相接触磋商而逐渐产生的注意义务,如果保证当事人违反这些义务,导致合同不成立、无效或被撤销,给对方造成损害时,应当承担由此而产生的损害赔偿责任。②

---

① 参见王利明:《民商法研究》(第三辑),法律出版社1999年版,第658页。

② 参见张晓君:《无效保证合同的认定及责任问题》,载《现代法学》第22卷第1期。

无效保证合同适用缔约过失责任，其构成要件为：

(1) 保证人主观上有过错，即保证人对保证合同的无效是已知或应当知道，仍放任或者希望这种结果的发生。如果保证人对保证合同的无效没有过错，则不承担责任。

(2) 缔约上的过失发生在保证合同订立过程中，这是缔约过失责任与违约责任的根本区别。换句话说，即债权人的财产损失产生于保证合同订立过程中或者与保证合同的订立有直接关系。否则，保证人不承担责任。

(3) 保证人违反诚实信用原则所应负的义务。当事人在缔约过程中，应讲诚实、守信用，以善意的方式行使权利并履行义务①，合同在订立过程中负有通知、协助、照顾、说明和保护等义务。保证人在为订立保证合同已与债权人发生缔约上的联系时，在认识到该保证合同的订立会给债权人造成损失，不及时通知对方，或有意隐瞒，或作虚假陈述，由此导致损失发生。

(4) 保证人的过错必须造成债权人信赖利益的损失。由于缔约过失行为直接破坏了缔约关系，因此所引起的损害是指他人因信赖合同的成立和有效，但由于合同不成立和无效的结果所蒙受的不利益，此种不利益即为信赖利益(vertrauens-interesse, reliance interest)的损失。② 这种损失是现实存在的，如果债权人没有损失的事实，即使保证人有过错，保证人亦不承担赔偿责任。而且这种信赖利益的损失还必须与保证人的过错有直接的因果关系，否则，保证人不承担缔约过失责任。

3. 无效保证责任的承担

保证人因保证合同无效而承担的过错民事责任的方式是赔偿损失，至于保证合同无效时，保证人是否承担赔偿责任以及如何承担，应区分保证合同无效的原因以及保证人主观上有无过错及过错的性质、程度来确定。

(1) 主合同无效，保证合同无效时民事责任的承担。在主债权债务合同无效，保证合同亦无效的情况下，其无效保证赔偿责任按照主债权债务人与保证人的过错大小共同承担。具体说，保证合同因主合同无效而无效，因保证合同本身并无违反法律规定，如保证人对主合同的无效没有过错，则保证人对由此造成的损失不承担任何责任。这里，保证人对主合同的过错，表现在其对主合同的无效明知或应当知道。相反，如保证人对主合同的无效明知或应当知道，而仍然为之提供保证，保证人虽然对主合同的无效没有责任，但其对保证合同的无效负有责任，故其应当对无效保证合同造成的主债权人的信赖利益损失承担缔约过失责任。赔偿范围限于当事人相信合同有效而实际无效所受到的损失，以及缔约时支付的各种费用、主张保证合同无效支出的费用等，保证人对主合同债权人经济损

---

① 参见王利明:《民商法研究》(第三辑)，法律出版社 1999 年版，第 660 页。

② 参见同上注，第 661 页。

失应当承担民事责任的部分，不应超过主合同债务人应当承担部分的1/3。

（2）主合同有效，保证人不具备合法主体资格导致保证合同无效时的民事责任承担。对于保证人不适格造成的保证合同无效，由过错方承担赔偿责任。在这里，到底谁对无效保证有过错，理论和司法实践中有三种不同观点。

第一种观点认为，保证人明知法律规定自己不能作保证人而仍然提供保证，过错在保证人，故应由保证人承担缔约过失责任。

第二种观点认为，法律对保证人资格作出了明确规定，主债权人对保证人不适格应是明知的，而仍然要求保证人为之提供保证，过错在于主债权人，故主债权人应承担赔偿责任。

第三种观点认为，保证人与主债权人存在缔约时的混合过错，保证人故意违反法律规定提供保证，而主债权人明知保证人不适格仍然要求其提供保证，保证合同的无效是由双方的共同过错造成的，故由此造成的损失由双方共同承担。

笔者同意第三种观点，由于《担保法》对保证人资格的限制作了明确的列举，债权人对保证人的不适格应是明知的，至少负有审查义务，且对于债权人来说，确定保证人的适格与否并不为难，其过错在于知道或者应当知道保证人主体不适格而仍然接受其提供的保证，与其签订保证合同，故由此造成的无效保证责任应由双方按过错大小承担相应的民事责任，而不能把责任简单归咎于保证人一方。

（3）主合同有效，保证人意思表示不真实导致保证合同无效时的民事责任承担。根据《担保法》的规定，主合同当事人双方串通，骗取保证人提供保证的以及主合同债权人采取欺诈、胁迫等手段使保证人在违背真实意思的情况下提供的保证，均为无效。保证人对无效保证没有任何过错，保证人不承担任何责任。对于地方政府领导或企业主管部门运用行政手段命令下属企业为其他企业提供保证的，由于这种保证违背了保证人的真实意思亦应无效，保证人对此不承担任何责任。

4. 无效保证责任的范围

保证合同无效后，保证人根据其对造成合同无效的过错大小承担相应的责任，该责任范围即为缔约过程中给对方造成的损失。损失的确定，应具体问题具体分析。

我国台湾学者王泽鉴先生认为："一般言之，被害人得请求的，系若无加害行为时，其所处的状态，故应该以信赖利益为原则；至其范围，应视违反义务的态样及侵害行为而有不同。若因违反保护义务，侵害相对人的身体健康或所有权，而此种情形亦可认为得构成契约上过失责任时，则加害人所应赔偿的，系被害人于其健康或所有权所受一切损害，即所谓维持利益，而此可能远逾履行契约所生的利益，从而不发生以履行利益为界限的问题。若加害人所违反者，系信赖义务，例如未为适当阐明或告知致他方支出无益费用时，加害人所应赔偿的，亦不以履行利益为限度。"德国和日本的学说中，认为缔约过失责任的赔偿数额以不超过履行利益为限。

我国大陆学术界普遍认为,缔约过失责任赔偿的为信赖利益的损失,即无过错的当事人信赖合同有效成立,但因法定事由发生,致使合同无效、变更或被撤销、不成立等而造成的损失。

信赖利益的损失包括直接损失和间接损失。直接损失有:

(1) 缔约费用,包括邮电费用、赴订约地或查看标的物所支出的合理费用。

(2) 准备履行所支出的费用,包括为运送标的物或受领对方给付所支出的合理费用。

(3) 受害人支出的上述费用所失去的利息。间接损失表现为丧失与第三人另订合同机会所产生的损失。

另外有学者认为,在合同不成立、无效或者被撤销的情况下,有过错一方所赔偿的信赖利益不应该超过当事人在订立合同时所应当预见到的因合同不成立、无效或者被撤销可能造成的损失,也不能超过合同有效或者合同成立时的履行利益。

笔者认为,在保证合同无效时,保证人承担的缔约过失责任范围一般包括两个方面,即直接损失和间接损失。直接损失相对比较容易计算,即所有缔约过程中为缔结保证合同而支出的合理费用及其正常利息。间接损失的计算则比较复杂,应根据不同情况分别计算,但基本原则是该损失必须是因为保证人的缔约过错造成的。

例如,在主合同有效的情况下,因保证人主体不适格导致的保证合同无效,由于保证人有意违反法律规定,为债权人提供保证,其对该保证合同的无效负有重大责任;同时,债权人明知保证人不符合法律规定,仍然与之签订保证合同,亦有过错。如是债权人与保证人两厢情愿,则双方当事人应对保证合同无效造成的损失平均分担;如系债权人强行要求保证人承担保证责任,则债权人应承担较多的责任;如系保证人强行提供保证,则由保证人承担,但承担责任的比例悬殊不宜过大。在此种情况下,缔约损失即为债权人因丧失与合法保证人签订保证合同而造成的损失。具体说,即为当主债务人不能履行合同时,有效保证合同的保证人所应承担的保证责任。当然,由于债权人对该保证合同的无效亦有过错,该损失应由保证人与债权人按各自过错承担相应比例的过错。

又如对于主合同无效造成的保证合同无效,当保证人对主合同无效明知而仍然为之提供保证,保证人对保证合同的无效虽然有过错,但其过错仅在于其明知主合同无效而仍然为之提供保证,而导致保证合同无效的真正原因,在于主合同债权人与债务人签订的主合同无效造成的。保证人的过错相对于主合同债权人与债务人导致保证合同无效的过错来说,应该是微乎其微的。故此种情况下,保证人因其对保证合同无效的过错责任最多限定在缔约的直接损失,即债权人为与保证人签订保证合同支出的直接费用及其利息。由于债权人对保证合同的签订亦有同样过错,故这部分损失亦应由保证人与债权人共同分担。而对保证合同无效所造成的间接损失,即在保证合同有效的情况下,保证人所应承担的保证责任部分,应由债权人与债务人按其过错大小分担。保证人对该间接损失不承担责任。

5. 保证人承担无效保证责任后是否有代位求偿权问题

(1)保证人的代位求偿权。保证人的代位求偿权是指保证人在代主债务人履行债务或者承担保证责任后,得以债权人的身份在其承担保证责任的限度内请求主债务人偿还。保证人在承担保证责任后,向主债务人追偿的权利,实际是债权人的权利在保证人承担保证责任的限度内移转于保证人的结果。故保证人的代位权,又是保证人的求偿权,将二者合并称之为代位求偿权。①

保证人承担保证责任后,利益上势必蒙受一定损失,若此种损失不能从债务人处获得补偿,则将视保为畏途,故对保证人承担保证责任后向债务人行使权利的问题,英美法系国家和大陆法系国家对此都作了明确的规定。英美法系国家通过判例确立了代位求偿权的原则,大陆法系国家则在民法中作了具体的规定。《德国民法典》第774条规定,在保证人向债权人清偿的限度内,债权人对主债务人的债权移转于保证人。《法国民法典》第2029条规定,已清偿债务的保证人,代替债权人取得其对债务人的一切权利。《日本民法典》第459条规定,保证人受主债务人委托实行保证,无过失而受应向债权人进行清偿的裁判宣告,或代为主债务人进行清偿,或以其他形式的个人出捐实施消灭债务的行为后,该保证人对主债务人有求偿权。

我国《担保法》第31条亦明确规定,保证人承担保证责任后,有权向债务人追偿,用法律的形式明确了保证人所享有的代位求偿权。保证人之所以有代位求偿权是因为从根本上讲,保证人履行保证债务实质上是为债务人履行债务,而并非履行自己的债务,因此在履行债务过程中,其支付的代价自应向受益人的债务人追偿。赋予保证人代位求偿权的目的,是为了弥补其因承担保证责任而遭受的损失。因此保证人行使代位求偿权必须以这种损失已经发生,即保证人已经履行保证债务为前提。

(2)保证人代位求偿权的行使条件。

第一,保证人已经承担保证责任。保证人的代位求偿权只有在保证人已经承担保证责任后才会产生,代位求偿权行使的前提条件便是保证人已向债权人承担了保证合同约定的或者法定的保证责任。

第二,保证人的清偿行为使主债务归于消灭。即只有在保证责任承担与债务人债务免除之间有因果关系时,代位求偿权才能成立。如主债务的消灭是由于非保证人的履行行为,保证人不得行使代位求偿权。

---

① 参见孔祥俊主编:《担保法例解与适用》,人民法院出版社1996年版,第211页。

第三,保证人履行保证债务时需无过错。保证人在履行保证义务时负有一定的注意义务,如大多数国家将对主债务人的抗辩权的主张视为保证人的义务,因此,保证人不能不顾主债务人的利益和抗辩权而进行清偿,否则,保证人在主债务人行使其抗辩权可以免除责任的范围内,丧失代位求偿权。

第四,保证人没有赠与的意思表示。若保证人承担保证责任是出于赠与的意思,则不存在保证人的代位求偿权问题。

(3) 无效保证的保证人是否享有代位求偿权。按照《担保法》第 5 条第 2 款的规定,担保合同被确认无效后,债务人、担保人、债权人有过错的,应当根据其过错各自承担相应的民事责任。正如前面所述,保证合同无效后,保证人不承担保证责任,其根据过错承担的"相应的民事责任"在性质上属于缔约过失责任,保证人在承担缔约过失责任后,是否有权向主债务人追偿,这在实践和理论中有很大的争议。

在司法实践中通常认为,当保证合同无效后,保证人因其过错为债务人向债权人承担赔偿责任的,可以向债务人追偿。此观点,一方面承认保证合同无效后,保证人承担责任的原因是其对保证合同无效有过错,是按其过错大小承担的相应的过错责任;另一方面又认为,其承担的赔偿责任是代债务人向债权人承担的,这明显是自相矛盾的。笔者认为:

首先,代位求偿权成立的前提条件是保证人已经履行了保证债务,而保证合同被确认无效后,保证责任亦因此而消灭,保证人不需承担保证责任,也不必履行保证债务,故此种情况下,代位求偿权成立的前提条件根本无法成就。

其次,保证合同被确认无效后,根据法律规定,当保证人因其对保证合同的无效有过错时,其承担的责任是过错责任,是由于其在保证合同缔结过程中,因其故意或者过失导致保证合同无效而承担的缔约过失责任,这种责任产生的原因在于保证人自身的过错,而非为主债务人承担的责任。故不存在代位求偿问题。

最后,对于司法实践中的做法,其错误在于:一是保证合同无效后,对保证人的过错责任不是严格按照缔约过失责任的标准来确定,而是相对地加重保证人的责任;二是由于保证人承担了较大的赔偿责任,较之其真实的缔约过失来说,又明显违背民法理论中的公平原则,故又强行赋予其代位求偿权,以此寻求一个平衡点。这种做法,人为地造成了理论上的混乱。

综上所述,保证合同无效后,保证人因其缔约过失承担合理赔偿责任后,不享有对主债务人的代位求偿权。

(二) 主债权合同变更,保证人责任承担问题

我国《担保法》第 24 条规定:"债权人与债务人协议变更主合同的,应当取得保证人书面同意,未经保证人书面同意的,保证人不再承担保证责任……"这里存在两个问题:一是何为变更主合同;二是是否只要变更主合同未经保证人同意,保证人均可免责。

1. 主合同变更的概念及要素

主合同变更,是指不改变债的关系的主体,债权人与债务人在平等协商的基础上达成协议,对主合同的内容进行变更。

合同变更应具备以下要素:

(1) 有合法有效的主合同的存在。这是合同变更的前提条件。未成立的、无效的合同或可撤销的合同不发生合同变更问题,即使变更,亦是不成立或无效。

(2) 合同变更必须以变更意思为要素①。当事人必须有变更原合同的共同意思表示。

(3) 主合同的变更必须是存在合同内容的变更,包括合同标的种类的变更、标的数量、品质规格、履行期限、地点、价格、结算方式、所附条件、违约金、利息等的变更以及债的性质的变更。

(4) 须债权人与债务人就合同变更达成协议。

没有上述内容之一的改变,不是变更合同。判断主合同是否变更是一首要问题,下面试举例予以说明:

1995 年 7 月,借款方银海公司与贷款方深圳银行签订借款合同,约定银海公司向深圳银行借款 5 000 万元,借款期限 6 个月,并约定了贷款利息及违约责任等。安平公司作为担保人在担保单位栏内签字盖章。在合同履行过程中,银海公司与深圳银行在未经安平公司同意的情况下,达成书面协议,将借款期限延长 3 个月。后深圳银行因银海公司不能按时还款,诉至人民法院,要求银海公司偿还所借款项,并要求保证人安平公司承担保证责任。人民法院在判决中认为:安平公司在借款合同担保人栏内盖章,理应对借款合同承担担保责任。但是银海公司与深圳银行在合同履行过程中,改变合同履行期限,属于合同变更,而由于主债务合同的变更未经保证人同意,从合同没有合同变更的共同意思表示,故从合同的变更没有发生,主合同变更合同履行期限,延长了保证人可能承担保证责任的时间,加大了保证人承担责任的风险,故保证人不再承担保证责任。

2. 主合同变更未经保证人同意,是否一律免责问题

对主合同变更未经保证人同意是否免责问题,最高人民法院在 1988 年 1 月 9 日给河南省高级人民法院的批复中指出:在保证合同中,保证人只应对经他同意、签字(盖章)的保证内容承担保证责任。你院请示的案件中,南乐县公路管理段在借款方南乐县大华贸易公司与贷款方中国工商银行南乐县支行 1985 年 3 月所签订的借款合同中担保单位栏内盖章,故对该合同中借款方所应履行的义务承担保证责任。但借、贷双方在合同履行中,不通知担保人,亦未征得担保人同意,于同年 4 月下旬达成书面协议,将还款日期延长 1 个月,这一变更,应视为成立了新的法律关系,解除了原来的担保合同。因此,南乐县公路管理段不应再承担保证责

① 参见杨立新:《民商法判例研究》,吉林人民出版社 1999 年版,第 271 页。

任。根据这一批复精神,只要债权人与债务人变更了合同履行期限,未征得保证人同意,保证人则不再承担保证责任。

最高人民法院《关于审理经济合同纠纷案件有关保证的若干问题的规定》第12条规定,债权人与被保证人未经保证人同意,变更主合同履行期限的,如保证合同中约定有保证责任期限,保证人仍在原保证责任期限内承担保证责任;如保证合同中未约定保证责任期限的,保证人仍在被保证人原承担责任的期限内承担保证责任。债权人与被保证人未经保证人同意,在主合同履行期限内变更合同其他内容而使被保证人债务增加的,保证人对增加的债务不承担保证责任。这一司法解释是在既强调保证债务的从属性又考虑在不增加保证人保证负担的前提下适当保护债权人利益的情况下作出的。

《担保法》第24条对此问题则明确规定:"债权人与债务人协议变更主合同的,应当取得保证人书面同意,未经保证人书面同意的,保证人不再承担保证责任。保证合同另有约定的,按照约定。"

有一种意见认为,《担保法》的这条规定从法律字面上解释,似乎应理解为,除非当事人特别约定,只要债权人与债务人协议变更主合同未经保证人同意的,保证人一律免责。但从立法本意和法理来看,《担保法》该条的立法宗旨是为了保护保证人的利益,使其不因债权人与债务人非善意的合谋而致损。但现实生活千变万化,为了使合同的履行适应客观要求,当事人协议变更合同的情况常有发生,如债权人与债务人对主合同的任何变化都可导致保证人免责,这对债权人显然有失公允,也不利于保护正常的经济往来。故对于有利于债务人和保证人的合同变更或者根本未增加保证人任何风险和责任的合同变更,虽然未经保证人同意,但从保证制度设立的本意上看,为保护债权的正常实现,保证人仍应承担保证责任。这种理解是符合公平原则和诚实信用原则的。如合同变更后,保证人的责任没有变化的,保证人仍按保证合同的约定承担保证责任;如保证责任范围减小的,保证人仍应对变更后的合同承担保证责任;如合同变更后,加大了保证人的保证责任,则保证人仍在原保证范围内承担保证责任,对加大的部分不承担保证责任。这种观点的基本出发点是民法理论上的公平原则。

对以贷还贷案件中保证人是否承担保证责任,上述观点认为应按以下几种情况区别处理:

(1)在旧贷与新贷均有保证人,且保证人为同一人的情况下,保证人原则上应承担保证责任。由于在旧贷和新贷是同一个保证人的情况下,债务人用新贷款偿还了旧贷款,从而免除了保证人对旧贷的保证责任,保证人承担的风险和责任就只是针对新贷款了,较之债务人按照实际贷款用途使用新贷款产生对保证人的风险和责任要小。比如,债务人按照实际贷款用途使用新贷,而不是以贷还贷,如资金不能收回,则旧债未了又出新债,保证人要承担对旧贷和新贷两笔贷款的保证责任。因此,改变贷款用途以贷还贷的,对保证人的不利影响很小。从公平的角度看,对保证人也不会有什么不公平的结果。对于这种情况,由于用新贷偿还的旧贷与新贷系同一个保证人,故应推定该保证人对以新贷还旧贷的事实是明知或者应当知道的,因此对新贷改变贷款用途,除非保证人有充分证据证明其对借新还旧不知,否则应认定保证人是同意的,保证人对新贷应承担保证责任。

(2) 在旧贷没有担保或者旧贷与新贷的保证人不是同一人的情况下,新贷的保证人如果不知道主合同双方当事人以贷还贷的,应当按照《担保法》第 30 条第(1)项关于骗保的规定,免除保证人的保证责任。这种情况下的以贷还贷,不仅是债权人和债务人串通实际变更主合同的贷款用途,未征得保证人同意,而且保证人承担保证的可能是一笔死账。原本就不能收回了,还让保证人出具保证,明显对保证人不公。在这种情况下还要让保证人承担保证责任,有违民法上的公平原则。

(3) 如果主合同写明是以贷还贷的,或者金融机构、债务人能够提供证据证明保证人知道以贷还贷的事实还提供担保的,保证人仍然要承担保证责任。

笔者认为,上述观点是对《担保法》的扩大解释,有违立法本意。《担保法》明确规定,只要债权人与债务人协议变更主合同,都应取得保证人的书面同意,未经保证人书面同意的,保证人一律不再承担保证责任。这里的合同变更,不论是扩大还是缩小保证人保证责任的范围,都将导致保证责任的免除。保证人所负的保证债务源于其与债权人之间的保证合同,因而保证债务之产生乃为包括保证人的意思表示在内的契约自由原则发生作用的结果。既然保证债务的产生离不开保证人的意思表示,保证债务的变更亦离不开保证人的意思表示。

主债务合同的变更是一种新合同的产生,是经变更合同的要约、变更合同的承诺后成立的、区别与原债务合同的新合同。合同变更的法律后果是旧的债务合同的消灭和新的债务合同的产生。原合同的保证人基于其担保的主合同因合同变更而消灭,其担保的债务已不存在的事实,其保证责任亦自然随之而消灭。对于因合同变更而新成立的债务合同,由于原债权人和债务人在协议变更时未与原保证人协商,更未征得其同意,故对新的债务合同的担保合同根本未成立,担保法律关系不存在,因而也谈不上保证责任了。由于保证是平等民事主体之间的法律关系,应按照意思自治原则,由当事人自主约定自己的民事权利和义务,不论合同变更后,是扩大还是缩小了保证人的保证责任,对于新的合同,保证人完全有权利重新作出选择,既可对扩大的债务提供保证,亦可对缩小了的债务不再进行担保,均是不违反法律规定的。在没有保证人意思表示加入的前提下,债权人与债务人变更主合同的行为不能为保证人创设新的保证债务,保证人没有义务对新产生的债务负担保证责任。而其原来保证的主债务又已消灭,故未经保证人同意,保证人对变更后的主合同不再承担保证责任。以公平原则为由,剥夺当事人的订约自由,是违反民法的自由原则的。尤其在保证合同中,由于保证合同的无偿性,更应尊重保证人的真实意思表示,不应平空加大保证人的保证责任,否则,才是真正的不公平。

上述观点中关于以贷还贷第一种情况的处理办法很值得商榷。保证人虽然均为旧贷和新贷的保证人,但由于以新还旧,旧的贷款已经还清,旧贷权利义务关系已经因债务的履行而消灭,故建立在旧贷基础上的担保关系亦不存在,担保人不再承担保证责任。而新的贷款,由于债权人和债务人私自改变贷款用途,新的贷款合同进行了变更,原新贷合同消灭,成立了新的新贷合同。由于原新贷合同的消灭,建立在其基础之上的担保合同亦消灭,保证人当然不再承担保证责任。这时,除非原保证人对变更后的新贷合同重新为意思表示,明确承诺为变更后的新贷合同提供担保,原保证人才能对变更后的新贷合同承担保证责任。如债权人和债务人变更新贷合同未征得原保证人的同意,新的担保合同无从成立,原保证人当然不承担任何责任。对变更后的新贷合同,即使是减小了保证人的责任,保证人亦有权重新为意思表示,任何人不得以任何理由强加于其责任。以合同变更是否增加保证人的保证责任为依据,确定保证人所承担的保证责任,在审判实践中是很难准确把握的。如贷款合同履行中,债权人与债务人未经保证人同意,协议变更还款期限的,如债务人在延长的还款期限内,充分利用所贷款项,经营效益明显好转,则偿贷能力加强,对保证人是有利的;而如果债务人在延长的还款期限内,资产进一步恶化,甚至破产,在原还款期限内能够偿还全部或部分款项,而延长还款期限后,可能导致还不了全部款项或者根本无力偿还所贷款项,对保证人来说则是不利的。故以合同变更是否增加了保证人的责任来确定保证人是否对变更了的合同承担责任的说法,不仅不符合法理,亦无法准确操作,是不可取的。

当然,此规定并非强行性法律规范,而是任意性规范。保证人与债权人可依私法自治原则排除该任意性法律规范的适用,可以在保证合同中约定,对债权人与债务人在约定的范围内变更合同可不经保证人同意,保证人则应按保证合同的特殊约定承担保证责任。本文对此不予赘述。

4 民法、合同法

优先购买权在财产拍卖变价中的利益均衡及其程序设计①

内容摘要：我国现行法律规定了多种类型的优先购买权，这在一定程度上限制了财产所有人自由处分财产的权利，在财产变价转让，尤其是拍卖时形成了法律上的冲突。鉴于优先购买权制度，与民法下的意思自治、契约自由等基本原则以及财产变价最大价值化理念不尽相符，理论界对在财产拍卖变价中是否保护优先购买权产生了不同观点。本文综合优先购买权在财产拍卖变价中利益均衡的不同理论观点和实践中的成功做法，指出在现行法律体制下完全否定财产拍卖变价中的优先购买权并不可取，提出了通过完善和遵循合理的程序，均衡保护优先购买权人、财产所有人和债权人等不同主体利益的观点。同时，还对财产拍卖变价中保护优先购买权的程序进行了较为合理的重构设计安排。

关键词：优先购买权　拍卖变价　法律冲突　程序设计

一、引言

在市场经济中，财产的价值主要体现于利用和流转，而流转程序越自由、快捷和安全，就越能实现财产的价值。我国现行法律针对共有财产、承租房屋、公司股权、合伙人财产份额等财产或财产性权利，基于不同的立法目的而赋予共有人、承租人、有限责任公司股东、合伙人等权利人享有优先购买权。所谓优先购买权，是指特定人依法律规定或约定而享有的于出卖人出卖标的物予第三人时，得以同等条件优先于他人而购买的权利。优先购买权的存在，在一定程度上限制了财产的自由流转。财产所有权人转让财产，或者法院对债务人进行破产清算或强制执行时，必然涉及对相关财产进行变价，而最有效率、公正和最能发现和实现财产的价值最大化的变价方式，莫过于公开竞价缔约的拍卖、招标。我国《企业破产法》第112条和最高人民法院《关于人民法院民事执行中拍卖、变卖财产的规定》(法释

---

① 合作作者：刘子平，广东佛山法院法官。

〔2004〕16 号)都明确规定,变价出售财产应当通过拍卖或其他公开竞价的方式进行,依法不能拍卖或者限制转让者除外。依照《拍卖法》的规定,拍卖是对所有竞买人平等对待、一视同仁的,依“价高者得”规则确定买受人,这与保障优先购买权的实现存在着法律上的冲突。在财产变价时,尤其是拍卖程序,优先购买权人的权利如何实现,应否受到规制,在理论界存在较大争议,实践中的做法也不统一。

财产变价中优先购买权的利益均衡及具体程序的设计问题,在《民法通则》、《公司法》、《企业破产法》、《土地管理法》、《民事诉讼法》等诸多法律领域,以及最高人民法院的司法解释(包括正在制定中的司法解释)中均有涉及,对当事人的权益影响重大,不容忽视! 笔者对此问题作了一些法律分析,权作抛砖引玉,以期引起对相关问题的重视和合理解决。

二、我国现行法律规定的优先购买权

(一) 房屋承租人的优先购买权

在 1949 年之后的中国大陆,经过长期的实践确立了颇具有中国特色的房屋承租人的优先购买权,《合同法》第 230 条规定:“出租人出卖租赁房屋的,应当在出卖之前的合理期限内通知承租人,承租人享有以同等条件优先购买的权利。”最高人民法院《关于贯彻执行〈中华人民共和国民法通则〉若干问题的意见(试行)》第 118 条规定:“出租人出卖出租房屋,应提前三个月通知承租人。承租人在同等条件下,享有优先购买权;出租人未按此规定出卖房屋的,承租人可以请求人民法院宣告该房屋买卖无效。”通说认为,赋予承租人优先购买权的法理基础在于,稳定承租人的居住和社会生活,保护其承租后的投资利益。

(二) 共有人的优先购买权

在我国,共有人的优先购买权也是一项被广泛承认的权利。1986 年通过的《民法通则》第 78 条第 3 款规定:“按份共有财产的每个共有人有权要求将自己的份额分出或者转让。但在出售时,其他共有人在同等条件下,有优先购买的权利。”《物权法》是规范物的归属和利用的基本法律规范,该法第 101 条规定:“按份共有人可以转让其享有的共有的不动产或者动产份额。其他共有人在同等条件下享有优先购买的权利。”最高人民法院《关于贯彻执行〈中华人民共和国民法通则〉若干问题的意见(试行)》第 92 条规定:“共同共有财产分割后,一个或者数个原共有人出卖自己分得的财产时,如果出卖的财产与其他原共有人分得的财产属于一个整体或者配套使用,其他原共有人主张优先购买权的,应当予以支持。”共有人的优先购买权,适用于按份共有,对于共同共有,只有在共同共有财产分割后,且财产属于一个整体须配套使用,共有人出售财产时,其他共有人才有优先购买权。通说认为,赋予共有人优先购买权的法理基础在于,更好地发挥物的用途并避免因分割而造成社会财富的损耗。

（三）股东或合伙人的优先购买权

有限责任公司的股东享有优先购买权。我国现行《公司法》第72条第2、3、4款规定，股东向股东以外的人转让股权，应当经其他股东过半数同意。股东应就其股权转让事项书面通知其他股东征求同意，其他股东自接到书面通知之日起满30日未答复的，视为同意转让。其他股东半数以上不同意转让的，不同意的股东应当购买该转让的股权；不购买的，视为同意转让。经股东同意转让的股权，在同等条件下，其他股东有优先购买权。两个以上股东主张行使优先购买权的，协商确定各自的购买比例；协商不成的，按照转让时各自的出资比例行使优先购买权。公司章程对股权转让另有规定的，从其规定。《公司法》第73条规定："人民法院依照法律规定的强制执行程序转让股东的股权时，应当通知公司及全体股东，其他股东在同等条件下有优先购买权。其他股东自人民法院通知之日起满二十日不行使优先购买权的，视为放弃优先购买权。"通说认为，赋予有限责任公司股东优先购买权的法理基础在于，维持共同投资者的信任关系，维护有限责任公司的人合性，稳定企业的经营，避免公司动荡。

合伙人的优先购买权，是指合伙人可以优先购买其他合伙人转让的合伙财产份额。我国《合伙企业法》在多个条文规定了合伙人对合伙财产份额的优先购买权。该法第23条规定："合伙人向合伙人以外的人转让其在合伙企业中的财产份额的，在同等条件下，其他合伙人有优先购买权；但是，合伙协议另有约定的除外。"第42条第2款规定："人民法院强制执行合伙人的财产份额时，应当通知全体合伙人，其他合伙人有优先购买权；其他合伙人未购买，又不同意将该财产份额转让给他人的，依照本法第五十一条的规定为该合伙人办理退伙结算，或者办理削减该合伙人相应财产份额的结算。"第74条第2款规定："人民法院强制执行有限合伙人的财产份额时，应当通知全体合伙人。在同等条件下，其他合伙人有优先购买权。"通说认为，赋予合伙人优先购买权的法理基础在于，维持共同投资者的信任关系，稳定合伙企业的经营，维持和谐人际关系。这与有限责任公司股东的优先购买权相类似。

（四）国家对低价转让的土地使用权享有优先购买权

我国是实行社会主义公有制的国家，国家对土地、房屋等重要资源实行国家所有或者集体所有。在改革开放之后，国家允许转让土地使用权，并且对城市公有房屋进行了产权改革，但是，国家同时通过确立优先购买权的方式，影响和调控土地交易市场和房改房交易市场，以维护土地的稳定和确保资源有效配置。《中华人民共和国城镇国有土地使用权出让和转让暂行条例》第26条第1款规定："土地使用权转让价格明显低于市场价格的，市、县人民政府有优先购买权。"国有土地使用权转让，转让双方必须如实申报成交价格。土地行政主管部门要根据基准地价、标定地价对申报价格进行审核和登记。申报土地转让价格比标定地价低

20%以上的,市、县人民政府可行使优先购买权。[①] 通说认为,赋予市、县人民政府对低价转让的土地使用权享有优先购买权的法理基础在于,维护国家利益和社会公共利益,规范土地管理和流转秩序,确保土地资源的合理利用和有效配置。

(五) 原公有房屋单位对房改后上市流转的房屋享有优先购买权

根据国务院和相关政策性文件规定,对已购公有住房和经济适用住房上市出售的,原产权单位在同等条件下享有优先购买权。[②] 通说认为,赋予原产权单位对公有房屋产权改革后上市流转享有优先购买权的法理基础在于,维护社会公共利益,规范原公有房屋的管理和流转秩序,确保资源的有效合理配置。

(六) 国家对公民、私人所有的珍贵文物有优先购买权

历史文物属于国家和民族的遗产,对于文化教育、科学研究和艺术创作有着重要的意义。为了加强对文物的利用和保护,各国对文物的流通与买卖无不予以较严格的限制。我国《拍卖法》实施后,文物成为限制流通物。根据《拍卖法》的规定,公民个人所有的文物在经过拍卖人住所地的文物行政管理部门依法鉴定、许可后,可以委托拍卖机构拍卖。1997年3月30日国务院《关于加强和改善文物工作的通知》第4条规定,国家和省、自治区、直辖市文物行政管理部门及其文物鉴定机构,要加强对文物拍卖标的的鉴定和许可审批工作,法律法规禁止买卖的文物不得作为拍卖标的进入拍卖市场。流传在社会的具有特别重要历史、科学、艺术价值的文物,应在一定范围内定向拍卖。国家对公民出售个人所有的传世珍贵文物有优先购买权。

三、优先购买权的基本特征及其行使规则

我国优先购买权立法,除自清末以来接受民法法系国家有关优先购买权立法例和知识传统的传承外,又根据中国特殊国情衍生出多种新类型的优先购买权,可谓具有较浓厚的中国特色。我国的优先购买权立法,除了在私法领域中保留其传统的功能之外,事实上还负载着维护国家利益和社会公共利益的任务。但是无论各国优先购买权的类型和所在领域如何不同,其都继受于民法法系知识体系,其基本特征与行使规则是大体相同的。

(一) 优先购买权的基本特征

1. 优先购买权是一种专属权

优先购买权是基于特定的政策目标而设的一种权利,一般不能转让或继承。

2. 优先购买权是一种附停止条件的形成权

当出卖人与第三人就出卖标的物的意思表示达成一致时,优先购买权人只凭

---

① 参见国务院2001年4月30日通过的《关于加强国有土地资产管理的通知》。

② 参见建设部1999年4月19日通过的《已购公有住房和经济适用住房上市出售管理暂行办法》。

自己一方的意思表示就能形成以出卖人与第三人同一条件为内容的契约,无须义务人承诺。优先购买权因此是一种形成权。这种形成权只有在出卖人将标的物卖予第三人时才可以行使,因而又附有停止条件,而不是一种随时可以行使的权利。

3. 优先购买权是一种期待权

期待权是指只具备部分要件,需等到其余要件具备时方可实际发生的权利。优先购买权的行使除了某种基础关系的存在之外,还依赖于出卖人与第三人就买卖标的物达成一致的意思表示,因此属于期待权而不同于既得权。

(二)优先购买权的行使规则

综观各国民法的规定,优先购买权的行使主要有以下规则:

(1)义务人应将其与第三人订立合同的内容,立即通知优先购买权人。

(2)优先购买权人欲行使优先购买权时,须在知悉合同的订立和内容之日起的一定期间内(瑞士为3个月;澳门为8日;德国,土地为两个月,其他物为一周;我国台湾地区为10日和15日)向义务人为意思表示,未获通知的优先购买权人,在知悉义务人将标的物或其应有份额卖予第三人或以之作代物清偿时,有权在法定期间内(法国为5年、瑞士为两年)起诉,按照法庭的命令行使优先购买权。但是如果新所有权人取得所有权已经超过此法定期间时,优先购买权即不得再行使。优先购买权人可以在知悉合同订立及其内容之后,以书面方式放弃优先购买权。

(3)一经行使优先购买权,优先购买权人与先卖义务人之间的买卖即按照先卖义务人与第三人约定的相同的条款而成立。

(4)第三人将设有优先购买权的标的物与其他标的物一起以总价金买受的,优先购买权人应按总价金比例支付相应的部分。如非造成相当损失不能将标的物与他物相分离时,先卖义务人可要求优先购买权的范围及于他物。

(5)如果合同中允许第三人延期支付价金,优先购买权人只有提供了担保才可以要求延期支付。

(6)如果义务人获得第三人许诺作出一个从属给付,优先购买权人不能作出该给付时,则可以用金钱补偿;如该给付不能以金钱衡量时,排除优先权;但可推论即使没有订立该从属给付,出卖仍要进行者,或该给付之约定系为排除优先权而作出者除外;如果从属给付的约定是为了排除优先权而设,即使该给付能以金钱衡量,优先权人也无义务作出该给付。

(7)数人共同享有优先购买权的,只能由全体共同行使优先购买权。如果权利人中一人优先购买权消灭,或者仅其中一人不行使其权利的,其余权利人有权以全体行使优先购买权。①

---

① 参见蔡养军:《我国法律中的优先购买权评析》,载《学海》2002年第5期。

四、优先购买权与财产变价转让的法律冲突

(一) 优先购买权与所有权人处分转让财产的利益冲突

1. 优先购买权破坏了民法的意思自治、契约自由基本原则

现行立法规定了多种类型的优先购买权,使优先购买权人由此获得了对抗所有权人、第三人的物权效力。也就是说,立法者限制了意思自治、契约自由、交易安全等民事基本原则的适用。财产处分应尊重所有权人的意志,每个人才是自己利益的最佳判断者。当然,国家和他人对当事人意志作出一定的合法干预,当事人有义务接受,但这一限制必须体现公平、效益和维护社会生活正常秩序的价值取向。

以房屋承租人优先购买权为例,该优先购买权在一定程度上限制房屋所有权,剥夺了所有权人选择买受人、订立契约的自由,还赋予承租人宣告房屋买卖无效的权利。对于房屋所有人而言,这首先是一种不合理的强制缔约义务,"强制缔约义务的出现就是由于合同双方当事人地位事实上的不平等而产生的,在相当程度上体现着对社会弱者的救济"。目前从司法实践以及保护承租人规则的强化来看,承租人相对于出租人,不仅不是弱者,还有不断强大的趋势,现实中不存在特别保护的合理性。优先购买权的设定还违背了财产所有人出售财产以实现最大利益的根本意愿,当所有权人提出出售条件时,由于承租人法定优先购买机会的提前介入,从根本上已经剥夺了其他人另出高价竞买的机会,所有权人获得高利益的追求从一开始就被扼杀了。由于理论根基不稳固,实践中恶意串通、规避法律现象层出不穷,诸如所有权人与第三人串通抬高购房条件,使承租人自动放弃优先购买权;又如所有权人采取先解除租赁关系再出售房屋的办法,破坏稳定的租赁秩序。承租目的提早落空,在一定程度上损害了出租方与承租方的诚实信用、契约自由,恶化了双方的关系。最后,承租人优先购买权的存在大大限制了房屋所有人的自由处分权,损害了所有权的物权排他性,动摇了私法自治的根基,如郑玉波先生所评,"使标的物之支配权事实上属于承租人,而出租人不过有空权而已……所有权变虚有权。"①

有学者认为,在"买卖不破租赁"的原则下,即使出租人将其出租的房屋卖给了第三人,在租赁未到期之前,承租人的租赁权完全可以对抗新买主的所有权,可见,承租人的实际利益已经得到保护。而且这种保护是很合理的,因为承租人的租赁权是完全基于其和出租人之间签订的租赁合同产生的,是有充分根据的。而优先购买权所保障的"承租人优先获得房屋所有权的利益"则是没有什么根据的,出租人与承租人之间只是存在租赁合同的债权关系,这样的关系又如何能导致承

---

① 陈海仪:《论房屋承租人优先购买权的存废》,载《广州大学学报》(社会科学版)2005 年第 4 期。

租人在同等条件下优先取得房屋所有权的结果呢？出租人在租赁合同中只存在对承租人出租的意思表示，不存在给予承租人在同等条件下优先购买的意思表示，法律强制性规定承租人的优先购买权，缺乏起码的当事人真实意思基础，实际上违背了民法中的意思自治原则。而意思自治原则无论在传统私法中还是在现代私法中，都是一项极为重要的基本原则。可见，房屋承租人的优先购买权是建立在出租人的相应"义务"之上的，而此"义务"恰恰会给出租人带来交易上的"损失"。可见，承租人的"快乐"是建立在出租人的"痛苦"之上的，为何要这样呢？为何要让出租人承担着这样损失的可能性呢？难道仅仅因为出租人出租了房屋，就要承担这样的"义务"或者"损失"吗？笔者认为，这似乎很荒唐，这样的制度设计有违民法基本原则。①

2. 相关案例

案例1：顺德力天公司诉吴某及第三人顺德丰本鞋业公司房屋租赁优先购买权纠纷案

[基本案情]

台商吴某于1999年从广东省顺德市陈村投资控股公司受让取得坐落于佛山市顺德区陈村镇南涌工业区面积为21 350.7平方米用地的厂房，总价款3 843 126元。2001年8月1日，力天公司与吴某签订《厂房场地有偿使用合同》，合同约定由力天公司向吴某租用吴某名下的厂房场地，租期为3年，合同于2001年8月1日起生效，租金为人民币30万元/月。2001年10月11日，力天公司与吴某又补充签订《厂房场地有偿使用合同补充条款》，约定租期由3年延长至6年，即由2001年8月1日至2007年7月31日，如吴某违约解除合同，须向力天公司偿付300万元人民币的违约金。合同签订后，力天公司搬入吴某提供的厂房场地进行生产，并每月按时交付租金给吴某。2003年11月10日，吴某与实际由其夫妻和家族控制经营的丰本鞋业公司签订《房地产买卖合同》，以1 334.1万元的价格转让上述厂房场地给丰本鞋业公司，并办理了产权变动手续。力天公司认为出租人行为侵害了其房屋优先购买权，于2005年起诉要求法院判决：(1) 确认吴某与第三人丰本鞋业公司签订的厂房买卖合同及相关买卖行为无效；(2) 确认力天公司享有所租厂房的优先购买权，并由力天公司依照吴某与丰本鞋业公司签订厂房买卖合同的条件购买取得所涉全部厂房。

[法院裁判要旨]

一审法院判决认为，根据《合同法》第230条的规定，出租人出卖租赁房屋的，承租人享有以同等条件优先购买的权利。吴某作为出租人向第三人出卖厂房场地，没有在出卖之前的合理期限内通知承租人，侵犯了力天公司的合法权益。第三人明知力天公司对租赁物存在合法权益，与吴某有明显的串通恶意。力天公司

① 参见李家军：《房屋承租人优先购买权之检讨》，载《法律适用》2006年第1—2期。

要求确认吴某与第三人之间的买卖行为无效,并要求以同等条件(即一次付清款项1 334.1万元)购买讼争厂房场地的诉请,理由成立。吴某及第三人认为其双方之间的交易系内部交易,力天公司不具备同等条件,没有法律依据。至于吴某称合同交易价格不能反映交易物的实际价值,其辩解没有事实依据,也不影响本案的处理。遂判决:(1)吴某与丰本鞋业公司之间的厂房场地买卖行为无效;(2)吴某与丰本鞋业公司应在30日内协助力天公司将讼争的厂房场地过户给力天公司,过户费用由吴某与第三人负担50%,力天公司负担50%;(3)力天公司向吴某支付厂房场地转让款1 334.1万元。①

吴某与丰本鞋业公司不服一审判决,提起上诉要求撤销原审判决。

二审法院判决认为,吴某没有通知承租人力天公司就将厂房转让给丰本鞋业公司,侵犯了力天公司的优先购买权。但丰本鞋业公司系吴某及其家族控制的公司,在这种情况下,吴某将自己名下房地产转让给丰本鞋业公司,若在对价上有别于两个毫无关联的当事人之间的交易,是可理解的。原审判决以吴某与丰本鞋业公司之间的买卖价格判决力天公司取得厂房,完全未考虑吴某与丰本鞋业公司之间的特殊关系,也与民法所提倡的公平、等价有偿原则相悖,应予纠正。厂房经二审委托评估2003年11月10日的市场价值为31 060 385元,应以此作为行使优先购买权的对价,力天公司可以该价格取得厂房。应该说,二审判决考虑到吴某与其家族企业之间进行内部关联交易转让房地产的价格偏离市场交易价格的特殊情况,改判由承租人按厂房场地交易时的市场价格取得厂房,虽然一定程度上矫正了一审判决的擅断,但仍确认原关联交易行为无效,强制吴某、丰本鞋业公司将厂房过户出卖给承租人力天公司,相关费用依法由各自承担;力天公司一次支付厂房场地转让款31 060 385元。②

从上述案例可见,因为有《合同法》第230条规定的房屋承租人的优先购买权存在,在出租房屋期间,无论出租人出于何种原因转让房屋,包括赠与亲属,都可能被法院认定为侵权,并可能被判令按原约定的转让条件强迫转让于承租人,不但违背房屋所有权人的意思自治,而且侵害了其财产利益。如法官机械地适用《合同法》第230条房屋承租人优先购买权的规定,很可能导致当事人利益失衡,由承租人攫取不当利益的同时,变相侵害了房屋所有人的合法利益。

(二)优先购买权与市场交易快捷、安全秩序要求相冲突

优先购买权的行使,会令财产流转交易陷入一种不稳定的状态,交易遥遥无期,善意买受人的利益遭到极大的破坏,交易安全与秩序无从谈起。下以租赁房屋优先购买权为例予以说明:

(1)体现在交易的时间上。房屋所有人出售房屋至少在3个月的时间内,只

---

① 参见佛山市中级人民法院(2005)佛中法民五初字第40号讼案民事判决。

② 参见广东省高级人民法院(2006)粤高法民一终字第211号讼案民事判决。

能耐心等待承租人是否行使优先购买权的答复。众所周知,房地产市场变化莫测,长时间的等待可能会导致房价大幅度变化,由此给所有权人带来的损失无法弥补,在立法强制保护优先购买权之下的所有权人利益脆弱无助。

(2)所有权人基于多种原因没有遵守优先购买权规定,导致善意买受人取得了房屋的产权,但在承租人请求司法救济并宣告买卖无效之前,善意买受人的房屋权利将一直处于不确定状态。如又再发生转让,房产权属就更无序了,无论是房屋所有人还是之后的一系列善意买受人,财产安全均受到严重威胁。

(3)承租人主张优先购买权,法院多判决买卖无效,则所有权人与买受人为订立合同、办理房屋产权转移支出的所有费用和一切努力都将付之东流,势必造成交易成本的提高和社会财富的浪费,也大大增加了讼累。由此可见,承租人优先购买权的法律规定是以更多人的财产权益和经济生活安全受到严重危害为代价,换取极个别人的利益,这一法定权利的价值令人怀疑,作用极为有限,法理依据不充分。

可见优先购买权的行使会导致房屋出租人、承租人、善意第三人之间的利益发生冲突,冲突是危害秩序的根源,出租人可能设法破坏租赁合同使承租人的优先购买权落空,承租人也可能会恶意起诉买卖无效,房产正常交易受限,秩序没有得到进一步维护,反而遭到破坏。①

(三)优先购买权与拍卖程序和财产变价的价值最大化相冲突

依现行法律体制,优先购买权是一种法定的权利,在所涉财产买卖转让中应受法律保护。在当事人之间协议转让上述财产时,优先购买权人固然可以主张其优先购买权,殊无异义。在通过竞争方式进行财产变价,包括拍卖、招标程序、强制执行程序,优先购买权人也可以主张权利,甚至主张拍卖、招标行为侵害其优先购买权而请求确认无效。

众所周知,在财产变价转让中,最富有效率、能最大限度发现变价财产的价格和最能实现财产价值最大化的变价方式,莫过于公开竞价缔约的拍卖、招标程序。因此,我国《企业破产法》第112条和最高人民法院有关强制执行程序都明确规定,变价出售财产应当通过拍卖或其他公开竞价的方式进行,依法不能拍卖或者限制转让者除外。从法律的规定看,拍卖、招标区别于一般买卖的最大特征,就是实行公开竞价,以“价高者得”的原则,以一种集中竞价的方式而不是直接磋商的方式定价,从而确定当事人以确定财产流转合同关系。可以说,“价高者得”作为拍卖、招标的最根本的特征,无论作何取舍,必须坚持此原则,如果放弃此原则,则拍卖将不再是拍卖。如严格保障优先购买权人的优先购买权,则必然与拍卖、招标规则和财产变价的价值最大化发生剧烈的冲突。具体地说,主要体现在以下几方面:

---

① 参见陈海仪:《论房屋承租人优先购买权的存废》,载《广州大学学报》(社会科学版)2005年第4期。

(1) 在拍卖、招标成交后,优先购买权人可以主张以同等价格条件享有优先购买权,无疑破坏了通常"价高者得"的拍卖、招标规则,使得拍卖、招标程序失去了应有意义,实际等于纯粹为优先购买权人确定一个成交价格。而其他公众竞拍人包括最高价格的竞拍人、投标人,则无疑等于白忙一场,无任何实益。

(2) 在拍卖、招标程序,优先购买权人可以不参与公众的竞拍、投标,而直接主张以拍卖、投标成交价取得标的物,实际上减少了拍卖、招标程序发现最大价值的作用,减少了竞买人的人数和竞争力度,不利于财产变价的价值最大化。

(3) 拍卖、招标程序是面对所有社会公众发布公告,公开进行的,其市场交易公信力本是最高的、不容置疑的。但是在实践中,有些优先购买权人并不按通知要求参加拍卖、招标程序,不到场。但是在拍卖、招标结束成交后主张其优先购买权受到侵犯,起诉到法院要求确认该拍卖、招标成交无效,由其买受取得标的物。这对财产变价交易构成极大威胁,不利于交易安全和便捷。

学者认为,功利和效率的复合原则是财产理论三个核心原则之一,该复合原则主张财产权应该如此分配:一是对于物的使用、占有、交易等功利最大化;二是对于物的使用、占有、交易等效率最大化。① 而立法规定强制保护优先购买权,显然不符合财产法核心原则。

五、优先购买权在财产拍卖变价中的利益均衡理论观点和做法

(一) 财产拍卖变价时应否保护优先购买权的争论观点

如上述,现行的优先购买权存在着许多弊端,与民法基本原则和市场经济社会下民商事财产流转交易的快捷、安全秩序要求不尽相符,并且直接与拍卖、招标规则存在激烈的冲突。在财产拍卖变价时,尤其是在债务人进入破产清算程序或法院强制执行程序其财产被拍卖时,优先购买权人是否可以行使优先购买权?是否应对优先购买权进行规制?遂成当前社会各界关注之重大法律问题。对此,各国立法例所持态度也不尽相同,如德国民法禁止行使,但应当通知先买权人参加竞买;瑞士民法规定可以行使。目前关于此问题,我国理论界存在否定说和肯定说两种截然相反的学说观点,争论不一。

1. 否定说:反对在拍卖变价中行使优先购买权

持否定说观点的人认为,民法上的优先购买权仅适用于市场经济中当事人双方自主交易的场合,不适用于强制执行程序、拍卖、招标过程。在民事执行程序中,法院依国家强制力执行债务人的财产,取代债务人的地位行使对被执行财产的处分权。在拍卖过程中,买卖双方奉行的是"价高者得"原则,因而无须考虑优先购买权人的利益。只要采用拍卖方式,就不应存在优先购买权。优先购买权人应与其他公众竞拍人一起进行叫价竞买。而且,在强制执行实践中,法院经常会

① 参见〔美〕斯蒂芬·芒泽:《财产理论》,彭诚信译,北京大学出版社2006年版,第174—177页。

碰到不动产上存在共有人、承租人的情况，他们要求行使优先购买权，却又想以低于市场价的价格购买，弄得法官左右为难，无法及时结案；有些被执行人钻法律空子，在法院查封前甚至查封后，炮制租赁合同，干扰法院执行工作的正常开展。

学者认为，“价高者得”是拍卖不可放弃的根本规则和特征，只要是拍卖方式，就不应存在部分人的优先购买权。虽然二者都有法律的明确规定，但二者的冲突应该统一于“价高者得”规则的效力。物或权利（股权、财产份额）的所有者（或处分权人）以一般的方式出卖、转让其物或权利时，优先购买权人依法享有优先购买权。当选择委托拍卖企业以拍卖的方式出卖、转让其物或权利的，就应当按照《拍卖法》的规定，以“价高者得”作为确定受让者的唯一规则，即拍卖中不应有优先购买权。主要理由如下：

（1）拍卖中存在优先购买权违背商品经济的基本规律。如果坚持优先购买权，必将直接冲击拍卖“价高者得”的根本规则，使在有优先购买权的交易中，拍卖不再成为拍卖。从立法者的本意来看，决非意欲以优先购买权取消拍卖方式。而从制度的合理性来看，本来是要以拍卖的竞争定价发现商品的价值，提高交易的效率与降低交易的成本。如果以某种权利根本取消一种交易方式，将破坏这一制度的合理性，而增加交易成本，无疑是与商品经济基本规律相左的。

（2）特别法优先的原则也要求不得有优先购买权。优先购买权存在于《民法通则》、《合同法》、《公司法》、《合伙企业法》等法律法规中，这些法律规范只是规定财产或财产权利或份额转让时的权利义务，并未就转让方式作出特别规定，因而其转让方式有特别法律规定的，应遵从特别法律有关规定。而《拍卖法》作为专门规范拍卖行为这种特殊财产转让方式的特别商事法，特别法优先是法律适用的基本原则，故在财产拍卖变价中应优先适用拍卖规则。

（3）从当事人的义务角度可论证在拍卖中不可适用优先购买权。

首先，增加了优先购买权人的义务。优先购买权是法定的权利，不以负担任何义务为前提。但根据拍卖实践中的做法以及最高人民法院司法解释的规定，优先购买权人须参加拍卖会，负有在拍卖前交纳保证金的义务和在获得标的后负担费用（拍卖佣金）的义务。如果主张拍卖时也应保留优先购买权，则优先购买权人根本不用参加拍卖会，而在拍卖会后，可根据拍卖的结果，主张以买受人的价格受让标的，这将使拍卖人处于非常困难的地步。因为《拍卖法》规定，拍卖师以击槌或以其他公开表示卖定的方式确认后即成交，拍卖人应按此履行义务。而如果优先购买权人此时主张优先购买，则必使拍卖人不能履行拍卖成交的义务，拍卖人违约就是必然的了。

其次，增加了拍卖人的义务，将导致优先购买权也会站不住脚。在《拍卖法》中，没有任何关于拍卖人必须询问某个竞买人是否进行优先购买的义务。既然没有义务，当然就可以不作询问行为。相反，在《拍卖法》中明确规定拍卖应坚持“公平、公正”的原则，拍卖人必须平等对待所有竞买人，并将拍卖标的卖给最高应价者。若拍卖人在拍卖中将标的优先卖给某个竞买人，乃是直接违背《拍卖法》，所以拍卖人在拍卖中不得询问优先购买权，不得将拍卖标的优先卖给某个竞买人。

(4) 在拍卖中确定优先购买权违背法律原理和市场原理。在有多个优先购买权人时：

第一种情况，某一标的有不同性质的优先购买权人，比如某一物拍卖时既有物的共有人主张优先购买权，又有承租人主张优先购买权。普遍认为，共有人比承租人更优先，因为共有人是基于物权关系而拥有优先权。所以，根据物权优先的原理，共有人的优先权应优先于承租人。但依照最高人民法院《关于人民法院民事执行中拍卖、变卖财产的规定》的规定，多个优先购买权人都主张购买时，以抽签决定，根本不能体现共有人优于承租人的权利。

第二种情况，拍卖标的有多个优先购买权竞买人时，其他竞买人可能知难而退，不愿意做只是提高价格的参照物。此时，依照最高人民法院《关于人民法院民事执行中拍卖、变卖财产的规定》的规定，拍卖会根本就不可能再举行，多个竞买人之间抽签决定即可。这样，一是根本违背拍卖的竞价原则；二是使愿意出更高价格的某一个优先购买权人也不能以出高价的方式获得标的。必将损害拍卖的价值发现功能，并根本否定依市场配置资源的规则。[①]

即使是赞同现行优先购买权立法的学者，也主张借鉴国外立法例对优先购买权予以必要的限制，包括优先购买权转让、继承和拍卖上的限制。在优先购买权可否转让和继承问题上，《德国民法典》第 514 条规定：先买权不得转让，不移转于权利人的继承人，另有规定的除外。权利限于一定期间的，如无其他规定，可以继承。《瑞士民法典》第 681 条第 3 款规定：法定先买权既不能继承，亦不能转让。对于德、瑞民法的规定，我国可以批判地借鉴“法定优先购买权不能继承和转让”。因为，法定优先购买权基于法律的规定而产生于特定的法律关系中，脱离特定的法律关系，法定优先购买权也丧失了存在的基础。

关于拍卖时是否可以行使优先购买权，应采用德国的立法禁止行使模式，因为：第一，拍卖是一种竞争买卖，应当以出价最高者为买受人，优先购买权人如果想要购买该财产，完全可以参加竞买，与他人公平竞争。第二，如果允许优先购买权人行使优先购买权，势必使拍卖徒有其名，失去信用，使人们不愿参加竞买，从而影响标的出卖价格。第三，出卖人通知优先购买权人参加竞买，优先购买权人欲取得标的物所有权，完全可以与他人一同竞争，其购买的机会并未丧失，对优先购买权人没有什么伤害。因此，应当禁止优先购买权在拍卖中行使。[②]

2. 肯定说：在财产拍卖变价中应保护优先购买权

持这种观点的人认为，在拍卖程序中也当然存在优先购买权，此为法定不可

---

① 参见谭元满、彭长虹：《论优先购买权与拍卖规则的冲突》，载《中国律师》2006 年第 5 期。

② 参见郭台宏：《对优先购买权的立法建议》，载《法制与社会》2008 年第 3 期。

剥夺的权利。既然优先购买权是法定权利,则无论在当事人的自主交易活动还是法院的强制拍卖程序中,都应当予以保护,不能随意剥夺。主张在财产拍卖变价时也应确保优先购买权实现的学者,主要从以下两方面论述其必要性:

(1) 拍卖是财产转让、买卖中的一种方式,认为在拍卖变价时同样应保护优先购买权。法律设定优先购买权的根本目的在于稳定既成的社会经济关系,避免社会关系过度变动。尽管拍卖是一种较为特殊的交易方式,但究其本质而言仍是买卖的一种,故拍卖过程也不能无视优先购买权问题。优先购买权作为民商法上当事人的一种法定权利,在拍卖过程中有获得保护的必要和可能。①

(2) 法院强制执行程序应保护优先购买权。民事执行以保护债权人的民事实体权利为使命,除了某些不适于执行的权利外,强制执行法都应当予以保护。优先购买权作为民商法上当事人的一种法定权利,在民事执行程序中有获得保护的必要和可能。在大陆法系国家以及我国台湾地区,理论和立法上均承认强制执行程序中优先购买权的保护问题。如杨与龄教授在《强制执行法论》一书中认为:"强制拍卖,亦为买卖之一种,自不影响优先承买权人之权利……故不动产经拍定或交债权人承受时,执行法院知有优先承受权利人者,得依法通知其于法定期限内表示愿否优先承受。无法定期限者,则应在执行法院所定期限内行使优先承买权。优先承买人于接到通知后,逾期未表示者,其优先权视为放弃,执行法院得交由拍定人承买。"②

3. 最高人民法院关于财产拍卖中优先购买权的法律见解

最高人民法院对财产拍卖变价中应否保护优先购买权问题亦存在不同的法律见解。

最高人民法院《关于人民法院民事执行中拍卖、变卖财产的规定》(法释〔2004〕16 号)第 14 条规定:"人民法院应当在拍卖五日前以书面或者其他能够确认收悉的适当方式,通知当事人和已知的担保物权人、优先购买权人或者其他优先权人于拍卖日到场。优先购买权人经通知未到场的,视为放弃优先购买权。"第 16 条规定:"拍卖过程中,有最高应价时,优先购买权人可以表示以该最高价买受,如无更高应价,则拍归优先购买权人;如有更高应价,而优先购买权人不作表示的,则拍归该应价最高的竞买人。顺序相同的多个优先购买权人同时表示买受的,以抽签方式决定买受人。"该司法解释明确承认并保护优先购买权。

而最高人民法院目前正在制定的有关司法解释在讨论过程中对此产生了不同的意见,如:

《关于审理城镇房屋租赁合同纠纷案件适用法律若干问题的解释》(征求意见

---

① 参见宗志翔:《论拍卖过程中优先购买权的保护》,载《理论导刊》2006 年第 9 期。

② 转引自肖建国:《强制拍卖中优先购买权的保护》,载《人民法院报》2005 年 3 月 30 日,第 B02 版。

稿）第21条[①]（承租人优先购买权的行使）规定："具有下列情形之一，承租人请求行使优先购买权的，不予支持：（一）房屋共有人行使优先购买权的；（二）出租人履行告知义务后，承租人在十五日内未明确表示予以购买的；（三）知道或者应当知道出租人出卖房屋之日起一年内未主张优先购买权的；（四）承租的房屋面积未达到出租人出售的房屋面积50%以上的；（五）出租人以拍卖或招标方式出卖租赁房屋的；（六）出租人将未办理登记备案手续的出租房屋出售给第三人，并已办理产权登记过户手续的。符合上述第五项规定情形，出租人应当通知承租人参加拍卖或招标。出租人未履行通知义务，承租人请求出租人承担违约责任的，应予支持。"第22条[②]（优先购买权的保护）规定："出租人出卖房屋侵害承租人优先购买权，承租人请求确认出租人与第三人签订的房屋买卖合同无效的，应予支持。但承租人同时请求按与第三人购买房屋的同等条件取得租赁房屋所有权的，除出租人同意出售外，不予支持。"

《关于审理买卖合同案件若干问题的解释》（征求意见稿第二稿）第52条规定："在依据强制执行程序（拍卖程序）或者破产程序出卖标的物时，优先购买权人主张优先购买权的，人民法院不予支持。"

《关于〈中华人民共和国公司法〉司法解释（三）》（征求意见稿）第25条[③]（股东优先购买权的行使）规定："人民法院在强制执行程序中决定以拍卖方式对有限责任公司股权变价时，应当通知公司及全体股东；公司或者公司其他股东不同意以拍卖方式变价的，应当以评估价格购买该股权。公司其他股东在人民法院规定的期限内不予购买的，人民法院应当以拍卖方式对股权变价。拍卖股权时，应当通知公司和全体股东参加。拍卖成交后，公司股东不得主张以成交价格优先购买该股权。"另一种观点认为，"其他股东可以拍卖成交的价格行使优先购买权。"

从上述内容可见，虽然目前最高人民法院《关于人民法院民事执行中拍卖、变卖财产的规定》规定了优先购买权人可以在民事执行中以拍卖成交的价格行使优先购买权，但是因为其适用范围限于人民法院的民事执行程序，至于其他普通财

---

① 最高人民法院《关于审理城镇房屋租赁合同纠纷案件具体应用法律若干问题的解释》（法释〔2009〕11号）自2009年9月1日起施行，可参阅并适用其第24条的规定：具有下列情形之一，承租人主张优先购买房屋的，人民法院不予支持：（一）房屋共有人行使优先购买权的；（二）出租人将房屋出卖给近亲属，包括配偶、父母、子女、兄弟姐妹、祖父母、外祖父母、孙子女、外孙子女的；（三）出租人履行通知义务后，承租人在十五日内未明确表示购买的；（四）第三人善意购买租赁房屋并已经办理登记手续的。

② 可参阅并适用最高人民法院《关于审理城镇房屋租赁合同纠纷案件具体应用法律若干问题的解释》（法释〔2009〕11号）第21条的规定：出租人出卖租赁房屋未在合理期限内通知承租人或者存在其他侵害承租人优先购买权情形，承租人请求出租人承担赔偿责任的，人民法院应予支持。但请求确认出租人与第三人签订的房屋买卖合同无效的，人民法院不予支持。

③ 最高人民法院《关于适用〈中华人民共和国公司法〉若干问题的规定（三）》（法释〔2011〕3号），自2011年2月16日施行，但并未规定此处相关内容。

产拍卖变价活动中是否可以行使优先购买权仍不明确,有必要进一步统一规范。

(二)财产变价拍卖实践中保护优先购买权的做法

1. 拍卖实践中保护优先购买权的方法

当前,除了最高人民法院《关于人民法院民事执行中拍卖、变卖财产的规定》之外,没有其他法律法规或司法解释涉及拍卖变价财产时应保护优先购买权的规定。因此,在当事人自行委托拍卖财产,或者在破产清算程序管理人委托拍卖破产财产的实践中,对优先购买权人是否可主张其优先购买权仍没有统一做法。有的由所有权人或拍卖单位通知优先购买权人到场参与竞拍,有的根本不通知优先购买权人。就拍卖财产是否侵害优先购买权人合法权益发生纠纷的,有的获得法院的支持,有的没有获得法院的支持。

在拍卖实践中,通知优先购买权人到场参与竞拍的,对于优先购买权的保护通常有两种方法:

(1) 实行"跟价法"。由财产所有人、执行单位或执行法院通知优先购买权人直接参与竞买,优先购买权人和竞买人一起竞价,实行价高者得。这种做法将优先购买权人视同一般的竞买人。因此,优先购买权人要行使和实现其优先购买权,必须同其他竞买人一样,按照拍卖公告的要求,进行竞买登记,交纳拍卖保证金,举牌竞买。

"跟价法"要求优先购买权人行使优先购买权时,须以竞买人的身份举牌应价,在同等条件下享有优先购买权。所谓"同等条件",主要指价格同等,还包括付款期限、交付方式同等,其他竞买人须遵守的拍卖程序、规则,优先购买权人也应遵守。在其他人举牌应价后,有最高应价时,拍卖师高呼三声,此时优先购买权人可以表示以此最高价接受。如无人进一步出更高价,则卖给优先购买权人;如有更高出价,而优先购买权人不为表示的,则拍归最高应价者。按照"跟价法",优先购买权人必须积极、主动应价,其优先购买权才能获得保护。最高人民法院《关于人民法院民事执行中拍卖、变卖财产的规定》采用的就是"跟价法",这已作为人民法院强制拍卖中保护优先购买权的统一方法。

(2) 实行"询价法"。由财产所有人、执行单位或执行法院通知优先购买权人到拍卖现场,但不直接参与竞价,待经过竞价产生最高应价者后,由拍卖师询问优先购买权人是否愿意购买。如果其不愿购买,则拍卖标的即由最高应价者购得;如果其愿意购买,则拍卖师询问最高应价者是否愿意再加价,如果其不愿加价,则拍卖物由优先购买权人购得;如果最高应价者表示愿意加价,则在加价后再询问优先购买权人。如此反复,直至其中一人退出,拍卖才成交。

我国台湾地区基本上采纳了"询价法",不同之处在于,不再询问最高应价者是否愿意再加价,只要优先购买权人表示愿意购买,拍卖标的即归优先购买权人购得,否则,归最高应价者。

在拍卖实践中,也可同时采用询价法和跟价法的混合方法兼顾各方利益的做法,如下文典型案例。

2. 股东在公司股权拍卖中行使优先购买权的典型案例

案例2:博时基金公司股权拍卖变价案

博时基金管理有限责任公司成立于1998年7月13日,是中国内地首批成立的五家基金公司之一,也是首家获得社保基金管理资格的公司。公司当年注册资金为1亿元,金信信托出资4800万元成为博时基金的控股股东。博时基金公司2006年盈利达到1.55亿元,名列基金公司第一名。根据相关统计数据,截至2007年第三季度,博时基金的公募基金规模高达2108.88亿元,位列所有基金之首,加上社保基金、企业年金等机构理财资金,三季度末总管理规模超过2500亿元。博时基金原股东结构为:金信信托控股48%、长城资产管理公司参股25%、招商证券参股25%、广厦建设集团2%。博时基金的大股东金信信托投资股份有限公司由于停业清算而被迫将其所持有的48%的股份全部拍卖。在博时基金股权拍卖公告中明确指出,博时基金管理有限责任公司原股东享有优先购买权,并通知了原股东到场。

2007年12月26日,金信信托投资股份有限公司持有的博时基金管理有限责任公司(博时基金)48%的股权,在北京金融街洲际酒店整体拍卖。拍卖分为两个阶段:

第一阶段,在公众竞拍人之间进行竞拍。在拍卖现场,博时基金48%的股权起拍价为28亿,然后以每次5000万元的幅度加价,很快便达到32亿。这一数字已经创下中国基金公司股权转让的最高单价,接近每股66元的价格。公众竞拍人最后出价达45.6亿元。

第二阶段,在优先购买权人即股东与公众竞拍人之间进行竞拍。现场享有优先购买权人资格的有博时基金原股东招商证券和长城资产,八号举牌者是招商证券。在现场,八号席位的优先购买权人与一号席位的公众竞拍人从45.6亿元开始,展开了激烈的竞争。最终,八号席位的优先购买权人以63.2亿元竞得博时基金48%的股权,每股价格超过125元,创下中国基金管理公司在股权转让方面的最高单价及最高金额的纪录。

案例3:南方证券持有银华基金公司股权拍卖变价案

在博时基金股权拍卖前,原南方证券因停业清算拍卖其所持有的银华基金21%的股权。银华基金公司成立于2001年,注册资本1亿元,原发起股东包括首创集团(29%)、西南证券(29%)、南方证券(21%)和东北证券(21%)。2005年初,首创集团将所持有的29%的股权转让给其控股公司第一创业证券。2007年10月22日,深圳拍卖会上,银华基金公司的原股东代表也参加了拍卖会,最终银华基金21%的股权,被非金融企业的山西海鑫集团以11.8亿元的价格拍得,溢价55.19%。

在上述股权案例中,既没有排斥股东行使优先购买权,又遵循了拍卖规则,展开了较充分的竞价，实现了被拍卖股权的价值最大化，最大限度地维护了原股权持有人及广大债权人的利益，堪值肯定！

六、在财产拍卖变价中保障优先购买权的程序设计

笔者认为，既然法律赋予共有人、承租人、有限责任公司股东、合伙人等权利人享有优先购买权，这是一种法定权利。故在财产变价时，包括在普通变卖和法院强制执行程序、破产清算程序中以拍卖、招标方式出售或转让财产，都应当保障权利人行使优先购买的权利。但是，硬性机械地保护优先购买权不但会损害财产所有人、善意第三人的利益，而且与拍卖规则、招标规则相冲突。通过拍卖方式进行财产变价的目的，在于公平、公正、公开地实现财产价值的最大化，进而保护财产所有人和债权人的利益。所以，既要考虑遵循一般拍卖规则和程序，同时又要兼顾优先购买权人、财产所有人和债权人等不同主体的利益。通过合理变通改造拍卖规则、招标规则，使两者合理衔接，消除两者之间的冲突，在实现财产拍卖变价价值最大化的同时，保护优先购买权人的合法权益。

在财产拍卖变价时如何保障优先购买权的具体程序设计上，根据《拍卖法》、最高人民法院《关于人民法院民事执行中拍卖、变卖财产的规定》的相关规定，以及拍卖实践的有效做法，笔者建议遵循如下程序设计：

（一）提前通知或公告优先购买权人所涉财产拍卖变价情况

通过拍卖方式变价出售、转让共有财产、租赁房屋、股权、合伙人财产份额等财产或财产性权利时，应当通知享有优先购买权的权利人于拍卖日到场，优先购买权人在同等条件下享有优先购买权。

通知方式、内容。关于通知方式，为避免纷争，应当采用书面并能够直接送达被通知人的方式。最高人民法院《关于人民法院民事执行中拍卖、变卖财产的规定》第14条规定，人民法院在强制执行拍卖中应当在拍卖5日前以书面或者其他能够确认收悉的适当方式，通知当事人和已知的担保物权人、优先购买权人或者其他优先权人于拍卖日到场。由于优先购买权人须以权利人身份行使优先购买权，所以拍卖通知中要载明拍卖的时间、地点、拍卖原因、拍卖保证金数额、交纳拍卖款的期限及不及时行使优先购买权的法律后果等内容，以便于优先购买权人及时判断决定是否行使优先购买权。对于尚未知悉、下落不明的优先购买权人，或者实在无法采用直接送达方式通知优先购买权人的，则可以采用在当地有影响的媒介上发布拍卖公告的方式，催告优先购买权人行使权利，以及丧失其优先购买权的法律后果。

关于拍卖通知的时间，学者认为不受民法规定的限制。依照最高人民法院《关于适用〈中华人民共和国民法通则〉若干问题的意见（试行）》第118条的规定，出租人出卖出租房屋，应提前3个月通知承租人。《合同法》第230条则要求在出卖前合理期限内通知优先购买权人。实践中对应提前多长时间通知优先购

买权人有不同的理解。但是在司法拍卖程序中，人民法院不受民法上规定的通知时间的限制，也不受当事人双方约定的通知时间的限制。只要拍卖通知符合最高人民法院《关于人民法院民事执行中拍卖、变卖财产的规定》第14条即可。[①] 笔者认为，因拍卖变价受《拍卖法》调整规范，通知或公告时间只要符合拍卖法的相关规定即可，不受普通财产转让交易的通知时间的限制。

（二）拍卖公告中应当明确载明拍卖标的上的瑕疵

鉴于所拍卖变价出售、转让共有财产、租赁房屋、股权、合伙人财产份额等财产或财产性权利上存在着优先购买权，竞拍人通过普通拍卖程序在公众竞拍人之间产生最高应价时，竞拍人并不能当然以该竞价购买，而应视优先购买权人是否行使优先购买权决定其权利行使，因此，一定要在拍卖公告中明确载明该拍卖标的上存在的此瑕疵，提前告知公众竞拍人其风险之所在，这样，在将来竞拍时对最高应价者权利行使进行限制时，对其而言也就不存在不公平问题了，即保证公正竞拍人自参与该拍卖物的竞拍活动之日起即具有此心理预期。

（三）优先购买权人应当到场行使优先购买权

优先购买权人须按照拍卖通知或者拍卖公告的要求，在拍卖日到场行使优先购买权。参照最高人民法院《关于人民法院民事执行中拍卖、变卖财产的规定》第14条第2款的规定："优先购买权人经通知未到场的，视为放弃优先购买权。"如优先购买权人不能亲自到场的，可以委托其代理人到场主张行使优先购买权。凡优先购买权人经通知或经公告未到场主张行使优先购买权的，视为放弃同等条件下受让的权利。这业已形成共识，无论是在法院强制执行拍卖程序还是其他拍卖变价均应如此。人民法院对优先购买权人事后主张拍卖变价行为侵害其优先购买权的，应不予支持。

（四）拍卖过程应当保证展开充分的竞买机制

拍卖过程中，可分阶段采用"询价法"和"跟价法"的混合方法确认拍卖成交人。

第一阶段，优先购买权人可以不参与公众竞拍人的竞价，当在公众竞拍人之间产生最高竞价时，优先购买权人可以表示以该竞价买受。这是因为：第一，优先购买权人享有按成交同等条件优先买受取得标的物的权利，故不必要对每一叫价表示跟进；第二，在其他参与竞买人未达成最高竞价时，优先购买权人表示以该竞价优先购买没有任何实质意义。

第二阶段，在其他公众竞拍人的竞价结束，产生最高应价时，优先购买权人可以主张在同等条件下行使优先购买权。拍卖师此时应征询优先购买权人是否行使优先购买权。如果优先购买权人表示行使优先购买权的，且无更高应价的，则

---

① 参见肖建国：《强制拍卖中优先购买权的保护》，载《人民法院报》2005年3月30日，第B02版。

拍归优先购买权人。如有更高应价，而优先购买权人不作表示购买的，则拍归该最高应价的竞买人。

在拍卖过程中，优先购买权人可主张以公众竞拍人的最高叫价的同等条件下优先买受标的物。此时，对其他竞买人可否继续以更高价格竞买，存在较大分歧。笔者认为，此时其他竞买人与优先购买权人之间应继续竞争，直至在竞买人与优先购买权人之间确定最后成交价格，以实现变价财产的最大价值。因为该拍卖成交价是在缺乏优先购买权人与其他公众竞买人之间展开充分竞争的情况下而初步确定的价格，如果尚有其他人表示愿意以更高应价时，则说明有继续竞价的必要，直至在其他公众竞买人与优先购买权人之间确定最后成交价格。只有这样，才符合财产变价利益最大化这一基本原则和目标，同时也没有实质损害优先购买权人的利益。

以上述博时基金公司股权拍卖变价案为例，假如优先购买权人主张以公众竞拍人的最高叫价的同等条件下优先买受标的物，而其他竞买人不能再以更高价格竞买的话，该股权只以 45.6 亿元为优先购买权人所取得，而不可能拍卖出更高的价款。但是正是因为允许在优先购买权人与其他公众竞买人之间继续展开竞价，最终以 63.2 亿元拍卖成交，比限制竞争足足多出 17.6 亿元！由此可见，在拍卖过程中保证展开充分的竞争对实现拍卖财产价值最大化的重要性。

（五）多个优先购买权人同时主张买受的处理规则

在多个优先购买权人同时表示买受的情况下，应如何处理？拍卖实践中有采用继续加价拍卖的办法，由多个优先购买权人作为竞买人，以现有的出价为起拍价，由多个优先购买权人继续竞拍，价高者得。笔者认为，此时应区分不同情况对待：

第一种情况：如果多个优先购买权人的权利顺序不同，应当由顺序在先的优先购买权人作为买受人，优先购买取得标的物。如共有人与承租人对于拍卖物都享有优先购买权，共有人基于物权而产生的优先购买权，在物权效力上优先于承租人基于债权而产生的优先购买权。

第二种情况：顺序相同的两个或两个以上优先购买权人同时主张行使优先购买权的，应由优先购买权人协商确定各自的购买比例；协商不成的，按照转让时各自的共有比例、出资比例行使优先购买权。最高人民法院《关于人民法院民事执行中拍卖、变卖财产的规定》第 16 条第 2 款规定，顺序相同的多个优先购买权人同时表示买受的，以抽签方式决定买受人。对这不尽合理的做法应当参照《公司法》第 72 条的规定予以改进。

七、结束语

综上所述，在拍卖、招标变价转让财产时，对优先购买权予以适当规制，消除其弊端和不良影响无可厚非，但是鉴于优先购买权作为一种法定权利，在立法修订废除之前，仍有予以保护的必要。那种完全否定财产拍卖变价中存在优先购买权的观点值得商榷。我们应当通过合理设计拍卖程序和规则，在充分实现被拍卖财产价值最大化的同时，兼顾保护优先购买权人的优先购买权，均衡各方不同民事主体的利益诉求。

债务人解散时债权人的司法救济途径

司法实践中,经常出现债务人因歇业、被撤销、被关闭以及被吊销企业法人营业执照等事由解散时,债权人无法通过正常的司法救济途径实现其债权的情况。且由于缺少相应的法律依据,各地人民法院在执法中掌握的也不尽一致,甚至相差甚远。如有的人民法院将解散企业法人的清算组列为被告,判决其以解散企业法人的财产承担民事责任;有的人民法院直接将债务人的开办单位列为被告,并判决其承担清算责任,对债务人的债权、债务进行清理;有的人民法院依债权人的申请或者依职权将债务人的开办单位或者股东追加为共同被告,判决其在债务人不能偿还债务时,对债务人的债务承担补充赔偿责任;有的法院干脆以被告不存在为由驳回债权人的起诉;还有的法院仅判决债务人偿还债务,驳回债权人以开办单位未清算造成其损失的起诉,告知其另行起诉……这种混乱表现在诉讼主体的确定和民事责任的承担两方面,而诉讼主体的确定又是民事责任承担的前提。由于司法审判实践中的混乱,往往出现同样的案情在不同的法院审理出现截然相反的判决结果,这不仅造成司法的不严肃,更重要的是对保护债权人的利益不利。上述问题是司法实践迫切需要解决的一大问题,也是长期困扰民商事审判的难题。笔者试图在本文中从对民事主体的确定、清算程序的提出和民事责任的承担三个角度来谈一下在债务人解散时,债权人的司法救济途径问题。

一、民事主体的确定

要解决债务人解散时债权人的司法救济问题,首先要解决的问题是债务的相对性问题,即债务人解散时其民事主体是否终止以及清算组织与解散企业法人是何种关系等问题。通俗地讲,就是要解决在债务人解散时,债权人应以谁为被告提起诉讼——是以解散的企业法人,还是以清算组织为被告的问题。下面从两个方面予以分析。

(一)企业法人解散与企业法人终止的关系问题,亦即企业法人解散后在清算阶段或者应清算而未清算阶段的法律属性问题

企业法人的解散是指企业法人因本身不能存续的事由发生,而停止积极活动,开始整理财产关系,是企业法人终止程序的一个环节,是确定企业法人将要终止,这种确定虽然不会立即导致企业法人的消灭,但它必将导致企业法人的

消灭。[①] 企业法人的解散分主动解散（亦称自动解散）和被动解散（亦称强制解散）两种。主动解散包括企业法人歇业（自动歇业和视同歇业）、公司章程规定的营业期限届满或者公司章程规定的其他解散事由的出现、股东会决议解散、因公司合并或者分立需要解散以及股东经变动不足法定最低人数。被动解散是依国家公权力，使企业法人独立人格消灭的法律行为[②]，包括因企业法人（公司）违反国家法律、行政法规被主管部门关闭（撤销）以及被工商行政管理机关吊销企业法人营业执照（或者又注销的）。

企业法人的解散与企业法人的终止是两个不同的概念。企业法人的终止，是指企业法人资格的消灭。企业法人终止后，其民事权利能力和民事行为能力丧失，民事主体资格消灭，是企业法人在实体上的消灭。而企业法人的解散是企业法人终止的前奏，企业法人的解散事由出现时，只是说明企业法人即将终止，此时企业法人的民事主体资格依然存续，是"法人人格消灭之原因也"[③]。法人非如自然人因死亡或死亡宣告而丧失人格，唯依解散及清算，或依破产宣告及破产程序终结而丧失人格。法人依解散程序终结，法律上在于当然丧失人格之命运，然若径行消灭，则已与法人成立法律关系之人，因而不当地丧失权利或免其义务，从而在其整理完毕以前，应使法人继续存在。即解散仅为法人权利能力丧失之原因，而非径使其权利能力消灭。[④] 这里企业法人的解散是广义的概念，其与企业法人的破产共同构成企业法人终止的两种情形，甚至在《日本民法典》和我国台湾地区"民法"等中将宣告破产亦作为解散的事由。企业法人解散和企业法人破产经清算后，均导致企业法人的最终消亡。企业法人解散后进行的清算有两种后果：一是经清算企业资产能够抵偿其债务的，系非破产清算，不适用公平受偿的原则，企业财产抵偿债务后，剩余的财产可按公司章程分配给各股东，企业终止。二是经清算企业财产资不抵债的，转入破产清算程序，经破产清算，各债权人公平受偿后，企业法人终止。故当企业法人出现上述解散事由时，只要其未经合法清算，其民事主体资格并未消灭。企业法人必须经合法清算并办理注销登记时起才能构成法律意义上的终止，即在实质上必须经合法清算，了结现有债权债务关系；在形式上履行法定的注销登记手续。只有上述两个条件同时必备，企业法人才能从法律上退出市场。换句话说，公司解散，并非公司法人人格的当然消灭，而只是法人人格消灭的原因，即公司因发生法律上的原因而丧失其营业上的权利能力。而不是在法律规定的解散事由出现时就当然丧失法律人格，否则其内部关系与对外关系将无法了结，已经与企业法人成立法律关系的主体就可能遭受不测的损害或者取得不正当的利益。

---

① 参见江平主编：《法人制度论》，中国政法大学出版社 1994 年版，第 155 页。

② 参见梁慧星主编：《民商法论丛》（第 2 卷），法律出版社 1994 年版，第 328 页。

③ 参见胡长清：《中国民法总论》，中国政法大学出版社 1997 年版，第 118 页。

④ 参见史尚宽：《民法总论》，中国政法大学出版社 2000 年版，第 193 页。

清算是清理被解散企业法人的财产,了结其所作为当事人的法律关系,从而使企业法人最终消灭的程序。但是,在我国现行立法中,对企业法人解散和终止的概念并未作明确区分,甚至有时是混用的,这也是导致司法审判实践混乱的原因之所在。如《民法通则》第40条规定:“法人终止,应当依法进行清算,停止清算范围外的活动。”这里的“终止”,因企业法人尚未清算,故严格说应该理解为是法人的解散。而《民法通则》第46条“企业法人终止,应当向登记机关办理注销登记并公告”中的“终止”,又是指的企业法人民事主体资格的最终消亡。《民法通则》第45条规定的企业法人因依法被撤销、解散、依法被宣告破产及其他原因终止,这里的解散实质上仅指狭义上的解散,即自动解散,而不是本文所说的广义上的解散概念(包括《民法通则》第49条、最高人民法院《关于贯彻执行〈中华人民共和国民法通则〉若干问题意见(试行)》第59条所说解散均是指自动解散)。正因为上述法律和司法解释对解散和终止概念的混用,直接导致司法实践中对企业法人出现上述解散事由后,企业法人民事主体资格是否存续认识上的不一致。

实践中和理论界对企业法人解散后的性质一直颇多争论,概括起来有以下五种观点:

一是人格消灭说,即企业法人经解散即丧失其人格,此时企业法人的财产应转变为股东(投资者)的共有财产,企业法人的清算事务应以股东(投资者)的名义为之。

二是清算法人说,即企业法人因解散而消灭其主体资格,但是由此会导致财产成为无主财产,因此法律专为企业法人的清算目的而设立了一个新的法人,即清算法人,这种法人的能力是特殊的,不再享有原企业法人的能力,原企业法人本身的能力因解散而消灭,而清算法人享有的是对原企业法人的债权债务进行清算的权利能力和行为能力。

三是拟制存续说,即企业法人因解散而丧失权利能力,企业法人不得从事其经营范围所决定的活动,但是,由于法律的拟制使企业法人在清算的目的范围内享有权利能力,从企业法人解散至清算完结,在此阶段视为法人仍然存续。

四是同一人格说,即清算法人与解散前的企业法人在本质上是相同的,不过是权利能力缩小而已。清算法人不再享有从事生产经营活动的能力,但是在清算的目的范围内,与解散前的企业法人一样享有权利能力,解散前企业法人的一切权利能力,都要转移给清算法人。

五是同一人格兼拟制说,即企业法人在解散后,其人格仍然存在,但是,因为企业法人解散后,由于内部成员的缺乏致使企业法人丧失了其存在的基础,因此清算法人只是由法律拟制的法人,不是实在的法人。

以上几种观点,从理论上来看,笔者更倾向于同一人格兼拟制说。企业法人解散后,其法人资格并未消灭,例如,它可以主张债权和清偿债务,可以因财产纠纷起诉、应诉,也可以为清算工作实施必要的民事行为(如聘请律师、会计师,进行财产变现),这些活动都是以企业法人的名义进行的,故否认其人格的存在,或者否认其原有人格的存在,显然不合实际。企业法人解散至终止前,在性质上应属清算法人(此时企业法人或已进入清算阶段,或应当清算而未清算)。清算法人与原企业法人在本质上是同一的,即由于企业法人因解散其权利能力和行为能力受到限制,故以清算法人这一特定的形态代替原企业法人行使权利,除了能力有所缩小外,其他与原企业法人无二,故两者系同一人格。同时,由于企业法人因解散后,企业无人管理,更多的时候,人去楼空,虽然在法律上企业法人依然存续,但在现实中,其已失去了存在的客观基础,故此时的清算法人只不过是法律上为了某种需要而拟制的法人而已。基于此,才能更好地解释,为什么企业法人因歇业、被撤销、被关闭以及被吊销企业法人营业执照等原因解散后,一方面清算法人在法律上可以作为诉讼主体参加诉讼(同一性),另一方面又无实际主体参加诉讼活动。国外许多国家的立法例对此均有类似规定,如《德国民法典》第 49 条规定:在清算终止以前,以清算为目的所必要为限,社团视为继续存在。根据《日本民法总则》第 7 款第 2 项规定:法人一经解散,就结束原来的业务,进入处理善后事务(清算)阶段。法人仍保持其同一性(在清算目的范围内,至其清算完结,法人仍被视为存续)。我国台湾地区"民法"第 40 条第 2 项规定:"法人至清算终结止,在清算之必要范围内,视为存续。"我国《公司法》对公司的解散和终止亦作了明确的界定,如在第 190、191、192、197 条中分别规定了公司解散的事由,以及公司解散应当进行清算,并在清算结束后,申请注销公司登记,公告公司终止等。明确了公司解散至终止期间其民事诉讼主体资格依然存续的法律属性,为司法实践处理债务人解散后民事诉讼主体的确定提供了理论依据。

(二)企业法人解散后成立的清算组织的法律属性问题

这个问题实际上应该说是上面问题的延续,对此亦有两种不同的观点:

一种观点认为,非依破产程序进行的清算,其清算组织的地位应是清算法人的代表及执行机关,对内执行清算义务,对外代表企业法人了结债权债务,在清算目的范围内,与解散前企业法人的机关(董事)具有同等的法律地位,"关于董事之规定,于不违反清算目的之限度,应准用于清算人"①。只不过清算组织的任务是清理企业法人的债权债务,而解散前企业法人机关的任务是管理企业法人事务从事经营活动,二者虽然在行为内容上不同,但其身份是相同的。故对解散企业法人已依法成立清算组织的,清算组织在诉讼中应作为清算法人的机关(相当于法定代表人)代表企业法人进行诉讼,在承担责任上,应判决清算法人承担责任。这种观点的立足点是解散企业法人的同一人格兼拟制说,即企业法人解散至清算完结前,其民事诉讼主体资格依然存续,但其民事行为能力受到限制,为清算目的设立的清算组织性质上为清算法人的机关,由其代表清算法人进行清算活动。

---

① 参见史尚宽:《民法总论》,中国政法大学出版社 2000 年版,第 201 页。

另一种观点认为,企业法人解散成立清算组织的,该清算组织系因原企业法人解散主体资格消灭后,法律专为企业法人的清算目的而设立的清算法人,是独立于原企业法人的,其享有的是对原企业法人的债权债务进行清算的权利能力和行为能力,故在诉讼中清算组织应作为诉讼主体参加诉讼,但又仅以原企业法人的财产为限承担民事责任。该学说的立足点在于清算法人说。该学说的形成,很大程度上是我国计划经济的产物,在以国有经济为主体的情况下,企业解散时,多由主管机关组织清算组织对解散企业法人进行清算,该清算组织具有浓厚的行政管理色彩。

在涉及解散的企业法人的民事诉讼中,一方面将清算组织作为诉讼主体(按理说既然是诉讼主体,就应承担民事责任),另一方面,又判决其以原企业法人的财产为限承担民事责任(如其不以自己财产承担责任,则不应作为诉讼主体,至多是代表或者代理原企业法人参加诉讼),这既与合同相对性原则不一致,又不能自圆其说。这种观点突出表现在最高人民法院《关于贯彻执行〈中华人民共和国民法通则〉若干问题意见(试行)》第60条第1、2款"清算组织是以清算企业法人债权、债务为目的而依法成立的组织。它负责对终止的企业法人的财产进行保管、清理、估价处理和清偿。对于涉及终止的企业法人债权、债务的民事诉讼,清算组织可以用自己的名义参加诉讼"以及最高人民法院《关于适用〈中华人民共和国民事诉讼法〉若干问题的意见》第51条"企业法人未经清算即被撤销,有清算组织的,以该清算组织为当事人……"笔者认为,基于企业法人在清算阶段其民事主体资格依然存续的基本观点,为清理解散企业法人的债权债务成立的清算组织,在性质上应确定为解散企业法人在清算阶段的法人机关,而非原企业法人的延续,在具体诉讼活动中,由清算组织的负责人代表清算法人参加诉讼。这在国外立法例中亦有类似的规定。如《德国民法典》第48条规定:清算由董事会负责进行,也可以选任其他的人为清算人。清算人具有董事会的法律地位。《德国商法典》第149条规定:清算人在其事务范围之内,在诉讼上和诉讼外代表公司。根据《日本民法总则》第7款第2项规定:清算人取代董事,成为其执行机关,处理清算事务。除此之外,其他机关别无变动。原则上董事即为清算人。

上述两个问题明确后,对债务人为解散企业法人的民事纠纷案件的债务相对性问题就迎刃而解了,这也是债务人解散时,债务人司法救济的首要途径。即由于企业法人解散后,只要其未经依法清算并办理注销登记,其民事主体资格依然存续,其仍应作为案件当事人参加诉讼,并根据法人制度理论独立承担民事责任。通俗地讲,即当债务人为解散企业法人的,债权人原则上只能将解散企业法人作为被告起诉,人民法院也只能在查清事实的基础上判决解散企业法人独立承担其民事责任,这是解决此类问题的基本原则和途径。但是,由于此种情况下,解散的企业法人往往人去楼空,名存实亡,即使在案件审理中将其列为被告,并经合法传唤缺席判决后,债权人得到的也往往只不过是一纸空文,同时给人民法院的执行也出了个难题，即人民法院执行时由于找不到债务人，也无法查清债务人的具体财产，根本不可能切实执行生效判决，对保护债权人没有实质意义。其唯一的现实意义是在法律上给债权人以公平保护，或者说给司法实践部门寻求了一剂解决此类问题合法、便捷的良药。

二、清算程序的提出

我国《民法通则》、《公司法》以及国外很多立法例均明确规定企业法人解散应依法进行清算。清算是解散的企业法人以及其投资者的法律义务，是清理已解散法人的财产，了结其作为当事人的法律关系，从而使该法人归于消灭的程序。① 清算分破产清算和非破产清算。破产清算是指企业法人不能清偿到期债务被依法宣告破产时，由法院组织清算组对企业法人进行清理，并将破产财产公平地分配给债权人，最终消灭企业法人资格的程序。非破产清算是指企业法人资产足以清偿全部债务的情况下进行的清算，包括自愿解散的清算和强制解散的清算，此种清算的财产除用以清偿公司的全部债务外，还要将剩余财产分配给归属权人（股东或投资者）。清算是企业法人终止的必经程序，但是终止企业法人只是清算形式上的目的，其真正目的在于对企业法人债权人利益、投资者利益（股东）和社会经济秩序的保护。② 这里所说的清算是指非破产清算。

但是，在我国现实社会中，企业法人解散的，能够做到主动依法进行清算的寥寥无几，很多是不负责任地解散企业法人，甚至有很多企业明目张胆地假借解散之机，逃废债务，且这种逃债行为在性质上比通过假破产逃债更为恶劣，手段更为高明。再加上即使人民法院依法判决了债务人承担民事责任，因执行力度上的欠缺，更使得本应承担责任的主体逍遥法外。故笔者认为，应在法律上强化有关责任主体的清算义务，即除了解散的企业法人应依法进行清算外，作为该企业法人的投资者应在其投资开办的企业法人出现解散事由时，督促其进行清算，甚至在其不进行或者不能进行清算的情况下，负有积极进行清算的义务，否则即应对怠于清算所造成的损失承担相应的责任。故在债务人及其投资者对解散的企业法人未组成清算组织进行清算时，法律上应赋予债权人请求人民法院裁决有关主体进行清算的民事权利。人民法院对债权人的申请应予受理，并依法裁决有关民事主体进行清算。这里，为了更清楚地表达对解散的企业法人负有清算义务的民事主体，建议应引进清算义务人的概念。顾名思义，清算义务人即是指对解散的企业法人负有进行清算义务的民事主体，清算义务人原则上为该解散企业法人的投资者，但是考虑到我国特定历史条件下出现的非公司制的国有企业和集体企业的特殊情况，对这两类企业法人的主管部门亦赋予其对解散企业法人的清算义务。

---

① 参见佟柔主编：《中国民法学·民法总则》，中国人民公安大学出版社 1992 年版，第 168 页。

② 参见赵旭东：《公司的注销与清算责任》，载《人民法院报》2002 年 1 月 18 日，第 3 版。

其实,笔者还认为应当借鉴国外的做法,在我国设立清算人制度,由有一定专业知识的人通过考核取得清算人资格(类似于律师、会计师),在解散的企业法人没有清算义务人或者清算义务人不履行清算义务时,由有关人员、部门选任或者指定清算人进行清算。但这里应注意,清算义务人与清算人是不同的概念。清算人分法定清算人、选定清算人和指定清算人。一般来说,清算义务人是指法定清算人,即公司董事(投资者)。选任清算人和指定清算人是指依公司章程选任董事以外的人为清算人或由法院依职权指定之清算人。清算结束后,清算组织应依法办理清算法人的注销登记。清算组织在清算过程中发现清算法人的财产不足以清偿债务的,应当停止清算,并立即向人民法院提出宣告破产的申请。

我国现行立法除《公司法》对公司和外商投资企业的清算作了具体规定外,对其他企业解散后,具体如何启动清算程序,以及如何清算等缺乏相应的规定,这给审判实践带来了困难。笔者认为,一方面,可以通过立法填补此漏洞;另一方面,在立法没有跟上的情况下,为及时解决此类问题,在具体操作中可参照《公司法》的有关规定进行。《德国民法典》、《日本民法典》和我国台湾地区"民法"中对清算人的确定、职责、程序、损害赔偿等均有相应规定。如《德国民法典》规定:清算由董事会负责进行,也可以选任其他的人为清算人;清算人应了结现行事务,收取债权,将其余财产变换为金钱,向债权人清偿债务,并将剩余财产移交给归属权人。清算人违背负担的义务,或在向债权人清偿债务以前向归属权人移交财产的,在其负担过失时,对由此而发生的损害向债权人负责;其作为连带债务人负责任。《日本民法总则》规定:清算人取代董事,成为其执行机关,处理清算事务。原则上董事即为清算人。例外在章程或捐助章程有特别规定或总会已选任其他人时,即按章程规定和总会决议办理。无清算人时,或欠缺清算人而有产生损害之虞时,则由法院选任之。有重要事由时,法院可以解除对清算人的选任。清算人具有履行下述职责及实施职务所需的一切行为之权限:就法人解散进行登记,并向主管官署申报;了结现有业务;收取债权;清偿职务,基于考虑清算程序之进行及对债权人公平的保护,规定应以公告催告债权人申报债权,对已知的债权人,清算人应分别催告。在除斥期间届满后,申报的债权人只能于法人清算债务后,就未交付给归属权人的财产请求清偿;交付剩余财产,法人的剩余财产归属于章程或捐助行为章程所指定的人;申请破产;向主管官署申报清算完结……"

赋予债权人请求人民法院裁决清算义务人进行清算的权利,旨在给债权人以更多的司法救济途径,通过法律的强制力督促清算义务人进行清算,通过清算义务人参加到对解散企业法人的清算中来,对解散企业法人的财产和债权债务进行清理,对切实地掌握解散企业法人的财产状况,及时地了结债权人的债权有积极的现实意义。但是:一是由于我国法制不健全以及信用制度的匮乏,清算义务人在人民法院作出裁决后仍不进行清算时,人民法院除了能够依据《民事诉讼法》的有关规定对拒不执行人民法院生效判决、裁定的给予民事制裁外,缺乏更有力的措施,很难说能通过向人民法院提起此类诉讼保证清算工作的顺利开展。二是由于即使清算义务人依据人民法院的裁定进行了清算,因企业法人解散时多是资不抵债,非破产清算的最终结局往往是转入破产清算程序而公平受偿,对单个债权人实现其个人债权来讲,因其缺乏积极性,没有任何意义。故此救济在力度上亦不够,只能说是在法律上赋予债权人更多一种选择,即其可以选择通过诉讼方式,督促解散企业法人的清算义务人进行清算,并有可能通过清算实现其债权。①

三、清算义务人的民事责任

对债权人来讲,第三条救济途径应该说是最有效、最便捷的了,即在债务人解散时,如何能够直接追及到解散企业法人清算义务人的民事责任。但是根据企业法人制度理论,企业法人一经合法产生,就具有独立法人资格,拥有独立财产,对于民事活动就应以其财产独立承担民事责任,企业法人与其投资者是彼此独立的民事主体,投资者仅以其投资对企业法人承担有限责任。故在企业法人解散的情况下,原则上应由解散企业法人独立承担民事责任。作为解散企业法人的清算义务人在企业法人解散时负有的基本民事责任为清算责任,即对解散企业法人的债权债务进行清算的责任。只有在以下几种例外情况下才能够追及到清算义务人的民事责任②:

(一)清算义务人的侵权责任,即基于清算义务人的作为和不作为的侵权行为直接导致的其对债权人所应承担的民事责任。具体包括:

(1)清算义务人在规定的时间内未依法履行清算义务,造成清算法人财产贬值、流失、灭失等实际损失的,债权人可以要求清算义务人对损失部分承担民事赔偿责任。

(2)清算义务人与清算法人财产混同的,清算义务人在其侵占的财产份额内承担民事责任;清算义务人不能举证证明其侵占财产份额的,应当对清算法人的债务承担连带责任。

(3)清算义务人抽逃出资或者恶意处置清算法人财产的,应当在抽逃出资或恶意处置财产的范围内对清算法人的债务承担赔偿责任。

既然是侵权责任,在构成要件上就应当具备一般侵权民事责任的构成要件,包括行为违法性、损害事实、因果关系和主观过错等四个方面,具体来说:一是清

---

① 正因为上述原因,最高人民法院在制定《公司法司法解释(二)》时,为彻底解决公司清算问题,明确规定:一是债权人可以向人民法院申请对公司进行强制清算;二是可以依法追究清算义务人不作为的民事责任,即对公司债务承担补充赔偿责任或者连带责任。

② 因本文形成于最高人民法院《公司法司法解释(二)》出台之前,本文体现的当时起草有关司法解释时的观点,现因司法解释已经作出了明确规定,因此涉及清算义务人民事责任追究的,以《公司法司法解释(二)》为准。

算义务人有故意抽逃出资、恶意处置财产、非法侵占解散企业法人财产等作为的侵权行为,以及依法应当清算而未清算,造成企业法人财产流失、贬值等不作为的侵权行为。二是因清算义务人的侵权行为造成了解散企业法人赖以清偿债务财产(即作为债务一般担保的企业法人财产)的减少,造成了债权人的实际损失。三是清算义务人的侵权行为是造成债权人实际损失的直接原因,即正因为清算义务人作为和不作为的侵权行为直接导致了债权人债权的不能实现或者不能完全实现。四是清算义务人对其侵权行为具有过错,包括故意和过失两种形态,即明知不该为而为之或者应为而不为,或者应知该为(或不该为)而不为(或为之)造成债权人损失的。清算义务人侵权损害赔偿范围包括积极损害债权人权益行为和不作为损害债权人权益行为造成的债权人的实际损失。

(二) 清算义务人对公承诺的民事责任,即清算义务人在办理企业法人注销登记时,向工商行政管理机关作出解散企业法人的债权债务已经清理完毕(而实际上未予清理的),或者对解散企业法人未了的债务承担责任等承诺的,应按其承诺的内容对清算法人的债务承担赔偿责任。这种承诺具有对公承诺的性质,是一种公示行为。因法律并不限制第三人主动加入到债务承担中来,这种承诺是有效的,在法律上产生了继受债权债务的法律后果,故人民法院完全可以依据其承诺的内容判决其承担相应的赔偿责任。这种债务的承担与企业法人制度和有限责任原则并不冲突。① 清算义务人承担的责任是基于其自身的承诺。

(三) 清算义务人基于投资不足产生的民事责任。主要是指:

(1) 清算义务人对清算法人存在投资不足或者实际没有投资的,以致清算法人自始不具备法人资格的,在这种情况下,清算法人的民事责任应由清算义务人承担。

(2) 清算义务人对清算法人的实际投资与注册资金不符,但清算法人已具备企业法人资格的,清算义务人在清算法人不能清偿债务时,在其实际投入的自有资金与注册资金差额范围内承担民事责任。当然,此种情况下,由于解散的企业法人有独立的财产,具体承担责任时可首先由解散的企业法人承担偿还责任,不能偿还的,再由其投资者承担。

另外,对于清算义务人不履行清算义务,是否当然承担解散企业法人债务问题,有学者提出,只要股东不履行清算义务就应当承担债务人的民事责任。对这种理论,笔者很想赞同,因这种观点确实能够从根本上解决企业法人解散后不进行清算的问题,但是,由于清算义务人对解散的企业法人负有的仅仅是进行清算的义务,根据侵权法律制度理论,其仅对因其怠于清算这种不作为的侵权行为给债权人所造成的实际损失承担责任。债务人对债权人的债务与清算义务人的侵

---

① 参见李国光主编:《经济审判指导与参考》(第2卷),法律出版社2000年版,第101页。

权行为并无必然的因果关系,故基于清算义务人的侵权行为判由其直接承担债务人债务的偿还责任缺乏相应的法律依据。当然,也有观点认为,应从否认法人人格角度,以"股东的控制权滥用行为,客观上损害了债权人利益或社会公共利益"为由,否认解散企业法人的独立人格,由清算义务人直接承担其民事责任。对此,因直接涉及是否突破法人制度理论,在适用上应慎重,在此特提出商榷。

5 诉讼时效

诉讼时效与保证期间问题研究

一、诉讼时效制度的历史沿革及其价值

诉讼时效,又称为消灭时效,是传统民法上时效制度中主要的一种类型。传统民法上的时效概念,是指因一定期间权利的行使或不行使的状态持续,因而发生权利取得或请求权消灭原因的法律要件。为权利取得之法律要件者为取得时效;为请求权消灭之法律要件者为消灭时效。① 亦即传统民法上的时效包括取得时效和诉讼时效两种类型。取得时效产生于《十二铜表法》,诉讼时效产生于后来的裁判官时期的裁判官法。两者在法律效果上具有重大区别,观念价值也各不相同。因我国现行立法中仅有消灭时效即诉讼时效制度的规定,故本文仅就诉讼时效制度适用中的有关问题进行探讨。

诉讼时效制度是随着商品经济的发展而产生的。由于商品的流转,财产权利从自然经济自给自足时期的静态化转变为商品经济时期的动态化,在商品交易过程中,对交易安全的保障、第三人利益的保护及对交易秩序的维护等变得越来越重要,法律基于社会经济发展的需要创设了诉讼时效制度。诉讼时效制度起源于古罗马法中的裁判官法,该法规定,由法官保护的权利,如权利人在其任期 1 年内不起诉,则其权利归于消灭,这是诉讼时效制度的早期雏形。

诉讼时效制度的本质是通过对权利人的权利行使进行一定程度的限制,来实现社会经济稳健、均衡发展这一民商法的目的的。其历史价值主要体现在两个方面:一是为了防止权利上的睡眠,通过督促权利人在诉讼时效期间内积极行使权利,使本处于未定状态的民商事关系在法律上及时确定下来,推动财产流转,实现社会法律秩序和经济秩序的稳定。二是避免因证据年代久远而难以保存和收集。

很多学者对诉讼时效制度的上述价值提出了质疑,指出:第一,权利的行使不需要外界来促使,既然是权利,权利人就有行使权利的自由,也有不行使权利的自由,不行使权利也是自由的应有之意。第二,对于证据问题,由于我国司法实践已

---

① 参见史尚宽:《民法总论》,中国政法大学出版社 2000 年版,第 620 页。

经从以前的职权主义逐步向当事人主义转化,对于案件事实的认定主要依据当事人所举证据予以认定,“谁主张谁举证”,权利人因不及时行使诉权,无法举证时依法承担举证不能的法律后果。且即使是符合申请法院调查取证条件的,当法院调查取证不能时,该举证不能的法律后果仍由负有举证责任的一方当事人来承担。故法律根本没有必要以证据的保存和收集目的为由对权利人课以诉讼时效的约束。

对于上述观点,笔者认为有一定的道理,尤其是诉讼时效关于证据保存和收集的价值,因证据制度已有了较为完备的规制,再用诉讼时效制度来避免认定证据的困难等已显得多此一举。但考虑到市场交易的安全、高效,保障市场交易有序运转,实现物的最大效益的利用,诉讼时效制度还是有其积极意义的。但是,由于诉讼时效制度维护效率价值是以牺牲正义价值为前提的,也就是说,是以有条件地牺牲权利人的利益为代价的,所以,如何把对正义价值和效率价值的追求有机地结合在一起,如何把握这个衔接点,从而最大限度地实现市场经济条件下有限资源的价值,是我们当前在理解和适用诉讼时效制度中的关键之所在。笔者对这个问题将在下面有关诉讼时效的中断、分期履行合同诉讼时效的起算等问题中进一步论述。

二、诉讼时效届满后的法律效力

诉讼时效届满后的法律效力是指超过诉讼时效期间后在法律上应发生之效果。关于诉讼时效的效力问题,各国立法和司法实践主要有四种类型:

一是实体权利消灭说,即诉讼时效期间届满后,权利人的实体权利本身消灭。如《日本民法典》第267条规定:债权,因10年间不行使而消灭;债权或所有权以外的财产权,因20年间不行使而消灭。

二是时效抗辩权发生说,即诉讼时效期间届满,义务人取得拒绝履行义务的抗辩权,权利人的主张不得对抗义务人的抗辩权,此种立法的代表为德国、瑞士以及我国台湾地区。

三是起诉权消灭说,即诉讼时效期间届满,权利人的实体权利存在,但丧失向法院提起诉讼的权利,此种立法的代表为英国、美国、法国等国。

四是胜诉权消灭说,胜诉权是通过法律手段保证实体权利得以实现的权利,它是请求权在诉讼中的表现。诉讼时效期间届满后,权利人仍然享有起诉权和实体权利,但其丧失由法律强制力予以保护的权利,即胜诉的权利,其实体权利形成自然权利(也称为“裸权利”),从而不再受到法律强制力的保护,但是这种自然权利并不排除义务人的自愿履行,此种立法代表为前苏联。

从我国《民法通则》第135条、第138条和最高人民法院《关于适用〈中华人民共和国民事诉讼法〉若干问题的意见》第153条关于“向人民法院请求保护民事权利的诉讼时效期间为二年,法律另有规定的除外”和“超过诉讼时效期间,当事人自愿履行的,不受诉讼时效限制”以及“当事人超过诉讼时效期间起诉的,人民法院应予受理。受理后查明无中止、中断、延长事由的,判决驳回其诉讼请求”等规定看,我国目前对诉讼时效的效力采纳的是胜诉权丧失说。

笔者认为,对诉讼时效的效力应采权利人丧失胜诉权和义务人取得时效抗辩权二者合一说。义务人的抗辩权和权利人的请求权是一组相对应的权利,债务人抗辩权行使的对象即是权利人的请求。权利人丧失胜诉权和义务人取得时效抗辩权是一个事物的两个方面。胜诉权的消灭实质上是行使抗辩权的反射效应,即诉讼时效期间届满后,权利人仍然享有实体权利和起诉权利。案件受理后,由于义务人时效抗辩权的行使,权利人的权利无法得到法律强制力的保护,人民法院应当驳回权利人的诉讼请求(而非驳回起诉),权利人的权利成为不受法律强制力保护的自然权利。权利人胜诉权的丧失,不是只要诉讼时效期间届满即当然丧失,而是义务人时效抗辩权行使的必然结果;如果义务人放弃其时效抗辩权的行使,即在诉讼中不向权利人提出诉讼时效已过的抗辩,则权利人的胜诉权并不当然丧失。

三、时效利益的抛弃

时效利益的抛弃有广义说和狭义说。广义的时效利益的抛弃是指享有时效利益之人对于因时效完成蒙受损害之人不以时效完成为事由予以抗辩,以及诉讼时效期间届满后义务人自愿履行义务和重新确认债务等行为。狭义的时效利益的抛弃仅指义务人放弃以时效完成对权利人的抗辩权利。

时效利益的抛弃,属于民事主体处分自身民事权利的行为,无害于国家利益、社会公共利益和他人利益,故在各国立法中对这种利益的抛弃均是认可的,如《法国民法典》第 2220 条规定:任何人可以抛弃已取得的时效;《意大利民法典》第 2937 条规定:在时效届满的情况下,得放弃消灭时效。

有观点认为,时效利益的抛弃应当同时具备如下法律特征:第一,时效利益抛弃属单方意思表示,应适用意思表示的规定,抛弃者须有行为能力和处分能力;第二,抛弃者在抛弃时效利益时,明知诉讼时效已经完成,对时效完成没有认识到,不得谓之抛弃;第三,抛弃时效利益的意思表示方法,可以明示,也可以默示,债务人知时效完成,仍然部分清偿,或支付欠款利息、请求延期还款、主张债务抵销等,均属于默示。

笔者认为,对于时效利益的抛弃,不应以债务人是否知道诉讼时效期间已经完成为前提,即只要债务人在诉讼中未以诉讼时效期间届满进行抗辩的,或者诉讼时效期间届满后债务人自愿履行债务和重新确认债务的,就应当认定其抛弃了时效利益;对于债务人不知道诉讼时效期间已过的,应当推定其对时效利益的抛弃。这里实际上还存在一个法官释明权的行使问题。笔者认为,在诉讼中,如果债务人未以时效已过进行抗辩时,法官即使知道诉讼时效期间已过,亦不宜对债务人行使释明权，这是由法官的正义性决定的。换句话说，法官是以维护正义为己任的。诉讼时效制度的设置是从稳定经济秩序、促进物流、督促债权人及时主张权利的角度设置的一项法律制度，尽管结果意义上由于诉讼时效制度的适用，债务人因此取得时效抗辩权，客观上最终导致债权人的权利未予保护。但其立法本意不在于保护债务人的抗辩权，更不是为了鼓励债务人不依法履行债务，即法律关于诉讼时效制度的设置不是基于对债务人非正义利益的保护。所以说在审理有关诉讼时效期间届满的案件时，如果债务人未主动援用诉讼时效制度进行抗辩，则法官从维护正义（即不维护非正义）的角度，亦不应主动告知债务人可以诉讼时效届满进行抗辩，否则将与法律公平、正义的基本原则相违背。这个理由同样适用于法官能否不基于债务人的抗辩而主动适用诉讼时效制度驳回权利人的诉讼请求问题。

从传统民法看，自罗马法以来，诉讼时效均是由债务人作为抗辩理由予以适用，而非由法官主动援用的。对于这个问题，目前理论界存在两种不同的观点。

一种观点认为，从法治的角度看，可以通过诉讼时效这一外在压力迫使权利人以法律规定约束日常行为，使民商事关系在法的规制下有条不紊地建立并完成，由此实现社会经济关系和法律秩序的稳定；从追求利益最大化的角度看，诉讼时效这一外在压力可迫使当事人强化内部管理，节约成本，积极行使并实现自身权利，加速民商事流转。故如果当事人在诉讼过程中没有进行诉讼时效届满的抗辩，但其所举证据已充分表明该讼争的诉讼时效已经届满，法官应依查明的事实直接自动援引法律关于诉讼时效完成的有关规定，判决驳回权利人的诉讼请求。尤其在目前我国广大社会公众权利意识不强的情况下，要在创建市场经济体制的过程中保持经常性的市场主体之间不断发生的民商事关系的稳定，保留法庭自动援用诉讼时效的职权介入主义是必要的。

另一种观点认为，法庭在当事人的诉讼中处于居中的地位，即调停者的地位，其职责是对当事人双方的讼争在查明事实的基础上通过法律的准确适用来判明是非，界定双方的权利义务关系。诉讼时效制度的立法本意是通过此制度的设置，尽可能督促债权人及时主张权利，以最终达到保障经济秩序稳定的目的。诉讼时效期间届满的法律后果是由于债权人对权利行使的放弃或者怠于行使，其权利将失去法律强制力的保障。但是，并不是只要诉讼时效期间届满，其胜诉权就当然丧失，其权利的丧失必须基于债务人时效抗辩权的行使。也就是说，只有债务人在诉讼中积极使用法律赋予其的时效抗辩权这个法律武器用以对抗债权人的诉讼主张时，法官才能以诉讼时效已过为由驳回债权人的诉讼请求。如果债务人在诉讼中放弃其时效抗辩权的行使（要么明确放弃，要么由于其对法律制度的无知未行使），作为居中裁判者的法官是不能代替债务人行使其抗辩权的，法官只能视双方权利的行使或者放弃情况作一公正裁决。

对此问题，笔者赞同第二种观点。我国目前实践中之所以对法官能否直接援用诉讼时效制度驳回债权人的诉讼请求存在争议,或者说《民法通则》的立法本意即在于法庭可以直接援用,其根本原因在于受我国长期以来司法审判的职权主义所影响,是传统审判方式的产物。在诉讼中,法官通过对有关事实证据的直接调查取证,通过对当事人权利的行使和干预等,来代替当事人打官司,绝非真正意义上的裁决者。这种影响反映到诉讼时效制度的适用上,就导致了法庭应当主动适用诉讼时效制度的结论。同时,这也是受苏联1964年《苏俄民法典》第82条关于"不论双方当事人申请与否,法院均应适用诉讼时效"的规定的影响。但是,1994年《苏俄民法典》对此已作了修改,明确规定:法院仅根据争议一方当事人在法院作出判决之前提出的申请适用诉讼时效。争议一方当事人申请适用的诉讼时效期间届满,是法院作出驳回诉讼请求的判决的根据。我国在起草民法典的过程中,亦有学者明确提出将诉讼时效效力规定为抗辩权发生主义,诉讼时效非经当事人主张,法庭不得主动援用。从世界范围看,早在古罗马时期,诉讼时效只能由当事人主张而不能由法院主动适用就已经是诉讼时效制度的一项基本原则了。后来世界各国的立法也基本沿用了这一原则,如《法国民法典》第2223条规定:审判员不得自动援用时效的方法。《日本民法典》第145条规定:时效非当事人援用,法院不得依之而为裁判。《意大利民法典》第2938条规定:法官不得依职权提起没有主张的时效等。诉讼时效的这一原则正是民法中私法自治原则的具体体现。有人以法官不主动援引诉讼时效制度,有损债务人利益之嫌。笔者认为,这种观点是站不住脚的。一是抗辩权的行使是债务人权利行使的范畴,其可以行使,也可以不行使,法官没有权利代替债务人行使。二是如前所述,从诉讼时效制度设置本身看,该制度不是为保护所谓的债务人利益而设置的。三是法律对诉讼时效期间届满后债务人自愿履行行为不予限制的态度,也说明法律并不否定超过诉讼时效期间后权利人权利的实现。所以基于债务人在诉讼中时效利益的放弃,债权人不丧失胜诉权并不违反法律初衷的原因,法庭没有理由主动援用诉讼时效制度驳回原告的诉请。至于有些人关于"我国目前法治发展尚不发达,个别当事人由于缺乏法律知识和诉讼经验,可能因不知诉讼时效为何物未予主张,法官有对其行使释明权的必要;或者债务人非因自己的过错未能出庭应诉、答辩,无法主张时效利益的,法官在庭审中发现时效期间届满的,得径行驳回原告的诉讼请求"等观点,笔者亦不赞同,主要理由同上,在此不再赘述。

这里应当注意,世界各国关于诉讼时效的规定均属于强行性规定,不属当事人意思自治的范畴。如《意大利民法典》第2936条规定:任何一个旨在改变消灭时效法律规定的约定都是无效的。当事人不能事先对时效利益予以抛弃,也不得对诉讼时效协议缩短或者延长,更无权通过合意对诉讼时效的适用予以排除。当事人关于排除诉讼时效适用、变更诉讼时效期间,或者预先抛弃时效利益的约定等均属无效。

四、诉讼时效期间届满后义务人的自愿履行和抵销行为

诉讼时效期间届满后，权利人要求义务人履行合同义务、返还原物、损害赔偿等权利转化为自然权利，不再具有法律上的强制保护力。一方面因债权请求权包括起诉权和胜诉权两种权能，诉讼时效届满后，对于权利人而言丧失的是胜诉权，其起诉权尚存；另一方面请求权并不是债权的唯一权能，债权的权能除了请求权外，还包括受领权和抵销权等其他权能，这些权能并不是和请求权共存亡的。诉讼时效期间届满后，债权人丧失的仅仅是胜诉权，其对债权的受领权、抵销权并不丧失，如果债务人自愿履行，法律并不禁止，债权人仍然可以依据其对该自然权利享有的受领权而合法地受领该权利，而不构成不当得利。根据法律规定，不当得利必须同时满足一方受益、一方受损、受益无法定或者约定的根据及受益与受损之间存在因果关系四个要件。债务人在诉讼时效期间届满后的自愿履行行为虽使债权人获得了利益，但债权人的受益并不是建立在债务人受损的基础上的，而是基于先前所给付的利益，也就是说，债权人的受益和债务人的受损之间并无因果关系。因权利人接受利益有合法依据，故债务人在诉讼时效期间届满后的自愿履行行为，并不构成债权人的不当得利，债务人不得以不当得利请求债权人返还其已经偿还的债务。故我国《民法通则》第 138 条规定："超过诉讼时效期间，当事人自愿履行的，不受诉讼时效的限制。"超过诉讼时效后，权利人的权利和义务人的义务本身并不消灭，义务人自愿履行义务的，属于有法律原因的履行，不论义务人履行义务时是否知道已经超过诉讼时效，权利人都有权接受该履行。义务人履行后，又以超过诉讼时效期间为由反悔的，法院不予支持。义务人在诉讼时效期间届满后的自愿履行行为，属于广义上的时效利益放弃，为法律所认可。

但是，义务人履行自然债务中的部分义务，其效力不能及于全部自然债务。诉讼时效期间届满后债务人对自然债务部分履行，不同于诉讼时效期间内债务人部分债务的履行。诉讼时效期间内部分债务的履行构成诉讼时效的中断，其效力及于全部债务；而义务人对超过诉讼时效期间的自然债务的履行，是以自愿为前提的，应以实际履行的部分为限，未履行部分除非义务人自愿继续履行的，否则履行部分自然债务的效力不能及于未履行的其他自然债务。

债权债务的抵销是指双方当事人互负债权、债务时，各以其债权充当债务之清偿，而使其债务与对方的债务在对等额内相互消灭。我国《合同法》第 99 条第 1 款和第 100 条规定："当事人互负到期债务，该债务的标的物种类、品质相同的，任何一方可以将自己的债务与对方的债务抵销，但依照法律规定或者合同性质不得抵销的除外。""当事人互负债务，标的物种类、品质不相同的，经双方协商一致，也可以抵销。"故原则上，互负债权债务的双方当事人均有权行使抵销权。对于超过诉讼时效期间的自然债务抵销问题，很多国家亦是持肯定态度的。如《德国民法典》第 390 条第 2 款规定："时效消灭的债权，在可用其抵销另一项债权时，时效尚

未消灭的,时效消灭不排除抵销权。"《日本民法典》第508条规定:"因时效而消灭的债权,如果于其消灭之前适于抵销,其债权人可以实行抵销。"我国台湾地区"民法"第337条规定:"债之请求权虽经时效而消灭,如在时效未完成前,其债务已适于抵销者,亦得为抵销。"

对此,笔者认为,基于诉讼时效制度的设置,对于超过诉讼时效期间的权利,其实体权利本身依然存在,仅仅是不能得到国家的公力救济而已,所以说在互负债权债务的双方当事人就抵销达成合意的,该抵销是不受是否自然债务的影响的。也就是说,自然债务是可以用于抵销的。但是,如果说未经双方协商同意,比如作为债权人的银行利用其对债务人在其处所开立账户的控制权之方便自行扣划债务人存款的行为,无异于强迫债务人履行自然债务,对此,不能按有效抵销来处理。毕竟,超过诉讼时效的自然债权已经不是法律意义上的权利了,也就是说,是不受法律强制力保护的,不论是履行还是抵销,均要基于债务人的自愿行为,否则是没有法律依据的。对于未经债务人同意的自行抵扣行为,在某种意义上构成了对债务人权利的侵犯,债务人可以作为存款法律关系的债务人起诉银行要求其返还存款,并承担违约责任;或者选择侵权之诉,要求法院判令银行赔偿其损失。

五、诉讼时效期间届满后当事人重新确认债权债务关系的行为

诉讼时效期间届满,权利人的权利虽然不受法律强制力保护,但是权利人和义务人之间的权利义务关系并未消灭,也就是说,权利人的权利并未消灭。对当事人双方在诉讼时效期间届满后通过协议的方式就原债务达成还款协议,或者债务人在债权人发出的催款通知书上签字盖章予以确认的行为,产生何种法律后果等问题,最高人民法院法复〔1997〕4号《关于超过诉讼时效期间当事人达成的还款协议是否应当受法律保护问题的批复》和最高人民法院法释〔1999〕7号《关于超过诉讼时效期间借款人在催款通知单上签字或者盖章的法律效力问题的批复》作了明确的界定,规定:超过诉讼时效期间,当事人双方就原债务达成的还款协议,应当依法予以保护。"根据《中华人民共和国民法通则》第四条、第九十条规定的精神,对于超过诉讼时效期间,信用社向借款人发出催收到期贷款通知单,债务人在该通知单上签字或者盖章的,应当视为对原债务的重新确认,该债权债务关系应受法律保护。"虽然在诉讼时效期间届满后当事人双方就债务本身又达成新的还款协议,或者借款人在催款通知单上签字盖章的行为,本质上是债务人对时效利益的放弃,但在表现形式上,体现的是基于债务人和债权人就原有已转化成自然债务的法律关系确实存在为基础,债权债务双方当事人在平等的基础上,经过自愿协商,又达成继续履行该笔债务的新的还款协议,从而将自然债务再转化成受法律强制力保护的法定债务的法律行为。究其本质,是当事人双方又签订一份新的合同,由此形成的法律关系是不同于原债权债务关系的一个新的法律关系,不是原债权债务关系的延续。当事人双方受新的法律关系的约束,即债务人

有义务按照新的法律关系偿还债务，债权人有权利按照新的法律关系向债务人主张权利，同时该笔新的债权债务关系自约定的履行期限届满起计算新的诉讼时效。

既然认定诉讼时效期间届满后当事人双方就原债务达成还款协议，以及债务人在债权人发出的催款通知书上签字盖章予以确认的行为在性质上属于新合同的签订，则该合同的签订必须符合我国《合同法》关于合同订立的相关规定，即主体适格、内容合法、形式合法、意思表示真实等，否则不能产生应有的法律后果。虽然最高人民法院法释〔1999〕第7号批复的价值取向在于保护当事人以继续履行超过诉讼时效期间的债务为内容，但对债务人的签字盖章行为是否属于订约行为的认定至关重要，对于符合合同成立要件的，应当依法予以保护，对于不符合合同成立要件的，不应强行保护。实践中，对该批复的适用出现了扩大化解释的趋向，歪曲了司法解释的本意。如债权人以特快专递的方式向债务人发出催款通知书，债务人或者其工作人员签收邮件的行为；或者债权人单方制作的还款计划或者催款通知书，债务人的普通工作人员（如门卫、一般业务人员）在未经法定代表人授权情况下签字的行为，均不能视为成就新合同的法律行为。

首先，债务人签收邮件的行为，只能说明债务人对收到债权人发出的催款通知这一事实认可，并不当然产生缔结新的合同的法律后果。虽然该行为在诉讼时效期间内可以构成诉讼时效中断的法定事由，但在诉讼时效期间届满后，如果要在当事人之间产生重新签订合同确认原有债务的法律效果，必须由当事人双方互为意思表示，并最终就债权债务的内容达成合意。否则，债权人发出的函件仅仅是一份要约而已，债务人收到函件只不过是一种客观事实，并非表意行为，在债务人对函件内容未作出任何意思表示的情况下，签收函件的行为并不构成对要约的承诺。因此，债务人在诉讼时效期间届满后签收债权人催款函件的行为不能形成一份新的合同，不能视为对原债务的重新确认。

其次，债务人的普通工作人员在未经法定代表人授权情况下，在债权人发出的还款计划书或者催款通知书上签字的行为，实际上是一种无权代理行为，属于效力待定合同，除非法定代表人在一定期间内予以追认，否则，该合同亦不发生约束债务人的法律效力。

在这里，一定要注意区分债务人在诉讼时效期间内对函件的签收行为和在诉讼时效期间届满后对函件的签收行为。如果是在诉讼时效期间内债务人签收催款函件的行为，当然产生诉讼时效中断的法律后果，这是因为诉讼时效的中断只需要债权人能够证明自己在诉讼时效期间内积极行使请求权即可，无须债务人作出是否承诺的意思表示；而诉讼时效期间届满后，债务人签收催款函件的行为分为两种情况：一种是债务人仅在邮件收到回执上签字盖章，仅能证明债务人确认收到了该份邮件，并不会当然产生新合同成立的法律后果，因此原有债务并不因此获得法律保护；另一种是债务人收到函件后经过审阅催款书的内容后，在催款通知书上由法定代表人签字或者加盖债务人的公章，可视为债务人对债权人所发出要约作出的承诺，故发生订立新的合同的法律后果，对此人民法院应当依法予以保护。对原债权债务关系的重新确认一经成立，亦即当事人之间新的合同依法成立生效后，当事人面临的已不仅仅是一个诉讼时效问题，此时，首先应当是该新合同的履行问题，只有当新合同未能如期履行时，才产生因需要法院解决讼争而出现的诉讼时效期间及其计算问题。

六、诉讼时效的客体

诉讼时效的客体，是指诉讼时效制度所适用的权利范围。对于诉讼时效的客体学术界争论较多，主要有四种主张：一是主张诉讼时效仅适用于债权，如《瑞士债务法》（第127条）；二是主张诉讼时效制度适用于债权以及其他非所有权的财产权，如《日本民法典》（第167条）；三是主张诉讼时效适用于诉权，如《法国民法典》（第2262条）、《俄国民法》（第44条）；四是主张诉讼时效制度适用于请求权，如《德国民法典》（第194条）和我国台湾地区"民法"。[①] 我国通说认为，诉讼时效制度的主要客体是债权请求权，债权请求权包括合同履行请求权、不履行债务损害赔偿请求权、缔约过失损害赔偿请求权、不当得利返还请求权、无因管理请求权和侵权行为损害赔偿请求权等。

在债权请求权适用诉讼时效制度中存在以下两个主要争议的问题。

1. 有关无效合同的诉请是否适用诉讼时效制度

对于此问题应当分为两个层面的问题来考量。一是关于确认合同无效的确认之诉是否适用诉讼时效制度问题；二是合同被认定无效后因无效合同的签订所产生的缔约过失损害赔偿请求权是否适用诉讼时效，以及诉讼时效如何起算问题。对于前一个问题，应当从无效制度的立法本意进行分析。我国《合同法》第52条规定的合同无效事由包括"一方以欺诈、胁迫的手段订立合同，损害国家利益；恶意串通，损害国家、集体或者第三人利益；以合法形式掩盖非法目的；损害社会公共利益；违反法律、行政法规的强制性规定"五种事由。究其本质，认定合同无效是国家意志对当事人意志的强行干预，是当合同当事人缔结的合同内容损害了国家利益、集体利益、第三人利益以及社会公共利益，违反了国家法律、行政法规禁止性规定时，国家意志通过对合同效力的否定，来干预当事人的契约自由意志。这种干预应当是绝对的、无条件的、不受任何因素影响的。所以，基于无效制度的立法本意，合同无效的确认之诉不应适用诉讼时效制度，也就是说，不能以诉讼时效已过为由驳回原告关于请求确认合同无效的诉讼请求。反过来说，如果在确认合同无效的诉讼中，基于诉讼时效制度的适用，必然会存在某种情况下因诉讼时效期间届满而驳回原告诉讼请求的裁决，这样对本应由国家意志强行干预合同效

---

① 参见史尚宽：《民法总论》，中国政法大学出版社2000年版，第628页。

力的合同反而逍遥法外，无人干预了。所以说，无效合同的确认如果适用诉讼时效制度的话，则与无效制度的立法初衷相违背。故仅从此层面上看，无效合同的确认之诉就不应适用诉讼时效制度。另外，从法理上看，诉讼时效适用于请求权，而合同无效的确认不是基于当事人的请求，即不论当事人请求与否，只要法官在审理案件过程中，发现某一合同存在合同法所列合同无效五种事由之一的，均应依法认定该合同无效。合同无效的确认在理论上属于形成权行使的范畴，故亦不应适用诉讼时效制度。

合同无效的确认之诉不适用诉讼时效制度，并不是说所有有关合同无效的诉讼都不适用诉讼时效制度。根据《民法通则》第 61 条第 1 款关于"民事行为被确认为无效或者被撤销后，当事人因该行为取得的财产，应当返还给受损失的一方。有过错的一方应当赔偿对方因此所受的损失，双方都有过错的，应当各自承担相应的责任"的规定，合同被认定无效后，存在两种请求权的行使：一是当事人一方对于合同相对人因无效合同的履行取得的财产的不当得利返还请求权的行使；二是无过错方对合同无效存在过错的另一方因该合同的履行给其造成损失的损害赔偿请求权的行使。因不当得利返还请求权和损害赔偿请求权属于请求权行使的范畴，故理论上应当适用诉讼时效制度。

但是理论界对于不当得利返还请求权和损害赔偿请求权诉讼时效的起算点又有不同的观点。

一种观点认为，无效合同自始无效，当事人受领给付无法律根据，故受领给付之时即构成不当得利，返还义务即产生。因此，诉讼时效期间应当自受领给付之次日起算。

另一种观点认为，只有合同被人民法院认定为无效后，才发生不当得利返还的问题，故应当以法院认定合同无效的判决生效之次日起算诉讼时效。

对此，笔者认为，诉讼时效应从受损害方知道或者应当知道其权利受侵害时起算，也就是说，从合同被认定无效时起算诉讼时效。因在合同被法院认定无效前，合同当事人是按照有效合同来履行的，包括权利的行使。合同的无效不是基于合同当事人双方的意志，而是基于法律的强行干预，故合同在被认定为无效前当事人对合同的效力是不能确定的，更不会涉及对不当得利返还请求权和合同缔约过失损害赔偿请求权的行使。只有当合同被认定为无效合同时，才产生不当得利返还请求权和损害赔偿的请求权，也只有此时，才涉及诉讼时效制度的适用问题。因此，有关无效合同不当得利返还请求权和缔约过失损害赔偿请求权的诉请，其诉讼时效应当从合同被人民法院认定无效的判决生效之次日起算。

这里有一个问题提出与大家商榷，即如果原告一方面主张合同无效，另一方面基于合同无效主张被告返还因该行为取得的财产。如果一方面认定合同无效，另一方面因诉讼时效已过，驳回原告关于对方返还其财产的诉讼请求，这里如果是双方恶意串通还好，按照《民法通则》第 61 条第 2 款关于"双方恶意串通，实施民事行为损害国家的、集体的或者第三人的利益的,应当追缴双方取得的财产,收归国家、集体所有或者返还第三人"的规定,通过收缴的方式使无效的合同恢复到未履行的状态。但是,如果是基于一方的过错导致合同无效,而另一方又因时效已过不能取得财产的返还,那么已经履行的合同如何恢复到未履行状态,有过错方取得的对方的财产究竟应当如何处理? 如果不予返还,则认定合同无效没有任何意义,即无效合同实际上是按照有效合同履行了;如果返还,又与诉讼时效制度不相一致。究竟是按照无主财产收归国有,还是对这种不当得利的返还排除诉讼时效制度的适用? 这个问题似乎值得进一步考量。

2. 有关解除合同的诉请是否适用诉讼时效制度

《合同法》第 93 条和第 94 条规定,当事人协商一致可以解除合同。当事人可以约定一方解除合同的条件。解除合同的条件成就时,解除权人可以解除合同。因不可抗力致使合同不能实现合同目的;在履行期限届满之前,当事人一方明确表示或者以自己的行为表明不履行主要债务;当事人一方迟延履行主要债务,经催告后在合理期限内仍未履行;当事人一方迟延履行债务或者有其他违约行为致使不能实现合同目的;法律规定的其他情形的,当事人可以解除合同。合同解除系解除权这一形成权行使的结果,根据形成权适用除斥期间制度,请求权适用诉讼时效制度这一法理,合同解除之诉不适用诉讼时效制度。但是,当事人除可依据《合同法》的上述规定请求法院判决解除合同外,还有权请求法院判令对方返还原物,或者赔偿因解除合同所产生的损失。以上因解除合同而生的有关请求权则属于诉讼时效制度适用的范畴。一般情况下,诉讼时效起算点为合同解除生效之时。约定解除的,自约定解除生效之时起算诉讼时效;判决解散的,自判决生效之时起算诉讼时效。如约定解除中有原物返还、赔偿损失的期限的,则自约定的期限届满之日起算诉讼时效。

七、诉讼时效的起算

对于诉讼时效期间的起算,根据我国《民法通则》第 137 条的规定,诉讼时效期间从权利人知道或应当知道权利被侵害时起算。对于诉讼时效期间的起算,实践中主要存在以下两个问题。

1. 对于未定履行期限债权诉讼时效的起算

未定履行期限债权是指当事人双方对合同债务的履行期限未约定或者约定不明,依照法律或者交易习惯尚无法确定其履行期限的债权,包括未定期限的合同债权、不当得利之债的请求权、无因管理之债的请求权和债权之债的请求权等。笔者仅就未定期限的合同之债诉讼时效起算问题进行探讨。对此主要有三种不同的观点:

第一种观点认为,由于双方当事人签订未定履行期限的合同时,实际上是存在着一种默契,即债务人可以随时向债权人履行义务,债权人可以随时要求债务人履行义务。对此,我国《民法通则》第88条第2款和《合同法》第62条均作了相应的规定。所以说当债权人向债务人主张权利时,即是该笔债务的到期日,债务人就负有立即偿还债务的义务,故该笔债务的诉讼时效期间自债权人向债务人主张权利时起算。债权人和债务人能够就该笔债务的偿还时间另行达成协议的,因原未定履行期限的债权由于新的协议的成立而变成有履行期限的债权,则应当以双方约定的履行期限届满日起算诉讼时效期间。如果双方未就还款日期达成新的协议的,债权人主张权利之日该笔债务即已到期,债务人不偿还则构成了对债权人权利的侵害,则按照《民法通则》第137条的规定,诉讼时效自该笔债务被侵害时起算诉讼时效期间。故对于未定履行期限的债权,其诉讼时效应当从权利人主张权利开始时计算。

第二种观点认为,因《民法通则》第88条第2款第(2)项关于"债权得随时向债务人主张,但应当给予债务人必要的准备时间"的规定中的"必要准备时间",属于法律强行规定的债权人必须给予债务人履行未定履行期限合同的宽限期。在宽限期届满前,债务人无履行债务的责任,债权人的权利并未受到侵害,只有宽限期届满而债务人仍未清偿债务时,债权人的权利才受到侵害;同时,由于我国《民法通则》规定的普通诉讼时效期间过短,宽限期可以弥补立法上的不足。故未定履行期限的债权,其诉讼时效应当自债权人依法给予的宽限期届满之日起算。

第三种观点认为,由于诉讼时效是针对权利人应行使权利而不行使权利的事实状态规定的,未定履行期限债权一旦成立,权利人即可行使权利,债务人不立即履行义务就是对债权人权利的侵害,因此,未定履行期限的债权其诉讼时效应当自债权成立时起算。

对此,笔者倾向于第一、二种观点结合说,即对于未定履行期限的债权,原则上,权利人可以随时向债务人主张权利,权利人主张权利时即为该笔债务的到期日,债务人不及时履行债务时,即构成了对权利人利益的侵害,故从此时起起算诉讼时效。但是,如果根据情况的需要,债务人履行债务需要一定的宽限期间,而债权人又同意的,实际上是对未定履行期限债权通过双方当事人的合意确定了明确的履行期限,故该宽限期届满时,为该笔债务的到期日,如果宽限期届满后,债务人仍未履行债务的,则构成对债权人权利的侵害,该笔债务的诉讼时效自双方约定的宽限期届满日起算。但是,如果双方并未就该笔债务的履行期限达成新的协议,即债权人并未给予债务人履行债务的一定期限,而是要求债务人立即履行债务的,则该笔债务的到期日为债权人主张权利的日期,诉讼时效自债权人向债务人主张权利之日起算。《民法通则》第88条的宽限期规定不应理解为强制性规定,债权人对于未定履行期限的债权是否给予债务人一定的宽限期完全应当基于其自由意志,不属于法律强行干预的范畴。对于按照债的性质,债务人不能立即履行的,当事人双方在签订合同时应当有所预料,故对于此类债务的履行亦未约定履行期限的,债权人仍得随时要求债务人履行,债务人无法履行的,一切法律后果由作出此约定的当事人自负,法律似无必要对此作出强制性规定,也就是说,没有必要基于所谓债的性质或者诚实信用原则等来强行要求未定履行期限合同债权人给予债务人履行债务的一定宽限期。

2. 分期履行合同诉讼时效的起算问题

分期履行合同,是指当事人双方签订一份合同,但在该合同中又将所涉及的全部债权分为数笔债权分别约定不同履行期限的合同。对于这类合同,究竟是以每一笔债务的履行期限届满之日分别起算诉讼时效,还是从最后一笔债务到期之日起统一起算整个债务的诉讼时效,理论界存在两种不同的观点。

一种观点认为,当事人签订的是一份整体的合同,尽管合同中将全部债权划分为数个部分分期履行,但这种分期履行的方式并不能改变整个合同系同一法律关系的属性。即其义务的设定是依据同一份合同,其义务内容作为一个整体构成了相对人的整体权利,故权利人就该合同权利提出主张时,其诉讼时效应从最后一笔债务履行期限届满时起算。

另一种观点认为,在合同约定分期履行的情况下,实际上是将一个整体的债务分割为若干个数额、履行期限互不相同的、相对独立的债务,形成数个不同的法律关系,故债务人应当在每笔债务履行期限届满之日履行义务,否则即构成对权利人权利的侵犯,故应按每笔债务到期日分别起算诉讼时效。

笔者更倾向于第一种观点。理由上除了该种分期履行合同是一个整体合同,应当按照一个法律关系来处理以外,另一个非常重要的理由是从目前法律的价值取向角度作出的考虑。前文已经述及,诉讼时效制度设置的最大意义在于督促债权人及时主张权利,以稳定经济秩序。而对分期履行合同诉讼时效究竟是按照整个合同以最后一笔款项到期日起算诉讼时效,还是逐笔起算诉讼时效,对债权人而言意义重大。在债权人利益保护和稳定经济秩序两种社会价值发生冲突时,法律更倾向于哪个社会价值的取舍,似乎是决定此类合同诉讼时效如何起算的关键。笔者认为,我国《民法通则》规定的普通诉讼时效期间仅为两年,而很多国家或地区的立法例均远比我国的期限长,如《罗马法》、《法国民法典》、《德国民法典》规定的普通诉讼时效期间均为 30 年,《日本民法典》规定为 20 年和 10 年两种,我国台湾地区"民法"为 15 年,《瑞士债务法》及《泰国民法典》均为 10 年等。在我国规定的诉讼时效期间如此短的情况下,再将分期履行合同按照每一笔债务到期日来分别起算诉讼时效,无形中对债权人利益的保护是非常不利的,在目前理论界和实务界关于延长诉讼时效期间呼声日高的情况下,对这种现实问题作不利于债权人的解释,与我们目前法的价值取向是不相适宜的。何况诉讼时效制度设置的本质即是以牺牲债权人利益为代价来实现经济秩序稳定目的的,所以在此前提下,当有关诉讼时效的期间、起算以及中止、中断等问题发生争议时,应当作有利于债权人的解释,也就是说,不能将对债权人利益的牺牲无限制地扩大,我想这也不是法律制度设置的初衷。

八、诉讼时效的中断

诉讼时效制度的宗旨,在于促进请求权人积极行使权利,以避免长期缄口的陈年旧账重提,破坏已形成的社会信赖秩序。但是,在一些情形下,债权人可能竭尽全力,却无法行使权利,或者出于其他原因,债权人请求权的缄默并非没有理由。如此,如果依然执行诉讼时效制度,对债权人会很不公平,对社会也难说公正。① 故为弥补时效制度的缺陷,保护权利人的利益,给予权利人更多的时间行使权利,在诉讼时效制度中设置了诉讼时效的中止、中断和延长的制度。我国《民法通则》第139条和第140条亦分别规定:"在诉讼时效期间的最后六个月内,因不可抗力或者其他障碍不能行使请求权的,诉讼时效中止。从中止时效的原因消除之日起,诉讼时效期间继续计算。""诉讼时效因提起诉讼、当事人一方提出要求或者同意履行义务而中断。从中断时起,诉讼时效期间重新计算。"因诉讼时效中止多为不可抗力发生导致权利人无法行使请求权,实践中较少发生,在此不作更多论述。本文主要就诉讼时效中断中的有关问题谈一下自己的看法。

诉讼时效中断,是指因特定事由发生,导致迄今为止已过去的时效期间统统不算,待中断事由结束后,时效期间重新计算。② 诉讼时效中断事由存续期间,时效不进行,中断事由终止时,重新计算时效期间。根据我国《民法通则》第140条的规定,诉讼时效期间中断的法定事由包括权利人提起诉讼、当事人一方提出要求或者同意履行义务三个事由。笔者认为,对目前实践中关于诉讼时效中断事由的理解应当从诉讼时效制度设置的本意去考量。前已述及,诉讼时效制度是为了防止权利的睡眠,通过对不积极行使权利的权利人的胜诉权的剥夺来寻求经济秩序的稳定;而诉讼时效的中断,恰恰是为了在某些情况下对债权人利益的适当倾斜,也就是说,只要有证据证明诉讼时效期间内,债权人的权利并未处于"睡眠"状态,而是在积极地进行主张,则不应以时效已过为由使其权利丧失法律的保护。即诉讼时效的中断制度实质上是对诉讼时效制度的有效补充,是利益权衡的结果。传统的诉讼时效中断的事由包括债权人向人民法院提起诉讼、债权人向债务人提出要求,以及债务人同意履行义务。当前审判实践中对于上述中断事由似应做扩大解释。

(1) 关于债权人向人民法院提起诉讼事由。因该事由实际上体现的是债权人为实现其债权通过向国家有关权力机关寻求救济所采取的措施,故除向法院提起诉讼外,应扩大到向有关行政机关提出权利保护的请求,向法院申请强制执行,依督促程序向法院申请支付令,向仲裁机构申请仲裁,向人民调解委员会请求调解等具有同样性质的其他行为。③ 最高人民法院《关于贯彻执行〈中华人民共和国

---

① 参见龙卫球:《民法总论》,中国法制出版社2001年版,第711页。

② 参见〔德〕迪特尔·梅迪库斯:《德国民法总论》,邵建东译,法制出版社2000年版,第99页。

③ 参见刘贵祥:《诉讼时效若干理论与事务问题研究》,载《法律适用》2004年第2期。

民法通则〉若干问题的意见(试行)》第174条关于“权利人向人民调解委员会或者有关单位提出保护民事权利的请求,从提出请求时起,诉讼时效中断”的规定对此已做了首肯。在上述情况下,只要债权人有证据证明其在时效期间内向有关部门提起过主张,其未怠于行使权利或者放弃其权利的,即应认定构成诉讼时效的中断。诉讼时效中断的效力,自权利人提起主张时即发生。这里,一是诉讼时效的中断不以债务人是否知晓或者是否通知到债务人为必要。二是在中断发生效力的时间上,以权利人向法院提出权利保护即提交诉状的时间为诉讼时效中断的时间,而不是以送达给相对人之时为诉讼时效中断的时间。因为向法院或者其他有关机关提起权利保护的主张,表明的是权利人在积极行使其权利,其只要证明在时效期间内主张了权利,即发生诉讼时效的中断。而是否送达债务人不影响诉讼时效的中断。对于债权人向法院提起诉讼后又自行撤诉,或因未能缴纳案件受理费被法院裁定按照自动撤诉处理,或因起诉不符合《民事诉讼法》第108条关于民事案件受理的条件而被法院裁定不予受理或者驳回起诉的,均不影响诉讼时效的中断。有观点认为,撤诉应视为自始没有起诉,不能引起诉讼时效的中断。对此,笔者不敢苟同。如前所述,起诉本身已经充分证明了权利人在积极地主张权利,至于起诉后因为何种原因又向法院申请撤回了起诉,至多说明其后又放弃了通过司法程序实现债权的方式,并不能说明其不再主张权利,更不能说明其根本就不曾主张权利。所以,在此不能以其又撤回起诉为由认定不构成诉讼时效中断。

(2) 权利人提出要求是指权利人于诉讼外向义务人请求其履行义务的意思表示。① 根据《关于贯彻执行〈中华人民共和国民法通则〉若干问题的意见(试行)》第173条第2款关于“权利人向债务保证人、债务人的代理人或者财产代管人主张权利的,可以认定诉讼时效中断”的规定,当事人一方提出请求的相对人不仅包括债务人,同时应当包括债务人的保证人、债务人的代理人及其财产代管人。而且在实践中,债权人向清算人申报破产债权等亦应属于提出要求的范畴。即债权人无论以何种方式向债务人主张权利,只要能够证明权利人向义务人主张了权利,即可认定诉讼时效中断。这里应当注意两个问题:

一是权利人提出要求不以债务人收到为必要,即只要权利人有证据证明主张权利就构成诉讼时效的中断,义务人是否收到、是否签收等不影响诉讼时效中断的认定。如义务人传达室的工作人员或者其他普通工作人员在未经法人授权的情况下签收催款通知等行为,均构成诉讼时效的中断事由。虽然上述签收行为未经法人授权,但其签收行为已经足以证明权利人曾向债务人主张了权利,已经满足了诉讼时效中断的条件。这不同于诉讼时效期间届满后义务人普通工作人员未经授权的签收行为。诉讼时效期间届满后义务人的签收涉及新合同是否成立的问题,而在诉讼时效期间内不存在新合同成立的问题,故法人是否授权并不影

① 参见张俊浩主编:《民法学原理》,中国政法大学出版社1993年版,第311页。

响权利人证明其在期限内主张权利的事实,不影响对诉讼时效中断的认定。另外,权利人如果以特快专递或挂号信等方式邮寄催款通知书时,只要有证据能够证明权利人进行了催收,即可认定诉讼时效中断。如因邮政部门的过失,义务人确实未收到该邮件,或者义务人否认其收到该邮件,而权利人又无证据证明义务人收到了该邮件等事实也不影响诉讼时效中断的认定。

二是权利人提出要求的方式可以是多种多样的,既可以是书面方式,也可以是口头方式;既可以单独向债务人提出,也可以在债务人众多的情况下以公告的方式提出要求等。认定诉讼时效中断的关键是,权利人能否证明其在时效期间内依法向义务人提出了要求,而具体以何种方式并不重要。但以公告方式向众多义务人提出要求的,需要符合法定的公告方式,否则无效。同时权利人通过一定的行为行使权利,如银行在还款期限届满后直接从借款人账户扣息、向义务人提供对账单进行对账、部分债务抵销等,以上行为也应产生诉讼时效中断的法律后果。

(3)义务人同意履行义务,亦称为义务人的承认,是指应受时效利益的义务人对于因时效丧失请求权的权利人表示其权利存在的行为。承认的法律性质属于观念通知,而无须有欲中断诉讼时效之意思表示。义务人的承认准用关于意思表示的规定,即义务人的代理人所为的承认对义务人产生效力。承认的相对人,不仅局限于权利人。在某些特定情况下,义务人或其代理人对于特定第三人或不特定人的承认行为,因其承认权利人权利存在的意思表示表示于外部时,虽然不是针对权利人而为,但亦可产生诉讼时效中断的法律后果。① 义务人对义务的认可的方式不以特别方式为必要,其可以以书面、口头等各种方式作出,甚至于默示亦可。承认无须一一明示其权利的原因、内容及范围等,只要能推定其承认权利存在的表示行为,均可导致诉讼时效的中断。故义务人承认的内容除明确表示偿还债务外,还应当包括请求延期支付债务、提供担保(第三人提供担保的,债务人同意的)、偿还部分债务利息等行为。承认发生诉讼时效中断效力的时间,对于特定人的承认,于承认到达特定人时产生中断的效力;对于不特定人的承认,于承认表示的同时发生中断的效力。但是,由于承认的通知发送后到达前,权利人的权利可能尚存或已不存在,故在承认因到达而生效的情形下,时效中断的效力应溯及于通知发送时发生效力。

九、保证债务的诉讼时效和保证期间

涉及保证债务诉讼时效时,由于保证债务同时适用诉讼时效和保证期间两个期间制度,故首先要注意区分诉讼时效和保证期间这两个不同的概念。保证期间,又称保证责任期间,是指根据当事人的约定或者法律的规定,债权人应当向保证人主张权利的期间,债权人在此期间内未向保证人主张权利的,保证人不承担

① 参见史尚宽:《民法总论》,中国政法大学出版社 2000 年版,第 671 页。

保证责任。保证期间在性质上属于除斥期间的性质。保证期间为不变期间,不因任何事由发生中止、中断或延长的法律后果。保证债务不同于其他一般的债务,保证合同签订时,虽然债权人和保证人之间的债权债务法律关系成立,但是,此时的保证债务仅仅是或然债务,即该笔担保债务将来可能形成,也可能不会形成。担保债务最终能否形成取决于两个方面的因素:一是取决于债务人到期是否履行债务,如果债务人在债务到期时依法履行了合同义务,则保证人的保证债务就不会形成;二是取决于在保证期间内债权人是否向保证人主张权利,也就是说,债权人是否通过及时行使其形成权,从而将或然担保债务转化为实然担保债务,如果债权人未在保证期间内向保证人主张权利,则保证人的保证债务并未最终形成,保证人不承担保证责任。这里应当注意的是,保证人"不承担"保证责任,而不是保证人"不再承担"保证责任。"不承担"保证责任是因为保证责任最终并未形成,而"不再承担"保证责任,前提是保证人曾经承担保证责任,现因某种原因"不再承担"保证责任,两者内涵是截然不同的。保证期间和保证债务的诉讼时效期间,都是法律规定的一种重要的法律事实,在两者所确定的期间范围内,如果债权人没有及时行使权利,都将导致保证人不承担保证责任。所以说,对债权人而言,其向保证人主张权利,一方面因保证债务属于债权请求权的范畴,要受诉讼时效制度的限制,即如果债权人未在担保债务到期之日起两年内向人民法院提起诉讼,则其权利将丧失法律强制力的保护,成为自然权利;另一方面,因保证债务的这种或然性,其权利的真正形成还要受保证期间的限制,即债权人必须在保证期间内向保证人主张权利,否则其保证债权无法最终形成,也就是说,债权人对保证人的实体权利根本就未能形成,保证人不承担保证责任。正因为保证债务的这种双重身份,在实践中对保证债务的诉讼时效和保证期间的起算等问题存在很大的混乱。

从诉讼时效和保证期间的立法宗旨看,保证债务的诉讼时效应当在保证债务真正形成之后始得起算。也就是说,对于保证债务,应当首先适用保证期间制度,通过债权人在保证期间内向保证人主张权利,将或然担保债务转化成实然担保债务后,保证人即依法负有了对债权人的保证责任。如保证人不履行保证责任,则形成了对债权人权利的侵犯,此时起算保证债务的诉讼时效。如果债权人在保证期间内根本没有向保证人主张权利,或者债权人向保证人主张权利时已经超过了合同约定的保证期间或者法律规定的保证期间,则其形成权已无从行使,保证债权也无法通过其形成权的行使而最终形成,债权人对保证人不享有请求权,故也根本不涉及诉讼时效制度的适用。只有债权人通过在除斥期间内向保证人主张权利,其保证债权真正形成后,才涉及对保证债务诉讼时效制度的适用问题。换句话说,当债权人在保证期间内主张权利后,保证期间的历史使命完成,保证债务从而受诉讼时效制度的制约。

从我国《担保法》的规定看,保证债务的保证期间分为法定保证期间和约定保证期间两种。约定保证期间系债权人和保证人在保证合同中自行约定的债权人向保证人主张权利的期限，该期限只要是当事人双方真实意思表示，原则上法律是承认其效力的。如果债权人未在双方约定的保证期间内向保证人主张权利，则保证人不承担保证责任。这里有一种特殊情况，即债权人和保证人约定的具体的保证期间在债务到期之前，对这种约定的效力问题，理论上有不同的认识。

一种观点认为，保证人保证责任的产生是以债务人没有履行义务为前提的，只有在债务人没有履行债务的情况下，债权人方可要求保证人履行保证义务，如果债务人的债务没有界至履行期，债务人本身尚无履行债务的义务，则保证人更无履行保证责任的义务了。故正常的保证期间应当是在主债务履行期限届满后的一段期间，当事人约定的保证期间也应当符合上述条件，否则不符合保证责任的基本属性，根本不能产生预期的法律后果。债权人不可能在主债务尚未到期时就向保证人主张保证责任，故双方关于保证期间的约定应为无效。在此情况下，视同当事人未对保证期间作出约定，而应从法定的保证期间。这种观点体现在最高人民法院《关于适用〈中华人民共和国担保法〉若干问题的解释》(以下简称《担保法司法解释》)第 32 条第 1 款关于“保证合同约定的保证期间早于或者等于主债务履行期限的，视为没有约定，保证期间为主债务履行期限届满之日起六个月”的规定中。

另一种观点认为，因在民商事领域，法律往往更多尊重合同双方当事人的意志，承认当事人契约自由原则，虽然上述约定在适用时确实无法履行，但毕竟是债权人和保证人双方签订合同时的真实意思表示，且无《合同法》第 52 条规定的五种合同无效事由的，法律不能强行否定其效力，权利人的权利无法主张以及最后权利可能因此无法实现，均是其自己意志的结果，后果由其自行承担。

笔者同意后一种观点。因当事人双方关于保证期间的约定并不违反法律强制性规定，认定该条款无效并无法律依据，且因该约定仅仅是损害了合同一方当事人即债权人的利益，并未损害国家利益、集体利益、社会公共利益以及第三人的利益，不属法律强行干预的范畴。如确实存在因欺诈、胁迫、乘人之危或者重大误解、显失公平等签订的合同，损害一方当事人利益时，债权人可以根据《合同法》第 54 条的规定向人民法院或者仲裁机构申请变更或者撤销，从而实现其预期的利益。这应当属于权利人自行处理其权利的范畴。

对于法定的保证期间，《担保法》第 25 条和第 26 条规定：“一般保证的保证人与债权人未约定保证期间的，保证期间为主债务履行期限届满之日起六个月。在合同约定的保证期间和前款规定的保证期间，债权人未对债务人提起诉讼或者申请仲裁的，保证人免除保证责任；债权人已提起诉讼或者申请仲裁的，保证期间适用诉讼时效中断的规定。”“连带责任保证的保证人与债权人未约定保证期间的，债权人有权自主债务履行期限届满之日起六个月内要求保证人承担保证责任。在合同约定的保证期间和前款规定的保证期间，债权人未要求保证人承担保证责任的，保证人免除保证责任。”《担保法司法解释》第 32 条规定：“保证合同约定的保证期间早于或者等于主债务履行期限的,视为没有约定,保证期间为主债务履行期限届满之日起六个月。保证合同约定保证人承担保证责任直至主债务本息还清时止等类似内容的,视为约定不明,保证期间为主债务履行期限届满之日起二年。"对于法定的保证期间,最大的争议在于,保证人在保证合同中约定其承担保证责任直至主债务本息还清时止等类似内容时,如何看待保证期间问题。《担保法司法解释》将该种约定视为约定不明,并将其保证期间规定为主债务履行期限届满之日起两年。但很多人认为,保证人关于其承担保证责任的期限虽然是一个未定期限,即视主债务人履行债务情况而定,但这种可变性并非约定不明确,保证人承担保证责任期限的意思表示恰恰是非常明确的,即只要主债务人未还清本息,保证人一直承担保证责任,因此应当按照当事人的约定来确定保证人承担保证责任的期限,而不能将其限制在主债务履行期限届满之日起两年。

笔者亦持此观点。即保证期间是保证人承诺承担保证责任的期间,原则上由保证人和债权人自行约定;只有在保证人和债权人未约定保证期间时,法律为了对当事人的约定欠缺予以弥补才规定了法定保证期间。故只要保证人和债权人约定了保证期间,只要保证期间约定的意思表示明确,不违反法律、行政法规强制性规定的,均应按照当事人的约定确定保证期间,法律没有必要越俎代庖。

保证责任包括一般保证责任和连带保证责任两种。连带保证债务因保证人无先诉抗辩权,只要债务到期后债务人未履行债务的,债权人即享有要求连带责任保证人偿还债务的权利,故其诉讼时效的起算相对来说比较简单。对此,《担保法司法解释》第 34 条第 2 款规定:"连带责任保证的债权人在保证期间届满前要求保证人承担保证责任的,从债权人要求保证人承担保证责任之日起,开始计算保证合同的诉讼时效。"

对于一般保证债务,因一般保证的保证人依法享有先诉抗辩权,即在债权人未向主债务人主张权利并就其财产强制执行时,保证人不承担保证责任。换句话说,一般保证的保证人在主合同未经审判或者仲裁,并就债务人财产依法强制执行仍不能履行债务前,保证人对债权人可以拒绝承担保证责任。所以,对于一般保证场合下,保证债务诉讼时效的起算就显得尤为复杂。《担保法司法解释》第 34 条第 1 款虽然规定:"一般保证的债权人在保证期间届满前对债务人提起诉讼或者申请仲裁的,从判决或者仲裁裁决生效之日起,开始计算保证合同的诉讼时效。"但是,对此条规定,仍有很多学者提出质疑,其主要问题是,作为一般保证的保证人其先诉抗辩权是以是否向人民法院提起诉讼或者向仲裁机关申请仲裁并对主债务人的财产依法强制执行仍不能偿还其债务时,保证人才应当承担保证责任。而仅仅在人民法院作出的判决生效或者仲裁裁决生效时,并未对主债务人的财产进行强制执行,主债务人是否能够偿还债务尚未最终确定,故保证人此时尚不承担保证责任。故保证债务的诉讼时效应从判决或者裁决生效并对主债务人的财产进行强制执行时起算。

笔者赞同这种观点。即一般保证债务的诉讼时效应从对主债务人财产强制执行时起算诉讼时效,而非从判决生效之日起算。只有这样,才与《担保法》第17条第2款关于"一般保证的保证人在主合同纠纷未经审判或者仲裁,并就债务人财产依法强制执行仍不能履行债务前,对债权人可以拒绝承担保证责任"的规定相一致。

对于《担保法》第25条第2款关于一般保证场合下,债权人在合同约定的保证期间和法律规定的保证期间内未向债务人提起诉讼或者申请仲裁的,保证人免除保证责任;债权人已向债务人提起诉讼或者申请仲裁的,保证期间适用诉讼时效中断的规定,笔者亦提出质疑。在现有对该条规定的争论中,主要是围绕"保证期间适用诉讼时效中断的规定"的争论。笔者提出的质疑是,保证期间是适用于债权人和保证人之间的一种期限,目的是通过债权人对保证人在保证期间内主张权利从而将保证债务固定下来,所以说,保证人保证责任是否产生应当基于债权人是否在保证期间内向保证人主张权利,而与其是否向主债务人主张权利没有必然的因果关系。而上述规定以债权人是否在保证期间内向主债务人提起诉讼或者申请仲裁来确定保证人保证责任的免除与否,法理不通。也正因此,才出现了该条款关于"保证期间适用诉讼时效中断的规定"这一引起学术界广泛争论的问题。前已述及,保证期间作为除斥期间的一种,其系不变期间,不因任何事由而发生中止、中断或者延长的法律后果,《担保法》上述关于"保证期间适用诉讼时效中断的规定"直接与其除斥期间属性相矛盾,这也是学术界争论的症结之所在。而《担保法》的这一规定也是无奈中的选择。其之所以将自己陷于如此被动的场合,关键在于将保证期间适用于一般保证的债权人和主债务人之间了。一般保证的保证人虽然享有先诉抗辩权,但在保证期间适用时似乎不必考虑其先诉抗辩权。债权人向保证人主张权利,仅仅产生将或然担保债权转化为实然担保债权的法律后果,即使保证债务转化为实然债务后,保证人仍然可以行使其先诉抗辩权用以对抗债权人的主张。

这里应当注意,债权人在保证期间内不论是向连带保证责任的保证人主张权利,还是向一般保证责任的保证人主张权利,均不应以是否提起诉讼或者申请仲裁的方式为必要。只要债权人有证据证明其在保证期间内向保证人主张了权利,其保证债权即已形成。这点《担保法》第25条和第26条的规定中比较含混,似乎债权人在保证期间内向保证人主张权利均应以向法院提起诉讼或者向仲裁机关申请仲裁为必需。这种观点是错误的。

另外,也有人提出,既然一般保证保证债务的诉讼时效应从法院作出的判决或者仲裁机关作出的裁决生效之日起起算(或者从强制执行主债务人财产时起算),那么,现在实践中债权人在向主债务人提起诉讼时同时将一般保证的保证人作为共同被告一并提起诉讼,且法院也往往一并作出判决,是不是与诉讼时效的起算规定相冲突呢?对此,笔者认为,二者并不冲突。诉讼时效的着眼点在于对不及时主张权利者的胜诉权予以剥夺,而法院将债权人对主债务人和对一般保证的保证人的诉讼合并审理是为了减少诉累,且法院在认定保证人的保证责任时亦是考虑了其先诉抗辩权内容的,即均是判决在债务人偿还不了债务时才由保证人承担保证责任,实质上是对预期债务的判决,理论上并无不妥。

6 企业改制

最高人民法院关于企业改制法律问题专家论证会综述

最高人民法院于2002年5月15日至17日在北京召开了“最高人民法院关于企业改制法律问题专家论证会”。会议主要对最高人民法院制定的《关于审理与企业改制相关案件若干问题的规定（第六稿）》[①]（以下简称“稿1”）和《关于审理与企业经营机制转换相关案件若干问题的规定（第六稿）》（以下简称“稿2”）两个司法解释稿进行了论证。参加此次专家论证会的与会人员及单位有中国人民大学王利明教授、北京大学尹田教授、清华大学崔建远教授、中国政法大学王卫国教授、中国人民大学董安生教授、中国社会科学院研究员张开平博士、中国人民银行条法司、中国华融公司法律事务部以及辽宁省高级人民法院、北京市高级人民法院、江苏省高级人民法院、山东省高级人民法院、湖北省高级人民法院、海南省高级人民法院民二庭的有关同志。该两个司法解释于1999年立项，在广泛调研，并征求有关部门意见的基础上，形成了此次提交专家论证会讨论的第六稿。会上，与会代表对上述两个司法解释稿普遍给予了很高的评价，认为该两个司法解释的制定很及时、很必要，对各级人民法院正确审理与企业改制和企业转换经营机制相关案件，统一执法，将起到积极的指导意义。会上，各与会代表对两个司法解释稿涉及的许多问题达成了共识。

关于国有企业改制合同的效力认定问题，与会者一致认为，人民法院在确认改制合同效力时，要十分慎重，不要轻易认定有关合同无效。一方面要适用《民法通则》、《合同法》、《公司法》等民商事法律规范；另一方面要特别注意适用改制行为发生时国家有关国企改制的政策、部门规章及规范性文件。但是要严格把握政策界限，对那些违反法律、法规及国务院有关政策的地方性改制文件，尤其是具有地方保护色彩的“土政策”，不能作为审理案件的依据，特别是不能作为确认合同效力的依据。对违反国家政策、国务院有关主管部门的规章及规范性文件的强制

---

① 最高人民法院《关于审理与企业改制相关民事纠纷案件若干问题的规定》（法释〔2003〕1号）于2003年1月3日公布，自2003年2月1日起施行。

性规定的改制行为,可以依法认定改制合同无效、未生效。如稿1第23条明确规定:"采取协议转让形式出售企业的,企业出售合同经企业所在地上一级人民政府或其授权的职能部门审批后生效。未经审批的,企业出售合同不生效。"稿1第38条规定:"企业兼并,当事人双方应当签订书面协议。兼并协议自当事人签字盖章之日起生效。但需报经政府主管部门批准的,兼并协议自批准之日起生效。未经批准的,企业兼并协议不生效。但事后当事人又补办报批手续的,人民法院应当确认兼并协议有效。"

关于改制合同继续履行问题,与会者一致认为,鉴于企业改制案件的特殊性,即便是在确认有关企业改制合同有效的情况下,对于合同是否应当继续实际履行,也要根据改制行为发生以后的实际情况、被改制企业的现实状况、有关方面的现实履行情况等,综合考虑是否应当继续履行合同。对一方当事人违约,另一方要求解除合同的,人民法院经审查,符合《合同法》第94条规定的,可判决解除合同。如稿1第26条和第27条规定,对企业出售合同约定的履行期限届满,当事人一方违约,另一方要求解除合同的,人民法院经审查,只要符合《合同法》第94条规定情形的,人民法院就应当判决解除合同。

关于被改制企业遗留债务的处理问题,与会者一致认为,国有企业改制无论采取何种形式,对其遗留债务的处理,实质上要解决的是债务和资产产权关系问题,即由于企业资产的变动引起的被改制企业原债务的承担问题。在处理上述问题时,始终应坚持两个基本原则:一是尊重当事人约定原则,对于被改制企业遗留债务,债权人与被改制企业有约定的,只要不违反法律强制性、禁止性规定,不损害国家利益和善意第三人利益的,应当依当事人的约定。详见稿1第6条及第14条的有关规定。二是债务随企业资产变动原则,即在当事人对企业遗留债务的承担没有约定或者虽有约定但违反法律强制性、禁止性规定,或者未经债权人同意,损害国家利益和善意第三人利益的情况下,因企业资产负有对企业债务的一般担保性质,受让方应当依照债务随资产变动原则,根据不同情况承担相应的责任。祥见稿1第5、6、8、9、15、16、33、34、35、42、46、48条的有关规定。

关于债权转股权问题,与会者一致认为,债权转股权是指债权人自愿将其对债务人的债权折资入股,成为债务人股东的法律行为,而不仅仅是国务院为解决国有企业银行债务问题而采取的一项特别措施,对实行债权转股权的国有企业的条件并无限定性规定,无须国务院特别审批。债权人将债权转为股权后,未依法在工商管理部门办理变更登记手续,仅产生不能对抗第三人的法律后果,而不影响债权转股权的法律效力。

此次论证会上,与会者还对上述两个司法解释稿提出了许多宝贵的意见。

对稿1第6条规定的企业依《公司法》部分改造为有限责任公司或股份有限公司的,有的与会者提出,其性质上应为变相的企业分立行为,在承担责任上应适用《合同法》第90条的规定,除债权人和债务人另有约定的以外,由分立的法人或者其他组织对被改制企业的原有债务承担连带责任。另有意见认为,即使按第6条的规定,在债权人与被改制企业对被改制企业的原有债务没有约定或约定不明的情况下,亦应由被改制企业以其财产及在新设公司中的股权(包括股权权益)承担民事责任。

对企业改制过程中隐瞒或遗漏的债务承担问题,有同志提出按照稿1第11、36、44条的规定,对企业改制过程中隐瞒或遗漏的债务,仅由被股份合作制改制企业的原资产管理人、国有小型企业的卖方及被兼并企业原资产管理人承担责任,一是对债权人保护不利;二是与债务随企业资产变动原则不相一致。建议将改制后的企业以及兼并企业、国有小型企业的买方共同作为承担责任的民事主体予以规定。

对企业改制过程中发生的权利转让,究竟是股权转让还是产权转让问题,与会专家有不同的分歧意见。有同志认为,国有企业改制中转让的权利,既有可能是股权的转让,亦有可能是产权的转让。其中股权转让属于权益性转让,不发生企业主体的变更;产权转让属于资产性转让,企业资产的所有权发生变化,经过户登记,发生民事主体变更的法律后果。在国有小型企业出售中,企业资产管理人转让的企业的权利究竟是何种性质,应根据企业出售合同约定的内容以及工商管理部门的登记情况予以确定,并应据此确定被出售企业原有债务的承担。即如果是资产转让,被出售企业的原有债务应由买方承担;如果是股权转让,因出售的仅是原企业的股权,民事主体并未变更,故仍应由该被出售企业承担其原有债务。稿1《关于国有小型企业出售的有关问题》部分仅是对国有小型企业的资产转让作了规定,修改中应将股权转让的内容补充进去。

对债权转股权的性质,有两种不同意见。一种意见认为,债权人通过与债务人签订《增资协议》,将债权人享有的债权转为债务人的股权,并未对债务人进行实有资金的投入,该种增资在性质上是虚假的。另一种意见认为,债权人通过将债权转化为债务人股权,实质上是将应付债务转为投资,虽然没有实际投资,但由于抵销了债务人的部分应付款项,故并不能说此种增资系虚假增资,该增资应为有效。

另外,有同志提出应明确区分公司(企业)的分立和企业投资、抽逃资金等不同情况。公司(企业)的分立是指依照法定程序,将原公司(企业)分立为两个或者两个以上新公司(新企业)的法律行为。分立后的各公司互相无股权。企业投资建立新的企业后,投资企业对新成立的企业享有股权。如集团公司将其下属A企业的部分资产转至其下属B企业,并以集团公司的名义享有股权,既不是A企业的分立,亦不简单地系集团公司的投资,而属于集团公司抽逃A公司资金的性质。

部分与会同志还对是否有稿1第10条提出的"租股结合式的股份制"改造提出质疑。

有同志对《关于审理与企业经营机制转换相关案件若干问题的规定》是否应

予制定，提出了自己的看法。其认为：一是企业托管、承包、租赁以及挂靠等非为法律术语，是我国经济转型时期的特定经济概念，且现已慢慢退出历史舞台。二是挂靠本身就是挂靠人为规避建筑资质等级、外贸管制、许可证管理制度等，而挂靠在其他企业名下，性质上为违法行为。对这种违法行为，我们首先要明确态度，究竟是否定、承认，还是默许？如是否定，则不应在司法解释中予以规定，否则容易让人误解为法律对挂靠这种违法行为是认可的。基于上述两个原因，其认为对审理与企业经营机制转换相关案件不必通过制定司法解释来规范执法，通过最高法院的判例指导下级法院审理此类案件即可。

对承包（包括租赁、托管经营）关系中，发包人（出租人或委托人）、承包人（租赁人或托管人）、被承包（租赁或托管）企业及债权人之间的关系及民事责任承担问题，与会者分歧较大，形成了几种观点。

第一种观点认为，发包人（出租人或委托人）与承包人（租赁人或托管人）签订的承包（租赁或托管）合同，表面上看是发包人（出租人或委托人）与承包人（租赁人或托管人）之间的合同关系，但是，由于发包人（出租人或委托人）系被承包（租赁或托管）企业的投资者，其在作出发包（租赁或托管）行为的时候，相当于公司的股东大会或者是董事会的地位，故承包（租赁或托管）合同实质上应是被承包（租赁或托管）企业与承包人（租赁人或托管人）之间的合同关系。承包（租赁或托管）期间承包人（租赁人或托管人）以被承包（租赁或托管）企业名义对外发生的债务，在被承包（租赁或托管）企业承担责任后，被承包（租赁或托管）企业有权依据发包人（出租人或委托人）与承包人（租赁人或托管人）签订的承包（租赁或托管）合同向承包人（租赁人或托管人）追偿，并享有追偿的结果。根据合同的相对性原则和法人财产原则，债权人与被承包（租赁或托管）企业在承包（租赁或托管）期间的债权债务，只能指向被承包（租赁或托管）企业。故债权人对被承包（租赁或托管）企业的债务提起诉讼时，只能将被承包（租赁或托管）企业作为被告。至于承包人（租赁人或托管人），由于其与被承包（租赁或托管）企业之间系管理经营关系，由于其对被承包（租赁或托管）企业的管理经营不善造成其债务形成，事实上是对被管理经营企业的一种侵权，债权人对被承包（租赁或托管）企业之诉的处理结果同其有法律上的利害关系，故承包人（租赁人或托管人）应作为上述案件的第三人参加到诉讼中来。事实上是两个诉的合并。（具体分歧内容见稿 2 第 4 条、第 13 条的规定）。

第二种观点认为，在处理被承包（租赁或托管）企业的债务纠纷时，可借用公司法法人人格否认制度，被承包（租赁或托管）企业只是个空壳，是被借用的，故应引用揭开法人面纱的理论，由承包人（租赁人或托管人）直接承担责任，第一责任人应是承包人（租赁人或托管人）。为保护债权人利益，被承包（租赁或托管）企业可承担类似担保的责任，并可在承担责任后向承包人（租赁人或托管人）追偿。该观点立足于加大承包人（租赁人或托管人）责任的基础上。

第三种观点认为,应适用表见代理理论。承包(租赁或托管)期间,承包人(租赁人或托管人)以被承包(租赁或托管)企业名义对外形成的债务,如果符合表见代理的条件,则按照表见代理处理,即由被承包(租赁或托管)企业承担民事责任;如不符合表见代理条件,由法官自由裁量。

第四种观点认为,应由承包人(租赁人或托管人)与被承包(租赁或托管)企业承担连带责任。

第五种观点认为,应适用"契约的死亡——事实合同"理论,撇开承包(租赁或托管)合同,直接按照事实上债权债务形成的法律关系,追究承包人(租赁人或托管人)的民事责任。

第六种观点认为,可适用外贸代理制度,被承包(租赁或托管)企业作为承包人(租赁人或托管人)的代理人对外所为民事行为产生的债务,直接由代理人承担。被承包(租赁或托管)企业可以根据承包(租赁或托管)合同的约定向承包人(租赁人或托管人)追偿。

对于挂靠问题,亦有表见代理说、法人人格否认说、合同相对性原则说等几种观点。另对稿 2 第 23 条规定的"挂靠人以被挂靠企业名义对外发生的债权,被挂靠企业怠于行使到期债权的,挂靠人可以被挂靠企业名义向债务人追偿",有同志提出挂靠人之所以能够以被挂靠企业名义向债务人追偿,系准用了代位权理论。

主题词索引

法律、司法解释全简称对照索引

一、法律

全称	简称	页码
《中华人民共和国保险法》(2009.10.1 施行)	《保险法》	308—316,532
《中华人民共和国合伙企业法》(2007.6.1 施行)	《合伙企业法》	417,439,601,609
《中华人民共和国合同法》(1999.10.1 施行)	《合同法》	81,85,111,115,126,168,171—174,606,634,639
《中华人民共和国民事诉讼法》(2007.10.28 修正)	《民事诉讼法》	5—7,36—38,217,334,359
《中华人民共和国拍卖法》(2004.8.28 修正)	《拍卖法》	600,607,609,615
《中华人民共和国物权法》(2007.10.1 施行)	《物权法》	249,388,508,600
《中华人民共和国证券法》(2006.1.1 施行)	《证券法》	357,358,360
《中国人民银行法》(2004.2.1 施行)	《中国人民银行法》	252
《中华人民共和国担保法》(1995.10.1 施行)	《担保法》	169, 180—182, 188—189, 200,266,571—597,646—648
《中华人民共和国公司法》(2006.1.1 施行)	《公司法》	3—33,261—289,395—500
《中华人民共和国民法通则》(1987.1.1 施行)	《民法通则》	75, 82, 90, 100, 231, 281, 298,436,585,621
《中华人民共和国企业破产法》(2007.6.1 施行)	《企业破产法》	10, 25, 34—66, 368—394, 501—570
《中华人民共和国仲裁法》(1995.9.1 施行)	《仲裁法》	152

二、司法解释

全称	简称	页码
最高人民法院《关于〈中华人民共和国企业破产法〉施行时尚未审结的企业破产案件适用法律若干问题的规定》(法释〔2007〕10 号,2007.6.1 施行)	《破产法施行时未审结案规定》	34, **43**①, 359, 360, 365, 501, 509, 521, 542—554
最高人民法院《关于贯彻执行〈中华人民共和国企业破产法(试行)〉若干问题的意见》(法(经)发〔1991〕35 号,1991.11.7 施行)	《破产法(试行)意见》	143

① 加粗页码为该司法解释全文附录所在位置,可供查阅。

（续表）

全称	简称	页码
最高人民法院《关于人民法院在审理企业破产和改制案件中切实防止债务人逃废债务的紧急通知》(法〔2001〕105 号,2001.8.10 施行)	《紧急通知》	131,193,194
最高人民法院《关于审理公司强制清算案件工作座谈会纪要》(法发〔2009〕52 号,2009.11.4 施行)	《公司强制清算案纪要》	21,**26**
最高人民法院《关于审理期货纠纷案件若干问题的规定》(法释〔2003〕10 号,2003.7.1 施行)	《期货纠纷案规定》	71,**117**
最高人民法院《关于审理企业破产案件确定管理人报酬的规定》(法释〔2007〕9 号,2007.6.1 施行)	《企业破产案管理人报酬规定》	30,455,526,535—538,**551**
最高人民法院《关于审理企业破产案件指定管理人的规定》(法释〔2007〕8 号,2007.6.1 施行)	《企业破产案指定管理人规定》	30,46,513,**545**
最高人民法院《关于审理与企业改制相关的民事纠纷案件若干问题的规定》(法释〔2003〕1 号,2003.2.1 施行)	《改制司法解释》	124,**135**,200,338
最高人民法院《关于适用〈中华人民共和国担保法〉若干问题的解释》(法释〔2000〕44 号,2000.12.13 施行)	《担保法司法解释》	182,271,272,286,646,647
最高人民法院《关于适用〈中华人民共和国公司法〉若干问题的规定(二)》(法释〔2008〕6 号,2008.05.19 施行)	《公司法司法解释(二)》	3,**14**,19,21,25,626
最高人民法院《关于适用〈中华人民共和国民事诉讼法〉若干问题的意见》(法发〔1992〕22 号,1992.7.14 施行)	《民诉意见》	143,161,193,196,445,509,623
最高人民法院《关于依法审理和执行被风险处置证券公司相关案件的通知》(法发〔2009〕35 号,2009.5.26 施行)	《审理和执行被风险处置证券公司案通知》	51,67,**68**,366
最高人民法院《关于债权人对人员下落不明或者财产状况不清的债务人申请破产清算案件如何处理的批复》(法释〔2008〕10 号,2008.8.18 施行)	《债权人对人员下落不明或财产状况不清债务人申请破产清算案批复》	23,46,60,**66**
最高人民法院《关于正确审理企业破产案件为维护市场经济秩序提供司法保障若干问题的意见》(法发〔2009〕36 号,2009.6.12 施行)	《审破产案司法保障意见》	45,**55**
最高人民法院《关于审理企业破产案件若干问题的规定》(法释〔2002〕23 号,2002.9.1 施行)	《2002 年司法解释》	34,36,374,505,519,539

图书在版编目(CIP)数据

实践中的商法:司法解释解读·典型案例分析·商事审判专论/刘敏编著.—北京:北京大学出版社,2011.6

(最高人民法院法官释法)

ISBN 978-7-301-18880-4

Ⅰ.①实… Ⅱ.①刘… Ⅲ.①商法-研究-中国 Ⅳ.①D923.994

中国版本图书馆 CIP 数据核字(2011)第 086520 号

书　　　名:实践中的商法

——司法解释解读·典型案例分析·商事审判专论

著作责任者:刘　敏　编著

组 稿 编 辑:陆建华

责 任 编 辑:陆建华

装 帧 设 计:沈仙卫

标 准 书 号:ISBN 978-7-301-18880-4/D·2852

出 版 发 行:北京大学出版社

地　　　址:北京市海淀区成府路 205 号　100871

网　　　址:http://www.yandayuanzhao.com

电　　　话:邮购部 62752015　发行部 62750672　编辑部 62117788

出版部 62754962

电 子 邮 箱:law@pup.pku.edu.cn

印　刷　者:北京大学印刷厂

经　销　者:新华书店

730 毫米×1020 毫米　16 开　42.5 印张　830 千字

2011 年 6 月第 1 版　2011 年 6 月第 1 次印刷

定　　　价:85.00 元
